历史课标解析与史料研习丛书

总主编 何成刚

历史课标解析与史料研习
中国近现代史

主　编　何成刚　邢新宝　夏辉辉
副主编　刘芳芳　李志先　王　慧

復旦大學出版社

内容提要

本书是"历史课标解析与史料研习丛书"中的一册。"历史课标解析与史料研习丛书"是高中历史教师准确把握《普通高中历史课程标准》（2017年版），并进行基于历史课标的教学的专业发展丛书。

本丛书根据《普通高中历史课程标准》（2017年版）中的单元学习主题，从"学术引领""教学设计""教学资源"三个角度，借助学术界的权威研究成果，为高中历史教师开展基于历史课标的史料教学，提供高质量的、系统整体的资源支持；引导广大中学历史教师认识到，史学阅读是历史教学的起点，史学阅读的广度与深度，决定历史教师史学素养的发展程度，决定学生历史核心素养的培养质量，切实推动形成重视史学阅读的教师专业发展理念。

本丛书也可供初中历史教师阅读，为初中历史教学提供参考。

目 录

第一单元　晚清时期的内忧外患与救亡图存 …………………………………………… 1
　　学术引领 …………………………………………………………………………… 1
　　教学设计 …………………………………………………………………………… 21
　　　　设计一：从慈禧太后执政的矛盾心理看晚清三次"新政"的失败 ………… 21
　　　　设计二：从淮军看清末军队的近代化 ……………………………………… 25
　　教学资源 …………………………………………………………………………… 29

第二单元　辛亥革命与中华民国的建立 ………………………………………………… 36
　　学术引领 …………………………………………………………………………… 36
　　教学设计 …………………………………………………………………………… 47
　　　　设计一：从清末民初国歌的演变看政治近代化 …………………………… 47
　　　　设计二：自行车与近代中国 ………………………………………………… 50
　　教学资源 …………………………………………………………………………… 53

第三单元　中国共产党成立与新民主主义革命的兴起 ………………………………… 61
　　学术引领 …………………………………………………………………………… 61
　　教学设计 …………………………………………………………………………… 73
　　　　设计一：革命之血，主义之花——黄埔军魂 ……………………………… 73
　　　　设计二：惊天地的壮丽史诗——长征 ……………………………………… 77
　　教学资源 …………………………………………………………………………… 79

第四单元　中华民族的抗日战争 ………………………………………………………… 88
　　学术引领 …………………………………………………………………………… 88
　　教学设计 …………………………………………………………………………… 107
　　　　设计一：从湖南老兵的回忆看抗战时期的家国情怀 ……………………… 107

设计二：从"小抗战"到"大抗战"——国际视野下的中国远征军 …………… 111
　　教学资源 …………………………………………………………………………… 114

第五单元　人民解放战争 ………………………………………………………… 124
　学术引领 ……………………………………………………………………………… 124
　教学设计 ……………………………………………………………………………… 136
　　设计一：从民众反蒋心态看国民党覆亡 ………………………………………… 136
　　设计二：来自新闻报刊业自由民主的呼声 ……………………………………… 140
　教学资源 ……………………………………………………………………………… 143

第六单元　中国近代重要历史人物 ……………………………………………… 148
　学术引领 ……………………………………………………………………………… 148
　教学设计 ……………………………………………………………………………… 163
　　设计一：从盗火者到灭火者——严复会通中西的探索人生 …………………… 163
　　设计二：从斗争到妥协——清帝退位前后孙中山为实现共和之努力 ………… 170
　教学资源 ……………………………………………………………………………… 175

第七单元　中国近代经济与社会的变迁 ………………………………………… 180
　学术引领 ……………………………………………………………………………… 180
　教学设计 ……………………………………………………………………………… 199
　　设计一：官利制度——中国近代企业发展的艰难抉择 ………………………… 199
　　设计二：近代中国城市中的"空间革命" ……………………………………… 203
　教学资源 ……………………………………………………………………………… 207

第八单元　中国近代思想文化的发展 …………………………………………… 211
　学术引领 ……………………………………………………………………………… 211
　教学设计 ……………………………………………………………………………… 224
　　设计一：回看1905——晚清思想史上躁动恣意与梦想放飞的一年 …………… 224
　　设计二：报刊舆论与晚清思想文化的变革 ……………………………………… 229
　教学资源 ……………………………………………………………………………… 234

第九单元　中国外交的近代化历程 ……………………………………………… 239
　学术引领 ……………………………………………………………………………… 239
　教学设计 ……………………………………………………………………………… 252

　　　　设计一：天朝的"三副面孔" ……………………………………………………… 252
　　　　设计二：公使出洋，半生毁誉 …………………………………………………… 256
　　教学资源 …………………………………………………………………………………… 259

第十单元　中华人民共和国的成立及向社会主义过渡 …………………………… 264
　　学术引领 …………………………………………………………………………………… 264
　　教学设计 …………………………………………………………………………………… 286
　　　　设计一：上海解放之初的"银元之战"——金融战线的淮海战役 ……………… 286
　　　　设计二：社会动员——新中国成立后农业合作化运动的推进与完成 ………… 292
　　教学资源 …………………………………………………………………………………… 298

第十一单元　社会主义建设道路的探索 ……………………………………………… 304
　　学术引领 …………………………………………………………………………………… 304
　　教学设计 …………………………………………………………………………………… 322
　　　　设计一：什么是社会主义？——中共八大前后开放自由市场的尝试与
　　　　　　　　思考 …………………………………………………………………………… 322
　　　　设计二："求同存异"精神在新中国成立后的政治应用 ………………………… 326
　　教学资源 …………………………………………………………………………………… 329

第十二单元　改革开放新时期与中国特色社会主义进入新时代 ………………… 333
　　学术引领 …………………………………………………………………………………… 333
　　教学设计 …………………………………………………………………………………… 347
　　　　设计：一瓶小可乐，见证大历史——从可口可乐重返中国说起 ……………… 347
　　教学资源 …………………………………………………………………………………… 351

第一单元

晚清时期的内忧外患与救亡图存

学术引领

一、列强侵华与对中国社会的影响

(一) 鸦片战争

1. 鸦片战争的起因和性质

关于鸦片战争的起因和性质,目前学术界在这个问题上主要有两种观点:

第一种观点认为,鸦片战争是英国为打开中国市场而发动的侵略战争,起因是罪恶的鸦片贸易。

美国学者斯塔夫里阿诺斯在《全球通史》(吴象婴等译,585—586页,北京:北京大学出版社,2012)一书中指出,英国打开中国大门的主要目的是要扫除中国设置的经商障碍,导火线是鸦片贸易。17世纪前,中国人对西方的商品不太感兴趣,英国人不得不对中国人支付大量黄金和白银。为了解决这一问题,到17世纪,欧洲水手将吸食鸦片的恶习传入中国,随即便从各港口迅速蔓延,中国人对鸦片的需求解决了英国支付中国商品的贷款问题。面对鸦片的危害,北京政府曾于1729年和1799年颁布法令,禁止鸦片进口,但由于这一贸易非常有利可图,以致中国官员接受贿赂,允许走私。而到19世纪中叶,当中国人试图强行禁止鸦片交易时,便爆发了第一次鸦片战争。

赵毅等在《鸦片战争前中国的国际处境》(载《辽宁师范大学学报(社会科学版)》2017年第2期)一文中指出,19世纪中叶的清朝,在国际交往中朝贡贸易体系已经支离破碎。越南、印度已沦为法国、英国的殖民地;菲律宾的华商势力几乎完全被西班牙人所取代;日本经过学习西方,进行内部改革,脱亚入欧,彻底摆脱了清朝影响。同时,到18世纪末19世纪初,英国商人进口中国的商品中,仅棉花一项,每年运进中国的白银达400多万两。中国对英国出口的茶叶、土布、生丝也与日俱增。表面来看,中英贸易形势似乎不错,而实际却潜伏着尖锐不可调和的矛盾。首先表现在清朝长期保持出超,而英国处于贸易入超地位,逆差巨大;其次是清朝关税的透明度不够,关税制度混乱,税则不明,附加税名目繁多;再者是"商欠"。所谓"商欠"就是清朝行商所欠外商的债务,债权人索要债款,债务人无力清偿,便发生跨国债务纠纷。英国为了解决贸易入超的局面,进行猖狂的鸦片贸易和走私,给中国社会带来深重的灾难。鸦片输入，严重摧残了中国人民的身心健康；造成白银外流，清政府社会经济濒临崩溃，官场政治更加腐败黑暗。

赵毅等人进一步指出，19世纪40年代，大航海时代已开启三百余年，西方的商品货币、坚船利炮、冒险商人和传教士早已来到东方，世界的政治、经济和文化格局发生了根本变化。而清政府仍然沉迷于唯我独尊的朝贡贸易体系之中，闭关锁国，不能抓住中西贸易的机遇，达到富国强兵的目的。针对中国的禁烟，英国东印度公司派出间谍船，在中国沿海游弋长达6个多月，侦察我国沿海主要港口情况，搜集了大量政治、经济和军事情报，为侵略战争做准备。随后，英国殖民者以林则徐禁烟为借口，发动了第一次鸦片战争，中国的国门被打开，逐步沦为半殖民地半封建社会。

（2）第二种观点认为，鸦片战争是一场"通商战争"，源于中国和西方通商制度的冲突。

杨国强在《通商与禁烟：中英鸦片战争的历史因果》（载《上海社会科学院学术季刊》2000年第1期）一文中指出，1840年的鸦片战争，西方人称作通商战争，源于中国与西方通商制度的冲突。他认为中英鸦片战争的主要原因在于中国的禁烟政策和贸易制度妨碍了英国奉行的自由贸易主义。当时的中国还远不知夷患为何物，而工业革命已经使英国成为世界工厂。英国急需原料产地和销售市场，而中国实行闭关政策，贸易的场所仅限于广州十三行，基于这种矛盾再加上公行行商累年拖欠货款引发的商业纠纷，当太多的欠款使行商丧失偿还能力时，英国商人便请自己的政府出面干预。在这种情况下，通商与禁烟，最终导致了中英之间的第一次民族战争。

2. 鸦片战争失败的原因

萧致治在《鸦片战争史——中国历史发展中第三次社会大变革研究（下册）》（564—606页，福州：福建人民出版社，1996）一书中对鸦片战争失败的原因进行了多角度的解读和分析。他认为，中国之所以战败是由多方面的原因造成的：第一，在军事上，中国方面在军队素质、装备、调遣、情报工作和后勤供应等方面都不如英国军队；第二，在战略方针上，清政府举棋不定，始终缺乏一个行之有效的战略方针，而英军战略方针始终如一；第三，清朝社会制度的腐败；第四，清政府实行民族歧视政策造成满汉畛域之分。

李凌在《清王朝"安内重于防外"方针对两次鸦片战争的影响》（载《湖北社会科学》2015年第2期）一文中指出，清朝贵族入主中原以后，"安内重于防外"方针逐渐形成和强化，两次鸦片战争期间，清王朝对该方针的贯彻更加深入，其影响主要表现在三个方面。第一，军事技术发展趋于保守封闭，与世界先进水平差距拉大，导致反侵略战争失败。首先是舰船的制造和装备。清军最大的战船，其吨位尚不如英军等外级军舰，清军装载火炮最多的战船，其火炮数量也只相当于英军装炮最少的军舰。其次是枪炮等火器的制造和装备。清政府在武器（特别是火器）的制造与装备上总的原则和目标是：首要服从于巩固皇权、拱卫中枢，次要平定内乱，最后抵御边患。在鸦片战争中以最次的装备来应敌。再次是对绿营使用火器的严格限制。由于清朝统治者实行民族压迫政策，害怕以火器为专长的绿营（主要由汉人组成）超过以弓矢为专长的八旗（主要是满蒙人），因此，绿营只能装备陈旧低劣的火器。第二，军事组织分散，不利于集中兵力抵御外敌，难以赢得反侵略战争的胜利。鸦片战争打响后，由于清政府长期奉行"安内重于防外"的方针，沿海要地兵微将寡，遇到外敌入侵，只能从内地各省零星抽调部队，临时拼凑成军，千里赴援。这些部队、士兵和将领之间互不熟悉，在未经训练的情况下,仓促投入战斗,结果既乏锐气,又少协同,往往一触即溃。第三,清朝长期以防民为先,不能动员、组织民众,发动全民抗敌斗争,反侵略战争的最终失败难以避免。鸦片战争以来,清王朝不广泛动员、组织民众,单靠有限的军力在漫长的海岸线上到处分兵把守。甚至当中国人民自发地起来抗击侵略者时,清政府不仅横加反对和破坏,还勾结外国侵略者,镇压爱国人民的反侵略斗争。

3. 鸦片战争的影响

虞和平在《鸦片战争后通商口岸行会的近代化》(载《历史研究》1991年第6期)一文中指出,自鸦片战争之后,通商口岸的开辟、增加,对外贸易的发展,城市经济结构和功能的外向化和资本主义化,使通商口岸特别是上海、汉口、广州、天津等外贸中心城市的传统行会走上了近代化的历程,逐步向适应对外经济往来和本国资本主义经济发展需要的方向转化,并在辛亥革命之前普遍成为近代资产阶级社团——商会的成员和基层组织。

萧致治在《鸦片战争史——中国历史发展中第三次社会大变革研究(下册)》(733页,福州:福建人民出版社,1996)一书中指出,鸦片战争使中国的思想文化开始发生巨大变化。鸦片战争后,由于严重的社会和民族危机,中国思想界开始出现西学东渐的潮流,同时,反侵略的思想和文学应时而生,一些士大夫以满腔热情去研究世界及边疆的史地之学。

张振鹍在《中国近代史开端与近代中外关系》(载《中国社会科学院研究生院学报》1995年第1期)一文中指出,鸦片战争作为中国近代史的开端,实际上导源于它是近代中外关系史的开端。鸦片战争打开了中国的大门,把中国拉进世界潮流之中,这就从一个方面推动了中国的外交近代化。到清朝覆灭时,中国在处理对外关系上已能从多方面适应世界潮流,大体走上了正常轨道。

龚书铎在《鸦片战争与中国半殖民地化》(载《北京师范大学学报》1990年第6期)一文中指出,鸦片战争改变了中国历史的进程,使中国历史发生了转折。鸦片战争以前,中国社会内部已经存在着资本主义的萌芽。鸦片战争以后,由于西方列强的入侵,中国社会正常发展的道路被截断,而沦为半殖民地半封建社会。

4. 一些重要问题的探讨

(1) 鸦片战争期间清政府的外交决策

杨隆高在《论鸦片战争期间清政府的外交决策及其特点》(载《学术交流》2013年第8期)一文中指出,随着国门的洞开,清政府原有的外交机构和外交方式都受到了冲击,在延续了传统决策方式和决策信息来源的基础上,随着钦差大臣协理"华夷"事务和地方督抚参与外交决策,整体呈现了中央集权决策下移的趋势。从外交决策机构来看,两次鸦片战争期间,清政府所依赖的外交决策机构在中央主要是军机处,是清朝前期政治传统的延续。从外交决策信息的来源来看,两次鸦片战争时期,外交决策方式主要是以"奏折朱批"为主,也明显地呈现出传统特征。此外,第一次鸦片战争之后,设立了新的机构——钦差五口通商大臣,作为固定的同西方各国交涉的地方机构,同时,清政府所依赖的地方的决策机构是带有临时性的钦差大臣兼地方封疆大吏,地方督抚参与外交决策,整体上呈现出了中央集权决策下移的趋势。

(2) 五口通商与中国社会转型

马勇在《五口通商与中国社会转型》(载《中国社会科学院研究生院学报》2013年第1期)

一文中指出，中国的失败有很多原因，但最主要原因是一个传统的农业社会遇到了一个比较现代的工业社会。对于这一时期的几个重要名词，马勇进行了具体的阐释。关于"领事裁判权"问题。马勇指出，领事裁判权使中国丧失了司法主权，但这个权力是清政府自愿奉送的。两次鸦片战争期间，清政府针对在中国的西洋人如何管理并没有想好，清政府能想到的简单办法就是古代中国的羁縻政策和"以夷制夷"，让洋人自己管理自己，总比让中国人去管理更省心，这样清政府就轻易认可了"领事裁判权"。关于"协定关税"问题。清政府认为中英协定关税的制定，是中国外交的胜利。当时主持谈判的伊里布等人深知鸦片战争之前，广东地方政府与官吏的苛捐杂税是引发这场战争的一个重要原因，因而，他们一直希望能够找到一个从根本上解决的办法，他们想到了协议关税，因为有了这个数额、比例的制度约束，中外双方就减少了冲突和争执，地方政府和官吏，不论怎样强势，也没有办法额外加税。同时，新税则的"值百抽五"在事实上比先前的税率略有提高，清政府的财政收入不会因此减少，在今天看来是屈辱或吃亏的丧失主权的规定，在当年还认为是"羁縻政策"的胜利。关于"五口通商"问题，马勇认为，五口通商之前，中国并不是我们过去所理解的那样，对外闭关锁国，好像与外部世界一点都不来往。中国很早就知道世界，并在非常简陋的条件下飘洋过海与世界沟通。中外之间贸易、文化的交流一直很兴盛，在东部、东南部沿海实行着自发的自由贸易体制，广州、泉州等都是因为中外贸易而慢慢聚集为与中原文明很不一样的城市，有的甚至很早就享誉世界，后来，或许是出于对付走私的目的，为便于管理，只有在广州粤海关的贸易才是合法贸易。五口通商后，中国没有利用这五个新通商口岸引进西方近代以来物质文明和科学技术创造，没有利用五口通商去培养中国市场、培养新兴产业、培养新的社会阶级和阶层，中国上下在战争结束后浑浑噩噩，陶醉在中国文明昔日光环之下。但另一方面，五口通商打破了广东对中外贸易的垄断，有助于吏治澄清，有助于贸易规则，从根本上改变了中国，是世界走进中国的开始，也是中国走向世界的开端。

（3）鸦片战争与中国外贸体制演变

王明前在《鸦片战争前后中国外贸体制演变研究（1820—1850年）》（载《福建论坛（人文社会科学版）》2013年第10期）一文中指出，鸦片战争前行商制度在中国对外贸易体制中发挥着一定的作用。作为以农业为主体经济的中国，重农主义的经济思想始终占据主导地位，清政府限制对外贸易于几个口岸，甚至最后限制于广州一地。而行商作为获得政府特许专事对外贸易的商人集团，不仅行使着贸易中介的职能，而且承担着管理外商的担保责任，与行商制度配套的粤海关，其关税收入也是国家财政收入的重要来源。鸦片战争后，一方面，中国对外贸易体制，因传统经济结构惯性的影响，并未显著呈现转变趋势。通商口岸的开辟，短时期内暂时未对中国内地经济造成负面影响，条约对海关税率的修改甚至客观上对中国对外贸易有利，如：中国丝茶出口的优势远远超过英国从条约通商口岸开辟得到的商业利益。另一方面，以中国为中心的东亚朝贡贸易体系开始向以伦敦为中心的金融汇兑贸易网转变。五口通商的实现，使由于鸦片贸易而造成白银短缺的中国和急需打开中国市场的英国之间，形成了英国棉织品和中国茶叶之间的现货贸易，这一贸易产生两方面的影响：一是以英国的棉织业为轴心，二是将中国的金融市场整合进以伦敦为中心的国际金融体系之中。

（4）鸦片战争后清政府改革延误

孙明哲在《以张喜为案例探鸦片战争后中国改革延误的原因》（载《云南民族大学学报

(哲学社会科学版)》2014年第3期)一文中指出,清政府在鸦片战争战败后没有发起任何改革,以至于近代中国长久积弱积贫,因此,清政府观念与体制两方面因素的相互交错是中国鸦片战争后改革延误的原因。从微观方面看,清政府官僚普遍存在着认知不足和观念过剩的倾向。认知不足是对英国的状况、当时的世界形势等中国之外的事态发展情况认知不足,如道光朝的精英们都不了解当时的形势,以为英国只是请愿通商而已;鸦片战争结束之后,一朝上下几乎都认为英国不会再犯,以为《南京条约》是万年合约。观念过剩是唯我独尊、天下朝贡、礼制之邦、太平盛世等这类天朝观念的过剩。从宏观方面看,清政府体制僵化与人才缺失两方面缺陷表露无遗。清朝了解英军实力的四位大员(林则徐、琦善、伊里布、耆英)在鸦片战争结束后都没回到朝中,使直接接触了英军的大臣们无缘鸦片战争后的中央行政,这使得可能倡导、推进改革的人显性或隐性地流失了。处于改革执行者位置之上的人没有改革意识,具备潜在改革意识的人无法存在于可以推行改革的位置,最终导致清政府改革的延误。

(二) 中日甲午战争

1. 甲午战争的起因

崔志海在《当代中国晚清政治史研究》(244—245页,北京:中国社会科学出版社,2017)一书中指出,关于甲午战争爆发的原因,学者们的看法基本上可以概括为以下几种:近代天皇制的确立与日本国内资本主义的发展,是日本挑起战争的根本原因;日本长期以来奉行的大陆政策,是其武力扩张的理论依据;开拓原料产地、商品销售市场和投资市场,是日本挑起战争的经济动因;1890年起发生在日本国内的政治、经济危机,刺激日本通过发动战争转移国内矛盾;清政府的妥协退让,欧美列强的怂恿、挑拨,以及日本国内甚嚣尘上的战争舆论,是促成日本率先开战的直接契机。

具体而言,国内学者对甲午战争爆发的原因的叙述又有不同侧重。吴松芝在《从〈马关条约〉看中日甲午战争爆发的原因》(载《求索》2012年第2期)一文中指出,甲午战争是日本蓄谋已久并精心策划的一场有重大战略预谋的侵略战争。战后日本强迫清政府签署的中日《马关条约》,是其发动甲午战争的动机与目的的真实表述,揭示了甲午战争爆发的真实原因。第一,进行领土扩张。吞并朝鲜和辽东半岛是日本推行"大陆政策"的要求与结果;吞并琉球群岛、台湾、澎湖列岛等是日本推行"海洋政策"的要求与结果。《马关条约》第一、二款约定中国放弃对朝鲜的宗主国地位,割让中国的辽东半岛、台湾、澎湖列岛给日本,加上已被其吞并的琉球群岛,日本对外扩张的初步目标完全实现。从此,日本取得了从北、南两个方向侵略中国大陆的基地,并为其继续北上、南进亚太其他地区奠定了基础。第二,谋取霸权地位。通过甲午战争,最大限度地削弱中国的军事实力,使中国丧失军事博弈的能力;通过巨额赔款,在条约的第四款约定"中国约将库平银二万万两交与日本,作为赔偿军费",最大限度地削弱中国的经济实力,使双方实力迅速"此消彼长";通过签署新约,在条约第六款约定"中、日两国所有约章,因此次失和,自属废绝",最大限度地转变双方的国际地位,并使其地位"合法化"。从此,日本取代中国,成为了东亚地区的新霸主。第三,缓和国内的经济及社会矛盾。日本是弹丸小国,国内市场狭小,原料缺乏,加之国内封建残余势力以及各种尖锐的矛盾,无法满足其资本主义发展的需要。条约第六款约定:"开放沙市、重庆、苏州、杭州为商埠,日本轮船得驶入上述各口岸。"这就把中国变为了日本的原料供应地、商品销售市场和投资场所,为日本对华商品和资本输出创造了条件,极大地促进了日本资本主义发展,加速了日本向帝国主义过渡。

李永晶在《甲午战争与日本的世界认识》(载《学术月刊》2014年第7期)一文中指出,明治政府的指导者在对华开战前,已经形成了对中国与世界(即欧美列强)秩序的独特认识。日本发动这场战争并取得胜利,正是在这种世界认识的基础上,高度掌控并灵活运用内政、外交与军事实力的结果。明治日本政治家认为,日本在甲午战争开战前,一直面临两种压力,一种是中国主导的华夷秩序即中华世界秩序的压力,另一种是西方列强强迫日本签订的通商条约。他们将中国视为战争对手,企图颠覆中华世界秩序,试图通过战争进入由中国与欧美列强组成的世界大国俱乐部。同时,他们认为,战胜了中国也就是战胜了世界,通过此种方式让世界知道日本,敬重日本,畏惧日本,进而在世界尤其是欧洲面前提高地位。日本在这样一种世界认识的前提下,发动了甲午战争。

2. 中国战败的原因

张海鹏在《甲午战争的历史教训与现实思考》(载《求是》2014年第14期)一文中指出,中国失败的原因是多方面的。

一是中日两国社会制度、发展阶段不同。中国是一个半殖民地半封建社会,虽然开展了洋务运动,但没有触及社会制度,改革效果还不及日本幕府末期。日本通过明治维新,大力提倡与开展"殖产兴业",积极引进西方生产技术和社会制度,使日本迅速发展成为一个后起的资本主义国家。

二是清政府缺乏对日本走向军国主义的清醒判断。日本为发动这场侵华战争,做了几代人的准备,设计了多种实施方案,派出的情报人员足迹遍及中国各地。而清政府对日本明治维新以来的情况缺乏了解,对日本几代人准备"征清"的图谋未曾研究。清政府处理中日关系,不是放在欧美列强推行殖民主义侵略政策的大背景下思考,不去深究、探讨这些事件的背后原因,且往往处置失当。

三是清政府体制内耗严重,领导力量薄弱。日本组成举国一致的战争体制,"集中目标,讨伐中国"的情绪,弥漫全国。而清政府各大臣意见相左,帝党、后党围绕主战、主和相互攻讦。为了巩固光绪皇帝的地位,帝党主战,慈禧太后为了不耽误自己的60岁大庆,支持李鸿章对日妥协。处在应战指导地位的李鸿章,事事需要奏请,难以迅速形成决策。

四是清政府把国家安全寄托在列强调停上,没有做战争准备。在战争指导原则上,日本实行积极进攻的战略原则,李鸿章采取消极防御的方针,在战争一触即发之际,不相信战争能打起来,只相信"万国公法",以为只要以理服人,"谁先开仗,即谁理绌"。他把应对战争可能爆发放在国际调停上,不断请俄国、英国、美国出面调停,不做战争准备。战争爆发清政府平壤大败后,李鸿章眼看局势于己不利,又忙着请列强调停和局,而日本在军事上一步也不放松,处处掌握主动。

五是清军战略上消极防御,步步退让。日本在战役指挥上,总是先下手为强,每一步都是先动手争取主动。李鸿章的战役指挥,是步步退让。丰岛海战后,北洋海军不敢到大同江以南海域巡行,制海权拱手让人。黄海海战,李鸿章实行"避战保船"死守港口的方针,放弃了黄海制海权。日军在辽东花园口登陆后,李鸿章未组织反击。日军进攻大连湾和旅顺,日军在山东半岛荣成湾登陆,也没有遇到抵抗。

六是清朝军事体制落后,难以指挥调动、形成合力。日本在广岛设立战时大本营,天皇亲自坐镇,统一指挥军事、政治和外交。清政府没有建立统一的国防军,只有旧式的军队湘军和淮军,没有统一的领导机关,军队各有所属,互不听调。李鸿章指挥北洋海军,却指挥不动南洋海军;可以指挥淮军,却指挥不动湘军。鸭绿江沿线数万清军,互不相属,互不支援,一两天时间,防线就为日军全面突破。旅顺是北洋海军基地,设防坚固,各守将互不统属,有将无帅,最后也被日军攻破。

七是国际环境总体来讲对清政府不利。清政府与列强签订了《南京条约》《天津条约》《北京条约》等,中国在西方列强条约体系的束缚下,以中国为核心的东方宗藩体系正在全面崩溃。而清政府还存在中国中心观念,守着夷夏之防、宗藩体系,想以调停手段达到以夷制夷的目的,缓解中国面临的紧迫局面。在李鸿章调停期间,日本成功劝说欧美列强,破解了清政府的调停策略,导致欧美列强对日本在华的侵略行动是乐观其成的。

刘传标在《甲午战争中国战败的原因再探》(载《福建论坛(人文社会科学版)》2017年第3期)一文中指出,甲午战争中国战败,清政府的腐败固然是主要原因,但政治制度、军事体制、经济基础和国民海权意识、人文环境对战争结局的影响也不可忽视。第一,中日对海防建设投入的悬殊。到1893年,日本拥有西式训练的现代化常备海军8 000人,而中国当时"四海"舰队常备人员仅有4 800名。第二,中日海防建设和海军管理架构差异。中日两国近代化海军诞生后,早期都是归陆军管辖,中国海军成为独立军种的步伐慢,中国四大海军互不隶属,各自独立,军事力量无法形成合力,而日本则快速从陆军中独立出来。第三,中日作战指挥体系的差异。日本一开始就任命旧官僚中的海军建设内行人负责海军和海防建设,主持海军建设与训练的官员也都是训练有素的海军学校毕业生。而清政府将海军依附于陆军之中,对船政学堂培养的海军专业人才不信任,外行掌控前线作战指挥权。第四,中日海军建设与教育匹配性差异。中国海防建设人才培养较为单一。而日本的海防人才培养已实现系统化。第五,中日国民海防意识和国防的认知差异。日本在甲午战争中的作战计划和实施,始终围绕夺取黄海、渤海和东海等广大海域的制海权展开。而清政府自恃"天朝上国",长期轻视海权与海防。第六,中日海军留学生的派遣相差无几,但回国后际遇差异较大。日本视留学归国人才为推进现代化进程的国宝,委以重任,成了日本海军和近代化海防建设的骨干和领导力量。而中国的海军留学生回国后,清政府仅视之为掌握"奇技淫巧"之术的人员。

3. 甲午战争的历史地位及其影响

张海鹏在《甲午战争与中日关系——战争爆发120年后的反思与检讨》(载《聊城大学学报(社会科学版)》2014年第6期)一文中指出,甲午战争的结局,是清政府事前没有料到的,日本在战争中完胜,也是欧美各国没有料到的。第一,甲午战争的失败给予中国的打击是世纪性的。领土的割让使中国历经半个世纪的分裂,巨额的赔款使清王朝无力自救,三次大借款,中国除忍受苛刻的政治条件外,经济上亦遭受重大损失。第二,甲午战争刺激了日本侵略扩张的野心,使其更加执着地推行"大陆政策":从甲午战争到日俄战争,从"九一八"局部侵华到七七事变全面侵华。第三,甲午战争的结局,刺激了帝国主义列强对中国的侵略。甲午战争掀起了列强瓜分中国的狂潮,各国纷纷划定在华势力范围,加剧了中华民族同帝国主义之间的矛盾。第四,甲午战争后,中国历史上与周边亚洲国家建立的宗藩关系体系彻底瓦解,殖民主义体系在亚洲取代了宗藩关系体系。第五,甲午战争使中华民族警醒。资产阶级改良派和革命派先后登上政治舞台来挽救民族危亡。第六,甲午战争使日本忘乎所以,以为日本可以主宰世界,最终落得彻底失败的结局。

俞祖华等在《近代中日关系与中华民族复兴观念的形成》(载《聊城大学学报(社会科学版)》2014年第6期)一文中指出,中华民族复兴观念的生成与演变,与民族危机的发展尤其是日本帝国主义入侵的刺激息息相关。1894年甲午中日战争发生后民族危机的加深与民族意识的觉醒,促成中华民族复兴观念的酝酿。革命派领袖孙中山于1894年11月在美国檀香山创建兴中会,成立宣言明确指出设立兴中会的目的"专为振兴中华",该口号成了中华民族复兴观念的先声。可以说,"振兴中华"的提出,与甲午战争的刺激有直接的关系。

金冲及在《二十世纪中国史纲(简本)》(上册,7页,北京:社会科学文献出版社,2012)一书中指出,假如用短近的眼光看,甲午战争对中国而言是一场备受屈辱的悲剧;但是用长远的眼光看,却又是一个新的起点。屈辱迫使人们重新进行思考,屈辱促使人们猛醒,同时发奋图强,从而揭开中国近代历史上新的篇章。甲午战后百年间的历史,表明中华民族是一个热爱和平的民族,但它决不能容忍别人对它的肆意侮辱和欺凌,一旦认识到存在的严重危机,便会万众一心地奋起前进,这便是我们这个民族的精神。

(三) 八国联军侵华

1. 八国联军侵华的起因

季云飞在《也谈八国联军侵华战争的起因》(载《南京社会科学》2001年第6期)一文中指出,1900年爆发的八国联军侵华战争,是由于帝国主义列强竭力维护和扩大在华的侵略权益,强行推行其政治、经济、文化等侵略政策的必然结果,从根本上说,八国联军侵华战争的起因就是帝国主义推行其侵略、殖民政策而对华发动的殖民战争。

赵晨春在《略论八国联军侵华战争的若干特点》(载黎仁凯等编《义和团·华北社会·直隶总督》,195—202页,保定:河北大学出版社,1997)一文中指出,帝国主义列强为了维护自己的侵略权益、镇压义和团运动而不惜对中国使用武力,是八国联军战争的主要原因。同时,他认为清政府采取的对外对内政策也是战争的起因。清政府最初对义和团采取镇压的态度,到1900年初,清政府对义和团开始进行招抚和利用,但此时的招抚和利用一直在暗中进行,到5月以后,清政府对义和团的支持由暗中转为公开,如慈禧于6月16日下令将义和团年轻力壮之士招募成军;6月21日慈禧嘉奖义和团,由于慈禧怀疑列强在扶植光绪帝和维新派,因此,清政府采取这样的政策,并非是为了反侵略、反瓜分,而是利用义和团愚昧落后和盲目排外的一面,向洋人泄愤。由于清政府采取这种冒险性的玩火政策,使得义和团在京津地区迅速发展,盲目仇杀传教士、教民和外人的事件日趋严重,事态日渐扩大,因而给外国列强的武装干涉提供了借口,所以清政府是这场战争的另一起因。

2. 八国联军侵华战争的特点

赵晨春在《略论八国联军侵华战争的若干特点》(载黎仁凯等编:《义和团·华北社会·直隶总督》,195—202页,保定:河北大学出版社,1997)一文中指出,八国联军侵华战争主要表现出如下两方面的特点。第一,清政府主战的愚昧性。首先,在清政府主战的意图方面。

清政府并非单纯出于自卫需要,而是在很大程度上带有封建顽固势力力图争夺本集团权力、向外人泄私愤的成分。其次,在清政府主战的手段方面。清政府此次主战,从一开始就将作战重点放在围攻使馆上,而慈禧等人在抗击八国联军入侵的正面战场上,始终拿不出像样的作战计划和行动来。再次,在对敌我双方形势的认识方面。慈禧等人错误地估计形势,盲目乐观,虚骄自大,认为克敌制胜的法宝是"忠信甲胄""礼仪干橹"。第二,战与非战的矛盾性。先看帝国主义列强方面。他们是这次战争的发动者、入侵者,但是他们不仅始终未向清政府正式宣战,而且不承认与清政府之间是交战国关系。再看清政府方面。清政府采取似宣战而又不肯全力投入战事的态度。八国联军侵华战争开始后,清政府曾发布对外"宣战"谕旨,但清政府的这道谕旨实际只是对内的,并未送达各国,也未指明向何国宣战,而且,清政府当时也没有采取通常交战国所要作的同列强断交、废约、撤使的行动。就连开战后清政府下达给各行省的战争动员令,也写得含糊其词,并未明确要求除直隶外的全国各地、特别是沿江沿海地区也进入战争状态、展开对列强的战事。

3. 八国联军侵华期间中央与地方的关系

郭廷以在《近代中国史纲(上册)》(338—341页,香港:香港中文大学出版社,1980)一书中指出,八国联军在北方横行之时,南省中国"东南互保",免除了列强的南顾之忧,南省初指刘坤一、张之洞管辖的五省,不久浙江、福建相继参加。后李鸿章声明自保两广,断不尊奉慈禧对列强的宣战诏书。山东巡抚袁世凯虽为惩办拳匪最得力之人,但此时也与刘坤一、张之洞态度一致。四川、陕西、河南督抚也同意刘坤一、张之洞的主张。这样,互保的区域实际上包括了十三省。地方坐视朝廷危机,不发兵勤王,而且,事后也未追究,可见中央权威已经下降到极点,地方权力不断强大,使得晚清政府摇摇欲坠。

4. 《辛丑条约》所体现的条约关系

李育民在《近代中外战争与条约关系(上)》(载《社会科学研究》2015年第6期)一文中指出,在资本主义走向帝国主义阶段之时,列强亦用战争手段从中国攫取特权,大大扩展了不平等条约关系,条约关系的恶化和列强侵略的扩大,更加剧了中外矛盾,也激起了中国人民的奋力反抗,崇奉强权政治的列强用更大的战争压抑中国的反抗,巩固和强化中外间的不平等条约关系。在恶性循环中,列强的侵华战争将条约关系推向新的阶段,中国的主权遭受空前的损害。与以往战争不同,八国联军之役是为了巩固强化条约关系,解决的是列强整体利益,协同一致是实现这一目标的基本环节。正是在这一目标之下,列强各国集体与中国签订了战争和约——《辛丑条约》,以维护他们共同的核心利益。《辛丑条约》在形式和性质上具有显著的特点。一是形式上是多边条约,实际上是一个双边条约。因为,在交涉签约中,中国之外的11个国家是一个整体,具有利益的一致性,条约内容也只是体现了中国与西方国家整体的关系。二是战争和约在性质上是一个严重的片面条约。该约条款要求清政府单方面承担各种苛刻的义务,却无相应的权利,八国联军则无丝毫义务而享有种种权利。在条约关系史上,《辛丑条约》背离对等原则达到了登峰造极的程度,而且,附件内容多为清帝上谕,这些以承诺国际义务为内容的上谕,通过附件的形式成为了和约的一部分。这一新的方式,强化了清政府所作承诺的责任,更凸现出该约的片面性和权威性,反映了列强将中国国内法(上谕即相当于法规)和国际法范畴的条约结合起来保障在华权益的新特点。这一特征鲜明地体现了列强对华的强权政治和前所未有的霸道性质。

5. 《辛丑条约》签订后的中国社会

宝成关等在《从"甲午"到"庚子"——论晚清华夷观念的崩溃》(载《吉林大学社会科学学报》2002年第1期)一文中指出,随着义和团运动的失败和《辛丑条约》的签订,晚清华夷观念宣告"最后崩溃"。主要原因包括以下三个方面:第一,庚子事变后,西方列强逼迫业已臣服的清政府惩办顽固派代表人物,从此,华夷观念在高层统治集团内部丧失了赖以存在的政治基础。第二,《辛丑条约》签订后,民间的对外意识由"攘夷排外"之风变为"崇洋"之风,民间日常生活中的"洋物"开始日渐风行。穿洋服者渐渐多了起来,甚至在广西等偏僻省份的学堂中也允许学生穿洋服;英美烟草公司生产的"红锡包""哈德门""前门"等品牌的香烟在市场上销路甚好,甚至连妇女也竞相吸食纸烟,并且迅速蔓延至全国;另据《大公报》1904年载,洋酒在民间也迅速流行。第三,庚子事变后,伴随着新政的推行,西学东渐的进程大大加快了。1904年,清政府颁行《奏定学堂章程》,规定各类学校均应开设地理课程,让国人了解中国只是世界的一部分。这样,华夷观念不攻自破。综上所述,在20世纪初年西学东渐的思潮影响下,晚清传统的华夷秩序观走向最后崩解。

二、中国人民反抗外来侵略的斗争

(一)三元里抗英

茅海建在《天朝的崩溃:鸦片战争再研究》(291—314页,北京:生活、读书、新知三联书店,2017)一书中指出,列强侵略直接导致了三元里等在"夷夏"旗帜下(传统民族主义)的反抗,后来又发展到反洋教、义和团一类的排外主义(也是一种民族主义的形态)的举动,进至甲午战后,经梁启超、孙中山等人的阐发宣教,再到五四新文化运动时期的近代民族主义。可以说,三元里民众抗英是中国近代民族主义一系列异变过程的开端。另一方面,三元里抗英斗争中,尽管某些士绅有着传统民族主义色彩的号召,在客观上是一种爱国行动,但他们着力点仍是对保家卫园的宣传,因此,主观上三元里等处民众进行的是一次保家卫园的战斗。例如,就行动而言,三元里抗英只可能发生于英军肆虐的地区,如广州郊区,但在广东其他地区或广东的邻省,就不会产生民众的自觉。以当时的客观条件而言,因无近代通讯手段和大众媒体,许多民众并不知情,民族主义仅存在于士绅阶层而未深入下层民众之心,许多人还意识不到民族利益、国家利益的存在。

姜涛等在《中国近代通史(第2卷)近代中国的开端(1840—1864)》(144页,南京:江苏人民出版社,2009)一书中指出,三元里人民的英勇抗英斗争,是鸦片战争时期各地人民反侵略中规模最大的一次,也是中国人民近代以来抗击外国侵略者的先声。三元里人民以长矛、大刀等原始的冷兵器,迎接英国侵略军的枪弹炮火,与敌人展开了血肉搏击,取得了胜利,显示出中华民族不畏强暴、坚决抗击外来侵略的英勇斗争精神和气概。他们的英勇斗争,用铁的事实击灭了琦善、伊里布等妥协派散布的英人船坚炮利、不可战胜的神话,也给弥漫于整个清朝统治集团内部的妥协主义与投降主义谬论以有力的驳斥。而三元里人民自发组织起来的抗英斗争因清政府广东当局的妥协与破坏而告结束的事实,更清楚地向世人显示:中国下层民众抗击侵略军的坚定意志与英勇气概,与清政府腐败官吏的卑污妥协和水师兵勇的贪生怕死相比,形成了天壤之别。封建王朝的统治阶级,不可能也不敢依靠广大人民群众的力量来共同维护民族尊严和国家权益。

(二)反割台斗争

李艾丽在《从反割台斗争看台湾同胞的爱国主义传统》(载《广西社会科学》2000年第4期)一文中指出,中国的台湾被迫割让给日本后,为维护祖国领土完整,台湾同胞不畏强暴,浴血奋战,进行了英勇、悲壮的反对日本侵台的军事斗争。这些斗争,充分体现了台湾同胞强烈的中华民族意识,深厚炽热的爱国情感和不挠不屈的爱国斗争传统。具体而言:《马关条约》签订第三天,台北市民"鸣锣罢市",集会抗议割台,宣布饷银不准运出,制造局不准停工,台湾税收要全部留作抗日之用;一批台湾爱国官绅也纷纷上书清政府,反对割台。富有反抗侵略和爱国精神的台湾人民,不惧强敌,不畏艰难,决心与入侵的敌人血战到底,捍卫祖国的土地不受侵犯。台湾人民反割台斗争是一场反对帝国主义侵略的伟大的民族战争。割台违背中华民族的根本意愿,台湾人民坚决反对与祖国分离,台湾人民有着以中国为认同、归属的团体精神及民族感情,有着千百年来就熔铸了的鲜明卓著的爱国主义传统。

(三)义和团运动

1. 义和团运动起因

金冲及在《二十世纪中国史纲(简本)》(上册,22页,北京:社会科学文献出版社,2012)一书中指出,义和团运动有着深刻的社会背景:第一,同长江流域及其以南地区比较起来,华北原来要相对封闭,外国政治和经济势力地渗入要晚一些。十九世纪最后几年,这种渗入的步伐大大加快。举例来说,据天津、烟台、胶州三个港口的统计,1894年输入的洋纱为十八万多担,到1898年就激增到近五十万担,短短四年内增加到264%,严重打击了华北农民经营的家庭手工业。义和团兴起的鲁西地区正是重要的产棉区和棉纺手工业区,受到的影响十分明显。社会秩序在如此短的时间内发生急遽变化,自然容易引起格外强烈的反弹。第二,明清以来几百年间,从富饶的长江流域到首都北京间的南北运输通道,主要是流经直隶、山东、苏北的大运河。漕运也好,商运也好,都是如此。运河两岸商业比较繁荣,赖此为生的人员众多,镖局兴盛也是由于这个原因。19世纪后期,特别是70年代起,海运渐开,南北之间货物流通大多数改由海轮载运,运河逐渐淤塞,两岸城镇衰落,运河上的船工和纤夫大批失业,造成大量游民,社会生活动荡。第三,灾荒不断。黄河下游连年水灾,1898年黄河多处决口,洪水奔泻,一望无际,上百万人受灾。第二年又转为大面积亢旱,并发各种灾害,流民遍地。义和团运动最早走向高潮的鲁西北和鲁西南,在山东正是农业产量最低、灾情最为严重、社会流动性最大、民心最为不安的地区。

2. 义和团运动的评价

金冲及在《二十世纪中国史纲(简本)》(上册,20—21页,北京:社会科学文献出版社,2012)一书中指出,义和团运动是西方列强对华侵略行为逼出来的,是有着广泛群众性的爱国行动。中国在甲午战败后非常险恶的局势下能避免遭受瓜分的噩运,同义和团运动中表现出来的宁死不屈的民族精神有着直接的关系。同时,义和团运动也有消极的一面,如笼统排外、愚昧迷信、组织松散、成分复杂,以至被清政府利用等。它的这些消极落后归根到底,是因为当时中国经济文化还十分落后,缺乏先进社会力量的引导,群众性的,特别是起自下层的反抗斗争处在自发的状态,很难不同时带来许多愚昧落后和盲目排外的因素,这是这类斗争在当时只能达到的水平。

史革新在《义和团运动与近代思想启蒙》(载《北京师范大学学报(人文社会科学版)》2000年第5期)一文中指出,义和团运动不仅沉重地打击了帝国主义列强瓜分中国的狂妄野心,而且给当时的资产阶级政治斗争提供了新的发展契机,尤其给20世纪初中国社会的思想启蒙以深刻的影响。它对中国社会产生了巨大的震动,引起了社会各阶层,尤其是新兴资产阶级在思想上对时局进行的深刻反思。这些反思又通过当时的各种宣传舆论工具表达出来,成为近代思想启蒙的重要组成部分。总的来讲,经过义和团运动之后,国内民众的思想认识,无论在对帝国主义侵略势力和清政府腐朽本质的认识方面,还是在对人民群众力量的觉悟、对新世纪思想启蒙重要性的认识等方面,都大大提高了。

三、中国社会各阶级的抗争与探索

(一) 农民阶级的抗争与探索

1. 太平天国运动的起因

罗香林在《兴宁文史·第27辑·客家研究导论·罗香林专辑》(310—316页,兴宁:广东兴宁市永恒彩印厂,2003)一书中指出,太平天国革命的爆发,有以下几个方面的原因。第一,官吏的贪污,人民的愤恨。乾隆中叶,官吏贪污腐败,鱼肉百姓,人民痛苦不堪,因此一遇机会,便揭竿而起。第二,会党的盛行和复明思想的普遍。明朝覆亡后,忠明义士组织天地会等团体,伺机推翻清朝统治;嘉庆后,满洲官吏统治能力日渐削弱,各党人便以复明口号复出活动;客家子弟参加天地会等反清团体日益增多。第三,西洋宗教自由平等思想的输入。客家接近海洋、交通便利,对于海洋思想容易接受,而基督教自由平等思想及口号,又极易被长期遭受压迫的人民所承认,所以洪秀全创立拜上帝教,民族革命与宗教运动相结合,人民纷纷响应。第四,科举积弊和文士愤恨。清代科举制度,沿袭明制,不能选出真正的有才之士,到嘉道后,清政府下诏准许人民捐纳出身,以致科名更为志士所不齿,而客家人由于所居之地参加一次科考已属不易,而现在还得拿钱来捐纳出身,使得他们更加憎恨清政府。第五,农民的困苦与革命的要求。满清的官吏横征暴敛,剥削人民,道光后期,在两广地区,又连年饥馑,洪秀全等乘此机会发动暴动。综上所述,太平天国的革命是反对满清政府及其文武官吏以及同情满清诸富商豪绅的一种运动。他们组织以客家平民为干部,为中坚,西南各省的平民为助力,为援军,他们的军队,以农民为基本武力,他们的革命方式,采取军事政治宗教同时并进的协调行动。

2. 太平天国政权的性质

史学界大体上有以下三种看法:

一是封建政权说。孙祚民在《判断太平天国政权性质的标准——五论关于"农民政权"问题》(载《学术研究》1981年第5期)一文中指出,由于太平天国基本上沿袭封建专制政权的模式,地主阶级及其知识分子在国家中处于统治地位,从建都天京到失败始终普遍实行承认和保护地主土地所有制,允许和支持地主收租的土地政策,因此,太平天国政权是维持地主阶级根本利益的新的封建政权。

二是农民革命政权说。孙克复等在《太平天国政权性质问题商榷》(载《社会科学辑刊》1981年第1期)一文中指出,太平天国定都天京后,在激烈的阶级搏斗中,农民出于反抗的需要,建立起一个短期的、比较完备的农民政权机构。太平天国的《天朝田亩制度》和革命实践,说明其政权是一个与清王朝封建政权对峙十多年的"农民革命政权"。

三是农民政权封建化说。苏双碧在《太平天国史综论》(359页,南宁:广西人民出版社,1993)一书中指出,太平天国农民政权和封建政权并没有本质区别,只是因为这个政权在某一阶段更多的是代表农民的利益,就称之为农民政权,它只区分于地主政权。

3. 对《天朝田亩制度》的认识

崔之清在《太平天国革命纲领试析》(载《历史教学》2010年第17期)一文中指出,首先,将《天朝田亩制度》说成太平天国革命的纲领,是现代历史学家们的论断,并不是洪秀全规定的。现代历史学家看到《天朝田亩制度》规定了按人口平均分配土地的反封建内容,还有一些范围广泛的政策规定,而且又实施了其部分内容,于是,他们就把《天朝田亩制度》从太平天国大量文献中抽出来,作为指导整个太平天国革命的"纲领"。但是,我们发现尽管太平天国官书"汗牛充栋",但《天朝田亩制度》的发行量却很少,而且,现代史学家们最欣赏的按人口均田的土地政策恰恰没有实施,与此相反,洪秀全实施的则是承认封建地主所有制的"照旧交粮纳税"政策。就是说,太平天国的革命实践否定了《天朝田亩制度》中最革命的内容——按人口均田,仅仅在不同程度上实践了其次要内容,如乡官、圣库、宗教、司法等具体政策,而这些具体政策显然不是革命的总纲,不属于纲领的范畴。其次,太平天国的主要革命目标之一——推翻清朝,《天朝田亩制度》却只字不提。这一目标贯穿于整个革命进程,是十几年革命战争的根本目的之一,但恰恰被《天朝田亩制度》所忽视,可见,把《天朝田亩制度》作为纲领是经不起实践检验的,因为它并没有指导天国的革命实践,反而为实践所否定。再者,"废弃偶像,崇拜上帝;诛灭妖朝,创建新朝"应是太平天国的革命纲领。翻阅并研究太平天国各种文献,我们就可以清楚地看到太平天国有一个普遍记载于文献并贯穿全部革命进程与各项政策的总纲,这就是"废弃偶像,崇拜上帝;诛灭妖朝,创建新朝"的政教合一的革命纲领。它应是太平天国的革命纲领,原因如下:第一,这个纲领充满了太平天国的各级各类文书。就太平天国尚存的文献材料分析,"废弃偶像,崇拜上帝;诛灭妖朝,创建新朝"的革命纲领被写进了大部分文献。第二,太平天国革命的整个历史进程雄辩地证实了这个论断。这一纲领贯穿于整个运动的全过程,如定都天京后,洪秀全北伐、西征、破江北、江南大营等前期军事活动,太平天国后期,陈玉成、李秀成在战场上纵横驰骋,太平天国覆灭后,太平军余部转战各地,坚持不懈都是为了保卫、巩固或扩大纲领的实践成果。第三,《天朝田亩制度》的各项政策是在"废弃偶像,崇拜上帝;诛灭妖朝,创建新朝"这一纲领的指导下制订和实施的。《天朝田亩制度》规定按人口均田,但在实践中实行了"照旧交粮纳税"的旧章程,这种我们现代人看来的严重政治倒退,在洪秀全看来却并未背离自己的纲领(奋斗目标),他们认为这一具体政策的转变更加适合和有助于革命纲领的推行,它可以减少地主阶级反抗造成的推行纲领的阻力,有助于太平天国统治区的安定。有人甚至镇压抗租斗争,为地主作伥。这正说明,《天朝田亩制度》规定的土地政策是受纲领制约的。

4. 对《资政新篇》与洪仁玕的认识

陈旭麓在《近代中国社会的新陈代谢》(82—83页,北京:中国人民大学出版社,2015)一书中指出,洪仁玕受命于危难之际,成为后期太平天国事务的主持者。就节操和知识而言,他是太平天国的一等人才,但他缺乏军事才干,因此,在烽火连天的内战中,他不可能挽救太平天国的颓势。另一方面,洪仁玕提出的《资政新篇》是当时中国最完整的发展资本主义的纲领,具有开通的眼识和卓越的预见,但在当时,它游离于农民斗争之外,这就决定了它不会在太平天国的群众中激起用拜上帝会造小天堂那样的反响,还不能真正地把农民群众和资本主义联系起来,也不会转化为物质力量,只不过为19世纪中国的社会思想留下了一份珍贵的资料。

夏春涛在《洪仁玕的思想特征及其历史地位》(载《福建论坛(人文社会科学版)》2001年第6期)一文中指出,洪仁玕撰写的《资政新篇》代表了19世纪60年代以前国人在探索近代化道路方面的最高水准,太平天国内部学习西方的代表性人物是洪仁玕。但洪仁玕对西方的认识仍存在着致命的缺陷,还不能够既认识到西学的先进和学习西方的必要,同时又能洞察列强在华的险恶用心。另一方面,洪仁玕始终对儒学持温和态度,主张糅合儒耶(中西)。如从香港投奔天京后,环境的改变直接导致了洪仁玕新旧观念的变化,具体表现为其旧有的忠君思想和宗族意识的日益膨胀。

5. 太平天国运动失败的原因

茅家琦在《太平天国通史(下册)》(360—393页,南京:南京大学出版社,1991)一书中指出,太平天国运动失败的原因包括以下几个方面:第一,战略指挥失误。太平天国一直没有形成一套正确的战略战术,战略指挥水平未能在长期的战争中得到大幅度的提高,而清军的战略指挥却有了长足的进展。曾国藩认真研究和总结了湘军的战争经验,形成了一套战胜太平军的有效战略战术。这样,双方战略指挥就拉大了差距,加速了太平军的败亡。第二,权力斗争引起的严重分裂和内耗。这种分裂和内耗使太平天国领袖们把相当多的精力用在相互摩擦和争斗上,既极大地消耗了太平天国的实力,干扰和影响了对敌斗争,又毒化和腐蚀了将士的思想,上行下效,损害了太平天国健康的肌体,加剧了政治腐败,加速了太平天国的覆亡。第三,自我孤立的战略和政策。太平天国采取不重视知识分子的错误政策,而曾国藩注重任用知识分子,这导致太平军与湘军各级指挥员的人才及知识结构差距颇大,不利于太平军战场上的胜利。太平天国没有制定和实施一套恢复和发展战时生产的政策,采取违背客观规律的错误决策,无法挽救太平天国的危亡。第四,拜上帝教的功能转化。在起义前后,拜上帝教的宣传动员和组织功能强化,成为团结教众的重要精神凝聚力,随着太平军的推进和扩大,拜上帝教原来的鼓舞与动员群众的功能逐渐丧失,宗教纪律的约束力日益松弛,宗教的积极作用趋向退化,同时,洪秀全竭力强化它的另一功能——为建立和巩固洪氏王朝,维护封建等级制度及世袭制度提供理论依据,使洪氏朝廷神权化,拜上帝教的消极层次逐渐凸显,占据主导地位,对太平天国运动的危害不断加强。

刘学照在《太平天国与传统文化略议》(载《广西师范大学学报(哲学社会科学版)》2002年第3期)一文中指出,太平天国运动虽受到西方文化的影响,但它仍承袭了中国古代历次农民战争的"奉天承运""改朝换代""太平救世"的变革思想模式。它固然对传统儒学和孔子进行了冲击,但实际上它又极力使"儒为己用",援引孔孟儒家思想以及程朱理学思想,为自己的教义宣传、政策宣传和专制主义说教服务。在太平天国运动冲击下,传统文化产生了巨大的逆反作用,其在内部关系上作了调整,地主阶级发展洋务,力图自强,出现了以湘军主帅曾国藩为精神领袖的反太平天国思想的联合阵线,导致太平天国运动的失败,可以说,传统文化的逆反作用是清朝战败太平天国的文化动因。

6. 太平天国运动的影响

罗雄飞在《太平天国运动与近代中西文化交流》（载《首都师范大学学报（社会科学版）》1998年第3期）一文中指出，近代中西文化交流是中西文化冲突与融会相统一的过程。太平天国运动作为中国近代化过程的一个阶段，对中西文化交流有着重要影响。具体而言：其一，太平天国运动中，中西文化交流首先表现为拜上帝会的思想既与中国传统文化严重对立，又与西方基督教冲突尖锐。它反对中国旧有的迷信，却又继承中国传统信仰的诸多因素，同时，它虽带有基督教的厚重色彩，但从严格意义上说却又算不上真正的基督教，这一特点必然引起它与中西两种文化的冲突，对中国传统文化产生巨大冲击，从而为中西文化的融会提供必要的基础。其二，太平天国运动中，中西文化在激烈冲突的同时，又有着相互融会的趋势。首先，太平天国的宗教思想本身便是中西文化混合的产物；其次，太平天国对西方先进科学和"邦法"的学习吸收，如《资政新篇》介绍欧美亚非许多国家的历史和现状，开阔了广大太平军将士的视野，有利于太平天国运动中西文化融会；再次，在与西方文明接触的过程中，农民领袖的一些深层观念逐步发生变化，如"天下万国之真主""进贡""来朝"之类说法，在太平天国后期的对外文件中消失了，这种变化是中西文化融会的结果。其三，太平天国运动作为中国近代史上一次伟大的革命运动，对此后的中西文化交流和中国近代化进程起着不可忽视的推动作用。太平天国运动对腐朽势力进行了一次空前大扫荡，这在客观上为洋务运动的发展开辟了道路，而洋务运动引进了大量西方近代先进事物和进步的思想观念，促进了中外联系，并对中国传统文化产生了巨大冲击，在一定程度上改变了我国闭关自守的局面，为中西方文化交流开辟了更广阔的道路，从这些历史联系来看，太平天国运动在一定程度上推动了中国的近代化进程。

王桃在《试析太平天国运动期间清政府与西方国家外交关系的变化》（载《中州学刊》2006年第3期）一文中指出，在整个太平天国运动期间，西方国家一直都在利用太平天国所引发的危机向清政府施加压力，而清政府为了维护其统治地位，对西方国家从战略方针、宗教政策、外交体制等方面作了大规模的调整和让步。第一，在1853—1860年期间，西方以"修约"和发动战争的方式夺取了上海的海关，扩大了在上海的租界，俄国趁火打劫，强占我国北方上百万平方公里的领土。而清政府则不断作出让步，如咸丰帝上台后，从人事变动到外交方针，本来执行的是一条对西方强硬的外交政策，但是随着太平天国运动的兴起，清政府开始向西方妥协，出现了借助西方军事力量对抗太平军的"借师助剿"策略。第二，出于防范西方国家倒向太平天国方面的考虑，清政府主动加大了在宗教政策、外交体制等方面对西方国家的让步。第三，作为"以夷制匪"的手段，清政府还开放了当时仍属于太平天国管辖的一些长江口岸，出让了由太平天国管辖地区的许多特权，借此鼓励西方列强进攻和夺取太平天国占领的地区。第四，对于在太平天国威胁之下的清军战略要地，清政府也给予西方列强多种特权，目的在于利用西方列强作为防御太平军进攻的屏障。总之，受太平天国运动的影响，清政府从排外走向与西方"合作"。

（二）地主阶级的抗争与探索

1. 洋务运动的背景

郭廷以在《近代中国史纲（上册）》（187—195页，香港中文大学出版社，香港：1980）一书中指出,洋务运动是忧患中的自强运动,其背景包括以下几个方面:首先,慈禧、恭亲王的联合政变。1861年,咸丰帝病死,慈禧与恭亲王奕䜣联合发动"辛酉政变",总摄朝政。其次,恭亲王对时局的认识。第一,恭亲王对于中西关系有了新的了解。他认为,英国讲信义,志在牟取中国的利益。第二,恭亲王认为西人有心与中国为善,可以为我所用,故他决定借洋兵剿灭太平军。第三,恭亲王认识到要想摆脱西方侵略,中国必须自强。他认为,洋人目前尚且安静,太平军势力衰颓,正应及时自强。再者,曾国藩、李鸿章、左宗棠等封疆大吏的主张。以曾国藩为首领、李鸿章为中坚的疆吏主张军事与外交并进,一面信守相约,一面力图自强,在对内平乱的同时可以对外自卫。左宗棠也建议中枢选举人才、筹措经费,以制造轮船,整理水师。最后,冯桂芬、郭嵩焘等学者的见解。乾、嘉时代的学者,多致力考证与理学,道光后期,这些学者注意到国家的内在危机和外来的祸患,认为必须有所更张,取人之长。郭嵩焘认为,面对西方侵略,应从外交方面对其动之以情、晓之以理,所以,他不谈练兵制器,而冯桂芬则主张外交军事并重,对李鸿章影响最大的是冯桂芬。

2. 洋务运动的特点

虞和平等在《中国近代通史(第3卷)早期现代化的尝试(1865—1895)》(477—479页,南京:江苏人民出版社,2007)一书中指出,洋务运动有如下特点:第一,以外部压力为启动力。1842年第一次鸦片战争后,西方列强打开中国的国门,清政府为了增强国防力量,抵御外国侵略,开始了以"求强求富"为目的的洋务运动。第二,以兴办军事工业为开端。由于早期工业化以抵御外侮为最初动机,兴办军事工业以增强军事力量便成了工业化的第一步,清政府从1865年起开始大规模创办军事工业,到1890年共开办军用企业21家。第三,以移植西方的资本主义生产方式为主要途径。中国的工业化不是随着商品经济的发展由工场手工业发展而来,而是通过移植西方资本主义的产业和经济制度而逐渐展开的,洋务运动中产生的新式工业,基本上是通过引进西方的设备、技术、人才,乃至资金和组合方式而开办的。因此,早期工业化对西方资本主义带有依附性。第四,以内外结合、新旧结合为基本方针。洋务运动采用"中学为体、西学为用"的指导思想,力图在传统的儒家精神和传统社会制度中引入西方的资本主义因素,试图以后者弥补前者、护卫前者,以两者的结合来增强国家的力量和社会的发展,挽救国家的危亡。第五,以土洋并举,以洋带土、以土养洋为模式。由于中国的工业化是在外来压力的逼迫下,移植西方资本主义的模式和技术,超越中国固有经济的发育程度而开始的,因此,当西方的某些资本主义工业被移植进来的时候,中国固有的同类手工业仍然大量存在,从而出现土洋并举的工业生产结构。但是,当西方现代工业移植进来之后,对中国的同类传统手工业产生了强烈的刺激和挑战,使传统工业开始逐渐仿效引进的西式现代工业,向资本主义的生产方式过渡,从而又出现以洋带土的工业化过程。同时,移植西方工业所需要的大量资金,主要来自传统工业产品的出口,从而又出现以土养洋的工业化模式。

3. 洋务运动失败的原因

虞和平等在《中国近代通史(第3卷)早期现代化的尝试(1865—1895)》(479—485页,南京:江苏人民出版社,2007)一书中指出,要衡量洋务运动的成败得失及其对中国早期现代化的历史作用,除了对中国本身作纵向比较之外,还需要与类似的国家作横向比较,当时的日本就是一个可以与之比较的国家。在对西方资本主义东渐的反响方面。虽然两国都是在外来压力下而被迫走上早期工业化道路的,但是,由于两国历史发展道路、文化背景、经济地位不同,在面对西方列强侵略时,中国具有更大的被动性,而日本则在被动之中有较大的主动性。在军事工业对全民工业化带动作用方面。中国的洋务运动虽以"求强求富"为口号,但不能合理地处理强与富的关系,始终侧重于以"求强"为核心的军事工业的建设和经营,而日本的"殖产兴业"运动较好地协调了强兵与富国的关系,在兴办军事工业的同时也大力兴办民用工业。在移植西方资本主义制度方面。中国的洋务运动对西方资本主义的移植只限于产业和技术,而日本的"殖产兴业"运动不仅在移植西方的产业和技术,而且还移植西方的资本主义经济体制。在内部因素方面。中国的"中体"与日本的"和魂"有所不同,特别是在政治制度和领导集团上更具有质的差别。中国在洋务运动时期,政治制度基本原封未动,领导集团中虽然产生了洋务派,但仍属封建官僚改革派,且没有掌握最高统治权,而日本则已通过明治维新基本建立了资本主义制度,并由一批具有资本主义思想意识的改革家掌握了国家政权,他们积极推行工业化运动。在政府对民办企业支持力度方面。中国的清政府对于官督商办的民用企业虽然也曾提供了一定的资金支持,但是政府不仅要对这种支持资金收取像股本那样的"官利",而且还以此为由向企业索取"报效金",对于完全由民间创办的新式企业,清政府则没有给予任何物质上和精神上的支持。而日本的明治政府除了自己大量出资创办新式企业之外,还大力扶持民间创办新式企业。在社会动员程度方面。清政府在洋务运动中,只重视创办军事工业和民用工业,对社会力量并没有去做广泛的动员,只是利用了一部分绅商的力量。而日本政府在"殖产兴业"运动中,运用政府的职能进行充分乃至强制性的社会动员。总而言之,洋务运动由少数受西方资本主义影响较多的旧式官僚和绅商发起、领导和实施,并未成为真正的国策,未能成为上下一致的全国性运动,在实际举措中也是单纯而有限地引进一些先进科学技术和设备,在传统的封建社会结构中开办新式企业,吏治腐败,效率低下。因此,洋务运动是一种局部的、初步的和畸形的早期现代化运动,最终导致失败。

王亚明在《洋务运动失败原因再审视——基于文化和制度的多维空间》(载《浙江师范大学学报(社会科学版)》2017年第1期)一文中指出,近代以来洋务运动失败原因有各种说法,这些说法大多侧重于经济和政治因素,忽视了社会变革的文化和制度因素,文化保守性和缺乏制度创新是洋务运动失败的根本原因。就文化保守性而言,他们之间具有同一性,洋务派"中体西用"说在很大程度上反映了对中国传统文化的路径依赖,而顽固派由于自我文化中心主义的优越感而产生对西方文明的拒斥心理,不懂得不变法之害。除了文化路径依赖之外,还有制度路径依赖,如洋务派和顽固派一样具有出于维护封建统治的目的,一样怀有以夏变夷和祖宗之法不可变的心理,这种制度依赖最终导致中华文化不能彻底地走向蜕变和新生,中国国力不能得到较大地提升。综上所述,文化和制度路径依赖是中国早期现代化的最大障碍。

谢世诚在《晚清吏治的腐败与洋务运动的失败》(载《南京师范大学学报(社会科学版)》2001年第6期)一文中指出,晚清洋务运动时期,清政府为追求富强,花费巨额资金引进西方技术、设备,创办了一批近代企业。然而,由于整个官场吏治腐败得不到肃清,这些企业内部也相应存在着盲目决策、任用私人、管理混乱、贪污舞弊等弊端,使企业难以发挥应有的作用,最终导致洋务运动走向失败。

彭南生在《角色冲突:洋务企业失败原因的新阐释》(载《徐州师范大学学报(哲学社会科学版)》2003年第2期)一文中指出,洋务运动时期,清政府委派一批官僚或买办作为洋务企业中的"督办""总办""会办""帮办",他们集官僚和企业经营管理者两种角色于一身,亦官亦商,难以避免因"官""商"两种角色的相互排斥性而产生的一系列角色冲突。这样造成的结果是,官办企业中封建国家利益及官督商办企业中资产主体利益的承载者被虚化了,企业主体性泯灭了,从而导致了洋务企业的最终失败。

4. 洋务运动的影响

马克垚在《世界文明史(下)》(917页,北京:北京大学出版社,2004)一书中指出,从世界文明史的视角来看,洋务运动顺应了世界文明前进的大潮,代表了先进的社会生产力,在向现代工业文明过渡中作出了贡献。首先,从文明传播律(文化传播律)来看,洋务运动为增强防御力量,首先引进兵器,兵器属于器物文化层,由于其遭遇的文化抗阻力最弱因而其极具穿透力。为了"求强",洋务派购进大批兵器,为了仿制和生产先进兵器,又引进大机器生产,进而推动现代工业文明在中国的传播。而"求富"活动导致机器生产的官营企业和民营企业的建立,从而推动了中国民族资本主义的发展。其次,从文明引发律(文化引发律)来看,洋务运动引进和发展了先进生产力,融入了世界文明的大潮,发展了同世界各国的交往,并制成了进行这种交往的工具——轮船、铁路、电信工具等。可以说,中国三十多年的洋务运动奠定了一个现代工业文明系统的初步基础,这种新型的物质文明系统将通过"中体西用"这根纽带,必然向制度文化层面、意识文化层面推进。

王先明在《洋务运动与传统中学的近代转型》(载《天津社会科学》2004年第2期)一文中指出,传统"旧学"向近代"新学"(新式教育体制)的历史转折,虽然在"经世之学"中已经孕育着内在的动因,但促成旧学解体并导致其发展方向变革的因素,却来源于另一种学术文化类型——西学,"化西为中"的历史过程启动于洋务运动。洋务运动一方面将自己的支点建立在具有悠久文化传统的中学的"致用"基础上,一方面将另一个支点奠基在西学的"实用"价值上,从而发挥了沟通中学西学的桥梁作用,并由此引发了传统中学的近代转型。首先,1862年清政府设立京师同文馆,揭开了主动引入西学的序幕。从洋务运动开始,西学输入不仅成为最具有时代特征的事业,而且西学输入的内容也逐步扩展和深化,在知识结构上走向全面和完善,逐渐形成比较完整的西学知识结构体系。其次,京师同文馆及一批洋务学堂的建立及其课程的设置,成为近代中国"新学"制度方面改革的尝试。京师同文馆和相继兴建的一批洋务学堂,完全从洋务实践需要出发设立具有"实效"的课程,形成了不同于旧学的新学课程体系。总而言之,洋务运动以连接中学与西学为起始,在"自强"的口号下通过"采西学"到"化西学",使中国传统学术文化在接纳西学的条件下,推动了中国传统中学的近代转型。

王瑞成在《"权力外移"与晚清权力结构的演变(1855—1875)》(载《近代史研究》2012年第2期)一文中指出,太平天国及捻军起义、第二次鸦片战争、辛酉政变三个相继发生的重大事件,促成了湘军、淮军和总理衙门等一系列新制度的创设。这一新制度创新呈现出权力外移的特征。自太平天国战争开始,清王朝逐渐形成战时三大权力结构形式:因应太平天国形成的太平天国、湘淮和清王朝之间三角架构;因应外部冲击形成的清廷、总理衙门和外人之间的三角架构;以及以上海为中心,由李鸿章和淮军、总理衙门和外人之间形成的三角架构。这三大权力结构形式,伴随着太平天国的失败,而出现晚清权力结构的变动,使清朝进入一个调整和过渡时期。在战时体制向常规时期体制的过渡中,曾国藩和所统湘军走上战后复员老路而趋于衰微;左宗棠和李鸿章则在变化了的大环境下,寻找到自强新目标,将战时外移的权力延展到新的体制外新机制中。最终,以李鸿章和淮军为核心的洋务体制,整合了由内转外的各种新势力和新制度,形成与王朝旧体制并存的双轨制结构,并在与外国势力抗衡中形成相对稳定的权力架构。综上所述,权力外移是甲午战争前权力结构变动的主导趋势,而中国内部纷繁曲折的制度创设和权力结构变动是这一时期历史之变最重要的内涵。

(三) 资产阶级维新派的抗争与探索

1. 戊戌变法的起因

金冲及在《二十世纪中国史纲(简本)》(上册,7—9页,北京:社会科学文献出版社,2012)一书中指出,甲午战争的结束,改变了整个东亚的政治格局,从此,日本军国主义便一步一步发展成为20世纪前半期对中华民族的主要威胁,伴随西方列强瓜分中国的狂潮,中国面临亡国灭种的危机,救亡成为近代启蒙运动的真正动力和起点。在这一时代背景下,康有为等发动的维新变法运动,在国内掀起一股巨大浪潮,成为当时爱国救亡运动的主流。可以说,这次维新变法运动的进程,是一步紧扣一步同民族危机的逐步激化相适应的:作为一次具有相当规模的思想运动和政治运动的兴起,是甲午战败强烈刺激下的产物;而戊戌变法高潮的出现,又是列强公然在华争夺并划分势力范围、民族危机迅速激化的产物。

2. 戊戌变法的特点

梁昱庆在《试论"戊戌变法"的特点及其历史启示》(载《成都大学学报(社会科学版)》1998年第2期)一文中指出,综观这场政治运动的全过程,其具有如下四个显著特点:第一,从思想启蒙教育着手,为变法做了长期和大量的舆论准备,形成一股强有力的、波及全国的维新思潮,为变法奠定了一定的思想和社会基础。变法的启蒙教育和舆论准备始于19世纪70年代的早期维新派,后来的戊戌维新的变法理论,基本上是对早期维新变法主张的发展和深化,到1898年前后,在全国范围形成了一股旨在变法强国的戊戌维新思潮。第二,在变法理论的研究上,注意横向比较借鉴与纵向探索改造相结合,逐步形成一套兼具中西方特色和长处的变法理论。维新派先后提出了"仿洋改制""托古改制"的主张,同时引进西方"进化论""天赋人权论""平等自由观"并进行加工改造,使变法理论具有中国特色,逐步形成了一套以民权、平等和变革为核心内容的变法理论,使变法运动有了明确的指导思想。第三,在同各种反对变法的思想进行斗争的过程中,逐步丰富和完善变法理论,促进了变法总体方案的制定。维新派通过对封建顽固派的批判,提出了以进化论为基础的"必变"理论;通过对洋务派的批判,提出了以统筹全局和重点突破的"全变"和"变本"理论。这些都丰富和完善了维新派的变法理论,有力地促进了变法总体方案的制定。第四,从理论到实践,在变法总体方案的指导下,进行变法的实际运动。维新派靠着光绪皇帝的御笔,把变法方案中的措施,一项一项地变为"上谕",发向全国,开始进行一系列具体的变革,由此形成了"百日维新"这场声势浩大的实际变法运动。

3. 戊戌变法失败的原因

马克垚在《世界文明史(下)》(922—924页,北京:北京大学出版社,2004)一书中指出,戊戌变法失败的原因,表现在如下几个方面:首先,戊戌变法主持者冒进。在存在着强大的传统官僚体制的中国,要进行制度创新,只宜采取缓进的方式,而戊戌变法主持者企图短期内完成。他们将改革措施全面推出,一方面大幅度"裁汰冗员",另一方面废除科举制度,实行"大变、全变、快变",要求在戊戌当年便把全国童生考试改为策论考试,不给予起码的准备时间,以致遭到反对派的扼杀。其次,戊戌变法策划者政治战略的严重失误。第一,戊戌变法策划者对中国当时最高权力的"二元化格局"(西太后和光绪帝)到底谁更有权势不是很清楚,他们迂腐地认为,既然西太后已经还政于光绪帝,皇帝就应拥有最大的权势。而实际情况是,西太后不仅对光绪帝拥有二十几年形成的巨大威慑力和控制力,而且从1862年开始就在群臣以至封疆大吏中享有极大的权势。第二,西太后处于个人权势的考虑,允许"在有限范围内进行改革",但康有为从"大变、全变、快变"的思路出发,排斥太后,不采取翁同龢的"调和两宫"的主张,导致政治战略的失误。第三,改革并非革命,它需要在几种社会力量中寻求妥协,做出相互让步。康有为却错误地主张"尊君权之道,非去太后不可",让具有叛卖性格的袁世凯去"兵围颐和园",从而促使让拥有最大权势的西太后为维持其个人权力,对维新运动进行血腥镇压。

史成虎在《新制度主义视阈下戊戌变法失败的反思》(载《山西师范大学学报(社会科学版)》2012年第4期)一文中指出,戊戌变法是中国近代一次影响较大的资产阶级改革运动,同时也是一次不成功的制度替代运动。戊戌变法试图打破统治中国几千年的君主专制制度,通过自上而下的变法建立君主立宪政体,但最终没有打破旧制度的"路径锁定"状态,制度替换随着戊戌政变的发生而夭亡。其原因具体表现:其一,制度创新主体无法避免利益集团的"搭便车"行为。戊戌变法是以建立君主立宪政体为目标的,但作为戊戌变法的组织依托之一的强学会,其成员构成复杂,有不少人加入强学会的动机是为了捞取升官发财的资本,并不是真心支持变法。其二,行动资源不足制约着制度创新主体的行动。军事资源严重不足,经济资源缺乏,政治资质太浅,组织不力。其三,制度创新主体意识形态凝聚力与整合力不足。首先,资产阶级维新派尽管提出了"定立宪、开国会"的改革目标,却没有为实现这一目标设计好可行的路径。其次,改革政策虽然很多,却没有一种清晰的改革思路,甚至到了变法而"无法","无法"以变法的地步。再者,建立君主立宪政体的目标也没有成为维新成员集体的目标和不懈的追求。最后,戊戌变法也缺乏深厚的思想基础,推动变法的动力不是源自维新集团成员对于传统体制的深恶痛绝,而是来自外部,即列强对于国家领土的蚕食和瓜分的阴影。其四,根深蒂固的臣民文化阻滞了制度创新。中国两千多年的封建社会形成了一种以儒家思想为核心的臣民文化,这种文化已经内化为人们的风俗、习惯和根深蒂固的价值取向,已经成为近代中国走向现代化、实现制度变迁和创新的严重阻碍。综上所述,从新制度主义视角分析,以康有为为首的维新集团是晚清政治舞台上势力很弱的政治集团,其组织涣散、意识形态凝聚力与整合力不足、改革所需的资源匮乏以及臣民文化对变法的阻抗等,都决定了戊戌变法不可能完成近代中国制度创新这一伟大历史使命。

4. 戊戌变法的影响

金冲及在《二十世纪中国史纲(简本)》(上册,10—11页,北京:社会科学文献出版社,2012)一书中指出,尽管"百日维新"的那些谕旨,由于皇帝没有多少实权,并没有真正得到执行,但由于它用皇帝"圣旨"的名义下达,在国内引起的震动依然是巨大的。它在中国思想界引起的变化,最重要的有:第一,维新派通过报纸和学会,宣传万国大势,让国人看清中国面临的严重民族危机,提高了民族觉醒的程度。第二,它以广泛的规模宣传西方近代文化,即所谓新学,其中包括社会政治学说和自然科学。鸦片战争以后,这种新学虽然早已渐次传入中国,但在很长时间内,一般士大夫认真关心这种新学的很少,这种状况,在戊戌维新运动期间发生了重大变化,它把提倡新学和人们救亡的迫切要求紧紧地联结在一起,在很短的时间内,便被广大的人们所关心和向往。第三,它初步宣传了民权思想,给知识分子灌输了初步的民主意识。如康有为在上光绪皇帝书中一再提出"君民合治"的主张,梁启超一再强调"兴民权"的重要性。同时,各地学会团体的成立,对知识分子中民主意识的初步养成也起到了一定作用。第四,它有力地宣传了"变"的观念,对许多知识分子世界观的变化起到了巨大作用。戊戌变法期间,"变"的观念在宣传中占着突出的位置,成为变法主张的理论基础。康有为等力图从中国传统古籍中寻找这种宣传的依据。他们一再引述《周易》中所说的"穷则变,变则通,通则久"的道理,来解释他们的变法主张,这些对改变知识分子传统的世界观起到了巨大作用。

高长天等在《戊戌变法与中国近代化》(载《延安大学学报(社会科学版)》1998年第3期)一文中指出,戊戌变法开启了中国近代思想启蒙与精神解放的闸门,酝酿发动了国家政治、经济、军事、教育等全面的改革创新。在教育方面,京师设立大学堂等,推动了中国教育的现代化。在经济方面,设立农工商局等,推动了中国经济的现代化。在军事方面,陆军改练洋操等,推动了中国军事的现代化。在政治方面,裁减机构、精简人员,增设适应资本主义经济发展的新机构,主张"删改则例",停开捐例。新政还提出要给地方官员以用人权限,建立近代国家意义上对官员的薪俸制度,以及建立一整套严格的对各级官员的管理制度,包括建立中央与地方官吏的退休制度等。虽然政治体制改革随着变法失败而夭折,但戊戌变法后的两年,西太后又以皇帝的名义下诏颁布变法,开始"清末新政",其内容与精神实际上是戊戌变法的一种延续和翻版,其作为广义的社会文化变革运动,为此后资产阶级民主思想的传播提供了条件。

教学设计

设计一: 从慈禧太后执政的矛盾心理看晚清三次"新政"的失败

设计意图

晚清三次新政虽然失败了,但是它规模宏大,所要改革的不只是某一项制度,或一个领域,而是广泛涉及各个领域,更新多项制度,且涉及数千年传统,而且三次新政环环相扣,层级递进。本设计试图通过对慈禧太后执政的矛盾心理的分析,使学生认识到,在晚清时期,作为最高决策者的慈禧太后,并不是无所作为,但慈禧太后关注清王朝的皇位统治更胜于关注近代中国的前途与命运,因而始终无法突破其间内在的张力,也无法真正地迈出政治体制改革最关键的一步。

同时,通过对三次新政不同时空中的不同历史事件、人物及相关史料的分析,使学生回归历史现场,结合不同时代背景,多角度、有层次地深入探究和解释历史现象,认识一个真实的慈禧,让学生理解在历史大背景之下,最高决策者的所思所做。

设计方案

教师讲述: 慈禧(1835—1908),叶赫那拉氏,乳名玉兰,从小受封建教育,能诗会画,多才多艺,浏览过二十四史。16岁被选入宫,22岁时她的名字被咸丰帝改为慈禧(即"圣母"的意思),凸显其身份的高贵。她善于玩弄权术、阿谀奉承、笼络人心,并多次参与朝政,使得慈禧由小姑娘玉兰逐渐变成了狠毒奸诈的女政客,进而成为晚清的实际掌权者,其对晚清三次

"新政",即"洋务运动""戊戌变法"和"清末新政"产生了重要的影响。

材料一 1861年8月,咸丰帝弥留之际的"后事"安排,是一种意在调适权力平衡但又必然引起权力争夺的行政措施。上谕"钤印"的规定,从制度上确保了皇权不致旁落,排除了肃顺等人挟制天子的可能,但同时也为慈禧掌握清廷最高权力提供了可能和保证。慈禧与肃顺等人在慈禧的太后封号、有无干预朝政权、是否垂帘听政、辛酉政变等问题上较量的胜利,在相当大程度上皆依恃皇权代表的有利地位。当时弥漫于朝野上下的正统皇权主义思想,使许多文武大臣及封建士大夫对肃顺等人赞襄政务、辅弼幼帝的合法性与可靠性表示出普遍的怀疑。

——王开玺:《辛酉政变与正统皇权思想——慈禧政变成功原因再探讨》,载《清史研究》2002年第4期

材料二 辛酉政变在晚清史上,影响深远,意义重大。清王朝从此进入了慈禧太后的时代。这是个不同于嘉道以来不思改革、墨守成规,在中世纪徘徊的新时代……这也是一个不同于以往自我封闭而力图面向世界的新时代……这更是一个不同于以往思想禁锢,万马齐喑,而是新学盛行、新潮迭起、思想启蒙的新时代。

——沈渭滨:《晚清女主——戏说慈禧》,39页,上海:上海人民出版社,2007

教师设问:1.根据材料一并结合所学知识,指出咸丰帝弥留之际所做"后事"安排的用意,并分析慈禧政变成功的原因。(用意:在制度上确保皇权稳固;原因:正统皇权主义思想)2.请运用中国近代的史实,选取材料二中任一角度解读"清王朝从此进入了慈禧太后的时代"。(例:这也是一个不同于以往自我封闭而力图面向世界的新时代:慈禧当政后,外国公使驻京,中国派出驻外使节,理藩院外有总理衙门,后来又改总理衙门为外务部。从此,中国和世界紧密地连在了一起)

教师讲述:1861年,咸丰帝病死,八位顾命大臣把持朝政,与太后集团抗衡。慈禧为了掌握大权,并保证将来的皇权能安全回归到自己儿子同治帝的手中,坚定地偕同慈安并拉拢恭亲王奕䜣发动了辛酉政变,从而合法地抓住了京城军事调度权,逐渐成为晚清的实际掌权者,清王朝从此进入了慈禧太后的时代。在晚清面临危局进行自救之时而采取的三次重要改革中,慈禧的性格、心态和识见,对这三次改革运动都产生了重要影响。

材料三 洋务运动所有重大问题,都要报经慈禧的批准,才能付诸实施。没有慈禧的支持,开展规模那样大,时间那样久的洋务运动,根本是不可想象的。因此,慈禧实际上是洋务运动的指挥者和决策者。……从1865年至1884年中法战争爆发为止的20年间,是洋务运动的全盛时期。以江南制造局、福州船政局……等大型企业为骨干的19个近代军用工业,大都在这期间先后创设。以轮船招商局、开平矿务局……等大型企业为骨干的30余个近代民用工矿交通企业,也大都在这期间建立起来。这些大型军民用洋务企业,都经过了慈禧的亲自批准,成为中国近代工业的开端和基础。

——姜铎:《慈禧与洋务运动》,载《历史研究》1991年第4期

材料四 清政府制订的洋务运动方案,是内忧外患逼出来的,十分被动,并无远大目标和完整计划,从"剿灭发捻"到"抵御外侮",从"造炮制船"到"觅制器之器",从军用到民用,从"求强"到"求富",逐步推行,掌握最高领导权的慈禧,更是心中无数,因而进展缓慢,远远赶不上情势的发展。至1874年日军进犯台湾,洋务运动已推行近15年,仍苦于备御无策,不敢遽行开仗,只得委曲求和了事。……当北洋海军和海防获得初步成绩之时,缺乏远见的慈

禧,便自我陶醉起来,一心想建造颐和园,以娱暮年;……

——姜铎:《慈禧与洋务运动》,载《历史研究》1991年第4期

教师设问:

根据材料并结合所学知识,指出在洋务运动时期,慈禧为维护政局稳定、推动社会发展所做的努力;并分析慈禧在洋务运动时期矛盾心态的原因。(努力:创办军用企业、民用企业、编练海军,设立总理衙门,镇压太平天国运动,命左宗棠收复新疆,收回被沙俄侵占的伊犁等;原因:个人素养、阶级属性、对世界形势不了解等方面作答)

教师讲述:

太平天国运动与第二次鸦片战争,使清王朝遭遇到空前严重的政治危机,洋务运动开启了中国近代化的进程,慈禧太后创造了"同治中兴"。不过,甲午战败,慈禧太后有不可推卸的责任,慈禧的六旬生日是1894年11月29日,正是日军在黄海大战中挫伤北洋海军以后,大敌当前,战局危急,充当最高领导的慈禧,竟然这样只顾个人私事,不顾国家民族大体,使洋务派苦心经营了30余年的洋务运动,最终失败而告终。

材料五 慈禧太后……允许康有为1895年成立强学会和1898年成立保国会;甚至默许清朝的一些要员如文廷式、翁同龢、张之洞、刘坤一、袁世凯等支持或加入这些组织;默许维新派创办《中外纪闻》《强学报》《时务报》等宣传其维新变法思想,并与洋务派的大论战,从批判中阐明自己的维新变法主张……1898年1月,慈禧太后下懿旨命李鸿章等五大臣在总理衙门接见康有为,详细询问"补救之方,变法条理"。此外,光绪还把自己喜欢看的一些新书拿给慈禧太后一一浏览,如介绍西方政治及日本变法的书《英法政概》《采风记》《日本国志》等,慈禧"亦称甚剀切"……

——吴仁明等:《论慈禧太后与晚清维新运动的合离》,载《成都理工大学学报(社会科学版)》2007年第1期

材料六 慈禧是破坏戊戌变法的罪魁祸首,正是她发动戊戌政变,才使戊戌变法以六君子流血而宣告流产的……为什么在政变后把她本人曾经认可的新政几乎全部废除呢?……她又力求把变法限制在不影响自己的地位和权力的范围内。否则,她宁可站在以光绪为代表的维新变法的对立面,也绝不容忍光绪借此培植新势力与自己抗衡……"百日维新"期间所颁布的各项新政诏令,如果认真实行起来,势必直接(或)间接触犯包括当权者在内的大批人的利益,引起他们的拼死反抗。……听信刚毅之言,以为"今欲倾我大清天下者为康有为,而新法皆有为所臆造。今用新法,是用有为,以叛徒执政,实从古所无。"

——周敏之:《论慈禧反对戊戌变法的原因》,载《辽宁师范大学学报(社科版)》1997年第2期

教师设问: 根据材料并结合所学知识分析慈禧太后与晚清维新运动"合"与"离"的原因。(1."合":西学传播;民族危机加深等;2."离":与光绪争夺个人权力;以慈禧为代表的封建地主阶级维护腐朽的封建制度;个人意气用事。)

教师讲述: 在甲午战败,《马关条约》签署后,中国面临空前的民族危机,面对光绪帝推行的变法,慈禧太后表示支持,但慈禧太后一直推行的是温和的改革路线,从慈禧推行洋务运动三十年可以得到印证。康梁的迅猛变法,迅速将矛头指向了制度层面,慈禧的心理终于无法承受,终被慈禧太后发动的戊戌政变所扼杀。

材料七 作为清末新政的领导者,是慈禧开启了新政改革的闸门,此时,顽固派的抵制非常微弱,革新派可以放开手来大刀阔斧地进行改革。1903年10月,慈禧批准了张之洞、袁世凯的会奏,以十年为期,废除科举制。废除科举制度在当时是一个很大的创举。科举制度在中国延续一千多年,历代封建王朝选拔人才都以科举考试为重要途径,可以说废除科举制度在当时的影响非常大,它体现了清政府改革的决心。当立宪派向慈禧提出政治体制改革时,也得到了慈禧的积极回应,虽然慈禧准备实行的立宪是保守的二元君主立宪政体,但是,对于统治中国两千多年的专制体制来说,这已经是很大的进步。

——杜以同等:《论慈禧的改革与守旧》,载《兰台世界》2014年第30期

材料八 慈禧太后派遣载泽、端方等五大臣出洋,到日本、欧美各国考察宪政。载泽等人回国后,奏陈立宪之利有三:皇位永固,外患渐轻,内乱可弭。就是说,可以永保大清江山。这正合慈禧太后心意。光绪三十二年(1906年)七月,慈禧太后发布懿旨,宣布仿行宪政,开始预备立宪。对于慈禧太后来说,立宪的目的主要是维护清王朝的皇权统治,因此改革不能操之过急,尤其不能有损于皇权。预备立宪以改官制为先,当编制官制馆奏请合并旧内阁与军机处以实行责任内阁制时,慈禧太后洞察到奕劻、袁世凯集团企图以责任内阁制分享皇权的阴谋,便毫不犹豫地予以否决,而仍然保持旧内阁与军机处的体制。……光绪三十四年(1908年)……光绪皇帝与慈禧太后相继去世,政局大变,预备立宪仍在艰难地进行,但前途渺茫。

——李细珠:《一个人与一个时代——论慈禧太后及其统治的是非功过》,载《安徽史学》2014年第3期

教师讲述: 慈禧在暮年,面临庚子之变,为了自己的江山永固,毅然再行变法。慈禧废除科举,为现代经济、政治、科学技术和文化的发展准备了必要的条件,其关注清王朝的皇位统治更胜于关注近代中国的前途与命运。当清末新政发展到预备立宪阶段而走向政治体制变革时,慈禧太后又左右摇摆,企图采取拖延战术,清末新政终以失败而告终。

材料九 慈禧太后的统治,主要靠的是政治经验与政治手腕,是一种典型的"老人政治"模式。在这种模式下,实际最高统治者没有国家元首与政府首脑的名分,靠个人的威望与影响力控制权力,在幕后操纵国家政权。这种政治模式,明显地表现出保守而缺乏远见的特征,可以维稳而难以开新。其实质是一种隐性专制政治,必然成为民主政治的绊脚石,从而与政治近代化潮流背道而驰。清末预备立宪举步维艰可为明证。清政府也因此付出了遭受灭顶之灾的惨痛代价。

——李细珠:《一个人与一个时代——论慈禧太后及其统治的是非功过》,载《安徽史学》2014年第3期

教师设问: 根据材料并结合所学知识,评价慈禧太后的功过。(推动了中国的现代化进程;从皇权出发,而不是从中国的前途出发,与政治近代化潮流背道而驰)

教师小结: 慈禧太后以洋务运动的形式开启了中国近代化,但却以预备立宪的形式制约了中国近代化的进程。与东邻日本通过明治维新而实现近代化的目标不同,慈禧太后时代的中国,无论是洋务、维新,还是新政,均没有使中国顺利走上近代化的道路,而是一再错失了近代化的机遇。她关注清王朝的皇位统治更胜于关注近代中国的前途与命运。制度变革尤其是政治体制变革,是慈禧太后时代中国近代化的一个难以突破的瓶颈,因而始终无法突破其间内在的张力,也无法真正地迈出政治体制改革最关键的一步。预备立宪终于未能

完成政治体制的结构性转型,清王朝很快就在革命中覆亡。

设计二：从淮军看清末军队的近代化

设计意图

淮军从19世纪60年代初产生一直到19世纪末才由"新军"替代,存在了长达四十余年的时间。它自成一系,从70年代起,成为清王朝最倚重的军事支柱。本设计试图通过呈现与淮军的产生、发展有关的生动形象的材料,使学生认识到在晚清时期,战斗力最强的军队——淮军在中国军事近代化过程中做出了重要的贡献。同时,引导学生从历史角度理解"中国军队的近代化",认识到在这一时期淮军紧跟世界潮流,体会中国人对于救亡图存的不断探索、不甘落后的精神,培养学生的家国情怀。

设计方案

教师讲述：按照清朝的军事制度,正规军由八旗和绿营组成。然而从清朝中叶以后,八旗和绿营兵的战斗力日趋衰落。在镇压白莲教起义时,正规军已经开始失去往日的雄风。因此,在镇压农民起义的过程中,清政府大力招募和利用地方"团练"与"勇营",以协助正规军。1851年,太平天国起义爆发,曾国藩在湖南创建湘军,之后淮军也应时而生,这一变化使清朝原有的军事制度发生了改变,在中国军事史上写下了辉煌的一页。

材料一 1862年,在镇压太平天国革命运动中出现了一支凶悍的地主武装,这就是李鸿章的淮军。淮军是曾国藩的湘军扩张的产物,在镇压太平天国革命中发展壮大,并成为扼杀太平天国运动的重要力量;之后,又成为绞杀捻军起义的主力军。随着淮军的日益强盛,其创建者和统领李鸿章的政治权力越来越膨胀,淮军由地主军事武装组织逐渐演变为左右时局的政治集团,不仅担负着当时军事和国防的重任,而且影响到政治、外交、文化、经济等诸多方面。李鸿章和他的淮军支撑了晚清四十年的局面,维系着清政府的命运。

——邱瑰华等：《李鸿章与淮军》,载《文史知识》2000年第6期

教师设问：据材料并结合所学知识,分析影响淮军"由地主军事武装组织逐渐演变为左右时局的政治集团"的主要因素有哪些？（镇压太平天国运动；绞杀捻军起义；曾国藩湘军的扩张；李鸿章出色的个人才干等。）

教师讲述：湘军、淮军伴随太平天国运动而出现,在太平天国被镇压后,湘军进行了大规模的裁撤,从1864年下半年到1865年上半年,曾国藩所统辖的湘军12万人,除了经吏部批准的水师改为长江经制水师之外,其他各部基本陆续裁撤殆尽。而此时淮军日益壮大,成为清政府国防上一支不可缺少的军事力量。淮军的创建在清政府面临危机进行自救中发挥了巨大的作用,为此,发展淮军不仅是李鸿章壮大自己实力的需要,更是统治集团军事探索的需要。

淮军在创建之后支撑了晚清国防四十年之久,这与李鸿章对淮军的建设分不开。李鸿章不墨守成规,对淮军锐意改革,表现出了较高的战略眼光和时代精神。淮军虽然有浓厚的封建色彩,但在制度和训练方法上效法洋制,并引进和制造了新式火器,较湘军先进,是清军走向近代化的标志。

材料二 淮军在安庆组军时,由曾国藩为其手(首)订营伍之法,一切器械之用,薪粮之数,悉仿湘军章程……以其装备而言,不仅远逊于华尔的洋枪队,也无法与已经配备相当数量洋枪洋炮的太平军抗衡。……约从这一年9月底起,淮军各营陆续将原有的抬枪、刀矛、小枪队一律改为洋枪队,每哨并置劈山炮2队……改制后的淮军一营,人数依旧,而火力配备则大为加强。……新建的淮军洋枪队,一营约有洋枪三四百杆,其洋枪虽仍系前膛装弹,但已改为铜帽底火,射程和火力都数倍于旧式小枪。每营所携的劈山炮也由原先的2队增为10队,因此,以此时的实际火力,一营至少可抵以前的两营。在洋枪队之外,李鸿章建立独立的洋炮队。……到1864年6月,苏常战事基本结束时,淮军已有六营开花炮队,计刘秉璋部一营,刘铭传部一营,罗荣光一营,刘玉龙一营,余在榜一营,袁九皋一营,其使用的炸炮,最重者达108磅。

——翁飞:《李鸿章和淮军近代化》,载《安徽史学》1989年第2期

教师讲述: 淮军的组建沿袭湘军,比之八旗绿营军较强,但与同时期世界先进军队相比,仍有较大差距。特别是在武器装备上,落后西方两三百年,不仅在西方军事面前无能为力,甚至在太平军面前也无法占到便宜。由此,淮军的军事改革,是从火器的换装开始的。李鸿章购买西式火器组建洋枪队、洋炮队,到1868年8月捻军起义被镇压时,淮军已全部更换洋枪,并淘汰了劈山炮,率先在中国军队中完成了火器装备的近代化。

材料三 (李鸿章)先后兴办了隶属淮军系统的……上海炸弹三局、苏州洋炮局、金陵机器制造局、江南制造局……此外,李鸿章于1870年调往直隶总督时,还接收并改建了崇厚所办的天津机器局,又将淮军随营军械制造所扩充为天津行营制造局,用以供应驻防直隶的淮军军火……李鸿章就任直督后,即于1871至1873年间,不惜重资,"陆续筹款添购德国克鹿卜后门四磅钢炮一百十四尊"。并仿德国之制,成立炮队19营,每营钢炮六尊,聘请德国教习训练。此外,70年代后期起,江南制造局亦陆续仿制阿姆斯庄山炮、快炮,供应淮军驻防各营。

——翁飞:《李鸿章和淮军近代化》,载《安徽史学》1989年第2期

教师讲述: 李鸿章在上海建立了中国近代第一所规模最大的军工企业——江南制造总局。江南制造总局后来发展成为"好望角以东之第一良好机器厂",生产出了一大批近代化的军火武器。李鸿章创办的这些工厂引进了西方先进的军事技术,用生产的武器弹药装备淮军,造就出一大批近代技术工人和工程技术人才,使得淮军的装备居全国之首,而且与世界先进水平相差不远。

材料四 中外军队火器列装情况对比

英文名称	中文名称	发明时间	国外装备	淮军装备
Remington rifle	雷明顿步枪(林明顿)	1865	1866年美国陆军试用;1870年美国海军订购1万支	1873—1874
Sneider rifle	斯奈德步枪(士乃德)	1866	1867年英国采用	1873—1874

续表

英文名称	中文名称	发明时间	国外装备	淮军装备
Martini-Henry rifle	马蒂尼亨利步枪（马梯呢亨利）	1871	1871年交付英国使用，1888年之前该枪持续在一线作战部队服役	1873—1874
Lee rilfe	李式步枪（黎意）	1877	1979年，美国海军采用；改进后的连发枪由英国在1888年采用	1879
Mauser Model 1871 rifle	1871式毛瑟步枪	1866	1871年德军采用，1878年塞尔维亚订购10万支	1875
Berdan rifle	博丹步枪（俾尔打咴）	1870	1877年前俄国大量装备	1874
Winchester rifle	温切斯特连发枪（云者士得）	1866	1877年后受到西方国家重视	1873
Mauser Lebel Model 1886/1888 rifle	毛瑟连发枪	1886	1890年德国换装小口径毛瑟；1890—1893年土耳其购买28万支；1894年，阿根廷订购18万支	大口径毛瑟于1888年装备，小口径毛瑟于甲午战后大量装备
Gatling gun	加特林机枪	1862	1864美军开始装备，后风靡世界	1873
Maxim gun	马克沁机枪	1884	1887年英国、瑞士、奥地利、俄罗斯开始订购；1888年，德国开始装备	1885年购买洋枪，1888年开始仿造，仅生产30余挺，于1893年停造

——黄凯：《火器引进与淮军军事改革》，19页，国防科学技术大学2010年硕士论文

教师设问：中西对比，总结淮军在火器装备方面有何特点？（淮军始终紧跟世界军事技术发展潮流；部分新式武器甚至先于西方国家列装；充分利用工业革命的成果；向国外购买为主，自制为辅；火器装备的近代化。）

教师讲述：淮军始终紧跟世界军事技术发展潮流，部分新式火器甚至先于西方国家。淮军甲午战争中的劲敌——日本，此时大量装备使用的，也只是发射黑火药弹的村田式单发步枪（日本军队中只有步兵近卫师团和第四师团装备有村田式连发枪）和青铜火炮，整体水平远不如淮军。

材料五 李鸿章分令各营雇觅洋人，先后有金恩立、毕乃尔、马格里、吕嘉、陆国费等英法教习20多名加入淮军。……训练的内容，有阵法、号角、口令及枪炮施放之法诸种。操练的口令，起初均随教习用外语，各营互不通融，殊多障碍，后铭、鼎、庆、盛诸部具行改译并刻

口令成书。至1878年,更取江南制造局及天津行营制造局之译本为全国统一口令蓝本。

——翁飞:《李鸿章和淮军近代化》,载《安徽史学》1989年第2期

教师讲述:李鸿章先后聘请了20多名英法教习加入淮军,这20多名英法教习为淮军带来一股改革新风,他们全面地将欧洲军事发展的最新情况进行介绍,这在一定程度上改善了淮军的战术和训练状况。因此,淮军在甲午中日战争前并没有与世界军事发展潮流相隔绝。

材料六 (李鸿章)选派淮军官卞长胜、刘芳图、查连标、袁雨春、杨德明、朱耀彩、王得胜等七人随同赴德学习3年……李鸿章还采用周盛波、周盛传等人的建设(议),于1885年6月,在天津紫竹林设立天津武备学堂,聘德籍军官李宝、崔府禄等为教师,调选……部弁兵入堂学习,其成员绝大部分为淮军骨干。李鸿章又委派长期任幕府的亲信杨宗镰为学堂首任总理,以把这一培养近代军事人才的阵地牢牢控制在手中。

——翁飞:《李鸿章和淮军近代化》,载《安徽史学》1989年第2期

教师讲述:近代军事变革对军人素质的要求逐渐提高。李鸿章主张向西方学习,建立各种军事学堂,培养了大批近代军事人才。对中国军队的现代化起到了极大的推动作用。

在李鸿章的苦心经营之下,淮军在营制、装备、训练等方面均步入近代化轨道,成为一支多兵种合成的近代化的武装力量。军事工业的创办初步奠定了中国近代工业的基础。军事学堂的创办及留学生的派遣,为中国军队近代化奠定了人才基础。

材料七 在1894年的甲午战争中威名扫地……淮军士兵由将领亲自招募,他们之间大多具有乡党、姻亲、友朋的裙带关系,士兵对于将领的人身依赖非常严重,军队正常运转实所依靠的正是这种私人感情,因此各统领无不视所募军队为私人资本,决不容许他人插手……淮军的指挥体系是标准的个人指挥体系,营务处虽能分担指挥官的工作压力,却不能提供实际的作战参考,它与强调情报搜集、周密筹划、集体指挥的总参谋部制度比起来相差太远。……淮军的军事改革始终没有涉及兵役制度的完善,致使其长期在"增募—裁剪—增募"的雇佣军制中踏步,军队战斗力也随之起伏不定,在遭遇举国动员、全民征战的日本军队时,无论是军队规模还是兵员素质,就难免不落下风了。

——黄凯:《火器引进与淮军军事改革》,27页、28页、33页、38页,国防科学技术大学2010年硕士论文

教师设问:在甲午中日战争中,淮军战败,根据材料并结合所学知识,分析淮军军事改革失败的原因?(参考答案:统领间互不相属,统帅难以指挥各军;缺少先进的作战指挥机制;兵役制度不合理;官兵素质不适应近代战争。)

教师设问:根据本课材料并结合所学知识,简要评述淮军军事改革。(参考答案:招募利用"团练"与"勇营",后发展为湘军、淮军等武装集团,一定程度上巩固了清朝统治;这些武装集团引进了西方的制度、训练方法和新式火器,推动了清朝军队的近代化;但这些武装集团对将领的依赖严重,容易造成将领的拥兵自重、不利于统一指挥,为后来的军阀割据埋下了隐患。)

教师小结:淮军作为晚清战斗力最强的军队之一,主导国防四十年,武器装备世界一流,为了使官兵素质适应近代化的要求,李鸿章还派遣军事留学生,甚至不惜巨资创办武备学堂。但就是这样一支向世界先进看齐的军队,却在甲午战争中威名扫地。但我们仍然要看到清末统治阶层为挽救民族危亡,而采取积极的自救措施,在此期间,中国军队数千年来

使用刀矛弓箭的历史结束了,代之而起的是用新式武器装备和用新法训练的近代化军队,他们采用新式武器装备和采用西法训练军队,对当时和以后的军队改良有很大的影响。

教学资源

资源1：治外法权

治外法权的概念的由来,始于15世纪欧洲国家对于常设使节初次确定之时。"当时国际社会,方在萌芽时代,欧洲各国对于互派使臣办理交涉一事,渐渐视为一种实际的需要。但以国际公法学说尚未发达,领土主权的原则尚未确定之故,那时候各国政府对使臣个人,只承认他是一种不可侵犯的人物,随时随地,予以特别优待与保护而已。到了17世纪初叶,西洋法律上的属人主义,已代以属地主义,同时复受了自然法家格老秀斯的学说影响,领土主权的重要,在国际公法上已成为一个公认的原则。于是为保障使臣的特殊地位,与尊重国家的使节权起见,不得不从'不可侵犯'的观念上面,形成两种外交官应得的权利,置在法律保护之下。一为使臣个人不可侵犯,一则为使馆的不可侵犯。这两种不可侵犯权利,在性质上来说,固与现在所谓治外法权,不能混为一谈,可是最早的治外法权的涵义,初仅限于这一特殊权利,则不啻昭然若揭。"

因此,治外法权概念的由来,是由于一种国际的义务的观念,其所依据的,乃是"国家主权相互尊重"的原则。而领事裁判权制度起源于12世纪。当时由于地中海贸易的发达,各民族之间交往加剧。而基督教与伊斯兰教因为教义宗旨不同,遂订立特殊条约,允许外国人在其地犯法者,不受所在地国家法律支配,而交付本国司法机关。1199年,希腊王承认威尼斯人有此权利。后来,在十字军东征其间,十字军获得了被征服地同意的特权,即受本国法律支配的特权。后来,随着商业交易的频繁,产生了领事制度,这种法律特权遂赋予领事行使,形成了领事裁判权制度。

此外,治外法权基于互惠原则,体现了国际公法上的平等关系,所以,治外法权应当以不损害国家领土主权为前提。而领事裁判权则为一国单方面优惠政策,有违于国际公法上的平等原则,"为破坏领土主权原则之例外。盖一国之领土主权,应完全行于本国;而领事裁判权者,一方面使一国之领土权侵入他国领土之上;一方面又使他国之领土权受其侵入之限制"。

——赵晓耕：《试析治外法权与领事裁判权》,载《郑州大学学报(哲学社会科学版)》2005年第5期

资源2：片面最惠国待遇在近代中国的确立

最惠国待遇,是主权国家之间互相给予对方享受本国给第三国的某些优惠,这里有两条准则必须遵循,即平等互惠与范围的严格限定(一般仅适用于关税贸易,而不适用于其他涉及到国家主权的敏感领域)。近代中国存在的片面最惠国待遇则反是。如前述,在虎门、望厦条约中,最惠国的规定就已经颇为含混,但毕竟还列在《海关税则》的名目下。到1858年的中美《天津条约》又有新发展,该约第30款规定:"现经两国议定,嗣后大清朝有何惠政、恩典、利益施及他国或其商民,无论关涉船只海面、通商贸易、政事交往等事情,为该国并其商民从来未沾,抑为此条约所无者,亦当立准大合众国官民一体均沾。"明确地将最惠国待遇引

入到"政事交往"方面。而且,1858年的规定已经没有了早期条约中关于受惠国不得凭借特权对中国政府"任意妄有请求"的约束。1903年的中日《通商行船续约》第9款更规定:无论是过去还是将来,任何国家在华取得的特权,日本都要"完全无缺"地"一体均享"。将最惠国特权推向一切国家在华享受的一切特权,推向从过去到将来的一切时限。显见,该项特权在中国的确立,完全违背了国际法关于最惠国的基本原则。

——郭卫东:《片面最惠国待遇在近代中国的确立》,载《近代史研究》1996年第1期

晚清中外不平等条约中的最惠国待遇,对于晚清和近代中外关系有着深刻的影响。所谓清政府不加抗争地轻易出让最惠国待遇的观点不符合事实,当时清政府所持的立场和态度因不同的优惠内容而不同。从第二次鸦片战争中订立《天津条约》到清末,中外不平等条约中的最惠国条款的特性发生了三个显著的重要变化:一是特定的最惠国条款衍变为一般的最惠国条款;二是除片面的最惠国条款外,出现了双方最惠国条款;三是从无文字规定到以文字明确规定最惠国条款的附加条件。片面的最惠国待遇使中国处于不平等的屈辱地位。从经济上看,最惠国待遇的片面性特质在当时对中国的危害并不严重和明显,对中国造成危害的,是最惠国条款本身,它的均沾性本质。由于中国长期积弱不振,不平等条约中的最惠国条款给中国的经济和外贸造成了严重的损害,并使列强结成了侵略中国的"神圣同盟",中国的外交处于非常不利的地位。

——王国平:《略谈晚清中外不平等条约中的最惠国待遇条款》,载《江海学刊》1997年第1期

资源3:甲午战争前中日关系

19世纪80年代中叶到甲午战争爆发前的10年,正是中日两国争夺朝鲜控制权的10年。发生在这一时期的中日争夺朝鲜电信权个案,则是中日在朝鲜展开的一场代理战争,也是19世纪80年代中日朝三国关系的一个缩影。从这个历史个案可以看到,为了赢得控制朝鲜的主动权,维护和扩大各自的在朝势力,中日双方在具体权益问题上采用的都是回避对方、直接与朝鲜进行交涉的外交策略。同时作为权宜之计,又都不失时机地充分利用对方的立场,对朝鲜施加压力以达到目的。对朝鲜,清政府采用了传统的宗属外交与近代条约外交相结合的灵活外交政策。对中国,日本采用了暂时放弃与中国争夺朝鲜电信线的架设权和管理权,将获取通信手段放在首位的实用主义外交。这种表面上没有直接对立,水面下却竞争激烈,有时又相互利用的关系,正是这一时期中日关系的特点。这种关系从甲申政变后开始,一直持续到甲午战争爆发为止。

——郭海燕:《从朝鲜电信线问题看甲午战争前的中日关系》,载《近代史研究》2008年第1期

资源4:甲午战争中清政府的海军装备

甲午战争前十年间,欧美国家海军技术进步主要有三:第一,速射炮;第二,军舰高速度;第三,无烟火药。其中除无烟火药在甲午战前尚未广泛使用外,另外两项都在这场战争中得到应用,但应用者却是日本舰队。

先谈速射炮。1887年,英国首先发明中口径速射炮并于同年装备军舰。至甲午战争

时,120毫米口径速射炮的射速为每分钟8—10发,150毫米口径速射炮为每分钟6发,而相同口径的普通舰炮约为每分钟1.2发。前者是后者的5—8倍。

然而,对于这种中口径速射炮的作用不能过于夸大,这是因为,相对大口径舰炮,此种速射炮射程较短、炮弹威力较小。所以在黄海海战中,日舰一般只在与北洋舰队处于3 000米以内时才能射击,定、镇、来、靖诸舰所中炮弹虽各有159发、220发、225发和110发之多,但二铁舰并未受重创,"来远"、"靖远"二舰亦未因此沉没。而定、镇二舰的305毫米口径巨炮所射炮弹,只须命中敌舰一发,就能产生重大效果,如日本旗舰"松岛"几至沉没。因此,中口径速射炮的决定性意义在于,它可以大量装置在舰船的舷侧部位,这正是机动灵活的单纵阵战术的物质基础之所在。

其次是舰船速度,这主要取决于发动机的技术性能。北洋舰队的定、镇两舰制造于19世纪80年代初期,以每舰7 300吨的排水量却只有6 000马力的推进功率。而日本舰队制造于90年代初的"吉野"一舰,以4 200吨的排水量却有15 970马力的推进功率,对比十分明显。

在19世纪中后期,舰用蒸汽机曾经历过这样三个发展阶段:第一阶段是所谓"单机膨胀式主机",热效率很低;第二阶段是70年代以后的"二级膨胀式主机";第三阶段则是80年代中叶以后的"三级膨胀式主机"。北洋舰队全部主力舰船的发动机,除"平远"舰外,其余均属于第二阶段。而日本舰队之各舰主机,除"扶桑"、"比睿"系70年代产品之外,或为第二阶段后期水平,或为第三阶段早期水平——"吉野"舰主机则属第三阶段中后期水平。

在攻击方面,日方舰队因为新式速射炮而拥有一定优势;在防护方面,北洋舰队由于厚重装备而处于某种优势地位。但在机动力方面,日本舰队远远领先于北洋舰队。黄海之战中,日方舰队具有强大机动力,而北洋舰队却只能采用运动笨拙艰难、极易引起队伍离散的落后横阵,这种机动力的显著差距则正是双方技术装备差距所导致的。

需要强调的是,日方学者在关于当时两国舰队实力对比问题上多主张日弱华强,甚至称日本海军"与清国海军相比,是绝对无法与之对抗的极弱小的力量"云云,这是全然不顾事实的说法。他们这样说的用意大概不外两点:其一,为了宣扬日本军队的所谓"武士道精神",犹云物质力量虽弱但却以弱胜强;其二,为了掩饰日本方面蓄意发动这场战争的事实真相,犹云尽管日方实力弱小但也不得不应战。中日两国舰队在技术装备水平上的十年差距这一事实,既是日本敢于挑起甲午战争的军事根据,也必然对这次战争中的决定性一战——黄海之战——的胜负产生重大影响。

——潘向明:《黄海海战失利原因再检讨》,载《参考消息》2014年7月28日

资源5:清政府战略误判导致甲午战败的苦果

黄海海战的失利,绝对不能忽视战略上的原因。北洋舰队在甲午战前长期未曾添购新舰,由此导致中日双方技术装备水平差距。其原因就在清廷自1885年天津谈判以后,在思想上丧失了对日本的警惕和防范之心,致使整个国防战略发生严重失误。

在国防战略中,对主要敌国的认识与选择,具有至关重要的意义。

日本与中国隔海相望,力量中心近在咫尺,在地理上天然属于中国国家安全上应该加以防范的对象。甲午战前的二十余年间,清朝当局实在应该坚持不懈地奉行防日战略,密切注

视其扩军动向,并针锋相对地采取防范措施。但遗憾的是,清廷只是在日本已经实施侵略行径时,才会在现实刺激下采取一定措施,如1885年以前定、镇等舰的购置。一旦日本暂无动作,清朝的防日思想便大为消退。1885年以后,由于日本表面上对朝鲜和中国不动声色,尽量避免刺激行径,遂使李鸿章等人全然不以日本为意,却对当时尚不能对中国构成根本威胁的俄国大加警戒,因此有挪用海军经费加练东北旗兵之事,以及针对西伯利亚铁路的筹建而抢先修筑关东铁路之举。

正因为清朝当局在甲午前十年间注重防俄而疏于防日,才在思想上丝毫没有添购军舰的紧迫感和危机感,而决非因经费的缘故。要知道,在强烈危机感的驱迫下,经费上的困难无论如何都可设法解决。

黄海海战失利的经验教训告诉我们,战争是综合国力的较量。首先,要从宏观的国防战略上要认清谁是主要对手,才能使得各项工作轻重有别,避免出现重大战略失误。其次,要深刻认识到战术和战斗力的发挥和使用,在很大程度上基于装备技术水平的发展。如今,日本仍是一个经济和科技大国,而且正力图向政治大国和军事大国迈进,其以"自卫队"名义发展着的陆、海、空三军实力十分可观,尤其是武器装备的先进程度上更居于世界前列。因此,有关黄海海战的战略战术探讨,是具有现实意义的。

——潘向明:《黄海海战失利原因再检讨》,载《参考消息》2014年7月28日

资源6:日本舆论关于甲午战争中国战败原因的分析

甲午战争前夕日本已经将"西方文明中心观"视为国家统治意识形态,明治维新到壬午兵变(1882年)前,日本国内精英阶层已产生了对华优越感,开始主张"脱亚入欧";壬午兵变后,在舆论界大肆批判中国落后、愚昧,开始萌发征服中国的野心;1893年,日本对华扩军的完成大大刺激了日本敢于开战的精神信心。基于此,日本有大量的从军记者、政治家、浪人等从思想、制度及国民性层面深度挖掘了中国战败的原因。在思想层面上,清朝拘泥于妄自尊大的华夷思想,消极对待精神与制度层面的近代化改革是导致战败的根源;在军事制度方面,封建性的军制导致了清朝战败;日本方面还从民族性出发分析中国战败的原因:一是中国人无近代国家思想,无爱国观念。二是中国吏治腐败。三是中国人具有文弱的民族性情。综上观之,日本对中国战败原因的分析是较为深入的。但是,这种分析在促使蔑视型对华观定型固化的同时,还给其对华政策带来了深远的不良影响。上述诸种病症在此后中国展开的一系列近代化改革与革命中逐步得到改善,日本却为其侵华欲望不断膨胀,长期未能改变诸如中国人文弱、无爱国心等观念。这种观念误导日本深信可以轻易征服中国,成为诱使其进一步采取侵华行动的认识诱因。

——王美平:《甲午战争前后日本对华观的变迁——以报刊舆论为中心》,载《历史研究》2012年第1期

资源7:晚清期间海塞防之争

晚清时期……经过反复斟酌,清廷决定采取海防、塞防并重的方针……海军建设开始受到高度重视……中国海防近代化视角下的海防与塞防之争及其后果,折射出来的是中国海防近代化的历史进程。海防与塞防之争论以及海防与塞防并重战略的实施,则是中国海防

近代化启动的标志。这次大争论后,清政府决定大力发展海军,并由洋务派实施,通过引进和自行建造的方式组建了北洋和福建两只海军舰队。其中北洋舰队多是比较先进的铁甲舰,建成之时曾被西方国家誉为"远东第一舰队",实力远在于东亚各国之上……这次争论对于边疆治理上同样有重要的意义,开创了中国边疆治理的现代化进程,其直接后果是10年后新疆和台湾建省……晚清时期的海防与塞防之争对现今中国加强海权建设还有边疆治理是有借鉴意义的……陆权发展不排斥中国的海权发展,因为中国的海权远远不能适应中国的陆权发展的需要。发展海军、维护中国的统一和解决台湾及南海问题等,都是中国发展的重要内容,没有强大的海权,就没有中国强大的陆权;中国发展海权的根本目标是捍卫中国陆权的发展,保障国家的安全,而非向海外扩张;从更根本的意义上说,没有陆权发展,就不可能有强大的海权。所以重视海权的同时,我们同样不能忽视陆权。

——高成瑁:《晚清时期的海塞防之争及借鉴意义》,载《华中师范大学研究生学报》2010年第3期

资源8:洋务运动与晚清政局

洋务运动的兴起及其过程与晚清政局密不可分。"辛酉政变"使清政府从封闭中走出来,有利于洋务运动的迅速兴起和发展。但是,晚清内轻外重的政治局势决定了清廷进行洋务运动只能依靠掌握一定实权的地方洋务派官僚,最高权力层的不断争斗,从而导致在中央始终未形成强有力的指导全国洋务运动的领导核心,加之清廷在各大小派系集团中实施"平衡术"统治策略,使各洋务派集团在办洋务的过程中各立门户,畛域互见,难以形成统一步调,遂使洋务运动倍受制约,发展缓慢。

——冀满红:《略论洋务运动与晚清政局之关系》,载《清史研究》1997年第4期

资源9:洋务运动与明治维新

同为东方文化圈的中国和日本几乎在同一时期分别经历了一场改革运动,但改革的最终结果却相去甚远,日本从此走上了国富民强之路,而中国却越来越颓败。从功利主义的角度,探讨洋务运动教育改革中所表现出的极度的功利主义思想,并对两国教育改革进行比较和分析,可以对洋务运动教育改革失败的原因进行初步的探讨。在学校体制改革中的功利主义方面。洋务派官僚创办了30多所新式学堂,但缺乏全国性的整体规划和学制系统,学校与学校之间是相互孤立的,各学堂都各自为政,这使得洋务派教育始终没有打破传统的教育体系而成为一种正规的教育形式;而明治政府很重视教育体制改革,先后派出大批人员访问欧美各国,学习和引进了西方国家的教育制度。在课程设置的功利主义方面。在"中学为体,西学为用"的目标之下,洋务派官僚严守封建制度的各种规则,精心选择西方的技艺,滤掉西方知识中各种先进思想学说与观念;而明治政府颁布的"纲领"中特别强调,要改革整个的教育制度、教育内容和方法,以提高全体国民的知识技术水平和启迪民众的智慧。在教育过程中的功利主义方面。洋务学堂的毕业生学习的目的是参加科举以获取功名,这使得洋务学堂在很大程度上已经沦落为封建学校的附庸;日本的学校没有科举的影响,而有开设实用性科目的传统,他们的国民更容易接受西方先进文化知识。在留学生教育中的功利主义方面。中国留学生学习内容只限于"军政"、"制造之学"和"西方擅长之技"等,对西方的政治

典章制度从不涉及;而日本则是全面向西方学习。综上所述,洋务派根本无法靠大力发展教育来振兴中华民族。

——王应密:《洋务运动与明治维新教育改革中的功利主义》,载《扬州大学学报(高教研究版)》2004年第4期

资源10：戊戌变法中的民权

戊戌维新派的"民权"说,是他们从变法角度出发,通过使"人"民族化、"契约"法纪化、"个人"集体化、"权利"义务化的方式,改造西方"人权"理论的产物。它有超越传统"民本"思想的一面,但由于他们据以改造西方"人权"理论的立场是新兴资产阶级立场,观点不成熟、方法不科学,所以改造也较多地体现了阶级局限性与非科学性……

一、谭嗣同的反君权……他的"民权"说……不仅对君主专制作了严厉批判,而且锋芒直指中国数千年的封建意识形态——"三纲五常",并以他的"仁"与之相对立。他认为"仁"的最大特点,就是"通"。"通",又以"平等"为唯一依据。"平等者,致一之谓也",即大家都应当平等,其中包括君臣、君民平等、男女平等,等等。这种议论,已经远远超过了以前的一切进步思想家和维新派其他人物。谭嗣同反君权最激烈,但对"民权"本身却几乎没有讨论。……

二、梁启超、严复的"君权与民权合"……他们不约而同地主张在君权、民权之间搞折中调和,更多的不是源于"民权"理论——他们其实并没有系统的"民权"理论,而是依据于现实社会历史任务的一些想法,即作为一个民族国家,要统一起来,要有"君权",才能完成反帝的任务,而站在资产阶级立场,又要有"民权",才能完成反封建君权的任务。两大任务相互结合,就是"兴国权"。他们两位要兴资产阶级的君权,同时要兴资产阶级的"民权"……

三、康有为的尊君权与兴绅权……他主张在政治上学习西方,变君主专制为君主立宪……康有为的"民权"说的根本弱点在于依皇帝之权争民权……在他看来,当时只能搞"君主立宪",要"欲兴民权","必先兴绅权"实际上是要求封建政权照顾一下萌芽的资产阶级的利益……

四、历史地位……首先,他们引进西方资产阶级法哲学中的权利观念,第一次提出中国"民权"说,超越了过去几千年在中国占统治地位的"民本"思想……维新派的"民权"说,开辟出中国资产阶级法哲学的新时代,不仅成为后来中国资产阶级"民权"说的源泉和基础,而且也为无产阶级建立自己的"人权"理论,提供了不可多得的历史借鉴。

——徐怀东、张茂泽:《评维新派的"民权"说——兼析西方"人权"理论在近代中国的命运》,载《北京大学学报(哲学社会科学版)》2000年第1期

资源11：义和团运动对不平等条约体系的影响

义和团运动对现存的不平等条约体系产生了重大影响。一方面,西方列强大大发展了不平等条约制度体系,将其推进到一个新的阶段,使得这一特权制度更为完备、严密。列强由攫取条约特权,进而在政治、经济、军事、思想等方面对中国实施全面控制,这是半殖民地最为突出的特征,亦是《辛丑条约》最基本的特征。另一方面,由于义和团运动表现出强烈的反抗精神,列强又不得不吸取教训,有所顾忌,对某些条约特权采取谨慎的态度。同时,在中

国反对不平等条约的历程中,义和团运动是一个重要环节,具有极其重要的地位,为这一斗争的最终胜利铺垫了一块必不可少的基石。

——李育民:《义和团运动对不平等条约体系的影响》,载《湖南师范大学社会科学学报》2001年第6期

资源12:《纽约时报》对李鸿章的采访

(李鸿章指出:)《排华法案》……是个最不公平的法案。所有政治经济学家都承认,竞争是会让世界市场永葆活力的,这一点适用于商品,也适用于劳动力。我们知道《吉利法案》的通过,是受爱尔兰人和劳动阶级的影响,他们希望垄断劳动力市场,而中国人恰恰是他们强大的竞争对手,他们希望排除中国人。这和我们把你们的商品从中国市场排除,剥夺美国制造商和商人在华贩卖商品的权利或基本权益,是一种行为。不要以中国官员的身份看待我,只把我当作一个国际公民;不是一个大臣,只是个普通的中国百姓,世界的百姓,让我问一个简单的问题:排除廉价中国劳工,对你们有什么好处?低廉的劳工意味着便宜的商品,以及物美价廉的商品。

你们对自己,对自己的国家,十分自豪,你们的国家代表着现代文明里的至高。你们自豪于你们的自由与自主,但这是自由吗?这不是自由,因为政府不许你们的工厂、农场使用廉价劳动力。……你们是世上最有创造力的人民。你们有比其他任何国家都多的专利,你们这方面远远领先于欧洲。除此之外,你们也并未把自己局限在制造业——你们还发展农业,并将农业与商业和工业结合起来。你们不像英国那样,英国就像是世界的车间。你们全身心地投向所有通往进步和发展的可能。工匠的技术和制造的质量方面,你们比欧洲国家优秀,但很可惜,你们竞争不过欧洲,因为你们的制造成本比他们高。

你们的劳动力太贵了,所以产品的定价也太贵,不能成功地跟欧洲国家竞争。而劳动力贵,就是因为你们排华。这是你们自己的错误。如果你们让劳动市场自由竞争,就能有更便宜的劳动力。中国劳工比爱尔兰人,或者其他美国劳工,都好养活。你们的劳动阶级仇视中国劳工,是因为中国劳工具有比他们更高的美德。

我相信美国报业能够帮助我们推进《排华法案》的废除。

……只有将金钱、劳动力和土地相结合,才能创造财富。……中国政府很乐意欢迎任何资本在我朝寻求投资机会。……我们很乐意你们的资本到中国投资。你们可以提供资本和技工,但铁路、电报线路等事务的管理权,必须由中国政府控制。我们必须维护国家主权,不容任何人触及政府的神圣权利。格兰特上将的建议我牢记于心。无论是美国还是欧洲的资本家,都可以自由地在中国投资建厂。

记者问:"阁下赞同将欧美这样的报业引入中国吗?"

"其实中国也有报纸,但很可惜,中国的编辑不讲真话。他们不像你们的报纸,'讲真话,讲全部的真话,并且只讲真话'。中国的编辑对真相十分吝惜,只讲一部分的真相。因此他们办不出你们这么高流通量的报纸。因为对真相的吝惜,我们的报社无法成为伟大的出版社,去承担文明发展的使命。"

——罗彬月、蒋海宇:《1896年,李鸿章到底是如何回答〈纽约时报〉的》,出自《知识分子》公众号,2018年10月21日

第二单元

辛亥革命与中华民国的建立

学术引领

一、辛亥革命

（一）辛亥革命的背景

黄克武在《从晚清看辛亥革命：百年之反思》（载《近代史研究》2012年第5期）一文中指出，清中叶以来中国士人与传教士开始引介西方共和体制，这些观念透过书籍、报刊的传播，发挥了思想动员的力量，使晚清时人们敢于去构想一个崭新的未来。其次，从辛亥革命爆发到南北议和，各地立宪派人物扮演了关键性的角色，不容忽略。因此，辛亥革命实由各种思想、势力共同促成。革命党人多受理想激发，揭竿起义，立宪派人士亦认同共和体制，同时也为了自保与维系秩序，起而响应。辛亥革命就在新、旧势力既合作又妥协之下获得了成功。民国成立之后，国人在实施民主过程中所面临的诸多困难与挫折，亦部分地源于此一妥协的性格。

1. 现代化进程与辛亥革命的发生

李文海等在《走向现代化的必由之路——纪念辛亥革命90周年》（载《中国人民大学学报》2002年第2期）一文中指出，辛亥革命发生在20世纪之初并不是偶然的，它是鸦片战争以来全部历史发展的必然产物。从林则徐和魏源、太平天国运动、洋务运动到维新变法，构成了中国早期现代化之路。中国早期现代化进程的艰难和挫折，成了呼唤辛亥革命到来的强大推动力和社会要求，而早期现代化的最初成果，则为辛亥革命准备了必要的物质和精神的基础与条件。中国早期现代化的一个基础性的成果，就是工业化和城市化的最初起步，以及在此基础上资本主义经济的产生和初步发展，这就为辛亥革命提供了物质基础。领导辛亥革命的资产阶级革命派，其中坚力量和骨干成员主要是具有强烈爱国主义精神又接受了西方政治观念的留学生和新式知识分子，这部分社会力量正是早期现代化的产物。早期现代化之路又为民主革命纲领"三民主义"的提出，提供了思想源流和必要的社会条件。早期现代化的逐步发展，使封建君主专制的政治制度同社会现代化发展要求之间不可调和的矛盾逐渐激化，最终腐朽的清政府成为众矢之的，推翻清政府的革命成为人心所向。

2. 三民主义与辛亥革命

金冲及在《辛亥革命和中国近代民族主义》（载《近代史研究》2001年第5期）一文中提

出,近代中国的民族危机不断加深,在此背景下,梁启超、严复等维新派将西方民族主义理论介绍到中国,梁启超还引人注目地提出了"中华民族"的名称。梁启超等人的民族主义宣传对提高中华民族的民族意识起了不可忽视的作用。但这面旗帜后来却被孙中山为代表的革命派越举越高。在20世纪最初几年,也就是中国同盟会成立前夜,民族主义思潮已开始广泛传播,并且同革命要求逐渐结合起来。因此,当中国同盟会成立后,孙中山倡导民族主义,把它置于三民主义学说的第一项,很快为众多人们所接受,并不是偶然的。孙中山在1894年兴中会成立时提出"驱除鞑虏,恢复中华",这是他民族主义思想的最初表现。这个口号有它重大的缺陷:带有浓厚的大汉族主义色彩。但是,这个口号有着合理的内核:它要求人们首先集中力量进行反清革命,推倒这个卖国政府在中国的统治。这在当时的中国,的确是抓住了救亡的中心环节。不推倒这个政府,任何根本性的改革都无法实行,中华民族的独立富强是谈不上的。反满浪潮的高涨,从根本上说,其实只是中国近代民族觉醒和救亡运动高涨的一种具体表现形式。它的出发点是反抗帝国主义侵略,追求中华民族的独立和解放,这正是中国近代民族主义的最根本的内容,尽管它的表述形式还很不完备,很不科学。1905年,孙中山提出"民族""民权""民生"三大主张,不断地对它的内涵进行探索。他的民族主义思想有一个异常突出的优点,就是十分注重民族平等,既不容许其他民族压迫和奴役本民族,也不容许本民族去压迫和奴役其他民族,而是提倡各民族之间的相互尊重,相互合作。他的民族平等思想,越到后来越加明确而完整。当辛亥革命在全国范围内爆发时,人们会注意到一种奇特的现象:尽管辛亥革命最初是在反满的口号下发动起来的,尽管汉族在人数上以及其他许多方面对满族占有无可置疑的优势,但在各省举行武装起义并出现一定程度的混乱局面时,却没有发生世界上许多国家出现的那种狂热的大规模种族仇杀,更不用说什么种族清洗了。

郭世佑在《孙中山的民权理念与辛亥革命》(载《学术月刊》2001年第9期)一文中指出,孙中山在1894年创立兴中会时就萌发了共和思想。1897年8月,孙中山在与日本好友宫崎寅藏等人交谈时,就明确提出"执共和主义"。此后,孙中山的民权与共和思想不断发展,在《民报》与《新民丛报》论战前3年左右,孙中山提出了"革命程序论",后通过《革命方略》的形式加以阐述,提出"军法之治"为3年,"约法之治"为6年,然后进入"宪法之治"的民主政治实现的路径。民权主义的内涵究竟何如,人民的权利除了依《革命方略》所说"皆平等以有参政权","四万万人一切平等,国民之权利义务无有贵贱之分,贫富之别,轻重厚薄,无不稍均"之外,还应包括哪些内容,孙中山的正面阐述却不多,尤其在民权中的私权即人民的平等、自由等基本人权等方面谈论得很少。也就是说,孙中山的民权主义思想并不十分丰富。在同盟会内部,孙中山很多时候也忽视了个人权利和民主程序,与黄兴、章太炎等人的分歧与矛盾不断发展,严重地影响了武昌起义后的革命党人同袁世凯、黎元洪等旧式官僚作斗争的政治力量。

左玉河在《国家资本主义:孙中山民生主义的本质》(载《史学月刊》2016年第11期)一文中提出,为了预防中国出现像欧美诸国那样的社会危机及社会革命,孙中山主张在资本主义尚未发达之时就采取"一劳永逸的办法"加以解决,提出了民生主义。平均地权、节制资本是民生主义的主要内容,其核心是发展国家资本主义。平均地权有两层含义:一是"核定地价,涨价归公,与民共享";二是国家"定价收买"。其本质,是用国家资本分享私人资本因土地增值而得之利,解决土地增值后的利益分配问题。民生主义目标是"既求国利,更应求民福"。私人资本和国家资本都可以实现"国利",但私人资本在达到"国利"之时必然出现独占独享,并不能实现"民富"。唯有国家资本才能实现"国利"与"民富"的双重目标。但是要实现国家资本主义的"国利民福"目标,是有前提条件的。这个前提就是:国家必须是人民执政的国家,政府是人民当家做主的政府,而不是官僚及资本家控制的政府,否则国家资本主义有可能导致官僚资本主义。南京国民政府成立后,打着发展国家资本主义的旗号,实行节制私人资本(实际上是民族资本)、发达国家资本(实际上是官僚资本)政策。中国不仅没有像孙中山所设想的那样通过发展国家资本主义避免贫富悬殊的弊端问题,反而产生了更加严重的社会矛盾。

3. 清末新政与辛亥革命

戴鞍钢在《新政困局与辛亥革命》(载《史林》2011年第10期)一文中指出,清末新政不废弃君主专制,幻想通过细枝末节地修补来维护清朝的统治。新政启动后,地方各级官员大多敷衍塞责,应付了事。新政实施的费用由中央向地方摊派,地方官员借机大肆搜刮,民众苦不堪言,这使清朝统治者与人民大众的矛盾更加地紧张激化,各地的农民起义日益高涨,这成为辛亥革命重要的社会基础。

郭绪印在《辛亥革命与清末"新政"的内在联系及其他》(载《学术研究》2002年第9期)一文中指出,辛亥革命与清末"新政"是互相联系和互相依存着的,无法割断彼此之间多方面的因果关系。孙中山等人的革命活动逼得清朝统治者加快"新政",特别是政治体制改革即预备立宪的步伐。清朝统治者的预备立宪反而促使革命者抓紧革命反清的准备,试图抢在宪法与君主立宪制确立之前推翻清朝。"新政"期间,资本主义经济的发展与预备立宪的展开,为革命者准备了自己的同盟军与合作者——资产阶级与君主立宪论者。"新政"期间,新军的编练,科举制废除之后士人群体地分化,新式知识分子地兴起,都为革命阵营准备了可以发动的基本力量。预备立宪期间,关于民权思想的公开宣传与历次国会请愿运动的实践,为中华民国成立后的民权政治建设提供了一定的条件。

4. 四川保路运动与辛亥革命

何一民在《现代化视野下的社会动员与辛亥革命——以四川保路运动为例》(载《社会科学》2011年第10期)一文中指出,四川保路运动作为辛亥革命的导火索,在社会动员方面不仅成效显著,而且对其后的各种社会动员都产生了示范作用。保路运动首先成立了保路同志会,同时在各州县设立分会,各级领袖大多是乡绅、哥老会成员等在当地有威望的人,这种高效的分层级动员模式是现代社会动员的重要手段。四川保路运动在进行社会动员时,大量使用了报刊、广告等属于现代大众传媒的宣传手段,开启了我国将现代传播方式应用于社会动员的先河。四川保路同志会和各地分会均设立讲演部,组织培训讲演员,并分派往各府州县进行讲演动员。此外,保路运动的组织者在社会动员内容上主题鲜明,集中在人们最关心的两大主题——救亡图存和民生利益方面,在保路即保国,保国即保川的逻辑推理之下,在不同阶级和不同社会群体之间形成了共同利益和共同的诉求,激发了强大的斗志。

（二）辛亥革命的爆发

胡绳武在《武昌何以能成首义之地》（载《光明日报》2001年10月9日）一文中指出，武昌首义之所以能取得胜利，革命的舆论宣传起了巨大作用。早在1903年，在孙中山的感召下，接受了革命思想的吴禄贞从日本回国后，就开始在武昌地区进行革命宣传。湖北的革命宣传有着不同于其他省的显著特点，一是它拥有一支立足于本地、力量雄厚的革命宣传队伍。二是湖北的革命报刊，从一开始创办，就立足于新军和小知识分子地发动，以"下等社会"为主要的宣传对象，建立严密的宣传体制和有效的宣传网。三是他们敢于大张旗鼓地揭露封建社会和官僚的种种黑暗和腐败，甚至敢公开呼号革命。另外，众多的革命党人投入新军做士兵，在新军中做了长期的发动和组织工作。到1911年秋，湖北新军一万五千人中，纯粹革命党人将近二千人，经过联系而同情革命的约四千人，与革命为敌的至多不过一千多人，其余都是摇摆不定。

（三）辛亥革命的意义

1. 政治方面

张海鹏在《辛亥革命的伟大历史意义》（载《前线》2011年第10期）一文中提出，辛亥革命的最大意义在于，以共和制取代了皇帝制度，动摇了中国人对皇权的崇拜，民主共和、立宪、法治等观念深入人心。辛亥革命是以民族革命为起点的革命，"五族共和"思想和中华民族概念为此后中国的民族平等提供了思想基础。孙中山在就职时自称人民公仆，并要求所有官员为民服务，确认了人民本位，区别于中国古代长久以来的官场政治。孙中山振兴中华的号召，三民主义的理想，对中国现代化的追求都给我们留下了宝贵的精神财富。革命党人奋不顾身、视死如归的爱国主义精神，值得后人学习。辛亥革命推动了20世纪中国近代化的进程，为新民主主义革命奠定了一定的基础。辛亥革命也成为海峡两岸人民共同的历史记忆，成为坚持反"台独"，坚持一个中国和"九二共识"的思想基础。

2. 经济方面

黄逸平在《辛亥革命后的经济政策与中国的近代化》（载《学术月刊》1992年第6期）一文中指出，辛亥革命后南京临时政府颁布了有利于振兴实业的根本方针和具体条例，因而很快地在全国范围内掀起一股实业救国的热潮，为资本主义发展创造了有利的社会环境，也为以后历届民国政府制订经济政策奠定了基本的方针。袁世凯虽然在政治上有野心，但经济上并不排斥资本主义的发展。袁世凯政府也颁布的一些法律措施来奖励实业，保护弱小的工商业，减免部分税收，提倡购买国货，同时制定了稳定金融，改革币制，引进外资等政策。虽然当时困难重重，但南京临时政府和袁世凯政府的各种法令措施并不只是一纸空文，政府努力将各种措施付诸实践。这些法令措施不仅在促进民国初年经济发展中起到重要作用，而且还被以后历届北京政府继续贯彻下去。辛亥革命后，爱国热情、提倡国货、振兴实业三者迅速融合，形成一股无法阻挡的历史潮流。

3. 思想方面

胡绳武在《辛亥革命时期的思想解放》（载《学术月刊》2001年第10期）一文中特别强调了辛亥革命在思想解放方面的作用，以及与新文化运动和五四运动的内在延续性。胡绳武指出，辛亥革命是一次重要的思想解放运动，五四运动和新文化运动时提出的主要问题，在辛亥革命时期几乎都已经提出来了。五四运动前的新文化运动，实际上是辛亥革命时思想解放运动地继续和发展。辛亥革命时期的思想解放运动主要表现为：第一，破除君主偶像，确立起建设民主共和国的信念。几千年来神圣不可侵犯的皇帝居然可以废除，还有什么不合理的东西不可以怀疑打破呢？人民的思想觉悟因此得到明显提升。第二，批判封建传统思想的代表孔学与儒家。辛亥革命期间，革命派对孔子和儒学的态度虽然并不统一，但始终存在着一支批判封建传统思想，要求思想文化革新的潮流。第三，批判封建家族制度和宗法伦理思想，主张家庭革命、女权革命。除此之外，辛亥革命还在主张学术民主，反对学术专制；主张科学，反对迷信；主张进化论，反对崇古、法古；主张新教育，反对旧教育；主张新文学，反对旧文学；主张白话文，反对文言文等诸多方面取得了显著的成绩。从近代中国人思想解放的角度讲，辛亥革命正是从戊戌维新到五四运动历史发展中的一个重要过渡。

辛亥革命也为马克思主义传播和中国化做了准备。李雅兴在《辛亥革命对马克思主义中国化的影响初探》（载《马克思主义研究》2012年第1期）一文中指出，辛亥革命促进了民族资本主义的高速发展，无产阶级力量随之壮大，为中国共产党地诞生奠定了阶级基础。辛亥革命打乱了封建反动统治秩序，为中国共产党地诞生提供了相对宽松的政治环境。辛亥革命极大地解放了人民的思想，为马克思主义传播营造了良好的氛围。孙中山等人极力主张不应该照搬西方经验，要避免西方的社会问题在中国发生。虽然他对马克思主义不完全赞同，但还是进行了研究和宣传，从而为十月革命后马克思主义在中国的广泛传播准备了有利的思想认识条件。中国共产党成立后，辛亥革命为中国共产党确定新民主主义革命目标提供了有益的启示，同时为中国革命和中国共产党的斗争留下了宝贵的经验与教训。

4. 世界定位

钱乘旦在《论辛亥革命在世界历史上的定位》（载王晓秋主编：《辛亥革命与世界——北京大学纪念辛亥革命一百周年国际学术讨论会论文集》，10—17页，北京：北京大学出版社，2013）一文中指出，中国辛亥革命爆发的前后，世界正经历着巨大的动荡，伊朗、土耳其、墨西哥都发生了以推翻政府为目标的革命活动，印度和埃及则爆发了反对英国殖民统治的斗争。这些斗争的共同之处是在内外交困，危机四伏的局面下，民众希望通过推翻政府、抗拒外敌来拯救国家。中国的辛亥革命正是这一时代革命与反抗潮流的一部分。回顾西方国家的殖民史，从15、16世纪新航路的开辟直到19世纪上半叶工业革命的完成，西方国家的殖民活动更多是在亚非拉各文明古国的边缘地区，除印度外，古老文明的核心区域并没有进入殖民体系。到20世纪初，世界基本被西方国家瓜分完毕，但也正是在这个时候，全世界都开始反弹，反弹最激烈的恰好是中国、印度、埃及等文明古国区域。中国的辛亥革命是西方列强向古文明核心区发动进攻并即将成功时，世界剧烈反抗的重要环节。古老文明为了实现独立与富强，不得不全面地学习西方，走上追赶西方的现代化之路，世界似乎被完全西方化了。但历史证明，注入现代化的古老文明重新焕发活力，实现了文明的回归，世界文明依旧沿着多元化的道路发展。辛亥革命恰好是这一过程中的一个重要转折。

二、北洋军阀统治时期的中国社会

(一)北洋军阀集团的概念

桑兵在《"北洋军阀"词语再检讨与民国北京政府》(载《学术研究》2014年第9期)一文中认为,在国民革命的语境之下,北洋政府的概念至少具有下列指向性含义:其一,这是由地方性私人集团窃夺的国家政权;其二,是与南方国民政府的革命政权为敌的军阀政权。桑兵指出,尽管南方的国民党和国民政府后来不承认北京政府的合法性及正统性,指为北洋政府,以便使国民革命与辛亥革命相连接,而将北洋与前清相联系,发动国民革命,以北伐战争的形式将其推翻。但从国际视角和历史观念考察,还是应该肯定北京政府据有中华民国的正式政权的地位,只是随着政治上的日趋颓败,其法统的国民认同度日益降低,从而逐渐失去施政的正当性。认定袁世凯一登上大位就是北洋军阀集团窃取革命胜利果实,其死后全国陷入军阀混战局面,北京政府的实权始终由北洋军阀的直、皖、奉系所控制,从而构成1912年至1928年的北洋军阀统治时期,这样的指认继续了国民革命的立场,作为一成不变的历史观念却不易贯通所有史事。桑兵强调,北京政府时期的制度建设承前启后,虽然未必有太多的建树,但使得清季改制以来的取向不可逆转。况且诸多制度设计是开天辟地的,尽管大都是仿效移植域外,可是不仅亘古所无,而且与各国有别,能够依据国情加以调适。可以说,清季取自域外、酌情调适的各项制度,经过北京政府时期大体定型。若将北洋军阀的观念用于指称整个北京政府时期的民国史,则会以偏概全,误读错解,误导研究的取向。

杨天宏在《北洋时期军阀形象的"另类"书写》(载《四川大学学报(哲学社会科学版)》2018年第3期)一文中指出,从制度上分析,督军制度和层级更高的巡阅使制度,均赋予军事长官兼摄民政的权力,是导致北洋时期军阀参政干政的制度根源。而这一制度的成立,与民国独特的各省先宣布"独立"而后谈判"统一"的建国方式以及民国初期国家根本制度建构的不成熟有关。这涉及根本法对国家军政制度的设计。民国初期根本法及各配套法规标榜分权,却未领会分权政制的真谛,在需要权力相对集中的国家政治转型时期实施分权,又将分权制做得别扭,不仅未能处理好立法与行政的关系,而且未处理好不同行政机关对军队的军政权与军令权的关系,造成军人参与或干预政治的制度条件。

杨天宏认为,科举废除后,文弛武张,在军人地位提高的同时,国家权势重心失却,中央权力虚化,紫禁城已是落日黄昏,地位提高了的军人因此失去效忠对象。而取代清朝八旗、绿营世兵制的募兵制又为"兵为将有"提供了生存条件,军事力量的国家属性由此发生变化。军人当兵吃粮,追求饷俸,成为提供饷俸的官长的"私兵"。虽然军阀中一些派系曾试图摆脱这种状况,实现国家统一,但因"北洋正统"观念根深蒂固,无法自"革"己"命",终北洋之世,军阀及军阀政治的问题,均无法解决。后来国共两党都致力于改变军队的私属性质,分别确立"党领导军队"的原则,建立起体现文治精神的新型军队,除了受苏俄的影响,一定程度上也是汲取北洋时期"兵为将有"历史教训的结果。

杨天宏总结道,军阀问题主要是制度问题,研究北洋历史,涉及军阀与军阀政治的评价,应信守唯物辩证的基本立场,要实事求是,不能概念先行,应在强调普遍性的同时,关注事物的特殊性,一分为二,从多元视角动态地观察认知事物,既要看到事物的终极形态,也不能忽略其历史发展与前后变化。尤其要有抓"主要矛盾"的意识,注重根本,强调制度,最大限度避免因现象而蒙蔽本质的历史浅见或误读。北洋时期军阀割据,军人干政乱政,造成国家政治黑暗,民生受到严重影响。为数不少的军阀祸国殃民,形象丑陋,为人不齿。然而,也要认识到"军阀"构成复杂,薰莸同器,善恶并存,简单做全盘否定或整体肯定,均会偏离历史唯物主义的认识立场。

(二)北洋军阀统治时期的政治斗争

曾业英在《民国初年的政党政治》(载《文史知识》2001年第9期)一文中指出,民国初期,各派政治力量纷纷组织政党,争夺国家权力。较大的政党主要是副总统黎元洪为首的共和党,宋教仁以同盟会为基础改组的国民党,立宪派领袖汤化龙为首的民主党,袁世凯死党王赓为首的统一党。1913年第一届国会开幕前后,为对抗国民党,在袁世凯的授意和支持下,共和党、民主党、统一党联合起来组成以梁启超为首的进步党,四党并存演变为两党对峙局面。这些政党,名目各不相同,但却有许多共同点,主要是都赞成共和制度,支持成立共和新政府,要求发展实业和实行责任内阁制,并程度不等地为组织政党内阁做过积极努力。它们虽然少不了玩权术,耍手腕,但也有公开性、合法性和民主性的一面,至少形式上是这样的,在组织上、经济上也都极力争取政府当局地支持。但各党派内部派系林立,组织涣散,主张分歧,步调不一,动辄重拉队伍,另立山头,只知在国会争权夺利,而对中下级人民,特别是广大农民群众的切身利益不闻不问,普遍缺乏群众基础。国民党赢得国会大选,却没能组阁成功。袁世凯一方面打击国民党,另一方面也只给进步党在内阁中保留了几个闲散职位,政府的大权都掌握在北洋派的手中。即使如此,国会在很多问题上依然能对袁世凯进行限制和制约。因此,袁世凯于1913年11月下令解散国民党,使会因不足法定人数而自动休会。1914年1月,第一届国会被正式解散。国会既被取消,政党政治失去凭借,自然也就难以存在了。民国初年的政党政治就这样宣告失败。当然,北洋军阀割据混战的同时,出于统一全国和政权合法性的考虑,又都认同维护共和政体和民国政权的必要性,积极努力地想尽办法控制北京政府,并不惜为此诉诸武力。

(三)北洋军阀统治时期的经济发展

北洋军阀统治期间,特别是1912到1919年之间,民族工业迅速发展,这与北洋军阀政府的经济政策密不可分。虞和平在《民国初年经济法制建设述评》(载《近代史研究》1992年第8期)一文中指出,近代中国的资本主义经济法制建设,起始于清末新政时期,展开于民国初年,完成于国民党政府时期,其中民国初年的经济法制建设处于承上启下的重要地位。袁世凯时期,政府开始系统的制定经济法规,到1921年先后颁布的经济法规达40多项,还不包括各法规的施行细则。民国初期的经济法制建设的明显进步体现在:第一,所颁法规种类比较齐全,内容比较详尽,初步形成了资本主义经济法制体系。第二,民国初年经济法规的制定参考了西方的有关法规,也较多地注意到了本国的经济状况,具有较高的科学性。第三,法规制定较多地参考了工商界的建议,体现了资产阶级的利益。就这些法律的实施效果而言,在经济主体的界定和权利、义务的规范方面,各种经济法规基本上是照章执行的,法令颁布后政府快速开始了公司注册、工商管理等职能地行使。在对社会经济的保护和扶持方面，虽然民国政府受财政力量地限制，在实行对企业的扶持奖励政策中，不能完全按法照办，但是还是有较多地实行，尤其是在袁世凯执政时期。在币制统一、度量衡统一等方面也取得了一定的效果。但也要看到的是，民国初年的统治者，虽已有利用法律强化统治的欲望，却缺乏依法保护公民权利的观念，有法不依的现象也比较严重，加上地方军阀各自为政，这一切严重地抑制了民初经济法规功能地发挥，也限制了它对中国经济近代化的促进作用。因此，民初经济法制建设在中国经济近代化历程中具有不可忽视的意义和作用，但是其更大的意义和作用则在于中国法律文化的近代化上。

在民国初期经济发展的同时，也存在着无法解决的困境。汪朝光在《民国的初建（1912—1923）》（488页，南京：江苏人民出版社，2007）一书中指出，民国成立后，在振兴实业的热潮声中，初步建立了现代经济法制体系，有利于中国现代工业的成长，而第一次世界大战的爆发，对中国经济发展形成了较为有利的外部环境，从而使中国的现代工业出现了自民国成立后一波长达10年之久的快速发展时期，中国的现代经济水准有了一定提升，经济面貌有了一定改观，并由此带动了政治、文化、社会等各方面的变化。但是，中国现代工业的发展仍然面临着许多困难，列强的对华经济扩张、国内政治环境的混乱、资金缺乏、市场不足、技术有限、管理低下，等等，均约束着中国现代经济地成长。农村经济的发展更为艰难，现代农业难觅踪迹、传统耕作方式及生产关系仍然占据着主导地位，广大农村不能成为现代工业的市场并为其提供必要的资源，非常不利于中国的工业化建设。中外经济关系在第一次世界大战前后出现了若干变化，但中国经济的弱势地位及其对外国资本的依附性仍未根本改变。总之，中国在传统经济向现代经济的转型过程中仍是步履艰难。

（四）北洋军阀统治时期的思想活跃

1. 北洋政府与新文化运动

谷银波等在《北洋政府与新文化运动》（载《中州学刊》2006年第3期）一文中指出，尊孔读经是北洋政府在社会伦理道德方面的重要举措，袁世凯时期颁布了大批法令强化尊孔复古，同时还恢复经学教育，褒奖贞洁烈妇，公开祭天祀孔。袁世凯大力倡导节烈、忠孝等旧道德，目的在于重新加固"君臣之义"的封建伦理，无疑是为其在文化上复古、在政治上复辟服务的。新文化运动就是对北洋政府提倡旧道德地反弹。新文化运动引起了北洋政府的干预，北洋政府对《新青年》的言论和北大学生的活动非常不满，但对新文化运动的限制并不严厉。北洋政府的一些政策，客观上对新文化运动地发展也起到了一定的推动作用，如北洋政府主导的国语运动。北洋政府成立国语研究机构，推广白话国语，并逐渐废除文言文教科书，极大地推动了白话文的普及。

邓亦武在《北京政府的文化政策与新文化运动》（载《民国春秋》2000年第3期）一文中指出，袁世凯统治时期对新闻、出版物的控制较严，以法律的手段限制言论自由。袁世凯夺取民国政权后，不再出版《内阁官报》《北洋官报》式的旧官报，他一面御用"民间报纸"《亚细亚报》充当他的宣传机关，一面收买《大共和日报》《时事新报》等报纸左右言论。袁世凯死后，北京政府也没有再建立政府的官报系统。由于没有官办的报纸和通讯社系统，政府虽然可通过查禁、禁售、捕人封报等方式遏止言论，却无法实行极严密地垄断资讯，达成完全钳制和统率舆论的目的。段祺瑞及后继者对新闻的管制有所放松,新闻界赢得了相对自由的宽松环境。另外租界是近代西方列强通过战争和不平等条约侵略中国而形成的"国中之国"。新文化运动代表人物将他们的刊物避居在租界,可以避免北京政府的干涉和迫害。新思潮可以以租界为依托,从北京政府权力的空白地带迸发出来,传播开来。新文化运动时期,宣传新思想的刊物《新青年》《劳动界》《劳动周刊》都曾在上海租界里编辑、印刷、发行。

2. 儒学批判与新文化运动

在新文化运动阵营内部,普遍认可儒学批判的必要性,但对儒学的态度也存在差异和分歧。左玉河在《反传统、激进主义与五四新文化运动》(载《中国社会科学报》2017年5月23日)一文中指出,新文化运动将矛头对准传统儒学,有着充分的合理性。陈独秀等人从袁世凯、张勋两次复辟帝制都提倡儒学的事实中断定:孔教与帝制有不可离散之因缘,在旧伦理、旧教育、旧思想、旧文学充斥的国度里是难以建立共和政体的。故中国问题之根本解决必须从思想入手,进行思想启蒙,唤醒被儒家伦理禁锢的民众。新文化运动确实将矛头对准传统儒学,但并未指向中国全部传统文化。新文化运动批判以"尊君"为中心的专制主义和以"三纲"为中心的封建礼教,着力批判君主专制主义、"吃人"礼教、家庭制度等,但并没有全盘否定传统。新文化运动对儒学进行批判之时,肯定了孔子及儒学的历史价值。陈独秀反对孔教,反对以"三纲"为中心的传统道德在现代社会中起的消极作用,对孔子及儒家在中国历史上的贡献和作用则是肯定的,并不赞同新文化阵营中那些过分偏激的意见。这些看法代表了新文化运动对孔子及儒学的总体态度。

3. 新文化运动的影响

罗志田在《体相与个性:以五四运动为标识的新文化运动再认识》(载《近代史研究》2017年第5期)一文中指出,今日说到新文化运动,最多提到的是所谓"德先生"和"赛先生"。其实新文化运动真正改变历史的地方,是我们正在使用的白话文。实际上,陈独秀那段有名的"要拥护德先生,又要拥护赛先生"的名言,直到1919年《新青年》6卷1号的《本志罪案之答辩书》才出现。此前《新青年》言论的一个重心,应当就是文学革命。只是因为时人和后人对新文化运动遗产的认知逐渐朝着特定的方向倾斜,白话文取代文言文这个几千年一次的革命性巨变,才在潜移默化中身不由己地淡出了人们的历史记忆,而让"德先生"和"赛先生"独大。虽然当时的学者对文学革命和"德先生"、"赛先生"哪个更为重要有不同的观点,但白话文的日益普及是不争的事实。从历史地发展来看,"德先生"和"赛先生"一直是发展中的状态,而白话文已经确立,且在可预见的时间里还会延续。

(五)北洋军阀统治时期的外交活动

侯中军在《英国与中日"二十一条"交涉》(载《历史研究》2016年第6期)一文中提到1915年1月18日,日本驻华公使日置益超越外交常规,亲自向袁世凯递交了"二十一条"。1月18日晚,袁世凯召集会议商讨应对之策,决定与日本进行谈判,同时尽量拖延,以争取英美等国的外交援助,并任命陆征祥为外交总长,负责对日谈判。日本在对华提出"二十一条"的同时,向英国、俄国、美国通报情况,并隐瞒了第五号要求的"十一条",意在减少来自各国的阻力,尽快结束谈判。中国确认日本向各国刻意隐瞒了第五号要求后,通过不同渠道予以揭露。当确定存在第五号要求后,英国认为会严重损害英国在华利益,有违英日同盟关系,美国也认为会损害机会均等的原则,都向日本施加压力。历经25轮谈判,日本在英国地劝诱下,最终同意推迟提出第五号要求,向中国发出最后通牒。日本为迫使中国快速结束谈判,接受条约内容,不惜以武力相威胁。英国为维护自身在远东的利益,要求和平解决中日之间的冲突,从而可以集中精力于欧洲战事。当得知中国政府有不惜一战的想法时,英国劝中国忍辱负重,宁可接受屈辱条款,亦不可以冒险以国运相赌,并表明英国绝不会在中日冲突中支持中国。5月8日下午,袁世凯召集特别会议,讨论对日本最后通牒的最终意见。袁世凯认为日方所提最后条件与最初方案相比已经挽回一些权益,中国国力不足,很难与日本开战,决定接受条约最后修正案,并肯定英美各国在调解中日问题中的努力。

北洋军阀政府时期,国家主权进一步受到破坏是不争的事实,但北洋政府为了在外交上有所突破,也抓住机会进行了种种努力与尝试。杨天宏在《北洋外交与"治外法权"的撤废——基于法权会议所作的历史考察》(载《近代史研究》2005年第3期)一文中指出,1926年1月在北京召开的法权会议是北洋政府通过外交途径撤废治外法权的一次艰难尝试。当时的中国还不具备废除不平等条约的条件,北京政府以修约为基本内容的外交活动应该是务实之举。北京政府在巴黎和会和华盛顿会议上都提出撤废各国治外法权的议案,华盛顿会议决定在会议闭会之后成立一个专门委员会,以调查中国司法现状,并根据调查结果由各国政府裁决中国是否具备废除领事裁判权的条件。这应当是北洋外交的一项积极成果。华盛顿会议后,英美与日本在中国争夺更加激烈,英、美希望通过调整对华政策促使中国的外交朝着有利于它们的方向发展。五卅运动之后,中国的民族主义运动高涨,这给英、美等西方列强造成一定的压力。1925年9月北京政府接到各国外交照会,开始筹备以废除领事裁判权为内容的法权会议。为达成废除治外法权的外交目标,北京政府进行了广泛的动员,通过多种渠道展开宣传,并决定对司法环境进行整顿,而当时民族主义运动的高涨也给北京政府的谈判增加了筹码。法权会议的结果是各国认为中国的司法环境不具备废除治外法权的条件。但法权会议上,中国代表向世界表达了强烈的废除领事裁判权的正义呼声。会议针对各国在华特权提出了改革主张,建议在治外法权撤销之前,各国政府应该对在华治外法权的行使进行规范。

(六)北洋军阀统治时期的军事

军阀混战局面的形成有深刻的社会根源。陈廷湘在《中国现代史(第三版)》(44—45页,成都:四川大学出版社,2010)一书中指出,首先近代中国的经济以地方农业经济为主,自给自足的自然经济长期存在,十分有利于军阀在一个地区形成相对独立的王国。自然经济逐渐解体所造成的农业和手工业者大量破产,使军阀拥有了充足的兵员。其次,帝国主义出于维护和扩大在华利益的需要,在失去袁世凯之后,积极寻找新的代理人。地方军阀为巩固和壮大自己的权势,也积极与帝国主义国家勾结。各派军阀不仅拥兵自重,而且为扩大自己的实力和地盘,互相攻打,连年内战。为维持庞大的军费开支,各派军阀又任意增加赋税,横征暴敛。长期地战争给经济造成严重的破坏,人民的生命和财产受到掠夺与蹂躏,广大人民群众苦不堪言。

各派军阀为壮大自己的军事力量,采用近代军事装备、近代军事训练、近代军事编制等等,客观上推动了中国的军事近代化。肖季文等在《中华民国军事志略(之三)》(载《军事历史研究》2003年第6期)一文中指出,北洋政府时期,虽然时局混乱,但军事教育仍有发展。首先是军事教育领导管理机构日趋完备。袁世凯在北京就任临时大总统后,设立了专门主管军事教育的领导机构,主要有陆军部、海军部的军学司、军学编辑局以及参谋本部第五局。1915年7月,袁世凯政府将陆军部军学司、军学编辑局和参谋本部第五局合并组建陆军训练总监部,作为陆军教育的最高领导机构,掌管全国陆军及所辖各学校教育训练及陆军留学生事宜。其次是军事学校教育初露生机。北洋政府接管并改造了原清朝的军校机构,在此基础上,陆续创办或续办了一系列军事学校,如陆军大学、保定陆军军官学校、福州海军学校、北平南苑航空学校等。再有,部队军事训练教育初步正规化。北洋政府为了提高部队战斗力,先后制订了一系列关于部队教育和训练的法规,试图建立一个统一正规的部队军事教育训练体制。这些法规的颁布和实施,使各部队的教育训练有章可循,也在一定程度上提高了部队的训练水平,并在一定程度上推动了中国军事教育近代化进程。但袁世凯死后,军阀割据,混战不已,军事教育惨遭破坏,许多军事学校中途停办,部队训练日渐松懈,以至最终未能建立起统一正规的军事教育训练体制。

三、民国初年的社会变迁

(一) 社会生活变化的原因

李喜所在《民国初年生活观念和习俗的变迁》(载刘志琴主编:《近代中国社会生活与观念变迁》,147—161页,北京:中国社会科学出版社,2001)一文中指出,民国初年社会生活变迁的原因,首先是资产阶级的思想启蒙。19世纪末和20世纪初的30年间,资产阶级对旧礼教、旧风俗有理有据地展开批评,努力宣传自由、平等和博爱,试图创立一种崭新的社会风俗。值得注意的是,他们将社会风俗的改良作为资产阶级民主革命的一个重要组成部分,认定家庭和社会习俗不进行革命,政治上的革命也是难以实现的。其次是革命政策地推动。辛亥革命后,从维护革命成果,扫除封建专制的目的出发,南京临时政府发布了一系列改革风俗的法令法规。南京临时政府推行的社会风俗改革以及蔡元培、宋教仁,甚至包括孙中山这些有影响的领袖人物的大力倡导,使民国初年人们的生活观念有了新的走向。

(二) 社会生活变迁的表现

乔志强在《中国近代社会史》(209—243页,北京:人民出版社,1992)一书中指出,近代中国人在物质生活方面发生了巨大变化。在服饰方面,辛亥革命后,随着"剪发易服"运动的开展,清代用来区分等级的官员服饰被废除,男子服饰虽然还常见长袍马褂,但西式礼服等开始流行,妇女衣着开始流行上衣下裤、上衣下裙、旗袍等形式。在饮食方面,清末在官绅阶层,已有人主张"中菜西吃法",采取西方的分餐制。辛亥革命之后,在一些大中城市,吃西餐成为一种时髦,这种风气由城市而农村、由沿海而内地,以至一些边远县城也开始流行西餐、啤酒、汽水、冰淇淋等更是流行于大中城市。在居住方面,各地保留中国传统特色住宅的同时,出现了一批模仿西式的住宅,住房多为两层小楼,采用砖石承重墙,室内有数间卧室及餐厅、厨房、卫生间等,并设有火墙、壁炉。在交通方面,辛亥革命后,火车、汽车、电车、轮船等近代交通方式快速发展。当然，在人们的物质生活领域，沿海与内地之间、城市与农村之间，以及城市与城市之间、农村与农村之间，都存在着严重的不平衡性。除此以外，社会各阶层间的物质生活变化也存在着极大的差异，阶级性和等级性非常明显。

左玉河在《由"文明结婚"到"集团婚礼"——从婚姻仪式看民国婚俗的变化》（载刘志琴主编：《近代中国社会生活与观念变迁》，196—238页，北京：中国社会科学出版社，2001）一文中指出，1912年中华民国成立以后，人们不仅对旧家庭制度和婚姻制度进行更为深入地批判，而且以实际行动投入变革旧婚俗、提倡新婚俗的婚姻变革运动中。许多人指斥妻妾制度是变形的一夫多妻制，致使男女不平等，提出了婚姻自主的强烈要求，把争取民主与婚姻改革紧密结合起来。举行"文明结婚"的男女在婚丧用品服务社买两张印好的结婚证书，填上新郎、新妇的姓名、年龄、籍贯，等到举行婚礼时，由证婚人、介绍人和男、女双方主婚人用印，就算成了。民国初年时，婚礼礼堂正中高悬两面红黄蓝白黑象征"五族共和"的国旗。迎娶时，一般用红缎双喜字绣片装饰着的花马车，也有用扎了花红彩子和纸花的汽车，车内遮上红绣片。全部迎娶过程及典礼时，新郎身穿黑色燕尾大礼服、白衬衣，系黑色领花，戴白手套，戴高筒礼帽。由一个身穿同样礼服的男青年陪伴，称之为"伴郎"。新娘身穿白色礼服长裙，肩披白色罩纱，头戴花冠、花环。由一位穿同样礼服的女青年陪伴，谓之"伴娘"。婚礼之后，一般要摄影留念。清末民初的"文明结婚"礼仪仅具雏形，社会上传统的旧式婚礼仍在风行，而且占据上风。正因如此，产生于这样文化土壤文化氛围下的"文明结婚"，从婚礼形式到婚礼内容都不免新旧混杂、不甚规范。

教学设计

设计一：从清末民初国歌的演变看政治近代化

设计意图

国歌是国家正式规定的代表本国的歌曲。近代中国，国歌从无到有，又随着政权的几度变更，相应的不断更换，每一首国歌的出现都深深地打上了时代的烙印。本节课从清末民初的几首国歌变迁入手，介绍每首国歌制定过程，分析国歌歌词的内涵，理解民众对国歌的态度，同时引导学生分析由国歌变迁展现出来的民主与专制的激烈斗争，新旧思想的碰撞与交锋，体会中国人对于民主政治和救亡图存地不断探索，最终达成由小见大，化难为简的效果，直观地向学生展示清末民初的时代变化。

设计方案

教师导入： 同世界上许多国家一样，古代中国是没有国歌的。1840年鸦片战争之后，清政府虽然与各国的交往日益频繁，但依然没有制定国歌的意识。19世纪70年代以后，随着留学生和驻外公使的派遣，身处异域的中国人越来越意识到国歌的重要，并开始向清政府提出制定国歌的建议。几经周折，清政府在康熙和乾隆时所谱的皇室颂歌中选了几个调子，委托清华大学堂京剧专家溥侗改写曲谱，委托严复根据曲谱填词，最终完成国歌《巩金瓯》的制定。

清政府于1911年10月4日发布上谕,颁行全国。这是中国第一首正式的国歌,歌词如下:

材料一 巩金瓯,承天帱,民物欣凫藻。喜同袍,清时幸遭,真熙皞,帝国苍穹保。天高高,海滔滔。

——刘锦藻撰:《清朝续文献通考》第二册,卷一百九十九·乐十二,9480页,上海:商务印书馆,1936

材料二 正是在这种情况下,城乡下层群众的自发反抗斗争也愈益高涨起来。这种自发反抗斗争,在一九一〇年达到了辛亥革命前夜的最高峰。据不完全统计,一九〇五年为一〇三次,一九〇六年为一九九次,一九〇七年为一八八次,一九〇八年为一一二次,一九〇九年为一四九次,到一九一〇年则陡然上升到二六六次。其中最突出的内容,一个是抗捐斗争,一个是抢米风潮。前者如山东莱阳抗捐斗争,后者如湖南长沙抢米风潮,都是震动全国的重大事件。

——金冲及、胡绳武:《辛亥革命史稿(第二卷)·中国同盟会》,418页,上海:上海人民出版社,1985

教师设问:对比两则材料回答,歌词反映了清政府怎样的政治理想?歌词与当时的社会现实是否相符合?并简要分析原因。(参考答案:歌词反映了清政府祈求盛世,希望清王朝统治长久巩固的理想,但与社会现实严重不符。社会现实是外有列强侵略,内有反清革命斗争的风起云涌,清朝的统治岌岌可危。主要原因是清政府的腐朽统治激化了阶级矛盾,卖国行为使民众对清政府失去信心,清末新政的实施增加了民众的负担,资产阶级革命派进行了长期的革命宣传和准备。)

教师讲述:材料一国歌《巩金瓯》创作于清末新政的背景下,是清政府在政治和外交方面主动与国际接轨的表现之一。歌词的大意为"承蒙上天庇佑,当保牢疆土。老百姓们都欢欣鼓舞,庆幸生于清平盛世,真是幸福吉祥,心情舒畅。大清帝国有上苍保佑,会像苍天一样不会塌下,像大海一样不会枯干。"在清末新政中,清王朝虽然在政治、经济、外交等方面做出一系列近代化的努力,但顽固地坚持封建君主制度和错误的民族政策,最终葬送了王朝的命运。1911年10月10日,即清朝的国歌《巩金瓯》颁行全国后的第六天,武昌响起了革命枪声,清政府的统治旋即土崩瓦解,国歌《巩金瓯》还没有来得及在全国传播,便随清王朝的覆灭而消失。

教师讲述:1912年1月1日,中华民国南京临时政府正式成立,教育部于1912年2月发布了征集国歌的广告,向社会征集国歌词曲,并于2月25日刊登了一份由沈恩孚作词、沈彭年谱曲的应征作品,歌词如下:

材料三 亚东开化中华早,揖美追欧,旧邦新造。飘扬五色旗,民国荣光,锦绣河山普照。吾同胞鼓舞,文明世界,和平永保。

——《临时政府公报》1912年2月25日,第22号,见李静:《民国国歌〈卿云歌〉的诞生与争论》,载《文史知识》2007年第5期

教师设问:根据歌词内容和相关历史史实,指出当时中国社会发生了怎样的变化?(参考答案:政治方面,辛亥革命推翻了清政府,建立了中华民国,资产阶级的地位明显提高。经济方面,民族资本主义获得了较好的发展机遇,民族工商业取得快速发展。思想方面,民主共和观念深入人心,中国人对政治的民主,国家的富强充满了期待。)

教师补充:教育部随后又向蔡元培、严复等博学之士征集国歌词曲,后收到得到章炳

麟、张謇、钱恂、汪荣宝四人的回复。其中汪荣宝效仿古圣先师述而不作之意，从《尚书·大传》中截取虞舜的《卿云歌》作为国歌稿寄送教育部。教育部即按汪荣宝的方案，请法国人欧士东为《卿云歌》谱曲，在国会中演奏，歌词如下：

材料四 卿云烂兮，纠缦缦兮，日月光华，旦复旦兮。时哉夫，天下非一人之天下也。时哉夫，天下非一人之天下也。

——《众议院议员汪荣宝送国歌函》，载《教育部编纂处月刊》1913年5月，第1卷第4册，见李静：《民国国歌〈卿云歌〉的诞生与争论》，载《文史知识》2007年第5期

教师讲述：《卿云歌》经国会演奏，成为"临时国歌"，但并没有被正式确定。时至1915年，因外交活动的需要，外交部建议制定国歌。当时袁世凯已解散国会，撕毁《临时约法》，实行专制独裁，并开始复辟帝制的准备。因此，负责制定国歌的政事堂对以前应征中歌颂辛亥革命、礼赞民主共和的作品都不满意，只好另起炉灶。于是由满洲贵族荫昌填词，礼制馆作曲后，经音乐大师王心葵润色，最终完成新国歌的创作。歌词如下：

材料五 中国雄立宇宙间，廓八埏，华胄来从昆仑颠，江河浩荡山绵连。共和五族开尧天，亿万年。

——《政府公报》第1095号，1915年5月26日，见皮后锋：《中国近代国歌考述》，载《近代史研究》1995年第3期

教师讲述：这首《中国雄立宇宙间》经袁世凯批准，成为近代中国第二首正式的国歌。但这首国歌也引来的众多的批评和质疑，主要问题是尧为先代君主，禅让制是私相授受，百姓没有主权，与"五族共和"相矛盾，再加上"亿万年"，更是充满复辟帝制的味道。随着袁世凯称帝失败，郁郁而终，这首国歌也成为了随葬品销声匿迹。

教师设问：结合所学知识，指出对国歌《中国雄立宇宙间》的批评与质疑反映了人们思想观念发生怎样的变化，并分析其原因。（参考答案：反映出民主共和观念逐渐深入人心。原因包括：辛亥革命的影响，西方民主学说的传播，新文化运动的宣传。）

教师讲述：1920年，国务会议最终确定重新谱曲的《卿云歌》为正式国歌，并于1921年7月1日正式实行。这是近代中国的第三首正式国歌，但这首国歌依然受到多数人的批评。

材料六 他（章太炎）认为民国国歌应该直面当时的国际形势，强调竞争存亡，以"发扬民气"、"亟思经武"为主旋律。而《卿云歌》却立足于中国传统的历史与文化，其"品性"，似乎过于"中正平和"了。

吴研因在1919年发表《国歌的研究》一文就认为国歌应该是"有韵的白话歌！古曲文章是不行的"。

萧友梅作为一个"名士"，虽然被推荐为《卿云歌》谱曲，但他对选用《卿云歌》作国歌同样很不以为然，"因为这首歌词头两句的意思，太不明瞭……把他念出来给小孩女仆听听，他们实在莫名其妙"。

——李静：《民国国歌〈卿云歌〉的诞生与争论》，载《文史知识》2007年第5期

教师设问：这种批评反映了当时文化领域怎样的变化？（参考答案：文化领域出现新文化运动，结合世界发展的趋势，对中国传统文化进行反思，形式上反对文言文，提倡白话文，内容上要求改变中国文化中正平和的一面，更多强调发展与竞争，使中国能在激烈的国际竞争中生存，实行救亡图存。）

教师介绍：《卿云歌》因曲调过于西化，文字过于古奥，平民百姓不易理解，难以广泛流传。对国歌《卿云歌》的争论，体现了中国人在探索民主政治的道路上，由政治模仿升华为文化的反思，从对中国传统文化的批评中探究政治民主化道路曲折复杂的文化原因。随着北伐战争的进行，北洋军阀控制的北京政府瓦解，国歌《卿云歌》也自然被淘汰。

教师总结：近代中国国歌因为外交需要而产生，但短短的歌词和曲调，折射出了近代中国的变迁。从《巩金瓯》到《中华雄立宇宙间》，再到《卿云歌》的演变，反映出近代中国结束封建帝制，开启民主共和的艰难历程。关于国歌的种种争论，也映射出在西方文化的冲击下，中国人在融入世界和维护传统间的不断探索。

设计二：自行车与近代中国

设计意图

自行车是近代工业社会中常见的大众交通工具。自行车在晚清时期进入中国，从卖车、骑车、造车再到自行车的管理等，其各方面的变迁背后都是一幅宏大的时代变迁的画卷。本节课以近代中国的自行车为主线，通过自行车使用、买卖、生产、销售等各方面地分析，向学生生动形象地展示了近代中国经济、政治、生活、交通以及人民观念的逐渐转变，让学生能够直观地了解晚清和民国时期经济、文化、社会生活等方面的变迁，感受中国正从封闭落后的状态下，逐渐的接受工业文明，走上近代化的道路。

设计方案

教师导入：第一辆自行车进入中国的时间已无可考，目前最早的证据是1868年11月24日《上海新报》的报道中首次出现了"自行车"。自行车在中国还被翻译为"自由车""脚踏车""洋车"等，甚至翻译为"洋马""铁驴"。中国人对自行车也经历了一个从新奇到接受的过程。

材料一 自行车到我国来的时候，年代已不可考，但总在海外通商以后……因为国人习性和习俗，不役人的就役于人，很少肯使用自己的力气，为自己服役，所以只有坐车和抬轿拉车，除了使用自己天然的两腿走路以外，自己坐车自己使力会被人笑话的，因之自行车虽传到了我国多年，还是未被扩大的利用。

——怀朗：《闲话自行车》，《万象》1942年第2期，见徐涛：《自行车与近代中国》，109页，上海：上海人民出版社，2015

教师设问：材料一反映了近代初期中国怎样的社会状态？（参考答案：随着国门被打开，工业文明正逐步影响中国。同时，由于传统思想的束缚，工业文明在中国的传播存在很大的阻力。）

教师讲述：自行车在中国的逐渐推广经历了一个漫长的过程。由于自行车技术还不成熟，价格高昂，加上中国城市路况不佳，所以最初主要是外国人骑行。随着时间的推移，中国人对自行车的认识也发生了变化，自行车逐渐成为当时"文明""先进"与"现代"的象征符号。

材料二

上海外白渡桥通行交通工具变化表

时间	行人	人力车	马车	轿子	马	自行车	摩托车	汽车	公共汽车	有轨电车
1889	11 770	6 984	544	9	11	—	—	—	—	—
1926	50 823	14 600	—	—	—	3 459	194	3 764	172	922

附注:1889年数字系3天平均所得(约数),1926年数字则是两天平均所得,所通行的车辆中货车未被计入。

资料来源:徐涛:《自行车与近代中国》,116页,上海:上海人民出版社,2015

教师设问:材料反映出近代中国大众交通发生了哪些变化?(参考答案:交通方面,传统城市交通工具逐渐消失,城市公共交通从无到有,自行车成为人们重要的交通工具。)

材料三 自行车又称脚踏车、自由车,其实是黄包车的改进。当时著名的编辑与作家包天笑对此有过描述:"香宾佳酿醉流霞,闲向天街踏月华。夜静人稀归去也,倩郎扶上自由车。"而且因"脚踏车而最自如,飘然来去似凌虚",颇受女性欢迎。"群雄粥粥竞纷华,独有英雄健美夸。十里商场用武地,双双驰骋自由车。"成了一种时尚,常有两人合坐,在市中游转,"压压盈头外国花,靓妆西女面笼纱。一声铃响双轮迅,穿过人丛脚踏车"。

——王富盛:《从竹枝词看上海交通的近代化》,载《贵州文史丛刊》2014年第8期

材料四 自1840年鸦片战争以来,随着西学东渐的影响,广大妇女的思想、道德观发生了很大的变化。以秋瑾为代表的一批革命女性,她们或奔走呼号于四方,或直赴疆场以献身,在近代中国的政治舞台上,演出了惊天动地的一幕,显示了中国妇女的觉醒和力量,在中国妇女的解放运动史上揭开了崭新的一页,留下了不可磨灭的功绩。

——王美秀:《西学东渐影响下的中国近代妇女运动》,载《北京大学学报(哲学社会科学版)》1995年第7期

教师设问:上述两则材料表明近代中国女性地位发生了哪些变化?结合所学知识分析其原因。(参考答案:近代城市女性正逐渐摆脱家庭的束缚,走出家庭,走向社会,投身社会革命,社会地位有所提高。主要原因是随着西方思想文化在中国传播,先进中国人对封建礼教进行了深刻地批判,中国人的妇女观和伦理观发生变化;女性自身的思想认识觉醒,主动投身妇女解放运动,并积极投身民主革命运动,在社会发展中的贡献越来越大。)

教师讲述:由于中国自行车的需求量越来越大,自行车成为外国对中国出口的重要商品。各国都将中国视为重要的自行车倾销地,并针对中国市场展开了激烈地争夺。

材料五 一战爆发次年,即1915年,日本出口中国自行车总价值达到55 687关平两,占全年总进口价值的59.70%,以绝对优势位列第一,老牌自行车工业强国英国是年占有35.73%,屈居第二。之后连续8年间,日产自行车都占据中国市场第一进口国的位置。特别要指出的是,此8年间有连续6年(1915—1920),日产自行车出口中国总价值占中国全年总进口价值,甚至超过了50%,处于绝对优势地位。而此时日本自行车工业还处于初级阶段,并未羽翼丰满,相对仍在襁褓中的中国民族自行车业,优势虽然已经十分明显,但与欧美诸国

自行车工业水平还存在很大差距。一战结束后,待欧美各国自行车工业恢复元气,重新大量输入中国市场之后,日产自行车的市场竞争优势则不再明显。

——徐涛:《自行车与近代中国》,86—87页,上海:上海人民出版社,2015

教师设问: 根据材料五概括民国初期中国自行车市场的发展特征。(参考答案:一战期间,日本超过英国等欧美国家,取得自行车销售的绝对优势;随着一战的结束,欧美重新重视中国市场,日本自行车优势丧失;列强对中国市场的争夺十分激烈;中国民族工业在与日本和西方国家存在明显差距。)

教师讲述: 随着自行车消费群体的增加,销售和维修自行车的车行成为一种新兴的行业。最初的自行车行主要是销售各国进口的自行车。面对欧洲、日本自行车充斥市场的状况,在倡导国货风潮的鼓舞下,中国人开始尝试生产自行车。各大车行在积累了一定资金基础上,纷纷投资办厂。

材料六 最早于1926年,由大兴车行开始聘请2名日籍技工,购入进口钢管和接头,正式进行自行车车架的组合、焊接和油漆,配以部分进口零部件组装成红马、白马牌自行车销向市场。这是最早的国产自行车。1927年,润大车行也在自制部分零部件的基础上,配以进口零部件组装成飞龙牌自行车。两大车行的国产自行车分别参加了上海中华国货展览会和杭州西湖博览会的展出,得到与会人士的一致好评,销路渐畅。

——徐涛:《自行车与近代中国》,217页,上海:上海人民出版社,2015

教师设问: 材料六反映了民国前期民族工业的发展状况如何?结合所学知识分析其原因。(参考答案:反映出民国前期民族工业继续发展,但严重依赖国外的技术和原料。主要原因是民国政府颁布了大量促进经济发展的法律措施,实业救国思潮的影响,国内市场的不断扩大,以及民族资本家的不懈努力等,这些因素使民族工业得以继续发展。但由于中国的工业基础薄弱,技术力量不足,在原料和技术上对外国存在依赖。)

教师讲述: 进口与国产的自行车日渐增多,中国出现了一些全新的社会问题,如自行车撞伤行人、自行车与其他车辆碰撞致伤亡、自行车盗抢等事件频发,这给政府的社会管理提出新的挑战。

材料七 淞沪商埠督办公署所发布的《脚踏车取缔章程》在中国的自行车历史上具有里程碑式的意义,该部章程是国人单独针对自行车交通安全所发布的第一部法律法规。1927年3月,上海特别市临时市政府成立,取代淞沪商埠督办公署,成为上海市政管理的新主人。次年3月,上海特别市政府参照《脚踏车取缔章程》核准颁布《上海特别市暂定稽查脚踏车罚则》。

——徐涛:《自行车与近代中国》,284页,上海:上海人民出版社,2015

教师设问: 材料七反映了自行车普及给政府带来怎样的影响?(参考答案:推动政府完善城市管理制度,政府的市政管理职能加强,同时推动了中国城市交通立法的完善。)

教师总结: 自行车作为一种从西方传入的大众交通工具,正因为它的贴近人们的生活,所以自行车的点点滴滴生动地映射出中国近代化的曲折历程。中国人由被迫接受工业文明的成果,发展为主动学习西方的工业技术。中国政府也由封闭、愚昧、自大,逐渐开始适应近代社会管理者的角色。

教学资源

资源1：辛亥革命的领导者

辛亥革命的领导者实际上是一批青年学生，留学生和国内新式学堂的学生，也就是19世纪末年至20世纪初年在中国出现的新型知识分子。据统计，至1905年，仅当时在校的留日学生就有八九千人之多，而至1910年，国内新式学堂学生已达一百五十余万，成为一支很大的社会力量。这批人与中国传统的知识分子不同，所受的不只是儒家文化的浸染，也不需要通过科举以谋进身之阶。在他们的思想、文化结构里，既增加了声、光、化、电等近代自然科学知识，也增加了西方17世纪以来逐渐发展起来的民主主义以至社会主义的成分。他们在校或者离开学校后就成了职业革命家，或者投笔从戎，成为"混"进军队的职业军官和职业士兵，有的则投身于新兴文化事业，成为脑力劳动者，办报、办学堂、办出版社，当记者、教师、文人。众所周知，马克思主义是根据人们在社会生产体系中的地位、同生产资料的关系、在社会劳动组织中所起的作用，以及取得社会财富的方式来划分阶级的。这批革命者大部分尚未进入社会经济结构，人们根据什么来为他们划阶级呢？能根据他们的思想和世界观来划分吗？须知，他们之中曾有若干人向往"社会主义"，主张"社会革命。"早在同盟会成立前，孙中山就曾访问设在比利时的第二国际执行局，请求接纳他的党，表示："中国社会主义者要采用欧洲的生产方式，使用机器，但要避免其种种弊端"，"工人不必经受被资本家剥削的痛苦"。在《民报》发刊词中，孙中山明确表示：中国不能重走欧美资本主义老路，他说："近时志士舌敝唇枯，惟企强中国以比欧美，然而欧美强矣，其民实困。观大同盟罢工与无政府党、社会党之日炽，社会革命其将不远。吾国纵能媲迹于欧美，犹不能免于第二次之革命，而况追逐于人已然之末轨者之终无成耶！"。朱执信在《民报》发表的文章曾大骂资产阶级是"掠夺盗贼"。后来孙中山也大骂资本家"无良心"，"以压制平民为本分"，"对于人民之痛苦，全然不负责任"。将大骂资本家的思想家定为"资产阶级"是不是有点冤？

——杨天石：《重议辛亥革命的性质与特点》，载《河北学刊》2011年第7期

资源2：辛亥革命时期的思想解放

以上我们就破除君主偶像，确立建立民主共和国的信念；批判封建家族制度，主张女权革命，反对族权、父权、夫权，宣传妇女解放等方面，略论了辛亥革命时期的思想解放，但是，辛亥革命时期的思想解放，并不限于上述方面。它还表现在，主张学术民主，反对学术专制；宣传唯物论，反对唯心论；宣传无神论，反对有神论；主张科学，反对迷信；主张进化论，反对崇古、法古；主张新教育，反对旧教育；主张新文学，反对旧文学；主张新史学，反对旧史学；主张白话文，反对文言文等诸多方面。并且在有些方面取得了显著的成绩。如以使用白话文、创办白话报为例，据研究，晚清最后十年间出版的白话报逾百份以上。其出版地遍及全国，但以长江流域的江苏、浙江和安徽三省最盛行。以一个地方计算，上海占二十余份，最令人瞩目，北京次之。这种白话报的盛行，是与革命形势的发展，和知识分子的革命化密切联系着的。许多白话报的创办者，"不乏是革命运动的倡导者和领导人。他们之创办白话报，不仅是一时共同的认识，而且是一种默契分头进行的结果。诚如蔡元培说，他们之发行俗话

报,其中一种作用,'表面普及常识,暗中鼓吹革命工作。'实际上,晚清的革命白话报,确能为革命运动,在舆论上作了先导,是清末革命思想的组成部分。"由此可见,辛亥革命时期的思想解放,与客观上革命的要求分不开的。

——胡绳武:《辛亥革命时期的思想解放》,载《学术月刊》2001年第10期

资源3:辛亥革命的"胜利快、代价小"特点

按照一般人的想法,辛亥革命肯定是很艰巨、很复杂、代价很大的,因为它是一场大变革。在一个拥有1000多万平方公里的超级大国里,推翻绵延两千多年的君主专制制度,哪能那么容易,那么简单?康有为曾吓唬革命党说:如果要革命,就要准备几十年甚至上百年的时间,牺牲几十万甚至是上百万颗脑袋。但是很奇怪——武昌起义,革命党人打出第一枪,是1911年10月10日,到南京临时政府成立,也就是中华民国成立,是1912年1月1日,这期间只有两个多月,就将共和制度建立起来了。既便从孙中山在檀香山创立兴中会算起,到中华民国成立,辛亥革命也就是17年光景。所以说,辛亥革命的一个特点就是时间短,胜利快。

另一个特点是代价小。武昌起义因为清军南下,革命党人保卫汉阳,打死了一些人。在湖北省之外,有8个省是靠武装起义打下来的,像湖南、陕西、江西、云南。当时中国最大的城市上海也是靠武装起义拿下的,另有5个省是和平独立。不过,8个武装起义的省,加上上海,也没有死多少人。湖南省起义一共才打死4个人:巡防营统领黄忠浩、长沙知县沈瀛,一个姓王的营级军官,一个姓申的秘书处长(总文牍)。有的省根本就没有打死一个人。所以说,辛亥革命的代价很小,并没有造成社会的大破坏,也没有出现大量流血牺牲的情况。

——杨天石:《辛亥革命若干问题辨识》,载《北京日报》2011年7月25日

资源4:辛亥革命后民主政治的发展

首先,民国初年政治参与的主体有这样的一些个体,如资产阶级小资产阶级知识分子、士绅、个别资本家、工人和相当数量的官员、军人等。对选民资格规定的宽松,可以反映出政治参与主体参与政治的多寡。临时参议院制定的《国会组织法》对选举国会议员的规定与清季咨议局的选举已有不同。就"居住选区二年以上"的规定而言,已较清季的十年要求大大缩减。就500元的不动产而言,比之清季的5 000元要求,亦已削减9/10。前清的教育程度为中学毕业,此次小学毕业即可。前清的选民年龄为25岁,候选为30岁,此次分别为20岁及25岁。显然,民国的规定较之前清已大有改进。这种改变有助于更多的社会群体参与政治。民初登记的选民达4 200万人,约占当时全国人口的10%,远远超过了1908年清朝进行资政院和咨议局选举的0.4%的比例。民主共和比君主立宪对于民主真实性的体现可见一斑,这充分说明了民初政治参与主体的扩大。在此特别要提到民国初年的妇女参政问题。孙中山在给一些妇女团体的回信中提出:"天赋人权,男女本非悬殊,平等大公,心同此理……女子将来之有参政权,盖事所必至。"据此,临时参议院通过了女子有参政权的议案,破天荒地宣布赋予几千年来备受歧视的妇女以参加各级政权的权利。"于是有所谓女子北伐队……女子参政团,女子自由党",这"不特自古所未见,抑亦环球所罕闻"。可以说,女子

参政风潮的出现正是民国初年参政主体多样化的生动写照。

——郑炳凯：《辛亥革命与中国政治参与变化的实证研究》，载《河南大学学报（社会科学版）》2008年第3期

资源5：辛亥革命的历史局限和启示

第一，那时的革命党人充满着对祖国的热爱，有着革命的决心，却提不出一个彻底的明确的反帝反封建的革命纲领。他们中许多人并未认清帝国主义的真面目，甚至天真地认为，他们既然以西方为学习榜样，就一定能得到西方国家的援助，并且总害怕革命的猛烈发展会招致帝国主义列强的干涉，所以在革命起来后小心翼翼地避免触动列强在中国的既得利益。他们对封建主义也没有多少认识，大多数人把清政府看作唯一的敌人，不但看不到旧社会制度的基础是地主阶级土地所有制，而且把一切赞成或被迫同意推翻清朝统治者的汉族地方官僚看作自己人，不惜向他们作出重大让步。因此，当清朝的统治一旦被推倒，建立了民国，许多人便以为革命已经成功，失去继续前进的方向和动力，妥协心理上升为主流，导致革命半途而废。

第二，辛亥革命在一定程度上依靠并发动了群众，但做得远远不够。革命党人不仅在会党和新军中做了许多工作，并且开展了有力的革命宣传，举行了多次武装起义，在社会上博得相当广泛的同情。这是武昌起义能够很快得到多数省响应的重要原因。可是，依靠并发动群众的严重不足，尤其是没有深入到社会底层去，同占中国人口绝大多数的劳动人民相脱离，又是导致它不能把革命进行到底的重要原因。帝国主义和封建势力在中国的统治那样根深蒂固，要推倒它们，不充分发动广大民众是办不到的。当时的革命党人恰恰做不到这一点，特别是没有一场农村的大变动，不可能吸引广大农民积极参与革命。这样，他们在强大的帝国主义和封建势力面前只能深感自己缺乏实力而处于孤立无援的境地，从而走向妥协。

第三，领导这场革命的中国同盟会是一个松散的组织，成员复杂。当革命开始取得胜利时，革命阵营内部便呈现出一派分崩离析的混乱局面：内部意见分歧，不少人转眼间成为享有权势的新贵而心满意足，开始争权夺利。吴玉章回忆道："在南京临时政府中，不仅原来的官僚政客毫无生气，并且有些革命党人也在他们的影响下，开始蜕化，逐渐地丧失革命意志，而一味追求个人的官职和利禄去了。"没有一个坚强有力的革命政党作为团结群众的核心，也无法使革命进行到底。

一句话，缺乏一个能够提出明确的科学的革命纲领、能够发动并依靠全国最大多数民众、由有共同理想和严格纪律的先进分子组成的革命政党的领导。这是辛亥革命留下的发人深思的沉重教训，而这又是当时中国不成熟的社会条件所决定的。

路总得一步一步走。跨出了第一步，就可能有第二步和第三步。中国共产党领导人中的年长者，如朱德、董必武、林伯渠、吴玉章等早年都参加过中国同盟会，投身辛亥革命，这在当时是最进步的思想和行动。比他们年轻一点的毛泽东在武昌起义爆发后也支持辛亥革命，曾投身湖南新军。他们正是在辛亥革命的洗礼中受到了深刻的教育，用新的眼光来看待中国的问题，提高了民族民主觉悟和革命决心；又从它遭受的沉重挫折中接受教训，思考它的不足，开始新的探索。辛亥革命的成功和失败从正反两个方面教育了中国的先进分子，起了某种阶梯的作用。

10年后成立的中国共产党，一开始就显示出中国以往任何政党不曾有过的全新特点：有着科学的理论——以马克思主义为指导来观察和分析中国的问题，提出明确的反帝反封建纲领；能够到社会底层去，坚决发动并依靠占中国人口绝大多数的劳动民众共同奋斗；组成一个有共同理想和严格纪律的先进分子的革命政党，成为凝聚群众的核心力量。毛泽东同志指出，"中国产生了共产党，这是开天辟地的大事变。"有了中国共产党，中国的面目就为之一新。尽管在90年的征程中遇到了种种困难和曲折，但中国共产党始终坚持立党的根本，不断开拓前进，取得了革命、建设、改革的光辉成就，在中华民族伟大复兴的道路上大步前进。

这就是历史：后人总是以前人已经达到的位置作为出发点继续前进，又大大超越前人。但前人的历史功绩不容遗忘，应当永远铭记，因为没有昨天，也就不会有今天和明天。

——金冲及：《辛亥革命的历史地位》，载《人民日报》2011年9月8日

资源6：《临时约法》的政治设计

如前所述，南京临时政府创建之初，实施的是总统制。总统为最高行政长官，政府各部部长由总统任命，对总统负责，斯时并无"总理"一职。《临时约法》在总统之外，复设总理，是为总统制改为责任内阁制的标志。但《临时约法》规范的责任内阁制并不完备，其要害在于改制之后，未能确定总统府与国务院孰为最高行政中枢。约法规定："临时大总统代表临时政府总揽政务，公布法律"，"统帅全国海陆军"，"制定官制、官规"，"任免文武官员"。约法涉及内阁权限的规定主要有两条：（一）"国务员辅佐临时大总统，负其责任"；（二）"国务员于临时大总统提出法律案、公布法律，及发布命令时，须副署之"。从约法条文上看，既然国务员对于总统只是起"辅佐"作用，而总统却被赋予"总揽政务"之权，则总统府应为最高行政中枢，然而问题并非如此简单。总统虽可"总揽政务"，但国家的实际政务总是通过政府各部门来推进实施的，加之"副署"权的规定，这就赋予国务院以巨大的权力。同盟会的一份通电亦承认："民国约法，采法国制，参议院为最高之机关，而国务院为责任之主体，总统所发布之法制、命令及一切公文，皆须国务院副署，始能发生效力，其实权握在国务员之手。"由于总统府和国务院都被赋予了相当的行政权，而《临时约法》又"并未说明内阁是对总统或是对议会承担责任"，于是导致了一国之内同时具有两个行政中枢的二元化政体格局。根据约法"总揽政务"的规定，总统府有理由要求国务院居于辅佐及从属的行政位置；但是根据约法"副署"权的规定以及责任内阁制国家总理及各部部长身当行政要冲的通例，总理也有理由要求总统赋闲，居于类似君主立宪国君主虽至尊荣，却无与实政的地位。在这种情况下，临时参议院把"新内阁由袁世凯总统而不是由国务总理选定一事作为例外情况"处理，试图以屈就一方的形式来区分府院权限，但这并没有使临时政府的政体结构有所改善。

——杨天宏：《论〈临时约法〉对民国政体的设计规划》，载《近代史研究》1998年第1期

资源7："自由尽是新风尚"

"自由尽是新风尚"，这是对民国初年中国社会习俗改良的最好的概括。禁缠足、禁鸦片、禁赌博，改称谓，废跪拜，禁止贩卖人口，倡女权，易服饰，倡导自由婚姻，等等，成为一股

时代性的社会潮流。1912年3月5日的《时报》上,有人发表了以《新陈代谢》为题的文章,其中写道:"共和政体成,专制政体灭;中华民国成,清朝灭;总统成,皇帝灭;新内阁成,旧内阁灭;新官制成,旧官制灭;新教育兴,旧教育灭;枪炮兴,弓矢灭;新礼服兴,翎顶补服灭;剪发兴,辫子灭;盘云髻兴,堕马髻灭;爱国帽兴,瓜皮帽灭;爱华兜兴,女兜灭;天足兴,纤足灭;放足鞋兴,菱鞋灭;阳历兴,阴历灭;鞠躬礼兴,拜跪礼灭;卡片兴,大名刺灭;马路兴,城垣卷栅灭;律师兴,讼师灭;枪毙兴,斩绞灭;舞台名词兴,茶园名词灭;旅馆名词兴,客栈名词灭。"

"皇帝倒了,辫子割了",这八个字是目睹了辛亥革命的少年瞿秋白对当时社会变化的体验之词,它形象地说明了辛亥革命的两大历史功绩:一是革了皇帝的命,一是革了辫子的命。

……随着封建帝制的废除,附生于封建帝制的种种丑恶制度也被次第扫除,例如世袭制度、太监制度、包衣制度,等等。所以,辛亥革命推翻帝制的实际政治影响和思想影响,远远超出了人们的预料。政治体制的革故鼎新,社会习俗的除旧布新,的确使民国初年的中国政治和中国社会面貌为之一新。

针对有人贬低孙中山领导的辛亥革命"只不过赶跑了一个皇帝",参加过辛亥革命的林伯渠在1941年时感慨地说:"对于许多未经过帝王之治的青年,辛亥革命的政治意义是常被低估的,这并不为怪,因为他们体会不到推翻几千年因袭下来的专制政体是多么不容易的事。"过去皇帝是最神圣不可侵犯的、至高无上的,如今皇帝都可以打倒,那么还有什么陈旧的腐败的东西不能丢掉呢?《临时约法》破天荒地第一次明确宣布:"中华民国之主权,属于国民全体。"普通老百姓从历来的"子民"、"臣民"、"蚁民",一下子变成国家的主人,这是一个多么了不起的变化!它在整个社会生活和人们头脑中所引起的巨大震动是可想而知的。思想的闸门一经打开,这股思想解放的洪流就奔腾向前,不可阻挡了。辛亥革命把统治中国几千年的君主专制制度一举推倒,为此后的中国革命打开了通道。这种不朽的业绩,是值得大书特书的。

辛亥革命以民国取代帝国,诚然来得过于急骤,无论从思想上还是政治上、组织上都缺乏充分的准备,但却是合乎世界政治现代化运动的主流和方向的。辛亥革命推翻了相沿两千多年的封建帝制,建立了近代民主共和制度,使民主主义成了正统,而帝王由人主、天子、君父变成了人民的公敌,正如梁启超所云:"任凭你像尧舜那样贤圣,像秦始皇、明太祖那样强暴,像曹操、司马懿那样狡猾,再要想做中国皇帝,乃永远没有人答应。"这无疑是中国政治现代化进程中一个质的飞跃。

——左玉河:《辛亥革命的成功与失败》,载《红旗文稿》2011年第6期

资源8:辛亥革命后社会生活变迁

民国初年出现的新生活思潮在部分大城市中逐渐开始占据主导地位,然而在大多数中小城市和边远城市及一般的小城镇中,传统的生活方式、生活观念系统,与共和改制及其倡导的生活观念意向进入了互不承认的紧张状态。城市生活方式和生活观念开始出现紊乱、失序。传统的生活观念由于突然失去了强有力的政治权力支撑和行政贯彻的渠道,从而失去了原来作为市民传统生活指导的神圣光环和道德约束力。儒家学说提供的人生观和道德伦理法则失去了往日的威慑力,它关于生活的社会意义和人格道德的种种观念都已在理论

上视为过时。大量的市民不再像从前那样顾忌自己的生活是否与传统伦理秩序的要求相吻合，男人剪长辫，女人放小脚，青年离家出走，男女自由恋爱，忠孝礼仪被视为违背人性。整个城市社会进入了观念体系重构的转型时期。由于变革的急促推进，城市生活中新的观念体系并没有取得绝对优势的地位，新观念的权威性往往受到惯性作用下的传统观念的抵制。这种以政治权威丧失开始的变革，也造成了观念权威体系的解构，城市生活观念出现了真空状态。表现在市民生活方式上则是一种新旧杂陈的格局，以江苏宜兴的一个婚礼场面为例，"自民国以来，政体虽变，而新郎之戴顶履靴者，仍属有之，然亦有喜学时髦者大礼服戴大礼帽以示特别开通者。最可笑者，新郎高冠峨峨，履声紊紊，在前视之，固俨然一新人物也。讵知背后豚尾犹存，红丝辫线，堕落及地。"而四个陪宾"有西装者，有便服者，有仍服满清时礼服者，形形色色，无奇不有。"

——何一民：《辛亥革命前后中国城市市民生活观念的变化》，载《西南交通大学学报（社会科学版）》2001年第3期

资源9：辛亥革命开辟的发展道路不可逆转

辛亥革命胜利后，孙中山确立的共和民主政制未能延续，资本主义民主政治制度建立不起来，就此而论，辛亥革命是失败了的革命。为了维护辛亥革命的成果，捍卫共和，孙中山进行了长达12年之久的讨袁"二次革命"、"护国"运动和两次"护法"斗争，但是共和民主制度还是恢复不起来，这是为什么？原因有多种，但不能简单地归咎于孙中山的局限，也不能简单地归罪于革命党人的软弱。原因很复杂，有革命党人的主观原因，但从客观上考察，民初中国出现反复，也是历史的必然，是中国社会本身新与旧，前进与复辟，维护旧的封建统治还是走向新的共和民主道路，追随时代发展潮流两种力量斗争的结果。民初的中国，随着封建帝国的终结，社会发生大变动，有些旧的社会关系已经断裂，有些新的社会力量正在成长，旧的传统复古势力在集合，新的革命的共和民主的力量也在重新组合，随着商会、社团、政党的纷纷成立，一个新的革命阵线在逐步形成。国权与民权观念在确立，皇权与民权在争斗。清朝残余势力想反攻，但成不了气候。社会变化潮流不可逆转，共和、民主、富强成为中国各族人民的发展路向已成定势。但封建的传统旧文化的势力也并不会经过一次革命的打击就退出历史舞台。以袁世凯为代表的旧势力在新与旧的较量中，虽然一时得势，并掀起反民主反共和的复辟思潮，进步的新的一方的力量暂时斗不过旧的传统的势力，但是我们不能由此就否定以孙中山为代表的革命党人爱国、革命、建设或共和、民主、富强的建国努力，以及他们为实现复兴中华、富强中国所做出的贡献。民初以来，中国战乱不止，军阀割据，帝国主义在中国重新洗牌，助纣为虐，企图在重新瓜分中国的较量中分得一杯羹。然而，以孙中山为代表的革命党人选择的共和、民主、富强的中国发展道路，以及建设一个民有、民治、民享，实现国家是人民所共有、政治是人民所共管、利益是人民所共享的社会的方向，则从来也没有改变过，而且也不可逆转。新旧势力较量中的反复是避免不了的，但这不是辛亥革命造成的，而是中国传统复辟势力的垂死挣扎。

孙中山一生最大的理想是实现国家的共和、民主和富强。他的主要任务有两个：一个是革命，一个是建设。他说革命是破坏，如果只破坏不建设，那就不要去破坏，即不要革命。所以在孙中山看来革命不是目的，只是手段，革命是为了更好地建设，建设才是革命的最终

目标。应该说,孙中山领导的辛亥革命是成功的,因为它不仅终结了中国的帝制,还开辟了共和民主的新体制,但他没有达到建设一个新的国家的目标。为什么?主要原因在于辛亥革命虽然推翻了封建专制制度,但未能彻底铲除封建的生产关系和旧的思想文化意识,在于革命党人未能在利用新军推翻清政府的同时对其进行改造,重组一支忠于民国、忠于人民的军队,所以袁世凯篡夺了政权,孙中山等革命党人无力反抗。袁世凯要复辟,革命党人反复辟,但复辟与反复辟是力量的对决,不是是非的判断。由于辛亥革命后战乱不止,没有办法集中力量从事建设,贻误了建设的进程。随着以孙中山为代表的革命党人政治资源的流失及各种复辟思潮的鼓噪,人们对资产阶级共和国方案产生怀疑。辛亥革命后中国出现复辟思想和复辟行动,招致辛亥革命开辟的共和民主政制的失败,但这不是孙中山的局限造成的,而是民初中国社会多种因素化合作用的结果。

——林家有:《辛亥革命开辟的发展道路不可逆转》,载《近代史研究》2011年第4期

资源10:民国政治的真谛

民意和舆论成为可以被操纵的对象,对共和与政党的怀疑甚至抵触成为一种普遍的潮流。"一万年太久,只争朝夕"的精英实在无暇等待共和制度在中国社会春华秋实自然成长,稍有差池和争议就恨不得改弦易辙弯道超车。一九〇五年科举废除,读书人制度化的政治上升通道封闭了,而清末以来各级各类新式学堂批量生产出来的新知识阶层在一个"军绅政权"当道的时代远离了权力中心,却掌握了新式媒介与公共舆论,在文化与观念上似乎具有了更为巨大的影响力。政治经验的匮乏与政治意识的高涨,形成民初政治生活中一种悖论的状态,这或许也可以部分地解释现代中国政治和文化激进主义的源流所在。正如杨氏所论:"国会政治是一种民众普遍参与的政治,当多数本应参与其中的人形成国会'万万不能存立'之共识,国会制度赖以生存的社会基础即十分薄弱。民初国会政治消亡,此实关键因素。这种共识的形成既与民初国会政治实验不甚成功有关,也与当时国人思想日趋激进,对于在中国仅仅试验了十三年的议会政治失去信心和耐心有关。"而反讽的是,当时的中国政治家和民众对议会的批评主要集中在人的道德这一层面,基本上没有就制度的弊端做深刻分析,却废除了旧国会,并在事实上否定了国会制度。对国会制度的反思本身具有强烈的道德主义面向,这说明转型时代的中国人仍旧习惯于用传统思维面对现代共和政治的难题。

而这种对国会制度的废除本身,也说明晚清以降在一波接一波的强国梦中,中国知识人心态上的六神无主与偏执焦虑。迟至三十年代,胡适还在《大公报》撰文《从一党到无党的政治》呼吁超越党派的政治制度,可见政党在民初已经成为派系和私人利益的象征。派系为私,政党为公,但后者往往被前者所绑架甚至穿透,前者往往借用了后者的名义装点自身。杨天宏分析了北洋政治之后指出民初政党所具有的一些基本特性:其一,缺乏共同的政治信仰;其二,缺乏对异党的宽容精神;其三,缺乏广泛的社会基础。简言之,民初政党基本上都是一些角逐私利、没有多元理念和民意基础的党团,难怪胡适对这种政党政治嗤之以鼻。就是金以林和杨奎松所论述的改组后的国民党,也是生存在这种政治惯性和政治特质的延长线之中。金以林指出:"国民党内的种种纠纷,实由派系而生,而表面的团结,从来不曾弥合派系造成的裂痕。'派系'成为民国政治中的一个永远抹不去的符号。在国民党统治时

期,政治的特点就是派系活动的普遍化,特别是国民党的派系活动,影响着民国政治全局的发展。"据其研究,国民党统治时期的派系就其形成而言,大约可以分为三种:第一类派系,指在长期追随孙中山革命过程中,特别是在国民党改组前已拥有一定政治地位的党内领袖同其追随者形成的政治派系,如蒋介石派、胡汉民派、汪精卫派、西山会议派和太子派等。第二种派系是以地域为基础的政治军事集团,如晋系、桂系、东北军和川军等。第三种派系则以蒋介石为核心而分立竞争,虽说始自抗战前期,但主要发展,则是在抗战以后。因此可以说,"派系林立"与"派系纷争"是国民党最具特色的政治文化,在某种意义上可以说民国政治就是"派系政治"。

——唐小兵:《民国政治的真谛》,载《读书》2017年第4期

第三单元

中国共产党成立与新民主主义革命的兴起

学术引领

一、五四爱国运动

（一）五四爱国运动的内涵

汪朝光在《中国近代通史：民国的初建(1912—1923)(第6卷)》(251页,南京：江苏人民出版社,2007)一书中指出,五四运动发端于中国在巴黎和会外交交涉的失败,其思想源流来自于先前的新文化运动。新文化运动弘扬民主与科学,推动了中国社会的进步与中国人思想观念的更新。随之而起的五四运动是近代中国具有划时代意义的政治事件,对近代中国历史发展有重要意义。对外而言,五四运动改变了近代以来中国国际地位不断下滑、国家利权不断丧失的趋势,开始了中国国际地位缓缓回升、国家利权逐渐收复的过程,尽管这个过程不是一帆风顺,但是历史大趋势自此已不可改变;对内而言,五四运动开始了中国工人阶级走上政治舞台的历程,经由马克思主义传播和先进知识分子的组织,产生了工人阶级的先进代表——中国共产党,中国的政治面貌、社会结构和思想倾向从此开始了重大改观,革命性质亦由民族资产阶级领导的旧民主主义向工人阶级领导的新民主主义革命转变。因此,五四运动成为近代中国由不断丧失国家独立与主权的半殖民地半封建社会的向下沉沦趋向而向着实现完全的国家独立、民族自由、人民民主、国家富强的上升趋向的转折点。

美籍学者周策纵在《五四运动史》(陈永明等译,1—8页,长沙：岳麓书社,1999)一书中指出,狭义的五四运动最初指5月4日北京的学生示威运动。广义的运动是指1915年日本提出二十一条要求,1919年凡尔赛和会做出山东决议案,激起中国民众高涨的爱国心和反抗列强的情绪,中国学生和新起的思想界领袖们得到了新兴起的商人、工业家和城市工人的支持,发起一连串的抗日活动和一项大规模的现代化运动,终于迫使北京政府让步,改变内政和外交政策,希望通过思想改革、社会改革来建设一个新中国。他们最着重提倡的是西方的科学和民主观念。中国传统的伦理教条、风俗习惯、文学、历史、哲学、宗教,以及社会和政治制度,都遭受到猛烈攻击。但是以后不久,五四运动逐渐卷入政治漩涡,终于使这新知识分子的联合阵线崩溃。那些自由主义者不是失去了热情,就是裹足避免参加政治活动;相反,左翼分子则采取了政治捷径,联合国民党,以推翻北京的军阀政府。西方诸国对这场运动的态度从此由同情转变为疑虑或反对，他们态度的转变也是促使运动分裂的一个主要因素。此后，社会主义和民族主义越来越得到支持，无数复杂难解的争执纷然竞起。

许纪霖在《作为社会运动的"五四"》(载《学术月刊》2009年第5期)一文中指出，五四运动不仅是一场爱国运动，更是一场在公民责任的旗帜之下，从知识分子到全民动员的社会运动。启蒙知识分子从"五四"的胜利中尝到了社会运动的甜头，开始从个人的解放转向社会改造，转向面对广大国民的社会运动。"五四"之后涌现的高潮，并非是爱国救亡，而是充满了理想主义精神的社会改造。"无中生有的造社会"，在国家之外建立一个自发自主的、有组织的社会，成为20世纪20年代初知识分子的共识。"五四"的社会运动所体现出来的公民精神和社会责任心，其背后所凭借的不是狭隘的民族国家观念，而是更宽广的人类意识和世界主义胸怀。

(二)新文化运动对五四爱国运动的影响

彭平一在《论早期新文化运动对五四爱国运动的影响》(载《湖南工业大学学报(社会科学版)》2009年第6期)一文中指出，新文化运动为五四爱国运动提供了思想上的准备。新文化运动中"民主"和"科学"思想的传播以及对孔教和封建专制主义的批判，使知识分子特别是青年学生的思想得到了空前的解放，他们不再相信和服从于任何权威，广大知识分子意识到争取国家的主权不能靠独裁专制的北洋政府，而必须依靠广大民众；新文化运动的教育改革，使北京大学成为五四爱国运动的摇篮和中心，为五四爱国运动提供了重要的社会条件；陈独秀、李大钊、胡适、蔡元培、钱玄同、鲁迅、周作人等人在五四爱国运动中起到了很重要的宣传、鼓动作用。在早期新文化运动中涌现出来的一些积极投身新文化运动的青年学生，在五四爱国运动中起到了直接的发动和领导作用。

(三)五四爱国运动对中国革命的深远影响

沙健孙在《五四运动及其意义》(载《思想理论教育导刊》2009年3期)一文中指出，五四运动对中国历史发展的影响十分深远。首先，五四运动促使中国先进分子的思想方向发生了根本性的改变。中国先进分子对于资本主义幻想的破灭，推动他们去探求中国的新出路。其次，五四运动促使中国先进分子考虑创建新的革命政党问题。大批赞成俄国革命的具有初步共产主义思想的知识分子，如北京的邓中夏、瞿秋白，长沙的毛泽东、蔡和森，天津的周恩来等，成为了这场斗争的主要领导骨干。再次，五四运动促使马克思主义与中国工人运动的结合，为中国共产党的成立做了准备。五四运动之所以成为新民主主义革命的开端，不仅仅是因为中国工人阶级开始作为独立的政治力量登上历史舞台，对这场斗争的胜利起到了决定性的作用，更重要的是，工人阶级对革命的领导是通过共产党实现的，而这场斗争促进了马克思列宁主义的传播及其与中国工人运动的结合，这是五四运动的最大成果和收获。

邵维正在《五四运动为中共创建做出了不可替代的贡献》(载《中国井冈山干部学院学报》2011年第4期)一文中论述了五四运动对中国共产党创建的作用。第一，"五四"期间马克思主义广泛传播为中共创建奠定思想基础。五四运动是一次伟大的思想解放运动，被爱国热情激起的各阶层人士思想空前活跃，改造社会的呼声日益迫切。五四运动后的一年多时间里，进步期刊猛增400余种，为广泛传播马克思主义创造了条件。第二，五四运动促使工人阶级登上中国政治舞台,为中国共产党的创建奠定了阶级基础。第三,五四运动培育了一批骨干,为中国共产党的创建奠定了组织基础。五四运动唤起了亿万人民的爱国激情,培育和锻炼了一大批具有共产主义觉悟的先进分子,促进了马克思主义与中国工人运动的结合,使得共产党的组织条件基本成熟。在共产国际代表的帮助和促进下,陈独秀、李大钊率先在上海、北京建立起党组织,长沙、武汉、济南、广州以及旅欧、旅日的留学生中也先后建立起地区性的早期组织。各地区组织成立后,以主要精力从事马克思主义传播和工人运动,并把两者进一步结合起来,为中国共产党的正式成立奠定了组织基础。

(四)对五四爱国运动的反思

耿云志在《傅斯年对五四运动的反思——从傅斯年致袁同礼的信谈起》(载《历史研究》2004年第5期)一文中深刻剖析了傅斯年对五四运动的反思。第一,五四运动促进了中国社会的新变化,包括国民的觉醒、社会团体的大量涌现、青年个性的解放、移风易俗。第二,思想界要做持久的努力和长期的积累,引发出促进社会发展的新因素,使社会的变革取得成功,中国随世界潮流而变成一个新中国。第三,中国的落后是由于缺乏有组织、有活力的有机体社会,人们生活在千年不变的僵化社会中。五四运动揭开了中国有机社会建设的序幕,随后需要自下而上,循序渐进地进行社会改造,但必须铲除中国的专制制度。第四,真正的社会改造运动必须从改造自己做起。青年人应该树立起一个堂堂正正的人生目标,并为此不懈地奋斗。同时他也强调个人的价值,每个人要去发掘、发挥自身潜在的能力,理性判断不盲从,以主动和创造精神,对自己言行充分负责的精神来推动社会的进步。

二、中国共产党成立

(一)中国共产党成立的背景

修远基金会研究部在《中华文明与中国共产党——写在中国共产党成立96周年之际》,(载《文化纵横》2017年第3期)一文中指出,从洋务运动到共和危机,中国精英阶层一轮轮的政治努力及其失败证明:依靠少数精英的联合,以及由此而来的精英对民众的组织优势和资源优势,就可以建立起稳定统治秩序的时代已经过去。在不触及社会变革的前提下简单地进行政体转变,并不能建立一个真正意义上的现代国家。在内忧与外患均远胜以往的历史背景之下,政治秩序的建立已经不再是"肉食者"的"权力的游戏",它需要调动更多的民众参与,不仅是向民众让渡更多权力,更为关键的是,真正塑造出一种"公共性的政治"——让民众真正成为政治事业的参与者和行动者,为了自身也为了共同体的命运而奋斗。在20世纪初,中国最需要的政治主体,是那些可以重新整合中国社会的新式政党。新式政党需要深入中国社会基层,既利用其政党组织形式重新组织中国社会,又在重组中国社会的过程中获得代表性。当时政治家已经意识到这一点,比如孙中山,他率先想到了"以党建国"的政治方案来解决中国人"一盘散沙"状态。中国共产党从成立伊始,也致力于重组中国社会。作为新式政党政治的产物,中国共产党正是通过深耕基层、密切联系农民和工人,改造社会,塑造人民,同时也将自己塑造成为得到人民支持的领导力量。我们常说"十月革命一声炮响给中国送来了马克思主义"。这句话的意涵就是，对于当时的中国而言，马克思主义提供了一种最为全面的、将社会革命与政治革命紧密结合起来的理论；布尔什维克式政党提供了一种最强有力的政党组织和社会动员模式。这种新政党并不是依附于军阀政治的腐败的议会党，而是具有强烈的社会改造使命感以及铁的纪律的革命政党，力图通过对社会的改造，探索比代议制民主更具实效的民主。这一时期，以国民党的改组和中国共产党的成立为标志，新式革命政党在中国大地诞生，中国历史也由此进入了新的阶段。

孙军玲在《浅析中国共产党成立的社会背景与历史必然》(载《法制与社会》2008年第16期)一文中指出，中国共产党成立的背景，首先是中国先进知识分子对于辛亥革命成功与失败的启发，辛亥革命后追求民主道路的艰辛让先进人士认识到推翻帝制不代表革命真正的结束，从这个意义上说，后面的新民主主义革命和社会主义革命是辛亥革命的继续。其次是初期的新文化运动与马克思主义在中国开始传播，为共产党的成立准备了理论和思想基础。马克思主义之所以能在中国传播，一方面是中国与俄国的地缘因素及国情相似，另一方面因为国人无法接受西方列强既是学习榜样又是侵略者的矛盾身份，马克思主义同时满足了国人向西方学习的需要和对帝国主义的批判。最后是在五四运动中受社会主义思潮影响的工人阶级成为中国共产党成立的阶级基础，同时五四运动也培养了很多中国共产党的早期领导骨干。

（二）中国共产党成立对中国革命的深远影响

修远基金会研究部在《中华文明与中国共产党——写在中国共产党成立96周年之际》，(载《文化纵横》2017年第3期)一文中指出，中国共产党通过推动以土改为代表的社会革命和以发动群众参与抗日战争、解放战争为代表的人民战争实现了中国基层组织的再造：土改深入进行，使得农民拥有了自己的切实利益，这使得占当时中国人口绝大多数的农民支持中国共产党；土改的持续推动，也形成了强大的动员力量，使中国共产党在解放战争中获得了源源不断的民力、财力和兵力的补充与支持。而在抗战时期和解放战争时期，中国共产党在乡村建立党组织、团组织、农会、妇救会、青救会、儿童团、民兵组织、贫雇农协会等群众性组织，实现了对基层民众的有效组织和全面动员。这些实践也造就了中国共产党与俄国布尔什维克的不同：中国共产党人并非是通过一场城市军事冒险获得政权的，而是依靠二十余年持续的深耕基层来夺取政权的。中国共产党领导的社会革命，既改造了中国社会，也改造了自身。正是在漫长的革命斗争过程中，中国共产党从一个由赞同革命的知识分子组成的政党，真正成为一个以工农为主体、践行"群众路线"的革命政党。

丁文阁在《中国共产党与中国革命道路的选择》(载《清华大学学报(哲学社会科学版)》2008年S1期)一文中指出，中国共产党在面对中国革命道路的选择时，与发展道路的选择一样，曾经历过曲折的探索过程，有过各种各样的分歧。中国共产党诞生初期，一直把发展城市的工人运动作为工作重点。但是，到了1925年，毛泽东的思想开始发生变化。开始对农民问题有了全新的认识，认识到了农民问题的重要性。秋收起义后，毛泽东率领起义部队上井冈山，开创了中国第一个农村革命根据地。农村包围城市的理论和实践曾经历过两次大的转折，受到四次大的挫折或干扰，但也有三次大的发展。两次大的转折：一次是从内战到抗日战争的转变。由于主要敌人和同盟军的变化，使农村包围城市面临的任务和做法都要相应地发生变化。另一次是由抗日战争到解放战争的转变。抗日战争胜利后,主要任务转向集中全力对付国民党的进攻,并且由战略防御转为战略进攻,最后完成农村包围城市并取得城市胜利。四次大的挫折:第一、二次大的挫折是受党内李立三、王明等左倾错误路线的干扰。第三次是抗日战争初期王明右倾机会主义的干扰。第四次是来自外部的干扰。抗战结束后,苏联领导人认为,中国应该走和平发展的道路,敦促毛泽东赴重庆同蒋介石谈判,参加联合政府。三次大的发展:第一次大发展是毛泽东在总结经验的基础上,逐步放弃了以城市为中心,开始转变到以农村为中心,这一过程到秋收起义,毛泽东上井冈山。这是农村包围城市理论酝酿阶段。第二次大发展是农村包围城市理论形成并初步实践的阶段,也是党内分歧最大的阶段。正反两方面的经验和教训都证明了毛泽东提出的农村包围城市理论的正确性,毛泽东也因此逐步确立了在党内的领导地位。第三次大发展是在抗日战争时期,这一时期的农村包围城市理论与实践主要是围绕抗日展开的。综上,中国共产党在探索和领导中国革命的过程中始终结合本国的国情,不断修正自己的错误,才能经受住革命的考验。

  刘宝东在《从城市到乡村——中国特色革命道路的开辟及意义》(载《史学集刊》2011年第3期)一文中指出,中国革命新道路的理论反映了中国半殖民地半封建社会民主革命发展的客观规律。中国共产党在探索中国革命道路的过程中,不是照搬照抄俄国十月革命的经验,而是从中国的实际出发,开辟了引导中国走向胜利的正确道路。这是中国共产党运用马克思主义的立场、观点和方法,分析、研究和解决中国革命具体问题的光辉典范,对于推进马克思主义中国化具有重要的方法论意义。毛泽东思想形成和发展的过程,就是把马克思主义同中国实际相结合的过程,就是中国革命不断从一个胜利走向另一个胜利的过程。农村包围城市革命发展道路的开辟,实现了中国革命由城市向乡村的历史性转变,是毛泽东思想趋于成熟的重要标志。

三、国民革命

(一)国共合作实现的原因

  王继停在《第一次国共合作:各有所图的革命联合》(载《史学月刊》2010年第9期)一文中指出,第一次国共合作是苏俄、国民党、共产党三方在这一联合中基于立场和利益各有所图的结果。苏俄、共产国际的直接目标是实施世界革命的东方战略,在中国则是促成无产阶级政党同资产阶级民主派的联合,推进中国革命,其核心目标是保卫苏维埃政权。从国民党角度来说,国共合作不过是"联俄"的配套政策。一方面学习和借鉴俄国革命的经验和政党的组织、训练方法为自身服务;另一方面得到苏俄的援助,也使得孙中山的广州政府具有了外交承认意义。即便如此,国民党内反对"三大政策"的仍不乏其人,他们认为苏俄的国家模式和俄共(布)党的模式不适合国民党,而且认为苏俄和中共党员另有他图。尤其是曾经访苏的蒋介石感受最深,这也为之后的国共合作破裂埋下伏笔。中国共产党方面开始把推翻资产阶级的统治作为自己神圣使命,1922年初被共产国际一步步拉回到现实中来,认识到与资产阶级战斗建立无产阶级专政还是相当遥远的事情;要么与孙中山领导下的国民党携手共同进行反帝反封建的国民革命,要么在黑暗势力的重压下孤军奋战。共产党人必须在两者之间做出选择。中国共产党愿意或者期待建立的统一战线,是一种平等的甚至是一种以自己为主的联盟。对于中共党员以个人身份加入国民党或中国共产党整体加入国民党的方式,中国共产党最初自然不能接受,但是加入了第三国际,必须遵守其原则。合作对于中国共产党来说也是一种策略,利用联合战线成功地进行社会主义宣传,并使自己走出"神秘"或"地下"的状态,同时并不放弃自己的纲领和使命自己的纲领和使命。基于以上三方的考虑,国共合作其结局必然是走向破裂,只不过破裂的时间、形式和操作的力量不可预见而已。

(二)国共合作的特点

关捷在《首次国共合作的作用与特点》(载《学术月刊》1990年第6期)一文中提出国共合作的特点有:第一,政治纲领基本一致。孙中山的新三民主义基本符合共产党的最低纲领,这是国共合作的政治基础。第二,国共合作的建立是随着两党领导人和党员认识不断进步而有个酝酿—探索—形成的过程,不是一蹴而就的。第三,国共合作是在两党自觉自愿的基础上经过共同努力实现的,因此是一种较完善、较密切的合作。第四,两党实现合作是各自同内部的错误言行作斗争并取得胜利的结果。第五,国共合作是采取党内合作的形式,而且是在双方没有政权的情况下实行的合作。第六,国共合作中无产阶级对资产阶级的领导,是通过共产党员在国民党内掌握的一部分权力,发挥共产党的政治影响、组织推动、批评帮助来实现的。

(三)国共合作在国民革命中的历史作用

王奇生在《中国近代通史:国共合作与国民革命(1924—1927)(第7卷)》(南京:江苏人民出版社,2006)一书中指出,国共两党在很多方面都是优势互补,国民党关注上层,重军事,擅长武斗,共产党关注下层,重视民众,擅长文斗。所以国共两党的合作有效地促进了北伐的进行。改组后的国民党,除了军事力量之外,政治思想教育也是无形的战斗力,党军合一,党代表对军官的限制作用很重要,保证了北伐军的相对团结统一。然而北伐开始时,国共两党并未充分认识自己的优势,而吴佩孚也一直没有重视北伐军,直到北伐军胜利,才成为全国舆论关注的焦点,国民政府也由偏安一隅一跃成为全国政局的重心,整个中国政治和军事格局也发生了变化,蒋介石个人事迹也在民众中被神化。此外,为了争取民众的支持,北伐军打起了宣传战,主要通过演讲、报告、传单、标语和漫画、总理像等媒介进行宣传,并且组织了专业的宣传队,极大地促进了民主、革命等思想的传播,并且在北洋军阀中,宣扬"主义"也成了一种潮流。不过,"宣传"之功被南北各方都视为"无形的战斗力","宣传"的滥用也开始受到舆论的关注和谴责,其正负两方面的作用几乎同时为国人所认知。

王奇生还认为,国民革命期间,国共合作之下的国民党周围,吸引和容纳了一大批中小知识青年,改变了中国人以往的上升性社会渠道和价值取向,也大大强化了国民党的党势和声威,对国民党构成新的政治参与力量。促进了国民党由之前比较狭隘的组织,发展成为一个具有相当规模的以国内民众为基础的动员型政党。但是改组后的国民党虽然党员人数急剧扩充,其组织内聚功能并未增强,尤其基层组织不健全,这与共产党的严密的组织纪律性有巨大的反差,引起了国民党内部的忧虑和恐惧,为之后的"反共"埋下隐患。

(四)国民革命对国共双方的影响

贺平海在《论中国共产党在大革命时期的成长》(载《江西师范大学学报(哲学社会科学版)》2013年第4期)一文中指出,大革命时期是中国共产党重要成长发展期。中国共产党的思想理论得到发展,体现在对关系革命若干重大问题,特别是对革命的性质、中国阶级成分、领导权、武装斗争等问题的认识越来越深刻。党的基层组织不断壮大,党的力量壮大体现在党员数量大幅度增加。1923年6月中共三大召开时,全国党员共有"四百二十人",到党的五大召开,党员发展到57 967人。此外,党领导下的工运、农运组织以及其他外围组织的发展,是党的组织发展的延伸,极大地保证了党的影响力不断扩展。到1926年5月,全国有组织的工人有一百二十四万一千余人。有组织的工人队伍力量不断壮大,为大革命时期工人运动的蓬勃发展积蓄了巨大能量。截止到1927年3月底,农会组织已遍及粤、湘、鄂、赣、豫、陕、皖、川、闽、浙、苏、直、鲁、桂、冀、察、绥等省,有组织的农民达800万人。大革命时期,国民革命的大舞台为中国共产党培养和锻炼人才创造了良好的历史条件,一大批政治、军事、宣传、工农运动人才涌现出来,大大提升了党的战斗力,为党独立领导中国革命的持续发展奠定了人才基础。

王奇生在《论国民党改组后的社会构成与基层组织》(载《近代史研究》2000年第2期)一文中指出,1924年国民党改组后,其基本力量主要是一批"有些知识而又没有充分知识"的知识青年。这些知识青年的纷纷涌入,大大强化了国民党的党势和声威,但随之而起的是对国民党构成新的政治参与压力,并在某种程度上影响和制约了国民党的组织运作。就孙中山改组国民党的初衷而言,党务组织是其改组重心所在。然而正是在这一方面,国民党改组实际上是不成功的。"中体俄用"的治党策略下,仅袭用了俄共的组织形式,而未能得其组织内蕴,改组后的国民党并未如孙中山所期望的那样改造成为一个组织严密、纪律严明的党。在国共合作的背景下,两党组织形态的异同与互动在很大程度上制约了两党合作的命运。

(五)国民革命后的列强在中国

牛大勇在《国民革命时期影响列强对华政策的若干因素》(载《北京大学学报(哲学社会科学版)》1992年第3期)一文中指出,第一次世界大战后,殖民地半殖民地人民普遍觉醒,民族民主革命以前所未有的规模在亚非拉地区蓬勃兴起。中国也爆发了声势浩大、影响深远的国民革命,其奋斗目标之一是"免除帝国主义之侵略","使中国民族得自由独立于世界"。国民革命后来虽遭遇挫折,但给帝国主义对华侵略造成影响。首先,英国在这一时期已失去在华经济扩张的势头。英国的主要商品市场是欧洲和美洲,而在亚洲的主要市场又是印度和缅甸,中国市场对英国商品输出的重要性毕竟只是相对有限的。正因为如此,当英国在华利益受到中国革命风暴的猛烈袭击时,是否要长途武力远征、控制的程度等问题,需要更加慎重的考虑。这一时期美国在中国的既得经济利益并不大,中国尚未成为美国的重要投资场所和商品市场。然而,美国是把中国视为潜在的广阔扩张领域的,因而比较注意在精神文化方面施加影响,不断在"友谊"的面孔下扩大在华政治势力。美国已拥有世界上最雄厚的经济实力,自信只要能维持门户开放、机会均等的原则,就能够最终取代英、日而在中国称霸。由于美国在华利益的特点是既得利益小,长远野心大,当它面对汹涌的国民革命浪潮时,自然感到武装镇压弊多利少,得不偿失,并且无法达到分化革命,诱导中国资产阶级及其政治代表走上反共道路的目的。日本对华贸易情况与英、美大不相同。从综合投资与贸易两方面的情况来看,中国这块资本和商品输出市场在日本"称霸亚洲、争雄世界"的全球战略中具有极其重要的地位,以至日本军国主义势力在中国国民革命高潮来临后,纵能观望于一时,终不能坐视太久。尽管日本某些当权者力图分化革命,怂恿蒋介石集团反共,但由于北伐战争已迫近日本利益范围,直接威胁到日本侵华的重大权益,日本帝国主义者终于抛弃以"不干涉"相标榜的"软弱外交",再次走上以强硬手段干涉中国内政,进而武力侵略中国的老路。

(六)国民革命的遗功——黄埔军校

陈伙成等《中国共产党与黄埔军校——纪念黄埔军校建校八十周年》(载《中共党史研究》2004年第3期)一文中指出,中国共产党与黄埔军校有着密切的关系。中国共产党促使并积极参加黄埔军校的创办,着力其思想政治建设,促进其确立爱国革命精神,发展为新型的军事政治学校,从而促成了黄埔军校的辉煌。在参加创办黄埔军校实践中,中国共产党开始懂得了军事的重要性,当蒋介石、汪精卫控制的国民党叛变革命后,党领导部分黄埔师生继续革命,在创建人民军队开展革命战争中,极大地发挥了黄埔师生的骨干作用,继承发展了黄埔军校的政治工作制度和办校经验,续写了黄埔军校的光荣。在争取民族独立和祖国统一的长期斗争中,中国共产党始终不渝地弘扬黄埔精神。

四、南京国民政府

(一)南京国民政府取得的成就

美国学者徐中约在《中国近代史》(第6版,453—459页,北京:世界图书出版公司,2015)一书中指出,1927—1937年国民政府虽然处在无穷无尽的内外交困境地,但却努力继承孙中山重建国家的遗志。在金融、交通、工业发展和教育领域等都取得了一些进步。金融改革方面最显著的成就首先是"废两改元",即在银本位中用银元代替银两;其次,政府采取白银国有化的大胆措施,由四大国家银行以25%的储备银发行一种新的纸币——法币。第三,通过一系列措施,政府终于掌控了外汇。外交方面,国民政府宣布了两项指导原则:业已过期的条约和协议将由新的条约和协议取代,而尚未过期的条约和协议将根据法律程序予以废除或重新签订。根据这些协议,列强承认了中国的关税自主,并进而在原则上同意放弃领事裁判权。国民政府还成功地收回了一些外国租借地。交通方面,从1928年到1937年,铁路网络、邮政和电讯有很大的改善与扩展。工业发展方面,在1927—1937年,工业设备的进口总计达五亿元,虽然在工业化方面没有取得显著的突破,但在一些轻工业如棉纺织、面粉制品、钟表、水泥和化工制造等领域进步显著。教育、社会生活习俗和文学方面也有了很大的改观。

(二)南京国民政府存在的问题

杨丹伟在《论南京国民政府的合法性》(载《江苏社会科学》1999年第1期)一文中指出,

国家行动能力一般可分为抽取能力、控制能力、供给能力和调适能力。南京国民政府的抽取能力、控制能力有余，而供给能力和调适能力则严重匮乏。在通向宪政主义国家的过渡中，国家的合法性及基础受到严重冲击，导致了南京国民政府的崩溃。第一，南京国民政府的抽取能力：在国民政府建立之初，全国性的经济财政制度尚未建立，发行公债成为筹措政府财政的主要形式。南京政府以行政权力，根据各企业实力的大小，强行把公债分配到各企业，甚至于动用武力强迫民间社会认购，因此往往受到民众的抵制。第二，南京国民政府的社会控制能力：南京国民政府成立之初，没有宪法的依据，没有经过民选，它的合法性不以法律为依据，而依靠外国的承认和国内的一些大的政治力量的拥护。第三，南京国民政府的社会供给能力：南京国民政府政府虽然完成了国家形式上的统一，却无力建立稳定的国内秩序和坚固的国防。它无法稳定农村，更无法消除由此产生的共产党领导的革命运动。第四，南京国民政府的国家调适能力：国家调适能力最本质的内容是制度创新能力。抗战胜利后，中国社会的方方面面都已发生了巨变，特别是在战争中各派政治力量的政治参与热情空前膨胀。这要求南京当局进行政治制度创新，容纳民众的参与要求，而蒋介石置《宪法》之神圣地位于不顾，从而导致其政权基础的动摇。

五、中国共产党开辟新道路

（一）中国共产党开辟的革命新道路的内涵

刘爱武在《党对中国革命道路的艰难探索》（载《思想理论教育导刊》2008年第1期）一文中指出，党对中国革命道路的探索，经过了一个艰难曲折的过程。中国革命道路的理论在土地革命战争时期初步形成，抗日战争时期得以最终确立。中国革命道路的理论，是在反对党内"左"倾教条主义者把共产国际决议和苏联经验神圣化的错误倾向的斗争中形成的，是马克思主义中国化的重要成果。它不仅指引中国革命走向胜利，也带给我们很多有益的启示。首先，制定党的路线、方针和政策，都必须从中国实际出发，探寻中国革命和建设的客观规律。民主革命时期，毛泽东正是从中国实际出发，才探索出农村包围城市、武装夺取政权的革命道路。脱离国情，离开中国实际，就会犯"左"的和右的错误，党的革命事业就会受到损失。其次，不能照抄照搬外国经验，要把外国经验与本国实际结合起来，独立自主探索适合本国特点的革命和建设道路。民主革命时期，党内"左"倾教条主义者不考虑中国实际，照搬俄国革命经验，坚持"城市中心论"，给中国革命造成重大损失。再次，坚持理论创新，把马克思主义基本原理同中国实际结合起来，不断实现马克思主义中国化。中国共产党是一个不断坚持理论创新的党。党在民主革命时期，把马克思主义基本原理和中国革命实际相结合，开辟了一条农村包围城市、武装夺取政权的革命道路；在社会主义改造时期，探索出一条适合中国特点的社会主义改造的道路；在改革开放和社会主义现代化建设的新时期，走上了建设中国特色社会主义的道路。只有坚持把马克思主义基本原理与中国革命建设改革的实际和时代特征相结合，实现马克思主义的中国化，才能探索出符合中国实际的革命、建设和改革的道路，不断取得新的胜利。

王红霞在《精准理解中国革命新道路理论》（载《求索》2016年第12期）一文中指出，目前学术界对中国革命新道路理论的探讨存在不同的理解，精准理解和认知毛泽东探索农村包围城市、武装夺取政权的中国革命新道路理论，很有必要。王红霞认为：第一，中国革命新道路理论从宏观角度讲，是指在中国民主革命的两个历史阶段即新民主主义革命和社会主义革命阶段对中国革命新道路理论的探索，是指中国革命经由新民主主义革命进入社会主义革命的新道路理论；从微观内涵来说，则是指农村包围城市、武装夺取政权的思想理论。新民主主义革命是近代中国革命的性质，是指中国无产阶级代替中国民族资产阶级完成反帝反封建的革命任务。因此，新民主主义革命理论是指1919年五四运动爆发后关于中国无产阶级领导资产阶级民主革命性质的理论，与新民主主义革命道路不具有可比性，"新民主主义革命道路理论"这种说法并不常见，如果一定要说"新民主主义革命道路理论"，那么它应该是"农村包围城市革命道路理论"的成熟与发展，二者具有同一性，并不是关于中国革命新道路的两种理论。第二，中国革命新道路理论的内容体系的确应该包括"工农武装割据"的思想，但又不单单是这一个方面，而应当是中国革命走农村包围城市、武装夺取政权道路的可能性、必要性和实践路径等各方面理论知识的整合，"工农武装割据"的思想只是实践这条革命道路的基本途径和方法。

王桂琴在《论"农村包围城市道路"的理论形成》（载《山东大学学报（哲学社会科学版）》2001年第1期）一文中对"农村包围城市"道路的形成进行了论述：第一，文家市会师是"农村包围城市道路"的开端。秋收起义后，毛泽东分析了当时的形势，为了保存革命力量，命令各路起义部队到文家市会师，离开城市，向敌人统治薄弱的广大农村和山区进军。毛泽东提出的寻找"落脚点"的思想已有建立根据地的含义，但还不成熟。从实践意义说，这次转移是由城市到农村的历史转折点，是农村包围城市革命道路的开端。第二，以《红色政权为什么能够存在》为标志，"农村包围城市道路"的理论初步形成。毛泽东在湘赣边区共产党第一次代表大会上，运用马列主义的观点和方法，分析了中国当时的政治形势和经济状况，总结了红四军的经验教训，用井冈山根据地发展壮大的实践回答了"红旗到底能打多久"的问题，初步阐述了红色政权能够存在的条件和可能，统一了大家的思想认识。使得井冈山根据地胜利地渡过了危机，进入了全盛时期。第三，以《星星之火，可以燎原》为标志，"农村包围城市道路"的理论正式形成。归纳起来主要有三个方面：对"城市中心论"进行了更彻底更深刻的批判，指出"城市中心论"即全国范围的武装起义，是不适合中国革命实情的；"工农武装割据"是半殖民地中国在无产阶级领导之下的农民斗争的最高形式，也是农民斗争发展的必然结果，是促进全国革命高潮的最重要因素。

（二）中国共产党开辟的革命新道路的意义

王颖在《毛泽东对开辟中国革命新道路的贡献》（载《唯实》1998年第4期）一文中指出，大革命失败后，中国共产党领导的革命道路面临三个问题：一是我党今后的主要策略，即进攻和退却的关系问题；二是用什么形式来实现进攻或退却；三是向什么地方进攻或退却。毛泽东认为我党的策略既不能片面强调进攻，也不能片面强调退却，而应当是进攻和退却的结合。秋收起义的部队向井冈山进军，就是进攻和退却相结合的范例。用什么形式实现？毛泽东在"八七"会议上强调："政权是由枪杆子中取得的"。在井冈山时期，他更进一步指出："以农业为主要经济的中国的革命，以军事发展暴动，是一种特征。"最关键的问题是向什么方向进攻,毛泽东认为敌人在城市中建立了严密的统治,而在农村的统治则比较薄弱,另外,农村有强大的革命力量——农民。在农村建立革命根据地,既是军事上的需要,也是进行长期革命斗争的需要。在此基础上,形成了"工农武装割据"理论,内容是:党领导下的武装斗争、土地革命和根据地建设。此外毛泽东还从理论上论证了红色政权能够长期存在的条件:中国政治经济的不平衡性,大革命打下的群众基础,国民党的黑暗统治,正式红军的存在,共产党的正确领导。

李蓉在《毛泽东对中国新民主主义革命胜利的突出贡献》(载《观察与思考》2014年第5期)一文中指出,毛泽东对中国新民主主义革命胜利做出的突出贡献,可以概括为:一条道路、一种理论、一个国家、一个基础、一支队伍、一个榜样。第一,探索出了一条符合中国国情的正确的革命道路。在党的领导下,把武装斗争、土地革命、建立革命政权三者结合起来,实行工农武装割据。这是半殖民地中国在无产阶级领导之下的农民斗争的最高形式和必然结果,并且是促进全国革命高潮的重要因素。第二,创立毛泽东思想这个有中国特色的新的理论体系即新民主主义理论,这是马列主义普遍真理同中国革命具体实践相结合的重大成果。第三,建立了一个人民当家作主的新中国。新中国的成立,使中国彻底改变了半殖民地半封建的社会性质,成为一个充满生机和活力的人民当家作主的新型国家。毛泽东无疑是这个新国家的伟大缔造者之一。第四,奠定了中国社会进一步发展的基础。必须通过革命推翻帝国主义、封建主义在中国的统治,为生产力的解放和发展提供必要条件。第五,带出了一支对人民忠心耿耿的党员干部队伍。中国共产党是领导中国革命取得胜利的核心力量,毛泽东带出的这支对人民忠心耿耿的党员干部队伍,一大批成为了新中国的开国元勋和有功之臣。第六,树立了一个全心全意为人民服务的榜样。青年时代,毛泽东就表现出以天下为己任的胸怀,他身体力行,以身作则,用群众路线、群众观点培养人、教育人。

六、长征

(一)长征的内涵以及原因

石仲泉在《红军长征的基本内涵和红军长征史研究的若干问题》(载《福建党史月刊》2016年第4期)一文中指出,红军长征的内涵很丰富,它不简单地是突围、转战、打仗等,应包括三个方面的严峻斗争:首先是革命与反革命两种力量、光明与黑暗两种命运的大搏斗;其次是在这场惊心动魄的搏击中,中国共产党内部的指导思想和政治路线有尖锐斗争;再次是极端恶劣的自然环境,使红军一再面临着能否克服艰难险阻、经受饥寒伤病折磨的严峻考验。这三方面的斗争和博弈,构成了红军长征的基本内涵。红军长征,毫无疑问,是以中央红军的长征为历史起点的。但是,整个红军的长征是"3+1"的长征。即红一(中央红军)、二(最初称红二、六军团)、四方面军的长征,再加红二十五军的长征。红军长征开始的时间,以1934年10月中央红军离开中央苏区算起;长征结束以三大主力红军(红二十五军于1935年11月并入红一方面军系列)于1936年10月在甘肃会宁和今属宁夏的将台堡会师为标志。

石仲泉指出,红军长征的原因从党的指导方面言,这主要是在中共中央占据统治地位的"左"倾教条主义推行错误的政治和军事路线的结果。由博古负总责的中央领导,面对国民党反动集团调集50万重兵发动空前规模的第五次"围剿",不仅将毛泽东排斥出党政军领导岗位,还抛弃前四次反"围剿"战争在毛泽东、朱德、周恩来指挥下取得胜利所采用的战略战术,在许多方面听凭所谓共产国际派来的军事顾问李德的错误军事指挥,历经一年的消耗,中央红军遭受重创,中央苏区愈益缩小,最后不得不实行战略转移。周恩来总结这段历史说:万里长征,就因为在江西打败,硬拼消耗,拼到最后挡不住,不得不退出江西。他一针见血地指出了中央红军战略转移的直接原因。

刘统在《长征:历尽艰辛的求生之路(上)》(载《读书》2016年第9期)一文中指出,战争不是单纯的军事行动,而是国共双方整体实力的较量。仅有二十几个县的中央苏区,已经进行了四次反"围剿"作战,经济已到崩溃边缘,再进行规模空前的第五次反"围剿"作战,基本没有胜算。当时苏区在兵员征集、财政储备、枪支弹药等方面都无法支持战争继续下去。这种局面有国民党封锁的原因,同样有"左"倾路线的原因。由于连续作战,苏维埃政府的日常开支加上战争费用,早已入不敷出。中央连续发行公债来弥补财政经费空缺。此时中央苏区人口已下降到两百万人,人力资源也到了无兵可征的地步。这一切预示着中央苏区第五次反"围剿"面临更严峻的困难,促使临时中央匆忙做出战略转移的决策。

(二)长征胜利原因

齐德学在《"紧紧地和中国人民站在一起":红军长征胜利之本》(载《党的文献》2016年第5期)一文中指出,红军能在恶劣困难条件下取得长征胜利,根本原因是红军是中国共产党领导的人民军队,是来自人民、依靠人民、为了人民的军队。正是因为紧紧地和中国人民站在一起,红军形成了坚定的信念、自觉的行动、顽强的作战能力、严格的纪律、平等的官兵关系等优秀特质。红军每到一地,都开展广泛的宣传,并以实际行动感召群众,维护群众的利益,由此,红军获得了长征沿途群众的理解、同情和支持。群众为他们筹集粮食、衣物,并踊跃参军。在长征中,红军还从中日民族矛盾出发,高举北上抗日的旗帜,和人民群众一起,迫使蒋介石放弃"攘外必先安内"的政策,停止内战,共同抗日,保存和发展了自己的力量。

尹正达在《论红军长征取得胜利的八大因素》(载《军事历史》2016年第5期)一文中指出,红军长征胜利是多种因素综合作用的结果,归结起来主要有八个方面:一是改组了"左"倾领导班子,确立了毛泽东在中共中央和红军中的领导地位,此后逐渐形成了以他为核心的新的中央领导集体。此后,新的中央领导集体逐渐摆脱了共产国际脱离中国实际的指导,开始将马列主义基本原理同中国革命实际相结合,实事求是、独立自主地决定中国革命发展的战略与策略方针,这为夺取长征胜利乃至中国革命胜利奠定了最重要的政治基础。二是新的中共中央根据敌我态势变化发展和北上抗日需要,选定了正确的战略进军方向和落脚点,使长征由战略退却变为奔赴邻近华北抗日前线的陕北进军,为红军长征胜利和抗日战争胜利打下了基础。三是博古、张闻天、周恩来、朱德、刘伯承、王稼祥、叶剑英、徐向前、任弼时、贺龙、张浩等人,坚决维护党中央和毛泽东的集中统一领导,坚决反对张国焘的分裂行径,为维护党和红军的团结作出了重要贡献。在中央的总体谋划下,全国各地红军互相支持,主动配合,团结战斗。四是执行正确的民族政策,忠实履行人民军队宗旨,赢得了少数民族和人民群众的拥护与支持。五是长征期间,党的统一战线政策和瓦解敌军的原则对于教育和争取国民党地方军阀及高级军官发挥了巨大的作用,争取了不少地方军事势力的支持,许多追剿部队对红军采取的是"送客式的追击,敲梆式的防堵",使红军长征减少了压力和损失。六是改变与敌人拼消耗的僵化战法,根据敌情和地理环境制定运用了机动灵活的战略战术。七是高度重视情报与后勤工作,为红军行军作战提供了较好的信息保障和力所能及的物质保障。八是红军官兵具有崇高的理想信念以及压倒一切敌人和困难的大无畏革命英雄主义精神。

(三)长征意义

唐双宁在《从完整意义上认识中国工农红军的长征》(载《红旗文稿》2015年第23期)一文中指出,红军长征具有重要的"奠基"意义。思想方面,认识了"实事求是"的重要性,为延安整风奠定了基础。政治方面,推动了抗日民族统一战线的形成,为实现第二次国共合作奠定了基础。组织方面,为以毛泽东为核心的党的第一代中央领导集体的形成奠定了基础。精神作风方面,英勇不屈、顽强生存的精神,为我党我军的作风建设奠定了基础。长征不仅是一次军事上的战略转移,而且是人类精神和意志的一次伟大远征。军事方面,红军指战员的素质大大提高,为最终形成强大的人民军队奠定了基础。民众方面,沿途宣传群众、发动群众、组织群众,为革命胜利奠定了广泛的群众基础。国际方面,为提升中共在国际共运中的地位奠定了基础。红军长征的胜利,使共产国际认识到中国共产党由幼年到成年的转变,并反思自己远离中国实际情况来指挥中国革命的失误,从而认可了中国共产党从中国实际出发提出的路线方针政策,认可了中国革命应由了解中国实际的同志来领导和指挥。中国共产党和毛泽东在国际共运中的地位得到了迅速提高。

田克勤在《红军长征与中国革命从国内战争到抗日民族战争的伟大转变》(载《思想理论教育导刊》2016年第10期)一文中指出,中国工农红军长征,是中国革命史上的一部壮丽史诗。其伟大的历史意义,不仅表现在它实现了中国革命大本营从南方到北方的战略大转移,而且表现在它为实现中国革命由国内战争到抗日民族战争的伟大转变奠定了重要的前提和基础。以遵义会议的召开为标志,党独立自主地纠正了以教条主义为主要特征的"左"倾错误在中央的统治,确立了以毛泽东为核心的党中央的正确领导,在革命的危急关头挽救了党和红军;党以确立并坚持红军北上抗日方针为主要标志,排除了以分裂退却为主要特征的张国焘右倾机会主义错误的干扰,胜利结束长征、与陕北红军会师,并进而实现了红军三大主力的会师,为将中国革命大本营放在西北奠定了重要基础;党还通过推动抗日民族统一战线的建立和发展,特别是通过推动震惊中外的西安事变的和平解决及国民党政策的转变,最终实现了中国革命由国内战争到抗日民族战争的伟大转变。

教学设计

设计一:革命之血,主义之花——黄埔军魂

设计意图

黄埔军校为国民大革命培养了优秀的军事政治人才,黄埔师生经历和参加了中国20世

纪上半叶几乎所有的重大战争,黄埔精神不仅激励着革命的仁人志士,对我们今天仍有积极影响。本设计试图通过对黄埔军校建立的必要性分析,使学生了解到黄埔军校在国民大革命中起到的重要作用。通过历史细节的讲解体会黄埔军魂的含义:精诚团结、爱国家、爱百姓、不怕死、不要钱、严守军纪党纪,从而丰富学生的家国情怀。

设计方案

教师导入:播放《国民革命歌》,展示歌词。

打倒列强,打倒列强,除军阀!除军阀!努力国民革命,努力国民革命,齐奋斗,齐奋斗。
工农学兵,工农学兵,大联合!大联合!打倒帝国主义,打倒帝国主义,齐奋斗,齐奋斗。
打倒列强,打倒列强,除军阀!除军阀!国民革命成功,国民革命成功,齐欢唱,齐欢唱!

——红叶诗社编:《星火燎原诗词选萃》,296页,北京:解放军文艺出版社,2007

教师讲述:这是一首根据西方歌曲改编的《国民革命歌》,其创作者是黄埔军校的一位军官,大家通过歌词可以看出黄埔军校建立的大背景。下面就让我们一起走进黄埔军校,去了解黄埔军校的点点滴滴。

材料一 开办黄埔军校应该说是孙中山军事上失败的结果。辛亥革命时,孙中山有两个运动,一个是新军运动,另一个是会党运动。辛亥革命以后,他的活动渐渐变成了拉拢军阀,结果是不断遭到失败。这就教训了孙中山,所以他在苏联和中国共产党的帮助下,懂得了建立革命军队的重要,接受了苏联顾问的建议,一九二三年决策,一九二四年正式开办黄埔军校,并决定由蒋介石当校长。

——曾庆榴:《共产党人与黄埔军校》,10页,广州:广州出版社,2013

教师提问:从材料中可以看出孙中山建立黄埔军校的原因是什么?(参考答案:必要性:中国仍处于半殖民地半封建社会,军阀混战;孙中山维护民主共和斗争的失败。可能性:苏联和中国共产党的帮助。)

材料二 越飞于5月1日给广州转来了"苏联政府致孙中山电"。其电文谓:"我们准备向您的组织提供达200万金卢布的款项,作为筹备统一中国和争取民族独立的工作之用。这笔款项应使用一年,分几次付,每次只付500 000卢布……遗憾的是,我们的物资援助数额很小,最多只能有8 000支日本步枪,15挺机枪,4门'奥里萨卡'炮和两辆装甲车;希望您"利用我国援助的这些军事物资和教练,建立一个包括各种兵种的内部军校(而非野战部队)",有关的具体问题,"可通过马林同志与我的代理人(指达夫谦———引者注)"来解决。

——[苏]卡尔图诺娃:《加伦在中国(1924—1927)》,中国社科院近代史所翻译室译,71页,北京:中国社会科学出版社,1983

教师提问:上述材料反映了什么?(参考答案:苏联为黄埔军校的建立提供了大量的援助。)

教师引导:建立这样一所学校需要很多条件,除苏联的大力援助之外,中国共产党对于军校的建立起到了很大的作用。招生问题就是第一个难题。中国共产党积极到各地宣传招生,至1924年3月27日,报考人数已达1 200余人,超过计划人数的三倍多。当时学生们踊跃参加军校有三个共同目的:一、为实现救国的抱负,挽救民族危亡;二、增进学识、研究三民主义;三、接受军事教育,直接抗击军阀。

过渡：黄埔军校培养了大量杰出的军事将领，在中国近代历史的发展中留下了深深的烙印，产生了巨大的影响。

材料三 棉湖之战，开始于3月13日上午八时，结束于当天下午傍晚时分。此役，敌人北溃百多里，俘获敌军一名团长，八名营、排长，缴获枪枝七百余支，俘敌兵士五百余人。15日下午5时，东征军总部召集了学生军全体官兵大会。在大会上，廖仲恺指出："我们革命军不过受了四个月的训练而能得此成绩，可与黄花岗烈士媲美。"

——刘寒：《略述1925年广东革命政府的两次东征》，载《历史教学》1983年第8期

教师提问：(1)材料反映了黄埔军校对东征乃至国民革命的胜利做出了怎样的贡献？（参考答案：促使第一次东征取得了胜利，巩固了广东革命根据地，为国民革命军出师北伐奠定了基础。）(2)革命军训练了四个月却取得了较大成绩的原因是什么？（参考答案：黄埔军校的教育卓有成效，培养了大量人才。）

材料四 北伐期间阵亡的著名人士有被周恩来称为"青年将才"的蒋先云，他是黄埔一期的状元，北伐期间是蒋介石的机要秘书，后随第七十七团开赴河南与奉军交火，不幸中弹，但仍三倒三起，继续指挥战斗，直到自己生命的最后一刻。

——陈风：《黄埔军校完全档案》，69页，北京：九州出版社，2011

教师提问：从蒋先云身上我们可以看出黄埔生的什么精神？（参考答案：顽强拼搏、视死如归。）

教师引导：这种精神激励着将士们取得了北伐的胜利。整个国民革命运动时期，黄埔军校的师生高举革命大旗，为震惊中外的北伐战争创立了辉煌战功，使黄埔军校的声威达到最高峰。在抗日战争中，黄埔将士更是以血肉之躯与日本侵略者的飞机大炮相搏，谱写了一曲曲为国捐躯、名垂青史的爱国主义战歌。

材料五 我国机械化部队开始歼敌，则自杜将军聿明督率始，在昆仑关大捷后，敌人开始认识到我国军队已踏入世界近代军队行列……

……

按照既定作战计划，林彪的一一五师奉命奔赴平型关，伺机伏击日军……林彪、聂荣臻到达作战地点后就带上旅团营指挥员进行实地勘察。勘完地形，林彪开始长时间盯着地图沉默不语，而聂荣臻作为了解他的人，知道林彪是在谋划作战方针。接下来，待他打破沉默之时，一个周全缜密的作战方案应运而生了。林彪开始向各部下达命令，待战斗打响后全力歼灭沟内之敌。

——陈风：《黄埔军校完全档案》，146、150页，北京：九州出版社，2011

教师设问：从材料中我们可以看出，两位黄埔将领在抗日战争中发挥了什么作用？（参考答案：抗击了日军侵略，打击了敌人的嚣张气焰；有力地推动了中国军队建设；利用对战场形势的应变能力抓住战机。）

教师引导：黄埔军校推动了东征、北伐和抗日战争的胜利，对近代中国的历史产生了巨大推动作用。抗战胜利后，国共双方由于阶级立场的不同分道扬镳，黄埔军校培养的将领也因为信仰的不同分化了阵营。国民党和共产党中最优秀的将领大多都出自黄埔军校。共产党内，黄埔教官或黄埔学员，至少有4位先后成为共产党中央副主席（张国焘、周恩来、林彪、叶剑英）。共和国十大元帅有5位出自黄埔（林彪、徐向前、陈毅、聂荣臻、叶剑英）；10位

大将有3位出自黄埔(陈赓、罗瑞卿、许光达);1955年首批授勋上将,有9位出自黄埔。国民党政权的主要成员(孙中山、蒋介石、廖仲恺、汪精卫、何应钦、陈诚、顾祝同、白崇禧、陈果夫、李济深、邵力子等)均与黄埔军校有关,"黄埔系"是国民党军政系统最强大的势力。国民党内,被授予上将军衔的黄埔学员达40多人。

过渡:黄埔军校培养了众多军事将领和政治人才,但最难可贵的,还是他们骨子里的"黄埔精神"。

材料六 蒋介石认为,军校学生首先要有积极向上的精神,才会有统一的行动以达到万众一心众志成城;要训练军校学生敢于在风雨飘摇中挽救衰败、凋残、横流的局面,拯救国民于水火之中。

他要求战场上的学生,如果遇到困难,要"益当奋发,逢着危险,应该更加勇敢,更加镇静,……要耐劳耐怨,百折不回,静如泰山,动如霹雳"。他将这一点概括为"黄埔精神",认为"军人字典里没有难字,军人的目的只有一个死字,要以杀身成仁的精神为主义而奋斗,要把不怕死的精神作为'黄埔精神!'"

——张熊文:《蒋介石的枪杆子——从黄埔军校到黄埔系》,68页,人民出版社,2013

教师提问:材料中的"黄埔精神"指的是什么?(参考答案:精诚团结、爱国家、爱百姓、不怕死、不要钱、严守军纪党纪。)正是有了这种顽强的精神,才谱写了一曲曲悲壮的史歌。

教师引导:那么这些优秀的军官们是如何炼成的?

材料七 校方有意识地营造岛上的革命氛围,以使革命的清新空气吹拂着每一个有志者。张治中回忆1924年起的黄埔,那种革命的紧张的空气,无处不令人得着深切的感召和鼓舞。无论你是什么人,只要你进了黄埔的大门,便为这个革命而紧张的空气所笼罩。一般革命青年,到了那种环境,就显出一种活泼、快乐、向上的精神。

——李翔:《黄埔军校思想教育方式(1924—1925)探析》,载《军事历史研究》2011年第1期

材料八 军官的衣服口袋中有小本子,写着:"党员守则,一不怕死;二不贪钱;三爱国家;四爱百姓;五不拉夫;六服从命令;七尽忠职务;八严守纪律;九实行主义;十完成革命……"

——[日]加藤克子:《日中战争中悲哀的军队》,步平译,23页,北京:中国广播影视出版社,2004

教师讲述:蒋介石常常给军校学生进行精神训话,一期生的第一节军事教育课就是他的训话。据统计,从5月5日第一期新生陆续入学开始,到6月15日开学典礼期间,他对学生训话就有11次;而从就任校长到第一次东征的八个月里,他的训话共有46次。除此之外,军校还从规章制度、课堂教学、文艺感化、缅怀先烈等多方面对学生进行教育。因此,与其说黄埔生能打,不如说黄埔生的精神更加纯粹。这种精神在军校的校歌中得到了升华。

材料九 怒涛澎湃,党旗飞舞,这是革命的黄埔!主义须贯彻,纪律莫放松,预备做奋斗的先锋!打条血路,引导被压迫民众,携着手,向前行;路不远,莫要惊。亲爱精诚,继续永守,发扬吾校精神,发扬吾校精神。

——陈风:《黄埔军校完全档案》,32—33页,北京:九州出版社,2011

教师讲述:黄埔军校在教学与训练中完全贯彻了孙中山爱国救亡的办校宗旨。"贪生

怕死,莫入此门;升官发财,请走别路",它成为全校师生的格言与座右铭。正是因为孙中山先生"驱除鞑虏,恢复中华",才有了中华民国的诞生;正是因为"三民主义",才有了解救中华的责任;正是因为"革命者来",才有国共两党合作的局面。

设计二:惊天地的壮丽史诗——长征

设计意图

从战略上讲,长征是中国共产党完成战略转移,保存革命有生力量的重大壮举,从精神上讲,在这次漫长而艰难的行军中,中国工农红军所表现的英雄气概和百折不挠、团结进取的精神是中国革命史上的一座丰碑,是人类的共同财富,永远流传于世。本设计试图通过选取长征过程中重要的战略决策如遵义会议等事件,结合当时当地的历史情境,感受长征过程中每一次决策的重要性和艰难性,体会中国共产党实事求是的做事方式,通过细节的感悟,领会顾全大局,严守纪律,充满乐观,艰苦奋斗的精神。生活在和平年代的学生,会觉得长征精神离现在比较遥远,总觉得那是空洞的口号,只有让学生进入历史情境,才能让学生体会长征精神,从长征精神中汲取成长的动力。

设计方案

教师导入:(展示一组长征的图片)你知道这些图片反映的是什么事件吗?(长征)是的,这就是中国共产党历史上伟大的奇迹——长征!今天就让我们一起,重走长征路,体验长征苦,感受长征魂。

过渡: 要了解长征的全过程,我们必须先弄清楚,为什么要进行长征。

材料呈现:

材料一 1958年6月21日,在北京中南海怀仁堂举行的军委扩大会议上,面对一千多名曾经跟随他长征的解放军高级将领,毛泽东谈到了"左"倾机会主义路线造成的危害:"政治上既犯错误,军事上势必犯错误。没有好久,洋教条来了。他们是主张打大城市的,还有什么御敌于国门之外……结果就把根据地送掉,来了个很好的工作,叫作走路搬家。不走则已,一走两万五千里。……是因为闷得很,想散步,逛马路,一散就散到陕北?还是因为犯了一点错误,我们的对手蒋介石请我们走?据我看,实在是他请我们走。我们是不想走,他就说你走吧,他下了命令,没有办法只得走的。"

——刘统:《长征:历尽艰辛的求生之路(上)》,载《读书》2016年第9期

材料二 一九三四年十月十日,中共中央和红军总部从瑞金出发,率领红军主力及后方机关共八万六千余人开始长征。周恩来出发时,个人行李只有两条毯子,一条被单,作枕头用的包袱里有几件替换的衣服和一件灰色绒衣,是他的全部家当。

——金冲及:《周恩来传1898—1949》,278页,北京:人民出版社,1989

教师设问:(1)从材料一可以看出红军为什么长征?(参考答案:1934年10月,第五次反围剿失败后,中央主力红军为了摆脱国民党军队的包围追击,被迫实行战略大转移,退出中央根据地进行长征)(2)材料二中周恩来的随身物品反映出什么问题?(参考答案:红军长征是被迫的战略转移,准备不足,十分仓促;过程也必将非常艰难。)

教师讲述： 长征是中国革命史上的一座丰碑，虽然路途遥远，充满艰辛，但红军战士硬是一步一步走出来了！在这个过程中，红军战士都有怎样的经历呢？

材料三 长征的统计数字是惊人的。红一方面军总共长征368天，有235天用在白天行军上，18天用在夜间行军上。其余的100天几乎平均每天就有一次遭遇战，总共有15个整天用在打大决战上。在总长25 000余里的路上只休息了44天，平均每天行军74华里，一支大军和它的辎重要在地球上最险峻的地带保持这样的平均速度，可说近乎奇迹。红军一共翻过18座著名山岭，其中5座是终年积雪、被视为生命禁区的大雪山（夹金山、梦笔山、长板山、打鼓山、仓德山），穿过了高寒缺氧、人迹罕至的大草地，渡过24条河流，经过11个省份，占领过62座大小城市，突破了敌人4道封锁线和10个地方军阀军队的包围，击溃敌军400多个团。他们开进和顺利地穿过10多个不同的少数民族地区。在万里征程中，红军将士在装备低劣、衣衫单薄、食不果腹的极端艰苦的条件下，仍然士气高昂，逢山开路，遇水搭桥，攻关夺隘，谱写了一曲曲革命英雄主义的凯歌。

——李平：《简论长征精神及意义》，载《毛泽东思想研究》2005年第6期

教师设问： 上述材料体现了红军在长征过程中的什么精神？（参考答案：百折不回、勇往直前的革命理想主义精神；一不怕苦、二不怕死的革命英雄主义精神。）

材料四 从遵义一出发，遇到敌人一个师守在打鼓新场那个地方，大家开会都说要打，硬要去攻那个堡垒，只毛主席一个人说不能打，打又是啃硬的，损失了更不应该，我们应该在运动战中去消灭敌人嘛！但别人一致通过要打，毛主席那样高的威信还是不听，他也只好服从。但毛主席回去一想，还是不放心，觉得这样不对，半夜里提马灯又到我那里来，叫我把命令暂时晚一点发，还是想一想。我接受了毛主席的意见，一早再开会议把大家说服了。这样，毛主席才说，既然如此，不能像过去那么多人集体指挥，还是成立一个几人的小组，由毛主席、稼祥和我，三人小组指挥作战。……就在那个地方，洛甫做了书记，换下了博古。

——金冲及：《周恩来传1898—1949》，285页，北京：人民出版社，1989

教师设问： 材料反映了什么问题？（参考答案：遵义会议之前党内的指挥权有巨大的分歧，毛泽东的正确主张不能得到很好的落实。）

材料五 陈云在1935年10月15日向共产国际执行委员会书记处报告遵义会议情况时就明确地说："我们撤换了'靠铅笔指挥的战略家'，推选毛泽东同志担任领导。与此同时，在长征途中和毛泽东一起劈波斩浪的一批领袖人物，也在这危难时刻的风头浪尖上经受了锤炼，得到全党全军的拥护和认可，从而形成了以毛泽东为核心的党的第一代领导集体。这是中国共产党由幼年走向成熟的重要标志。

——蒋健农：《遵义会议后中国革命的历史性转折》，载《史学月刊》2007年第1期

教师设问： 材料中所说"靠铅笔指挥的战略家"是谁？（王明、博古等"左"倾错误指挥）遵义会议有何意义？（结束了王明"左"倾教条主义在中央的统治，肯定了毛泽东的正确主张，在事实上确立了以毛泽东为核心的党中央的正确领导，是中国共产党从幼稚走向成熟的标志。）是党历史上生死攸关的转折点。

材料六 二万五千里长征中，红军占领了几十个中小城镇，筹款数百万元，扩红数千人，建立了数百个县、区苏维埃政府，建立了几个地委领导机构，还建立了很多地方武装和群众

组织。

——石仲泉：《长征行》,405 页,北京：中共党史出版社,2006

教师设问：这段材料体现了红军长征产生了什么影响？（参考答案：壮大了红军的力量,为新民主主义革命胜利奠定基础。）

过渡：虽然历经千辛万苦,但长征毕竟还是胜利了,那么我们的红军战士靠的是什么样的精神支撑着他们一步一步向前？

材料七 一般战士准备的干粮,两三天就吃完了。这时候,草地才过了一半,有的甚至不到一半。还有那么长的路程怎么办？就靠吃野菜、草根、树皮充饥。有的野菜、野草有毒,吃了轻则呕吐泻肚,重则中毒死亡。这就要学会辨别哪些能吃,哪些不能吃。前面的部队还有野菜、树皮充饥,后续部队连野菜、树皮都吃不上,更苦。没有能吃的野菜,就将身上的皮带、皮鞋,甚至皮毛坎肩脱下来,还有马鞍子,煮着吃。

——石仲泉：《长征行》,254 页,北京：中共党史出版社,2006

教师设问：上述材料说明了什么问题？（参考答案：红军长征的艰难）

教师进一步引导：为什么如此恶劣的环境红军还能完成长征？红军能够克服艰难困苦,走出死亡世界,最重要的有以下几点：坚定的信念,顽强的意志；阶级的友爱,革命的情谊；严格的纪律,乐观的情绪。正是这种精神,为中华民族的伟大复兴奠定了坚实的基础。概括地说,长征精神就是对革命理想和革命事业无比忠诚、坚定不移的信念；就是不怕牺牲,敢于胜利,充满乐观,一往无前的英雄气概；就是顾全大局,严守纪律,亲密团结的高尚品德；就是联系群众,艰苦奋斗,全心全意为人民服务的崇高思想。

材料八 我们红军像经过了一场暴风雨的大树一样,虽然失去了一些枝叶,但保存了树身和树根。懂吗？保存下了树身和树根！

——金冲及：《周恩来传 1898—1949》,297 页,北京：人民出版社,1989

教师设问：周恩来的这些话反映了什么？（参考答案：红军长征保留了中国共产党和红军的精华,构成了以后领导抗日战争和解放战争的主干。）

教师讲述：1935 年 10 月 19 日,北上红军到达吴起镇,受到陕甘根据地军民的热烈欢迎。行程二万五千里、纵横十一个省的中央红军长征,终于以中国共产党、红军的胜利而结束！长征磨练了中国共产党的意志,使党的思想逐步变得成熟。正是依靠长征精神,中国共产党领导的这支人民军队,战胜艰难险阻,使中国革命转败为胜,最终取得长征的胜利,为最终赢得抗日战争和解放战争的胜利提供了有力的保障。2016 年是长征胜利的 80 周年,国家主席习近平"在纪念红军长征胜利 80 周年大会上的讲话"中指出,长征是惊天动地的革命壮举,是中国共产党和红军谱写的壮丽史诗,是中华民族伟大复兴历史进程中的巍峨丰碑。

教学资源

资源1：早期新文化运动对五四爱国运动的影响

北大成立的各种社团有 27 个。这些社团包括进德会、新闻研究会、国文学会、历史学会、哲学研究会、地质学会、国民社、新潮社、平民教育研究会、国故月刊社、孔子研究会、数理学会、书法研究会、画法研究会、音乐研究会、美学会、体育会、消费社、学生储蓄银行等。这些社团,有些是以研究学术或引起学生研究学术兴趣为宗旨的,如国文学会、历史学会、哲学研究会、地质学会、数理学会等;有些社团是为陶冶性情、丰富学生课余生活的,如体育会、音乐研究会、画法研究会等;还有些社团是以培养学生服务社会为宗旨的,如平民教育讲演团、消费社、学生银行等。不管是哪种类型的社团,都锻炼了学生的活动能力,培养了学生的群体意识。蔡元培还认为,政治组织与学校之间不应该有任何关系,但是20岁以上对政治感兴趣的学生可作为个人参加任何政治组织。学校可以为他们提供咨询,但不应干涉他们的自由选择。因此许多北大的学生参加了一些政治性的学生社团,如1918年5月成立的学生救国会,北京大学的学生就起到了骨干的作用。这为学生参与社会上的政治活动提供了方便,当然也为北京大学的学生在五四爱国运动中发挥骨干作用提供了条件。

——彭平一:《论早期新文化运动对五四爱国运动的影响》,载《湖南工业大学学报(社会科学版)》2009年第6期

资源2：新文化运动没有造成中国文化传统"断裂"

有人指责新文化运动造成了中国文化传统的"断裂",指责胡适等人要建立的现代中国学术"没有任何继承",是一种"学术上的断裂"。这种指责,同样是不符合历史事实的误判。

儒学作为统治阶级的意识形态之所以在传统社会产生深远影响,是由于它通过教化方式渗透到普通民众的民俗、家规、乡约中,融入到中国人的文化血脉中,持久地影响着民众的行为方式、生活方式及思想观念,断非轻易能够割断的。所以,传统儒学既是制度儒学,也是生活儒学。这种特性决定了它有着深厚的社会基础,绝非一场文化运动就能将其"中断"。

新文化运动虽然打倒了孔子的权威,根本动摇了儒学的独尊地位,但儒学并没有因此消灭,而是在国人的政治思想、道德伦理和风俗习惯之中,顽强地发挥着积极或消极的作用,仍旧影响着国人的社会生活。只要认真考察"五四"后一般民众的知识、思想、信仰及日常生活就会发现,"五四"反儒学尽管对知识精英的思想解放起了重大作用,但对社会下层民众的影响相对有限,儒家的文化传统仍然顽强支配着他们的行为和思想观念。指责新文化运动造成了中国文化传统的"断裂",显然不符合历史事实。

新文化运动破坏和扫除了儒学的僵化躯壳及束缚个性的腐化部分,但并没有打倒孔孟之真精神及真学术,反而因其洗刷扫除之功而使孔孟程朱之真面目及真价值彰显出来,启发了人们对儒家思想真面目的重新认识及对其真精神的重新阐扬,推进了"五四"后传统儒学的现代转化。贺麟在《儒家思想的新开展》中从儒学的现代复兴角度论述了新文化运动对儒家思想发展的作用:一是新文化运动提倡新道德,批判旧道德,解除旧道德对人们的束缚,为建设新儒家的新道德做了预备工夫;二是新文化运动提倡诸子哲学,反对儒家独尊,使儒家思想重新成为诸子百家中的一家,这为改造儒家思想提供了前提;三是新文化运动大规模引进西方文化,使儒家思想获得了发展的新动力。因此,新文化派的反孔批儒,为儒家思想的更新开辟了新道路,为儒家思想的近代转化提供了必要前提,在客观上激发了现代新儒家之崛起。事实上,"五四"后梁漱溟、张君劢、贺麟、冯友兰等现代新儒家的崛起,就是儒学传统延续并获得复兴的最直接证明。

——左玉河:《反传统、激进主义与五四新文化运动》,载《中国社会科学报》2017年5月23日

资源3：中国共产党通过深入彻底的社会革命重建中国社会

中国共产党在苏联帮助下建立，长期作为共产国际的中国支部而存在，在一开始就接受了严格的马列主义思想原则和组织原则，党员政治成分要比国民党更为纯粹，发展成员也更严格。从更长远的历史时段来看，中国共产党通过土地革命再造基层组织，对于中华文明而言也具有深远的历史意义。在传统中国，由于国家汲取能力的不足，国家只能利用乡村中存在的文化权力网络，借助地主士绅、耆老族长作为中介，在村庄中代理国家权力。自宋以来，宗族在中国农村基层治理中起到了重要的作用，形成了皇权和绅权并行的"双轨政治"，二者又通过科举和官僚制度连接起来。从晚清以来，这一"双轨政治"逐渐败坏，科举的废除导致了"双轨政治"上下连接机制的断裂，原来依靠科举制度获得权威身份，并作为朝廷与乡村的中介力量对乡村起到保护作用的士绅加速衰落，一批满足国家政权资源汲取需要的势力在乡村兴起——即后来所说的"土豪劣绅"。在沟通中央与地方、城市与乡村的科举体系瓦解之后，在地方士绅与中央官僚体系围绕着税收进行合作与博弈的赋税经济体系溃败之后，这些士绅、地主以武装暴力和地方权势为后盾，日益游离于乡村自身的伦理秩序之外，最终形成了一个隔断农民与国家关系的既得利益集团。

针对这些问题，中国共产党采取一系列措施，废除保甲制与宗法制，取缔族权和绅权，进行清匪镇反，摧毁了乡村中的国民党和三青团组织，清除了农村中的封建地主和宗族势力，这就从根本上扫荡了横亘在国家与农民之间的盈利性经纪群体，使得国家权力真正深入乡村。由于没有土豪劣绅的层层加码、横征暴敛，即便农民的田赋增加，其实际负担也大大减轻。而国家对乡村的资源汲取能力和动员能力都大大加强，这首先为解放战争提供了强大的后勤补给，后来又支持了抗美援朝战争。在国家工业化启动之后，农业的剩余被有效地集合起来，投入到工业化建设中去。

在中国传统的王朝政治传统中，国家的统一性依赖于强有力的皇权。在外部强权威胁和内部社会分裂的双重危机下，皇权日趋羸弱，丧失统一能力；与此同时，现代知识体系、自然世界观取代中华传统天下观、宇宙观，皇权意识形态正当性也迅速瓦解。在辛亥革命推翻帝制之后，无论是北洋时期的"五族共和"主权理论，还是国民党的国族主权理论，都没能实现对人民的整合，没有为共和政体找到统一性的根基，这种共和也就沦为一种浮萍式的虚假共和。中国共产党则是通过深入彻底的社会革命，结束了近代以来中国四分五裂、积贫积弱的局面，重塑了中国的基层秩序和精英政治结构，创生出与共和政制相匹配的"人民"这一现代政治主体，进而重塑了新的大一统国家。

——修远基金会研究部：《中华文明与中国共产党——写在中国共产党成立96周年之际》，载《文化纵横》2017年第3期

资源4：中国共产党对中国革命"两步走"的探索

中国共产党对于中国革命到底是一步走，还是两步走的探索。一步走即直接在中国搞社会主义革命，两步走指先搞民主革命，再搞社会主义革命。中共一大认为，党领导的中国革命是社会主义革命，北洋军阀政府和孙中山领导的南方政府都在反对之列。中共二大制定了第一个彻底的反帝反封建的民主革命纲领，标志着中国共产党为社会主义而在中国探索民主革命的开始。但是这时的目标还是朦胧的，还没有达到区分新旧民主革命的程度。

后中共六大总结了国民革命失败前后的经验教训,重提的两步走思想比二大时更加明确、更加科学。不仅指出中国革命必须要分两步走,而且指出了第一步的性质虽然是资产阶级的民主革命,却有着一个非资本主义的前途。但是中共六大对中国革命第一步的长期性认识不足,对建立农村革命根据地的重要意义认识也不足,对中国社会的中间阶级,尤其是资产阶级的作用和反动势力的内部矛盾还缺乏正确的分析与相应的政策应对。中共六大以来,毛泽东在探索中国革命道路中坚持了正确的方向,其中包含"新民主主义"这个科学概念的提出,充分认识到中国革命第一步的长期性。并探索出农村包围城市的正确道路,发表了《论人民民主专政》,指出新民主主义国家的政权性质和经济结构的特点。1949年新中国的成立标志中国革命第一步的成功,在之后的50年代社会主义经济建设中新中国迅速跨出了社会主义革命的第二步。这都充分说明中国共产党领导人民走上社会主义道路是中国社会发展的必然结果。

——钟家栋:《从一步走到两步走——试论中国共产党对中国革命道路的探索》,载《复旦学报(社会科学版)》1991年第4期

资源5：走向独立自主的中国共产党

中共尚处于幼年时期,对马克思主义基本原理的理解还不深刻,对中国国情的把握尚不全面时,共产国际和苏共的指导与帮助是十分必要的,他们对中国革命事业的发展做出了重要贡献。"在共产国际存在的一切时期中,对于灾难深重的中国人民是尽了它一切可能的力量来给予援助的。"然而,作为世界各国共产党的领导组织,共产国际没有充分考虑各国的具体国情和实际情况,试图一切按照苏联经验指导各国革命。尤其是共产国际派出指导中国革命的"先生",不但未能深入了解中国国情,而且听不进中国同志的正确建议和意见,在工作作风、处事方式上都让人难以接受。据包惠僧回忆:"我们在和马林的接触中,感到他总是以国际代表的身份居高临下,高人一等。"更为严重的是,这些"先生"越俎代庖地几乎包办了中共的一切事务,起草党的决议、纲领,操控党的领导人的更迭,正如毛泽东所指出的:"纲领由先生起草,中央全会的决议也由先生起草,特别是一九三四年,使我们遭到了很大的损失。""先生"不称职,学生必遭殃,"共产国际过去在中国的代表,有的不胜任工作,有的犯了严重错误"。如在共产国际东方部副部长米夫的一手策划和操纵下,1931年召开了中共六届四中全会,在这次会议上中共中央的领导权被王明所夺取,从此给中共带来严重危害的"左"倾教条主义路线开始统治全党。在中央苏区和长征途中以"太上皇"自居,靠铅笔和地图指挥作战,制定的政策和策略严重脱离实际。给党和红军带来巨大损失的李德,也与共产国际有着千丝万缕的联系。据曾担任李德翻译的伍修权回忆,李德的作风是简单粗暴的,"他根本不懂得中国的国情,也不认真分析战争的实际情况,只凭他在学院学到的军事课本上的条条框框,照样搬到我国,搬到苏区,进行瞎指挥","对于他的这种以太上皇自居的姿态,凌驾于我党中央之上的架势,我们都很反感,实在不想和他共事"。

由于早期中共理论准备的不足和革命斗争经验的缺乏,不得不时常向共产国际请示和汇报工作。在具体实践过程中,共产国际和苏共以"先生"自居,不尊重中共的独立思考和自主探索,习惯于指手画脚,造成了二者事实上的不平等关系。所以,在"先生讲,学生听,由先生抓着手学写字"的模式下,"先生"不但没有很好地起到"传帮带"作用,学生也失去独立思

考、自主探索的能力,养成了较为严重的依赖心理,一切都等待共产国际和苏共的指示,不敢根据实际情况的变化独立自主地做出判断与决策。对共产国际言听计从,按图索骥地照搬照抄书本上的条文,脱离中国实际和广大人民群众,这就极易造成理论与实际的脱节,主观与客观的错位,继而引发一系列错误。陈独秀、瞿秋白、李立三、王明等,他们在领导中国革命过程中所犯下的错误,很难说与共产国际"先生"的错误指挥与粗暴干涉没有关系,很难说与机械地执行共产国际指示和片面地照搬苏联经验没有关系。所以毛泽东深刻地指出:"有先生有好处,也有坏处。不要先生,自己读书,自己写字,自己想问题。这是一条真理。我们过去就是由先生抓着手学写字,从一九二一年党成立到一九三四年,我们就是吃了先生的亏。真正懂得独立自主是从遵义会议开始的。"

——于安龙:《中共党史话语体系中"先生"与"学生"之考察》,载《中国高校社会科学》2017 年第 5 期

资源 6:黄埔军校政治教育方式

黄埔军校政治教育方式是以上政治课为主,并辅以举办政治训练、讨论政治问题、发行各种刊物、举办政治演讲会和报告会、组织宣传活动等。政治课在全部课程中占很大比重,每期上课总数在百次以上。军校"对学生除授以必须的军事知识之外","复授以政治教育,使明了社会经济、政治、历史及主义、党纲、政策等。即不仅知道枪是怎么放法,而且要知道枪向什么人放"。军校政治教育大纲规定的政治课多达 26 门,其中包括社会主义、三民主义、工人运动、农民运动、苏联研究等方面的课程。中国共产党方面派出一批富有教学才能的著名的中国共产党员担任政治教官,如恽代英、萧楚女、聂荣臻、杨其纲等人先后在黄埔军校担任过政治教官。这些中共党员由于对革命道理领会深刻,备课认真,因而他们授课深受学员的欢迎。如萧楚女上课时,听课者"几二三千,大礼堂亦不能容,则在操场中授课"。黄埔军校在政治教育中采取对三民主义和马列主义兼收并蓄的方针,允许它们在校内公开传播。因此,除黄埔军校的领导人如廖仲恺、蒋介石、周恩来、熊雄等经常在校讲演外,当时各界知名人士如胡汉民、何香凝、鲁迅、毛泽东、刘少奇、邓中夏等也曾到校讲演。此外,在周恩来的倡议下,黄埔军校还成立了血花剧社,丰富学生的文化生活。另外,《黄埔潮》、《革命军格言》等刊物也相继创刊,宣传新三民主义和马列主义,加强对师生的革命教育。

——尤国珍:《论中国共产党对黄埔军校建设的历史性贡献》,载《广西社会科学》2007 年第 8 期

资源 7:南京国民政府的改订新约运动

南京国民政府的改订新约运动在一定范围内考虑和反映了人民群众的要求与愿望。如:在改订新约运动中,国民党中央宣传部为配合国民政府颁布海关进口税则并定于从 1929 年 2 月 1 日起实行,从 1928 年 12 月 24 日始,发动海内外各级党部,举行关税自主宣传周。在统一制定的标语中有:废除不平等条约,收回关税自主权;实行关税自主,提高我国的国际地位;实行关税自主,恢复我国的经济壁垒;实行关税自主,充裕国家的收入;实行关税自主,发展本国的工商业;实行关税自主,促进农业的发达;实行关税自主,限制外货的输入;遵奉总理遗训,实行关税自主;提倡国货挽回利权,要关税自主。这些口号充满慷慨激

昂、振奋人心之语,顺合了民众中的反帝情绪,强化了百姓的民族意识,在舆论上产生了积极影响。

——杨静:《南京国民政府的改订新约运动》,载《历史教学》1995 年第 12 期

资源 8:毛泽东突破马克思列宁主义有关结论的思想束缚的原因

毛泽东之所以能够突破马克思列宁主义有关结论的思想束缚,是从总结斗争经验开始的。1925 年 2 月,毛泽东因工作过度劳累而被中央批准回韶山休养。他总结自己发动组织的湖南驱张运动和自治运动的经验,以及 1922 年 9 月发动组织的安源路矿工人大罢工、粤汉铁路工人罢工、10 月的长沙泥木工人罢工、11 月的长沙活版印刷工人罢工、12 月的常宁水口山矿工人罢工等一系列工人运动的经验,加之当时三次工人运动高潮的失败教训,加上海陆丰农民运动的兴起,特别是追溯中国几千年历史上风起云涌、前仆后继的农民起义和农民战争,轮番将反动腐朽但又庞大无比的封建王朝推翻,结合农民占全国人口的绝大多数的实际,转而开始思考党的工作重心应当是发动组织农民运动。毛泽东组建中共韶山支部、国民党韶山区分部、秘密农民协会和公开的群众组织——雪耻会,开办农民夜校、组织平粜谷米、增加雇农工资,开展减轻租额等斗争,发动组织韶山农民运动。到年底,湘潭县西二区建立 30 余个乡农协,发展会员 8 200 余人,共产党员 110 余人,韶山和湘潭的农民运动迅速开展起来,并成为湖南农民运动的发源地之一。

——谭献民:《秋收暴动——探索中国革命新道路的历史转折》,载《中国井冈山干部学院学报》2013 年第 2 期

资源 9:毛泽东最早把目光转向广大农村地区

为扭转当时革命的局面、保存革命的有生力量,毛泽东曾提议"上山",认为"上山可造成军事势力的基础"。1927 年 8 月,毛泽东还曾对瞿秋白说:"我不愿跟你们去住高楼大厦,我要上山结交绿林朋友。""上山"意味着毛泽东主张将革命方向和革命力量向边界偏远农村地区转移。由此可见,毛泽东是在国民革命失败后党内最早把目光转向广大农村地区的领导人。正是在这样的思想背景下,1927 年 9 月湖南长沙的秋收起义失败后,毛泽东果断决定将秋收起义余部转向敌人统治薄弱的边界农村地区,由此开创了中国革命的新天地、新境界。

——王红霞:《精准理解中国革命新道路理论》,载《求索》2016 年第 12 期

资源 10:毛泽东注重军队的建设

1927 年 10 月,毛泽东在领导秋收起义途中,部队进行了"三湾改编",确定了党的"支部建在连上"的制度,从组织上保证了党对军队的绝对领导。在井冈山斗争时期,毛泽东在总结斗争实践的基础上,陆续制定有关人民军队建设的某些原则,如"三大纪律和六项注意",以后发展为八项注意。1929 年,古田会议决议较系统完整地阐明了人民军队建设的原则。这些原则是:第一,坚持无产阶级政党对红军的绝对领导是人民军队建设的根本原则。毛泽东指出:"中国的红军是一个执行革命的政治任务的武装集团",军事只是完成政治任务的工具之一,决不能把军队凌驾于党之上。第二,决议批评了红四军党内存在的单纯军事观点,重申人民军队的任务。他指出:"红军决不是单纯地打仗的,它除了打仗消灭敌人军事力

量之外,还要负担宣传群众、组织群众、武装群众、帮助群众建立革命政权以至于建立共产党的组织等重大任务。"第三,正确地规定了红军的内外部关系和瓦解敌军的原则。在军队内部,必须是官兵一致,上下一致,要实行集中指导下的民主生活,同时反对极端民主化。在外部关系上,必须实行军民一致,军政一致。第四,必须在红军中建立和加强政治工作,规定了军队思想、政治工作的原则和方法。总之,古田会议决议,是我们党和军队建设的伟大纲领。它解决了长期处于分散的农村游击战争环境里,以农民和其他小资产阶级为主要成分的党和军队中,如何建设党领导下的新型人民军队这样一个根本性问题。这是毛泽东对马列主义建军原理的重大发展。

——徐进功:《毛泽东对开辟中国革命新道路的历史性贡献》,载《思想理论教育导刊》2001 年第 9 期

资源 11:"农村包围城市,武装夺取政权"革命道路的探索

面对"黑云压城城欲摧"的险恶环境,中国共产党应该怎么办?出路在哪里?不少人怀着复仇的强烈愤怒,不顾敌我悬殊的现实,主张到处暴动,走上"左"倾冒险主义的错误道路;一部分人觉得双方力量的差距太大了,革命已经失败,只能放弃武装斗争,争取"召集国民会议",走上右倾取消主义的道路,即使在革命队伍中也有人产生"红旗到底打得多久"的消极思想。不管是"左"的或右的那些错误主张,都不可能为中国指出一条正确的出路,只能导致灾难。

在敌我力量如此悬殊的情况下,出路在哪里?路是人走出来的。在这种情况下,不只是靠斗争,更重要的是斗智。陈毅在中共六大时写道:"毛泽东军事学派是在反对新旧教条主义的斗争中创立起来的,其特点是以实事求是的方法去研究中国战争的实际,去发现和掌握中国革命军事的总规律。""假如历来的军事学派一般是研究相等的敌对军力的胜负问题,而我们的军事学派则在回答实力悬殊的军力的胜负问题。""研究革命人民及其军队如何能以少胜多,以小敌大,以弱胜强,便是我们军事学派的革命本质。"

......

为了使"星星之火"能发展成"燎原"大火,正确的领导必须根据中国的实际情况解决好几个问题:第一,要有坚强有力的武装力量,也就是有可靠的有战斗力的革命武装力量,没有这个条件,其他什么都谈不上;第二,充分地发动并依靠群众,使这支军队深深扎根在群众之中,得到群众的全力支持,并从群众中不断得到补充;第三,在条件许可时建立起人民政权,这种政权应该是工农兵自己的、能为工农兵谋利益的政权,它应该实行民主集中制,通过工农兵代表大会产生的,而不是那种旧式的衙门;第四,要在敌人力量相对薄弱、地形和经济条件有利的区域建立巩固的革命根据地,并且随着自身力量的发展,采取"傍着发展"的方式,像滚雪球那样地不断扩大这种根据地;第五,所有这一切都要依靠党的领导,而党为了实行正确的领导,必须把思想建设放在极重要的地位,时刻注意纠正各种错误思想。否则,"星星之火,可以燎原"也会变成一句空话。

——金冲及:《对创建赣南闽西苏区的思考》,载《苏区研究》2017 年第 3 期

资源 12:中共的革命动员

在农民抗争政治的研究中,认同"反抗压迫"是一种习惯思维,而这种压迫主要来自赋税

和各种税费、盘剥导致的经济和劳役上的沉重负担。但揆诸史实，这个结论经不起推敲和验证。黄道炫关于苏维埃革命缘起的研究聚焦在农民负担与农民生活层面，他详细地考察了农民的收入、赋税与支出等，认为革命的兴起具有极为复杂的成因，绝非仅仅是一种经济因素的诱引，若只是将革命理解成为"打土豪，分田地，斗地主"，就在事实上矮化和简化了中国革命的意义和复杂性。就赣南、闽西这些最初的革命发源地而言："贫穷是革命的温床，但贫穷并不一定意味着革命，何况作为土地革命集中地区，赣南、闽西和中国西北乃至北方广大地区比，生存环境也不能算是很恶劣的。因此，虽然赣南、闽西存在土地占有不平衡、地主与农民间关系紧张、农民日益窘困等种种导致土地革命的因素，但和中国其他地区比，这里并不具有多少特殊性，上述因素不足以说明何以正是在这一地区形成苏维埃革命的巨大声势。"黄道炫指出，苏维埃革命为农民提供的平等、权利、尊严、身份感，也是农民投身革命不可忽视的政治、心理成因。无独有偶，王奇生也在对底层的革命动员研究中探测到了革命兴起的这一吊诡面相：在群众运动的实践中，其实还有另一种情形：哪里压迫小，阻力小，政治环境宽松，哪里的群众就容易运动起来。压迫太深重的地方，往往难以形成反抗的意识与空间。

——唐小兵：《民国政治的真谛》，载《读书》2017 年第 4 期

资源 13：长征背后的精神与信仰力量

从历史的大尺度才能认清一个重大事件真正的价值意蕴。美国时代生活出版公司出版的《人类 1000 年》一书表明，由来自世界不同国家、不同领域的专家学者共同推举出的、由近千年来对人类文明发展产生巨大影响的一百个重要事件中，有中国工农红军长征入选。应当说，这是抛开意识形态的歧见，从历史的大尺度来审视长征的文化精神价值。

在人类历史长河中，长征不过历时短短两年时间，不过屈指可数的二万五千里路途，然而这段前所未闻、非比寻常的跋涉，却产生了撞击人类灵魂的巨大效应。即使在过去的 80 年峥嵘岁月里，也没有阻断、终止人们对它的心往、追寻。难以记数之后又有多少人，包括不同国度、不同信仰、不同肤色的人们"重走长征路"。美国著名学者布热津斯基带领家人"重走"后，不无感慨地说："对崭露头角的新中国而言，长征的意义不只是一部无可匹敌的英雄主义史诗，它的意义要深刻得多。它是国家统一精神的提示，它是克服落后东西的必要因素。"2002 年，英国历史学博士李爱德与朋友马普安徒步"长征"后，合著出版了《两个人的长征》及摄影画册，就是想着影响"更多的人来关注长征这段历史"。

长征这段世所罕见的不畏艰难险阻、不怕流血牺牲的远征，其背后深藏着信仰、精神的价值作用和巨大力量的奥秘。可以说，认识长征就是在认识人类自己，就是在认识人的精神存在的价值，就是在感悟人们实践所具有的文化创造力。

——邓一非：《长征精神与文化创造力》，载《光明日报》2016 年 9 月 24 日

资源 14：习近平在纪念红军长征胜利 80 周年大会上的重要讲话

长征是一次理想信念的伟大远征。崇高的理想，坚定的信念，永远是中国共产党人的政治灵魂。中国共产党从成立之日起，就把共产主义确立为远大理想，始终团结带领中国人民朝着这个伟大理想前行。党和红军几经挫折而不断奋起，历尽苦难而淬火成钢，归根到底在

于心中的远大理想和革命信念始终坚定执着,始终闪耀着火热的光芒。

长征途中,英雄的红军,血战湘江,四渡赤水,巧渡金沙江,强渡大渡河,飞夺泸定桥,鏖战独树镇,勇克包座,转战乌蒙山,击退上百万穷凶极恶的追兵阻敌,征服空气稀薄的冰山雪岭,穿越渺无人烟的沼泽草地,纵横十余省,长驱二万五千里。主力红军长征后,留在根据地的红军队伍和游击队,在极端困难的条件下,紧紧依靠人民群众,坚持游击战争。西北地区红军创建陕甘革命根据地,同先期到达陕北的红二十五军一起打破了敌人的重兵"围剿",为党中央把中国革命的大本营安置在西北创造了条件。东北抗日联军、坚持在国民党统治区工作的党组织以及党领导的各方面力量都进行了艰苦卓绝的斗争,都为长征胜利作出了不可磨灭的贡献。

长征的胜利,是中国共产党人理想的胜利,是中国共产党人信念的胜利。"风雨浸衣骨更硬,野菜充饥志越坚;官兵一致同甘苦,革命理想高于天。"在风雨如磐的长征路上,崇高的理想,坚定的信念,激励和指引着红军一路向前。在红一方面军二万五千里的征途上,平均每300米就有一名红军牺牲。长征这条红飘带,是无数红军的鲜血染成的。艰难可以摧残人的肉体,死亡可以夺走人的生命,但没有任何力量能够动摇中国共产党人的理想信念。

长征的胜利,靠的是红军将士压倒一切敌人而不被任何敌人所压倒、征服一切困难而不被任何困难所征服的英雄气概和革命精神。长征向全中国、向全世界庄严宣告,中国共产党及其领导的人民军队,是用马克思主义武装的、以共产主义为崇高理想和坚定信念的。长征路上的苦难、曲折、死亡,检验了中国共产党人的理想信念,向世人证明了中国共产党人的理想信念是坚不可摧的。

长征是一次检验真理的伟大远征。真理只有在实践中才能得到检验,真理只有在实践中才能得到确立。长征途中,红军面临着凶恶残暴的追兵阻敌,面临着严酷恶劣的自然环境,还面临着同党内错误思想的激烈斗争。经过长征,党和红军不是弱了,而是更强了,因为我们党找到了中国革命的正确道路,找到了指引这条道路的正确理论。

长征途中,党中央召开的遵义会议,是我们党历史上一个生死攸关的转折点。这次会议确立了毛泽东同志在红军和党中央的领导地位,开始确立了以毛泽东同志为主要代表的马克思主义正确路线在党中央的领导地位,开始形成以毛泽东同志为核心的党的第一代中央领导集体,这是我们党和革命事业转危为安、不断打开新局面最重要的保证。

长征的胜利,使我们党进一步认识到,只有把马克思列宁主义基本原理同中国革命具体实际结合起来,独立自主解决中国革命的重大问题,才能把革命事业引向胜利。这是在血的教训和斗争考验中得出的真理。

长征的胜利,实现了在追求真理、坚持真理的基础上全党的空前团结、红军的空前团结。没有这种思想上政治上的大团结,中国革命胜利是不可能实现的。经过长征的千锤百炼,我们党在思想上不断成熟,成为中国人民进行抗日战争的中流砥柱,成为中国革命赢得最后胜利的中坚力量。

——习近平:《在纪念红军长征胜利80周年大会上的讲话》,新华社,2016年10月21日

第四单元

中华民族的抗日战争

学术引领

一、1931—1945年日本对中国的侵略

(一) 1931—1945年日本侵华的原因

1. 历史因素:"大陆政策"

于春梅在《"九一八"事变与"大陆政策"》(载《齐齐哈尔大学学报(哲学社会科学版)》2001年第6期)一文中指出,明治政府成立后20年,山县有朋出任内阁首相,代表政府于1890年的帝国议会第一次会议上发表了施政方针演说,提出要保卫日本的利益线,这被认为是日本"大陆政策"形成的标志。"大陆政策"是日本对其周边国家主要是朝鲜和中国进行侵略的总方针,它既具有明确而既定的侵略目标,又具有侵略过程的长期性和阶段性的特色。就其侵略步骤而言,先是吞并朝鲜,然后以朝鲜为跳板进而独占"满蒙",再以"满蒙"为基地,征服全中国乃至称霸亚洲。而独占"满蒙"则是"大陆政策"的核心。九一八事变是日本以武力征服"满蒙"的最关键的一步,也是日本企图实现"大陆政策"最终目标的中心环节。

2. 现实因素:经济危机与战争狂热情绪

史桂芳在《日本国内战争狂热的表现及成因分析——从一个新的角度反思历史》(载《安徽史学》2016年第1期)一文中指出,日本觊觎中国东北已久,20世纪30年代经济危机引发日本各种矛盾,政府把对外扩张作为解决国内问题之道。九一八事变前,日本政府就有意渲染中国东北对日本的重要性,要求国民做军队的后盾。九一八事变发生后,日本报纸、电台等重要媒体,无不诬蔑中国军队挑衅,认定中国军队炸毁"南满"铁路,威胁日本在中国东北的"合法"权益。日本政府掩盖真相、肆意煽动,其国内出现疯狂的"侵华排外"狂潮。有青年报名参军,要求到中国东北去"保卫祖国"。甚至有因不能入伍或未被派遣到中国东北的青年走上极端道路。极端行为经过媒体宣传,引发更多青年人的"报国"情。在日本政府和媒体的鼓动下,不明真相的国民纷纷捐款、捐物,慰问士兵家属,到神社祈祷,以各种方式支持军队"膺惩"中国,呈现出疯狂的战争狂潮。《东京日日新闻》《朝日新闻》《读卖新闻》等大报纸,都在显著的位置刊登各地民众给日本在东北的驻军寄慰问信、慰问袋、慰问金的消息,诱导国民支持战争。

3. 思想因素：民族主义的消极影响

张万杰在《从民族主义的视角看九一八事变的起因》（载《理论学刊》2011 年第 8 期）一文中指出，九一八事变前，随着日本对东北侵略的加深，中日民族主义矛盾在东北凸显乃至逐渐激化。日本从东北获取了大量利润，极大地刺激了日本的民族主义，使之深感东北对于日本民族发展的重要性，"吞并满蒙"成了日本军国主义者的既定目标。日本的侵略激起了东北民众的反抗意识。东北爱国知识分子群体在东北当局的默许与支持下，倡导民族主义，反对日本侵略，已将东北民众组织与领导起来，在东北掀起了规模巨大的抗日救亡运动的浪潮。日本深感其在满洲（东北）利益受到威胁，阻碍了其"大陆政策"的实施，于是叫嚣"满蒙危机"，在日本国内疯狂地煽动民族主义情绪，并以此为借口发动了九一八事变。

4. 重要因素：国际环境与中国局势

吴景平、曹振威在《中华民国史（第九卷·上）》(1—2、3、8—9 页，北京：中华书局，2011)一书中指出，1931 年日本发动九一八事变，以武力侵占中国东北三省之后，又把侵略目标对准中国内陆。它不断向邻近东北的华北和内蒙古地区扩展其侵略势力，使中国出现空前未有的民族危机，从而导致中日两国关系日趋紧张。20 世纪 30 年代动荡不安的国际局势，在客观上也为日本对华侵略扩张提供了有利条件。为在复杂多变的国际环境中抓住有利时机，拓展日本在东亚地区的势力，1934 年 12 月 7 日，日本内阁的陆军、海军与外务三省有关官员经多次协商，达成一份意见一致的纪要，名为《关于对华政策》。该纪要提出的对华方针是："使中国成为以日本为中心，日满华三国友好合作，确保东亚和平的帝国方针的追随者"，尽管这是日本政府中三个部门之间达成的方案，因为这三个部门是对华关系中起决定作用的机关，而且又作为官方的意见正式提出，所以具有很高的权威性。当时中国的国民党中央政权正忙于内战，实行"攘外必先安内"的政策，对于日本的步步进逼一再妥协退让，导致日本政府推迟了实施强硬方针的时间。1936 年 8 月 7 日，在"二二六"政变后上台的日本广田内阁举行五相会议，决定了所谓《国策基准》，更以国家基本政策的形式，为对外发动侵略战争，称霸亚太地区确定了总体方案。其中明确提出：日本的根本大政，是"使帝国在名义上和实质上都成为东亚的安定势力"；当前的根本国策，"在于外交和国防相互配合，一方面确保帝国在东亚大陆的地位，一方面向南方海洋发展"。本书还提到，华北日军最初是根据 1901 年签订的《辛丑条约》而设置的，称"清国驻屯军"，中华民国建立后，改称"中国驻屯军"，司令部设在天津，其兵力根据中、日两国关系的形势而时有增减，大体在千人上下。1935 年，日军利用换防的机会，将兵力增加到 1 771 名。驻屯丰台的日本军队不仅活动频繁，而且不断去战略要地卢沟桥一带演习，演习活动一直以中国驻军的阵地为假想敌，演习地点更是十分靠近中国驻军阵地，演习时使用的枪弹也由原先的空包弹换成实弹。所以，日军的每次演习，都有可能演变成一场对中国军队的突然袭击，引发双方之间的军事冲突甚至战争。

（二）1931—1945 年日本的侵华政策

1. 七七事变前日本的侵华政策

步平在《中华民族的抗日战争》（载王建朗、黄克武主编：《两岸新编中国近代史（民国卷）》（上卷），395 页，北京：社会科学文献出版社，2016）一文中指出，1927 年 6—7 月，首相田中义一主持召开东方会议,以"训令"的形式提出《对华政策纲领》,制定了将中国东北与内蒙古从中国分离出去的"满蒙分离政策"及针对中国的强硬的方针等,强调"满蒙"在国防上和国民的生存上对日本有"重大的利害关系",日本"不能不负有特殊的责任",当该地区日本的特殊地位和权益有受侵害之威胁时,"不管来自何方,将予以防护"。

陈群元在《日本外务省与1933年中的华北危局——以应对黄郛北上为中心》(载《近代史研究》2006年第3期)一文中指出,在塘沽协定缔结之前,日本外务省内部对于中日关系应如何发展出现了意见分歧。这些意见,随着黄郛奉国民政府之命北上处理时局而具体显现出来。在与此事务相关的驻华外交官中,有吉明公使主张应透过支持黄郛,来达成与国民政府的和解并进而与其合作。然而一等书记官中山详一等人则大致接受关东军的主张,认为应在华北成立一个实质上脱离国民政府控制的政权。初采模糊立场的内田康哉外相,其立场大致倾向于中山等人。他最终否决了有吉的构想,并试图与国民政府签订一个政治协定。此一过程具体显现了当时外务省内部在对华外交构想上存在着分歧,以及其对华强硬派常占上风的历史事实。

李少军在《论八一三事变前在长江流域的日本海军陆战队》(载《近代史研究》2014年第5期)一文中指出,从八国联军侵华战争开始,日本海军陆战队就在长江流域进行了长时间和大范围的活动。它分为普通和特别两种类型:前者由日舰水兵临时组成,用作口岸警备的辅助手段,从1923年起还被派到日本商船上护航;后者则由日本国内的海军镇守府编组并派出执行特别任务,非法驻扎长江口岸。随着中日矛盾不断激化,日本海军陆战队日益频繁地对长江流域各种力量实行打压甚至兵戎相见。1927年,日本"上海海军特别陆战队"开始非法长驻上海和汉口,且在1932年挑起"一·二八"事变后正式建制,以强化对中国江海的威胁与钳制。日本海军在华长期与英国等西方国家的军队保持协同,并一再借助后者获得在长江口岸非法驻扎陆战队的时机,但"一·二八"事变却成为它们走向对抗的前奏。

臧运祜在《西安事变与日本的对华政策》(载《近代史研究》2008年第2期)一文中指出,日本在1936年8月全面确立以分裂华北为中心的对华政策,随后即初步付诸实施。西安事变的爆发打乱了其侵华步骤,也使得"一致抗日"成为当时中国最具国内号召力和国际影响力的目标。事变期间,日本最初采取"沿续并促进"的方针,企图趁机继续实施以往的对华政策;在明确情况后,被迫采取静观待变的态度,却又坚决干预中国的"容共"问题。事变的迅速和平解决,最终打破了日本的阴谋。事变后,中国团结抗战局面的形成,迫使日本统治集团重新认识中国,日本政局也出现大动荡。林内阁期间,主要以"佐藤外交"修改以往的对华策略,但并未根本放弃既定的对华政策。"佐藤外交"夭折后,近卫内阁又回归于广田内阁时期的对华政策,最终在七七事变后走向全面侵华之路。

张皓在《日本如何有计划有步骤发动全面侵华战争》(载《北京师范大学学报(社会科学版)》2017年第3期)一文中指出,分裂华北吞并中国、独霸远东,是日本的既定国策。自1935年起至1937年,日本三度拟定实施"北支明朗化"的处理要纲,三度制定对华全面战争意义上的年度作战计划;在之前和期间拟定占领中国各地的计划。有了作战计划和占领计划,日本还需要准备和寻找时机。通过广田内阁到近卫内阁,日本到1937年6月上旬建立起发动全面侵华战争的"准战时体制"。同时,德国的崛起和《日德反共协定》的签订,使苏联被德国牵制住;意大利侵略埃塞俄比亚和西班牙内战,使英法等列强被牵制住而无暇顾及远东,日本动手的国际时机成熟。在此过程中,日本逼迫国民政府接受广田三原则,企图不战而亡中国;中国统一进程和抗战准备,使日本如坐针毡。按照既定的作战计划,在成熟的国际条件和国内战争准备下,驻屯军选择战略地点卢沟桥制造了事变。就这样,日本有计划有步骤寻找时机发动了全面侵华战争。

2. 七七事变后日本的侵华政策

鹿锡俊在《中国问题与日本1941年的开战决策——以日方档案为依据的再确认》(载《近代史研究》2008年第3期)一文中指出,在偷袭珍珠港,挑起太平洋战争后,东条内阁决定称这场战争为"大东亚战争"。翌年1月,东条英机在日本议会声称日本的战争目的是"解放亚洲民族"。但是,在日方原始档案所显示的日本走向太平洋战争的决策过程中,人们看到的只是它对死守以中国为主体的侵略果实的迷思和以南进建设其"大东亚新秩序"的野心,而看不到任何解放亚洲民族的动机。因此,战争爆发以后才出笼的上述那些口号,只是用以掩盖和美化其真实目的的谎言。从所引日方文件的自白中可以看到:中国当年的对日抗战,其意义超出了中国本身。它是对日本北进政策、南进政策和所谓"大东亚共荣圈"等扩张企图的最大牵制,从而也是对美英等国的远东利益和全球性长远利益所必不可少的保障或前提。因此,在此期的历史中,中日关系、中美关系和日美关系都超越了单纯的双边关系而相互紧紧连为一体。对美国来说,如果用牺牲中国来换取妥协,不仅将引起中国的崩溃,还会随之导致东南亚的丧失和英国的动摇、苏联的沮丧,最终给美国及相关各国自身的根本利益造成损害。日本当年在中国问题上沉迷不醒,不惜为坚持一个错误而犯一串更大的错误,其症结就在这里。美国最终拒绝在中国问题上妥协,不愿为迁就1930年代的错误而再犯一个错误,其关键亦在这里。1941年,"国策"与"国力"的内在矛盾,使日本本来只能在先"中国"后"南进"或先"南进"后"中国"中选择其一,而不可能齐头并进。但是中国问题和世界问题的内在联系,却又使之难于在中国和南进中先择其一,而只能齐头并进。这源于它自己造成的两难局面:一方面,不首先通过南进来获取前述一石数鸟之效,就无望解决中国问题;另一方面,不首先解决中国问题以集中兵力、财力与物力,就无望顺利南进。这样,解决中国问题和南进这两个本来各有不同内涵的目标,就互为前提地混为一体了。面对这个两难局面,为了弥补自身国力的不足,日本当局只能靠借助外力和利用欧乱、投机取巧来推行国策。这就是它拘泥于"不破坏三国同盟的友谊"的苦衷之所在。但是,由于日德关系的内在缺陷,这个同盟反而成为一个沉重的包袱。特别是日本,刚刚好不容易订立《日苏中立条约》,力图以"日德意苏四国协调"征服中国、牵制美国,就因德国突然对苏开战而陷入外交上空前的尴尬。可悲的是,在遭到盟友的玩弄以后,日本当局仍因为相信德国很快就会战胜敌手而依然不改趁火打劫的投机心理,因而在深陷中国泥潭的同时又悍然对美英等多国开战,最终使自己陷入了饮鸩止渴、四面树敌的绝境。

鹿锡俊在《日本的国际战略与中日战争的扩大化——论联接中日战争和太平洋战争的一个关键原因》(载《近代史研究》2007年第6期)一文中指出,日本最初在国际战略上采取了不刺激第三国的方针,以期将战争限定在中日两国的范围内单独解决。但是,它的实际行为同它的主观意图背道而驰,不自觉地步步推动美国和国际力量走向援华抑日。在深陷困境之后,面对欧洲局势的变化,在对"东亚新秩序"的执着情结和对包括东南亚在内的"大东亚新秩序"的期待心理的推动下,日本决策层在国际战略上与中国殊途同归,确定了"国际性解决"中日战争的方向。随之,其不仅拒绝退出中国,且进一步结盟德意,刻意通过南进收一举多得之效,从而把战争从中国扩大到东南亚和太平洋。在这一过程中,日本的文职官员在很多场合冲到了军人的前面,反映出日本决策背后的深刻背景。

(三) 1931—1945 年日本的侵华罪行

1. 细菌战

谢忠厚在《华北甲第一八五五细菌战部队之研究》(载《抗日战争研究》2002 年第 1 期)一文中指出,日本在侵华战争和第二次世界大战期间,为了实现其吞并中国、争霸世界的狂妄计划,公然违抗国际公法,在中国的东北、华北、华中、华南及南洋地区,相继秘密地建立 5 支细菌战部队,大量生产细菌武器,使用灭绝人性的细菌战,犯下了罄竹难书的反人类的战争罪。日军北支"甲"第一八五五部队成立于 1938 年,是继第七三一部队之后在中国建立的第二支细菌战部队。其本部隐蔽在北平城内,先后在华北 16 个城市设立了办事处、支部或分遣队,并在野战师团配属了细菌战班,与陆军病院配合行动。一八五五部队在北平和各地的细菌武器工厂中,使用数千抗日军人和居民进行人体试验和活体解剖;在华北战场上,以极其隐蔽的方法大量使用细菌武器,并与"三光"作战相结合,残忍之极,仅 1943 年在鲁西北霍乱作战中,就致使中国军民死亡 20 万人以上。

2. 大屠杀

程兆奇在《南京大屠杀中的日军屠杀令研究》(载《抗日战争研究》2002 年第 6 期)一文中,利用日文史料对屠杀是否得到日军高层命令进行了详实考证,得出这样的结论:日军在攻占南京的过程中屠杀的大量俘虏,不是所谓一部分官兵造成的突发、散发事件,而是由现地日军自上而下的命令造成的,至少可以肯定,日军在师团一级确实下达过屠杀令。

日本学者石田勇治在《日德两国种族屠杀研究之比较》(载《江海学刊》2001 年第 6 期)一文中,提出日军战时屠杀具有种族屠杀的属性。日军战前和战争期间的种族主义泛滥,对现实和想象中的非人化的敌人重复宣传,在心理上使士兵更容易执行屠杀敌人的政策。种族偏见被广泛地煽动起来,日本人的脑海里深深地烙下了民族优越感。对于非战斗人员和脱离部队士兵的大规模屠杀,以对敌人进行集体处罚的名义被合法化。这些士兵并不认为自己是杀人犯,而是把自己当作是实现国家目标的爱国者。该学者还把南京大屠杀、"三光"作战、生化武器的试验与应用,都看作是种族屠杀的案例。

王卫星在《八十年来南京大屠杀的历史记忆》(载《南京社会科学》2017 年第 8 期)一文中指出,"二战"结束后,中国有关机构对日军在南京的暴行进行了广泛而深入的调查,南京大屠杀受害者心灵深处的惨痛记忆被重新唤起,他们纷纷递交呈文或填写《敌人罪行调查表》等,控诉和揭露日军在南京的暴行。从 1946 年起,由美、中、苏、英、法、加拿大、澳大利亚等 11 国法官组成远东国际军事法庭以及南京审判战犯军事法庭对日本战犯进行了审判,南京大屠杀案成为法庭审理日本战犯的主要罪行之一。随着媒体对审判的广泛报道,南京大屠杀的史实进一步得到传播,南京大屠杀的历史记忆也进一步得到强化。2014 年 12 月 13 日,首次国家公祭在侵华日军南京大屠杀遇难同胞纪念馆隆重举行,习近平总书记出席了公祭仪式并发表重要讲话。2015 年 10 月 10 日,联合国教科文组织公布了 2015 年最新入选《世界记忆名录》的项目名单,中国申报的"南京大屠杀档案"名列其中,这意味着南京大屠杀档案正式成为世界记忆遗产。联合国教科文组织将南京大屠杀档案列入《世界记忆名录》的根本目的在于,让全世界每一个国家、每一个民族、每一个人都牢记人类历史上发生的惨痛悲剧,并从中汲取深刻的经验教训,避免历史悲剧的重演。

3. 大轰炸与"慰安妇"

吴光会、潘洵在《近40年来侵华日军无差别轰炸惨案研究的回顾与展望》(载《抗日战争研究》2017年第2期)一文中指出,抗战时期,为了彻底摧毁中华民族抗战的物质力量和精神意志,侵华日军对中国除吉林、新疆、西藏外的省份进行了旷日持久的狂轰滥炸,造成无数惨绝人寰、骇人听闻的惨案,如重庆"五三""五四"惨案和"大隧道惨案"等,给中国人民带来了严重的身心创伤。

苏智良在《"'慰安妇'的声音"申遗之旅》(载《中国档案》2017年第11期)一文中指出,战争时期日军建立"慰安妇"制度,强征、诱骗大量妇女充当军事性奴隶。日军官兵视"慰安妇"为泄欲工具,恣意践踏、百般摧残。由于慰安妇的死亡率很高,日军又会去抓捕当地妇女进行补充。作为日军性奴隶的"慰安妇"数量非常庞大,在长达14年间,在中国大陆和东南亚广阔区域,被强征为日军性奴隶的有20万人,还是个被低估的谨慎统计数字。

4. 殖民统治

邵铭煌在《汪精卫政权登场与落幕》(载王建朗、黄克武主编:《两岸新编中国近代史·民国卷》上卷,474页,北京:社会科学文献出版社,2016)一文中指出,日本为统治中国,在侵略过程中锐意制造的伪组织,非自汪精卫政权始。卢沟桥事变,为日本帝国主义继六年前制造九一八事变,进而强占中国东北之后,全面侵华战争之总爆发。事变一起,日本政府即制定一整套侵占策略,随着战争形势的进展,也不断修正与调整其策略,甚至改弦更张。初时,日本采取速战速决之策,欲借军事优势,在短时间内一举灭亡中国;当计策受挫,随即改用军事攻击与政治诱和并行策略,胁迫中国政府屈服。及被迫进入战略相持阶段时,又施展在占领区扶植受其支配之伪政府的伎俩,分裂中国,以达到永远占领中国领土之目的。日本为了并吞中国,擅长政略与战略相互运用,往往于攻城略地的同时,辅以政治诱降、经济掠夺的手段,在占领区各要地扶植任由其驱使的各色伪政府,以达到"分割统治""以华制华""以战养战"的终极目标。

许欣舸在《"二十世纪三四十年代的华北"国际学术研讨会综述》(载《抗日战争研究》2015年第2期)一文中指出,日本华北方面军战争初期在华北实行以扶植傀儡政权为核心的"治安战"政策,旨在将华北"第二满洲国化",未能达到目的。进入战略相持阶段后,华北方面军调整"治安战"政策,将目标对准坚持敌后抗战的中国共产党,将政治进攻与军事作战结合起来,但仍旧收效甚微。文中提到了山东省伪政权的五次治安强化运动,并认为随着战争走势的变化,五次治安运动重点各有不同。文中还提到,天津在沦陷时期毒品问题严重,这可以呈现出日本毒化罪行与中国受害之惨烈情形。华北日伪政权以"禁烟"为名,公开实行鸦片专卖制度,对沦陷区民众进行赤裸裸的毒化活动,以加深对中国的侵略。

5. 经济掠夺

曹大臣在《论日本侵华时期的军票政策》(载《江海学刊》2001年第6期)一文中指出,日本在中国发行军票,始于1937年11月。卢沟桥事变以前,朝鲜银行券即在华北地区流通,事变爆发之初,日军遂利用朝鲜银行券为军用通货,后因情势不同,乃采用河北银行券,再后又创设发行联银券作为通货。上海"一·二八"事变后,日军在华中地区使用日本银行券(日银券)和法币作为军用通货,但因就地开支的增加和筹措法币的困难,1937年10月底日本内阁决定在华中占领区发行军票;11月5日,日军柳川兵团在杭州湾北岸登陆,第一次使用军票。自此,华中市面出现日银券、军票、法币同时流通的特殊现象。日本在占领区发行军票,处心积虑地掠夺中国人民的财产,是日本侵华战争的重要组成部分。

王键在《抗战时期台湾拓殖株式会社对广东、海南的经济侵掠》(载《近代史研究》2011年第2期)一书中指出,进入日据后期(1931—1945年),附属于日本的台湾殖民地经济体系基本形成,台湾成为日本向中国东南沿海地区进行经济侵掠的重要基地。与侵华日军的直接经济掠夺相比,日本殖民者利用近代垄断企业进行经济掠夺的方式较为隐蔽。为配合日本对中国经济资源的掠夺,台湾总督府于1936年推动设立了台湾拓殖株式会社(简称"台拓")。随后,在台湾总督府及侵华日军的共同支持下,台拓对中国广东、海南等地实施了一系列经济侵掠。日军占据广东、海南后,其经济侵掠的重点在于对广州、汕头等沿海地区近代工业的掠夺和物资的严格统制,以及对海南岛物产资源的"开发"。在此一过程中,台拓起到极为重要的"作用"。台拓攫取了大量的经济资源,充当了日本侵华战争的经济帮凶,具有鲜明的殖民侵略性质。

6. 思想文化侵略

史桂芳在《多种侵略理论为日本侵华张目》(载《中国社会科学报》2017年9月18日)一文中指出,1931—1945年侵华战争期间,日本不仅疯狂侵占中国领土,而且打着"兴亚""协同""共存共荣"等旗号,为其侵略扩张制造依据,对中国实行思想文化侵略,妄图以此淡化中国人民的民族意识,麻痹中国人民的抗日热情,以达到长期统治中国的目的。"东亚联盟论"以种族和文明冲突为前提,打着"政治独立"的旗号,拉拢抗日营垒中的不坚定分子,从思想上配合日本政府的侵略政策和计划。"东亚协同体论"强调以日本文化为核心来建设东亚文化,"日本文化是以世界无与伦比的一君万民国体为基础的,是协同主义的根本所在。日本文化具有特殊的包容性、进取性和智慧性"。昭和研究会认为中日战争还包括思想战,思想战决不限于宣传活动,其根本在于确立新的思想原理,即协同主义。该论调配合日本政府的侵华政策,企图以"建设东亚新秩序"来瓦解中国人民的抗战。

(四)战后对日本战犯的审判

赵朗等在《沈阳审判与纽伦堡、东京、南京审判比较研究》(载《辽宁大学学报(哲学社会科学版)》2009年第6期)一文中指出,根据国际法准则和由美国、英国、苏联和中国等11个国家组成的远东委员会关于处理日本战犯的决议,犯有"破坏和平罪"的甲级战犯在日本东京审理,而犯有"战争罪"和"反人道罪"的乙、丙级战犯则直接由受害国家的军事法庭审理。据此,中国国民党政府战争罪犯处理委员会分别在南京、上海、北平、汉口、广州、沈阳、徐州、济南、太原和台北10个地点设立了军事法庭。其中规模和影响最大的是在南京设立的"国防部审判战犯军事法庭",南京法庭成立于1946年2月15日,1949年1月底事毕结束。

宋志勇在《东京审判与日本侵华罪行史料》(载《南开学报(哲学社会科学版)》2015年第4期)一文中指出,为参加东京审判,原告检察方和被告及辩护方都准备了庞大的资料。记录法庭审理全过程的法庭英文庭审记录达48 412页,洋洋千万字。2013年我国国家图书馆出版社等影印出版了这部庭审记录,长达80卷。审判期间,控辩双方共提供书面证据4 336件,仅法庭受理的证据资料经我国整理出版的就达50卷,约3万页。法庭判决书长达1 213页,光宣读就用了整整一周时间。而出庭作证的证人也达到12个国家的419人,均创世界审判史之最。上述各类审判资料基本概括了日本20世纪20年代末到1945年战败投降的历史,特别是对外侵略战争的历史,是一个规模庞大的历史资料库。它为日本近代史、中日关系史及远东国际关系史的研究提供了不可多得的珍贵资料。中国是遭受日本侵略时间最长、生命财产受损失最大的国家,在东京审判的国别侵略罪行审理中耗时最长。在审判过程中,形成了规模巨大的日本侵华史料。侵华战争是日本对外侵略战争的主要部分,分量最重,自然成为东京审判的主要审理对象。检察方起诉书起诉期间也是从日本炸死中国东北军政首脑张作霖,企图武力侵占中国东北的1928年开始到1945年日本战败投降为止。也就是说,东京审判追究战争罪行的期间从头至尾都与中国有关,在东京审判的国别部分是最厚重的。

刘立伟在《中日战争遗留问题的源头——东京审判与旧金山和约》(载《沧桑》2013年第2期)一文中指出,东京审判是人类历史上以审判而非武力来惩罚破坏人类和平的战犯的一次尝试。它对人类制止战争和反人类罪行、重建世界秩序做出了巨大贡献。但是,东京审判也有其不彻底性,例如它在美国的压力下,免于对天皇起诉,由于时间及条件所限,对性暴力侵害者、生化武器侵害、强制劳工等罪行没有进行相应的严厉审判,致使这些问题成为中日关系良好发展的制约因素。

经盛鸿在《论南京"审判战犯军事法庭"对南京大屠杀案的审判》(载《南京社会科学》2013年第6期)一文中指出,抗日战争胜利以后,东京"远东国际军事法庭"与南京"审判战犯军事法庭"都对侵华日军南京大屠杀的罪行进行了严肃的审理与庄严的判决。南京"审判战犯军事法庭"审理南京大屠杀案,具有合法性、严密性、典型性与宽严结合的政策性等特点,其所确认的"日军南京大屠杀杀害中国战俘与平民三十万人以上",具有不容置疑的历史权威性。南京"审判战犯军事法庭"对南京大屠杀案的审判有着"远东国际军事法庭"所不能替代的特殊重要意义。

赵朗等在《沈阳审判与纽伦堡、东京、南京审判比较研究》(载《辽宁大学学报(哲学社会科学版)》2009年第6期)一文中指出,1956年6月9日,中华人民共和国最高人民法院特别军事法庭在现今沈阳北陵电影院旧址,对侵华日本主要战犯进行了历史性的审判。在这次审判中,中国政府对日本战犯实行特殊的宽大政策,日本战犯也都表示诚心悔过,在自己余生中愿为中日两国人民的长久友谊做一点贡献。沈阳审判之所以取得这样的成功,当然首先是中国政府的英明决策,但与总结和借鉴纽伦堡、东京和南京审判的经验,也有密切的关系。纽伦堡审判开创了审判战犯这种模式的先河,并针对审判二战战犯制定了相应的罪名,扫清了法律上的障碍。尽管沈阳审判受到东京审判和南京审判的影响,对法律进行了政治干预,实行对日本战犯的宽大处理政策,但其目的和结果却与主导东京审判的美国政府和主导南京审判的国民党当局截然相反。美国和国民党政府为的是本国利益和一党私利,中国政府为的是中日两国人民的长久友谊,同时也有利于世界的和平与稳定,形同而实异。

二、中华民族的十四年抗战(1931—1945年)

(一)中国国民党与正面战场的抗战

1. 中国国民党的抗日策略

荣维木在《近十年来抗日战争研究述评》(载《教学与研究》2005年第8期)一文中指出,一般认为,国民党在抗日战争时期的战略方针是"持久消耗战",它的基本内容是:"以空间换时间,积小胜为大胜。"也有人提出,早在1932年国民党四届二中全会决议中,就写明对日"长期抵抗",不久蒋介石更明确提出:"长期的抗战,愈能持久,愈是有利。"直至1937年8月国防会议,正式提出了"持久消耗战"的战略方针。关于国民党的"持久消耗战"与共产党的"持久战"之异同,现在尚有争论。认为不同者强调,两个战略的指导路线有本质区别,在片面抗战路线指导下的"持久消耗战"只能是节节抵抗、节节后退,因而是消极的战略;认为相同者则强调,两个战略所依据的是同一客观条件,想要达到的战略目的也是一致的,因而它们"并不存在根本性的原则区别",并且这正是两党军事合作的基础。

董长贵在《论抗战前期国民党政府的只应战,不宣战策略》(载《松辽学刊(社会科学版)》1996年第3期)一文中指出,抗战前期国民党政府对日只应战,不宣战的策略是有其复杂的历史因素的,客观上是由中日实力对比悬殊造成的,主观上则是基于蒋介石集团的"剿共"政策及其争取西方外援的需要而产生的,这一政策奠定了抗战初期国民党政府对日方针的思想基础。

张皓、叶维维在《1937年7月至1938年1月关于对日宣战问题的论争》(载《晋阳学刊》2015年第2期)一文中指出,1937年7月至1938年1月间,中国发生了是否对日宣战的讨论与争论。一开始,蒋介石打算宣战,随后赞同不宜宣战主张,乃发表应战谈话。日军发出最后通牒前后,蒋介石又计划宣战,汪精卫集团强烈反对,抗战阵营一些人士及英、美、法等国也反对,国民政府乃将应战发展为抗战。此后,中国各界再次讨论,认为不宜宣战,蒋介石也赞同,自卫抗战的基本立场进一步确立。综合来看,讨论是出于宣战到底宜不宜的角度,一些人士和中国共产党主张绝交宣战,蒋介石、王宠惠等人也一度主张宣战,何应钦、程潜、徐永昌等人以及另一些人士认为不宜宣战,抗战阵营最终达成共识,"抗战"作为具有深刻含义的词汇载入史册。

言均君在《抗战后国民政府迟迟不对日宣战原因浅析》(载《江西社会科学》1990年第3期)一文中指出,1941年12月,日本偷袭珍珠港,太平洋战争爆发。这对美国政府来说也许是一个"噩耗",但对中国政府却不能不说是一个"福音"。太平洋战争的爆发迫使英美等国也卷入了反日抗日的战争,从而改变了中国对"孤军作战"的形势,增强了中国政府坚持抗战胜利的信心。于是,在美英宣布与日作战的同时,国民政府也发表了对日作战的文告。从此,中国的抗战正式汇入到世界反法西斯战争的洪流中。中国的抗战是一场反侵略的自卫战争,是被迫"应战"而不是主动"求战"。以"自卫抗战"代替对日宣战,一方面反映了中国国力的虚弱,另一方面也反映了中国政府对独立承担战争责任并取得战争最后胜利的决心不够坚定。这就是国民政府在抗战初期迟迟不对日宣战的原因所在。在不宣而战的自卫战争中,国民政府为了确保并维持它的统治,也曾作了许多努力。因此,只要条件具备,国民政府从它的切身利益出发,也是会选择对日宣战的方式的。

2. 中国国民党的抗日行动

步平在《中华民族的抗日战争》(载王建朗、黄克武主编:《两岸新编中国近代史·民国卷》上卷,407—426页,北京:社会科学文献出版社,2016)一书中指出,面对日本步步紧逼,国民政府先后组织淞沪会战、南京保卫战、太原会战、徐州会战和武汉保卫战等抵抗优势敌人的疯狂进攻。武汉会战后,在战争相持阶段,正面战场又进行了9次大的战役和近500次重要斗争,主要的战役有南昌和随枣会战、两次长沙会战、桂南作战、1939年冬季攻势等。

步平在文中进一步指出,太平洋战争爆发后,为配合英美等盟国打击日本,国民政府命令各战区对日军发起进攻,策应太平洋战场盟军对日作战,遂开始第三次长沙会战。1944年4月,豫湘桂作战开始时期,国民政府陶醉于长沙和常德会战胜利的喜悦中,对日军攻势强悍程度估计不足,结果节节败退,日军在8个月时间里占领了大片国土,但战役结束后,日军兵力不足、物资枯竭的矛盾更加突出,不得不迅速从面上撤退,仅控制若干点、线。

步平还指出,1943年10月,为打通中印公路,中国派出的远征军与美军联合开始在缅甸北部的反攻战。中国驻印军和中国远征军在缅北、滇西作战历时一年多,艰苦卓绝,取得了完全胜利,也是正面战场反攻作战的经典战役。

(二)中国共产党在十四年抗战中的中流砥柱作用

张宪文在《关于抗日战争几个观点的认识》(载《河北学刊》2017年第3期)一文中指出,中国共产党的中流砥柱作用,表现在整个抗日战争期间,特别在政治斗争方面。当日本开始发动侵华战争制造九一八事变后,蒋介石采取妥协、退让政策,不作任何抗战准备,导致东三省迅速沦陷。此时期,中国共产党和全国人民一起,不断敦促蒋介石改变对日态度,放弃妥协政策,逐步走上坚决抗日的道路。1935—1936年间,蒋介石国民政府在军事上、经济上作了较多的抗战准备,譬如在沿海地区修筑国防工事、开展国民经济建设运动等。抗日战争中期,在日本侵略军大规模进攻下,中国守军虽然作了英勇抵抗,但是,华北、华东、华中地区大片国土依然沦入敌手。此一时期,是国共两党合作抗战较好的阶段。中国共产党领导的八路军和新四军,无论在战役上(如山西地区的忻口战役和娘子关战役)或战略上(如台儿庄战役中,八路军在津浦路以西给予战略支持,吸引较多日军,以减轻台儿庄我军压力),均与国民党配合作战。另一方面,自1938年下半年以后,中国共产党领导的八路军在华北地区实施战略转移,逐步转入敌后,不断打击、消灭日军,不仅有力地配合正面战场中国军队作战,还不断地大量收复国民政府所辖中国军队丧失的大片国土,建立了晋察冀、晋绥、华中等大批抗日根据地。这些战果都是中国共产党为国家民族做出的重大贡献,也奠定了中国抗日战争胜利的基础。同时,不断地抵制蒋介石、国民党制造的种种反共摩擦行为,以保证国共合作的基础,向着有利于共同抗日的方向发展。八路军、新四军及各地游击队,不仅抗击着大部分侵华日军和几乎全部伪军,同时消灭日伪军达171万人,解放区遍及19个省区,面积有100万平方公里,人口达1亿,军队数量发展到130万人,民兵也有268万人。特别是面对国民党不断发生的反共企图和摩擦,以及对日作战的摇摆性,中国共产党始终坚持国共合作,坚持抗日战争的大方向,发挥了重要的中流砥柱作用。

1. 中国共产党的抗日策略

李慎明、张顺洪在《抗日战争胜利的关键是中国共产党思想上政治上的正确路线》(载《历史研究》2015年第4期)一文中指出,九一八事变后,中国共产党立即发出了抗战宣言,动员全民抗战。1932年4月15日,中国共产党领导的中华苏维埃共和国临时中央政府正式对日宣战,比国民党政府对日宣战整整早了九年。中国共产党积极倡导、推动建立并努力维护抗日民族统一战线,紧紧依靠广大人民群众,实行全民族抗日。

李树泉在《毛泽东与抗战初期中共军事战略方针的转变》(载《军事历史研究》2014年第3期)一文中指出,中国共产党的军事战略方针由运动战向抗日游击战的转变,从遵义会议已经开始。遵义会议毛泽东进入中央核心领导层,对实现这一军事战略方针的转变提供了重要保证;七七事变后,在党内存在很大争议的情况下,毛泽东力主并全力推动这一方针的实施,从而使党领导的敌后抗日力量不断发展壮大;毛泽东从理论上系统阐述抗日游击战的战略地位和重大意义,从而统一了全党对这一方针的认识,推动了游击战争的发展。

荣维木在《近十年来抗日战争研究述评》(载《教学与研究》2005年第8期)一文中指出,过去一般认为"独立自主的山地游击战"或"基本的是游击战,但不放松有利条件下的运动战"是在1937年8月中国共产党洛川会议上提出的。而近年来有人提出这个战略方针的形成有一个过程,早在1935年瓦窑堡会议上即提出:游击战争对于战胜日本帝国主义有很大的战略作用。也有人提出不同观点,认为1937年7月,中国共产党的战略方针仍然是为着南京政府战略部署的需要而以正规战为主,直到中国共产党召开六届六中全会,游击战战略方针才为全党接受,而在此前,党内存在着很大的意见分歧。

卢毅在《抗战:中共为何主要是打游击战》(载《河北学刊》2016年第1期)一文中强调,中国共产党领导的抗日敌后战场之所以长期以游击战为主,主要是出于保存实力的考虑,但这并不意味着消极避战,而是为了消灭更多的敌人。因为武器装备的明显处于劣势决定了中国共产党抗日武装力量无法打正规战,只能运用游击战、麻雀战、破袭战等战法,积小胜为大胜。这不仅无可厚非,而且充分展示了在抗日战争中中国共产党坚定的抗战必胜决心和高明过人的战略战术。

2. 中国共产党的抗日行动

黄道炫在《抗战初期中共武装在华北的进入和发展——兼谈抗战初期的中共财政》(载《近代史研究》2014年第3期)一文中指出,抗战初期,中国共产党武装在抵御日军入侵的大背景下进入华北,并逐渐在华北开辟敌后战场、建立根据地,站稳脚跟。中国共产党在华北的进入和发展,演绎了政治力量堪称完美的逆境中求生存的一幕,其发展之顺利,恐怕连当年中国共产党自己也始料未及。中国共产党的发展,当然首先是自身努力的产物,其进入华北后,以武装为中心,统一战线和群众运动为两翼,最大限度在各地区寻找制敌和发展的良机。同时,中国共产党的发展,和战前华北的特殊态势、战争初期日军的进攻和占领方式也密切相关。

汪朝光在《民族抗战与革命建政——中共的抗战崛起之路》(载《苏区研究》2017年第4期)一文中指出,全国抗战时期中国共产党根据地政治实践的独创性和实践性,以建立广泛的、包容各阶级各阶层的民主参与为中心,集中体现在普选制的民主选举实践和"三三制"的政权建设两方面。在"三三制"政权主张提出后,为了在选举中也实现"三三制"原则,中国共产党在实践中进行了不断地探索和改进。如在选举前通过协商的方法,各方联合提出候选人;利用共产党的组织和威望,做群众的工作;在选举后实行共产党员退出及增聘党外人士的方式,以保证"三三制"的比例落到实处。这样的模式,实际就是协商民主、多党合作、全民参政的民主实现方式,并在实践中逐渐完善,成为中国共产党治下各根据地普遍实行的基本政治制度。

卢毅在《"因为边区有民主":抗战时期中共声望的提升》(载《中国延安干部学院学报》2017年第2期)一文中指出,抗战时期,中国共产党对民主给予了极大的重视,不仅一再在党内宣示,而且屡屡向外界呼吁,将它与抗日相提并论,强调"民主是抗日的保证"。在实践中,中共也在各抗日根据地广泛开展民主选举,严格推行"三三制"。这充分调动了社会各界参政议政的积极性,有利于巩固根据地政权,同时进一步提升了中国共产党的声望,将一个与国民党独裁完全不同的形象呈现在国人和世界面前,由此获得了更多的支持。

高璞在《毛泽东:陕甘宁边区是民主的抗日根据地》(载《中国档案报》2016年8月29日)一文中指出,正是在毛泽东领导的共产党人大力推行的民主建设下,陕甘宁边区经历了艰苦卓绝的抗日战争时期,在国家内忧外患、生死存亡的关头,克服了各种困难,迎来抗日战争的胜利,建立起完善、民主、先进的政治制度和社会制度,使人民得到了民主、自由等权利,这块根据地也成为全国人民向往的地方。陕甘宁边区的民主政治建设,提高了人民参政的兴趣,加强了人民对政府的监督,增强了人民对"抗战建国"的信心,使人民将自己与民主政府融为一体,荣辱存亡攸关,愿意为这个民主政府尽一切的积极力量,也使人民在这个过程中得到教育,渐渐了解并学会使用自己的民主权利。陕甘宁边区抗日民主根据地"粉碎了抗战与民主不能相容的谬论,粉碎了人民不关心政治或人民政治程度不够不能行使民主权利的谬论",为抗日战争的胜利,为我们党建设新民主主义国家理想的实现,做出了重大贡献。

黄正林在《地权、佃权、民众动员与减租运动——以陕甘宁边区减租减息运动为中心》(载《抗日战争研究》2010年第2期)一文中指出,抗战时期陕甘宁边区有大约40%的地方未经历过土地革命,这些地区不仅地权较集中,且租佃关系较发达,因此成为中国共产党推行减租的重点地区。佃权是减租中的核心问题,中国共产党通过两种方式对农民的佃权进行保护,一是从制度层面上约束地主不得任意撤佃,更不能因减租而撤佃;二是通过中国共产党支持下的各种民间减租组织强制地主不得撤佃。民众动员使农民消除了对地主恐惧的心理障碍,敢于和地主面对面地进行斗争。减租运动使乡村社会发生了变化,一是发生了地权转移,即地主典卖土地、农民买进或典进土地,并且得到中国共产党的大力支持,随着地权转移,以地主为核心的经济体制转变为以农民为核心的经济体制;一是以地主为中心的乡村权威逐渐消退,中国共产党扶持起来的积极分子成为新的乡村权威,他们成为未来中国共产党管理乡村社会的中坚力量。

周祖文在《统一累进税与减租减息:华北抗日根据地的政府、地主与农民——以晋察冀边区为中心的考察》(载《抗日战争研究》2017年第4期)一文中指出,全国抗战爆发后,中国共产党为促进华北根据地内部的团结抗战,将原来没收地主土地的土地政策,改为地主减租减息、农民交租交息,同时在财政政策上又实行了具有首创意义的统一累进税(将各种税种合并征收且减少征收次数,整齐而不乱)。晋察冀边区政府正是通过统一累进税和减租减息两个政策来汲取资源,以争取地主和农民的支持而进行持久抗战。统一累进税的负担面达到了80%左右,原来不承担赋税的贫苦农民也承担了统一累进税。就其实际效果来说,减租减息在统一累进税之后被赋予新使命,可以视为是对缴纳统一累进税的农民的一种补偿。地主处于统一累进税与减租减息的双重夹击之下,游走于去地与收地之间。统一累进税和减租减息的实施过程中充斥了地主与农民之间的矛盾,政府努力平衡地主与农民的利益,提高农民的生产积极性。在增加农业产出这一点上,统一累进税和减租减息达到了融合,既扩大了边区政府的财政收入,又调动了农民的生产积极性,促进了晋察冀乃至华北敌后的持久抗战。

车霁虹在《抗联精神的继承与弘扬——论抗日战争时期的东北抗日联军》(载《东北抗联史学术交流会文集》,2011)一文中指出,东北抗日联军是一支活跃在中国东北的抗日武装。抗联始终坚持党对军队的领导,在异常艰苦的情况下,保持了部队的稳定。部队营以上设党委,支部建在连上,班有党小组。各级党组织始终保持凝聚力和战斗力,形成了坚强的领导核心。它在国家和民族危亡时刻与日本侵略者进行长达14年的艰苦斗争,曾经发展到11个军,3万5千余人,成为东北抗日战场的主力军,钳制了日本关东军全面侵华进程,配合了全国抗战,在夺取全国抗战和世界反法西斯战争的最后胜利中起到了巨大作用。东北抗日联军自产生之日起,孕育和形成了伟大的抗战精神,丰富和升华了以爱国主义为核心的中华民族精神,抗联精神是抗战胜利后继续成为鼓舞和激励人民不断奋进的思想保证和精神动力。

黄道炫在《敌意——抗战时期冀中地区的地道和地道斗争》(载《近代史研究》2015年第3期)一文中指出,在抗战时期,中国共产党开展多种形式的对日作战,其中,地道斗争为人们耳熟能详。冀中地区是地道斗争的发祥地和中心地区,这里地道斗争的形态颇值关注。地道本身是一种相对被动的防御设施,地道斗争必须和地雷战、麻雀战、伏击战、村落战、反包围战结合才有可能顺利进行,这样的系统工程来源于中国共产党高度追求效率的组织和动员体系,凸显了中国共产党军政运作的特质。同时,无论是地道的挖掘还是地道斗争的展开,都离不开民众的意愿,民众中普遍存在的对日敌意,是日本在华控制的致命伤,也是中国共产党得以进行地道斗争的基础。

三、抗战时期中国对外关系的演变

(一)抗战时期中美、中英关系的演变

杨天石在《珍珠港事变前夜的中美交涉》(载《近代史研究》2015年第2期)一文中指出,美国长期大量向日本出售钢铁、石油等战略物资,助长其侵华实力。1939年7月,蒋介石致电罗斯福,建议美国采取办法,削弱日本的战斗力与经济力。同月,美国政府宣布废止美日商约,对日实行经济制裁。1941年4月,日本向美国提出《日美谅解案》,企图通过谈判,减轻美国对日本的经济压力。罗斯福为避免美国过早陷入大西洋和太平洋同时两面作战的不利局面,提出退让、妥协方案,企图在一定时间内放松对日本的经济封锁。蒋介石坚决反对美国政府改变对日政策,愤而以"国际信义"与"人类道德"相责,胡适、宋子文也积极与美方交涉,最终,美国对日政策由有限度的妥协恢复为全面强硬,美日谈判破裂。日本指责美国已

彻头彻尾地成为蒋介石的代言人,于12月初突袭珍珠港等地,太平洋战争爆发。

左双文在《转向联德,还是继续亲英美?——滇缅路事件后国民党内曾谋划调整外交路线》(载《近代史研究》2008年第2期)一文中指出,1940年7月,迫于日本的压力,英国同意封锁滇缅公路3个月。中国朝野对此十分不满,国民党高层出现了与英断交、转向联德的呼声,并已开始试探性的行动。但时任国民党中宣部长的王世杰等人力拒此议,并说服蒋介石基本维持原外交策略,尤其是稍后国际局势的变化(如德意日结成同盟,德意承认汪伪,英美对日日趋强硬等),联德之议最终被放弃。国民党内这次调整外交路线的讨论,虽未在事实上引起重大震动,但所涉问题,关乎国民政府的大政方针,足以牵动中国抗战大局,也反映了国民党内一些重要人士此期间的政治见解和思想动态。

林孝庭在《二战时期中英关系再探讨:以南亚问题为中心》(载《近代史研究》2005年第4期)一文中指出,二战时期中英两国关于西藏和南亚问题的争执,反映出丘吉尔的英国政府对于蒋介石插手印度内政的极端猜忌和不满。当时为欧洲战事所困的英国政府,无力阻止战时中国的政治和军事影响力逐渐向印度和南亚殖民地推进,因而谋求在西藏和中国西南划界问题上予以反击。另一方面,英国对中国势力南进所采取的"报复"举措,则被国民政府视为传统帝国主义对华野心的明显证明,并另谋反击。中英两国皆以各自的国家利益和政权安危作为处理印度和西藏问题的最大考量,然而就在中英双方皆以国家政权安危为出发点来面对南亚问题的同时,两个盟邦之间本来就不稳定的互信和合作关系,却也一点一滴地被消蚀了。以英国作为一个观察例子可看出,在近代中外关系的互动过程当中,中国并非永远只是西方列强冲击下的被动接受者。战时中英两国在印度、西藏和南亚次大陆等问题上的争议,清楚地反映出一个西方强权因疑惧中国力量的崛起,而欲对中国展开有效的遏止。

左双文在《二战后期的中美关系与战后国际秩序的重建》(载《近代史研究》2013年第6期)一文中指出,太平洋战争爆发后,美英加入对日作战,中国抗战与世界反法西斯战争终于联为一体。随着胜利临近,美苏英等主要盟国开始考虑战后的国际安全与和平问题,建立新的国际秩序,美国并力主邀请中国参加。国际形势的变化,应该说是进入了对中国最为有利的时期。如果中国能够协调好内部,并谨慎对外,抓住机遇,善加利用,对于中国以积极的姿态参与国际事务,对于中国的复兴和重建,均是一个重要的转折关头。然而,蒋介石国民政府在内政外交上决策一再失误,在内忧外患相当严重的情况下(外有最凶恶的敌人日本,内部经济形势趋于恶化,国共谈判茫无头绪),却在处理与盟国关系的问题上措置失当,先开罪于苏,复失和于美,且不睦于英;中国在盟国内部陷入孤立无援之境。国民政府在战后的困境与失败,实际上只是已有各种矛盾之逻辑发展。左双文在文中就中美之间的关系进一步指出,由于罗斯福总统的极力支持,中国被列为二十六国宣言的主要签字国,又在1943年10月的莫斯科外长会议被邀参与签署四国宣言,成为形式上的"四强"之一。1943年11月中美英三国首脑举行开罗会议,中美关系进入战时最佳状态。然而好景不长,因为在华美军费用结算问题、史迪威职权问题、与中共关系问题等,中美之间在1944年发生了激烈冲突。

(二)抗战时期中苏关系的演变

鹿锡俊在《蒋介石与1935年中日苏关系的转折》(载《近代史研究》2009年第3期)一文

中指出,在1935年国民政府对日对苏政策的转折过程中,蒋介石一直发挥着最关键的作用。因为,就日本来看,其发动华北事变的症结在蒋,其对华政策的主要矛头也一直在蒋;就中方来看,蒋的战略是国民政府的决策依据,蒋本人也一直是国民政府决策的核心。在蒋介石主导的中国对日对苏关系中,意识形态方面的考虑虽然也起到了一定的作用,但从全局来说,对保卫国家主权与维护国民党政权的考量,是最根本的因素。与此相关,蒋介石在对日对苏关系的因应中,从"以中立谋日苏相互牵制"的总战略出发,一面力求以苏制日,一面也试图以日制苏,包括在华北事变后尝试以共同防苏换取日本对华政策的缓和。使蒋介石及国民政府趋向放弃中立,在大政方针上转向"对苏不惜联合"与"对日不惧应战"的决定性的外因,是华北事变后日苏两国在中国的国家主权与国民党政权问题上的不同姿态。最后要补充的是:中国对日对苏政策的取向虽以国民党五大为契机而基本确定,但是,由于中苏之间和国共之间的互不信任还是存在,中日之间和日苏之间的纵横捭阖还在继续,同时,也由于在蒋介石的战略构想中,以日苏战争实现中国的不战而胜仍然还是一种最理想的前景,因此,对蒋介石及国民政府来说,要把"联苏"和"应战"从政策取向化为实际事实,还要经过许多曲折和反复。

鹿锡俊在《蒋介石对〈苏德互不侵犯条约〉的反应》(载《近代史研究》2011年第3期)一文中指出,《苏德互不侵犯条约》成立前夕,蒋介石的国际关系观含有多重成分,其消极的一面特别表现在他的"日苏必战情结"之中。在此背景下,蒋误判了苏联的缔约动机,并在欧战爆发之初主张对德宣战。其后,苏、英、法、日等国的对华态度,和国民政府内部对蒋介石之因应方针的反对相结合,迫使蒋修正了政策,重返"等待"国际变化的路线。因应苏德条约的挫折及教训对后来的蒋介石外交具有重大影响。

四、中华民族十四年抗战胜利的原因和历史意义

(一)中华民族十四年抗战胜利的原因

石源华等在《中华民国史(第十卷)》(687页,北京:中华书局,2011)一书中,详细分析了中国人民抗日战争取胜的内部因素。日本法西斯企图灭亡中国的史无前例的大规模入侵,激发起全民族空前的爱国热情,中华民族数千年悠久历史文化所积聚起来的民族凝聚力在亡国灭种的威胁面前如同火山般地喷发出来。被外国人称为"一盘散沙""东亚病夫""沉睡中的睡狮"的四万万五千万中国人,骤然觉醒,奋起抗争。国共两党重新携手,建立了以国共合作作为基础的抗日民族统一战线,中国长期以来的分裂局面结束了。在抗日民族统一战线的旗帜下,一切炎黄子孙,中华儿女,不分阶级、党派、民族、地区,不分宗教信仰,不分男女老幼,同心协力,有钱出钱,有力出力,有知识出知识,有技能出技能,一起为抗日战争贡献自己的力量。在整个抗日战争时期,民族主义始终高涨,其呼声之高,传播之广,民众发动之普遍,同仇敌忾精神之旺盛,使20世纪中国的民族主义高潮达于顶点。

李盈慧在《跨越边界:华侨在中国抗战、太平洋战争中的行动和意义》(载《抗日战争研究》2016年第3期)一文中指出,抗日战争爆发以后,海外华侨华人积极参与。他们跨越侨乡、国家与民族三个边界,投身于中国抗战及太平洋战争中的同盟国联合作战。在这一过

中，他们联系所在国家与地区不同民族的人民共同行动，不但为中国的抗日战争，也为全世界的联合抗日做出了贡献。这段经历对于华侨本身也深具意义，为日后全世界华侨的团结以及他们与祖国人民、与侨居地人民增进感情和交流打下了基础。

郭辉在《习近平与新时代抗日战争纪念》（载《南京社会科学》2018年第4期）一文中指出，习近平在纪念中国人民抗日战争暨世界反法西斯战争胜利69周年座谈会上的讲话中强调："在中国人民抗日战争的进程中，苏联、美国、英国等反法西斯盟国为中国人民提供了宝贵的人力物力支持。朝鲜、越南、加拿大、印度、新西兰、波兰、丹麦以及德国、奥地利、罗马尼亚、保加利亚、日本等国的反法西斯战士直接参加了中国人民抗日战争。我们不会忘记给予中国人民道义和物质等方面支持的国家和国际友人，不会忘记在南京大屠杀和其他惨案中为中国难民提供帮助的外国朋友，不会忘记同中国军队并肩作战、冒险开辟驼峰航线的美国飞虎队，不会忘记不远万里前来中国救死扶伤的白求恩、柯棣华医生等外国医护人员，不会忘记真实报道和宣传中国抗战业绩的外国记者，不会忘记在中国战场上英勇献身的苏军烈士！中国人民将永远铭记各国人民为中国人民抗日战争胜利作出的宝贵贡献！"

（二）中华民族十四年抗战胜利的历史意义

1. 抗战胜利与中华民族复兴

荣维木在《抗日战争与中华民族复兴论》（载《近代史研究》2014年第4期）一文中指出，抗日战争促进了中国主权的独立。这主要体现在两个方面。第一，从中国内部来看，抗日战争使中华民族形成了空前强大的民族凝聚力，而民族凝聚力的形成则是争取民族独立必不可少的前提条件。面临着亡国灭种还是继绝兴灭的抉择，近代中国第一次出现了民族凝聚力取代离心力成为主流的局面。在政府与人民之间，在不同阶级阶层之间，在不同党派之间，形成了同仇敌忾、亲密合作的关系，民族凝聚力空前强大。正是靠着这样的凝聚力，中国最终打败了侵略者，首次取得近代以来反侵略战争的完全胜利。第二，从外部关系来看，中国的抗日战争不仅融入国际反法西斯战争，而且在其中发挥了巨大作用，中国为世界反法西斯战争胜利做出的贡献，赢得了国际社会的尊重。第二次世界大战的结局是，中国第一次以主权国家的身份，收复了被日本霸占的全部国土。并且在战争进行期间，中国废除了与一切列强签订的不平等条约，第一次以主权国家的身份，与诸多国家签订了平等新约。不仅如此，中国还成为联合国的发起国之一，取得了决定国际事务的发言权。这种巨大的变化并非任何国家的恩赐，而是通过中华民族全体成员在抗日战争中的英勇奋斗取得的。关于中国对于世界反法西斯战争的贡献，罗斯福、丘吉尔、斯大林都曾予以高度评介。简言之，由于中国在太平洋战争爆发前独自作战，阻止了日本的北进，延迟了日本的南进，为盟国作战创造了充分条件。而这些又都是以中国人民的重大牺牲为前提的，因为，通常所说的中国在战争中超出了任何一个国家的伤亡，多半发生在太平洋战争爆发之前。

金冲及在《抗日战争与中华民族的新觉醒》（载《历史研究》2015年第4期）一文中指出，抗日战争最深远的影响有三个方面，一是中华民族的民族自觉达到前所未有的高度；二是民主观念日益深入人心；三是中国共产党抵抗外来侵略的高度民族自信和提出的正确主张，被越来越多的中国人所了解和接受。这些变化不是局部的、枝节的，而是对全局的变动有着根本性的意义。抗战胜利时的中国与抗战前的面貌已大不相同。如果没有这些深刻变化，很难想象新生的中华人民共和国那么快地建立起来。

汪朝光在《二战和抗战与中国国家利益最大化问题》(载《近代史研究》2013年第6期)一文中指出,1945年9月,当第二次世界大战暨中国抗日战争以同盟国阵营和中国的最后胜利而告结束,作为胜利一方的中国,盘点这场持续多年战争的结果,有理由感到莫大的骄傲与荣光。中国不仅收回了1931年被日本侵占的东北领土,而且在1895年因甲午战败而被迫割让给日本的宝岛台湾,也在半个世纪后回归祖国;尤有进者,中国成为联合国的创始成员国和拥有否决权的安理会常任理事国,对于战后世界秩序有了自己一定的发言权;并且在战争中废除了近代以来一直束缚中国独立主权和自主发展的不平等条约体系。这三大战争胜利果实,不仅大有利于当时,而且长久惠及于后世,得其一已足可名垂青史,更何况三大胜利果实齐聚胜利之际。这不仅是近代以来无数国人先进艰辛奋斗、梦寐以求的结果,也是战后世界新秩序的重要内容,确确实实是不仅事关国家面子,更有利于国家未来发展实际里子的巨大收获,从而也不负中华民族在这场事关国家独立、民族尊严、世界正义、全球和平的战争中所付出的重大牺牲和惨重代价。因此,在1945年9月,中国已然跻身世界"四强"(美、苏、英、中)或"五强"(美、苏、英、法、中)之列,洋溢在许多普通中国人脸上和心中的,是发自内心的欢欣鼓舞。

2. 中国抗战对世界反法西斯战争的贡献

胡德坤等在《中国抗战与世界反法西斯战争》(18—23页,北京:社会科学文献出版社,2005)一书中,将中国抗日战争置于世界大背景下,从战略层面对中国抗日战场这一关系世界反法西斯战争发展的关键因素作了全方位的论述。揭示中国抗日战场一直拖住侵华日军主力,既牵制了日本北进攻苏的图谋,又延缓了日本南进攻英美的步伐,具有世界战略意义;中国抗日战场以承担重大牺牲配合与支援了英美"先德后日"战略的实施;中国抗日战场更有力保证了苏联避免东西两面作战而全力对付德国;中国抗日战场在为世界反法西斯战争做出贡献的同时,它的开辟、坚持和发展也为中华民族的复兴创造了坚实的条件和基础。

3. 抗战胜利与战后国际秩序的重建

吴景平在《开罗会议提供的历史性愿景——以中美关系为中心的若干思考》(载《近代史研究》2013年第6期)一文中指出,1943年11月在埃及开罗举行了美英中三国最高领袖及其军事和外交顾问人员会议,12月初公布了《开罗宣言》,其中提到:"三国之宗旨,在剥夺日本自从一九一四年第一次世界大战开始以后在太平洋所夺得或占领之一切岛屿,在使日本所窃取于中国之领土,例如满洲、台湾、澎湖列岛等,归还中华民国。日本亦将被逐出于其以武力或贪欲所搜取之所有土地,我三大盟国轸念朝鲜人民所受之奴隶待遇,决定在相当期间,使朝鲜自由独立。我三大盟国抱定上述之各项目标,并与其他对日作战之联合国家目标一致,将坚持进行为获得日本无条件投降所必要之重大的长期作战。"多年来,学术界基本形成如下共识:开罗会议的召开标志着中国战场在抵抗日本军国主义所起的重要作用得到高度认可,中国收复被日本侵占领土的要求已经成为各相关国家共同目标的组成部分,中国的国际地位达到了前所未有的高度。开罗会议向中国所展示的历史性愿景,要比《开罗宣言》的文本更为广泛,不仅遭日本侵占的中国固有国土将得以收回,中国的核心利益将得到主要大国的尊重,若干涉及领土主权的敏感问题也有望得到更符合中国利益的解决;中国将在战后对日军事占领、防止日本军国主义再起方面起主要作用,成为维系亚太地区和平与秩序的积极力量;中国在战后国际秩序的重构中将居于主动地位,将成为美国在擘画远东地缘政治新版图过程中最可倚重的战略伙伴,等等。然而,上述历史性愿景并不等于已然之现实,需要经过艰苦卓绝而有成效的奋斗乃至惨烈的牺牲,才有可能逐步缩短愿景与现实之间的距离;进而言之,中国方面的种种努力当然有助于促成愿景向现实的转变,但制约相应转变的还有特定历史环境和客观条件等多种复杂因素。因是,随着上世纪40年代后期至50年代初中国国内局势和对外关系的演变,随着以雅尔塔体系和美苏冷战为标志的战后国际秩序的形成,中国在美国亚太和全球战略布局中的地位已经今非昔比,开罗会议的愿景发生巨大之嬗变也就不足为奇了。

陈谦平在《开罗会议与战后东亚国际秩序的重构》(载《近代史研究》2013年第6期)一文中提到,重新构建战后东亚国际新秩序是开罗会议最重要的议题之一。从第一次世界大战以来,日本在东亚逐渐取得强势地位,赶走英美、独占中国,成为日本东亚政策的核心。对于坚持门户开放政策的美国来讲,在打败日本后重新构建的东亚国际新秩序中,中国应该扮演大国角色,这也是罗斯福总统在美英苏三国莫斯科会议期间坚持中国签署四强宣言的原因。尽管国民政府在战后依然保留了"四强"的地位,但苏联红军进入东北,已使中美在开罗构建的战后东亚国际新秩序发生变异。外蒙古独立、新疆三区革命、接收东北和调停国共冲突等问题,导致国民政府无法派兵占领日本本土。但作为战胜国的中国,依约收回了被日本侵占的台湾、澎湖和南海诸岛,确定了中华民国新的版图,这是第二次世界大战后联合国和同盟国赋予中国的权利。

王建朗在《浅议二战后国际秩序设计的几个特点》(载《近代史研究》2013年第6期)一文中指出,中国是战时"四强"之一,但它在四强中是实力最弱的。雅尔塔会议在中国缺席的情况下作出有损中国主权的决定,便显示了中国在四强中的弱势地位。然而,我们不能因此而忽视事情的另一面,即中国作为四强之一,确实为战后秩序的缔造作出了自己的贡献。讨论中国对战后秩序的贡献,首先要说到的是,中国坚持抗击着数量庞大的日本军队,是抵抗日本侵略的主要力量之一,这是盟国赢得战争胜利建立新秩序的基础。我们还要看到的是,中国在谋划战后新秩序方面也有许多主动的构想,并非总是追随其他国家的脚步。比如,关于战后世界组织的建立,早在1942年,中国内部便已有许多讨论。有着屡遭侵略而求援屡遭挫折经历的中国,一开始就主张在战后应建立一个更有权威更有效率的国际组织来维护世界和平。可以说,中国对建立"国际警察"的期待是高于其他三国的。又如,关于战时四大国在战后组织中的地位,中国认为,在战争中作出最大贡献的四大国应在战后继续发挥领导作用:"战后新世界的建立过程中,在世界组织最高机构方面,一定要以中、美、英、苏四国为领导力量","在未来国际和平机构中大小会员国一律平等原则之下,承认大国特别的权利与责任"。中国的这些主张与其他三国的想法不谋而合。中国在建立战后新秩序方面比较独特的贡献是,积极扶持周边国家如朝鲜、越南等国的抗日力量,并努力推动其他国家承认它们在战后取得独立。这些活动,有的成功了,其独立地位在开罗宣言中便得到确认,有的未能成功,战后通过其他方式获得了独立。在事关盟国的战后安排中,中国也旗帜鲜明地坚持反对殖民主义的立场,理解和支持印度人民脱离英国殖民统治的要求,尽管此一立场曾引起英方的极大不满。在联合国制宪讨论中,中国坚持为弱小民族代言,不顾西方大国的反对,力主非自治领土及托管领土须走向自治与独立,并成功地推动将此一主张写进了联合国宪章,从而为战后的非殖民化进程提供了法理支撑。总而言之,中国在缔造战后秩序方面,有着自己的独立思考,与其他三强既有共同主张,又有自己的独立见解,为战后秩序作出了独特的努力和贡献。此一历史性功绩,不应忽视。

赵志辉在《中国与战后国际秩序的构建》(载《近代史研究》2013年第6期)一文中指出,抗战时期,中国政府努力构建国际新秩序,其迈出的第一步就是以积极的姿态参与到国际事务中去。中国"首倡建立反法西斯军事同盟",坚决要求参与盟国军事战略的制定,主张"亚洲第一"的战略,呼吁国际社会重视亚洲的政治地位。1942年蒋介石访问印度是中国政府为亚洲民族独立而努力的一次重要外交行动。它表明,国民政府不仅为中国的民族独立而奋斗,同时也为争取亚洲的民族解放事业进行不懈的努力。因为在中国政府看来:"恢复印度独立,不仅是为了印度本身,同时也是为了整个亚洲的福祉。"正是由于中国人民的积极抗战和参与国际事务,推动了美国支持中国战时的大国地位。在1942年1月1日发表的联合国家宣言中,中国与美英苏三国作为发起国第一次以大国身份出现在国际文件上,从此,中国不仅为结束战争,而且为重建人类和平做出努力。中国的大国地位在形成雅尔塔体系的一系列重大国际会议上一步步得到明确的反映。中国以世界大国的身份参与战时国际事务最典型的是开罗会议。在开罗设想中,中国在战后远东国际体系中的地位和作用可以表述为:中国的领土和主权将得到相当程度的尊重和保证,并将收复日本占领下的中国领土;中国是战后世界的四强之一,参与西方大国的战后协商,在国际事务中发挥广泛的作用,尤其在东亚,中国是主要的稳定力量和新秩序的维护者;中国是亚洲殖民地的主要托管国之一,在解决战后朝鲜半岛和印度支那问题上享有特殊利益;分担战后管制日本的责任。二战时期,作为世界大国,中国不仅要为抗击日本法西斯侵略而艰苦作战,而且要承担重建战后世界、构建国际新秩序的重任。中美双方共同谋划的战后远东国际新秩序符合国际法理,也符合世界和平与发展的潮流。但在东亚格局发生变化的情况下,作为战后国际秩序主要创建国之一的美国,遏制中国,与日本结盟,随意处理敏感的领土托管问题,为中日岛屿争端埋下祸根。而作为战败国的日本,罔顾历史事实,企图将其非法所占领土合法化。可以说,战后东亚诸多争端问题至今无法解决,美日双方均难辞其咎。

徐蓝在《中国与战后国际秩序的关系演变:回看历史启示未来》(载《近代史研究》2013年第6期)一文中指出,第二次世界大战使大国的力量再次发生了根本性的消长变化:欧洲国家被彻底削弱,美国和苏联真正崛起为超级大国,原本被列强欺辱的中国则通过全国的坚持抗战,不仅赢得了国家的独立,更赢得了与美国、苏联、英国一起构建战后国际秩序的四大国之一的国际地位。从1942年的联合国家宣言,到1943年的修订新约和开罗会议、再到1944年筹建联合国的敦巴顿橡树园会议和1945年联合国制宪会议,我们都看到了中国的身影和发挥的重要而独特的作用。中国在参与构建战后国际秩序的过程中,不仅废除了列强对中国的不平等条约体系,在国际法上明确了日本窃取于中国的领土,如东北、台湾、澎湖列岛等都将归还中国,使中国的领土完整得到了庄严的国际保证,而且成为联合国的五个常任理事国之一,为中国在国际事务中发挥积极作用奠定了基础。另一方面,尽管那时的中国仍然贫弱,也积极参与了战后国际经济秩序的建设,成为布雷顿森林体系的创始国之一。

金光耀在《中国在联合国创建中的作用及对自身大国地位的认识》(载《近代史研究》

2013年第6期)一文中指出,在联合国的四个发起国中,美国、英国和苏联在世界上都有超越其自身疆域的利益,因此在发起联合国的过程中都利用大国地位追求自身的利益。与之相比,中国在四大国中最关注联合国和战后国际秩序的基本原则,在非常任理事国的地域分布、托管地的最终独立等问题上,中国完全从正义和公平的立场出发,毫无自身利益的考虑。而在联合国筹建过程中,中国在相当程度上确实成为"东方"的代表,每每站在小国弱国的立场上发言。另一方面,虽然蒋介石当仁不让地以东方代表自居,但总体上中国对这一大国地位还是持十分谨慎的态度。孙科在敦巴顿橡树园会议结束后对媒体表示,中国取得大国地位,"应视为一种义务而不应当作权利",是"中国对世界责任的加重"。中国虽然在参与筹建联合国的过程中获得了大国地位,但并不为大国的虚名所陶醉、所迷惑,也不追随传统大国玩强权政治的游戏。

教学设计

设计一:从湖南老兵的回忆看抗战时期的家国情怀

设计意图

中华民族的抗日战争是近代中国第一次取得的完全胜利的战争,对近代中国的历史走向产生了深远的影响。而湖南则是抗日战争时期的主要战场之一,在湖南老兵身上,至今还有难以忘记的家国情怀。本课以湖南老兵的回忆为切入点和主线索,通过呈现一则则生动形象的材料,一方面梳理抗日战争时期湖南老兵的抗战事迹,另一方面引领学生体会抗日战争时期普通士兵的家国情怀和整个国家的抗日浪潮。同时也希冀通过这一特殊的视角,让学生学会对历史的经历者进行研究,将历史的宏大叙事与个人亲身经历联系起来,理解在历史大背景下普通人物的所思所想和所作所为,并从普通一兵的身上感悟到军人的爱国精神。

本课"以小见大",旨在通过普通人物的普通感受折射整个抗战时期的家国情怀,家国情怀是学习和探究历史应具有的人文追求,体现了对国家富强、人民幸福的情感,以及对国家的高度认同感、归属感、责任感和使命感;同时,本课通过引领学生对史料进行解读,希冀增强学生运用唯物史观分析历史问题的能力,提升学生时空观念、史料实证、历史解释等方面的历史学科核心素养。

设计方案

教师介绍:70多年前,有这样一批热血青年,他们意气风发,为了中华民族的生死存亡而抛头颅、洒热血。他们的口述,还原了历史真实,让我们深切感受到一个民族在烽火中的执著与反抗。70多年后,他们虽然风烛残年,但依旧是家国情怀的时代象征。

材料一 1937年,抗战了,我就到上海抗战打日本人了。参加"八一三"上海抗战,在18军14师79团当副营长,到1937年11月才撤离上海。淞沪战役,日军装备精良,当时狂妄宣称"3天占领上海",结果打了3个月;宣称"3个月灭亡中国",结果打了八年,日本无条件投降。为什么呢？主要原因，一个是中国军队的英勇作战，一个是老百姓的支持。老百姓送粮食啊，饭菜啊，送物资支持中国军队。

——湖南图书馆编著：《湖南抗战老兵口述录》（上），13页，长沙：湖南人民出版社，2013

教师设问：淞沪战役的历史意义何在？（参考答案：打破了日军三个月灭亡中国的企图；体现了中国军队的顽强作战精神；进一步推动了全民族抗战的实现；升华了每一个中国人的家国情怀。）

教师引导学生进一步分析：其实，中国的抗日战争要从九一八事变算起，九一八事变是抗日战争的起点，也揭开了世界反法西斯战争的序幕；七七事变是世界反法西斯战争在东方的爆发点，全民族抗战开辟了世界第一个大规模反法西斯战场；八一三事变开始了淞沪抗战，这是正面战场一次较大规模的会战，其彻底粉粹了日军三个月灭亡中国的计划。由于军队的顽强作战和人民的支持，最终中国赢得了抗日战争的胜利。这场战争，牵动着每一个中国人的心。

材料二 我当时住在汉口万民后街，21岁，听说黄埔军校在武昌招生，就和表姐、同学4个人一起去报考，也不管家里同不同意。我至今依然清晰地记得，报考时被问的第一句话就是："你们怕死么？你们想发财不？怕死的、想发财的就莫来。"我们4个怀着一腔报国热情，毅然决然报了名，参加了考试。记得当时考试时有80架日本的飞机在头顶轰炸。报考军校的所有学生仍继续坚持在考场镇静考试，为了能考上军校，为了能为国抵抗外敌入侵，哪怕炸死也心甘！

——湖南图书馆编著：《湖南抗战老兵口述录》（上），41页，长沙：湖南人民出版社，2013

教师设问：材料中的热血青年报考军校的背景是什么？（参考答案：日本大规模入侵中国，当时正在进攻武汉；青年们有一腔报国热忱，家国情怀浓郁。）

材料三 1938年，我进入武汉空军第九总站工作，总站长熊产辉，我们同苏联空军并肩战斗。报到后，我们住进机场左边营房中，差不多天天有警报。我们来参加空军作战的，不能躲警报，只能站在作战一线，好在苏联派来了援华自愿军和我们一同作战。苏制飞机的性能很好，士兵士气也很高昂，他们是支援中国的飞虎队。他们比美国陈纳德的飞虎队更早来到中国，为保卫中国跟日军浴血长空。他们中有200多人永远留在了中国广阔的土地上，不被中国的大多数人所知……我们应该感谢那些为中国人献身的苏联英雄。

——湖南图书馆编著：《湖南抗战老兵口述录》（下），483—484页，长沙：湖南人民出版社，2013

教师设问：苏联空军为什么同我们并肩战斗？（参考答案：中国遭受日军大规模进攻；苏联的国际主义精神，援助中国抵抗日本法西斯；减轻苏联在东方的压力。）

教师引导学生进一步分析：以上两则材料都跟武汉有关。武汉是抗战时期重要的战场之一，在这里，曾发生过震惊中外的武汉会战。武汉会战从1938年6月一直打到10月，中国第5、第9战区部队在武汉外围沿长江南北两岸展开，战场遍及安徽、河南、江西、湖北4省广大地区，是抗日战争战略防御阶段规模最大、时间最长、歼敌最多的一次战役。此战，中国军队浴血奋战，以伤亡40余万的代价，毙伤日军25.7余万，大大消耗了日军的有生力量，日军虽然攻占了武汉,但其速战速决,逼迫国民政府屈服以结束战争的战略企图并未达到。此后,中国抗日战争进入战略相持阶段。

教师讲述:战争当中的人们,并不是只知道打仗,有这样一群人,她们为了调节士兵的生活,想尽了各种办法,力求让士兵感受到家的温暖。

材料四 一位叫李国芷的女兵,毅然脱下旗袍,抹去脂粉,投身到抗战中,她在后方的伤兵收容所为伤兵们设立俱乐部、组织春游、办壁报,陪他们说话,为他们换药喂食、整理内务、缝缝补补……这些点滴细节的描述为残酷的战争场面增添了温馨融和的生活画面,读来使人动容,亦是展现抗战大后方生活情况的生动史料。

——张玲、易添麒:《103个湖南老兵的抗战记忆——记湖南图书馆抗战老兵口述项目》,载《中国文化报》2013年9月10日

教师设问:李国芷的身上突出体现了哪些优秀品质?(参考答案:以国为先;时刻牵挂伤兵,竭尽全力为伤兵服务;舍小家、为大家,体现了抗战时期的家国情怀。)

教师引导学生进一步分析:李国芷仅仅是当时抗战时期普通中国人的一员,千千万万中国人身负国耻家仇,以国为先,抗日救亡成为唯一的时代主旋律。在他们身上,我们看到了民族的希望,正是有了千千万万的李国芷,我们才能最终战胜日寇,取得了最终的胜利。

材料五 我和我老婆汪文英结婚是在1941年,在湖北秭归,就是现在的三峡电站所在地。那时候还在打日军,我们在前方结了婚。她是1925年出生的,湖北宜昌人,她的外公、外婆都被日军的刺刀杀死了,妈妈不要她,她还在念书,没办法就逃难到老家秭归。我们经同事介绍认识,认识见面以后,也没有什么时间谈恋爱,双方就同意了。结婚时我才20岁,她16岁。当时我们结婚很简单,条件不好,在前方打日军,抽了个时间结的婚,马马虎虎的。婚礼是在战地进行的,很简单地结成了夫妻。我的家长不在那里,在平江,有个姓武的团长是湖南新化人,我们就请他主婚,证婚的人也是部队的首长。1945年后我们才生下第一个儿子。

——湖南图书馆编著:《湖南抗战老兵口述录》(下),375页,长沙:湖南人民出版社,2013

教师讲述:这对战时夫妇,没有隆重的婚礼,也没有像样的嫁妆,就在战地结了婚,为了抗日事业,以国为家,这虽然是当时战争形势的必然,但也说明了整个民族的凝聚力和向心力。参加抗战的,除了成年人,还有一些年龄稍小的士兵,他们在抗战时期的感受也令人唏嘘。

材料六 那时候我年龄还小,我就跟着打日军。双方经常交火,所以伤亡也很多。在战场上,随时可能牺牲。那时候我经常想,家里还有父母,要是自己死了,父母怎么办?但是战斗一打响,这些顾虑都消失了,只知道要尽量消灭敌人,没办法,只有狠命地打。在战场上,随时都会面临战友的生离死别。看到自己的战友被打死了,我哭过,但是哭也没用,后来就不怎么哭了。那些战死在战场上的人,很多都没人收尸,一般都是边打边撤。部队撤退的时候,我们军长喊"撤退",我们就一直退到了醴陵。我们当兵的都不知道情况,反正跟着跑。

——湖南图书馆编著:《湖南抗战老兵口述录》(下),475页,长沙:湖南人民出版社,2013

教师设问:看了这位小战士的经历,你有何感想?(参考答案:战争是残酷的,但中国的抗日是正义的,是为和平而战;战斗中战士们作战顽强,虽在战前偶尔会想到家,想到父母,

但一打起仗来就会舍身为国,令人敬佩;在战斗中,士兵成长很快。)

教师讲述: 1944年,在湖南衡阳,发生过中国军队和侵华日军之间震惊世界的一战,这是中国抗战史上敌我双方伤亡最多,中国军队正面交战时间最长的城市攻防战,被誉为"东方的莫斯科保卫战"。

材料七 衡阳这一仗惊动了全世界,我们以少胜多,打得日军落花流水,打了40几天,本来只能维持最多7天半个月,结果维持了40几天,所以是打得最激烈,最惨的一仗。日军10多万人,我们只有1万多人,我们的武器也比他们差,但我们中华民族确实不畏强暴,不怕死地干到底,民族很强硬,很强大的。当时我们的士兵没饭吃,生活非常艰难,幸亏衡阳城里还留了几千青中年给我们送饭,送菜,送东西来吃。如果说没有当年的老百姓,军民联合来送军粮,那肯定是没有被打死就被饿死了。那个时候真的是弹尽粮绝,没有吃的,也没有子弹。方先觉军长打了47天,孤立无援,城内还有1 000多伤兵和很多老百姓,不投降也是死路一条。没有子弹怎么打? 没有吃的会饿死。于是他下命令,停止战斗,但他没有投降,没有挂白旗,他与日军协商的是停战协定。日军拿着旗子进城,没有遭到抵抗。

——湖南图书馆编著:《湖南抗战老兵口述录》(下),307页,长沙:湖南人民出版社,2013

教师引导学生分析: 中国军队在湖南衡阳以孤立无援的疲惫之师抗击近6倍于己的日军,血战了整整47天,这一仗的影响,震动了日本朝野,直接促使东条英机内阁为之倒台。纵观整个中国抗日史,这一仗持续之弥久、战斗之惨烈、影响之深远,中国战场所有的城市防卫战,似乎没哪一仗可与之相比。经过艰苦卓绝的斗争,我们最终赢来了抗战的胜利。

材料八 1943年,我调军政部兵站经费科任少校股长(部长陈诚)。1945年8月15日,日本天皇宣布无条件投降,中国人民取得了抗日战争的伟大胜利,这时,军政部台湾区特派办成立,陈仪为台湾行政长官,李进德为特派办特派员,我被派往特派办任少校接收委员,这是我最大的军衔。我们去的时候都到了9月20几日,从重庆坐飞机到上海,从上海到台湾。驻台湾的日军最高指挥官安藤利吉签字投降,后来他被拘押在上海,服毒自杀了。到达台北时,台同胞举着"欢迎陈仪行政长官阁下"的大牌子,情景空前热烈。日军则老老实实低头敬礼,按指示把枪放在指定地方。我们中国军人到哪儿,他们都敬礼,等到我们过去才敢放下右手,可以说中国人威风凛凛。之后我们到各地受降,碰到的日军官兵都向我们敬礼,尽扫过去所受的国耻和欺凌。在接收物资时,日军企图笼络人心,所造的物资清单全部分类,数目少写两成,而实物却多出两成。我们的领导上校组长冯历泉要求全部退回,命日军重造,并警告我们谁也不准从中渔利。冯历泉是湘阴人,之后他离台赴延安,并在报上发表了《肃清贪污》的文章。正因为这样,我们这个组是比较清廉的,没有人发"劫收财"。其他人是有受贿发财的,例如特派办参谋长马德考少将因此事在1946年被执行枪决,还有小副官陈贤梓被关,后逃跑了。

——湖南图书馆编著:《湖南抗战老兵口述录》(下),375—376页,长沙:湖南人民出版社,2013

教师设问: 中国人民抗日战争的胜利有何历史意义? (参考答案:抗战胜利,是中国人民近百年来第一次取得反对帝国主义斗争的完全胜利;顺利地收复了台湾,捍卫了中国的领土主权;促进了民族觉醒和唤起了民族团结的巨大力量;提高了中国的国际地位;扩大了中国共产党的影响力,为民主革命在全国的胜利奠定了基础;有力地配合和支援了世界各国人民的反法西斯战争。)

材料九 打日军,主要靠的就是坚强,毅力,决心,血和肉,就像我们现在唱的国歌,"把我们的血和肉筑成我们新的长城",我们的弹药、飞机、火药都不如日军强大,却战胜了日军。打日军我们死了很多很多人,包括老百姓,大概有2 000万人牺牲了。我们是一个被欺负被压迫的民族,从甲午之战开始,这都八九十年了。都是帝国主义侵略者打我们,这一次是最后的胜利,彻底战胜了日军。我恰好碰到了这次胜利,这是联合抗日的胜利。

——湖南图书馆编著:《湖南抗战老兵口述录》(下),376页,长沙:湖南人民出版社,2013

教师设问:抗战胜利的原因有哪些?(参考答案:抗日民族统一战线的建立;全民族的英勇奋战;人民的大力支持;世界反法西斯同盟的支援;日本自身的条件也难以支持长期的战争。)

教师引导学生分析:中国的抗日战争是开始最早、结束最晚的世界反法西斯战争,历时十四年,中华民族为抗击日本法西斯作出了卓越的贡献,也付出了巨大的民族牺牲,爱国将领如此,普通士兵更是如此,他们都为了国家的复兴和民族的解放,贡献出了自己的力量。

教师引导学生总结:以往人们比较关注很多抗战高级将领的回忆录,但他们难免在某些细节上有所隐瞒,而普通士兵的回忆往往更为真实,普通士兵的叙述往往涉及精英人物的回忆所不能折射的历史细节,二者可以结合起来佐证,使抗日战争的历史史实更加饱满。本节课通过一系列普通士兵的回忆,反映了抗战以来的淞沪抗战、武汉会战、衡阳保卫战等一系列重大事件,同时也折射出这些老兵们身上那种浓浓的家国情怀和爱国热情。

设计二:从"小抗战"到"大抗战"——国际视野下的中国远征军

设计意图

中华民族的抗日战争是世界反法西斯战争的重要组成部分,中国战场是世界反法西斯战争的东方主战场。在1942年中国远征军组建之后,中国的抗战由在中国范围内的"小抗战"进一步扩大到世界范围内的"大抗战",中华民族为世界反法西斯战争作出了卓越贡献。

本课以"国际视野下的中国远征军"为切入点,通过呈现与中国远征军的作战背景、过程及意义有关的生动形象的材料,引导学生认识到中华民族为世界反法西斯战争作出的卓越贡献。通过分析史料,有助于提升学生的唯物史观、时空观念、史料实证、历史解释、家国情怀等历史学科核心素养。同时,这一设计也有助于引导学生从国际视野角度理解中国远征军,让学生更加深入地了解中国远征军的来龙去脉。

设计方案

教师介绍:1941年太平洋战争爆发以后,第二次世界大战达到最大规模,美国、中国等国纷纷对日宣战,中国更是派遣远征军远征缅甸、印度等地,在世界反法西斯战争史上写下了辉煌的一页。

材料一 缅甸地处中南半岛西部,战略位置极为重要。日本大本营认为,占领缅甸可以截断盟国援华抗战的国际通道,迫使中国力竭投降,具有重大的战略意义。为此,大本营责令先期进驻泰国的南方军第15军司令官饭田祥二郎率所部击破缅甸方面的中英联军,在军事上强化对中国与印度的高压态势。这样,对敌我双方而言,缅甸成为兵家必争之地。

——刘朝华、刘潇湘:《世界反法西斯战争全局视角下的中国远征军滇缅抗战》,载《中央社会主义学院学报》2015年第4期

教师设问:缅甸为什么成为当时敌我必争之地?(参考答案:是当时的战略要地,地理位置相当重要;是盟国援华抗战的国际通道;日本迫使中国投降的需要。)

教师引导学生分析:缅甸特殊的地理位置,决定了其必然在世界反法西斯战争中发挥巨大的作用。为此,日本大举进犯缅甸,而保卫缅甸,不仅是英国的需要,更是世界反法西斯战争的需要。

材料二　1941年12月23日,中英两国在重庆签订了《中英共同防御滇缅路协定》,事实上缔结了中英军事同盟,远东反法西斯统一战线初步形成。1942年1月1日,美、苏、英、中等26个国家在华盛顿签署《联合国家宣言》并庄严承诺:保证运用军事和经济的全部资源同轴心国及其仆从国家作战到底。宣言的签署标志着国际反法西斯统一战线的正式形成。3月,日军大举进犯缅甸,英军兵败如山倒,接连向中国告急求援。国民政府根据《中英共同防御滇缅路协定》及《联合国家宣言》的基本精神,组建中国远征军,驰援缅甸。中国在单独抗击日军的疯狂进攻长达四年半之后(全国抗战),又组织远征军跨出国门,赴缅作战,承担起缅甸战场反法西斯主力军的重任,这是世界反法西斯战争形势发展的使然。

——刘朝华、刘潇湘:《世界反法西斯战争全局视角下的中国远征军滇缅抗战》,载《中央社会主义学院学报》2015年第4期

教师设问:中国组织远征军入缅作战的目的何在?(参考答案:尽力确保滇缅路的安全;尽世界反法西斯同盟国的义务;承担起缅甸战场反法西斯主力军的重任等。)

教师引导学生分析:世界反法西斯战争是一个整体,中国远征军的组建,对于中国的抗日和整个东南亚乃至世界范围内的反法西斯战争,具有十分重要的意义。但对于当时的中国而言,确实是十分困难,但也不得不做。中国曾单独抗击日军达十年半之久(从九一八事变算起),又不得不入缅作战,中国为世界反法西斯战争做出了巨大的民族牺牲和卓越的历史功绩。

教师讲述:在仁安羌作战中,中国远征军与敌浴血奋战,解救出被围英军,轰动英伦三岛,英军在战局不利的情况下,放弃缅甸,向印度撤退,中国远征军掩护英军,并分别撤至印度和国内。中国大后方重要的对外陆路通道分别被切断,滇西一度被日军占领。

材料三　相持阶段的滇西、缅印战场上,反对法西斯主义的斗争在更为艰难的条件下展开。滇西方面,设立了中国远征军长官司令部,第11、20集团军、直属第8军16万爱国将士集结怒江流域,严密防守、积极整训,准备反攻。远征军一部渡过怒江,与沦陷区各族民众抗日武装一道,开展了艰苦的敌后游击战争。印度方面,中国驻印军在蓝姆伽进行了扩充、整训,中美联合开通了从印度阿萨姆到中国的"驼峰航线"。1943年春,10万中国驻印军与美军一道,开始向环境极为恶劣的野人山修筑中印公路、铺设输油管。

——王文成:《滇西抗战的历史地位及其当代意义——纪念滇西抗战暨中国远征军入缅对日作战60周年》,载《云南社会科学》2002年第6期

教师设问：分析材料，指出中国远征军的反法西斯抗战有何特点？（参考答案：条件艰苦；抗战形式多样；战场分散；有些地区环境极其恶劣；有盟国协助。）

教师讲述：在极端困难的条件下，中国远征军铺开了战线，且作战形式多样，其中既有阵地战又有游击战，还有"驼峰航线"，更有基础设施的建设，由此可见，中国远征军的反法西斯是全方位的。

材料四 远征军将士入缅，抱定了"出国远征，宁肯战死沙场，也不能丢中国人的脸"的决心。戴安澜将军在致夫人王荷馨的信中写道："现在孤军奋斗，决以全部牺牲以报国家养育，为国家战死，事极光荣。"因此，远征军入缅后，日军即深刻感受到"其战斗意志始终旺盛……直至最后仍固守阵地拼死抵抗……确实十分英勇"

——王文成：《滇西抗战的历史地位及其当代意义——纪念滇西抗战暨中国远征军入缅对日作战60周年》，载《云南社会科学》2002年第6期

教师设问：材料中反映出中国远征军具有什么样的品质？（参考答案：顽强的作战意志；强烈的爱国精神；深厚的家国情怀。）

教师引导学生分析：中国远征军的家国情怀既跟中国传统文化密切相关，又跟当时战争的环境紧密相连，肩负了保家卫国的神圣使命，体现了家国一体的人文情怀。

材料五 1943年10月，中国驻印军和中美混合部队从印度率先反攻，揭开了滇西、缅北反攻战的序幕。中国驻印军与盟军取得了胡康河谷、孟拱河谷反攻的胜利，继而攻克密支那、八莫、腊戌，分别于1945年1月28日、3月30日在芒友和乔梅与滇西远征军、英美盟军会师，取得了收复大小城镇50多座、歼敌3万多人的战绩。集结滇西的中国远征军1944年5月正式发动反攻，强渡怒江，力克腾冲、松山、龙陵、芒市、平嘎、遮放、畹町，歼敌2万多人，在中国战场上率先把日军赶出国门，与中国驻印军胜利会师。滇西抗战暨远征军入缅作战胜利结束。

——王文成：《滇西抗战的历史地位及其当代意义——纪念滇西抗战暨中国远征军入缅对日作战60周年》，载《云南社会科学》2002年第6期

教师设问：中国远征军的作战成果如何？（参考答案：取得了反攻的胜利；与友军胜利会师；收复了许多失地；歼敌众多。）

材料六 密支那战役发生于1944年5月17日至8月3日，是第二次世界大战期间，中国军队在海外最大的战役，也是最大的一次胜利。中国驻印军共投入第十四、三十和五十师三个师，协同美军一起对日作战。战斗中，中国驻印军第三十师（隶属新一军）阵亡1 044人、负伤2 256人、失踪51人。

——深圳市龙越慈善基金会：《中国远征军347具阵亡将士遗骸回归祖国》，载《新西部》2015年第11期

教师讲述：在密支那战役中，中国军人组成敢死队，绕到敌军背后，与正面部队同时发动进攻，使敌人腹背受敌，溃败逃跑，日军指挥官绝望自杀。密支那为缅北重镇，密支那战役的胜利，使盟军获得战场主动权，对于中国来说，意味着中国西南战略形势得到根本改观，抗日大后方有了稳定性。密支那战役的胜利也使"驼峰航运"不再经过危险的喜马拉雅山，航线重新变直了，飞行高度重新变低了，运载量变大了，而安全性则大大增加。密支那战役的胜利还使驻印军和远征军之间初步连成了一片。

材料七 滇西抗战取得全面胜利，是中华民族弘扬爱国主义精神，在以国共合作为核心

的抗日民族统一战线的旗帜下,团结御侮、浴血奋战的结果。是中华民族与世界爱好和平的正义力量互助协作、并肩战斗的结果。爱国主义精神和抗日民族统一战线,铸就了滇西抗战的辉煌。国际反法西斯阵线的支持和援助,为滇西抗战铸就辉煌创造了重要的条件。

——王文成:《滇西抗战的历史地位及其当代意义——纪念滇西抗战暨中国远征军入缅对日作战60周年》,载《云南社会科学》2002年第6期

教师设问:中国远征军取得胜利的原因有哪些?(参考答案:爱国主义精神的感召;抗日民族统一战线的保障;世界反法西斯盟国的支援。)

教师讲述:中国远征军虽取得极大胜利,但也作出了巨大的牺牲,阵亡了许多将士。

材料八 1942年,中国远征军赴缅甸对日作战,经过两年多的浴血奋战,取得缅甸战场的全面胜利,但很多将士埋骨异乡。七十多年之后,由民间机构启动中国远征军缅甸阵亡将士遗骸寻找与归葬项目,前往缅甸收殓遗骸。11月5日,已找到的347具中国远征军将士遗骸,经由云南腾冲猴桥口岸回归祖国。

——深圳市龙越慈善基金会:《中国远征军347具阵亡将士遗骸回归祖国》,载《新西部》2015年第11期

教师讲述:中国远征军将士的遗骸回归祖国,是对他们的高度肯定,直到现在,祖国也没有忘了他们。只要为中华民族作出贡献的人们,祖国是不会忘记的。

材料九 整体而言,战时国民政府海外派兵的谋划与行动有着重要的积极意义:其一,强化了英、美对日本南进战略的重视程度,有利于抗击日本侵略的军事同盟的尽快形成与切实维护;其二,在中南半岛地区牵制和吸引了相当数量的日军,并在一定程度上分化了日军与当地军民的关系,对打击日军南进部署和协助英、美在亚洲和太平洋地区的防务具有重要作用;其三,有助于国民政府争取外来援助和提升中国国际地位,亦有利于其提高参与国际军事合作的军队的战斗力。当然,其中也有着深刻的历史教训:国民政府将过多的精力置于争取国际合作和外来援助,却没有适时、妥当地处置中国国内政治和自身改革问题,结果因自身的弱点在战后国内外诸多重大事务的处置中陷于被动境地。可见,国家对外战略的实施必须有坚实的国内基础作为保障。

——张智丹:《抗战期间国民政府海外派兵问题研究》,222页,吉林大学博士学位论文,2013

教师设问:结合材料,说说该如何运用唯物史观评价中国远征军的抗战?(参考答案:是世界反法西斯战争的重要组成部分;有利于中国的抗日战争和世界反法西斯战争胜利的进程;一定程度上忽略了国内政治和自身改革,不利于战后诸多重大事务的处置。)

教师引导学生总结:虽然中国远征军为世界反法西斯战争作出了卓越的贡献,但在当时国力的情况下,作战成果和战后一些重大事务的处理肯定会大打折扣,但中国远征军英勇顽强的作战精神,深沉厚重的家国情怀,辉煌的作战业绩,将永载史册。

教学资源

资源1:日本发动侵略战争的逻辑

九一八事变时,日本内阁和军部都不支持在东北进行大规模军事活动。事变爆发后,军

方在得到前方进展顺利的消息后,"认为如果没有接受幕僚的献策,不把事态扩展到今日这样严重的地步而一举解决满蒙问题,则将贻恨百年,徒劳后悔"。在这样弹冠相庆的气氛下,关东军的对华强硬和冒险政策被看作是先见之明,备受推崇。尤其是日本驻朝军不理睬内阁和军部的命令,擅自越过鸭绿江,进入中国东北境内作战,使日本之前辩解的事变是关东军和中国东北军的地方冲突的说法不攻自破,驻朝军这一严重升级战争性质的做法,不仅没有得到制止,而且"驻朝鲜军司令官林铣十郎被誉为'越境将军'而获得了'赫赫威武之名'"。

1933年,日军进攻长城沿线中国守军,在其越过长城后,英国政府向日本提出警告。日本政府原本就未计划越过长城作战,英国方面的表态使其更加担心向华北扩展军事势力会损害英美在华利益,引起国际纠纷。日本天皇下令,日军自4月21日起逐次撤回长城一线。关东军未向天皇奏准便擅自越过长城进犯滦东,已有违旨之嫌,接到天皇命令后,关东军司令官武藤信义只好下令:"在滦东地区作战的部队,迅速撤回长城线。"但是关东军板垣特务机关却以"不要上中国缓兵之计的当"为理由反对停战,关东军在前方也重燃战火。5月6日,日本参谋本部下达《华北方面应急处理方案》,提出用兵的目的是:"继续使用武力以加强压制为基调,造成现华北军宪实质性的屈服分解,使满华国界附近的中国军队撤退。"日军由此越过长城线并直逼平津,最终迫使中国方面签订《塘沽协定》。

日军前方的这些独断行动,最终都以其成功而得到承认,有关将领不但未受处分,反而因此获得荣誉,结果是更加鼓励了军方的冒险和独断行为。当一次次的独断成为现实,而日本因此获益时,即便我们不能由此推测在这里面是不是存在前后方之间的双簧,起码可以说,日本对外政策尤其是战争的火车头已经控制在军方特别是前方将领手中。观察战争爆发,不能简单以日本政府的表态为准,已经无法束缚军人的日本政府,既为军人的鲁莽担忧,内心又不无为他们的大胆庆幸和自豪之意,尤其是军方不断以行动证实自己是对的时候,无论在军人还是国人眼里,政府已经成为软弱的化身。此即重光葵所言:"以统帅权独立为挡箭牌、身居特权地位的军人越来越向政治方向进展,逼使政治家步步后退。对政治无论有怎样密切关系,事关军事,除军人外,他人没有议论的资格。因有这考虑,所以军部思想上的观念和政治上的意图,原原本本地成了国家观念和国策了。一般国民对这点毫不感到奇怪,而有识之士对这种重压也渐渐驯服起来了。"

当军队的意旨成为国家意旨时,彻底的利益和利己考量已经毫不掩饰,日本向华北的进犯就具有这样的特征:"关东军之所以对华北问题有兴趣,不仅在军事方面,而且还在于建设国防国家这点上。政府曾询问关东军,为对抗世界封锁经济的风潮,实现国防资源的自给自足,只靠满洲究竟充分不充分呢?满铁调查部根据宫崎的报告,认为只靠满洲的资源无论如何是不够的,因此绝对需要开发华北资源。"占领东北后,继续向南进犯、压服中国政府、让中国彻底失去抵抗能力成为日军孜孜以求的目标,至于引文中提到的攫取资源,固然是日军的另一重要目标,但这本身就是日本战争机器不断开动造成的需要,所以与其说资源的需求造成不断的扩张,不如说扩张的冲动反过来加剧了资源的需求。日本永无餍足的战争机器吞下了一个个果实,胃口随着果实的增多也愈益增大。观察这场战争时,不能被日本人本身的诉说引入歧途。

——黄道炫:《日本战车及其战争逻辑》,载《近代史研究》2016年第5期

资源 2:"大东亚共荣圈论"与日本的侵华政策

"大东亚共荣圈论"主要包括以下内容:第一,通过建立"共荣圈"来弥补日本资源不足,保证日本扩大战争的需要。松冈认为,欧洲经济呈现出集团化趋势,阻碍着日本对外贸易,影响了日本经济。随着日美关系恶化,日本必要物资出口更加困难,因此,"须倾全力获得我国通商贸易上必要的物资,重点弥补东亚经济圈的资源不足"。第二,在"大东亚共荣圈"内排除欧美旧势力,将东亚各国从欧美侵略的桎梏下"解放"出来。在"大东亚共荣圈"内,实现日本与这些民族"和衷共济、共存共荣、邻保互助",建设大东亚的"繁荣"与"安定"。"大东亚共荣圈"已经远远超过"东亚新秩序"建设的范围,包括澳洲在内的南洋都被划入其中。"大东亚共荣圈"以"共存"、"共荣"等漂亮词句,为日本扩大侵略制造依据,成为日本政府的对外政策。

——史桂芳:《多种侵略理论为日本侵华张目》,载《中国社会科学报》2017 年 9 月 18 日

资源 3:七七事变后日本社会的反应

七七事变爆发翌日,即 7 月 8 日开始,日本各大媒体连篇累牍地报道所谓事变情况,指责中国军队"非法射击""挑衅",强调日军是在"忍无可忍"的情况下"被迫应战",完全不顾日军非法进驻丰台和频繁军事演习、挑衅中国军队的客观事实。如,号称秉承"不偏不党"立场的《朝日新闻》,于 7 月 8 日以"号外"报道:在北平卢沟桥外进行夜间演习之日军,遭到中国驻军数十发子弹的"非法射击",目前双方交涉破裂,陷入战斗状态。《东京日日新闻》更是一日数次报道七七事变,认为是中国第二十九军第三十七师第二一九团第三营对日军实施"非法射击",而日军"隐忍自重,没有反击",只是在要求中方道歉被拒后才"开始应战";此后经中日交涉,决定各自后撤,但"中国军队毫无撤退诚意,并再三向我军攻击",将日军挑起事端的责任完全嫁祸给中国军队。

不仅如此,日本媒体呼吁政府派兵"膺惩"中国,煽动民众的侵华战争狂热,动员他们支持扩大对华战争。7 月 11 日,冀察政务委员会与当地日军达成停战协议后,北平战事暂时有所"缓和"。然而,《东京日日新闻》连续发表文章,以所谓中国军队经常违反停战协议,国民政府对日态度"恶劣"、毫无"和平"诚意,蒋介石已经调派中央军北上等为由,鼓吹为保护日本在华北的居留民有必要出兵中国,以示"膺惩"。《中央公论》《改造》等杂志更借口通州事件,连续刊文谴责中国军队,咒骂他们"如同魔鬼、畜生",甚至"畜生不如",煽动日本民众对中国军队的仇视情绪。《朝日新闻》设立专栏,报道社会各界的"国防献金"、后方支援等"赤诚报国"活动,超前性地动员民众捐款捐物、慰问"出征"官兵,在日本社会引起强烈反响,出现了"举国一致"的战争狂热。

近代以来长期受军国主义思想熏陶的日本民众,在媒体的宣传、鼓动下认为七七事变是中国军队"挑衅"日本军威,"不守信用"地破坏日本在华"合法利益",故积极捐款捐物,甚至请缨参军,支持政府出兵中国,"膺惩暴支"。如,日本纸业大王、"大川财阀"的创始人大川平三郎虽于 1936 年去世,但其遗属获悉七七事变爆发后,仍以大川名义捐款 100 万日元,支持日本政府扩大对华战争。政府官员、公司职员、普通工人、各地农民等纷纷捐款,小学生还捐出平日积攒的零花钱,甚至 99 岁的石塚老太太也捐款 5 元。《朝日新闻》还发起"军机捐

款运动",鼓励国民"为国分忧",在短短十天内便募捐290多万日元。日本各大城市的中小学学校,不仅组织学生开展街头募捐,而且统一安排学生为那些"出征"士兵写"慰问信"、制作"慰问袋",鼓励他们"为国奋战"。日本国防妇人会、日本爱国妇人会、全国小学女教员联合会等妇女团体纷纷出动,组织游行、参拜神社、开展募捐、慰问伤兵、安抚军属、缝制祈愿"出征"士兵平安的"千人针",发挥日本后方社会对侵华战争的"支援"作用。一些青年学生请缨入伍,预备役军人要求到前线参加战斗,山口县下关市甚至成立了"老年敢死队",支持侵华战争的呼声逐渐弥漫日本社会。

——徐志民:《日本对七七事变的认识及中日论争》,载《军事历史研究》2017年第3期

资源4:南京大屠杀发生的原因

暴行为什么会发生?近来学者们对这个问题从几个不同视角进行了研究。第一是从日本军队的内部结构着手,认为日本皇家军内部存在的极端压制和非人道的现象,以及对上级绝对服从的原则,是南京大屠杀发生的背景。第二种是把研究的焦点集中在从上海到南京的路上,普通的日本士兵是如何变成一帮杀人犯的这一过程。参加南京战斗的师团大多数是刚刚被招募的预备役士兵,没有战斗经验。20世纪90年代初发现的这些士兵日记,表明"现地征用"的政策成了士兵们犯罪的托词。日本军队所规定的"不做俘虏同时也不接受俘虏"的原则是大屠杀的一个内在原因。第三是集中研究天皇意识形态、种族主义、民族优越感以及对中国人的歧视在多大程度上影响到大屠杀。由于研究成果的积累,我们现在能够重新构筑南京大屠杀的基本事实。然而,我们必须承认现在有一种否认南京大屠杀、或是缩小南京大屠杀规模及重要性的倾向。否认南京大屠杀并不是新鲜事。否认派的做法与纳粹大屠杀否认派所称的所谓的"奥斯维辛谎言"做法如出一辙。这与近来日本国内一股强烈的民族主义复活的倾向有关,一些人为了达到自己的目的而歪曲历史。这是一种我们不能忽视的现象。

——(日)石田勇治:《日德两国种族屠杀研究之比较》,载《江海学刊》,2001年第6期

资源5:东京审判的法律依据

东京审判具有哪些法律依据呢?那就是基于正义和和平的原则以及国际公法、条约和惯例,对日本的战犯进行公开审理。《远东国际军事法庭宪章》第一条规定:"远东国际军事法庭之设立,其目的为公正与迅速审判并惩罚远东之首要战争罪犯。"1945年的《波茨坦公告》规定:"欺骗及错误领导日本人民使其妄图征服世界之威权及势力,必须永久剔除"(第六条),"对于战争人犯,包括虐待吾人俘虏者在内,将处以法律之严厉制裁"(第十条)。除此之外,还有1928年在巴黎签订的《非战公约》,日本也是《非战公约》的缔约国。该公约明确规定不得把战争当作实施政策的工具。战前的国际社会,已公认发动侵略战争是犯罪。1923年国联曾起草《互助公约》,指出侵略战争是一种国际犯罪;1924年的《和平解决国际争端议定书》也认定侵略战争是国际性犯罪。

远东法庭宣布审判日本的甲级战犯。在《远东国际军事法庭宪章》第五条里,明确将战

争犯罪分为3种：

（甲）破坏和平罪，是指策划、准备、发动或执行一种经宣战或不经宣战之侵略战争，或违反国际法、条约、协定或保证之战争，或参与上述任何罪行之共同计划或阴谋。

（乙）战争犯罪，是指违反战争法规及战争惯例之犯罪行为。

（丙）违反人道罪，是指战争发生前或战争进行中之杀害、灭种、奴役、借暴力强迫迁居以及其他不人道行为，或基于政治上或种族上之理由的迫害行为，这种迫害行为是作为完成或共谋归于本法庭管辖的任何罪状时所施行者，至于其是否违反犯罪所在地的国内法，则在所不问。

据此法庭把战犯分为3级：犯有破坏和平罪、普通战争罪和违反人道罪三种罪行的战争罪犯为甲级战犯，犯战争犯罪及违反人道罪者，为乙级、丙级战犯。东京审判的对象主要是犯有"破坏和平罪"、"侵略罪"和"反人道罪"的甲级战犯。这是因为第二次世界大战是人类历史上规模最大和最为残酷的战争，战后审判的目的，不仅是要惩罚战犯，更重要的是要通过审判揭露日本发动侵略战争的罪行，让全人类记取教训，捍卫世界和平。

——苏智良：《远东审判的合法性、正义性及对未来的启迪》，载《上海师范大学学报（哲学社会科学版）》2006年第4期

资源6：东京审判的不足

远东审判在惩处日本战争罪犯和消灭军国主义势力上是不彻底的。主要表现在：一是在纽伦堡审判时，整个纳粹体系作为审判对象，要承担责任，而东京审判只有战犯个人受审，这使得日本保守势力认为日本并没有国家责任；二是作为日本发动侵略战争的国家元首和军队最高统帅的天皇没有被追究战争责任；三是美国从本国立场出发，主要追究的是对美太平洋战争的日本战犯；四是在审判后期，美国出于自己远东政策的需要，放松了对部分重大战犯战争责任的追究，如1948年宣布释放19名重要战犯，1950年又在刑期终了前释放了所有日本国内在押战犯。其中被称为"满洲之妖"的岸信介于1957年出任日本首相，其内阁成员半数为曾被清洗之战犯。这在一定程度上影响了东京审判应达到的效果，使战后对日本军国主义和战争罪犯的清算并不彻底。

而其中最大的遗憾在于让天皇裕仁逃脱了战争责任的追究。1948年时中国法官梅汝璈指出："在第二轮的审判过程中，我们得到无数的证据，足以证明他（日本天皇）即使不是日本侵略战争阴谋的发起人之一，至少他是一个消极的阴谋的参加者。这一点，即足够构成他从犯的罪名。"事实上，参与远东国际军事法庭庭审的多数法官包括庭长韦勃也认定日本天皇裕仁有罪。但是，由于当时的美国政府根据自己全球战略的需要，制定了对天皇的处置方针：保留天皇制，不逮捕、不起诉天皇；但在新宪法中，天皇只是一种象征性存在。从而将裕仁排除在被起诉战犯的名单之外，这给战后历届日本政府拒绝正视那段侵略历史留下了后患，给日本战后政治带来了深刻的负面影响。正是这种不彻底，使得日本不能正视自己发动的侵略战争及其战争罪行。

——苏智良：《远东审判的合法性、正义性及对未来的启迪》，载《上海师范大学学报（哲学社会科学版）》2006年第4期

资源 7：国共两党主张和实行持久战战略总方针之比较

持久战的战略总方针是相对于人民军队实行的基本上是游击战、而不放松有利条件下的运动战的军事战略方针而言的。毛泽东第一次提出持久战的概念,是在 1935 年 12 月 27 日陕北瓦窑堡党的活动分子会议上所作的报告中。作为全国实行的战略总方针,是在中共中央于 1937 年 8 月 25 日作出的《关于目前形势与党的任务》的决定中;1938 年 5 月,毛泽东在《论持久战》演讲中作了系统的阐述。在此期间,国民党于 1937 年 8 月 20 日在《战争指导方案》中,也明确提出"以持久战为基本主旨",在持久作战中消耗敌人。在抗日民族统一战线的旗帜下,国共两党都主张和实行持久战的战略总方针。但并不等于说国共两党对这个问题的主张和实践是完全一致的,彼此之间既有相同点,也存在着许多差异和分歧。从总体上来说,相同点主要是：第一,关于确立持久战战略总方针的客观依据。中共中央军委主席毛泽东和国防最高委员会委员长蒋介石,分别在著名的《论持久战》和主张持久消耗、以空间换时间的一系列言论中,对日中双方敌强我弱、敌小我大、敌退步我进步、敌寡助我多助这四个相互矛盾和相互联系的基本特点,都作了全面的论述,是具有共识的。第二,关于持久战战略总方针的主要特征,即中国抗战的长期性。其实质在于通过长期战争从战略上逐步消耗敌人的力量,最终改变敌我力量对比。第三,关于实行持久战战略总方针的军事目的。都是为了战胜日本帝国主义,夺取中国抗战的最后胜利。但国共两党在持久战战略总方针问题上也存在着诸多差异。包括：国共两党对实行持久战战略总方针依据的认识深度不同;国共两党抗战奉行的抗战路线不同;国共两党抗战的倾向不同;国共两党主张持久战的战略阶段不同;国共两党主张进行持久战的政治目的不同;等等。总之,共同点处于主导的方面,不同点则处在被支配的地位。国共两党虽然阶级利益有别,但在民族利益上基本是一致的。如果没有共产党在形成持久战战略总方针过程中的舆论先导、促进和倡导作用,要正式形成全国抗战的战略总方针是不可能的;同时,持久战的思想,如果不被处在全国统治地位的国民党和担负正面战场作战任务的国民党军所接受和认可,持久战作为全国抗战的战略总方针也是不可能的。提出和实行持久战的战略总方针,既是共产党倡导的,又是国共两党共同努力的结果。

——岳思平：《关于抗日战争研究的若干学术和热点问题》,载《中国社会科学报》2010 年 8 月 26 日

资源 8：抗日战争的两个战场

整个抗日战争,是靠两个战场支持的。这就是正面战场和敌后战场。两个战场做战略配合,共同抵抗日本侵略。

国民党掌握了政府,它有几百万军队,可以调动全国资源和人力。正面抵抗日军的进攻,当然非它莫属。1938 年 10 月武汉失守以前,正面战场的形势还是好的,虽然首都丢了,上海、武汉、广州都丢了。武汉失守以后,正面战场的形势就不那么好了,国民党政府还有求和的表示,日本也有诱降的策略。如果没有敌后战场的存在,中国抗战是支持不下去的。这一点,只需要看到,侵华日军的一半或者一半以上都用来对付八路军、新四军和共产党领导的敌后根据地就可以了解问题的所在。

共产党没有掌握国家政权,不掌握国家军队,不能调动国家资源和人力。它领导的陕甘

宁边区等抗日根据地都是很穷的地区,出产也不丰富,人口甚少。共产党领导的军队抗战开始不过几万人,到抗战胜利也不到百万。但是,共产党所领导的军队和根据地,却拖住了侵华日军的一半以上。设想,没有敌后战场,没有共产党领导的根据地,侵华日军全部压在国民党政府军队上,国民党政府能够坚持两年以上吗?正是因为八路军、新四军和共产党领导的根据地拖住了侵华日军半数以上,才分散了正面战场的压力,使得正面战场可以从容组织抵抗。

正面战场虽然败仗居多,牺牲惨重,但毕竟阻滞了日军迅速灭亡中国的图谋。因此,对正面战场作战的军人,我们要肯定他们的功绩,高度评价他们的牺牲精神。但是如果离开了敌后战场对日军的牵制,离开了敌后根据地对日本占领者的骚扰和打击,正面战场坚持的时间是极为有限的。反过来也一样,只有敌后战场,没有正面战场,中国的抗战局面会更艰苦,付出的牺牲会更大。抗战坚持到胜利的把握也是不大的。正是两个战场的战略配合,才把日本军队的大部分拖住在中国,使它既不能迅速灭亡中国,也不能把更多兵力投放到太平洋战场,投放到亚洲其他地区。这是中国战场对世界反法西斯战争做出的巨大贡献。

——张海鹏:《正确看待抗战两个领导中心 中共是中流砥柱》,载《环球时报》2015年3月23日

资源9:抗战时期中国经济的变化

抗战时期工厂内迁和中国西部的工业这一段历史,有其深刻的启示。一方面,这次工厂内迁不是政府为推进西部地区的工业化而采取的经济发展战略,也不是沿海沿江地区工业已发展到向西部地区拓展和转移的产物,而是沿海沿江工业较发达地区的厂矿为避免日本的占领而发生的,带有明显的避难、位移和抗敌性。也就是说,工厂内迁和中国工业经济格局的调整,不是靠"经济之手",而是靠"战争之手"所为,是在特殊的历史背景下的战时政治经济的产物。这种特殊性虽然也可一时刺激西部地区近代工业的发展,但这种发展不可能正常、稳定和有步骤、有计划地进行,在很大程度上要受制于战争的进展和时局的转换,因此有其偶然性和很大的历史局限性。另一方面,抗战时期西部地区工业的发展,虽然带有战争强化的短暂的假态繁荣,但西部地区工业在战时短短的数年间便走完了平时需要数十年乃至百余年才能走完的历史进程,推动了整个中国历史和中国社会的进步,并为嗣后西部地区工业的发展创设了一些条件和留下了一定的基础,这是不容忽视的事实。某种意义上说,没有抗战时期的工厂内迁和工业发展,那西部各省的工业会更落后,与沿海沿江的差距就会更大。像中国这样一个大国,为使全国经济能持续发展并能应付各种意外情况,虽然不能采取东西部齐头并进的方针政策,但也不能不有所兼顾。并且,从经济发展的规律看,开发落后地区一般是要有发达地区的有力支援和保障的。因此,抗战时期工厂内迁和中国西部的工业这段历史值得我们重视,并应对国民政府主动或被动采取的有关政策而形成的发展西部地区工业经济的模式进行研究和总结,从中获得必要的借鉴。

——诸葛达:《抗日战争时期工厂内迁及其对大后方工业的影响》,载《复旦学报(社会科学版)》2001年第4期

资源10:中华民族十四年抗战胜利的原因

中国在争取复兴的过程中最重要的历史经验,是坚持民族团结反对民族分裂。中国人

民抗日战争的胜利,集中显示了爱国主义和民族团结的蓬勃伟力。在波澜壮阔的全民族抗战中,全体中华儿女万众一心、众志成城,各党派、各民族、各阶级、各阶层、各团体同仇敌忾,共赴国难。长城内外,大江南北,到处燃起抗日的烽火。在抗日民族统一战线的旗帜下,国共合作为基础,一切不愿做奴隶的中华儿女毅然奋起,同日本侵略者进行了气壮山河的斗争。正是基于全国人民的团结奋斗,抗日战争才成为近代以来中国反对外敌入侵第一次取得完全胜利的民族解放战争。

中国人民抗日战争的胜利,深刻揭示了自强是国家自立的根本保证,战争是实力的较量,国与国之间的战争,更是综合国力的较量。当年孙中山先生痛感中国积贫积弱、任人宰割的悲惨状况,喊出了振兴中华的口号。而内部分裂、政治腐败、经济落后的中国则只能遭受战争的苦难。近代中国百年屈辱的教训和抗战胜利后建设发展的经验从正反两个方面充分说明,强大国力是国家免受外来侵略和压迫,并自立于世界民族之林的根本保证。

——步平:《中华民族的抗日战争》,载王建朗、黄克武主编:《两岸新编中国近代史·民国卷》上卷,435页,北京:社会科学文献出版社,2016

资源11:抗战胜利与中华民族的复兴

近代以来,中国衰落的显著标志是丧失了完整的国家主权。从《南京条约》开始到民国初年,西方列强包括日本与中国签订了一系列不平等条约。通过这些条约,以损害中国国家主权为前提,列强国家在不同程度上从中国获取了殖民利益。为了恢复国家的独立主权,从清末以来,中国历届中央政府几乎都做过修订和废除不平等条约的努力,虽然这些努力取得了部分成效,但从整体来看,中国仍然是一个没有完整独立主权的国家。而主权是否完整,是衡量国家现代化的重要尺度。这也正如胡绳所说:"现代化必须和民族独立问题联在一起,中国现代化不能离开独立的问题。"抗日战争是近代以来中国最为彻底的民族解放战争,这场战争对中国取得完整的独立主权有着决定性意义,因为战争的结果之一,是中国不仅成为一个具有独立主权的国家,而且跻身到在国际事务中具有充分发言权的大国行列。

——荣维木:《抗日战争与中华民族复兴论》,载《近代史研究》2014年第4期

资源12:抗日战争与世界反法西斯战争的融合

太平洋战争爆发后,中国抗日战争与世界反法西斯战争更加紧密地联系在了一起。打败日本法西斯,成为整个世界反法西斯战线的共同目标。滇西抗战从一开始就是中、美、英、印、缅等国共同的抗日战场。尽管战争伊始,5国关系背着轻重不等的历史包袱,但最终能够在不同程度上放下包袱,走向互相尊重、平等协作,这为滇西抗战的胜利创造了难得的重要条件。

滇西抗战中,美国作为本土直接受到日本攻击的世界兵工厂,在协调盟国关系、支持中国抗战中发挥了重要作用。滇西缅北反攻的方案、中国军队的整训和装备、反攻战役的组织实施、中印公路的修筑、"驼峰航线"的开通及"飞虎队"的战绩,均与美国方面的支持密切相关。英国对滇西抗战给予了一定支持,特别是在英伦三岛本土受到的威胁解除后,较多地把注意力转向亚洲,在反攻缅甸作战中发挥了积极作用,有助于滇西抗战的胜利推进。缅、印人民在长期遭受殖民掠夺的情况下,参加英国方面组建的英印联军、英缅联军,积极打击日

本侵略者。特别是缅甸人民在认清了日本侵略者的本来面目后，全面发动了打击日军、解放缅甸的爱国游击战争，对滇西抗战的胜利起到了一定的策应作用。

——王文成：《滇西抗战的历史地位及其当代意义——纪念滇西抗战暨中国远征军入缅对日作战60周年》，载《云南社会科学》2002年第6期

资源13：抗战期间中国民众的民族意识

和近代民族主义的生成更为依赖大众传播不一样，传统中国以王朝效忠和文化一体为核心的民族国家意识主要依靠精英层予以建构。史景迁谈到明末士大夫抵抗清军入关时说："在很多事件中，满人剃发的命令起了催化作用，但是更甚的是文人们有着根深蒂固的意识，即不惜一切忠于明朝，恪守民族意识和忠诚于明朝的理念使其可以忽略旧王朝曾有的弊端，将富人和穷人迅速地团结在一起。"中国传统的夷夏之辨在这里发挥了基础性的影响，这一点，在探讨传统中国群体性的自我认同时不应忽略。

近代以来，西方民族主义观念逐步传入中国，外族入侵的事实，更催化了国人的民族意识。历经二十一条、五四运动、五卅运动等具有民族建构意义的重大事件的刺激，精英层的民族观念日渐成熟，并通过媒体、文字、学校等大众传播渠道逐渐深入下层民众，这些，和中国固有的群体认同结合，使民族主义呈现下探的趋势。民族观念扩散的趋势，可以从当时最具影响力的报纸之一——《申报》相关词汇使用频率的变化中看出端倪。以"民族"一词为例，1911年年底前，《申报》可检索出的条目为243条；而1925年一年，"民族"一词即可检索到502条；1928年、1936年，这一数据增加到1 119、1 507条；抗战爆发后，随着民族情绪的空前激发，"民族"一次使用频率进一步冲高，1939年达到2 369条。再看更具内聚性的"中华民族"一词，这一词汇在《申报》首次出现是1912年，孙中山以临时大总统名义发布对外宣言，内中提到："盖吾中华民族和平守法根于天性，非出于自卫之不得已，决不肯轻启战争。"到1919年年底，"中华民族"一词在《申报》共可检索到30条，平均每年不到4条。1920年后，呈现逐渐增多的趋势，1920—1924年共68条。1925年迅猛增加到81条，五卅运动在这之中无疑起了决定性的影响。1928年进一步增加到183条，1939年更达到372条。民族和中华民族在报章上出现频率的大幅增加，既是这一观念逐渐在中国生根发芽的体现，也促进着这一观念进一步走向普及。同样，学校也是传播民族主义的重要渠道，八路军干部刘荣日记中记有自身民族意识启蒙的经过："时年秋，发生震惊中外的九一八事变，才知道还有个东洋鬼子，侵占咱们东北四省，先生说……'你们好好读书，长大了好救咱们的国家。'我就很努力地学习，每学期考试成绩都是第一名。"这样的经历可以在许多革命者的回忆中读到。梁漱溟在山东创办的乡农学校，也有民族主义的教育内容，中国共产党注意到："山东民众运动以梁漱溟所办之乡农学校为基础……鲁西数万民众在乡农学校系统领导之下，宣誓对日抗战自卫。"

日本侵华战争是一场近代战争，日本利用空中优势控制中国前后方，造成对中国的全方位打击，包括对大后方实施无差别轰炸。但是，也正是这样的全面战争，使大后方的中国民众切身体会到日本侵略的威胁。换言之，近代武器加强了远程打击能力，使总体战有了可能，却也促进了被侵略国家民众民族意识的集结。当时报纸描述重庆大轰炸后的状况："有许多难民，即使是平时不关心国事的，这一次经过敌机狂炸的教训后，他们都自发的要求做

救亡工作,实践'抗战报仇!'甚至有许多儿童,他们曾向孩子剧团要求参加服务工作,也有不愿再随父母逃亡到乡下,要求进保育院,去受战时教育的。"这应该不完全是夸大其词。对此,朱自清的解释非常到位:轰炸使得每一个中国人,凭他在那个角落儿里,都认识了咱们的敌人;这是第一回,每一个中国人都觉得自己有了一个民族,有了一个国家。从前军阀混战,只是他们打他们的。那时候在前方或在巷战中,自然也怕,也恨,可是天上总还干干净净的,掉不了炸弹机关枪子儿。在后方或别的省区,更可以做没事人儿。这一回抗战,咱们头顶上来了敌机:它们那儿都来得,那儿都扫射得,轰炸得——不论前方后方,咱们的地方是一大片儿。绝对安全的角落儿,没有——无所逃于天地之间!警报响了,谁都跑,谁都找一个角落儿躲着。谁都一样儿怕,一样儿恨;敌人是咱们大家的,也是咱们每一个人的。谁都觉得这一回抗战是为了咱们自己,是咱们自己的事儿。

日军的暴力侵害,延续整个战争的始终,成为激发中国民众敌忾心最直接、持久的因素。高敏夫日记中记有:"前天俘虏过西河涧村,当一位同志告诉群众'这是鬼子'时,有一位老乡立刻愤怒得要咬他一口,因他们的房屋被烧去不少。这种民族的仇恨使他们咬牙切齿。"王恩茂写道:"晚上与崞县城内送东西出来的两个群众谈话,说到了我们攻崞县城时,敌人动摇和对于他们的严密监视,以及日寇去年攻陷崞县城时,屠杀群众二千多人的残酷情形和其中一个群众的父亲被杀。他俩不禁眼泪欲流,义愤填膺,表示对日寇的万分仇恨。"

——黄道炫:《战时中国民众的民族意识》,载《史学月刊》2018年第5期

资源14:武汉会战是中国从战略防御到战略相持的转折点

第一,国民政府构建持久抗战体制。武汉会战沉重打击了日军,消耗了日军的有生力量,结束了日本的战略攻势,为中国构建持久抗战体制赢得了宝贵的时间。在大后方建设方面,国民政府以重庆为临时首都,将西北、西南连成一片,建设大后方根据地。在军事方面,国民政府决定依托西南、西北地区大后方继续坚持抗战,形成长期战争态势。……

第二,中共开辟了敌后战场。七七抗战开始后,中共根据敌强我弱的形势,提出了一整套在敌后建立抗日根据地,依靠群众开展游击战争的路线、方针和政策。……与正面战场相呼应,坚持持久抗战。……到武汉沦陷,八路军、新四军在华北和华中先后建立了6个抗日根据地,正式开辟了敌后抗日战场。……1938年12月6日,日本陆军省和参谋本部规定,在华日军"目前最重要的是……恢复治安",固定地配备相当的兵力,迅速达到恢复治安的目的。可见,武汉沦陷后,侵华日军已经深感中共八路军、新四军是其巨大的威胁,便将对敌后战场的"治安战"提上日程,使敌后战场的地位上升成为中国抗战的中流砥柱。

第三,为中国战时经济建设提供了机会。……1938年3月,国民政府在武汉召开的临时代表大会决定调整经济政策,集中物力、财力、人力支撑抗战的战时经济建设计划。……按照这一计划,国民政府的大后方建设首先是以内迁的工厂为基础,建立支撑抗战的工业体系和经济体系,以保障战争需求。为此,国民政府实施统制经济政策,……这些措施的实施,完成了中国经济重心由沿海转移到西南、西北内地的转变,在一定程度上为持久抗战提供了物质保障。

——胡德坤:《日本战争经济没有经受住武汉会战考验 注定其失败命运》,中国社会科学网,2018年10月17日

第五单元

人民解放战争

学术引领

一、全面内战的爆发及人民解放战争的进程

（一）全面内战爆发的原因

林志友在《从亨廷顿革命条件论看解放战争爆发之原因》（载《河南大学学报（社会科学版）》2005年第4期）一文中指出，抗日战争胜利后，国家的前途命运处于一个重新选择的十字路口。而抗日战争引发了深刻的社会变革，给中国现代化道路带来新的机遇。尤其是，中国的民主力量在成长、新的社会集团兴起，除了中国共产党坚持和平民主建国之外，还有各民主党派也积极要求召开政治协商会议，甚至被战争动员起来的社会各利益集团在战后也纷纷舆论议政、组织政党、干预国事，这都反映了人们的政治意识在增强。但是，国民党的一党政治体系显然违背了参政扩大化的历史趋势，最终，国民党同样用独裁战争的方式来解决正常冲突。简言之，是国民党一党专政的独裁统治将中国推向了内战的深渊。

（二）全面内战爆发前国共两党的关系

邓野在《论国共重庆谈判的政治性质》（载《近代史研究》2005年第1期）一文中认为，重庆谈判是中国共产党提出的联合政府口号在推进过程中遭遇的一次严重的政治挫折，重庆谈判的知名度与它的历史地位并不相符。因此，他认为，重庆谈判是国共围绕联合政府与一党训政的政治对立展开的若干次对抗中的一个回合。而本次回合又是在复杂的国际背景下，特别是美苏对华政策的影响下，取决于国共双方力量对比的一次较量。在这轮较量中，两党先是针对"联合政府"和"参加政府"的对立，后来升级为"解放区大会"与"国民大会"的对峙。在经历了蒋介石三次电邀毛泽东到重庆谈判的政治斗争和心理战术后，双方终于坐到谈判桌上。但此时，由于苏联承认国民政府是作为接收的合法政府，国共双方的力量对比发生戏剧性的转变。因此，重庆谈判的主题仍然是政权和武装问题，但共产党反而变为问题的对象，问题由国民党如何将其政权和武装改组为联合政府和联合统帅部，转换为中共如何将其政权和武装统一于国际公认的合法政府。重庆谈判也经历了激烈的争论、僵持和妥协，最终签订了《政府与中共代表会谈纪要》，即"双十协定"，这个文件也正如其标题，其实就是

会谈纪要而已,都是国共双方各自阐述不同意见,并不具有"协定"的性质。所以,作者认为,重庆谈判只是发生在战时和战后两个历史阶段交替之际,它处在一个承前启后的时间段,但却未起到承前启后的作用,它的知名度与历史地位不相称。

汪朝光在《战与和的变奏——重庆谈判至政协会议期间的中国时局演变》(载《近代史研究》2002年第1期)一文中指出,重庆谈判期间,国共双方未能解决军队和地盘的核心问题,所以谈判结束后军事冲突不断升级。军事行动的重点是华北地区以及交通线的控制。在军事冲突的过程中,双方也试图以和谈的方式解决,但皆因是否退出交通线、解放区接收和军队控制权等问题纠缠不清,造成和谈未果,反而加剧军事冲突。但最后受国内中间力量主和呼声,以及美苏等反战态度的影响,国共双方最终还是走向了和谈,即政治协商会议的召开。但国共双方的这种妥协,缺乏内在的动因,因此,决定了妥协只是一时的迂回,战争是必然的结果。

(三) 全面内战爆发前美苏对华政策

谢军在《抗战胜利前后美国对华政策对国共两党关系转折的影响》(载《黑龙江省社会主义学院学报》2005年第11期)一文中从史迪威、赫尔利、马歇尔三位美国特使的角度,分析了抗战胜利前后美国对华政策对国共两党关系的影响。第一,1944年7月,美国"迪克西使团"访问延安,对华实行"压蒋联共"政策。观察组到延安对中共进行考察,这等于美国同中国共产党建立起一种官方联系。美国出任中国战区参谋长、美军中将史迪威对蒋介石保存实力、消极抗战、积极反共极为不满,他要求蒋介石进行政治和军事改革,同中国共产党达成某种程度的合作,但遭到了蒋介石的坚决反对,由此加剧了美蒋之间的矛盾。同时出于军事的考虑,美国认为中国共产党领导的抗日力量不容忽视。更主要是出于政治的考虑,为制订战后对华政策、全面了解中国共产党情况,特别是中国共产党与苏联的关系。这从一定程度上可以看出美国不希望中国出现内战,而是希望国共和解。美国不断向蒋介石施加压力,要求他做出一定的民主化改革,与中国共产党组成一个联合政府。第二,1944年6月,美国派遣总统特使赫尔利来华,对华实行"扶蒋反共"政策。赫尔利明确指出,他到中国来的目的就是支持蒋介石任共和国总统和军队统帅,协调委员长与美军指挥官的关系,为打败日本统一所有中国军队。罗斯福也接受了赫尔利的建议,史迪威被美国另一位将军魏德迈替代,"史蒋冲突"得以平息。此事件让蒋介石摸清了美国的底线,美国无论如何也不会抛弃他。1945年4月2日,赫尔利在华盛顿举行的记者招待会上宣称:美国政府"全力支持蒋介石政府",而"不支持任何武装的政党和军阀"。这标志着美国"扶蒋反共"政策的正式确立。第三,1946年马歇尔替代赫尔利担任总统特使来华,马歇尔以调停的方式达到了政治上抑共的目的。美国对华政策的目的,是帮助国民党解除中国人民军队的武装。这标志着美国对华政策由赤裸裸的"扶蒋反共"转变为主要以政治手段抑共。美国的对华政策本身存在矛盾性,虽然在一定程度上延缓了国共两党的破裂,使内战推迟到战后近一年的时间才全面爆发,但在根本上一直推动着内战的爆发,是蒋介石顽固坚持穷兵黩武政策,肆意践踏和平的最主要外因,其最终结果必然是蒋介石用美国的大炮轰走了美国的鸽子。因而,在国共两党关系转折的过程中,美国扮演了一个极不光彩的"促发者"的角色,它所实行的对华政策注定了它要失去在中国的命运。

闫兴德在《试析抗战胜利前后苏联对华政策对国共两党关系转折的影响》(载《世纪桥》2009年第10期)一文中指出,全面内战爆发后,苏联虽然对国民党挑起内战、美国助蒋内战进行了一些揭露和谴责,但内战爆发前,苏联对国共两党的政策和态度却是摇摆不定,甚至很大程度上对国民党发动全面内战起到了推波助澜的作用。尤其是,苏联为了控制中国的东北而同美国进行的明争暗斗,加剧了中国紧张的局势,对国共合作的破裂起了催化剂的作用。在1945年中苏签订的《中苏友好同盟条约》中就做出了支持国民党、不给中国共产党任何帮助的承诺,这就解除了蒋介石的后顾之忧。因此蒋介石开始玩起了"假和谈、真内战"的两手把戏,三次电邀毛泽东到重庆商讨国事。1945年8月9日,苏联出兵东北,歼灭了盘踞在那里的日本关东军。苏联对日作战的胜利使东北成为一个暂时的、相对的"真空"。对于具有特殊战略地理位置和大批工业的东北,不仅国共两党急欲图之,美国也想以此作为控制中国的基地。因此,苏联在东北问题上采取了"制衡"政策。即一方面,表面上履行《中苏友好同盟条约》的规定,同意协助国民党接收东北,实际上却为国民党设置种种障碍,延缓其进入东北,限制其在东北的发展;另一方面,暗中支持中共进入东北,以此来牵制国民党,防止国民党独占东北,达到抵制美国势力进入东北的目的。

王永祥等在《美苏对华时局干预与政治协商会议召开关系初探》(载《中共党史研究》2000年第3期)一文中指出,从抗战后期美苏确立对华政策基本框架,到全面内战爆发前,论述了受美苏对华政策调整的影响,最终促成了政治协商会议的召开。当然,美苏所有对华政策的背后都是以各自利益为出发点的。抗战胜利前夕,美苏通过雅尔塔协定以及由此产生的《中苏条约》,初步确立了两国对华政策的基本框架:即双方在政治和军事上支持和援助国民党,帮助其实现中国政权和军队的统一;另外,也要求国民党进行民主化改革,接纳中国共产党和其他党派。国民党以主权换来了美苏的支持,在尚未做好战争准备的情况下,三次电邀毛泽东赴重庆谈判。美苏为了各自利益,皆不希望中国内战的发生。美国驻中国战区司令官魏德迈致电毛泽东,以赫尔利亲自飞赴延安迎接毛泽东为条件,极力调节国共两党之间的纷争。苏联一方,斯大林也两次致电毛泽东,表示"中国不能再打内战"。这样的局面使重庆谈判成为必然,而国民党在重庆谈判中的优势也显而易见。所以,在重庆谈判中,国共双方关于政治协商会议的问题达成初步协议。但此后,美苏分别从军事上支持国共两党,特别是在东北的争夺上,使国共军事冲突不断升级。美国担心国民党无力控制全国局势,苏联担心丧失《中苏条约》中的既得利益,美国改派马歇尔代替赫尔利到中国和平调停,苏联也停止对中国共产党的军事支持。由此,国共双方也重新审视局势的变化,面对不确定的国际因素,双方都认为政治协商会议召开的时机已成熟。

(四)人民解放战争中国共双方的战略

金冲及在《三大战略决战中的毛泽东和蒋介石》(载《党的文献》2013年第1期)一文中指出,毛泽东本不是军人出身,作为一个知识分子,从战争中学习战争,亲自投身战争实践,并在实践中总结经验教训,进行理论总结,遵循实事求是的原则。首先,毛泽东在正确分析客观形势的前提下,选择了进行战略决战的有利时机和战略决战的方向,并在决战过程中皆采用"奇袭"的作战方法,攻其不备,使对方在部署和心理上陷于混乱。其次,毛泽东统筹全局,将三大决战作为一个环环相扣的整体,相互接应,做好完整的部署。再次,毛泽东注重发动人民的力量，赢取人民对战争的支持，成为三大决战赢取胜利的坚强后盾。然后，毛泽东还注意听取一线将领的建议，并与其他军事指挥商讨作出决策，同时还给予前线"临机处置"的独立性。最后，毛泽东始终把军事同经济、政治、文化等诸多因素作为一个整体，综合起来考察，在此基础上作出判断和决策。相比之下，蒋介石虽是军人出身，但长于政治权术，军事指挥能力却未见高明。蒋介石在三大战略决战过程中既不知己，也不知彼，目光短浅，反复多变，被动应付，顾此失彼，自以为是，出了错只怪部下无能或没有执行他的指示，作者认为这是作为军事统帅的大忌，但蒋介石在战略决战中暴露无遗。

汪朝光在《全面内战初期国民党军事失利原因之辨析》（载《民国档案》2005年第1期）一文中指出，内战初期，国民党鉴于自身在军队数量、武器装备等方面的军事优势，不仅在抗战后国共关系问题上，弃和就武，而且在军事战略上也有很大的失误。国民党内部，以蒋介石为代表的主战派皆认为可以速战速决，所以未形成对战争的全盘战略部署和战术规划，视中国共产党为"流寇"，认为中国共产党只能居无定所或凭险顽抗。因此以控制交通要道和重要城市为中心，向四面辐射，企图将中国共产党分割包围。殊不知，中国当时的交通要道并未形成网络化，而中国共产党更没有固守某地，甚至放弃延安，导致国民党的以点带面的"围剿"计划破产，反而造成了兵力分散。内战之初，国民党在军事战术上也有诸多失误。其一，作战保守，主动性不够，尤惧夜战、近战和白刃战；其二，协同不好，各战场之间、各战场内部、军与军、师与师之间，少有协同配合的成功范例；其三，国民党军派系复杂，又掺杂着各种不同的人脉关系，加剧了协同作战之不易；其四，指挥和情报能力低下，对战略战术的理解近于教条与机械。以上就是全面内战初期国民党军事失利的原因。

二、国民党南京政权覆亡的原因

刘芳在《国民党大陆失败原因及历史启示》（载《人民论坛》2016第8期）一文中指出，导致国民党在大陆失败的最关键、最核心的原因恰恰是国民党自身出了问题。蒋介石总结道：国民党在大陆的失败，完全是国民党组织瓦解、纪纲废弛导致的。第一，国民党信仰与理论危机，失去执政的精神支撑。三民主义信仰危机，难以聚力，党员背弃。国民党在全国建立形式上统一的政权后，部分党员已经失去了革命的理想、信念，沦为官僚政客，陷入了派系斗争或争权夺利的漩涡，失去了革命性。信仰的严重危机还导致其难以吸引社会精英人士加入阵营。第二，国民党执政理论的发展与创新不足，失去了生命力。孙中山逝世之后，国民党对三民主义没有普遍化宣传，没有把主义深入到民众中。负责党务的干部同志，还未必能把主义等完全搞明白，更没有人进行理论阐发和政策研究了。没有创新的理论就无法担负起凝聚党员，引领民众的重任。第三，国民党缺乏能力素质过硬的党员队伍，失去执政的人才保证。国民党把党员征收视如儿戏，党员队伍素质低下。1939年，蒋介石训令全国各机关公务人员于一个月内一律加入国民党，届期如无党籍者，有官者免官，有职者免职。1940年春，李宗仁在湖北老河口举行集体入党仪式，一次就吸收了1万多名军官士兵入党，不加甄选，信仰有无不问，质量优劣不顾，必然导致党员数量迅速膨胀而质量良莠不齐。第四，在党务方面，国民党对其党员队伍的自身建设关注、投入不够。国民党内存在轻党务而重政治军事的传统与倾向，党员不愿意去做党务工作，致使其政策得不到宣传和执行。即使是国民党省党部的高级官员由于自身能力素质不足，也不能胜任指导政府、领导党员、领导民众执行国民党政策的任务，更不要说县党部的负责人，他们多是浅薄无能之辈。这样，党没有灵魂，只有个人自由而没有集体意志，只有挂名党员，而无忠实干部。第五，国民党组织涣散，缺乏内聚力和渗透力。国民党组织涣散，内部的派系纷争长期持续，使其陷入持久强韧的内耗之中，组织生命力衰竭。孙中山逝世后，国民党内部的分裂与派系斗争日益明显。蒋介石用传统政治权术驾驭派系的做法，不仅不能达到应有的团结、统一，反而使其自身严重内耗，加速了其败亡。第六，中央党员与党务脱节，地方基层组织空虚。在中央，中央执行委员地位相当，谁也不专力于党务，相互推诿，不负责任。党的基层组织呈现"空、穷、弱、散"的状况，使国民党的政策在地方推行困难，在平息地方社会矛盾的时候，很难通过党的宣传、组织方式予以缓解，只能求助于军队、警察和特务等暴力机构予以压制，激起民众的对抗情绪。第七，国民党贪污腐败，执政道德败坏，失去民心。北伐成功以后，国民党马上开始腐化。一是政治腐败，以公共权力谋取个人利益，二是经济腐败。蒋介石的专制独裁，国民党官僚作风，造成了国民党与民众的尖锐对立，党员离心。国民党内部不少有正义感、有追求的党员已是"身在曹营心在汉"。国民党经济上腐败的丑态在抗战胜利后接收的过程中暴露无遗。国民党员把为国家"接收"变成了为个人"劫收"，于是国家只接收了一些物资，却失掉了无限人心。从根本上说，国民政府在政治上败坏，导致经济崩溃、军事失利，无不是国民党自身腐败无能的结果。

三、中国共产党领导人民取得新民主主义革命胜利的原因和意义

（一）共产党赢得解放战争胜利的原因

1. 人民的伟大力量

马也在《历史是人民创造的——王树增〈解放战争〉一书记述的往事》（载《党的文献》2010年第4期）一文中整理了王树增书中关于国民党为什么失败的原因，共产党最终战胜国民党，人民解放军最终战胜国民党军，取得中国革命的最后胜利的原因，其中人民群众的意志、智慧和力量具有决定性意义。作者从不同人的视角看到了人民力量的伟大，例如：从马歇尔的视角来看，在他到延安调停期间，在延安听到最多的词就是"人民"。一位外国记者曾报道，他看到在陈毅、粟裕攻击峰县的战斗中，人民不惜一切代价支持共产党军队的场景，总结出人民的力量是"推翻了正统军事公式的因素"，是"军事公式里巨大的未知数"。同时，还有国民党将领杜聿明的亲身体会。杜聿明到达徐州后，发现附近百姓提供的信息不准，使国民党军队的电台失去了作用，让他认识到"遭遇百姓抛弃的境遇极其危险"。

刘信君在《人民选择了共产党——解放战争时期民众反蒋拥共心态研究》（载《社会科学战线》2001年6期）一文中运用心态史学、比较史学的理论，对解放战争时期民众反蒋拥共心态产生的思想基础、发展状况及重要影响作剖析，以揭示出共产党胜利、国民党覆灭的历史必然性。他认为：长期积淀的民族主义情感是民众反蒋拥共的思想基础；对和平的强烈愿望是民众反蒋拥共的心理反应；人类本能的生存需要是民众反蒋拥共的最根本原因。解放战争时期国民党实行的勾结敌伪，献媚美国，镇压民主，发动内战，巧取豪夺，鱼肉百姓的内

外政策,是逆历史潮流而动的,是不得人心的。共产党实行的力争国家主权,维护民族尊严,坚持和平民主,反对独裁内战,与民休养生息,分给农民土地,发展多种经济的政策,代表了最广大群众的利益,从而得到了民众的广泛支持。因此说,共产党取得天下,是老百姓拥戴的结果。民众反蒋拥共的心态变化,影响了国共两党失败与成功的不同结局。因为它符合人们心理发展的一般定律,也符合"失人心者失天下,得人心者得天下"这一最基本的社会发展规律。

2. 解放战争时期共产党的土地改革

董长贵在《解放战争时期国共两党土地政策及其对全局的影响》(载《中共党史研究》2007年第6期)一文中谈到,解放战争时期,中国共产党解决农民土地问题,经历了一个由渐进到急进的过程,大致经过三个阶段。第一阶段,抗战胜利之初,中共中央着重解决抗日大反攻中新解放地区的农民问题。1945年11月7日,中共中央发出指示:"务使整个解放区,特别是广大的新解放区,在最近几个月(冬春两季)发动一次大的减租运动,普遍地实行减租,借以发动大多数农民群众的革命热情。"[①]第二阶段,在内战爆发前夕的1946年5月4日,中共中央发出《关于土地问题的指示》(即著名的《五四指示》),决定满足群众在反奸、清算、减租、减息、退租、退息等斗争中,从地主手中获得土地的强烈要求,并将之提高到战胜国民党、建立新中国的战略高度。遵照《五四指示》,各个解放区开展了土地改革运动。到1947年春天,整个解放区约2/3的地区解决了土地问题,实现了耕者有其田。这极大地提高和调动了广大农民的政治觉悟和生产积极性,激发了他们支援革命战争的热情。第三阶段,1947年9月13日,中共中央工作委员会主持召开的全国土地工作会议制定了《中国土地法大纲》(10月10日中共中央公布实施),决定从根本上改变封建土地所有制,进行彻底的土地改革运动。

3. 人民民主统一战线的作用

鞠连和在《论解放战争时期中共统一战线政策策略运用的历史作用》(载《东北师范大学学报》(哲学社会科学版)1996年第4期)一文中指出,解放战争时期中共统一战线政策策略的运用彻底孤立了独裁内战的国民党反动派,统一战线在解放战争实践中具体策略有四:一是利用国共谈判的机会配合军事斗争,为保卫和扩大解放区的自卫战争赢得政治上的主动权;二是争取中间势力大多数,通过与各在野党建立反内战独裁的统一战线,致使国民党政治上陷于孤立而破产;三是开辟国统区以青年学生为先锋的包括各阶级、各阶层反对美蒋反动派的第二条战线,加速中国革命胜利的进程;四是利用农村土地改革团结90%以上的农民,有力支援人民解放战争。

4. 共产党的人民军队建设

韩洪泉在《解放战争时期毛泽东军事思想与人民军队建设的双重发展》(载《新四军研究》第七辑,76—85页,上海:上海人民出版社,2015)一文中指出,人民军队建设的成功经验,是毛泽东思想发展的实践基础;毛泽东军事思想的创新发展,是军队建设全面跃升的理论。而这一理论和实践的结合,推动了解放战争的胜利进程。解放战争时期毛泽东军事思想发展的重要标志就是十大军事原则的提出,十大军事原则表明毛泽东对于作战指导原则的确立达到了前所未有的高度。此时期,毛泽东军事思想运用马克思主义的历史唯物主义

[①] 《毛泽东选集》第4卷,人民出版社,1991年第1172页。

的观点,阐述了人民解放战争具有爱国性和正义性,胜利是必然的。关于人民军队建设方面,提出军队要以全心全意为人民服务为宗旨,坚持党对军队的绝对领导,在军队的政治工作中贯彻群众路线等。在人民战争方面,提出把正规战和游击战结合起来,使两种不同层次的武装斗争浑然一体,既有大范围的外线游击战与内线正规作战以及内线游击战和外线运动战之间战略的配合,又有战役和战术性配合。在人民战争的战略战术思想方面,创造性地提出"战略上藐视敌人,战术上重视敌人"的战略思想。文章还介绍了解放战争时期,人民解放军在贯彻一面打仗、一面建设和以战养战、以战交战的方针的同时,还全面加强部队的军事、政治、后勤建设的内容,从而推进了军队现代化、正规化建设。

5. 解放战争时期共产党的舆论宣传

古琳晖、陈志勇在《解放战争时期我军对敌舆论宣传述论》(载《南京政治学院学报》2006年第1期)一文中指出,对敌开展舆论宣传和政治攻势是我军的优良传统,解放战争时期,对敌舆论宣传集中表现在揭露蒋介石集团内战独裁卖国政策等罪行,分析我军的有利形势和敌军的不利形势,挑明国民党军队内部存在的各种矛盾,宣传我军政治主张及对待起义投诚人员的政策。为加强对敌舆论宣传的效果,创造并运用多种灵活的对敌宣传手段,如阵前喊话、电台广播宣传、投送传单和刷贴标语等宣传形式。对敌舆论宣传削弱和瓦解敌军士气,加速了解放战争的胜利进程。

(二)国际因素对内战结局的影响

曲升在《冷战初期美国对华政策的形成,1947—1950》(山东师范大学硕士论文,2000年)一文中指出,在冷战背景下,打着反苏反共的旗号,美国国会于1948年通过了"援华法案"。而对华援助与对欧援助是紧密联系的,两者会形成连带反应。随着中国内战形势的变化,国民党节节败退,美国国会内部出现了坚持继续援助中国的"中国帮"和反援华法案的对立。而且,由于此时社会主义阵营内部的矛盾,南斯拉夫公然反对苏联,中国国内,共产党军事上不断占据优势,让美国重新制定了针对苏联和中国的"楔子"战略,试图拉拢中国共产党,减少对国民党的援助。

(三)新民主主义革命胜利的原因

中共中央党史研究室在《中国共产党的九十年》(350—352页,北京:中共党史出版社,2016)一书中指出,中国共产党在领导人民革命的过程中,积累了丰富的经验,锻造出了有效的克敌制胜的武器。毛泽东指出:"统一战线,武装斗争,党的建设,是中国共产党在中国革命中战胜敌人的三个法宝,三个主要的法宝。"

第一,建立广泛的统一战线。由于中国人民受到帝国主义、封建主义和官僚资本主义的严重压迫,在中国建立革命统一战线的群众基础是十分广泛的。建立广泛的统一战线,是坚持和发展革命的政治基础。统一战线中存在着两个联盟:一个是工人阶级同农民和其他劳动人民的联盟,主要是工农联盟;一个是工人阶级同民族资产阶级和其他可以合作的非劳动人民的联盟,主要是同民族资产阶级的联盟,有时还包括与一部分大资产阶级的暂时的联盟。前者是基本的、主要的;后者是辅助的、同时又是重要的。必须坚决依靠第一个联盟,建立和扩大第二个联盟。巩固和扩大统一战线的关键,是坚持工人阶级及其政党的领导权。

为此,必须率领同盟者向共同的敌人作坚决的斗争并取得胜利;必须对被领导者给以物质福利,至少不损害其利益,同时对被领导者给以政治教育;必须对同工人阶级争夺领导权的资产阶级采取又联合、又斗争的政策。

第二,坚持革命的武装斗争。由于中国没有资产阶级民主,反动统治阶级凭借武装力量对人民实行独裁恐怖统治,中国人民的革命只能以长期的武装斗争作为主要形式。离开了武装斗争,就没有共产党的地位,就不能完成任何革命任务。中国的武装斗争实质上是工人阶级领导的农民战争。中国共产党必须深入农村,发动和武装农民,在农村建立革命根据地,以农村包围城市,才能逐步地争取革命的胜利。为了坚持和发展中国革命,必须建立一支在工人阶级政党绝对领导下的、具有严格纪律的、同人民群众保持亲密联系的新型人民军队。没有一支人民的军队,便没有人民的一切。这支军队必须实行一系列具有中国特点的人民战争的战略战术。

第三,加强共产党自身的建设。在工人阶级人数很少而战斗力很强,农民和其他小资产阶级占人口大多数的中国,建设一个工人阶级先锋队的党,是极其艰巨的任务。毛泽东建党学说成功地解决了这个难题。中国共产党的建设,是紧紧围绕党的政治路线进行的,注重在端正思想路线的基础上,制定和贯彻执行党的正确的政治路线。中国共产党首先着重党的思想建设,尤其是理论建设,要求党员认真学习和运用马克思主义的立场、观点、方法,解决实践中遇到的问题,努力用工人阶级思想克服资产阶级、小资产阶级思想,解决思想上入党的问题;坚持一切从实际出发、实事求是的思想路线;培育和发扬理论联系实际、密切联系群众、批评和自我批评的作风;在党内斗争中实行"惩前毖后,治病救人"的方针,并创造了整风等新的形式,在全党通过批评与自我批评进行马克思主义思想教育。

(四)新民主主义革命胜利的意义

韦素玲等在《略论新民主主义革命胜利对中国现代化进程的意义》(载《社会科学家》1999年第6期)一文中认为,新民主主义革命的胜利开启了中国现代化进程的新篇章。第一,这一胜利为中国现代化进程的深化与发展,提供了必要的前提。作者认为,现代化进程的必备前提就是:在现代化取得本土化、独立自主的全面发展之前,首先要建立一个强有力的、高效廉能的、能实现国家统一和确保社会安定的、有力量重新集中和配置全社会资源去促进现代化发展的全新国家政权。作者分析了新民主主义革命的胜利与以往传统中国社会的改朝换代不同,以共产党为核心的新政权具有现代化的导向。第二,新民主主义革命的胜利,有效地清除了大多数严重阻碍中国现代化发展的障碍,即推翻了帝国主义、封建主义和官僚资本主义这横亘在中国走向现代化之路上的"三座大山"。帝国主义的侵略虽然冲破了"中国高水平的均衡网"的束缚,使中国的现代化进程得以启动;封建主义的主要代表地主(豪绅)阶级在现代化的潮流之下,既显露了其极端的反动、腐朽和落后性,又在其内部发生了剧烈的分化和变动。官僚资本主义长期掌控着国家机器,形成了一种以军事实力为后盾、高踞于社会之上并完全操控整个国家的强权机制,对中国现代化进程妨害极大。第三,新民主主义革命的胜利为中国现代化进程提供了最广阔的发展前景。因为这场革命是从中国的过去继承下来的特定条件和经验的产生;中国内地农村发育成熟起来的新民主主义革命的胜利,实际上就是以中国式的共产主义(马列主义)现代化发展新范式去推动中国现代化进程努力的胜利;新民主主义革命的胜利,使中国共产党成为中国的领导党、执政党,这为中国现代化进程的深化发展,提供了坚强有力的领导核心;中国共产党领导的新民主主义革命具有鲜明的现代化导向,它满足了当时中国现代化进程深化发展的要求,又顺应了中国人对实现现代化的强烈渴求。

四、中国近代史研究中的革命史范式与现代化范式关系

左玉河在《中国近代史研究的范式之争与超越之路》(载《史学月刊》2014年6期)一文中对中国近代史研究中的革命史范式与现代化范式关系进行了全面的介绍与研究。

根据左玉河的归纳,学术界关于新旧范式的关系主要有三种意见,一是以现代化范式取代革命史范式,即"取代派";二是用一种范式包纳另一种范式,即"相容派";三是提倡两种范式共存并立,认为不仅应当并存,而且应该倡导史学范式的多元并存,即"并存派"。

主张以现代化范式取代革命史范式的学者认为,新旧范式对近代历史的认识存在着根本分歧,依据库恩"范式转换"理论,现代化范式取代革命史范式成为主流范式,是中国近代史研究的发展趋势。这种观点集中体现在冯林主编的《重新认识百年中国》中。该书明确提出了新旧范式的"替代"关系,认为新范式与旧范式的最大不同在于它主要是从现代化角度来看待中国近代史,而不是把中国近代史视为仅仅是一场革命史。

在反对新旧范式的替代论的基础上,很多学者主张两种范式之包容。无论是革命史范式论者,还是现代化范式论者均有这种主张。一是革命史范式论者提出,在"革命史范式"主导下,兼采"现代化范式"视角,注意从现代化理论的角度,更多关注社会经济的发展、更多关注社会变迁及其对于革命进程的反作用,就可以完善"革命史范式"的某些不足。

在左玉河看来,主张新旧范式"取代"论者在学界属于少数。即便是那些坚持现代化范式的学者也并不主张新旧范式取代,而更多的是主张新旧范式并存。多数学者尽管看到了新旧范式"转换"的可能,但并不认为它已经变成了替代现实。新旧范式的转换在中国近代史研究领域还没有成为事实。周东华指出:一方面,近代史研究的确出现所谓的"范式转换",即在旧范式之外出现"现代化"新范式;另一方面,新旧范式目前是并存关系,还谈不上"范式代替"的问题。

左玉河指出,坚持革命史范式者对少数主张范式"替代"者给予严厉批评。作为革命史范式的创建者和维护者,胡绳和刘大年尽管不反对从现代化视角重新认识近代中国,但并不主张以现代化范式取代革命史范式。坚持革命史范式的学者坚决反对用现代化范式"取代"革命史范式。张海鹏指出:中国近代史作为20世纪中国历史学的一个重要分支学科,是中国近代社会转型和学术转型的产物。在几代学者探索、争鸣的基础上,确立了以半殖民地半封建社会大约110年的中国历史作为中国近代史学科的研究对象。这种认识,是在马克思主义基本原理指导下得出的,是以对近代中国的社会经济形态与近代中国的社会性质的考察为出发点的,是符合近代中国历史进程的科学的学科体系。运用现代化理论研究近代中国的历史,具有一定的积极意义,但简单地以现代化范式替代革命史范式,未必是正确的思考方向。

张海鹏从两个方面作了具体阐述。第一,以现代化范式代替革命史范式,重新审视中国

近代史,与人们通常熟知的中国近代史知识完全相反,且其真实性值得怀疑,"不能认为是正确的替代";第二,现代化范式对革命史范式的否定并不符合事实,并且这样的"替代"后果很严重:"以现代化为主题来叙述历史,近代中国的历史主题不再是反帝反封建了,而是现代化了,不要再去讲什么阶级斗争了,不要再去讲什么革命甚至改革了,当然也不再去讲帝国主义侵略和人民的反侵略了。在这种视角下,近代中国的地主阶级和农民阶级不见了,资产阶级和无产阶级不见了,皇帝和官僚不见了,打倒列强不见了,革命也告别了,让慈禧太后去搞她的现代化,让慈禧太后、李鸿章去走向共和,什么旧民主主义革命、新民主主义革命,都可以变得子虚乌有了。总之,在现代化范式下,我们所了解的近代中国,中外史家基本上认同的以革命为基调的中国,面目全非了。"张海鹏主张以革命史范式为主导,兼采现代化范式的视角:近代中国的时代基调是革命,中国近代史上的政治、经济、军事、文化思想、社会变迁,以及中外关系的处理,区域发展,少数民族问题,阶级斗争的状况,无不或多或少与革命的进程相联系。中国近代史学科体系只能在'革命史范式'主导下,兼采'现代化范式'的视角,更多关注社会经济的发展与变迁及其对于革命进程的作用,使'革命史范式'臻于完善,这是我们今天需要努力的。显然,在革命史范式论者看来,用现代化范式替代革命史范式,其结果是对近代中国历史进程的基本面貌的解释,与人们通常熟知的中国近代史知识完全相反,因此不能认为是正确的替代。

左玉河认为,在反对新旧范式的替代论的基础上,很多学者主张两种范式之包容。无论是革命史范式论者,还是现代化范式论者均有这种主张。一是革命史范式论者提出,在"革命史范式"主导下,兼采"现代化范式"视角,注意从现代化理论的角度,更多关注社会经济的发展、更多关注社会变迁及其对于革命进程的反作用,就可以完善"革命史范式"的某些不足。如前所叙,张海鹏提出的"主导"与"兼采"说。所谓革命史范式主导,主要指中国近代史应该抓住革命这个近代的时代基调,这是中国近代史的基本线索。从革命的视野审视中国近代史上的政治、军事、文化思想、阶级斗争、社会变迁以及中外关系的处理、区域发展、少数民族问题等。但革命史范式可能对社会经济发展、社会变迁注意不够,故应该兼采现代化范式的视角,即注意从现代化理论的角度,更多关注社会经济的发展、更多关注社会变迁及其对于革命进程的反作用,完善革命史范式的不足。之所以是革命史范式主导,是因为这110多年的历史确是充满了革命、夺权、反抗、斗争这个基调,它制约了现代化的进程,而不是现代化的进程带动了革命。二是一些"现代化范式"论者提出,将"革命史范式"包纳到"现代化范式"的解释系统之中。有学者就指出,运用现代化理论研究近代中国历史,具有开创性意义,但简单地以"革命史取向"拒斥"现代化取向",未必是正确的思考方向。近代中国的时代基调是现代化,中国近代史上的政治、经济、军事、文化思想、社会变迁,以及中外关系的处理,区域发展,少数民族问题,阶级斗争的状况,无不或多或少与现代化的进程相联系。中国近代史学科体系只能在"现代化取向"主导下,兼采"革命史取向"的视角,更多关注阶级斗争的发展与变迁及其对于现代化进程的作用,使"现代化取向"臻于完善,这是我们今天需要努力的。

在一些"现代化取向"的学者看来,现代化并不排斥革命,但革命显然不能涵盖现代化的全过程。现代化研究的理论意义和学术价值在于:它拓宽了史学家的视野与史学研究领域,并且将社会学、经济学等学科的研究方法与成果融入史学,进一步实现了历史学的社会科学化和跨学科的研究,有利于对纷繁复杂的历史过程、历史现象进行多方位、多角度的思考。还有一些学者指出:用现代化范式考察鸦片战争以来的历史进程,不仅包纳了百年的反帝反封建的革命斗争,而且涵盖了像戊戌变法这样的改革运动和其他众多的社会变迁,这就比革命史范式广泛得多,也比较接近历史的真实。既然现代化范式是对革命史范式的超越,其解释力比革命史更有效,更符合历史事实,那么它完全可以包容革命史范式。虞和平指出:如果就完整意义上的现代化而言,反帝反封建的改革和革命应该包含在现代化进程之中。这是因为,反帝是为了争取国家独立、建立平等的国际关系,以便合理地利用国外资源;反封建是为了争取民主、建立政府与社会的良性互动关系,更好地进行现代化的社会动员。所以,反帝反封建的改革和革命既是现代化的一个组成部分和一种重要动力,也为现代化建设解决制度、道路问题,并扫除障碍。问题的关键是如何分析改革和革命的现代化意义。

对于研究取向上的这种争论,左玉河提出了自己的看法。左玉河指出,主张新旧两种范式相互包容的学者,旨在调和两种范式的矛盾与冲突。但客观的事实是:虽然两种范式都不排斥对方,但也都只把对方作为自身理论体系的一个组成部分,试图用己方模式包纳对方模式。这样的争论虽然已经进行了多年,事实上不大可能说服对方而达成共识。实际上,两种范式在中国近代史研究中既难以"兼采",又难以"包容"。根本原因就在于两种范式之间存在着根本性的理论分歧。康华对"革命史范式"和"现代化范式"分析后指出,两种范式存在着四个方面的根本分歧,决定了两者很难"相容"。第一,对中国近代史所处社会形态的认识存在分歧。革命史范式主张的五种社会形态的社会历史观与现代化范式主张的三种社会形态的社会历史观不同,这不仅导致了对社会形态划分上的差异,而且也对人类社会历史规律产生了不同看法。第二,对人类社会发展动力的认识存在分歧。革命史范式认为先进阶级运用暴力手段推翻反动阶级的统治,用先进的社会制度代替腐朽的社会制度,通过社会革命破坏旧的生产关系,建立新的生产关系,直接解放生产力,从而推动社会的发展和进步;现代化范式强调生产力的作用,要求追溯动力背后的动因,最终从生产力的角度给以解释。第三,对中国近代社会主要矛盾的认识存在分歧。革命史范式认为帝国主义和中华民族的矛盾、封建主义和人民大众的矛盾是中国近代社会的两大主要矛盾,中国革命的主要任务就是反帝反封建;现代化范式认为中国现代化过程集中表现为三种主要矛盾,即帝国主义与中华民族的矛盾、专制主义与民主主义的矛盾、计划经济与市场经济的矛盾。第四,对中国近代史发展主要线索的认识存在分歧。革命史范式将中国近代史基本线索归纳为"两个过程"(即帝国主义和封建主义相结合把中国变为半殖民地的过程,与中国人民反抗帝国主义及其走狗的过程)"三大高潮"(指太平天国运动、义和团运动和辛亥革命);现代化范式将中国近代史基本线索概括为"四个趋势":衰败化、半边缘化(半殖民地化)、革命化、现代化。

左玉河强调,从这四个方面可以清楚地看出,两种范式在认识中国近代史的出发点、侧重点及研究视角等方面确实存在着根本分歧。正因如此,两种范式对中国近代史重大事件和重要人物的评价标准不同,其得出的结论也迥然不同。如对洋务运动,革命史范式认为它是崇洋媚外、加速中国陷入殖民地化的运动,但现代化范式却认为它是中国现代化的开端;如对戊戌变法,革命史范式视其为不彻底的资产阶级改良运动,现代化范式则认为它不愧为中国实现政治现代化的先躯;如对义和团运动,革命史范式肯定其反帝爱国性质,但现代化范式则认为它"貌似爱国,实属误国、祸国",是不值得肯定的;如对辛亥革命,革命史范式认为它是一场失败的资产阶级革命运动,但现代化范式认为它是中国真正意义上实现政治现代化的开端,肯定其历史功绩。此外,对中国近代史上的重要人物如曾国藩、李鸿章、袁世凯等,革命史范式斥之为镇压农民起义的刽子手、扼杀革命运动的元凶及出卖国家主权的卖国贼,但现代化范式则对其在洋务运动、清末新政中促进现代化的举措给予充分肯定。

左玉河认为,既然革命史范式和现代化范式不可替代更换,也很难相容兼采,那么可行的办法就是共存并立,以宽容的态度对待两种范式。参加范式之争的多数学者表达了这种意愿。有些坚持革命史范式的学者表示,中国近代半殖民地半封建社会在广义上隶属于世界资本主义范畴,如果将近百年的中国社会放在世界范围内从传统社会向现代社会转型的国际大背景下加以考察,说中国近百年历史其实是一场现代化史,也未尝不可;自己所反对的,是以现代化作为更主要的视角来建构近代史研究新范式的理论框架,将现代化视为近代中国历史发展的主要趋势。

董正华指出,革命史范式的问题不在其坚持书写革命的历史,而是自定为"唯一的解释模式",将其他历史诠释、史学论著统统排斥在"正统"之外,"以革命的名义"将他们打入另册。无论现代化范式还是革命史范式,都是有待进一步研究检验的理论假设。罗荣渠主张以"现代化"补救取代"革命化",走出"革命范式的危机",故强调:以现代化为中心来研究中国近现代史,不同于以革命为中心来研究中国近现代史,必须重新建立一个包括革命在内而不是排斥革命的新的综合分析框架,必须以现代生产力、经济发展、政治民主、社会进步、国际性整合等综合标志对近一个半世纪的中国大变革给予新的客观历史定位,而不是从根本上替代革命史范式。

持现代化范式的学者反复强调,应该承认不同"范式"长期共存的正当性,明确表示现代化范式不可能取代其他史学范式而定于一尊。有人指出,近代史研究的"范式转换"绝不是"范式代替",目前的中国近代史研究正处于"新旧范式"并存发展的时期,说"新范式代替了旧范式",完全是言过其实的臆想。旧范式虽不能全盘称为"僵化模式",但关于"近代中国近百年历史的基本矛盾、基本内容和基本线索的认定"也未必都符合历史的真实;新范式的出现,的确"泼掉了污水",但并没有"倒掉孩子"——争取民族独立、争取社会进步这两大主题都被保留下来。

虞和平并不赞成极端的替代说,而是主张多种范式并立。他指出:大多数用现代化范式研究中国现代化史的学者,无意于以此代替革命史范式,代替整个近代史,只是把现代化史作为近代史的一个方面,或一个范围较宽并跨越近代时限的专门史来研究的;其所包含的近代反帝反封建的改革和革命的内容,并不是包含革命史范式和整个革命史,而主要是从中国近代的历史事实出发,认为这些改革和革命是近代中国现代化如何进展的前提条件,于是也就成了近代中国争取现代化的应有之义,从而也有别于西方的现代化理论。

夏明方对两种范式之争作了这样的判断:就主流和本质而言,革命史范式和现代化范式之争其实是不同的现代化道路之争,现代化范式所批判的只是教条主义化的革命史范式,而革命史范式所欲纠正的也是教条主义化的现代化范式;从两种范式新近的成果之中,还可看到一种革命史范式和现代化范式的融合与统一之势。正因为看到了范式争论的积极意义,多数学者赞同创造宽松、自由的学术环境,以宽容、开放的态度对待范式之争。因此,范式应该是多元化的,尽量不要以一种范式代替另外一种范式,以一种范式独霸天下,而应该多元并存,相互竞争,进行合理的学理探讨。

教学设计

设计一：从民众反蒋心态看国民党覆亡

设计意图

国民党南京政权在抗战胜利后是"众望所归",但全面内战爆发后,又逐渐陷入"众叛亲离"的境地,因此国民党覆亡的原因就成为一个重要的探讨话题。本设计打破传统的从革命史范式的角度分析国民党覆亡的原因,试图以民众心理变化为线索,从民族情感、对和平的期盼、人生存本能的需求三个方面揭示国民党是如何将自己埋葬的。史料呈现仍然是国民党南京政权腐败的表现、优待日本战俘的政策等,但引导学生从民众是如何看待国民党种种劣迹的角度解释史料,从而真正理解"失民心者失天下"。同时也让学生感知到历史的平实和真实,培养辩证地分析问题的意识。

设计方案

新课导入： 虽然经过了十四年抗战的磨练和积蓄,共产党的军事力量已经今非昔比,但无论是从军队的数量还是从装备上与国民党的军事实力还是相差悬殊。而且,在抗日战争胜利后,国民党以及蒋介石的威望在民众心中是很高的,蒋介石是国家与正统的化身,老百姓把他当作神一样顶礼膜拜。当蒋介石进入南京、上海、沈阳等地的时候,等待他的是狂呼"蒋委员长万岁"的人潮；当国民党军队刚进上海时,市民也是张灯结彩、夹道欢迎。民众那种"想中央,盼中央"的愿望是非常迫切的。但为什么在短短三年的时间里,共产党以弱胜强赢得了解放战争的胜利呢？国民党究竟是如何一步步失去民心,让民众很快投入到反蒋拥共的阵营中呢？这要从抗战胜利后接收日本沦陷区开始说起。

材料呈现：

材料一 1945年8月11日,蒋介石致电第十八集团军总司令朱德、副司令彭德怀,要求"各部队勿再擅自行动",收复失地；命令沦陷区伪军"切实负责,维持治安……非经蒋委员长许可,不得擅自迁移驻地,或受任何部队收编"。

——刘信君：《人民选择了共产党——解放战争时期民众反蒋拥共心态研究》,载《社会科学战线》2001年6期

材料二 当日本宣布投降之日,第十八集团军总司令朱德,即于延安擅以中国人民解放军总司令名义,于十二小时内,发布七道作战命令,指示各地匪军,全面暴动。当时奸匪所部奉命后之实际叛乱行动,概要如左：

一、匪林彪、吕正操、张学诗、李运昌、万毅等率匪众约八万人,并纠集韩共军,分由山西、绥远、山东、河北、察哈尔、热河等地,齐向东北急窜,以配合俄寇进入中国境内之行动。

……

十、匪另由苏北、山东、华北及晋绥一带抽调大批各级徒手匪干,从各方面偷运东北,准备利用东北人力,及俄寇所缴日本关东军武器,扩编新军。

——《戡乱战史》,见王树增《解放战争(1945.8—1948.9)》(上),50、51页,北京:人民文学出版社,2009

教师设问:结合材料一、二,分析在抗战即将胜利之时,国民党采取了哪些政策?(参考答案:首先,利用敌伪力量,占领大中城市,防止共产党接收日本沦陷区;其次,从对共产党及其军队的称呼来看,即将与共产党由合作走向分裂。)

教师讲述:在这段国民党的军战史中,使用最频繁的词就是"匪"。国民党为了防止共产党领导的抗日武装接收日本沦陷区,不惜利用敌伪力量,反而把共产党的抗日武装称为"匪",把他们的行动称为"叛乱"。如果把共产党抗日武装违背蒋介石命令进入沦陷区的行动称为"叛乱"的话,那国民党的下列行为又将怎样定义呢?

材料呈现:

材料三 那些在战争中投靠日军的伪政府人员和伪军将领,倒被蒋介石列入了受降的中方人员名单:伪行政院副院长周佛海被委任为上海行动总队总指挥,伪海军部部长任援道被委任为南京先遣军司令,伪华北绥靖军总司令门致中被委任为北平绥靖司令。同时,蒋介石还把几十万伪军收编为国军,那些昨天还跟随日军与中国军队作战的伪"军长"们,一夜之间便换了军服成为国军军长。更奇怪的是,华北和华东地区的日军,除被共产党武装缴械者外,二十六万日军反而开始"收复失地"——国民党军陆军总司令何应钦的命令是:"如果各地为股匪占领,日军应负责任,并由日军将其收回。"

——王树增:《解放战争(1945.8—1948.9)》(上),52页,北京:人民文学出版社,2009

材料四 降服以来,我还能继续在官舍生活,并有专用汽车。三餐中有一餐是面包,自昨日起面包不好买,但其他食品,仍由炊事员去市场购买单做,一切没有变化。

——[日]稻叶正夫:《冈村宁次回忆录》,天津市政协编译委员会译,74页,北京:中华书局,1981

教师设问:从材料三、四来看,在接收沦陷区的过程中,国民党采取了哪些政策?(参考答案:重用日伪人员、优待日本战俘、阻拦共产党接收沦陷区。)

教师讲述:蒋介石这些不顾民众的民族主义情感,奉行勾结敌伪、出卖国家利益的政策,极大地伤害了中华民族的民族主义情感。面临日本的侵华战争,民族危机步步加深,中国人民的民族主义情感如火山一样迸发出来,达到了空前的高涨,全民投入到了伟大的抗日救亡运动之中。正是依靠这种民族主义思想的勃兴,国共两党携手抗日,才打败了日本帝国主义。争取民族独立的情感就是民心所向,而蒋介石的所作所为极大地伤害了中华民族的民族情感,将自己推向了人民的对立面。

材料呈现:

材料五 胜利到来的当时,我们喘一口气,情不自禁的在心头描画着三五年后可能实现的一个小康时代。……但是胜利的欢呼闪电似的过去了,接着是一阵阵闷雷响着。这个变化太快了,幻灭得太快了。

——朱乔森编：《朱自清全集》第三卷，115页，南京：江苏教育出版社，1996

教师设问：这是著名作家朱自清在1946年写的，他的这段描述反映了当时国内人民最迫切的愿望是什么呢？（参考答案：国内人民在经历了常年的战乱之后，对和平和未来美好生活的期许。）在广大人民、包括各民主党派人士都在为和平而努力的时候，国民党一方又做出了哪些不利于和平的行径呢？

材料呈现：

材料六 时任国民党《中央日报》社总主笔、蒋介石的智囊陶希圣叙述了此事的来龙去脉，并一语道破了天机："谈判的办法是政学系想出来的。政学系想用软的一套手法把共产党吃掉，谈何容易！可是现在动大手术也不是时候，国内有厌战情绪，国际形势也不允许中国打内战，一打起来我们更被动，利用谈判拖一拖也好。共产党拒绝谈判，我们更有文章好做。"

——中共重庆市委党史工作委员会：《重庆谈判纪实（一九四五年八——十月）》，419页，重庆：重庆出版社，1983

材料七 为了向中共方面施加压力，蒋介石于9月上旬命令第二战区阎锡山部向晋鲁豫解放区的上党地区发动大规模进攻；命令第五战区刘峙部抢占平汉、陇海铁路各要点；于9月30日密令第九战区薛岳部进攻信阳、礼山一带的新四军；于10月9日密令第三战区顾祝同、第六战区孙蔚如部"围剿"长江南岸的共产党军队。《双十协定》签订后，在蒋介石指令下，第十一战区孙连仲部围攻晋冀鲁豫解放区；第十二战区傅作义部进犯晋察冀解放区；东北保安司令杜聿明部进击热辽解放区。即使在马歇尔来华调停国共冲突后，国民党仍然沿津浦路向山东解放区推进，并在东北大打出手，直至1946年6月挑起全面内战。

——刘信君：《人民选择了共产党——解放战争时期民众反蒋拥共心态研究》，载《社会科学战线》2001年6期

教师设问：根据材料六、七分析国民党在内战问题上持何种态度？（参考答案：假和平、真内战。）

教师讲述：无论是通过蒋介石的亲信还是其本人之口，都让我们真实地看到了蒋介石电邀毛泽东重庆谈判的真实意图，就是以谈判作为和平的幌子，实际一直在积极备战，还怀有将战争罪责推卸给共产党的鬼胎。甚至在谈判期间，国民党还发动了多次局部的战争，直至全面内战的爆发，国民党将人民再一次推向了战争的深渊。这让人民对国民政府大失所望，并把对战争的愤怒发泄到了蒋介石头上。

材料呈现：

材料八 你这个坏东西，拉夫抽丁，征粮征米，拆散父子，拆散夫妻都是你，你的心肠和魔鬼一样的，别国在和平里复兴建设，只有你成天的在内战上玩把戏。你这个坏东西，真是该枪毙！……

——陈孝全：《朱自清传》，267页，北京：十月文艺出版社，1991

教师讲述：这是当时《你是一个坏东西》的歌词。国民党破坏和平的行径不仅遭到人民的唾弃，也让抗战胜利后一直对国民党抱有幻想的民主党派，对国民党大失所望。我们所熟悉的国民党残酷迫害争取和平民主人士的"李公朴案""闻一多案"等，让民主党派也结成第

二条统一战线,开始与共产党并肩作战,为和平而战。

材料呈现:

材料九 收复区人民群众讥称那些"接收"大员是"五子登科"(即房子、车子、金子、料子、妹子)、"三迷成风"(财迷、色迷、官迷)、"三洋开泰"(捧西洋、爱东洋、要现洋)。当时,北平流传着这样的民谣:"盼中央,望中央,中央来了更遭殃","想老蒋,盼老蒋,老蒋来了米面涨"。

——曹子西:《北京通史》第9卷,119页,北京:中国书店,1999

教师设问: 上述材料是从哪个角度论证国民党失去民心的?(参考答案:国民党在接收沦陷区的过程中,接收官员表现出来的腐败和贪婪,让收复区人民受尽灾难,失去对政府的信任。)

教师讲述: 在抗战过程中树立起的"正统"政府的形象,经过短短的接收工作,充分暴露国民党的贪婪腐败,给企盼"救世主"的人民当头棒喝,转而投身反蒋的斗争中。不仅如此,国民党之后采取的一系列金融政策更是让城市民众失去对国民党执政能力的信任。

材料呈现:

材料十 当时有一种普遍的观点,由于经济困境导致的苦难,工薪阶层对社会主义至少已经毫不恐惧了。通货膨胀"吞噬"了他们所有的薪水和储蓄,他们实际上已经变成了"无产阶级",他们已经没有任何可以失去的东西了。……知识界的贫困的确为学生反内战运动提供了一个重要主题,经济窘迫也使得教授们广泛支持学生的反内战运动。……政府公务员并没有积极地参加反政府的抗议活动。……他们的贫困除了导致腐败增加和工作效率降低,还对国民党政府造成其他什么不利的影响。

材料十一 在通货膨胀日益严重的背景下,政府无法像战前那样重新控制工人……政府被迫接受工人提出的根据生活成本的上升自动调整工资的要求……政府的退让致使生产成本大幅度上涨……上海商会和上海工业协会终于无法忍受,开始公开谴责政府的政策。政府的妥协不仅加速了工资—物价的上升,而且破坏了政府与工商业的长期联盟,而这一联盟此前一直是国民党权力结构的主要支柱之一。

——[美]胡素珊:《中国的内战:1945—1949年的政治斗争》,启蒙编译所译,112—113页,北京:当代中国出版社,2014

教师设问: 上述材料论述了国民党经济政策对哪些阶层的影响?(参考答案:城市工薪阶层、知识分子、学生、政府官员、工人、工商界等。)

教师讲述: 城市应该是国民党的主阵地,但自内战爆发前后,由于它所施行的一系列金融政策,导致通货膨胀,使城市中大多阶层失去对国民党执政能力的信任,开始反政府反内战。而在农村,国民党更没有采取类似共产党采取的土地政策,又失去了广大农民的支持。此时的国民党,作为执政党未能解决人民基本的生活需求,反而将自己置于众叛亲离的境地。

教师总结: 通过上述史料的解读和分析,我们清楚地看到了蒋介石国民党是如何一步一步从"众望所归"走向"众叛亲离"的全过程,这正所谓"得民心者得天下,失民心者失天下",这从某种程度上决定了其覆亡的必然性。

设计二：来自新闻报刊业自由民主的呼声

设计意图

抗战即将胜利之时，和平民主建国就成为共产党和各民主党派努力的方向。全面内战的爆发，也就让共产党人和爱国民主人士反专制独裁、争取和平民主的斗争拉开了序幕。除了战场上的较量，还有来自民间新闻报刊业对自由民主的呼吁。本设计试图以解放战争时期新闻报刊业的发展为视角，选取了几份具有影响力的报刊，并呈现刊载的若干文章为史料，再现这些报社是如何为了真理、为了和平民主而斗争，又遭到了国民政府怎样的迫害。从而，引导学生辨别史料，多角度解释历史现象。

设计方案

新课导入： 报纸具有舆论传播和新闻纪录的功能，近代中国报刊业的发展一直深受西方的影响。抗战期间，民间报刊大多经历了舆论封锁的遭遇。抗战胜利后，实现新闻出版自由的强烈愿望能否实现？对于国共双方的内战，民间报刊又持何种态度？作为舆论工具是否会成为国共一方的喉舌？坚持真理、和平民主的民间报刊将面临一场怎样的考验？它们又将何去何从？我们先从抗战胜利后民间报刊业的艰难"新生"说起。

材料呈现：

材料一 据不完全的统计，从1938年到1949年，平均每一年有近千种报刊产生。报刊创办最多的一年竟高达1 628种，大大小小的综合性报刊、专业性报刊、行业报刊，已逾万种，但生存时间却大多不长。在能获知停刊时间的报刊中，生存时间不到一年（即当年创当年停）的占创办报刊数的35%。生存时期在两年以内（即当年创当年停，或当年创次年停）的占所创报刊数的一半以上，达到了66.6%。生存时期能跨越三个年头的（即当年创后年停）的仅占所创报刊数的13.2%。能跨越四个年头的则只占7.2%。而能跨越五个年头幸存下来的，仅为3.7%。

——方晓红：《抗日战争和解放战争时期中国报刊事业的特点》，载《南京师范大学学报（社会科学版）》1998年第3期

教师设问： 上述材料反映了此时期报刊业发展有什么特点？（参考答案：抗日战争和解放战争时期，创办的报刊数量多，但大多数报刊存在时间不长。）

教师讲述： 在战争的特殊年代，报刊如雨后春笋般出现并不足为奇，战争对报刊的确有催生的作用。特别是抗战胜利后，在解除日本新闻封锁的情况下，很多报刊重新复刊，以求大展宏图。当然，战争也是大多数报刊昙花一现的原因之一，战争双方包括其他政治力量都不会放松对文化宣传领域的控制，政治力量的此消彼长也就造成了报刊业的动荡。这其中也不乏有一些因乱而起、借办报发国难财之人。著名报人张友鸾的写实性小说《秦淮粉墨图》中，就用了小说的笔法，再现了1948年间，政客、商人利用办报倒卖政府进口的白报纸配额的史实。但更主要的还是大部分报刊对自由民主的呼声让其深陷艰难生存的境地。

材料呈现：

材料二 近来国家的喜事接二连三的来，真是令人喜不自禁。日本投降，抗战胜利，是

一喜;中苏订约,结为盟好,是一喜;毛泽东先生翩然到渝,又是一喜。毛先生为何而来?是应蒋主席三次电邀而来。蒋主席致毛先生电,说:"倭寇投降,世界永久和平局面可期实现,举凡国际国内各种重要问题,亟待解决,特请先生克日惠临陪都,共同商讨。"又说:"……大战方告终结,内争不容再有。深望足下体念国家之艰危,悯怀人民之疾苦,共同努力,从事建设。如何以建国之功收抗战之果,甚有赖于先生之惠然一行,共定大计。"现在毛先生来了,他下飞机时发表的书面谈话,说他的来是为了:"保证国内和平,实施民主政治,巩固国内团结。"

——王芸生:《毛泽东先生来了!》,载《大公报》1945年8月29日,见王芝琛、刘自立《1949年以前的大公报》,171、172页,济南:山东画报出版社,2002

教师提问:王芸生先生的这篇报道节选反映了《大公报》及其广大人民的什么心理?(参考答案:人民认为抗战胜利后和平有希望了,毛泽东先生赴重庆谈判更是和平的象征。)

教师引导学生分析:《大公报》是中国发行时间最长的中文报刊之一。抗战时期,上海版、天津版相继停刊,汉口、重庆等地开始创办。1941年王芸生接任总主编,这是他在1945年8月29日,针对毛泽东赴重庆谈判发表的评论。从评论中所使用的语言和流露出的情感,可以看出,《大公报》代表了当时广大人民在经历长期抗战后,对国内和平的期盼。然而,人民的和谈之梦终究会被嗜战者打破。

材料呈现:

材料三 当前的国家局面,真令人太息痛恨!所谓和平谈判,已沉闷得进入睡眠状态;军事行动的锣鼓,却加紧的敲打起来。在东北,军事行动胶着迂回于四平街一带。国军对长春势在必得,攻势在进行中;共军则到处发动破坏战,以困窘国军。因此,东北是一片战乱。在广大的北方,这几天更是乱如麻,到处在冒烟放响。……请放眼看看,连东北带华北,这半部中国完全陷入战乱之中。是为了什么?这是国家的需要吗?这是人民的意思吗?

……忠厚的人民,我们实在是太忠厚了!忠厚的人民,我们实在是受了骗!说"政治解决",高叫"民主",图穷而匕首见,还是武力解决!还是打!打!打!"民主","民主",真是天晓得;中国的民主希望,已被你们打成炮灰了!

——王芸生:《我们反对武力解决!》,载《大公报》1946年5月20日,见王芝琛、刘自立:《1949年以前的大公报》,190、191页,济南:山东画报出版社,2002

教师提问:从材料三可以看出,人民对国共双方的局部战争是什么态度?(参考答案:人民反对武力解决的方式。)

教师讲述:抗战胜利后,人民认为可以做胜利的主人了,和平与民主指日可待。当人们还沉浸在对重庆和谈与《双十协定》所勾画出的和平蓝图的憧憬时,国共双方已经在东北和华北开始了小范围的军事冲突,这让人民大有被骗的感觉。全面内战爆发后,各大报刊并非关注于前线的战事,而是仍然坚持对和平、停战、民主的呼吁。

材料呈现:

材料四 女记者浦熙修,1910年生于江苏嘉定,北京师范大学毕业,1937年参加《新民报》工作,次年《新民报》迁重庆后任采访部主任,写了大量揭露国民党政府丑恶面目的新闻和特写……1946年校场口事件后,她与许多新闻工作者发表公开信,揭露事实真相,痛斥国民党的卑劣行径。4月,在南京下关事件中,她与一些爱国民主人士遭到特务、暴徒的围攻和毒打……在"五二〇"血案中,她不顾个人安危,以整版篇幅报道事实真相,有力地支持了青年学生的正义斗争。

——杨师群:《中国新闻传播史》,227页,北京:北京大学出版社,2007

教师提问:浦熙修的报道代表了《新民报》的办报宗旨是什么?她的遭遇反映了哪些问题?(参考答案:《新民报》主张和平,反对内战,主张民主,反对独裁,主张统一,反对分裂。浦熙修的遭遇一方面反映了她以及《新民报》的观点和态度,另一方面也反映了国民党对民主声音的扼杀和残害。)

教师讲述:《新民报》用犀利的笔锋,讽刺了国民党当局,各地报社大都遭遇停刊,但在这样的政治独裁环境下,仍然坚持伸张正义、捍卫和平。不仅仅是《新民报》,其他民主报刊,例如《文汇报》、《民主报》、民主同盟的《光明报》等都是在艰难环境中斗争生存的。而对"李闻惨案"进行了报道,口吻基本都是对国民党迫害反内战师生的强烈谴责。

材料呈现:

材料五 所有主义,无分左右或中间,其先决条件是具有对世界对国家的一番抱负,一种理想。"自由""民主"论调尽管不同,但它并非加个招牌便可发售的膏药,它有其奇妙的涵义。妥协骑墙者的第一特质是有贪图无抱负,有打算无理想。它有如一只变色蝎,有如一撮墙头草,单看外在的颜色风势。

——萧乾:《自由主义者的信念》,载《大公报》1948年1月10日,见王芝琛、刘自立《1949年以前的大公报》,202页,济南:山东画报出版社,2002

教师提问:萧乾的这篇文章反映了报刊业什么办报宗旨?(参考答案:报刊业追求言论自由,肩负国家和民族振兴的使命;不做政党斗争的工具。)

材料呈现:

材料六 现行的出版法,实在不合时代精神了。试看该法第二十一条的规定:"出版经不得为左列各款言论或宣传之记载:(一)意图破坏中国国民党或违反三民主义者,(二)意图颠覆国民政府及损害中华民国利益者,(三)意图破坏公共秩序者。"这是多么广泛多么容易人人于罪的规定?依时代精神,国民党已结束一党训政,进入宪政,则本条(一)项属于国民党特权的法律,应已无效。现代民主宪政国家,人民可以公开抨击政府施政,在野党在宪政轨道中尤其以推翻政府为其能事,那非但不犯法,且是一种特权。故本条(二)项的上半截已不成问题;而本项下半截的"损害中华民国利益者"也是极其宽泛容易罗织的。至本条(三)项"意图破坏公共秩序者",也与(二)项下半截相同,运用起来,流弊至广。这样的出版法,实在不容再存在于今日的时代了!

——王芝琛、刘自立:《1949年以前的大公报》,209、210页,济南:山东画报出版社,2002

教师讲述:这是《大公报》在《新民报》被停刊后对于当时出版法提出的质疑。这些质疑可以看出《大公报》对新闻出版自由、民主的追求,也能看出它对政府时弊的批判。

材料呈现:

材料七 1945年底,国民党依然在制造种种借口查禁进步报刊。如在上海先后查封《建国日报》、《联合日报》、《消息》半周刊等报刊。在北平查封《解放报》、新华社北平分社。

《新华日报》也多次遭到检扣。成都《华西晚报》在5天内收到两封恐吓信,并遭特务袭击。西安《秦风·工商日报联合版》一夜间被人纵火3次。西安《民主导报》主编李敷仁被特务绑架,险遭暗杀。最令人发指的是,新闻工作者、共产党员杨潮(笔名羊枣),1946年1月在杭州被秘密处死,上海61名记者联名向国民党政府提出强烈抗议。

——杨师群:《中国新闻传播史》,238页,北京:北京大学出版社,2007

教师总结: 国民政府在1945年签订的《国共双方会谈纪要》中曾明确保证,政府应确保人民享受一切民主国家人民在平时应享受的身体、信仰、言论、出版、集会、结社等自由,但事实证明,国民政府显然没有遵守协定,暴露出其反动独裁的本质。这在解放战争时期,国民政府首先失去了舆论宣传的优势。但是,很多报刊在国民政府的狂风暴雨迫害中,不仅幸存下来,还曾进行了为自由、为正义、为和平的抗争。正如重庆版复刊词《我们这一时代的报人》说:"单就我自己来说,三十多年的报人生活,本身坐牢不下二十次,报馆封门也不下十余次。……我们有笔,要写文章;有口,要说话。报纸是发表意见最著功效的工具,我们一定要竭尽心力,珍重爱护。北洋军阀和日本强盗,都不能打倒我们,不仅过去如此,相信一切反时代反人民的恶势力,无论内外,都将永远如此。打倒我们的,只有我们自己;只有我们自己,变成了时代的民众的渣滓。我们向正义之路前进,我们有无限的光明。"

教学资源

资源1:共产党是一个了不起的政党

1924年召开第一次全国代表大会,进行改组。改组主要有两个方面:一是学习苏联的体制,二是容纳共产党。这时共产党刚成立不久,还是个小党。当时国民党号称有二十万党员,而共产党只有几百人。……但是这样一个局面只有一两年时间就改变了。最初,共产国际、斯大林还担心,共产党几百个人融入到二十万人的国民党里面,不是被湮没了吗?但是你想不到,共产党很快就反客为主。1924年国民党一大召开的时候,国民党的党员都想往上挤、往上爬,共产党则告诫他的党员,说我们不要跟国民党争那些权位,我们要往下走。所以当国民党那些党员都往上爬的时候,共产党很快就把国民党省市以下的地方组织占领了,很快就形成了"包办"的局面,整个国民党的地方组织都被共产党控制了。控制到什么程度?党部的名字还是国民党党部,但是里面的核心干部都是中共党员。中共中央可以直接给国民党党部下文件,发指示,让他们做什么。而且当时国民党党员的发展也是由共产党控制的。共产党在替国民党吸收党员的时候,几乎是来者不拒,然后从进来的党员里面,挑选优秀的吸收为共产党员。所以当时有句话说"国民党是共产党的预备学校"。当时共产党就提出,你要想加入共产党就先加入国民党,我们考察考察,合适的才让你进来。开始的时候国民党不承认跟共产党的"合作",但到北伐战争前夕的时候,蒋介石也不得不承认"国共合作"了。不仅承认"国共合作",国民党人还感觉到强烈的危机感,他们觉得共产党已经反客为主了。除了中央是国民党的,下面全是共产党的,而且下面党部的经费还全是国民党中央来掏。当时国民党中央组织部长谭平山是中共党员,国民党中央宣传部长本来是汪精卫,汪精卫不知道怎么对毛泽东这么信任,让毛泽东代理宣传部长。你想中央组织、宣传这几个要害部门都让共产党人来干,尤其是组织部长管人事,所以国民党地方组织几乎为共产党人所控制。

……

所以清党……对国民党来讲打击同样严重。因为当时的组织系统全部是共产党包办的,一清党,一分共,国民党的组织系统整个就瘫痪了。……

……

同时,蒋介石认为国民党党员很多很年轻,当年国共合作的时候受中共意识形态的影响都很激进,所以他觉得不可靠,不大放心,所以他也不大想让这些年轻党员去从政。所以他搞党政分开,形成两套系统。……党部系统只负责办党,政府系统就负责行政。……我们知道,党管干部是中共的绝招。但是国民党没有这样,人事权党也不能干预。……而且蒋介石还有一条,凡是政府里面任职的公务员,不管入党没入党一概视为党员。既然大家都是党员了,就跟大家都不是党员是一样的感觉。与非党员相比,党员没有优越感,没有优先权,他为什么要入党?国民党规定,军队官兵必须全部集体入党,但在共产党的军队里面就不一样,官兵的党员比例一般控制在15%到25%之间,不能多了,这样才能够激发党员的先锋、模范、带头作用,他才能拼命去干。

从党章看,国民党的组织制度,跟共产党几乎是一模一样的。国民党制度上也规定要过组织生活。基层组织,共产党叫支部,国民党叫区分部。但是国民党的组织生活几乎流于形式,党的作用越来越小。比如你从这个地方调到另外一个地方去工作,你应该转组织关系,条例上都非常清楚,但是基本上没有人会这么做。为什么呢?因为入党太容易了,你只要想加入随时都可以加入。换一个地方,如果上面要求,他又加入一次;再换个地方,他又加入一次。因为一个人可能多次入党、出党,所以党员人数是笔糊涂账。你不要问国民党到底有多少党员,他讲有几百万实际上是不大可信的,没办法精确统计。有一次国民党中常会决议说开除某某党籍,过了半个月,在下一次的中常会记录里面又说,上次开除的那个人,经查证,他不是国民党员,开除错了。当时有的人在国民党的党系统里面受到党纪的处分,却根本不影响他在行政系统里面的职务,被开除党籍了,他的行政职务还在,甚至还升迁了。党的系统完全就是虚拟化的,根本起不了实际的作用,当然久而久之大家也就不把党当回事。

共产党还有一个绝招是党指挥枪,枪始终控制在党的手上,这点国民党也没做到。……

当然仅仅是宣传也不够。后来国共内战的时候,比如淮海战役大家都知道,当时中共是60万兵力,歼灭了国民党的80万军队。实际上根据共产党的文件记载说,当时除了60万军队之外,还有更为庞大的民众的支援系统。就民众这部分来说,当时总共动员的民工是543万,担架21万副,挑子301万副,牛马717万头,大小车辆881万辆,还有筹集粮食9.6亿斤,其中4.3亿斤是直接运送到前线的。这么庞大的一个民众的支援系统,国民党军队完全没有,所以他怎么跟共产党打?而且共产党会把"发动群众"运用得出神入化。……

另外还有一点,我们知道共产党有阶级斗争理论……但蒋介石不是,第一他不承认有阶级,更不承认有阶级斗争,第二他说国民党是代表全民利益,是代表最大多数人的利益。这个全民利益里面,国民党既代表农民也代表地主,既代表工人也代表资本家。这个实际上是有问题的,在当时阶级确实存在的情况下,你有意地把它模糊起来,实际上是什么效果呢?是两不讨好,两边都不买账。地主说我这个土地不是国民党给我的,是祖上传下来的,或者是我自己买的,他绝对不会感谢国民党;农民当然也不会感谢他,你又没给我土地。共产党就不一样了,共产党把土地从地主手上转移到农民手上,农民当然觉得这个土地是共产党分给我的,我要死心塌地跟着他,如果共产党失败了,土地就会被地主夺回去。工人、资本家也是,当产生劳资纠纷的时候,国民党就左也不是,右也不是,工人指责他,资本家也指责他。所以到头来,他号称是代表全民的利益,结果是全民里面没有哪一个阶级感觉到国民党代表了自己的利益,那也就谈不上他有什么阶级基础、群众基础。所以阶级斗争、群众路线这些都是共产党的绝招;枪指挥党,党管干部,这些都是国民党不能与共产党相比的。

——王奇生:《蒋介石和国民党(下)》,载《理论视野》2011年第12期

资源2:中共战略的重大转变

从1944年的情况看,中共的主要发展方向并不是东北,10月7日毛在中共六届七中全会主席团会议上说:"今后主要发展方向是南方,江南、湖南、河南。同时要注意东北,还要准备苏联打日本。此时豫湘桂会战已接近尾声,国民党军队的失败使中共看到了其统治的虚弱及出现了可乘的机会,不是继续在北方的日战区发展,而是到国民党的统治区发展,发展中原地区的力量,为以后的全面争夺打下基础,是其主要目的。对于东北只能静观苏联的动静,中共提出注意东北,说明已经判断出苏军出兵的方向是东北,到1945年时,中共把东北的地位提高,其争夺的意图相当明显。在七大上毛泽东讲:"东北是一个极其重要的区域——如果东北能在我们领导之下,那对中国革命有什么意义呢?我可以这样说,我们的胜利就有了基础,也就是说确定了我们的胜利。现在我们这样一点根据地,被敌人分割得相当分散,各个山头、各个根据地都是不巩固的,没有工业,有灭亡的危险。所以,我们要争城市,要争那么一个整块的地方。——如果我们有了东北,大城市和根据地打成一片,那么,我们在全国的胜利,就有了巩固的基础了。"接着毛再一次强调:"如果我们把现有的一切根据地都丢了,只要我们有了东北,那么中国革命就有了巩固的基础。"这里的巩固用意深远,不仅指城市、工业,还有苏联。

——安庆仲:《1945年国共两党对东北的争夺》,载《首都师范大学学报(社会科学版)》2001年增刊

资源3:国共成败之谜

对民国史的历史书写,最核心的一个议题就是理解国共成败之谜,尤其是抗战前后,两党、两军力量对比何以发生如此巨大的转折。关于战时两党的财政及与底层民众之关系,杨奎松有一段深刻的观察:战时国民党政权像抽水机一样,用尽办法汲取底层社会人力、物力、财力等各种资源,以应对战争之需,农民的生活乃至生存条件每况愈下。当政的国民政府固然也尝试过减轻民众负担的办法,但在战争期间,军费糜耗,财政拮据,政府除穷尽一切手段向民间取得资财外,鲜有他法可想。再加上各级官吏、军官,往往还乘机贪污中饱,大批军队征发不断,这就更加加剧了基层社会官民乃至军民之间的矛盾冲突。共产党同样需要农民更多付出,但习惯于阶级思维的中共,却可以通过反奸清算剥夺所谓汉奸地主、实行减租减息以及清债退押运动等,将战争负担尽量多地分摊到富裕阶层中去。同时,中共军事共产主义式的分配制度、强化阶级观念的整党整风、自力更生的"机关生产"措施,以及展示政治民主的基层民选等做法,包括利用特货贸易改善财政状况,减少对农民的征发等方法,都

在一定程度上减轻了根据地穷苦农民的负担,并强化了多数民众乃至国内外舆论对中共的好感。可以说,战后两党成败的玄机已经潜伏在抗战进程之中,中共以"减负"争取到了底层的民意,同时也以舆论宣传和民主实践争取到了中间派知识分子的支持,而战时对政党自身的强化治理,更是将党员和党组织的能力和效力提升到了一个前所未有的境地。

——唐小兵:《民国政治的真谛》,载《读书》2017年第4期

资源4:国共两党的政治运作

曾经做过国民党宪兵参与战后自南而北的接收的著名作家王鼎钧,以其亲身经历和见证对于国共两党在政治运作上的差异有着形象而深刻的观察:"国民党办事'执简驭繁',社会组织已经形成,已经运作,国民党顺应这种运作,依赖由运作产生的枢纽人物,掌握枢纽就掌握了社会。地主是佃农的枢纽,资本家是工人的枢纽,校长是学生的枢纽;一个校长等于全校学生,一个地主等于全村佃户,一个厂长、董事长能抵他旗下一千个工人。国民党注意拉拢这些人,重视这些人的代表性和影响力,也偏重照顾这些人的利益。共产党不嫌麻烦,反方向而行,它搞'农村包围城市''小鱼吃大鱼'。它结合贫农,不要地主;它结合工人,不要资本家;它结合学生,不要教育部长。一部总机下面有一千具电话,但是它可以使九百具电话机不通。它在全民抗战的号召下,理直气壮地组织学生和农民,因为上阵打仗要靠多数,不能靠少数。等到民众组织成功,军队训练成熟,政治运动轰轰烈烈,当务之急是一齐动手摧毁那些枢纽,重组社会,痛快淋漓!"这或许也可以解释战后中国政局风云变幻、国共两党力量此消彼长的成因之一吧。

——唐小兵:《民国政治的真谛》,载《读书》2017年第4期

资源5:国共两党干部素质的对比

共产党的干部比较具有理论判断的色彩,他们会比较重视用联系、辩证的观点分析问题、解决问题。马克思主义本身就具有强烈的理论色彩,从恩格斯、列宁到毛泽东,都很强调辩证法。共产党干部谈的话题,以他们的视野,会把政治、经济、社会、民众的问题打通来看。国民党干部基本上就事论事,很少有放射性的东西,基本上代表中国传统的思路,中国传统解决问题的思路就是所谓经验理性。

——王奇生、黄道炫:《求真求解对粗疏学风的反拨》,载《北京青年报》2015年3月20日

资源6:蒋介石重军轻党思想对国民党组织形态的影响

在蒋介石重军轻党思想的主导下,军权日趋膨胀,党权日趋低落。从中央至地方,军权凌驾于党政之上,党治徒有其表。国民党党治体制的法理序列是党→政→军,而实际序列却是军→政→党;名义上是以党治政,以党治军,实际上是以军统政,以军控党。据当时人的观察,在党、政、军三者之中,党的力量显得最为脆弱。无论战时抗日,还是战后"剿共",在战地最先瓦解的往往是各级党部,其次是各级政府,最后才是军队;收复某一个地方,最先到达的首先是军队,其次是政府,最后才是党部。而共产党则相反,党的力量往往成为军政的前锋,攻占某一地区,最先打入的首先是党组织,然后军政力量跟进;从某一地区撤退时,即使军政

力量退出后,党的组织仍然留下来继续战斗。在共产党那里,党充分发挥了政治核心的作用;而在国民党那里,党完全沦为军政的附庸。

——王奇生:《从组织形态看国民党的失败》,载《人民论坛》2011年第3期

资源7:国共两党的情况对比

蒋介石国民党表面上很独裁、很专制,它也一直想要建立领袖独裁和一党专制体制,但实际上国民党却始终派系林立,内争不已。国民党最终大败的一个很重要的原因,与蒋完全不能有效整合国民党自身和克服派系分歧的情况密切相关。

中共本身就是一个穷人的党,有着很强的社会革命的诉求,它很善于做下层群众的工作,因此干群关系、军民关系、官兵关系远比国民党好得多。这些都有助于它把自己塑造成一个爱国、民主、廉洁、平等的崭新政治形象,在社会各阶层中赢得同情与支持。

在战后,中国共产党也同样逐渐使国内大多数民众和中间群体相信:和独裁、官僚、腐败、无能的国民党相比,只有共产党才可能真正给中国带来希望。而事实上,它也确实一再展示了其民主、平等的政治魅力之所在,包括让众多完全不识字的贫苦农民过上了能够通过选举来推举基层官员的政治生活等。这些都让顽固坚持一党政治的国民党相形见绌。

——杨奎松:《谈往阅今中共党史访谈录》,101、104、107页,北京:九州出版社,2012

资源8:中共的动员能力和高度集中统一的军事指挥体系

当苏区只有几百万人口时,即使共产党能够通过强大组织力把苏区的资源动员发挥到极限,也很难抵抗国民党的巨大优势,几块苏区先后失败。共产党通过长征把组织和军队的核心保存下来,在抗日战争中利用其农村重建秩序的能力获得了巨大的发展,抗战胜利时中共根据地的人口已到达一亿人。虽然国统区有四亿人口,但这些人口大部分都在农村,国民党在农村缺乏根基,控制力和动员力很弱,它能组织动员的力量已经不及共产党。

但中共高度集中统一的军事指挥体系也是国民党难以比拟的。毛泽东能在不知名的小村庄里,靠几部电台指挥全国数百万大军,这一强大的指挥体系是苏区时期以极其严厉的手段打造出来的。而蒋介石在解放战争最后的大决战中,忽而乘飞机到沈阳,忽而在葫芦岛登上军舰,到处召开军事会议,顿足捶胸、诅咒骂街,但是卫立煌、傅作义、白崇禧这些将领还是自行其是。最终是共产党把解放军发展到数百万人,消灭了国民党的数百万军队,统一了中国大陆,结束了辛亥革命以后的国家分裂,重建了政治秩序,创建了中华苏维埃共和国的扩大升级版——中华人民共和国。

——张永:《近现代中国的政治发展逻辑》,载《同舟共进》2016年第11期

第六单元

中国近代重要历史人物

学术引领

一、李鸿章

(一) 李鸿章与中国近代工业化

1. 李鸿章的工业化主张

苑书义在《李鸿章传》(132、206页,北京:人民出版社,2004)一书中指出,李鸿章"求洋法习洋器为自主张本"的主张,停留在效法西方资本主义"物质文明"的层面,主要引进西方的军事装备、机器生产和科学技术来维护清朝的统治。从购买、仿造西方枪炮武装陆军到购买、仿造西方枪炮轮船编练海军,从仿行西法创办军事工业到仿行西法兴办轮船、铁路、电报、矿务、纺织等民用企业,从仿行西法培养"制器之人"到仿行西法兴学育才,把洋务运动从"求强"阶段推进到"富强相因"阶段。

2. 李鸿章的工业化实践

曾媛等在《李鸿章与中国近代工业的发展》(载《兰台世界》2013年第3期)一文中指出,1870年代开始,李鸿章担任直隶总督兼北洋通商大臣以后开始进一步扩大洋务事业,以官督商办的形式建立了一系列的军事工业企业,这些都成为中国工业道路上的重要的经验和尝试,很多企业也都成为中国工业化道路上的工业基础。李鸿章参与了近代中国的工业建设的大部分,他是近代中国工业的奠基者和实际组织者,为中国近代的工业化作了最初的制度尝试,改变了人们的思维,开阔了人们的眼界,也践行了在清政府统治下的工业化实践,为中国的近代工业奠定了最为重要的实践和人才基础,可以说他是中国工业化道路探索的"领路人",他造就了中国工业化之"大势"。

(二) 李鸿章与中国近代外交

1. 李鸿章的外交思想

苑书义在《李鸿章传》(524—525页,北京:人民出版社,2004)一书中指出,李鸿章曾长期跻身于晚清"外交第一冲要",时人称之"一生功过在和戎"。外交的成败,取决于综合国力的强弱和外交政策的正误,当时李鸿章面临着"如日中天"的资本主义列强肆意侵凌"将萎之华"的封建中国的严酷现实,中国这个"世界上最古老国家的腐朽的半文明制度",几乎落后于列强"文明制度"整整一个历史时代。就综合国力即军事、经济和政治组织力而言,中国远逊于列强,因而清王朝的声威一遇到列强的枪炮就扫地以尽,"天朝帝国万世长存的迷信受到了致命的打击"。鉴于此,李鸿章明确指出:中外实力相距悬殊,列强之"军械强于我,技艺精于我",中国无法决胜于疆场,"即暂胜必终败",因而对列强不可轻言战争,而应以"羁縻"之策谋求"中外相安"之局。所谓"羁縻",就是用儒家的道德规范即孔子"忠信笃敬"四字方针进行"笼络"。在应对列强侵凌时,始则坚守既定的不平等条约,以理折之,进行与虎谋皮式的道德说教,并实施以中国传统的合纵连横理论和西方的均势思想相结合为特征的"以夷制夷"之策;继而不惜在权益上做出某种限度的让步,以期"驯服其性",实现"守疆土保和局"的目标。当然"羁縻"既不是予取予求,任人宰割,又必须以实力为基础。"和局"离不开战备,"明是和局而必阴为战备,庶和可速成而持久"。因为列强"论势不论理",推行强权政治,中国要想"以笔舌胜之",犹如痴人说梦,中国只有不断增强自卫的实力以相抗衡,才能使列强"阴怀疑惧而不敢遽而发难",否则平日必为外人所轻,临事只有拱手听命。李鸿章所以主张"羁縻"之策,目的之一就是想争取并利用和平环境"借法自强",预修战备,以期"确有可以自立之机,然后以战则胜,以守则固,以和则久"。李鸿章推行"和戎"外交,有得有失,而失大于得。

2. 李鸿章的外交活动

(1) 办理教案

董丛林在《刀锋下的外交:李鸿章在1870—1901》(123、126、142、147—148页,北京:东方出社,2012)一书中指出,李鸿章先后处理过南京堂址教案、酉阳教案、天津教案等,面对晚清层出不穷的一大堆教案,李鸿章所表现出来的忧患意识和防患弭患的策略构想,既着想于维护清朝封建统治的苟安,也有维护民族权益的真诚动机。而其运思和筹谋,基本是在承认不平等条约中规定的列强在华传教特权的前提下进行的,即使有摆脱不平等条约桎梏的意念,也是不切实际的幻想而已。作为文化观念形态的基督教,在李鸿章的心目中一直没有什么地位。他始终未意识到了解基督教对于认识西方文化的某种必要性,从来未能对其加以着意推究,也一直不将其置于他所极力推崇、引进的"洋学"范围之内。但是,他又不同于那种以中国传统文化为坚盾,盲目抵挡与基督教文化有关的一切西方事物的顽固反教派。李鸿章不排斥引用教方举办的世俗事业中的科技文化等有用成分,他虽然对作为文化观念形态的基督教缺乏深入了解,但对与该教相关的文化事物的选择上又不失其一定程度的明智。然而另一方面他既未能以理性的思想武器深入批判基督教神学,也无法理解和接受基督教教义中所蕴含的西方平等精神等某些精华成分。这又是其严重缺陷所在。

(2) 甲午战争前后对日外交

李细珠在《李鸿章对日本的认识及其外交策略——以1870年代为中心》(《社会科学辑刊》2013年第1期)一文中指出,19世纪70年代,是东亚国际关系的转折时期。在中朝日三国关系从传统向近代转型的过程中,李鸿章是一个非常关键的角色。这期间,他对日本的认识颇为复杂,其对日外交策略也有多面性。起初,在中日"修好"订约之时,李鸿章从地缘政治的角度看待中日关系,认为日本是调节中西关系的重要因素,而有联日制西的倾向。当日本出兵中国台湾,进而吞并琉球时,李鸿章看到了日本通过明治维新向西方学习而逐步强盛的事实,清醒地认识到日本的侵略性,并认定日本终究为中国之患,中国只有变法自强才能图存。与此同时,李鸿章积极推动朝鲜与美国立约通商,乃至向西方列强开放,以实现其以西制日防俄的外交策略,希望借助美国以及西方列强抵制日本、俄国对朝鲜的侵略,其根本目的还是维护中朝宗藩关系,尤其是中国的国防安全。李鸿章是一个务实的外交家。他的对外思想与外交策略直接影响了清朝政府的对外政策,并在很大程度上影响了19世纪80年代乃至甲午战争之前的中朝日三国关系。

张富强在《西势东渐与东方世界的回应——近代中日史事和人物散论》(83—84页,广州:广东人民出版社,1997)一书中指出,马关议和实际上是一次羊对狼的谈判,是豺狼对赢羊的任意宰割。李鸿章在民族危亡的关头,以73岁的高龄,毅然担负起与日交涉签订城下之盟的屈辱使命,且特奏准让其子李经方随行左右,作为助手。即使在遇刺受伤之后,躺在病榻,仍为维护国权而坚持工作,这种举家为国和舍生忘死的精神,实在难能可贵。然而,囿于儒家交邻之道和传统宗藩观念的李鸿章,虽能建功立业于闭关自守时代,却无法成功地周旋于列强角逐的国际舞台。在对外交涉中,他虽尽可能多地吸收近代国际政治知识,并应用于外交实践,这表现在他所倡导的"以夷制夷"政策,"诚信相交论"和"循理外交",已或多或少地融合了一些国际政治原理和国际法则。但他那儒家思想占统治地位的世界观和方法论,阻碍着他对近代国际知识的最广泛的吸收以及对近代国际关系复杂性的深层的了解,使得他的交涉之道缺乏理论的系统性和应用的连续性。加以清王朝正处于分崩离析的衰世,缺乏进行近代外交所必须依恃的实力,从而使得这种以"弱国和戎"为基本内容的"软弱外交",不可能取得甚大的成效。

(3) 对外条约交涉活动

王瑛在《李鸿章与晚清中外条约研究》("绪论"11页,长沙:湖南人民出版社,2011)一书中指出,李鸿章对条约关系的认识经历了以下的变化:19世纪60年代以前体现为金帛议和、羁縻怀柔,19世纪60—70年代体现为羁縻勿绝、恪守条约,19世纪80年代体现为援例订约、追求平等,19世纪90年代及以后体现为放弃宗藩、谨守约章。随着条约交涉的增多,李鸿章对条约认识的不断深入,其谨守约章、维护和局的条约思想也逐步形成。

王瑛进一步指出,李鸿章代表清政府签订的条约主要有:建交条约(中日《修好条规》)、通商条约(中秘《通商条约》、中巴《和好通商条约》以及中法《越南边界陆路通商章程》)、藩属条约(中朝《商民水陆贸易章程》)以及结案条约(中英《烟台条约》)、媾和条约(中法《越南条款》、中日《马关新约》以及《辛丑各国和约》)、同盟条约(《中俄密约》)、租借条约(中德《胶澳租界条约》、中俄《旅大租地条约》与中英《展拓香港界址专条》)。从李鸿章订约的类型可以发现在诸如通商条约、建交条约以及藩属条约方面,李鸿章的态度颇为积极主动,而对结案条约、媾和条约与租借条约却要消极得多。其中李鸿章办理条约交涉的核心是信守条约。李鸿章对条约的信守体现为以"诚信"为前提,以"力保和局"为宗旨,以增强国民守约意识为具体举措。李鸿章"谨守约章"的思想,反映了晚清对待中外条约关系的态度变化。这种变化是李鸿章与清政府在西方强势逼迫下的务实态度的体现,也是李鸿章与清政府对条约体系在近代国际交往中的不可抗逆性的接受与调适的表现,在一定程度上迎合了帝国主义强权政治的需要。

(4) 推动对外交机构的革新

李育民在《条约制度的建立及其影响》(载王建朗、黄克武主编：《两岸新编中国近代史·晚清卷》上册，142—150页，北京：社会科学文献出版社，2016)一文中指出，总理衙门改为外务部，尽管发自列强之议，却亦为清政府所愿，得到了李鸿章等人的积极响应。外交机构的改革颇具象征意义，它完成了条约关系的体制衔接，为履行条约提供了制度上的保障，同时又表明清政府在外交体制上舍弃了羁縻之道，更趋向近代化。

3. 对李鸿章外交的评价

苑书义在《李鸿章传》(525页，北京：人民出版社，2004)一书中指出，李鸿章亲手与外国签订了一系列条约，其中除了《中日修好条规》、《中秘友好通商条约》等少数平等条约外，其他诸如《马关条约》、《中俄密约》、《辛丑条约》等均为丧权辱国条约。这些丧权辱国条约标志着中国从独立国向半殖民地沉沦的历史进程。中国对外战争的失败和丧权辱国条约的签订，归根到底，源于社会制度的落后和清朝统治的腐朽。当然，李鸿章也绝难辞其咎。他是以慈禧为首的统治集团的重要成员，丧权辱国外交决策的参与制定者和主要执行人。尽管慈禧是"乾纲独断"者，而他又是迫于国势衰微、列强压力、怀着悲愤、屈辱心情不得已而为之的，但并不能因此而减轻其罪责。

谢化诚在《李鸿章评传》(380页，南京：南京大学出版社，2006)一书中指出，在半殖民地半封建秩序基本确立的前提下，李鸿章无论怎样努力，不管采取多少纵横捭阖、令人眼花缭乱的手法，皆不可能改变这种格局，况且他作为封建大吏所拥有的"天朝上国"落后观念，对资本主义外交诡谋的皮相之见，皆决定了其外交活动，往往如梁启超所说，是"让其大者，而争其小者"，大多只能以丧权辱国的结果而告终。

(三) 李鸿章与中国近代军事

1. 致力于淮军的近代化

张瑞安在《晚清军事近代化的历史成败》(载《贵州文史丛刊》2007年第1期)一文中认为，淮军初创时，正处于清政府同西方列强由全面对抗走向初步合作的转折期，也是晚清军事现代化推进中的发轫期。淮军的发展能够顺应时势，在一定程度上采用先进技术来弥补旧式军队的不足。首先，在对待西洋武器的引进上，李鸿章从19世纪60年代对西洋武器的大规模运用到80年代淮军势力的鼎盛时期，淮军武器之精"不仅雄于各省，并且和日本比较起来也没有逊色"，所以，单从武器改进的现代化角度来看，"中国近代军队首先有计划的有步骤的改用西洋新式兵器，使那运用古老简陋兵器的军队，改变为近代化兵器的军队，实自淮军始"；其次，从训练来看，淮军采用了一种西洋式的军事技术训练。尽管淮军在晚清军事近代化的过程中迈出了坚实的一步，但由于勇营制度整体机制的僵化和内外环境的制约，其近代化水平远未达到一定的高度，仅仅局限在"从应用旧式兵器改为应用新式兵器，并取法德国营制编立几营炮队罢了"。

2. 创建北洋海军

戚海莹在《李鸿章与北洋海军的创建》(载《东岳论丛》2008年第6期)一文中指出，李鸿章不仅是晚清倡导海军建设的主要人物之一，而且是北洋海军的创建者。在北洋海军筹办过程中，李鸿章不顾顽固派大臣的反对，坚持己见，力排众议，积极营建海军基地，多方购买舰炮，培养海军人才，为北洋海军成军做了大量实际的和开拓性工作，推进了中国近代海军建设，使北洋海军的实力跃居亚洲第一。在当时它不仅增强了中国海防力量，而且在相当长的一段时间内遏止了日本侵略中国的野心，推迟了日本侵略中国战争的发生，并在甲午战争期间为防御和抗击日本的侵略发挥了一定作用。但李鸿章无论在海军战略上还是在管理机制等方面都有很大失误。再加上清政府政治上的腐败，处处掣肘，致使北洋海军的发展举步维艰，终于遭到全军覆没的命运，这个惨痛的历史教训，后世人们亟宜吸取和警惕。

二、梁启超

（一）梁启超的政治活动及主张

1. 戊戌变法时期的政治活动及主张

夏晓虹在《作为政治家的梁启超》（载《云梦学刊》，2008年第9期）一文中指出，梁启超的政治生涯开始于1895年的公车上书，在维新变法期间，他的政治活动主要是协助康有为，发挥其舆论鼓吹的特长，通过办报宣传和结社立会，宣扬维新变法。参与成立的主要社团有"强学会"、"农学会"、"时务学堂"、"大同译书局"、"南学会"、"保国会"等，参与创办或担任主笔、撰稿人的报刊有《万国公报》（因与传教士所办刊物同名，后改称《中外纪闻》）、《时务报》、《知新报》、《湘报》等。在百日维新期间，他受光绪皇帝召见后，办理京师大学堂及译书局事务，政变发生后，东渡日本避难，开始了长达14年的政治流亡生活。

李喜所、元青在《梁启超传》（75、80、96、101页，北京：人民出版社，1993）一书中指出，维新时期的梁启超，其维新思路是讲进化，开民智，变科举，兴民权。梁启超反思中国积贫积弱的现状，远因是几千年专制王权造成的国民劣根性，近因是清末管理制度和教育制度的缺陷，要让中国摆脱积贫积弱的状况，挽救民族危机，必须进化变革，欲变革首先得开民智，开民智的关键是改革科举，最终实现兴民权，国富民强的目标。可以说，开民智的主张贯穿梁的一生，他把设议院和民智的高低联系在一起，以民智为体，以议院为用。

2. 戊戌变法后的政治活动及主张

夏晓虹在《作为政治家的梁启超》（载《云梦学刊》2008年第5期）一文中指出，梁启超在日本流亡的14年，主要从事了四方面的政治活动，一是发挥所长，办报宣传。其中影响最大的是《清议报》《新民丛报》和《国风报》。《清议报》宗旨是"倡民权，衍哲理，明朝局，厉国耻"，刊行100期，到1901年停刊。《新民丛报》上发表的《新民说》影响最为深远，提出"苟有新民，何患无新制度，无新政府，无新国家"，启发了"五四"的改造国民性思潮。二是进行保皇活动，后又与孙中山接触，宣传革命。在康有为的强力斥责下，加上北美游历的所见触动，改变反满主张，回归改良立场。三是在1906—1907年与革命派论战，围绕种族革命还是政治革命，暴力还是改良，君主立宪还是建立共和，土地是否国有，平均地权的社会革命要不要进行等焦点问题展开争论。四是推动立宪运动，梁启超不单在东京成立了政闻社，在《国风报》发表大量的政论文章，甚至培育了跟国内立宪派的政治友谊。近年来，史家加强了对立宪运动的研究，充分肯定梁启超的宪政贡献。丁文江在《梁启超年谱长编》（694页，上海：人民出版社出版，2009年）一书中指出，1906年8月清廷御前会议通过的五大臣《考察各国宪政报告》,便是由梁捉刀起草,作为清廷的政治通缉犯,却在实质上介入了清廷的宪政准备工作。

崔志海在《评海外三部梁启超思想研究专著》(载《近代史研究》1999年第5期)一文中指出,梁启超在日的14年,是思想变化最激烈,最复杂,也是最有成就的时期。就政治观来说,梁启超在1903年之前倾向民主共和,在是否用暴力革命推翻清王朝问题上举棋不定,而在1903年之后他终于打定主意,放弃暴力革命,主张君主立宪。就文化观来说,在1903年之前倾向以激烈手段打破传统文化的束缚,引进西方资本主义国家的道德价值观来直接改造全体国民,而在1903年之后则态度转趋缓和,不再宣传直接新民,转而提倡传统私德,主张通过儒家那套修身养性学说来培育新民。梁启超的思想在1903年发生大的变化,跟他游历美国的观感、苏报案的发生、保皇与革命两派关系的恶化、康梁师徒关系的变化以及明治时代日本思想文化对他的影响有关系。

3. 民国初年的政治活动与主张

夏晓虹在《作为政治家的梁启超》(载《云梦学刊》2008年第5期)一文中指出,1912年10月,梁启超结束在日本的流亡生活回国,主要活动,一是组建进步党,成为进步党党魁;二是入主内阁,先后出任袁世凯政府的司法总长和担任币制局总裁;三是策划反袁的护国运动,袁世凯称帝野心暴露后,梁发表《异哉所谓国体问题者》一文大力抨击,策划蔡锷反袁。四是反对张勋复辟,1917年,张勋拥戴清废帝溥仪复辟,梁通电反对,并参加了段祺瑞的"讨逆军"。后担任段祺瑞政府的财政总长;五是推动中国参加一战和引发五四爱国运动,同时漫游欧洲,思想转变。夏晓虹进一步指出,梁启超在民国的政治表现,从理论政论家到实行的政务家,职务任期都很短,自己也充满挫败感,最后萧然离开政坛。

莫志斌在《论梁启超对五四新文化运动的贡献》(载《广州大学学报(社会科学版)》2005年第5期)一文中指出,梁启超对新文化运动的发展做出了独特的贡献:其一,本爱国之心,提出"亦中亦西"的文化观,为东西文化问题的大讨论提供了有重大学术价值的意见,他反思科学精神,反对科学万能论和全盘西化,至今仍有思想价值;其二,他是陈独秀、胡适、鲁迅、毛泽东等先进知识分子的启蒙导师,其政治思想成了新文化运动勃兴的精神催化剂;其三,他倡导"诗界革命""小说界革命""文界革命",组织共学社,编译新书,邀请外国名流来华讲学,又对中国的学术领域作了较为全面的研究,从多方面推动了新文化运动的发展,为中国近代学术的演进奠定了基石。

(二)梁启超的新闻办报历程

赵敏在《谈梁启超的新闻思想》(载《文史博览》2006年第7期)一文中指出,作为中国新闻史上里程碑式的人物,梁启超的新闻从业历程可以追溯到1895年,他和康有为参与组织了"公车上书",接着参与主编了《万国公报》和《中外纪闻》,开始在舆论界崭露锋芒。后他又在上海主持《时务报》的笔政一年多,遭排挤离开后参与《湘报》的筹办事宜。戊戌变法失败后,梁启超流亡海外,但他的办报生涯并没有停止,而是进入了一个新的阶段。他先后在日本、檀香山等地创办《清议报》《新民丛报》《新中国报》等报纸,发表自己的政治见解,一度被称为"言论界之骄子"。回顾梁启超的一生,从参与主编《万国公报》到1922年脱离报界,前后有27年的时间,他参与创办和积极支持过的报刊有17家,留下的各类文字达1 400万字,他的办报实践和新闻思想无论是对当时的报界还是整个中国新闻史,都是具有举足轻重的影响。

(三) 梁启超的学术思想与活动

1. 新史学理论

黄敏兰在《梁启超新史学从政治向学术的过渡》（载《史学理论研究》2000年第1期）一文中指出，梁启超是中国"新史学"的创始人。1902年，他发起"史界革命"，推动了传统史学向现代史学的转化。梁启超在史学理论、史学方法论、中外历史编纂、史学史、人物传记等各方面都有开创性的贡献。纵观梁启超新史学理论形成的过程，走过了一条从政治向学术过渡的道路，经历了一个从迷信西学到择善而取、从背离传统到选优发扬的辩证过程。早期的梁启超主要是政治家，在1901、1902年书写《中国史序论》和《新史学》时，梁启超着重阐述的是政治理论，分析国家与政府的关系，探讨西方民族强盛及中国落后的原因，因此《新史学》有三大主要内容：第一，批判传统史学。认为"二十四史非史也，二十四姓之家谱而已"，批评旧史学有"四弊""二病""三恶果"：知有朝廷而不知有国家，知有个人而不知有群体，知有陈迹而不知有今务，知有事实而不知有理想。造成铺叙，因袭，难读，难选，无感触，不能启发民智。认为中国的史学维护专制统治，是愚弄人民的工具，几近全盘否定。第二，赋予史学强大的政治功能。梁启超提出的这四弊与当时的政治密切相关，目的是要在批判旧史学的旗帜下，批判专制制度和落后的国民性，从当时的政治需要出发过分地苛责传统史学，把造成中国落后、民族衰败这样严重的政治责任都归咎于旧史学和旧史家。由此，梁启超大力提倡以新学术为救国的武器，他认为，欧洲的史学反映时代的精神，宣传民族思想，向人民灌输民主思想，能促进民族进化和国家发达。第三，规定史学对象为民族发展史。梁启超的政治理论把民族的、整体的利益放在首位。历史学只有叙述各民族和种族的兴衰存亡，才符合其自身的性质，过去中国进化之所以迟缓，就是因为没有"真史家"向民众叙述民族进化的历史。第四，主张新史学为国民而作。新史书要写国民的事迹，为国民而作。梁宣扬这一史学理论的目的是宣传民主政治理论。《新史学》虽然探讨了某些史学理论，但没有继续深入，《新史学》题名为"新史学"却没有对新史学有足够的学术建设。

石莹丽在《论梁启超"新史学"的方法论特征及其对20世纪中国历史学的影响》（载《山东大学学报（哲学社会科学版）》2011年第1期）一文中指出，1902年，梁启超在《新史学》一文中明确提出了跨学科的治史路径，注重史学与社会科学的联系，借助社会科学的理论和方法治史作外衣，使中国史学与西方史学找到了对接点，从此中国传统史学融入了世界史学的大潮中。在当时，新史学所倡导的借助西方社会学、心理学、地理学、统计学等跨学科研究的方法在北大、清华这样的一流学府站稳了脚跟。进化史观和方法论特征还直接催生了唯物史观学派和史学研究会的诞生。这是中国史学的革命性转向，即一方面突破了以往的王朝更替的话语体系，另一方面输入了社会科学的理论和概念，成为史学的新解释工具，后来的"'唯物史观派史学'也是'新史学'的后裔，是'新史学'遗产的继承者"。

石莹丽进一步指出，新史学也存在局限：以跨学科为中心的"新史学"与西方现代"新史学"范式同出一辙。它们在史观上都强调历史学家作为认识主体在历史研究中的中心地位，在研究对象上强调的是人类整个文明的发展过程，在方法上都强调打破历史学与社会科学之间的界线。然当以梁启超为代表的第一代"新史学"家，拿着崭新的史料观念，重新界定历史与其他学科的关系,让中国史家搭上西方史学列车时,西方社会学界却对本门学科产生危机。不过石莹丽最后也指出,处在前科学时代的梁启超,提倡历史主体下移,书写民众的历史无疑是挣脱传统史学桎梏的重要尝试,其启蒙之功非后人所能想象,每一时期、每一种治史方法都有其时代性和合理性。

2. 学术思想及评价

邵盈午在《论梁启超的学术贡献与缺憾》(载《济南大学学报(社会科学版)》2011年第2期)一文中指出,与在思想界的开拓之功相比,在学术上,梁启超则表现了"百科全书"式的气派,涉及政治、经济、哲学、历史、文学、美学、地理、图书、语言以及宗教等多方面,著述之宏富,范围之广,少有人能与其匹敌。"学术独立""思想贵创""科学归纳""朴学文体",可视为梁氏治学的四大特征,分别构成梁氏"现代学统"的整体构架,它是近代人文背景下的一次巨大的学术观念变革。但将梁氏的学术研究置放于20世纪初,学术界普遍受欧美科学主义以及巴黎学派汉学之影响的大背景下,就显示出梁氏治学的某种不足:博约却未免粗疏,下笔凭借激情与记忆,过重即兴发挥,多凭义理凿空演绎,缺乏学者的严谨周密等。但邵盈午最后也指出,尽管梁氏在学术研究中,存在着这样那样的缺憾,但在中国现代学术发展史上,梁氏以其先知先觉者的身份,与过人的天赋和创造力,确曾贡献出超逾特定时代的精神财富与思想智慧。

三、严复

(一)严复的政治思想

1. 天演进化观

欧阳哲生在《中国近代思想史上的〈天演论〉》(载《广东社会科学》2006年第2期)一文中指出,严复的作品中,对士人心理产生震撼性效应的第一本西书当是他译述赫胥黎的《天演论》。该书第一次系统介绍了进化论"物竞天择、适者生存"的观点,吹响了救亡图存的号角。《进化论与伦理学》原是英国生物学家赫胥黎1893年5月18日在牛津大学罗尼斯讲座讲演时的文稿,主要对达尔文进化论、天人之间的区别、伦理与宇宙的进程及其关系作了阐述。1896年,严复翻译《天演论》是将西方最新的前沿学术研究成果介绍给国人的创试,从此,中西文化学术交流工作在新的平台上同步进行,改变了以往中译本作品以陈旧的西方宗教经典和较低层次的自然科学作品为主的状况,也改变了国人对西学偏重技术,不重视西学思想的局面。

欧阳哲生还指出,严复的译著对原著进行大量的改造,产生了让国人心灵震荡的效果。严复进行了哪些改造?为什么这样改造?是学者讨论最多的问题。欧阳哲生指出,首先,严复在书中添加了适合中国读者口味的标题,对书的宗旨作了新的诱导,如卷上的"察变""趋异""人为""互争""人择",卷下的"能实""忧患""教源""严意""天刑""佛释""种业""佛法""演恶""群治""进化"等篇名,这些新加的篇名,完全是严复据自己对原文的理解所做的归纳,有些篇名甚至是对原作的结构做了调整后所做的归纳。其次,严复在翻译过程中,考虑到中国读者的阅读、接受习惯,对原作的内容进行了增减删改,突显他所欲表达的立意。再次,严复以案语的形式,加入自己的思想阐释和对原作的补充,为读者沿着他指引的方向思考留下了广阔的空间,这些案语大大丰富了全书的内容。为刺激国人麻木的心灵,严复在《天演论》开篇不久就明确提出了族群竞争的主题。他首先列举了西方资本主义列强与中国等落后民族之间的巨大差距,向仍然沉迷于华夏文明上国迷梦的国人吹响了亡国灭种的警号。随后指出,早期的中华文明仍然比较强悍,西汉和盛唐时期尚能战胜野蛮的游牧民族,但到了南宋则完全颓败如任人宰割的猪羊。到了当代,中国不仅不如西方列强,甚至比不上蕞尔小国的日本。汉唐强悍,亡于内斗;南宋懦弱,亡于外争,印证了赫胥黎文明理论的基本立论:一个被生存斗争天性统治的社会,必然会因内部争斗而毁灭;一个否定这种天性的社会,必然会被外部力量所消灭。就近代中国而言,面临着比南宋还要危急的亡国灭种的危机。若要自强保种、救亡图存,只有学习西方的先进文化才可能找到出路。严复这种将西方学理纳入中土学术框架的翻译处理,并不符合赫胥黎、斯宾塞的原意,甚至有伤原作的本意。但严复所做的"中国化"工作,大大加强了译作的现实感,经历了中日甲午战败的巨痛之后,《天演论》所传输的"物竞天择,适者生存"的原则对国人产生强烈的刺激作用,许多读者阅读该书时不知不觉地产生共鸣,顺其思路思考民族和国家的前途,或投身维新热潮,或走上革命之路,一场波浪壮阔的变法维新运动终于在这里找到了自己最有力的理论依据。从这个意义上说,《天演论》与其说是严复翻译的西方学术著作,不如说是他为维新运动锻造的思想利器,其现实意义远远高于学术意义。事实上受到这部书感染的国人大都未必能真正理解赫胥黎与斯宾塞之间的理论差异,但他们为书中所使用的"天演""物竞""天择""进化""保种"等词汇所震撼,在同时代人的记忆中留下不可磨灭的印象。

董小燕在《严复思想研究》(39、52、53页,杭州:浙江大学出版社,2006)一书中指出,严复政治思想的深刻根源和系统展开的基点是其进化论思想。严复进化论思想的来源,既有西方的资源,也有中国传统文化的影响,思想来源的多样性,使严复的进化观念呈现出自身的特点和内涵,即它是一种在自强保种的宗旨下,广泛采撷达尔文的进化思想、赫胥黎的进化论伦理学、斯宾塞的社会进化论和中国传统进化观,结合当下中国的问题困境,以政治社会关怀为主导,以民族自强、国家富强为主旨的进化政治哲学。严复的具体观点包括:第一,承认进化的普遍规律;第二,以"物竞天择""与天争胜"为原则。"与天争胜""胜天为治"的提出,使进化论更具有主动意义;第三,能群善群是万物进化的条件。竞争是天择的前提,能群善群是竞争胜利的条件。人口众多,一盘散沙的中国有家族观念、宗族观念,缺乏民族和国家观念,故危机当前,须有群体概念,"能群""合群",方能保国保种;第四,有渐无顿的进化模式。从物种到人种,万物进化都遵循渐变模式,突变和跳跃式发展,缺乏坚实的基础,不可预期。

2. 追求富强的国家观

董小燕在《严复思想研究》(67、74、75、78页,浙江:浙江大学出版社,2006)一书中指出,在中国政治从传统的"天下观"向近代"国家观"的转变过程中,严复起了重要的推动作用。严复认为,"保种保国"的首要是建立现代民族国家,而思考现代国家的诸问题,首要又是更新国家观念。传统中国没有完整政治学意义的国家观念,只有王朝兴替观念和没有边界的天下观念,王朝和国家混为一谈,导致人们对国家和朝廷的认识严重错位,因此没有办法形成现代西方人具有的强烈民族主义和爱国主义。为此严复通过积极译介西方近代国家理论,对国家的起源、特征、功能、国家制度等角度进行探讨和阐说,以启蒙民众。

董小燕还指出,在严复的政治思想中,有一套既顺应世界潮流,又符合中华民族特色的"现代国家"完整构想:第一,现代国家的立足之本是强大的经济实力。应该倡导经济自由主义,主张自由贸易,同时筑路开矿,兴办实业。这是亚当·斯密"国富论"给严复的启迪。第二,现代国家制度构想,包括代议体制和地方自治。第三,建立现代政党制度。严复认为现代国家本质是阶级利益的集中体现,在西方社会中,利益集团最终表达为政党利益,与国家、政府和公众利益密切相关。第四,培育现代国民必备的政治素养。严复提倡地方自治的重要缘由,是想通过地方自治,培育国人的公民意识,开民智、民力和民德。可以说严复的国家构想,是在提高国人公民素养的同时,同步发展经济,推进制度建设。虽然最终没有付诸实施,但对于中国的制度建设也有借鉴意义。

3. 自由主义思想

卢兴在《自由·富强·国治主义》(载《哲学动态》2015年第3期)一文中指出,严复是中国近代史上第一位系统了解和译介西方自由主义思想的知识分子,也是中国近代首位消化和阐发自由主义政治理念的思想家,从这个意义上可以说,严复堪称中国自由主义之父。通过对严复的译介和著述的研究,其自由主义思想可归纳为"自由""富强"与"国治主义"三大主题。

卢兴进一步指出,严复在1905年翻译《群己权界论》和《论法的精神》时,已经认识到自由的复杂性,在追求国家富强的时代命题中,对个体自由和国群自由又作了区分,并就自由和富强的命题作出回应,就价值而言,国群自由优先于个体自由,个体对国群的义务优先于权利;就方式而言,社会是渐进进化的,社会变革的手段是改良,而革命是不现实的;就中国现实而言,民治的条件尚不具备,需要自上而下进行长期的教育培养;就政治体制而言,君主立宪是最适合的政体,强有力的首脑和政府是国家富强的先决条件。这种立场源于严复对英国古典自由主义的选择和消化,在强烈现实关切下,其前后期思想虽有发展,但基本立场一以贯之。

高力克在《严复自由观之悖论》(载《浙江大学学报(人文社会科学版)》2013年第3期)一文中指出,严复的自由观最集中地反映了其政治思想的复杂性:当他思考人类文明和英国文明进化中的自由问题时,他通常像一个自由主义者那样肯定个人主义的普遍价值;当他回到救亡图存的中国语境中谈论自由问题时,则时而表达出群重己轻或群己调和的倾向,表现了儒家传统和国家主义的深刻影响。受孟德斯鸠和穆勒理论的影响,严复还将自由视为天时地利人和的产物,民众与政治的关系犹如土壤与草木,民主政治须以公民德性为基础。在民智未开的中国,专制帝国的政治转型必须经过开明专制的过渡阶段。严复尤重地方自治,将其归为养成自由自治的公民德性的必由路径。严复设计的中国进化之路是:政治上以开明专制为过渡阶段,通过普及教育与地方自治而培育自由自治的公民,渐进地实现民主转型,建设一个富强的现代国家。从这一思想轨迹可以看出,严复的政治思想深受英伦保守的自由主义之影响。然而到了晚年,严复为民国初年之共和乱象和欧洲大战所刺激,思想趋保守,并由此渐生对西方文明与自由主义的幻灭感,痛苦地告别启蒙主义,摒弃西方自由主义,而回归中国传统。对他来说,真正亘古不变且耐久无弊的唯有孔孟之道。

4. 严复政治思想的评价

王建龙在《激进还是保守抑或其他?》(载《福建论坛》2016年第11期)一文中指出,学术界对严复政治理念的评价出现了截然相反的矛盾结论:一种认为前期激进后期保守,另一种认为前后一致。两种评价都以大量事实例证作为依据。这可能与严复政治理念的复杂性以及存在不同的评价标准和评价角度有关。对严复政治理念的评论和研究,最初是由蔡元培做出的,他在《五十年来之中国哲学》一文中称严复本来算激进派,后来有点偏于保守的样子。严复在前期的确发表了《论世变之亟》《原强》《辟韩》《救亡决论》等一系列文章,尖锐批评中国政教,被蔡元培等人评价为激进派是有道理的。辛亥革命之后,严复的政治主张看起来与其前期有了很大的不同,这种不同主要表现在以下几个方面。一是对前期极力赞扬的西方政治文明表示失望。二是对于前期曾给予激烈批判的中国传统给予高度赞扬。三是否定变法,反对共和,也反对新文化运动。这样看来,关于严复前后期政治理念不同并且前期激进后期保守的评价是有道理的。但是,中国学术界也有关于严复思想"一致说"的观点,找出了"六个一致",包括:严复始终都是资产阶级民主主义者;严复一生信奉君主立宪政体,政治渐进主义是严复政治思想的底色,因为始终坚持"鼓民力、开民智、新民德"的思想主题;严复一生始终坚持"中学为本";严复一生都贯穿着保守主义气质,"珍视传统、崇尚秩序、排斥激变、主张渐变"的保守主义思想贯穿于严复一生;严复毕生都在进行"中西会通"的努力,严复救亡初衷始终不改,爱国情操贯穿一生;严复的自由观前后也有一致性,即国家自由先于个人自由。

(二)严复的军事思想

吴晓宇、张洪在《严复的"海军强国"梦及时代意义》(载《军事历史》2015年第2期)一文中指出,严复不仅是中国近代史上在思想、教育、文化启蒙等领域作出突出贡献的人,也是"少有的几个曾经对海军建设进行过整体规划的人之一"。他的"海军强国"梦曾为清政府建立强大海军勾勒出宏伟的蓝图,但由于受时代和社会的条件局限,最终未能实现。严复的军事实践有入学福州船政学堂,留学英国格林威治海军学院,任职北洋水师学堂等。

关于严复的海军强国思想,吴晓宇等认为具体有以下几点:一是强调巩固海防,掌握制海权。19世纪末,美国海军理论家马汉提出海权论,在世界上产生重大影响,严复吸收他的思想后指出:只有控制海权才能谈得上国家安定;二是巩固海防的同时,要加强国内内河防御部署;三是巩固海防是建立平等外交的基础;四是加强海上巡逻;五是购置舰船。

(三)严复的教育思想

皮后锋在《严复的教育生涯》(载《史学月刊》2000年第1期)一文中指出,严复的教育生涯从1880年开始,总办北洋水师学堂20年,培养了一大批海军人才,为中国海军的近代化作出了贡献。1906—1912年间,严复还先后出任安徽高等学堂监督、主持复旦公学、执掌北京大学校政。在几十年的教育生涯中,严复兢兢业业,对旧式教育体系进行改革,为救亡事业献身教育,他的复杂的办学经历,反映近代中国社会关系的复杂和教育救国之路的艰难曲折。

周建超在《严复与近代中国教育的现代化》(载《历史档案》2003年第3期)一文中指出,严复作为中国近代启蒙思想家,他的教育思想如下:第一,逻辑起点是教育救国。甲午战争失败和《马关条约》签订后,严复在天津《直报》上连续发表了《论世变之亟》《原强》《救亡决论》《辟韩》等四篇重要政论文章,提出了"教育救国"的方案。第二,目标模式是"三民""三育"论,即将鼓民力、开民智、新民德与德智体三育并重,主张人的全面发展。第三,途径方法是中西融通。要实现教学转型,必须批判以宋学义理、汉学考据和辞章为核心的封建旧学,积极地向西方学习,引进西方的政治、经济学说和以自然科学为中心的学术内容;批判旧学的同时,严复极力主张引进西学以取代中学,他批评了张之洞提出的"中体西用"的主张,认为中学有中学的体和用,西学有西学的体和用,一个国家的政教学术是完整的体系,以一体一用将之割裂开来,牛体马用是行不通的。要想真正地将西方先进的文化教育学到手,要从政治、经济、科技、文化、思想观念、教育精神等方面全方位地向西方学习,并在超越中学、深入准确地把握西学方法实质的基础上,沟通中西古今,融会贯通。总之,严复从教育救国强国的逻辑出发,不仅批判了中国传统教育的落后,为废除、摧毁旧的教育体系,提供了无人可比的批判与启蒙的动力,而且还给人们提示了一条崭新的教育发展之路。

四、孙中山

(一)孙中山的三民主义思想及实践

1. 三民主义的提出及内涵

孙中山于1905年在《中国同盟会总章》中提出"驱除鞑虏、恢复中华、创立民国、平均地权"的革命宗旨,并在两个月后发表的《〈民报〉发刊词》中将同盟会的十六字宗旨概括为"民族""民权""民生"的三民主义革命纲领。辛亥革命就是以"三民主义"为指导思想的。

(1)民族主义的内涵及演变

耿云志在《孙中山民族主义思想的历史演变》(载《广东社会科学》2007年第1期)一文中指出,民族主义作为一个历史范畴,曾经历过不同的发展形态。最初级的是以"排异"为主导,即所谓"非我族类,其心必异",一切以本民族为依归,对其他民族采取排斥主义;进一步以民族权利为主导,即以建立近代民族国家为目标的民族主义;最后是以建立各民族平等的世界新秩序为主旨的民族主义,这是历史上最高形态的民族主义。而孙中山的民族主义思想,就大致经过这三种形态的演变:在同盟会成立前,孙中山的民族主义以反满为主要特征,未能完全摆脱狭隘民族主义的藩篱。同盟会成立后,从本质上说,已确立以民族建国为目标的近代民族主义。但因作为革命主要力量的会党群众基本上只能接受反满的号召,加之他对帝国主义列强有幻想,同时必须与立宪派在反满问题上划清界限。所以,孙中山仍未能完全摆脱反满的局限。民国成立后一段时期,孙中山在国内民族关系的问题上有过一些不太正确的提法,容易使人误解他是大汉族主义者。到五四新文化运动时期,孙中山的民族主义有了新的飞跃,他非常明确地阐明了争取建立各民族一律平等的国际新秩序的思想和主张,这是他民族主义思想遗产的重要部分。

(2)民权主义的来源及内涵

王钧林在《孙中山的民权主义与儒家的民本主义》(载《文史哲》2001年第1期)一文中认为,孙中山不是从民本起步走向民主,而是相反,首先取法于西方民主,然后返观本土民本,融会贯通而创立"中西合璧"式的民权主义。民权主义与传统儒家的民本主义有其相通一面,又有其明显差异。大致说来,在"民有"和"民享"观念上,二者大同小异;而在"民治"观念上却是一有一无,截然分别。"民治"观念为儒家民本主义所当有而未有,孙中山补其阙,济其穷,乃以比较完备的民权主义完成了对儒家民本主义的发展和超越,这是孙中山的重大理论贡献。

(3) 民生主义的来源及内涵

韩剑锋在《裕民、齐民、新民:孙中山民生主义思想研究》("绪论"17页,北京:生活·读书·新知三联书店,2013)一书中指出,孙中山民生主义思想是对人类优秀思想文化的继承、批判和发展,特别注重以中国传统思想、西方现代思想和马克思主义为依据。其中平均地权的实质是一种有条件的私有制,有限制的公有制。孙中山阐述的发达"国家资本"前提是民主政治制度的建立健全。对于节制资本,孙中山既要利用资本又要驯服资本的破解资本悖论。

郑大华在《论"民生主义"的内容及其当代意义》(载《学术研究》2009年第7期)一文中指出,"民生主义"包含但不等同于"平均地权"和"节制资本","平均地权"和"节制资本"只是"民生主义"整个思想体系的一部分,或用孙中山本人的话说,是"民生主义"的两个"最要之原则"。作为一个完整的思想体系,孙中山的"民生主义"包括重视民生、发展实业、贫富均等和"平均地权"与"节制资本"四方面的内容。

张海鹏在《孙中山民生主义理论体系的内在矛盾——兼议孙中山阶级观点问题》(载《历史研究》2018年第1期)一文指出,孙中山的民生主义,作为一种理论学说,本身存在着深刻的内在矛盾和若干不能自圆其说的理论陷阱:一是承认欧美社会在资本主义发展过程中已经出现、还将继续出现工人阶级与资产阶级的阶级斗争,却在主观上设计避免在中国出现同样性质的阶级斗争;另一是他的阶级斗争理论和阶级斗争的实践是割裂的。从认识论来说,承认欧洲的阶级斗争是唯物主义的,那么,主观上要去防止中国资本主义过程中产生阶级斗争,则是唯心主义的。从孙中山主观上防止中国资本主义发展过程中出现阶级斗争看,他在阶级斗争认识论上是二元论。他在民生观上也体现了这种二元论,唯心主义色彩很明显。

2. 对三民主义的实践

(1) 建立中国同盟会和组织武装起义

张磊、温宪元在《孙中山与辛亥革命》(载《人民日报》2011年10月10日)一文中指出,孙中山不但提出了明确的民主革命纲领,而且创建了全国性的革命政党。1905年,孙中山创建了全国性的革命政党——中国同盟会。相对于农民阶级的秘密结社、资产阶级维新派松散的"学会"等,这个具有近代形态的政党在政治上、思想上和组织上都具有无可比拟的优点,发挥了"革命的中枢"的作用。辛亥革命主要就是由中国同盟会领导的。

张磊、温宪元指出,中国同盟会的创建标志着民主革命进入了一个新的阶段。第一,中国同盟会把孙中山的三民主义接纳为斗争纲领。"驱除鞑虏,恢复中华,创立民国,平均地权"的主张无疑是对民主革命中心课题的高度概括,是比较明确、系统的民主革命纲领。第二,中国同盟会在组织方面有所改进。它效法西方国家的三权分立原则,设立了评议、司法、执行三部,总理由会员每4年公开推举一次。第三,中国同盟会的骨干大部分是革命知识分子。作为其所属阶级的政治代表,他们胜任政治指导者的角色,增加了中国同盟会的能量和活力,同时密切了中国同盟会与国内的联系。第四,在中国同盟会内部形成了以孙中山为首的领导集团。孙中山被一致推举为总理,在他周围聚集了黄兴、宋教仁、朱执信、廖仲恺等一批颇有威信和经验的领导人。这个领导集团保持了相对的稳定,基本上肩负起了领导重任。第五,中国同盟会制订了比较完整的方针政策。1906年秋冬之际,孙中山与黄兴、章太炎等编制了《中国同盟会革命方略》,供各地革命党人发动武装起义时遵循和应用。除具有纲领性的《军政府宣言》外,其他文件的内容主要涉及实施方针、政策问题。第六,中国同盟会是一个全国性的、统一的革命政党。除本部外,中国同盟会在国内设置了东(上海)、西(重庆)、中(汉口)、南(香港)、北(烟台)5个支部以及下属的各省分部,在国外建立了南洋、欧洲、美洲和檀岛4个支部。仅在一年多时间里,加盟者就达万余人。以上这些特点,使中国同盟会摆脱了先前许多革命团体的局限性,真正成为指导、推动革命运动发展的核心力量。在短短的几年中,中国同盟会开展了大量卓有成效的工作,为辛亥革命这场全国范围的武装反清斗争提供了必要的基础和条件。

(2) 领导辛亥革命

耿云志在《孙中山·辛亥革命研究回顾与前瞻》(王杰等整理,载《广东社会科学》2011年第1期)一文中指出,辛亥革命取得一定程度的成功,居首功的是孙中山。作为公认的革命领袖,他能够提出明确的革命纲领。在三民主义革命纲领中,在辛亥革命中发生最大动员效力的是民族主义;但孙中山思想的核心是民权主义。孙中山是一位真诚的民主主义者,从创立兴中会到他去世,一直坚持民主主义的奋斗目标。辛亥革命时期,有许多人并不曾理解和接受孙中山的民权主义思想。在大多数革命党人对于民主缺乏了解、甚至不以为然的情况下,作为革命主要领袖的孙中山若不十分坚持,则辛亥革命之际,或许连共和国的架子都搭不起来。孙中山也是职业革命家,他比任何革命同道都更了解其所领导的革命的意义。推翻清朝统治,仅仅是其革命的部分目的。他有一整套改变社会制度和使国家富强人民幸福的宏大计划。孙中山始终如一地不屈不挠,奋斗不已,这是他作为革命领袖所具备的最伟大、最令人敬佩的品质。他无私无畏,为了国家民族的事业鞠躬尽瘁,这是他最重要的精神遗产之一。

(3) 缔造中华民国

张磊等在《孙中山与辛亥革命》(载《孙中山宋庆龄文献与研究》第三辑,上海书店出版社,2011)一文中指出,由于革命党人的长期战斗和人民群众的英勇奋起,武昌起义的枪声在辽阔的九州大地上迅速得到了反响。1911年底,一半以上的省份已经通过各种途径和方式而"独立"。清王朝的覆灭已成定局,革命处于凯旋行进的高潮阶段,虽然政治的逆流也在潜滋暗长。尽管百废待兴,但摆在革命党人面前的首要任务是:摧毁封建帝制,建立民主共和国。在这关键的时刻,孙中山从欧洲返回祖国。自从1895年的广州起义流产后,他长期被迫流亡异域。12月下旬,他经由香港抵上海。作为被一致公认的享有崇高威望的革命领袖,孙中山理所当然地被各省代表推举为即将诞生的共和国的首任临时大总统。国外的长期活动阶段结束了,他现在亲临"前方","身当其冲",直接领导革命运动。同西方许多国家的民主革命进程不同,辛亥革命并不是以共和政权建立为其基本完成的标志——从根本意义而言,旧民主主义革命始终未能彻底胜利。因此,孙中山就任临时大总统后面临着严重复杂的任务:建设共和国,捍卫共和制。

3. 新三民主义的确立及实践

戴鞍钢在《孙中山与国共合作》(载《团结报》2017年3月2日)一文中指出,在中俄两国共产党人的积极帮助下,孙中山改组国民党的工作全面展开。但是,它从一开始就遭到国民党内一部分人的阻挠和反对,企图以此动摇孙中山的决心。但孙中山改组国民党的决定是经过了深思熟虑的,是坚定不移的。1924年1月23日,在孙中山主持下,通过了大会宣言,并于31日正式发表,昭告中外。它重新解释了三民主义,贯穿了"联俄、联共、扶助农工"的精神。国民党"一大"的召开及其大会宣言,标志着国共合作的实现,是孙中山革命思想和实践新的里程碑,他的革命生涯和救国事业也随之进入一个新的历史阶段。

(二) 孙中山的外交思想及实践

李颖在《孙中山大国外交思想述评》("摘要"1页,北京大学硕士论文,2000年)一文中指出,孙中山先生领导进行反对专制独裁、建立共和政府的民主革命过程中,不可避免地将面对外交问题:如何处理与对当时中国内政具有极大干涉力和影响力的各大国的关系。

第一,孙中山对英法美等西方列强国的外交思想经历了从暂时性妥协到终确立反帝思想的发展变化过程。孙中山对日本帝国主义:一战前提倡中日友好提携;一战期间严正揭露和批评日本;一战后再次提倡中日联合的大亚洲主义。孙中山对苏俄外交发展脉络:1922年之前,孙对苏表示了友好的外交态度,希望借鉴其革命取得胜利的方法,同时表示暂时不宜与苏俄有紧密的联合。1922至1923年,孙苏双方关系进一步深入。孙向苏求援主要有:希望获得苏俄在军火、军费及顾问专家的援助;希望苏支持孙对北京政府的军事进攻;以及苏支持其在西北建立军事根据地。1924年初国民党一大标志着孙苏联盟关系最终形成。

第二,孙中山的大国外交思想的特点存在一定程度的矛盾性(尤其在1924年以前):反对列强侵略,却又承认旧约寻求列强支援;揭露日本野心,却又呼吁大亚洲主义;不断以俄为师友,但对与苏俄正式结盟确也态度谨慎。

第三,孙中山的外交是从属于革命的;其外交的基本目的是为革命寻求外部援助。从这个意义上而言,孙外交策略是符合革命利益的。这是一种极具务实性和灵活性的"拿来主义"。从其外交策略实施的效果来看,孙中山革命也确实从日本获得了有限的援助,而从获得苏俄援助角度看,对苏外交更可以说是较成功的。尽管从革命的长期目标来说,孙中山外交与之有所脱节,但正是因为孙中山始终把革命的利益、中国的利益放在首位,时刻为革命的成功、挽救民族危亡而思考奋斗,其晚年外交思想才能达成新的飞跃。

(三) 孙中山的经济思想

1. 孙中山经济思想的来源

鄢定友在《论孙中山经济思想的理论渊源》(载《甘肃社会科学》2002年第5期)一文中指出,促成孙中山经济思想的形成,主要有三个理论渊源:一是对中国固有思想的"因袭"。传统的"大同""均富"思想、"生而为贫困之农家子"的身世和特殊的社会生活环境、近代志士仁人救亡图存的经济思想等,构成了孙中山"因袭"中国固有思想的三个主渠道,也成为孙中山"创获"其经济思想的理论渊源之一。二是对西方近代经济学说的"规抚"。十四年的西式教育,三十一年的海外生活,广泛阅读西方的经济学著作,不断研究各种流派的经济理论,耳闻目睹西方国家工业化过程中出现的"善果"(社会繁荣)与"恶果"(贫富分化),对西方各种经济学说或流派毫无门户之见,等等,都成为孙中山"创获"其经济思想的又一个理论渊源。三是对旧民主主义革命的实践探索。中国和西方所处的时代和国情不同,决定着孙中山对古今中外各种经济思想或流派的"因袭"和"规扶"过程中,必须走同中国现实生活相结合的道路,并在旧民主主义革命的实践中逐步形成自己的经济建设思想。对经济建设孜孜以求的旧民主主义革命的实践活动,不仅丰富和发展了他的经济思想,也成为"创获"其经济思想的第三个理论渊源。

2. 孙中山经济思想的内涵

俞菲在《〈实业计划〉与孙中山的经济思想》(载《贵州文史丛刊》2004年第4期)一文中从《实业计划》著作中,对孙中山的经济思想作了分析。如:交通运输网的建设,大、中、小商港的建立;重、轻工业,房建业以及河道、运河治理;利用外资、引进技术人才等诸多方面的宏远规划、设想,都表现出了孙中山丰富的经济思想内容;以及他的富国强兵,民生民计,吸取国外科学技术,实现中国近代化的强烈愿望等,都是值得我们借鉴和学习的。

刘世红在《从〈实业计划〉看孙中山区域经济思想的特质》(载《广东社会科学》2007年第5期)一文中指出,孙中山制定的《实业计划》是中国近代史上一个全面、系统、庞大的经济现代化蓝图。在《实业计划》中,孙中山运用当时西方经济学理论并结合中国的国情,首次以划分经济区域的方法对国家经济发展进行规划:将中国划分成三大经济区域,并对各区域内经济发展提出详尽规划;提出以充分发挥各地区比较优势为中心的区域经济协调发展战略;强调发展以工矿业、交通业为主的工业体系,实现中国工业、农业的现代化;重视交通业的发展,以交通网络的构建作为带动国民经济全面发展的关键。《实业计划》处处体现出孙中山区域经济思想的独创性、科学性和前瞻性。

(四)孙中山的中西文化观

林家有在《孙中山振兴中华思想研究》(454页,广州:广东人民出版社,1996)一书中指出,为了救亡图存,孙中山要振奋民族精神,强调民族的可爱、国家的可爱,因此,他主张在继承民族优良文化传统的基础上,吸收西方近现代先进和有益的文化来改良中国的传统文化。他主张重道德,但反对将道德与封建礼教联结在一起;他强调发扬爱国主义传统,但反对将爱国与忠君、维护封建国家联结在一起,如此等等。这些,都说明孙中山衡量和检验中国文化优劣的标准,是从中国传统文化和西方文化的具体形态中,选择、吸收与中国当代具体国情相适应的内容和形式,反对非此即彼的两极对立态度。所以,他既反对彻底否定中国的传统文化、鼓吹"全盘西化"的主张,又拒绝全盘继承传统文化、不学习和不吸收西方先进文化的倾向。

教学设计

设计一:从盗火者到灭火者——严复会通中西的探索人生

设计意图

严复是近代中国文化转型期的代表人物之一,被康有为誉为中国"西学第一人",在系统译介西学、促进思想启蒙、探索救国救民道路方面做出了不可磨灭的贡献,推动了中国现代化进程。本设计试图通过对严复早年学习西方文明到晚年回归传统的思想变迁和人生经历的起伏分析,使学生了解严复一生在会通中西、唤醒民众方面所作的艰辛努力和卓越贡献,从而认识到,站在近代历史的风陵渡口,人物命运与思想的复杂性,既是个性和经历使然,更是治乱交替的社会转型期传统与现代、现实与理想、东方与西方交错拉扯的折射,从而理解个人与时代的互动关系,体会近代历史人物深沉的家国情怀。

设计方案

教师讲述: 1840年以来,西方近世文明以雷霆之势,强袭古老的东方文明,给中华大地以空前的耻辱。然于险象环生之际,一批中华学子,铁肩担道义,妙手著文章,他们振民族之睿智,集异域之精华,在历史的缝隙中,艰难盗火,重新汇释中华文明,严复就是其中先进的典范人物。他如何从一位学习海军的留学生变为积极译介西学的思想泰斗?为何晚年又重新回归传统并在迷茫和忧虑中逝世?

一、留学英伦,海军强国

材料呈现:

材料一

1866年,14岁,参加福州马尾船厂附设船政学堂,入学考试,名列第一。

1871年,19岁,福州船政学堂毕业,"建威"舰实习。前往新加坡、槟榔屿等地。

1872年,20岁,扬武舰上实习,前往日本长崎、横滨,台湾等地。

1877年,25岁,被派往英国学习海军专业。初入朴茨茅斯学校,后入格林威治皇家海军学院,学习高数、物理、化学、海军战术、海战公法和海军炮堡建筑等。留学期间,勤学博览,研讨西方哲学、社会科学,受驻英公使郭嵩焘赞赏。27岁归国。

——董小燕:《严复思想研究》,262页,浙江:浙江大学出版社,2006

材料二

1880年28岁,任北洋水师学堂总教习(教务长)。

1885年32岁,参加福建"乡试",落第。

1888年35岁,参加北京顺天"乡试",落第。

1889年36岁,任北洋水师学堂会办(副校长),再次落第。

1890年37岁,任北洋水师总办(校长)。

1893年40岁,回福建乡试,第四次落第。

——董小燕:《严复思想研究》,262页,浙江:浙江大学出版社,2006

问题设计: 通过两则材料,对比严复的求学经历和回国后的任职经历,你发现有何矛盾之处?试分析原因。

教师引导学生分析: 从材料一的求学经历看,严复是那个时代的幸运者,他是最早接触西学,游历世界的中国人之一,也是第二批官派留学生,有机会亲自在顶级军事学院学习西方先进军事技术和各种现代学科,虽然留学英伦仅仅两年光景,但饱览西方资本主义的繁荣,实地考察英国的政治、教育、法律等,耳濡目染当时英国流行的思想理论和学术新潮。同时,他还得到驻英公使的赏识,应该是履西土,识西学,有前途,符合历史潮流的青年骄子,也是当时清朝的稀缺人才,按道理应该可以在仕途上一展宏图。但从材料二他的任职经历看,虽然北洋水师的教职也算学以致用,但20年局限在北洋水师学堂,并不像同学林永升,刘步蟾等在北洋水师中有更广阔的平台。究其原因,不排除个性相对孤傲的因素,但最主要的还是出身不正,没有科举的功名、人微言轻之故,无法得到李鸿章的重用和赏识。因此在严复最年富力强的岁月里,不是完全投身海军强国,而埋头研究八股制艺,还四次科举落第,不得不说是一种个人的遗憾,时代的遗憾。严复的经历一方面固然可以看到当时社会的保守与传统,但另一方面,不得不说历史也有柳暗花明的一面,不失为一种塞翁失马,科举给严复会通中西文化带来了契机。30—40岁,他为系统沉浸举业,大量阅读经史子集,研究桐城派古文,补足了从15岁开始中断的传统教育,奠定了日后中西会通的学术基础。

教师讲述:1894至1895年,严复进入人生的转折期,开始抛弃举业,大量译介西学,批判中体西用,批判封建专制,投身救亡图存,是什么推动严复的转变?

二、西学泰斗,启蒙维新

材料呈现:

材料三 日本以寥寥数舰之舟师,区区数万之众,一战而剪我最亲藩属,再战而陪京戒严,三战而夺我最坚之海口,四战而覆我海军。

——严复《原强》原发表于1895年天津《直报》,王栻编:《严复集》第1册,7页,北京:中华书局,1986

问题探究:材料三反映了哪一历史事件?作为北洋水师学堂的校长,严复会进行怎样的反思?

教师引导学生分析:材料三反映的是甲午中日战争。1894年,甲午战争的炮声使严复从梦中惊醒。噩耗哀讯接踵而来,给严复极大的刺激。面对同窗好友的牺牲,辛苦创建的北洋海军毁于一旦,他痛心疾首。回想20年前,刚从福州船政学堂毕业的他和同学们乘坐"扬武"号到日本,当时世界先进水平的"扬武"号受到日本民众万民空巷般的欢迎,中国明明先于日本发展海军,如今却在甲午海战中一败涂地,这巨大反差,强烈刺激着严复。所有的悲痛汇聚成满腔的爱国热情,化为急迫的救亡使命感。二十多年的西学积累和阅历,到这时也似乎豁然贯通,成薄发态势,他认为中国的危机不是一时的军事危机和政治危机,而是前古未有的文化危机,在1895年2月至5月间,他连续在天津《直报》上发表《论世变之亟》、《原强》《辟韩》《救亡决论》等文章,在学理上进行中西对比,对中国的社会政治和文化学术做了更深层次的探讨,开中国文化的先河。

材料呈现:

材料四 体用者,即一物而言之也。有牛之体则有负重之用;有马之体则有致远之用,未闻以牛为体以马为用者也。中西学之为异也,如其种人之面目然,不可强谓似也。故中学有中学之体用,西学有西学之体用。分之则两立,合之则两亡……

——严复:《与〈外交报〉主人论教育书》,朱修春主编:《严复研究经典论著评介》,128页,武汉:武汉大学出版社,2015

材料五 今之称西人者,曰彼善会计而已,又曰彼擅机巧而已。不知吾今兹之所见所闻,如汽机械之伦,既皆形而下之粗迹,即所谓天算格致之最精……而非命脉之所在。其命脉云何？……不外学术则黜伪而崇真，于刑证则屈私以为公而已。……则自由与不自由异耳。……中国人最重三纲，而西人首明平等。中国亲亲，而西人尚贤。中国以孝治天下，而西人以公治天下。中国尊主，而西人隆民……

——严复：《论世变之亟》，王栻编：《严复集》第 1 册，2～4 页，北京：中华书局，1986

问题设计：通过上述两则材料，严复批判了哪种救亡观点？他认为中西文化的根本区别何在？

教师引导学生分析：材料四中严复尖锐批评洋务运动中体西用的救亡主张，认为中学有中学的体和用，西学有西学的体和用，一个国家的政教学术是完整的体系，洋务运动将一体一用割裂开来，牛体马用进行移花接木的学习是行不通的。材料五中，严复认为中西文化的根本差异在于自由与不自由，西方文明以自由为体、民主为用，最能体现西方精华的是质（化学）、力（逻辑）、名（格致）、数等学科，器物层面的学习只是了解到西方的皮毛，要想真正地将西方先进的文化教育学到手，要全方位地向西方学习，引进西方的政治、经济学说和以自然科学为中心的学术内容，并在超越中学、深入准确地把握西学方法实质的基础上，沟通中西古今，融会贯通。严复的上述主张该如何落实？

材料呈现：

材料六 一种之所以强，一群之所以立……一曰血气体力之强，二曰聪明智虑之强，三曰德行仁义之强。是以西洋观化言治之家，莫不以民力、民智、民德三者断民种之高下，未有三者备而民生不优，亦未有三者备而国威不奋者也。

——严复：《原强（修订稿）》，王栻编：《严复集》第 1 册，18 页，北京：中华书局，1986

问题设计：严复认为文明强弱的关键是什么？要从哪些方面着手改造中华文明？

教师引导学生分析：从材料中可以看出，严复认为民力、民智、民德是文明强弱的关键，竞争中应该以英式渐进改革的方式，"鼓民力""开民智""新民德"。所谓"鼓民力"，主要是禁止鸦片和缠足；所谓"开民智"就是要废科举，兴办教育，学习西方的学校教育体系；所谓"新民德"，就是设议院，进行英国式的渐进改革。严复在《直报》发表的四篇文章是其一套完整的维新纲领。不久，为唤醒民众亡国保种的意识，严复翻译了赫胥黎的《天演论》，引进进化论学说，像春雷一般在中华大地回响。

材料呈现：

材料七 《天演论》出版之后几年，便风行全国，竟做了中学生的读物了。读这书的人，很少能了解赫胥黎在科学史上和思想史上的贡献。他们能了解的只是那"优胜劣败"的公式，确是一种当头棒喝，给无数人一种绝大的刺激。几年之中，这种思想像野火，延烧着许多少年人的心和血。"天演""物竞""淘汰""天择"等术语，都渐渐成了报纸文章的熟语……许多爱国志士爱用这种名次做自己或儿女的名字，陈炯明不是号竞存吗？我有两个同学，一个叫孙竞存，一个叫杨天择。我的名字也是这种风气底下的纪念品。

——胡适：《四十自述》，48—49 页，北京：中国文联出版公司，1993

问题设计：严复并不是第一个引进进化论的人，为何他译著的《天演论》能够引起轰动效应？

教师引导学生分析：早年西学输入以江南制造总局和一些传教士翻译的作品为主，多局限在宗教、科学及应用和历史等方面。甲午战败之后，鸦片战争以来积累的民族矛盾，化为人们对中国前途命运的深层忧虑。《天演论》出版的那一年，即1898年，列强在中国划分势力范围，要求租借地和筑路权，瓜分豆剖的严重危机，让每一位爱国志士不禁要问："中国真的要亡国了吗？还是可以奋发图强，重新振兴？"《天演论》回应了这一时代命题，中国面临民族危机，列强在德、智、力诸方面比中国有优势，根据"物竞天择、适者生存"的规律，中国不变则亡，但若人治日新，奋发图强，则可以保种保教，生死存亡之权仍操纵在我，既敲响了救亡图存的警钟，又给人以希望。

新思想的传播与被众人接受并不是一帆风顺的，有人就对严复译著的《天演论》提出了质疑。

材料呈现：

材料八 严幾道先生译的书中，《天演论》和《法意》最糟。假使赫胥黎和孟德斯鸠晚死几年，学会了中文，看看他原书的译文，定要在法庭起诉，不然，也要登报辩明。

——傅斯年：《译书感言》，《新潮》1913年第1期，卷3

问题设计：为何傅斯年对大家盛赞的《天演论》评价如此之低？

教师引导学生分析：傅斯年之所有会有此评价，这涉及翻译上的"信、达、雅"问题，即直译和意译之争。严复在翻译《天演论》的过程中，根据自己的理解，结合当时的国情，进行了中国式的改造和归纳，以求更符合中国读者的阅读、思考习惯，进而达到震荡人心的效果。具体的表现，我们看下文材料。

材料呈现：

材料九 原著直译文 在生物界，这种宇宙过程（cosmic process）最典型的特征之一就是生存斗争，即每一个个体和整个环境的竞争，其结果就是选择。也就是说，那些存活下来的生命形态，总体上最适应于某个时期存在的各种条件。因此，就这一点而言，也就仅仅就这一点而言，它们是最适者。

严复译本

以天演为体，而其用有二：曰物竞，曰天择。此万物莫不然……物竞者，物争自存也，以一物以与物物争，或存或亡，而其效则归于天择。天择者，物争焉而独存。……与其所遭值之时与地，及凡周身以外之物力，有其相谋相剂者焉。……斯宾塞曰："天择者，存其最宜者也。"夫物既争存矣，而天又从其争之后而择之，一争一择，而变化之事出矣。

严复按语一：物竞、天择二义，发于英人达尔文、斯宾塞者……本天演著《天人会通论》，举天、地、人、形气、心性、动植之事而一贯之，其说尤为精辟宏富。其第一书以发明天演之旨；第二书以天演言生学（生物学）；第三书以天演言性灵（心理学）；第四书以天演言群理（社会学）；第五书乃考道德之本源，明政教之条贯，而以保种进化之公例要术终焉。呜呼！欧洲自有生民以来，无此作也。

严复按语二：夫既以群为安利，则天演之事，将使能群者存，不群者灭；善群者存，不善群者灭。赫胥黎……言群理，所以不若斯宾塞之密也。

注：赫胥黎、斯宾塞都是19世纪英国的著名学者。

——2013年普通高等学校招生全国统一考试（上海卷）

问题设计：比较上述材料，概括严复译本（包括按语）与赫胥黎原著的内容差异。你如何理解严复笔下的进化论？

教师引导学生分析：严复并未忠实翻译赫胥黎的作品，在译文中加上了斯宾塞的观点以及按语，以阐述自己的观点，深深打上了当时中国社会的时代烙印；赫胥黎将进化论的使用限定于自然界，目的在于说明人类发展与自然界进化的不同，强调人类社会是伦理道德进化的过程，而不是自然的进化的过程，反对社会达尔文主义。相较赫胥黎的观点，严复更倾向于斯宾塞的观点。他传播斯宾塞进化论的目的是为打破"天不变，道亦不变"的旧论，让国人认识到中西差异，与天争胜。严复笔下的进化论，综合了赫胥黎和斯宾塞的观点，在时代大潮的刺激下，是以民族自立、国家富强为主旨的进化论。这种将西方学理纳入中土学术框架的翻译处理，并不符合赫胥黎、斯宾塞的原意，甚至有伤原作的本意。但严复所做的"中国化"工作，大大加强了译作的现实感，经历了甲午战败的巨痛之后，《天演论》所传输的"物竞天择，适者生存"的原则对国人产生强烈的刺激作用，许多读者阅读该书时不知不觉地产生共鸣，顺其思路思考民族和国家的前途，或投身维新热潮，或走上革命之路，一场波澜壮阔的变法维新运动终于在这里找到了自己最有力的理论依据。从这个意义上说，《天演论》其现实意义远远高于学术意义。

成功译述《天演论》后的十年间，严复再度以古雅的桐城古文，翻译《群学肄言》《支那教案论》《原富》《群己权界论》《穆勒名学》《法意》《名学浅说》等7本西学典籍，介绍西方政治学、经济学、社会学、逻辑学、法学等学科知识，以进化论点燃民族主义的火种，以自由思想改造国民性，以教育启迪民智，完成西学东渐的系统建构。大多数中国人还在以制度层面进行社会改造时，他已经深入到现代化的内核，即思想观念和人的现代化问题，是当之无愧的"西学第一人"。然而不久之后，在时代的风云激荡下，严复却改变了对中西文化的态度。

三、返本入古，文化前瞻

材料呈现：

材料十 夫八股非自能害国也，害在使天下无人才奈何？曰：有大害三。……其一害曰：锢智慧。其二害曰：坏心术。其三害曰：滋游手。……积将千年之弊，流失败坏……客谓处存亡危急之秋，务亟图自救之术，此意是也，固知处今而谈，不独破坏人才之八股宜除，与（举）凡宋学汉学，词章小道，皆宜束之高阁也。

——严复：《救亡决论》，发表于1895年天津《直报》，王栻主编：《严复集》第1册，40—54页，北京：中华书局，1986

材料十一 鄙人行年将近古稀，窃尝究观哲理，以为耐久无弊，尚是孔子之书。四书五经，故是最富矿藏，惟须改用新式机器发掘淘炼而已，其次莫如读史，当留心细察古今社会异同……

即他日中国果存，其所以存，亦特数千年旧有之教化，决不在今日之新机，此言日后可印证也。

——严复：《与熊纯如书》（五十二、四十八），王栻：《严复集》第3册，662、668页，北京：中华书局，1986

问题探究：对比上述两则材料，严复对传统文化的态度有何变化？

教师引导学生分析： 材料十反映出甲午战后严复猛烈批判八股取士和传统文化，认为其禁锢智慧，破坏心术，祸害国家，同时认为应该废除科举，传统的宋学义理、考据词章也应束之高阁。但材料十一则反映出严复在晚年时思想位移，重估传统文化的价值，更多强调对传统文化的有条件继承，对西方文明的别择。严复的前后期思想为何会发生如此变化？

材料呈现：

材料十二 京师颇为骚乱，南下者多……数日风信极恶，江浙皆告独立，资政院民选议员如鸟兽散。

——严复：《日记·宣统三年辛亥》，王栻主编：《严复集》第5册，1511页，北京：中华书局，1986

材料十三 专制之革命，必诛杀万人，流血万里，大乱数十年十余年而后定。英民革命，轻而易举，不过在议院占数之从违……当法民之起为革命也，飙起霆发，举国如狂，聚数百之众于一堂，可以划数千载之不平，而明日即成郅治……岂徒法民之利而已。

——严复：《政治讲义》，王栻主编：《严复集》第5册，1314页，北京：中华书局，1986

材料十四 太息春秋无义战，群雄何苦自相残。欧洲三百年科学，尽作驱禽食肉看。

——王栻主编：《严复集》第2册，403页，北京：中华书局，1986

问题设计： 通过上述材料，分析严复晚年思想位移的原因。

教师引导学生分析： 严复比较英法革命后，敏锐感到两国现代化有激进和渐进之别，英国模式慢吞吞渐进，社会较稳健发展，而法国模式想在最短时间内用激进方式建构合理的社会，断绝传统，结果是新旧两亡，社会激荡。严复以法国大革命的经验告诫国人不要重蹈覆辙。辛亥革命带来的社会动荡和政治乱象，让严复联想到法国大革命。在严复看来，当时的中国国民连君主立宪的标准都没有达到，如何能实现更激进的共和制。正是在这样的担忧中，他尊孔复古，研究老庄孔子和墨子，甚至跟袁世凯关系暧昧。严复对中西文化的重估，除来自于现实的刺激外，也有对西方文明的失望，一战带来的生灵涂炭，让他看到西方物质主义、科学主义导致毁灭性的后果，增加了对自身文化的信心，希望在东方的精神文明之中寻找出路。企望回归中国传统，因而形成了一个与"五四"反传统运动截然不同的灭火者形象，遭到激进派的攻击，更因与袁世凯的暧昧关系，最后只好黯然告别仕途，隐归故里，遗憾辞世。

教师指导学生小结： 综观严复的一生，从留学英伦的风华少年到投身科举的水师总办，从高举维新大旗的西学泰斗到回归传统的愈野老人，一生均以古雅的桐城古文翻译西方新知，讨论古今学问，兴办教育、启蒙民众，自觉地承担历史的重任；但遭遇现实困境时，不自觉地又退守传统文化的领地，努力将两者汇通在更圆融的思想体系中。严复起伏的波澜人生集中反映了近代社会转型期中国知识分子命运和思想的复杂性，同时代的康有为、梁启超、章太炎等莫不如是。

经济学家凯恩斯有一句名言："一些东西是新的，一些东西是对的；不幸的是，新的东西不对，对的东西不新。"虽然历史的汹涌大潮让一些宝贵的思想沉积在了河底的淤泥里，但它们的价值属于未来，有待新时代的人重新发掘，严复从盗火到灭火的一生，让我们窥见一些历史的端倪。严复开启民智，会通中西的努力给了我们宝贵的历史借鉴。

设计二：从斗争到妥协——清帝退位前后孙中山为实现共和之努力

设计意图

辛亥革命后，南北战事相持不下，为了避免战祸延长造成国家社会的重大危机，促使清帝退位成为首要选项，围绕这一问题南北双方进行了针锋相对的斗争。本设计引导学生对比《孙中山全集》和《清帝逊位诏书》等相关史料，对1912年清帝退位前后孙中山为实现共和的种种努力进行分析，形成对该问题更全面、丰富的解释，认识历史人物的动机、行为在历史变革中所起的作用，深化学生对中国结束帝制、建立民国的意义及其局限性的认识，体会孙中山斗争与妥协的政治智慧。

设计方案

教师讲述： 众所周知，辛亥革命的具体结局，严格说来，既不是革命党人用武力将清廷推翻，也不是通过南北和谈达成协议，由国民会议公决国体政体，而是清廷在强大的内外压力之下，被迫让位交权，以换取对皇室皇族和旗人的优待条件。1912年1月至2月，主持南京临时政府的孙中山是如何与清廷、袁世凯围绕实现真正的共和进行交涉和博弈的？

一、斗争：孙中山反对袁世凯另立临时政府的图谋

材料呈现：

材料一 在1912年1月17日举行的内阁会议上，刚刚被炸受伤的袁世凯以疾辞，由赵秉钧、梁士诒代表。赵秉钧突然提出："革命党势甚强，各省响应，北方军不足恃。袁总理欲设临时政府于天津，与彼开议，或和或战，再定办法。"满清贵族溥伟对以"今朝廷在此，而复设一临时政府于天津，岂北京之政府不足恃，而天津足恃耶？"

——溥伟：《让国御前会议日记》，中国史学会主编：《中国近代史资料丛刊·辛亥革命》(8)，111—112页，上海：上海人民出版社，1957

材料二 并闻明诏宣布辞政之后，即命各大臣在天津组织临时政府，召集国会，公举第一任大总统及副总统，现在之南京政府及临时总统，应即一律取消。凡涉及政治之事，均由大总统主持，清帝不得过问。俟再行召见各国务大臣，详商一切，即可决定。

——上海自由社编：《议和记》，《中国革命记》第24册，"记事"，7页，上海：上海自由社，1912

问题设计： 通过以上两则材料，概括1912年1月中旬袁世凯易地另组临时政府的原因。

教师指导学生分析： 从材料中可以看出，袁世凯主张另建临时政府，主要是想避开满清亲贵的干扰，更为重要的则是处心积虑将清政府与南京临时政府并列对等，使之同时消灭，大权统归于己，一方面避免将来全国性政权不得不延续南京临时政府的尴尬，一方面也使清廷陷入无政府状态，只能听命于己。

教师追问： 面对这种情况，孙中山是如何应对的？

教师指导学生分析： 预先获悉了部分相关信息的孙中山立即敏锐地察觉出袁世凯此举异乎寻常，于1月18日复电代表南京临时政府在北京与袁世凯谈判的伍廷芳，表示为了民国前途,让位的手续应当慎重,并提出五项条件,前两条如下所示。

材料呈现:

材料三 一、清帝退位,其一切政权同时消灭,不得私授于其臣。二、在北京不得更设临时政府。

——《致伍廷芳电二件》,中国社会科学院近代史研究所中华民国史研究室、中山大学历史系孙中山研究室、广东省社会科学院历史研究室合编:《孙中山全集》第2卷,26页,北京:中华书局,1982

问题设计: 材料三显示了孙中山对袁世凯图谋另立临时政府持什么态度?如果让袁世凯图谋得逞可能会出现什么局面?

教师指导: 从电报内容可以看出,当时孙中山准确预判了袁世凯的政治盘算:虽然不能不实行共和,相较于南京中华民国临时政府,袁世凯显然更愿意其权力来自清帝的逊让。不仅如此,袁世凯还要以北京政府与南京政府合并的名义,使得延续清朝的法统与承接清朝的政府相辅相成,进而吞并南京政府。实际上,自袁氏拥有全权并组成责任内阁后,他就已经是政府首脑。如果其阴谋得逞,革命党就无法掌控局势的走向,也无从保证袁世凯遵守民主共和的路线。如此一来,所有的努力和牺牲,都可能前功尽弃。

材料呈现:

材料四 伍廷芳将清帝退位后民国政府的优待条件正式电告袁世凯后,孙中山觉得兹事体大,当天连电伍廷芳,告以将对袁要约改为三条:"一、清帝退位,政权同时消灭,不得私授其臣民。二、在北京不得更立临时政府。三、各国承认中华民国之后,临时总统辞职,请参议院公举袁为大总统。"

其次,致电黎元洪,通报关于清帝退位办法的交涉及其进展,以及对袁要约,并声明:"若清廷仍不肯就范,则再战有词,请仍照前电准备。"黎元洪复电赞同。

再次,21日午后,南京临时政府召开第一次阁议,议决大事三条,其中之一就是"和议大定,优待清皇室条件已由伍总长开去,将来清帝退位后,将请袁世凯来南京,以就此间临时政府"。

——桑兵:《政权鼎革与法统承继——围绕清帝退位的南北相争》,载《学术研究》2018年第1期

问题设计: 这一系列的措施,体现了孙中山自1912年1月17日以来所进行斗争的目的是什么?

教师指导学生分析: 孙中山不准袁世凯另组政府,目的在于根本否定北方的清朝政府,而以南京中华民国临时政府为全国统一政府,袁世凯当选中华民国总统后应到南京就任。这样袁世凯与清朝的关系就会完全斩断,南京临时政府成为唯一合法的民国共和政府。然而袁世凯不满孙中山的种种限制,继续坚持另立临时政府。

二、斗争:孙中山坚持清帝"退位",而非"退政"

教师讲述: 清帝交权下台虽成定局,可是向谁交权,以何种名义,关系到未来中国国体政体的性质。因此,孙中山一再坚持清帝让位的对象是共和政府,下台之后,其政府即袁世凯内阁自然解散,由南京临时政府组织统一共和政府,然后自己让位于袁世凯,再由袁世凯

接掌统一政府。

材料呈现：

材料五 内阁确奉到皇太后懿旨承认退政。

——《退政懿旨已交内阁》，载《大公报》1912年2月7日，第3版"要闻"

材料六 皇帝辞政。为国利民福起见，所有保持安宁，恢复秩序，联合汉、满、蒙、藏、回等事，断不可无统一机关，故特委袁世凯暂行组织临时政府，代掌一切政权，以期维系大局，主持外交，俟国会正式举定大总统后，临时政府再行取销。

——《北方组织临时政府之草案》，载《申报》1912年2月9日，第3版"要闻"

问题设计： 阅读材料五、六，联系前文，评析新闻报道中袁世凯同意清帝采用"退政"的原因。

教师指导学生分析： 袁世凯同意清帝采用"退政"就使得袁世凯的权力来源及所承继的法统为清朝皇帝，由他主导的北京临时政府将统管全国行政军政，而且以"辞政"名义交出政权的清帝是否同时失去名义上的统治权，并无清楚认定。也就是说，清帝可能仍是名义上的最高统治者。

教师讲解： 退政与退位，一字之差，意思迥异。所谓退政，仅仅是交出政权，对于国家，仍然保留君位。国体仍是君主制，政体变为立宪制。当时种种试图调和君主与共和的设想，如虚君共和、帝国共和之类，其动机和目的都是力求保留君主，以为非如此不能防止内乱外患。可是在孙中山看来，君主不去，就会对共和制构成严重威胁。南方革命家同意清帝以交权退位为条件予以优待，保留帝号，只是作为外国君主待遇，与国体政体毫不相干，双方的主张尖锐对立。

三、妥协：孙中山接受清帝退位的形式和平解决南北战事

教师讲述： 经过最后时刻的紧张较量和磋商，尤其是主持南京临时政府的孙中山的妥协，清帝退位诏书的内容文字终于为双方所认可，并于最后期限内通知了南京临时政府。

材料呈现：

材料七 今全国人民心理多倾向共和，南中各省既倡议于前，北方诸将亦主张于后，人心所向，天命可知。予亦何忍因一姓之尊荣，拂兆人之好恶。是用外观大势，内审舆情，特率皇帝，将统治权公诸全国，定为共和立宪国体，近慰海内厌乱望治之心，远协古圣天下为公之义。袁世凯前经资政院选举为总理大臣，当兹新旧代谢之际，定有南北统一之方。即由袁世凯以全权组织临时共和政府，与民军协商统一办法。

——《清帝逊位诏书》，《临时公报》辛亥十二月二十六日（1912年2月13日），2页

问题设计： 试从政权转让、对待武装起义的态度、政治转型等角度分析《清帝逊位诏书》的价值。

教师指导学生分析： 逊位诏书明确表示，清室皇帝"将统治权公诸全国，定为共和立宪国体"。此句宣示了这份逊位诏书是将政权转让与一个立宪共和国，而不是传统上例行的皇帝退位诏书将统治权转让给另外一个一家一姓之王朝。它彻底打破了古代千年盛行的王朝帝制之循环更替的传统，实现了中国政治的古今之变，促使中国从王朝专制统治转变为一个现代的立宪共和国，而且这个立宪共和国还不是虚君共和制，而是人民的共和制，是诏书明

文确定的"共和立宪国体"。这份诏书不仅仅是单方面的被迫退位,而是一份双方都接受并具有约束力的建国契约,具有宪法性法律的意义,即通过这份诏书,一举证成了基于民心的人民共和国之宪法性的根基。这份诏书还为武装起义(革命)正了名,并以非暴力的和平方式参与了革命建国的历史进程。清室不再把起义视为叛逆、暴乱,而是认可了革命起义的正当性,因为起义受到人民的拥护和支持。诏书代表了有别于革命激进主义的另外一种和平建国的方式,弥补并缓和了辛亥革命建国的激进性和片面性,并通过这个双方认同的具有宪法意义的逊位契约,把两种建国方式融汇在一起,从而深化和完成了中华民国革命建国之构建。经由这场起于暴力起义终结于和平逊位的"革命",中国政治完成了一次历史性的古今之变,从传统帝制转变为现代民国。

连同诏书一起公布的还有全体内阁大臣会衔副署上谕并附录优待清帝、清皇族及满蒙回藏各族条件。从上文可知,在整个南北和议期间,孙中山等人对于清皇室优待的条件就已经提出并与袁世凯进行磋商。

材料呈现:

材料八 (1912年1月30日)清太后……召见袁世凯,谕以速与民军商酌退位之各项条件,俾得将共和诏旨,早日宣布。是日各亲贵中,奕劻仍赞成共和,载沣亦匙之。载泽、溥伟等初犹持异议,继由奕劻详言北军解体之关系,及满族主战之无把握。清太后泣,载沣亦泣,溥伟等乃不敢持主战之说。

——《议和记》,《中国革命记》第26册,"记事",3—4页,上海:上海自由社,1912

材料九 2月9日,南京临时政府向袁世凯递交了经临时参议院修正后通过的《关于大清皇帝辞位之后优待之条件》,史称《清室优待条件》。……同时还发表了《关于清皇族待遇之条件》和《关于满蒙回藏各族待遇之条件》,主要规定:"王公世爵概仍其旧。"

——中国史学会主编:《中国近代史资料丛刊辛亥革命》(八),185—186页,上海:上海人民出版社,1957

问题设计: 有人认为《优待条件》对清皇室起了巨大的分化作用,请从材料八中找出证据论证,并简析诏书所产生的相关影响。

教师指导: 《清室优待条件》使清皇室内部分化,打消了他们退往东北的念头。证据之一就是,1月31日仍有皇族表示孤注一掷,对抗革命。皇室中具有影响力的奕劻、载沣却都是坚持接受优待条件的,后来,皇室内部逐渐达成了与革命政府和解的共识。

清帝颁诏退位与民国给予优待互为前提,两者合璧,方构成南北双方完整的政治契约。在此契约关系中,清室因付出放弃统治权的代价,故得享受民国优待之权利;民国则因受益清帝让权,实现了在共和国体下的南北统一,避免了大规模流血,故给予相应报偿。优待条件包括《关于大清皇帝辞位之后优待之条件》《关于清皇族待遇之条件》《关于满蒙回藏各族待遇之条件》三项文件,除清室皇族优待条件外,同时规定满蒙回藏"王公世爵概仍其旧",从当时的历史条件来看,通过优待清室来团结满蒙两族是必要的,这在一定程度上稳定了边疆,维护了国家的统一。

材料呈现:

材料十 袁世凯"将统治权暨完全领土悉行付畀国民",改为"将统治权公诸全国","即由袁世凯以全权与民军组织临时共和政府,协商统一办法",改为"即由袁世凯以全权组织临时共和政府,与民军协商统一办法"。

……审阅军谘府军谘使王赓关于破坏后建设的上书,觉得"多可采",尤其在"共和成立后,暗中应以开明专制之精神行之"的"开明专制"四字下加了着重圈点。

——《手批清帝逊位诏书稿》、《批军谘府军谘使王赓上书》,骆宝善、刘路生主编:《袁世凯全集》第19卷,544—545、521—523页,开封:河南大学出版社,2013

材料十一 (清帝退位后孙中山答复谭人凤所说)前提条件,系委曲以求和平,若虚君之制犹存,则决不能承认。文(孙中山)虽愚昧,亦断不容以十数省流血构成之民国,变为伪共和之谬制。

……惟退位诏内全权组织临时政府一语,众不乐闻。徇电告项城,请即南来,并举人电知,畀以镇守北方全权。照此办法,众当贴然。项城辛苦全[备]至,今日应将往来密电,证以事实,由沪发表,以明公论。

——《复谭人凤电》(1912年2月13日)、《致伍廷芳唐绍仪电》(1912年2月14日),《孙中山全集》第2卷,91、94页,北京:中华书局,1982

问题设计:阅读材料十,评析袁世凯修改清帝退位诏书等行为,并依据材料十一,说明此时孙中山主要所关注的事项以及产生的后果。

教师引导学生分析:根据《袁世凯全集》的汇辑,清帝退位诏书存留有若干底本,应该出自多人之手,并经多人改定。其中袁世凯仅仅改动了几处,只是增减几个字,甚至只是调整了字词的顺序,而使得意思迥异。袁世凯这些改动不仅相当关键,而且居心叵测:突出和强化自己的权威,无疑是暗藏个人野心,为将来自己称帝埋下伏笔。

清帝诏书公布后,孙中山等人所担忧的主要是袁世凯是否斩断与清廷的关联。实际上,袁世凯维护清廷旨在减少拥帝势力的压力,以便与南方讨价还价,而赞同共和则是为了迫使清廷让步并减轻民党的反对力度,他所需要的,是能够任意发挥的无限权力。孙中山虽然早有警觉,百般防闲,却执着于斩断袁世凯与清廷的联系,而未能有效防范袁世凯本人专制集权,加之同党大都共识不足,还是棋错一着。已经如愿以偿、大权在握的袁世凯在扫除了清帝的障碍后,悍然拒绝了孙中山等人要求其南下赴南京组织临时政府的敦促,最终孙中山选择了妥协,袁世凯在北京接任临时大总统之位。

教师指导学生小结:1912年初,经过孙中山等人的斗争与妥协,当时的中国以清帝退位的形式和平解决南北战事,结束帝制,实现共和,但只得到一块民国的空招牌,不仅革命不彻底,而且被袁世凯窃取了革命成果,从而留下后来帝制复辟的严重隐患。诚然,退位优待以及袁世凯出掌大位的结局未必理想,可是,转换角度,正是孙中山等人具有妥协的政治智慧,使得《清帝逊位诏书》公告天下,忠诚于清帝的满蒙回藏尤其是边疆的这些地域人民、贵族管辖权全都由于清朝的逊位,同样投到中华民国中来,所以中华民国是非常和平的传承继受了清朝帝国的疆域人民以及所谓共同体的所有物资和精神的财富,而这个财富使得中国到现在还享受着重大的内在价值。而且清帝以和平逊位的方式,把君主政权转让与一个新生的立宪共和国,由此弭平了两个断裂,一个是古今政治天命之断裂,一个是民族畛域之断裂。

教师总结:纵观整个世界革命史,辛亥革命以最小代价换取最大成果,200余年的清王朝连同2 000余年的皇权帝制一起走下历史舞台,创建了亚洲第一个共和国,在东西列强都认为绝无可能的地广人众的国度,建立起当时世界上最先进的国体政体政治形式。不仅如此,由于政权的和平更替,包括藩部在内清朝原有疆域和各族民众,基本得到维系,避免了稍后奥匈帝国分崩离析的解体命运。在实现从帝制到共和跨越的同时,维护了国家的统一和民族的共存。这在世界历史上也堪称绝无仅有的典范。只是,孙中山对于袁世凯的弄权,预判准确,针锋相对,却苦于同党共识不足,最终选择妥协,给袁世凯留下回旋空间,造成无法挽回的严重疏失。

教学资源

资源1:李鸿章对日观演变

1870年李鸿章任直隶总督稍后兼任"三口通商大臣",这一特殊位置使李实际进入权力中枢,使他从"地方官"开始登上国家外交舞台,参与全国性外交战略、政策的制定。他履任不久,对日外交就提上议事日程。这是他首次直接参与、经办全国性外交活动,因此值得重视。而且,在某种程度上说,李鸿章的外交、甚至政治生涯的最大失败是最终败于对日交涉,所以对李参与的中日外交的"开端",他的"对日观"的演变,尤需详细清理。对日本的明治维新,李鸿章一直十分推崇,并且他认为日本与中国一样同属受西方列强压迫的东亚国家,因此起初一段时间他认为可与日本"联为外援"共同抗拒西方列强的侵压。但后来在处理日本侵台的事务中,他的"对日观"渐渐发生变化,最后得出了日本将是中国"永久大患"的结论。

——雷颐:《从"联为外援"到"永久大患"——李鸿章对日观演变浅论》,载《抗日战争研究》2006年第3期

资源2:从梁启超到孙中山:清末共和先驱的易位

清季梁启超鼓吹共和,造成共和思想初兴,国内学堂学生和留日学生成为共和思想的信奉者以及共和制度的实行者。南洋公学风潮退学生要求建立共和学校,引发学界和各界的广泛讨论。正当国内外青年学生在《革命军》的鼓动下沿着共和的大道高歌猛进之际,从新大陆东归的梁启超却告别共和,一步退到开明专制。而鉴于邹容提出的"中华共和国"不胫而走,之前坚持反清革命,但汉语表述不使用"共和"概念,以免与古代贵族共和以及共和专制相牵混的孙中山,适时趋势采用共和的口号,很快被拥戴为中国共和革命的旗帜北辰,转身成为共和的先驱。只是作为严格的学理概念,孙中山还是使用不易引起歧义的"民权"、"民主"、"立宪"取代"共和"。

——桑兵:《从梁启超到孙中山:清季共和先驱的易位》,载《广东社会科学》2018年第1期

资源3:梁启超与革命派的论战

1905—1907年,革命派与立宪派各据《新民丛报》《民报》就"种族革命"、"政治革命"与"社会革命"等问题展开激烈论战。其中,"种族革命"是革命、立宪两派论战的焦点之一,论战的主角是汪精卫和梁启超。立宪派与革命派关于种族革命辩论的要点大体是:第一,就民族复仇而言,种族革命是否具有正当性;第二,种族革命是否会导致国家分裂与列强干涉;第三,满族是否已经同化于汉族;第四,中国是否已亡国于满人;第五,就种族革命与政治革

命的关系而言,种族革命与政治革命孰轻孰重,种族革命是否为政治革命的必要手段。如果说种族革命之争的重心在于种族革命对于政治革命是否必要,则双方争论的另一个焦点便是政治革命本身,即关于君主立宪与共和立宪的优劣是非问题。争论起于梁启超自新大陆归来后由倾向革命到否定革命、由赞成共和到非议共和的态度转变。双方你来我往,就进行暴力革命、实行共和还是通过开明专制进而立宪孰是孰非等一系列重大问题展开辩论。

——孙宏云:《汪精卫、梁启超"革命"论战的政治学背景》,载《历史研究》2004年第5期

资源4:梁启超的世界主义主张

在晚清到民国时期这一数千年未有之大变局中,从思想演变来看,梁启超一方面吸收了西方的自由主义、民族主义以及进化论等思想,另一方面也从中国传统思想中寻求理论支持,政治思想经历了大同主义、国家主义,再到世界主义的演变过程。

与早期的大同思想不同,梁启超流亡到日本后,进一步了解西方,接受了西方的进化论及卢梭、孟德斯鸠等人的国家学说,同时熟读日本思想家中村正直和平田东助等人的著作。加上1903年春,梁启超的北美之行,他的思想出现了更为明显的国家主义和民族主义倾向,这些变化,主要体现在《新民说》和《群说》等著述中。梁启超对其早先的"三世六别"说进行了批判和反思,承认民族主义在构建现代国家过程中的重要作用,认为世界主义属于理想,国家主义属于事实;世界主义属于将来,国家主义属于现在。对正在遭受西方列强入侵和掠夺的中国来说,追求民族的独立是民族主义的第一要义,是国家构建的根本动力。现在的世界是民族帝国主义的时代,唯有实行民族主义才能参与竞争。长久以来,中国人的国家观念淡薄,国人"知有天下而不知有国家","知有一己而不知有国家"。随后梁启超提出"新民"的概念,新民是构建民族国家的根本,苟有新民,何患无新制度,无新政府,无新国家。同时,梁启超还改造了他在戊戌时期已形成的"群"的概念。提出"合群"的主张,因传统中国君私其府,官私其爵,身私其利,家私其肥,宗私其族,族私其姓,缺乏公共观念、对外界说不分明、缺乏规则,以及人与人之间的嫉妒之心,纵然四万万民众却无法"合群",无法在竞争的世界中赢得生存。因此应该"以群为体",梁启超在对"世界主义"从认同到质疑的认识变化过程中,重新阐释"国家"概念,破除根深蒂固的自视中国为"天下"的传统世界观,明晰中国只是众多民族国家中的一员而已。

梁启超从欧洲各国考察回国后,对原先坚持的国家主义和民族主义进行了反思,思想再次发生了变化,提出了新的"天下"说。梁启超认为国家主义和民族主义是一战爆发的"公共原因"。国家主义能够控其民为一体,人民以共和国为己身所托命,但在国家多难之时,这种国家观念容易被人煽动,培养出排他性的"嫉妒感情",成为国家间战争的根源。欧洲工业化国家因已分成了"资本国"和"劳动国",所以在世界大战中短兵相接,拼个你死我活。国家非人类最高团体,任何人都应自觉作为全人类一分子而负责任。梁启超认为,尽管儒家的"超国家主义"有其弊端,但在民族帝国主义的现代世界中,植根于儒家思想的中国的"世界主义"将有利于治疗诸国竞争的"病态"问题。儒家经典《礼记·礼运》中包含了大同思想,先秦政治思想家的观点就更具有强烈超国家主义色彩。"以天下为一家"是梁启超所设想的最美好的社会愿景,如何实现?他认为,以儒家"仁"为基础的同类意识是实现"天下大同"世界的

根本推动力。从最低限度来说,人类同情心是所有人都共有的情感和价值。如果能够更好地培育这种同情心,那么最终将会实现理想的"仁的社会"。从更宏大的中西文明的角度出发,天下大同还需要融合中西两种文明,从而化合成一种新的文明。关于中西文明化合成新文化系统的过程,梁启超认为大致可以分为四个阶段,第一阶段是每个人都应该尊重爱护本国的文化;第二阶段是人们应该使用西方的研究方法来研究本国文化的精神;第三阶段是以西方文化为补助,以本国文化为基础化合成一个新文化系统;第四阶段应该把这一新文化系统向外部扩展,最终对人类全体做出贡献。所谓"世界主义的国家"指的是,超越顽固偏狭的自私自利爱国主义,在国家和世界之间寻求一个完美的平衡。如何把中国建设成为"世界的国家"呢?梁启超开出的药方是建成强有力之政府,推行教化新民的保育政策,提高其教化和政治的能力,进而实现"世界的国家"的最大目的。至此,梁启超把西方学说与中国"大同世界"的哲学融合起来,形成独树一帜的新"天下"思想。这一变化既是清末民初中国社会风云激荡的产物,也反映了先进中国人治国平天下的理想情怀。作为一个成长中的大国,在民族复兴的道路上,更需要一种世界主义胸怀,梁启超的世界主义主张,仍是我们今日建构新世界秩序的思想遗产。

——王金良:《大同、国家与天下——梁启超的世界主义思想及其意义》,载《国际观察》2018年第1期

资源5:严复对赫胥黎及斯宾塞进化论的解读

学界一般认为,斯宾塞代表了社会达尔文主义的观点,即认为物竞天择、适者生存的规律普遍适用于生物界和人类社会,而赫胥黎则反对将这一生物学规律无条件地运用于人类社会,因而有些论者据此将他看做反社会达尔文主义者。严复对二人的观点虽然各有取舍,但其总的倾向看更接近斯宾塞的立场,因此不少论者断定严复也是一个社会达尔文主义者。

严复在其《天演论》案语中所引述的斯宾塞的观点是经过他筛选的,因此已经滤掉了其倾向于社会达尔文主义的极端言论。赫胥黎的文明理论既不同于社会达尔文主义,也不与其完全对立。赫胥黎承认生存斗争在文明程度较低的社会里存在并发挥着重要作用,在这一点上他与社会达尔文主义者有相似之处。但他认为随着人类同情心和良心的发展在社会内部产生了伦理道德,伦理道德通过互助合作提高整个群体在对外生存斗争的效率,当伦理过程保证每个社会成员都拥有足够的生存资料时,在文明社会内部生存斗争就基本结束了,在这一点上,与断定生存斗争在社会中永恒存在的社会达尔文主义者截然不同。他的文明理论提出了伦理过程的道德良心与宇宙运行过程相互对抗的思想,并且提出社会内部生存斗争应该在法律和道德允许的程度之内,不过,赫胥黎承认了生存斗争在国与国之间的存在正当性,伦理道德只适用于一国之内的人际关系。斯宾塞主张应该通过公平竞争、优胜劣汰来淘汰本国的弱者和较弱的民族,从而使本民族甚至整个人类种族得到进化,这显然是一种一以贯之的一元性进化论;而赫胥黎则认为应当在国内实行改良主义,缓解内部的生存斗争,通过高扬伦理道德的积极作用,扶助贫者、提高弱者来促进互助合作与社会和谐,从而加强整个民族对外的国际竞争力;在国外则实行民族主义,增强本国的竞争力,确保本国在国际竞争中取胜,因此,赫胥黎的这种观点是伦理二元进化论。与赫胥黎相似,严复那些强调族群竞争的激烈言论的主旨也不是要鼓励国内竞争,而是要激发国人外争国家民族生存权

的意志,在国际竞争的战场上自强保种、救亡图存,也是二元的进化观。虽然表面看来,赫胥黎高扬道德良心,严复鼓吹物竞天择,然而前者的伦理道德主要适用于国内,而后者的生存斗争则主要针对国外。通观严译《天演论》及其案语可以看出,严复自始至终贯彻其族群竞争的主题,全书没有一条案语是鼓励内斗的,因此,二人的立论非但不矛盾,反而是内外有别、相辅相成的。无论把严复看做社会达尔文主义者,还是把赫胥黎说成反社会达尔文主义者,都是过于简单化的武断之言。若要为这三位进化论者的理论立场和价值取向定性的话,更准确的说法,应该是,斯宾塞是个不彻底的社会达尔文主义者,赫胥黎最多是个民族达尔文主义者,而严复则是个更为激烈的民族达尔文主义者。

——杨深:《严译〈天演论〉与赫胥黎及斯宾塞进化论的关系》,载《哲学研究》2014年第1期

资源6:学者对严复的评价

有的(学者)提出严复是一位划时代的思想文化巨人。如周振甫说:"就近百年来中国的思想来看,严复不但是一位很重要的人物,并且也是一位划时代的人物。"胡慧玲说:"严复不愧是划时代的文化巨人。"有的侧重指出严复是启蒙思想家。如王栻说:"严复是中国新兴资产阶级的启蒙思想家",他"所起的重大启蒙作用",主要是在"戊戌变法前后"。李泽厚则认为,"严复是中国资产阶级主要的启蒙思想家",其"启蒙影响和作用不只是在戊戌时期和对改良派,更主要更突出的是对后几代的年青的爱国者和革命家"。马勇认为:"严复不是一个成功的政治家,他的贡献也仅仅限于思想学术方面。严复历史地位的真正确立,主要的还在于他在近代中国给国人带来了近代西方的新思想和新观点,使国人觉悟到,要救国,只有维新,要维新,只有学习外国。从而以思想观念的形式极大地推动了近代中国的变化与发展。"有的认为严复是个政治思想家。如严诚说:"许多人以为严复是翻译家,俚认为这种看法太肤浅了!""严复本质上是个思想家,属于政治思想家的范围。有人说他是启蒙思想家,如果对'启蒙'二字有正确理解的话,这种提法也算不错。"有人认为对严复的评价还没有到位,严复是中外文化交流过程中一位"空前绝后"的人物,由于他的贡献,可称他不仅是中国的、而且是世界文化巨匠。严复融合了中西文化,他不仅是中国的思想家,也是世界级的伟人。

——苏中立:《百年来严复研究的发展概述》,载黄瑞霖主编:《中国近代启蒙思想家——严复诞辰150周年纪念论文集》,442—443页,北京:方志出版社,2003

资源7:孙中山的理想主义精神情怀

孙中山的理想主义精神情怀,确有不切实际之处,但不能以此推论理想主义的失败。理想主义的光芒,是推动人类进步的根本因素之一。在当下功利现实主义泛滥之际,重温理想主义的精神境界,理解孙中山的理想主义精神情怀,更有积极的正面意义。孙中山长期游历欧美日,了解东西世界的长与短,不保守、不泥古、不自大、不盲目。改革开放以来的实践,充分证明了中国融入世界、向世界开放的重要性,同时也说明了当年孙中山具有国际化视野的可贵。与时俱进、因时而变,体现了孙中山不拘泥旧制、不固守成规的特性,而中国特色社会主义改革开放的实践及其成功经验,同样说明跟上时代步伐、与时俱进的重要性。孙中山不

为一时失败所挫而放弃斗争,放弃对理想的追求,是为不屈不挠的奋斗精神之要义。

——汪朝光:《孙中山·辛亥革命研究回顾与前瞻》(王杰等整理),载《广东社会科学》2011年第1期

资源8:习近平对孙中山的评价

孙中山先生是伟大的民族英雄、伟大的爱国主义者、中国民主革命的伟大先驱,一生以革命为己任,立志救国救民,为中华民族作出了彪炳史册的贡献。我们对孙中山先生最好的纪念,就是学习和继承他的宝贵精神,团结一切可以团结的力量,调动一切可以调动的因素,为他梦寐以求的振兴中华而继续奋斗。我们要学习孙中山先生热爱祖国、献身祖国的崇高风范。我们要学习孙中山先生天下为公、心系民众的博大情怀。我们要学习孙中山先生追求真理、与时俱进的优秀品质。我们要学习孙中山先生坚韧不拔、百折不挠的奋斗精神。

——习近平:《在纪念孙中山先生诞辰150周年大会上的讲话》,载《人民日报》2016年11月12日

资源9:资产阶级革命的启蒙者——严复

严复强调因时而变,但并不赞同激烈的社会革命,甚至也不赞同康有为式大规模的制度变革。严复对西方的自由、平等、共和的了解在同时代的人中是屈指可数的,他也深知要实现这些目标的一个重要前提是高水平的民族素质,甚至于把这一前提看得过于重要。在严复看来,在清末民智水平很低的情况下,要推行民主共和,不但是不可能的,而且是有害的。

1905年,孙中山在欧洲就发动共和革命的问题征求严复的意见,严复坚决反对,认为当时的中国人还不具备实行民主政体的条件,并提出最好的办法不是革命,而是先从教育入手,待民众水准达到共和要求后再创建新的共和国。这仍然是严复开民智、愈愚思想的一种坚持。武昌起义后,面对纷乱复杂的社会乱象,严复不仅坚定了自己先前的主张,而且渴望推行君主立宪。这可以从他与袁世凯两分两合的关系看出。

因而,尽管承担了资产阶级革命之启蒙者的历史重任,严复本人却一直置身于阶级和民族的群众性斗争之外。有人说,严复晚年落伍了,变成了一个复古者。其实,改变了的只是世事,严复并没有变,或者说,严复心智的底色并没有变。严复的悲剧是所有孤独的思想者共同的宿命:他们能洞察真理的逻辑,却理解不了实践的辩证法,在完成了自己的使命后,便被历史的回潮裹挟而去。

时世平:《严复:终其一生的"愈愚"者》,载《中国社会科学报》2012年4月16日

第七单元

中国近代经济与社会的变迁

学术引领

一、中国近代经济的变迁

（一）中国近代经济思想的发展

1. 近代前期与洋务运动时期的经济思想

蒋国宏在《晚清重商思潮新论》（载《理论学刊》2005年第10期）一文中指出，晚清重商思潮产生于20世纪六七十年代，既有封建社会中长期存在的重商思想为其奠定基础，又与先进知识分子的普遍觉醒、中外贸易中出现巨额逆差和清政府急于解决严重的财政危机密切相关。晚清重商思潮适应了我国现代化事业启动和由传统农业社会向工业社会转变的要求，有利于建构比较合理的产业结构体系，推动了资产阶级民主共和国的降生。

但冯筱才在《从"轻商"走向"重商"？——晚清重商主义再思考》（载《社会科学研究》2003年第2期）一文中指出，由于财政上的需要及外力的冲击，晚清政府开始重视工商业，并有实际的举措，但此时的重商主义是有局限性的。政府之目的仍在对外，并未认识到商业本身于民生的重要意义。经济民族主义是晚清重商主义的核心，"商战"是其主要口号，并为商人所欢迎。但晚清的重商主义有别于英国的重商主义，"重商主义"的实质在于其目的是指向国家的强大，以在国际竞争中获得有利的基础。商人地位的抬升，是服从于这个大目的的。实际上，晚清商人从来就未能获得其欧洲同行的地位。商人私有财产权仍处于暧昧之中，法律上并无此类产权的保护规定。夺富思想早就见诸古代中国知识分子的议论及政治家的实践，故商人的财产经常会遭遇政府的侵犯。轻商的社会风气也未能从根本上祛除。

2. 甲午战争至辛亥革命时期的经济思想

陈文亮在《康有为经济思想述评》（载《理论学习月刊》1998年第11期）一文中指出，与以王韬为代表的早期改良派"以商立国"论不同，康有为认为国家要摆脱贫困，必须以工立国，提出了"定为工国"的主张。康有为主张以大工业精神（尚智、创新）来武装和改造一切经济部门及一切社会领域的国家工业化思想，提出了大同社会生产、交换、分配、消费等方面经济生活的设想。

3. 民国时期的西方资产阶级经济学思想

左玉河在《国家资本主义:孙中山民生主义的本质》(载《史学月刊》2016 年第 11 期)一文中指出,民生主义旨在避免中国资本主义的发展,但平均地权的主张在客观上刺激了中国资本主义发展,节制资本的本质是发展国家资本主义。走国家资本主义道路、采取国家社会主义政策、追求多数人富裕等因素表明民生主义具有明显的社会主义倾向,本质上是国家资本主义。既然民生主义本质上是国家资本主义,而国家资本主义实际上是集产社会主义,那么民生主义就具有明显的社会主义倾向,与共产主义在精神上就有了某种相似之处。但他同时指出国家资本主义未必能实现"多数人富裕",更不必然导向社会主义。要实现国家资本主义的"国利民福"目标,是需要国家必须是人民执政的国家,政府是人民当家作主的政府这个前提条件,如果是官僚及资本家控制的政府,国家资本主义有可能演变成官僚资本主义。

张海鹏则在《孙中山民生主义理论体系的内在矛盾——兼议孙中山阶级观点问题》(载《历史研究》2018 年第 2 期)一文中指出,由于民生主义理论体系存在矛盾,民生社会主义不能准确地定义为社会主义。注重民生,批判资本主义制度,提出共同富裕,这些与科学社会主义在理论上有共通之处。但是,孙中山不采纳科学社会主义当中打碎旧的国家机器、生产资料全民所有制的主张。孙中山真心诚意地在中国呼唤社会主义,却又极力预防社会主义革命的发生,这在理论上是很难说通的。说民生主义是社会主义,民生主义理论却规定了它不是科学社会主义。如果不是科学社会主义,它就不是社会主义,或者说形式上是社会主义,实质上不是社会主义,而是如《共产党宣言》指出那样,是资产阶级的、小资产阶级的社会主义。

宋丽智、邹进文在《凯恩斯经济思想在近代中国的传播与影响》(载《近代史研究》2015 年第 1 期)一文中指出,以 1936 年《就业、利息与货币通论》的出版为标志,凯恩斯经济思想实现了从关注货币问题向关注整个宏观经济的转变。1936 年之前,中国学者对凯恩斯货币理论的认识与解读基本没有形成系统,但基本接受了凯恩斯通货管理思想,为国民政府的法币改革提供了重要的理论依据。1936 年之后,凯恩斯经济思想对中国经济学界产生了较为广泛的影响,突出表现在中国近代货币理论体系的建立、财政理论与就业理论的发展等。中国学者还尝试比较凯恩斯与其他学派经济思想之异同,对凯恩斯理论能否中国化提出质疑。

宋丽智、邹进文还指出,虽然中国经济学者对凯恩斯经济理论认识上较为深刻,但是凯恩斯主义对于当时中国宏观经济发展与经济政策等具体实践方面影响甚微,对凯恩斯经济理论的研究与现实经济政策的应用之间存在割裂。许多中国经济学者也试图运用凯恩斯理论来解决中国的现实经济问题,提出具体的政策主张,如姚庆三主张设立国民经济建设委员会,运用公债来推动公共建设。这些主张从理论上而言,有助于推动当时经济发展,但它在近代中国并没有像当时发达资本主义国家那样能转化成适应各国现实的经济政策。

杜恂诚在《南京国民政府统制经济政策的实现途径》(载《中国经济史研究》2016 年第 3 期)一文中分析了统制经济的传播与实施的路径。他指出,政府干预经济的这股世界性潮流,通过学者的、政府的和实业界的路径向中国渗透。学界传播和讨论统制经济思想的力度是最大的,使统制经济思想成为当时经济思想界的主流;1933 年国民政府行政院长兼财政部长宋子文在出席世界经济会议回国以后,极力主张中国仿行欧美统制经济,他的主张很快就变成了政府的政策;企业家自己提出行业统制的口号,要求政府通过统制予以扶持。但由于何为"经济统制"的内涵不甚清晰,给国民政府的"集中"政策留出了空间,对经济的统制救助演变为对市场的行政控制。结合"发达国家资本"和"限制私人资本"的民生主义理论,政府统制了能源、重要实业、交通等经济命脉,并对银行业实行了行政性垄断。政府的投资和强制金融业对工农业扩大放款,固然对经济的复苏起了一定作用,但经济增长方式也由市场主导转变为政府主导。

陈雷、戴建兵在《统制经济与抗日战争》(载《抗日战争研究》2007年第2期)一文中对统制经济思想做了比较积极的评价。他们认为,统制经济是国民政府随着抗日战争的全面展开而逐步确立和实施的一种战时经济体制,其最高目标是为战争服务。虽然在实施的过程中有一定的消极作用,但从战争的角度衡量,它又是必须和必要的,是抗日战争环境下的特定产物,在维持战时生产、最大限度保障军需民用、支持抗日战争方面发挥了重要作用。文中也提到了统制经济的消极作用,导致国民经济呈现逐渐衰退的趋势,出现财政收支不平衡,通货膨胀、物价上涨等现象。但陈雷等认为国统区经济衰退的根本原因是战争的破坏和影响。

郑会欣在《统制经济与国营贸易——太平洋战争爆发后复兴商业公司的经营活动》(载《近代史研究》2006年第2期)一文中指出,虽然国营公司在抗战期间为争取物资、寻求外援做出了重要的贡献,但由于统购统销政策将私营企业完全置于国家资本的控制之下,导致国营企业所掌握的物资可以操纵国民经济,从而使得民众与国家、私营企业与国营企业之间的矛盾日益尖锐。同时,在私有制的条件下,国家虽然可以通过对资源价格及产销途径的严格管制去实现对生产剩余的控制与再分配,但这种方式又极易滋生贪污腐败的毒瘤,而作为执行国家统购统销政策重要工具的复兴商业公司从创设到结束的历史也从一个侧面证实了这一论断。

4. 民国时期的马克思主义经济思想

李金铮在《早期中国马克思主义学者对农村经济的主张》(载《近代史研究》2017年第5期)一文中指出,20世纪上半期尤其是二三十年代,马克思主义学者在马克思主义传播、中国社会性质论战、中国农村社会性质论战以及农村社会经济的调查研究中,对中国农村经济进行了比较全面的研究。他们坚持以生产关系为主要研究对象,强调阶级分析方法,认为中国农村经济的现状是半殖民地半封建经济、农民处于贫困化状态、土地分配集中、地主剥削农民、小农经济仍占绝对优势;主张中国必须走反帝反封建之路,实行土地革命,建立集体化农村经济。

任立新在《毛泽东新民主主义经济思想及其嬗变研究》(载河北师范大学博士学位论文,2008年)一文中指出,新民主主义经济形态是国营经济领导下的多种经济成分并存。毛泽东把新民主主义的经济形态分为国营经济、合作社经济、私人资本主义、个体经济以及国家和私人合作的国家资本主义经济,其中国营经济是整个国民经济的领导力量。毛泽东提出的在国营经济领导下各种经济成分并存的思想以及随后提出的"公私兼顾、劳资两利、城乡互助、内外交流"政策(即"四面八方"政策)所包含的思想是对马克思主义理论的发展和贡献。它从中国的基本国情出发,填补了马克思关于劳资对立、社会主义经济不能与资本主义经济并存的思想,并提出了切实可行的政策。

（二）帝国主义对中国经济的影响

汪敬虞在《中国近代经济史：1895—1927》（89—291页，北京：经济管理出版社，2007）一书中，对帝国主义在中国经济势力的扩张和对中国经济领域的渗透进行了深刻的分析。他认为帝国主义对中国经济的影响主要在五个方面：第一，导致中国市场的进一步开放。中国在甲午战争的惨败，使得列强对中国的侵略和掠夺迅速扩大，英、法、俄、德、日等国在中国抢夺路矿等权益、争夺势力范围的斗争不断加剧，美国则于1899年提出所谓"门户开放"政策，要求在各国既得的势力范围内相互开放，使美国能按"利益均沾"的原则获得相应权益。在八国联军侵略中国以后，帝国主义列强更进一步地控制了中国的政治与经济。中国市场从广度和深度两个方面进一步向资本主义世界开放。第二，列强在华商人资本势力的扩张。甲午战争前外国在华资本，主要是商人资本（含商业资本和金融资本等），是为扩大对华贸易服务的。当时中国进出口贸易已基本上被外国洋行所控制，洋行又普遍物色和利用中国买办为其经济侵略服务。甲午战争后，随着帝国主义对华侵略的加深，随着中国市场的进一步开放，列强对华商业性投资迅速增长，在华商人资本势力也有了进一步的扩张。第三，列强强权政治挟制下的中国外债。近代中国政府在1895—1927年这一期间的外债，鲜明地反映出这一特色。1895—1927年这一段时期的外债笔数根据初步的统计和大致的匡算，大大小小将近600笔；债款总额悉以国币（银元及钞票）计超过30亿元，这些借款，都是为了实现一个目的，即通过借款达到扩大在华的势力和影响，掠夺、控制中国的各种权益。第四，中国国际收支问题。甲午战争后，列强迅速扩大了对中国的侵略和掠夺，对华贸易额成倍增长，中国的贸易逆差越来越大，与此同时，中国还要被迫向列强支付空前巨额的战争赔款，中国国际收支平衡发生了严重的问题。第五，外国在华金融活动。外国银行进入中国，开始于1845年的英国丽如银行，1895年以前进入中国的外国银行，还只限于英、法、德三个国家，其中只有英国汇丰银行是以中国为主要对象。1895—1927年这一阶段，是外国在华金融活动的鼎盛时期，而以英、法、德、日、俄、美六强鼎立为主体，当然，他们彼此之间并非势均力敌。

魏延秋在《近代外国势力对我边疆之经济侵略浅析》（载《军事历史研究》2010年第1期）一文中从边疆的视角来分析帝国主义对中国经济的影响。他指出，近代以来我国边疆地区由于特殊的地理位置以及丰富的物产资源等各种原因，首当其冲地成为帝国主义进行经济掠夺的重点。其经济侵略的表现主要有：第一，英国加强对西藏、沙俄加强对新疆的原料掠夺、商品倾销，强占殖民市场。在此期间，资本主义国家对东北的原料掠夺也在迅速增长。第二，输出资本，垄断金融财政，控制经济命脉。在东北地区，沙俄进行资本侵略主要是通过华俄道胜银行进行资本输出，其实质是由俄国政府直接控制的"一个政治金融的混合机构"。通过华俄银行，沙俄在东北地区发行俄国货币，并利用中东铁路的修筑和通车强制推行。第三，筑路开矿，投资设厂，加强经济掠夺。随着中东铁路的修筑与通车，沙俄开始大肆强占东北的矿山，东北所有的金矿和煤矿几乎全被其占有。大量俄国商业资本也随之进入。日本帝国主义对华投资的重点也是东北地区。日本侵略者以南满铁路为骨干，向四面八方扩张，构成了一个铁路网。东北所有主要的工矿企业，几乎都成为日本垄断资本的囊中物。在西北边疆地区，沙俄利用它攫取的特权，逐渐控制了这里的内河航行和公路运输。我边疆经济因此受到了极大的摧残和破坏,商品经济畸形发展,成为外国垄断资本的附庸。

(三) 中国近代企业的发展

1. 企业观念的变迁

高超群在《从"商"到"实业":中国近代企业制度变迁的观念史考察》(载《中国社会经济史研究》2017年第3期)一文中指出,中国近代企业的产生经过了两个阶段,持续了大约半个世纪。第一个阶段,从19世纪60年代到甲午战争。在这一时期,重商的观念逐渐流行,同时,大量商业资本开始投资近代工业,商人因其在资本、人才、管理制度、经验等方面的优势对近代工业产生了主导型影响。这使得当时的人们将其与明清以来商人主导生产的传统联系起来,并用"商"来统称工商等业。为了排除官员对于企业的干涉,商人和思想家们主张落实股份制中股东的权利,在这一时期,大量近代企业是以不那么标准的股份制的方式组织起来的。第二个阶段是甲午战争之后,近代中国人的观念世界发生了巨大变化,"实业"的观念出现并被广泛接受,人们在强调实际生产的重要性的同时,也更为重视企业当中的管理技术和管理制度,企业规模的扩大、机器的广泛使用,使得人们意识到会计、采购销售、工人的管理等制度也必须做出相应的改变。在"实业"的时代,有关工厂的制度受到人们更多的关注。

2. 企业与政府的关系

张继、焦杨林在《"伞式社会"与洋务运动时期现代企业的产生及发展》(载《西北师范大学学报(社会科学版)》2018年第1期)一文中,从社会学和人类学的角度,置于当时中国的社会结构之中,考察洋务运动时期政府与企业之间的"伞式"关系。他们在"社会结构转型"理论的框架之下,提出"伞式社会"是中国社会结构的基本特征之一。他们指出,政府与企业之间的"伞式"关系既是中国社会结构的一种主要社会关系,也是资源配置的重要方式。洋务运动时期,政府与企业之间的"父爱式庇护"、"亲戚式庇护"和"朋友式庇护"关系,分别推动了官办企业、官督商办企业和商办企业等现代企业的产生。"伞式"关系作为社会结构中的一种重要关系,更是资源配置的重要方式。他们从经济学供给侧要素的角度(经济活动总量是由劳动力总量、资本总量和效率水平等三个基本要素决定),分别以江南制造总局、轮船招商局和华新纱厂为例,探讨政府对官办企业、官督商办企业和商办企业是如何配置资源的。大体而言,在"伞式社会"中,政府对企业资源的配置不是均等的,"父爱式"庇护的企业配置到最多的资源,"亲戚式"庇护企业次之,"朋友式"庇护企业最少。虽然政企间"伞式"关系推动洋务运动时期现代企业的产生及发展,但由于政府与企业之间的"伞式"关系并未厘清,从而导致洋务运动时期中国人在创办现代企业的实践上远未成功。

3. 契约与产权

高超群在《中国近代企业史的研究范式及其转型》(载《清华大学学报(哲学社会科学版)》2015年第6期)一文中指出,无论是在"冲击——反应模式"中,还是"传统与现代的二元对立"现代化研究范式中,研究者们都认定在与西方人接触以前,中国人不重视,或者没有对产权的界定和保护,缺乏契约意识和契约精神,中国政府总是过分积极地干预经济事务,阻碍企业自由地成长。这些都曾经被认为是阻碍中国实现现代转型,建立现代企业制度的重要原因。

曾小萍在《早期近代中国的契约与产权——〈对战前中国产权的评论〉》(17—34页,曾小萍等主编、李超等译,杭州:浙江大学出版社,2011)一文中指出,传统中国是一个产权界定完善的社会,虽然其文化结构与西方典型的基于私人产权的文化结构不同。她认为无论是在法典的条文中,还是法律的实践中,帝国末期的政府都给私人财产体制提供了认可和保护。只是与西方有着鲜明的不同,中国的产权所属的基本单位是家,而不是个人。此外合同在财产纠纷和产权界定中有着重要作用。她指出,与通常人们的认识不同,起码从清朝开始,合同已经在民间社会被广泛运用,这种广泛性既表现在合同被用来处理多种不同的经济关系:从分家、婚姻到各种商业行为。关于政府的作用,她认为传统中国的政府对于大多数的市场交易行为拒绝干涉,它仅仅在事关公共利益的领域采取主动行为。

4. 企业税负

严国海在《税收与价格:福新、申新企业发展新探》(载《中国经济史研究》2017年第4期)一文中从企业税负的角度对福新、申新两大企业的发展原因进行个案研究。他指出,在影响荣家企业发展的诸多因素中,税收作为一个因素主要表现在:1932年前,福新面粉公司、申新纺织公司两大企业获得迅速发展,是与它们产销的商品市场价格较高,税收负担较小,从而有更多的利润和资本积累密切相关的。研究发现,在从量征税的条件下,面粉和棉纱这些商品的市场价格变化会引起企业税负的变化,而企业税负的变化会对企业的利润和投资产生重要影响。此外,当时尚未建立所得税制度,也为企业和股东扩大投资,促进资本积累提供了有利条件。

5. 股份制

朱荫贵在《中国近代股份制企业的特点——以资金运行为中心的考察》(载《中国社会科学》2006年第5期)一文中指出,股份制企业本质上是一种资本组织和运行的新型方式,资金的运行和变化最能反映出这种企业的特点。股份制企业在近代中国出现后,除具有西方企业组织运行的一般特点外,还带有浓厚的中国特点和传统经济要素的痕迹。中国近代股份制企业资金运行中的本土特点主要有:企业需要向政府报效(不仅要承担报效清朝政府的责任,还要承担此前企业官办或有官款垫借时遗留下来的债务和损失,并且出现制度化的趋势)、股息分配中实行"官利"制、面向社会直接吸收储蓄和企业内部资金的调拨等等。从这些特点可以看出在向西方学习和引进股份制企业制度时,中国企业从诞生开始就吸收、融合了传统经济的要素。

6. 官利制度

朱荫贵在《引进与变革:近代中国企业官利制度分析》(载《近代史研究》2001年第4期)一文中指出,官利制度作为一种利润分配方式,在中国近代如"合伙""合股"等经济组织中长期普遍存在。"官利",又称"官息",也称"正息""股息""股利",与"余利""红利"对应称呼。它的特点在于:其一,不管是谁,只要购买了企业的股票成为股东,就享有从该企业获取固定利率——官利的权利,而不管该企业的经营状况如何。其二,这种固定的官利利率一般以年利计算。因为必须支付官利,所以企业年终结账,不是从利润中提分红利,而是先派官利,然后结算营业利益。不足,即谓之亏损;有余,则再分红利。其三,只要股东交付股金,官利即开始计算。官利制度与西方股份制企业实行的股息视利润多少而定的分配方式有着明显的不同,但它却是整个近代中国股份制企业中普遍实行的分配制度。引人深思的是,近代中国历经晚清、北洋和南京国民政府三个时期,政治体制发生的变化却没有对官利制度产生什么明显的影响。进入民国以后,这种官利制度不仅得以延续,而且在国家颁布的法规中正式出现。朱荫贵认为,官利制度的出现和存在,就是当时中国资本市场环境条件的派生物。它既可以说是无奈之举,也可以说是近代中国企业家为向社会筹集资金、适应社会环境而不得不进行的一种主动的"变革"。从官利制度在近代中国产生以及普及延续的状况看,传统社会经济体制结构的影响和制约力量决不能漠视,在整个社会已形成高利贷投资环境的条件下,社会的现实就是不接受官利,就根本不可能筹集到兴办企业的社会资金。

7. 企业经营路径

高家龙在《大公司与关系网——中国境内的西方、日本和华商大企业(1880—1937)》,(5—8页,程麟荪译,上海:上海社会科学院出版社,2002年)一书中以研究六家大公司——两家美国公司:洛克菲勒的标准石油公司(美孚)、杜克的英美烟公司,两家日企:三井物产株式会社和内外棉株式会社,以及两家中国企业:申新纱厂和中国火柴公司的方式,探讨了大企业的"管理层级结构"与中国社会的"关系网"之间复杂的互动关系。他指出,在西方,私人领域的企业组织取决于法律制度和个人主义,而这两点在中国都不具有核心的重要性。血缘和地缘在中国扮演了类似于法律和个人在西方所扮演的角色。他认为19世纪末到20世纪初中国境内企业采用过的三种不同的经营路径——西方企业的管理层级结构、日本企业的管理层级结构及中国企业的社会关系网络。他指出,围绕这三条线索所作的描述并不意味着这些在华企业从未偏离过三种显著不同而又一成不变的经营方式,在中国历史上,西方、日本和中国的企业在它们与社会关系网互动的过程中,都曾尝试过许多不同的经营方式。

(四)中国近代国民经济的概况

1. 农业

汪敬虞在《中国近代经济史(1895—1927)》(859页,北京:经济管理出版社,2007)一书中指出,这一时期的全国农业仍然是传统的封建性个体农业。商业性农业虽然明显扩大,但产品仍以家庭自给为主,市场交换为辅;农业雇佣劳动和带有资本主义因素的经营地主、富农经济虽有发展,但基本依靠家庭劳力的个体小农经营仍占绝对统治地位。至于农业生产力,依然停滞不前,甚至倒退,仅局部有所发展。从全国范围看,无论农业生产条件、生产结构、单位面积产量还是农业生产技术、劳动生产率,都无突破性进展。诚然,这一时期的农业生产也出现了一些新的变化,如东北、内蒙古个别地区的土地开发和农业生产的发展,经济作物种植的扩大,某些作物新品种的引进和推广,个别地区或单位对生产工具、作物品种、农业技术的研究和改良,少量农业机器、化学肥料的进口和使用,农业教育的举办和国外近代农业科学知识的传播等。但这些发展变化是局部的和个别的,对当时农业生产和全国经济的发展所起的作用十分有限。

刘克祥在《1927—1937年农业生产与收成、产量研究》(载《近代史研究》2001年第5期)一文中指出,1927—1937年间,由于历史的积累,全国生态环境和农业生产条件呈现继续恶化态势。1932年农业恐慌大爆发,最终导致全国农业和农村经济破产。1935年农村经济开始复苏,但直至1937年全面抗战爆发仍未恢复到农业恐慌前的水平。因为自然灾害频繁、损失惨重、农业收成不稳、土地产量起伏波动,但均低于"常年"水平。人均粮食占有量也在下降,既大大低于清代前期的水平,也比20世纪20年代减少了将近一成。所有这些,都无法证明国民党政府时期的农业生产有重大发展。1927—1937年间农业生产和农村经济严重衰退直至破产,有多方面的原因:资本主义世界经济危机和外国农产品倾销,导致国内农产品价格的惨跌和农业恐慌的大爆发、异常频繁的全国性自然灾害、日本帝国主义的疯狂侵略和对东北的占领等等。但是还有一个更重要的原因,即蒋介石国民党背叛孙中山"扶助农工"、"平均地权"、实现"耕者有其田"的方针,反对和取消"二五减租",无视广大农民的疾苦,极力维护封建地主土地所有制,纵容封建地主的残酷剥削;在水利灌溉和农业推广方面又无目标明确和切实可行的方针政策与措施步骤,严重挫伤了广大农民的生产积极性,束缚了农业生产力的发展。

2. 手工业

史建云在《论近代中国农村手工业的兴衰问题》(载《近代史研究》1996年第3期)一文中指出,近代以来,农村手工业和中国其他经济部门一样,以前所未有的规模和速度发展,到19世纪末20世纪初,中国农村手工业曾相当兴盛,尤其是20年代,农村手工业的繁荣极为引人注目。然而,仅仅几年之后,在30年代初期却出现了急剧的衰退,这一现象在当时就引起了广泛的注意。学术界普遍认为农村手工业是一种落后的生产组织形式,带有浓重的自然经济色彩,它的性质决定了它在30年代的衰亡是历史发展的必然规律。史建云不同意这个观点,他指出这一衰退只是暂时现象,并不意味着农村手工业的根本衰亡。在20世纪30年代,无论是农村手工业自身的生产力和社会分工水平,近代工业的发展程度,还是整体的社会经济环境,都不足以使农村手工业全面衰亡,农村手工业有着顽强的生命力,它可以以各种不同的形式存在,无论是家庭、作坊,还是手工工场,它可以保持手工业状况,也可以发展成为机器工厂,可以是个体生产、集体生产,也可以是股份制企业或合资企业。农村手工业和其他生产组织形式一样,自然环境和社会机制能够影响其兴衰,但只要它自身的活力没有丧失,它的经济机制还能够容纳生产力的发展,就不会轻易消亡。即使在外界环境极为不利的条件下,也只是一时停顿,一旦外界环境许可,随时可以重新兴盛,并得到新的发展。他指出30年代农村手工业衰退的根本原因是日本对中国的侵略战争。

彭南生在《论近代中国乡村手工业的三种形态》(载《华中师范大学学报(人文社会科学版)》2007年第1期)一文中指出,从总体上看,近代乡村手工业主要包括农民家庭手工业、农村作坊与工场手工业、工匠手工业三种主要形态。三种形态互为补充,并在一定条件下互相转化。家庭手工业仍然居主导地位,在区域经济总量与农家经济生活中起着不可或缺的作用,工匠手工业虽日趋式微,但仍发挥着拾遗补缺的功能,在条件成熟时,家庭手工业和工匠手工业都有可能转化为规模较大的作坊或手工工场,但与家庭手工业相比,农村手工工场依然处于弱势,显示出农村手工业向高级生产形态发展的艰难性。上述三种手工业形态,在不同的农村地区,并非千篇一律,而是各有偏重,或形成家庭手工业的一统天下,或呈现出手工工场的独占鳌头,从而形成近代乡村手工业发展进程中的地域差异性与复杂性。即便同属家庭手工业,也可能因为经营机制的不同而具有不同的性质。

王翔在《近代冀南棉纺织手工业的蜕变与延续》(载《历史档案》2007年第2期)一文中以冀南地区棉纺织手工业做个案分析。他指出,虽然国外机制棉纺织品的介入及与传统手工棉纺织生产过程的整合、棉织生产工具的更新、棉织手工工场和包买主制经营的出现标志着近代冀南地区传统棉纺织手工业生产关系和经营方式的一大变局,预示着冀南地区传统棉纺织手工业转型的发展方向。但是,更值得引起注意的是传统手工棉纺织业的抵抗和延续。直到20世纪二三十年代,棉织手工工场和包买主制经营在冀南棉纺织手工业中非常少,在产量、产值上所占比重均很微弱,无法与当地农家土布"产额极巨",动辄"数十万匹"的情况相提并论,土布不仅在冀南地区为"土人普通穿用",而且行销西北数省区"销售既多,获利自厚"。这种现象表明近代冀南的传统棉纺织手工业尽管也在洋纱洋布冲击下开始发生蜕变,但时间相对较晚,程度也比较轻微,并没有根本改变传统棉纺织手工业的性质,农民的家庭手工劳动仍然是当地棉纺织业生产的主体形态。

彭南生、张杰在《近代城市手工业形态及经营方式——以近代成都手工业为例》(载《江苏社会科学》2015年第5期)一文中以成都为例对城市手工业的形态进行个案分析。他们认为,近代成都手工业经营形态可大致分为四种:即家庭手工业、手工作坊与工场手工业、流动匠作手工业以及手工业合作社。主要以家庭手工业和手工作坊为主,工场手工业为数极少,合作社经营虽然是一种崭新的生产经营方式,但在近代成都手工业中只是昙花一现,亦未大范围普及。近代成都手工业中的生产组织大多仍以"家庭"为单位,而这种生产组织往往因为自身资本薄弱以及规避风险的本能而具有了保守性,反过来又成为阻碍新技术、新工具普及应用的瓶颈之一。这些都反映了近代成都手工业的复杂性与落后性。

3. 金融业

(1) 晚清币制改革

刘四平、李细珠在《张之洞与晚清货币改革》(载《历史档案》2002年第1期)一文中指出,清代前期中国的通用货币主要是银两和制钱两种货币相辅而行。银两主要用于批发市场的大宗交易及其他巨额支付,制钱则用于零售市场及一般的小额支付。近代以来,中外贸易开通,尤其是不正常的鸦片贸易使中国现银大量外流,银价高涨,加上外国的银元大量充斥中国市场,严重地破坏了旧的银两制度。与此同时,由于铜矿开采产量不足,直接影响了制钱的铸造量,出现制钱紧缺的现象,而制钱本身的一些缺点又难以适应近代贸易的发展,这样便使旧的制钱制度开始动摇。在旧的银两与制钱制度衰落之时,为了解决制钱短缺的"钱荒"问题,清政府开始整顿币制,出现了银元、铜元与纸钞票等几种新的货币。由于没有统一的国家银行,户部与各省均自有铸币权。不仅出现旧货币银两、制钱与银元、铜元、纸钞票等新旧货币混用的现象,而且各处所铸货币的成色、分两也是参差不一,币制相当混乱。但中国自铸银元的出现,毕竟加速了银元替代银两的步伐,而且也为清末银本位制的确立奠定了基础。

刘四平、李细珠进一步指出,庚子事变后的商约谈判中,西方列强提出要中国统一国家的货币。西方列强为了控制中国的货币财政权,对中国币制改革的问题讨论得颇为热闹,故建立国家银行与实行金本位币制的主张被提上议事日程。1903年赫德正式向清政府提交币制改革方案,同时清政府于1904年邀请美国精琪(美国特派国际汇兑调查委员)来华帮助中国推行货币改革(清政府是为了维持本国货币与金本位国家货币之间的比价,解决自19世纪70年代之后因国际银价跌落、金银折算亏累所造成的财政损失),赫德尤其是精琪的金本位制改革计划出台之后,关于中国货币主权问题与本位货币制问题一时成为社会议论的焦点。清代前期的货币主要是银两和铜钱,因此关于清代币制的本位问题便众说纷纭,有铜本位,有银本位,有银铜复本位,还有无本位,事实上中国人本来没有什么货币本位的观念。张之洞对赫德、精琪的货币改革主张持强烈的反对态度,认为其损害了中国主权和利益,也认为当时中国缺乏金本位制的物质基础和有利的国际环境。结果精琪的币制改革计划遭到清政府的拒绝,金本位制之议也就不了了之,事实上在晚清时期银本位制都只是一个初步尝试。

刘四平、李细珠还指出,考虑到币制改革涉及到国家主权问题,在反对精琪的金本位制主张的同时,张之洞已经着手统一币制的工作,张之洞主张铸造一两银币作为通用国币。经过反复论争,虽然确立了以七钱二分为一元的银币单位,但还来不及最终实施这个新的银本位货币制度,清王朝就被辛亥革命推翻了。事实上清末币制并没有真正地实现统一,但清末的货币体系变革是中国货币金融体系现代化进程中的里程碑。

(2) 民国时期的币制改革

刘慧宇在《中央银行与国民政府货币现代化改革》(载《民国档案》2002年第2期)一文中指出,南京国民政府建立时,中国币制正处于清末民初新旧交错、杂糅并存的混乱状态下。银元虽为法定本位币,但银元银两依然并用,且银两种类繁多,各地银两单位、名称、重量、成色均不相同。至于银元,亦因分铸于各造币厂而使成色、重量多有差别。于是在流通中不仅存在两、元兑换问题,还存在元与元、两与两之间的兑换问题。而且对于纸币,中外众家银行均享有发行权,各地发行的纸币及外国货币充斥市场。币制如此紊乱,给财政、经济带来极为不利的影响,也威胁国防安全。

吴翎君在《南京政府十年中美经济关系的考察》(载王建朗、黄克武主编:《两岸新编中国近代史·民国卷》下卷,635页,北京:社会科学文献出版社,2016)一文中指出,废两改元对过去繁杂混乱的货币做出了大整理,是中国币制史上可贵的进步。沿用千余年的银两制度退出历史舞台,使得中国银币本位制进一步趋向统一与稳固,对发展经济和便利民生均有积极作用,是顺应世界货币与经济的发展趋势。同时扩大了国家银行的活动机能与作用,有利于国家银行纸币的推行,为随后法币政策的实施奠定基础。但吴翎君也认为法币政策后面引发的恶性通货膨胀现象是事实,进而分析指出,法币制度原属完备合宜的现代币制,却被日本侵略、战时破坏而未发挥应有的功效,反而因其发行具有的弹性,成为通货膨胀的元凶。

潘晓霞在《温和通胀的期待:1935年法币政策的出台》(载《近代史研究》2017年第6期)一文中指出,1935年法币改革本身追求的是温和的通货膨胀,以此满足社会的资金需求,释放经济发展的活力。它既是针对白银上涨造成的经济金融困境的危机应对措施,也是面对着中国经济金融长期累积发展形成的扩张性需求而顺应世界货币政策的潮流之举。南京国民政府建立后,随着规范市场管理体系的逐渐建立,促进了社会生产的持续发展,经过数年相对稳定的发展后,中国社会确实已经积累了相对丰厚的物质财富资本,银行的存款大幅增加,中国经济金融经过长期累积发展,有了相当大的扩张性需求。美、英、日等资本主义国家因受1933年全球经济大恐慌的冲击,纷纷放弃金本位制,主动实施通货膨胀、货币贬值政策。而英、美、日三国占中国外贸的70%,三国货币的贬值对以银为本位货币、无法任意贬值的中国经济无疑是个沉重的打击,银元汇价由此大幅上涨。银价上涨过快,中国关税增长速度达不到汇率的降低速度,导致外货倾销,加大中国的国际收支逆差,更加速白银大量外流。继续在银本位币制上独行的中国,已经和世界经济潮流无法同步,不得不独自承受国际货币战争带来的风险与损失。国民政府采取的废两改元并不能满足国内货币的需求,导致出现通货紧缩、银根奇缺、物价惨跌,致使银行停业、工商业破产,对中国社会经济造成了严重冲击。为了化解日益恶化的经济形势和加紧筹措军费应付,国民政府实施了法币政策。当然,政策的推行需要政府财力和信誉做支撑,1935年国民政府改组中国银行、交通银行的措施为法币政策的改革奠定了基础,改组保证了政府对国内实力最强的两大银行的控制,加强了政府财力的增强和政府信誉的建立。法币改革的实施,带来了银行系统乃至整个金融、经济可观的成绩,但严格地说,这些成绩并不仅仅是单纯的法币改革所致。改革的成效在于卸下了银本位制长期给中国经济带来的桎梏,使中国终于可以和世界其他国家一样,运用货币政策在国际金融大背景下运作,并释放出一段时间以来经济发展积蓄的活力。1936年法币改革后呈现的经济爆发式增长是中国经济长期累积的动力造成的,并不能直接归功于法币改革本身,改革只不过使潜在的力量发挥出来,将可能变成了现实。

陈雷在《略论抗战前南京国民政府的经济建设——兼谈对抗日战争的作用》(载《历史档案》2010年第1期)一文中指出,法币改革是中国财政金融史上的一大创举,它由银本位、金本位制发展到不兑现的纸币制度,引导国家币制走上现代化,并且释放出一段时间以来经济发展积蓄的活力,由此进入国民政府时期经济发展的黄金时代。法币实施后的第二年即1936年,中国国民生产总值就达到有史以来的最高水平,全国农产品产量较前三年高出44%,工业产品的产量比1935年增加70%,商品交易量如棉花、棉纱等也增加30%。经济的繁荣和发展,增强了中国的经济实力,也是从根本上增强中国进行抗战的经济力量,因为在法币得到广泛的流通之后,国家能在抗战中最大幅度地掌握调度资金,最大可能地集中白银等贵重金属,以作为在国际市场上购买军火物资的经费之用,灵活的货币制度支撑了政府的金融财经应变能力,为抗战奠定了一定的物质基础。

(3)近代金融机构的发展

刘克祥、吴太昌在《中国近代经济史(1927—1937)》(1935页,北京:人民出版社,2012)一书中指出,鸦片战争后,由于钱庄纳入进出口商品流通的融资渠道,随着对外贸易扩大和国内资本主义新式企业(工矿业、航运业)的兴起,城市钱庄业迅速发展。银两制与银元制的并存,是钱庄业得以维系其传统优势与特权的重要原因。但进入20世纪,由于新式银行业的发展和竞争,军阀混战和社会动乱,市场条件和社会环境明显恶化,钱庄业开始衰退。而国民政府推行的"废两改元"和"法币政策",全国货币规范统一,更是使得钱庄顿失源泉,各地城市钱庄业进一步加速衰落。

刘克祥、吴太昌还指出,国内新式银行业的产生和发展,从1897年中国通商银行成立,到1927年,已经历整整30年的时间,全国朝野和军政、工商、社会各界,不仅对新式银行不再陌生,而且视其为筹集资金和发财致富的捷径。创办和经营银行的人越来越多,其出身和社会背景更加多元化。1927—1937年,是自从新式银行业产生以来,中国银行业发展变化最大的时期。1931年"九一八事变"后,东北本地全部官办、商办银行和中国银行、交通银行等在东北的分行,都被日本帝国主义劫夺,中国银行和金融业遭受空前损失。在关内地区,中资银行有了较大发展,数量增多,地域扩大,专业分工和资本结构发生重大变化。1927—1937年,中国银行和金融系统的最大变化是国家银行和金融垄断资本的形成。国民党政府建立和扩张国家银行垄断资本,是通过筹组中央银行,确立中央、中国、交通和中国农民四行以及中央信托局、邮政储金汇业局的"四行二局"国家银行体系来实现的。

4. 交通运输业

(1) 铁路的修建和发展

汪敬虞在《中国近代经济史(1895—1927)》(1501页,北京:经济管理出版社,2007年)一书中指出,截至1927年,中国铁路在国内各地的分布极其不均,95%还多一点的线路配置在东半部,配置在西半部的还不到5%。再就东半部说,主要分布在东北地区和长江以北。西半部的略逊于5%的线路,则偏集于该半部最南端的一隅,其余辽阔疆域内——实际超过国家领土的一半——无论是高原、山地,还是漠漠平野,统统连一寸铁路都没有。

刘克祥、吴太昌在《中国近代经济史(1927—1937)》(1150页,北京:人民出版社,2012)一书中指出,1927—1937年,中国铁路建设和铁路运输有较大发展,随着粤汉、陇海、北路湘黔等4路的展筑通车或筹划、施工,关内地区两纵两横的铁路干线网络渐趋成形,标志着中国铁路交通布局达到一个新水平;但同时也遭受前所未有的巨大损失。东北沦陷后,这一地区的铁路统统落入日本侵略者的铁蹄之下。1927—1931年"九一八事变"前,全国修成通车的铁路几乎全部集中在东北,这一时期无疑有一半的时间是在为日本侵略者修路。而东北是全国铁路密度最高、线路网络最完整的地区,又是铁路枕木的主要供应地。

邱庆松在《南京国民政府初建时期的铁路建设述评》(载《中国社会经济史研究》2000年第4期)一文中将国民政府初建时期铁路建设的特点概括为:第一,铁路建设以发展经济为主要目的,选择要以有利于出海口为目的,同时还考虑与开发西部地区相联;第二,新建铁路以加强军事国防为目的;第三,新建铁路重点集中在长江流域,主要在长江以南地区,改变以往布局。1928年前建立的中国铁路大部分集中在长江以北、平汉川东地区,如东北地区占了全国铁路总数的三分之一。

汪敬虞在《中国近代经济(1895—1927)》(1461页,北京:经济管理出版社,2007)一书中指出,在1895—1927年这一期间铁路修建的模式是,中国铁路运输业大体上由公营、私营两部分组成。公营的以国有占绝大比重,此外还有一些少量的省办铁路。国有铁路的建设有两种情况:一是由本国独立自主建成,中国自主自力创设的重要铁路干线,只有詹天佑主持下的"京张"铁路一条;二是利用外资建造。所谓利用外资又有两种情况:一是中国政府主动借外资,名为利用外资,实行的结果往往反被外资所控制,另一是列强主动贷款给中国政府,甚至强制中国政府接受,名为中国修建铁路,实际是列强借此谋求实现其攫夺到手的路权,扩张其势力,如卢汉、沪宁、柳太、正太、关内外、粤汉、道清、津镇、津浦、广九、沪杭等铁路均是利用外资建造。私营即商办铁路,或作民业铁路,在20世纪初曾一度兴起,禁而不绝,曾因利权运动兴起铁路修建热潮,但艰苦缔造,终遭摧折。还有介于公营、私营之间的"官商合办"、"公私合营"的线路,为数也不多,且按其基本属性或归于公营,或归于私营。

刘克祥、吴太昌在《中国近代经济史(1927—1937)》(1150页,北京:人民出版社,2012)一书中指出,1927—1937年中国铁路交通业资本来源的特点是:外国资本的渗透,改为以间接投资为主,并部分同国民党政府国家资本相结合,列强经济扩张更加隐蔽和合法化;铁路建设以政府主导为主,资金多由巨额内外债支持,工程设计、实施则完全由中国工程技术人员承担;经营管理则在加强中央集权的前提下,沿用以路设局方式,形成半企业、半衙门式经营。在这一过程中,外国资本攫得高额债息和商业利润,国民党政府凭借"官利制度"、税课旱涝保收,而铁路本身长期严重亏损,根本没有积累和自我发展能力。这是半殖民地半封建条件下铁路运输业的悲惨命运。

(2) 轮船航运业的发展

许涤新、吴承明在《中国资本主义发展史(第二卷)》(518页,北京:社会科学文献出版社,2007)一书中指出,甲午战争以前,除了官督商办的轮船招商局外,私人资本的轮船业受到压抑,还没有什么规模可言。进入20世纪,情况大为改观。市场扩大,商运繁荣,商办轮船公司风起云涌。不过这时候的规模较小,多是短途运输,经营不稳定,停业和改组的不在少数。中国的航运事业一向为外国轮船所把持,长江等主要航道均被垄断。

汪敬虞在《中国近代经济史(1895—1927)》(1552页,北京:经济管理出版社,2007)一书中指出,在1895年—1927年,民族资本的轮船航运体系的初具规模。从轮船数量上看,1924年时行驶远洋航线的企业已有42家轮船73只,合计131 107吨,其中包括几千吨乃至万吨的巨轮。再加上国内航线上500吨以上的轮船,则行驶江海和远洋的大中型轮船总数已达到246只,合计359 154吨。从航线分布上看,这时期的航线包括欧洲、北美、澳洲等远洋航线,在近海和印度、非洲、南洋一带行驶的轮船为数更多。国内航线则遍及各水域在内港和某些主要江海航线上(如东北三江)与外轮势力相比还占据了一定的优势。从企业规模方面看,这时也已形成了一批拥有轮船数千吨乃至数万吨的航运企业。可以不夸张地说,这十几年的发展对中国轮船航运业来说,无论在规模、速度、地域、技术和实力上都是一个飞跃的时期,中国轮船航运业已初步形成体系,成为在华外国航运势力的有力竞争对手。

朱荫贵在《1927年——1937年的中国轮船航运业》(载《中国经济史研究》2000年第1期)一文指出,中国轮船航运业的发展在1927年—1937年出现了一些新的变化。一是航运力量增长较快,1936年中国轮船吨位数比1927年增长一倍以上;二是中国航运公司有相当的发展,1936年拥有5 000吨以上的大中型轮船公司已达27家;三是出现了全国性的管理航运业的组织机构航政局,统管全国航政工作,收回了长期旁落的航政主权,并初步改变了外国人垄断航业高级职位的状况;四是轮船和铁路、水路的联运得到加强以及由此导致的新航线开辟等等;五是发展还很不平衡,如远洋航运就依然相当薄弱,不仅远逊于国内的航业发展趋势,甚至比不上1924年时中国远洋航运业发展的状况;六是中外整体航运势力之间的实力差距并没有质的改变,与1927年前一样,外国航运势力在中国领水中仍然占据着70%以上的比重,仍是鸠占鹊巢、主客颠倒的局面。

朱荫贵在《抗战时期日本对中国轮船航运业的入侵与垄断》(载《历史研究》2011年第2期)一文中指出,抗战期间,日本政府对中国沿海和内河航运业实施了全面入侵和控制战略。该战略包括出台实施一系列控制海运的政策,设立控制中国沿海远洋航线的国策海运会社,设立控制中国内河内港航运的轮船公司,以及采取多种措施打击、排挤和取代其他国家的轮船航运势力等。在日本政府推动和支持下,日本轮船航运势力打败此前的霸主英国,排挤其他国家的航运势力,实现了把中国沿海内河轮船航运业变成日本"独占"之局的目的。

5. 邮政业

刘克祥、吴太昌在《中国近代经济史(1927—1937)》(1349—1367页,北京:人民出版社,2012)一书中指出中国近代邮政是随着西方列强的入侵传入中国的。其发展经历了四个时期：

第一，"客邮"入侵与海关试办邮政时期。在海关试办邮政之前，已有外国人无视中国主权，在中国口岸擅自开办邮政，这就是所谓的"客邮"。近代"客邮"的出现是英国侵华战争的"战利品"。1842年，香港总督璞鼎查宣布在香港设立皇家邮局，作为伦敦邮局的分支，又在通商5口各设香港邮局分局，德、法、美、俄、日等国相率效仿。

第二，大清邮政时期。在海关开办邮政之前，一些有识之士早已想举办中国自己的新式邮政。1859年，太平天国《资政新篇》中即提出了举办新式邮政的设想。清政府一些官员也设想兴办邮政。1888年，台湾巡抚刘铭传将旧式驿站改为新式邮政，并在台北设立台湾省邮政总局，这是中国人最早自办的新式邮政，不过不在全国推行。在总税务司赫德以及李鸿章、张之洞等人的建议下，大清邮政于1896年3月20日正式开办，并由赫德担任总邮政司。1906年，清政府在专门职掌邮政电信的职能机构邮传部成立下设邮政司。1911年后，邮政从海关分离，改归邮传部管理。但是，在英法等国的反对下，清政府未能在邮传部设立"总邮政司"，只设"邮政总局"，由邮传部左侍郎李经芳担任局长而法国人帛黎则继续占据掌有实权的邮政总办一职，中国邮权仍未收回。

第三，中华邮政时期。辛亥革命后，大清邮政于1912年更名为中华邮政，1913年裁撤驿站，新式邮政全面取代传统邮驿，并逐渐规范化。1914年，中华邮政加入万国邮联；1921年，《邮政条例》颁行，中国邮政开始走上法制化的轨道。不过，邮政大权仍未收回。虽然隶属交通部的邮政总局局长由中国人担任，实权仍在法国人把持的邮政总办手中。邮政总办之下的正副邮务长、邮务官、邮务佐等重要职务主要甚至全部由外国人充当。

第四，国民党政府时期。这一时期基本上是中华邮政的延续，但有所变化。体现在邮权的部分"收回"、组织结构发生变化、国家独占邮政地位的确立、东北邮政的丧失和日本帝国主义对东北邮政的劫夺。邮运手段和业务项目也都有新的突破。比如1928—1929年间，相继开办上海、广州间航空邮件和航空汇票业务，1933年又开办电报汇票业务，邮件和汇票传递时间不断缩短。1934年正式试行邮电合一，并代订刊物，收寄普通快递邮件，将服务范围从京沪间推广到国内其他地区。次年开始代购图书，开办简易人寿保险业务。1936年试办按地址投递国内包裹业务，使包裹的收寄更加方便快捷。1937年开始代收所得税。至此，除长途电话外，现代邮电局的所有业务已包罗无遗。

二、中国近代社会生活的变动

（一）晚清传统社会的流变

1. 晚清的"断发易服"风潮

刘志琴在《近代中国社会生活与观念变迁》（126页，薛君度、刘志琴主编，北京：中国社会科学出版社，2001年）一书中指出，早在百日维新期间，康有为上书《请禁妇女裹足折》和《请断发易服改元折》，认为女子裹足，不能劳动；辫发长垂，不利于机器生产；宽衣博带，长裙雅步，不便于万国竞争时代，请求放足、断发、易服以便于"与欧美同俗"，这就把变衣冠作为学习西方文明的一项重要内容，认为其具有启发民智的意义。

陈振江在《通商口岸与近代文明的传播》(载《近代史研究》1991年第1期)一文中指出，鸦片战争后，西方的服饰及生活方式已逐渐有人模仿，但改装易服的活动经历了颇为曲折的过程。例如，1872年中国留美幼童深感穿着长袍马褂和青缎瓜皮帽的"国服"大为不便，对头上拖着的发辫尤觉尴尬，于是他们鼓起勇气和"学监"斗争，终于改服西装，有的还敢冒天下之大不韪而毅然剪掉辫子，揭开了"剪辫易服"运动的序幕。自19世纪末期开始，"剪发易服"的呼声日益高涨。及至20世纪初年，形成剪发易服的大潮流。可是，人们的呼声愈高，清政府的禁例愈严，随着出洋留学生迅速增多，清政府再三严令禁止他们剪发易服，但每每遭到坚决抵制。清政府被迫同意他们在留学期间"不妨暂时易装，然回华即应复旧"。在国内亦因"欧化东渐，翩翩少年多有易装以炫人者"。他们在尚武精神影响下尤喜西式戎装和马靴。湖广总督张之洞惊呼：近来各省学堂内"多藏非圣无法之书……以及剪发胶须诸弊层出，实为隐忧。"于是他制订湖北各学堂冠服章程式样。1907年，清政府依照张之洞提供的冠服式样，制订了全国学堂冠服程式。尽管清政府表面上气势汹汹，但对留学生服饰的妥协以及学堂冠服的制订，说明它一贯严守祖宗"服制"的堤防已经溃决，它对服制的种种禁令与防范都无法阻止服饰变革的趋势。

陈振江进一步指出，辛亥革命前，各地广泛宣传剪发易服，资政院亦于1901年议决"剪发易服"，并上奏恳请降旨实行，但遭清廷拒绝。但是，数月后，清廷迫于大势，断然宣布"凡我臣民，准其自由剪发"。曾经作过摄政王的载沣，是清朝王公中最早剪辫子、穿西服的一员。处在社会底层的平民百姓衣能蔽体御寒已属难得，而无财力讲究衣着的变革，衣着的式样反而无显著变化。

2."断发易服"与传统社会流变

刘志琴在《近代中国社会生活与观念变迁》(127页，薛君度、刘志琴主编，北京：中国社会科学出版社，2001年)一书中指出，剪辫易服是在反封建思想指导下的风俗改良，不同于历代改元易服之举，历史上的变衣冠所变的是形制，不变的是伦理性和等级性。民国初年颁布的《服制》，规定官员不分级别都以西式大氅和燕尾服作为大礼服，这是对封建服式的彻底否定。真正结束衣冠伦理政治化观念的，是孙中山提出的服饰制作四原则，他在复中华国货维持会的函件中要求制定推广服装的图式，指出"此等衣式，其要点在适于卫生，便于动作，宜于经济，壮于观瞻"。这就使人人须臾不可离身的服装，摆脱伦理政治的规范，向着便于民众生活、实用、经济、美观的方向发展。淡化政治伦理对消费生活的干预，是伦理的变革，也是服装史上的重要转折。

刘志琴进一步指出，一些先进的思想家都把安排生活的自由视为个体自由不可分离的一部分，这是人身不可侵犯的权利。谭嗣同、严复、梁启超、胡适等等都对此有过精辟的论述。个性解放的呼声一浪高过一浪，与商品大潮的冲击相呼应，增强人民的生活欲望，合理的不合理的浪疾潮涌，社会风貌为之一变，服装得风气之先，成为社会风尚变迁的先导。

（二）开口通商与社会生活初变

1. 通商口岸的生活变革

陈振江在《通商口岸与近代文明的传播》(载《近代史研究》1991年第1期)一文中指出，近代工业文明的传播和欧风美雨的阵阵袭来，使中国社会生活发生了显著变化，中国传统的生活方式虽然在穷乡僻壤依然如故,但在通商口岸却发生着引人注目的变异和更新。传统的社会习俗随之变革,并由这里逐渐向内地城乡传播。通商口岸成为社会生活习俗变革与传播的前哨与据点,尤以衣、食、住、行等基本社会生活的变革与增新最为突出。

刘海岩在《20世纪前期天津水供给与城市生活的变迁》(载《近代史研究》2008年第1期)一文中指出,天津自来水系统的建立促进了城市生活方式的演变,其影响涉及衣食住、卫生、消防等诸多方面。在天津,租界与老城区之间发展上的差异、生活方式的不同,使得这种演变又是多元的和不同步的。自来水对租界生活的影响是直接而迅速的。在天津英租界,最早的自来水用户大都是西方人。20世纪初期,多数英租界居民家中就都用上了自来水。但是,生活方式和生活水平以及文化方面的差异,使得并非所有租界居民都能接受或享受这种生活。在20年代的英租界,没有能力安装自来水设备的华人下层仍然向流动水贩购买直接取之于海河的廉价河水。1903年3月30日济安公司芥园水厂建成供水,举行了通水典礼,津海关道代表直隶总督前往祝贺,并举行了救火水枪喷水表演。但是,祖辈"喝河水长大"的百姓对来自铁管子中的水心存疑虑,称其为"机器水",传言喝了会断子绝孙。济安公司采取免费品尝的推销方式,天津道府县诸官员与济安公司经理一起到"井口"视察,"井口"高搭彩棚,用自来水泡茶,官员们当场品尝,还"粘贴水价并有县示一纸"。新技术带来的洁净、方便的生活用水毕竟吸引力是很大的,每天到"井口"买水的人逐渐多了起来,尤其是"距河稍远之龙头卖水为更多"。

2. 开口通商与近代文明的传播

邵雍在《中国近代社会问题研究》(113页,合肥:合肥工业大学出版社,2010年3月)一书中指出,通商口岸生活的中国人较早的接触西俗,也较早的对中国传统习俗进行审视。租界在上海的设立,异地人口的大量涌入,致使上海形成了由本地和异地居民以及部分外国侨民共同组合而成的多元化社会结构。他们之间的习俗是有差异的,但在长期的生活中,他们学会了相互理解。处于这样的社会政治环境中,上海妇女有更多的机会去了解西方国家的社会文化,特别是西方的婚俗,重新审视中国传统婚俗,促使她们去追求充满自由、民主色彩的婚俗。上海社会结构、社会生活的不断变动迫使上海人民对风习作出选择,而人民大众的选择反过来又影响了社会结构与社会生活的变动。

陈振江在《通商口岸与近代文明的传播》(载《近代史研究》1991年第1期)一文中指出,(通商口岸)其中尤以上海的近代文明最为发达,影响最为深远,成为宣扬和传播西方近代文明的"模特"和特大"橱窗"。许多中国人的近代知识和对西方近代文明的追求与向往,大都是从这里开始的。康有为、梁启超、郑观应、王韬等一批又一批的改革家正是先后游历了香港和上海,目睹了西方舶来的近代文明而眼界大开,坚定了他们学习西方和变法图强的信心的。正如康有为所说,他游历上海,见"上海之繁盛,益知西人治求之有本,舟车行路,大购西书以归讲求焉"。他和其他启蒙主义者一样,最初认识近代文明是从市政文明和工业与科技文明而发凡,进而认识与追求西方的文化教育及其治国之法度。

(三)文化新潮中的社会生活

1. 文化新潮的冲击力

周俊旗在《论近代环渤海地区社会生活的嬗变》(载《历史档案》2000年第3期)一文中指

出,从宏观上看,列强入侵对中国社会生活的嬗变形成了两种推力,一种是外部的,一种是内部的。外国人在入侵中国的过程中,将其生活方式移植到本地区,改变了本地区社会生活的格局,从影响力的角度观察,它是一种外力,它所引起的变化,是出现了中国社会生活的二元结构,比较典型的是租界与中国城区社会生活的两极共存,对比强烈。总体上看,随着列强对中国的侵略,异质生活方式和社会文化猛然涌入,导致社会生活发生巨大变迁,因此,这种"外力"成为生活领域变化的首要因素,这是近代中国门户被迫开放和西方文化强烈影响中国社会的必然结果。异质社会文化、生活方式的进入,打破了生活领域原有的平静,并取代了本地区原有的生活方式交流格局,即从原有的相对平静和小地域之间不同生活习俗交流为主的局面,逐步转变为外来生活方式冲击原有社会生活领域并使之逐渐发生裂变的格局,社会生活层面因此在整体上形成了向着近代化、多元化发展的趋势。周俊旗进一步指出推动这种趋势的最大推力,应该是中国内部的引进机制的形成。外力的进入,直接引发了中国内部吸收外来生活方式的机制和氛围,这是使中国社会巨变的第二种推力。它使得近代生活方式更深刻、更广泛地进入中国人的生活层面。在"师夷长技"和"崇洋"风气日益浓厚、近代商业不断发展的社会氛围中,外来生活的国人宽容、认同和效法。进入20世纪以后,中国社会生活西化的步履明显加快。

2. 文化新潮中的社会生活变革

行龙在《清末民初的婚姻生活中的新潮》(载《近代史研究》1991年第3期)一文中指出,"去土求洋"倾向可以说是清末民初婚姻生活变动中的一个显著特点。一部分先进知识分子大力鼓吹婚姻自由,呼吁形成良好的婚姻习惯,对西方实行的"婚姻交合,既由两人之契约而成"的"法制婚姻",十分羡慕,推崇备至,大量的报刊杂志刊登了许多反映西方婚姻自由的文章、小说,一部分受了西方影响的青年学生,还身体力行,带头"洋化"。辛亥革命之后,资产阶级民主制度的确立,更为这种"洋化"提供了有利的社会条件。自由恋爱、婚礼由家庭而公所,婚服由绸缎而西服,改跪拜易鞠躬、称翁婿而新郎,等等,是这种去土求洋特征的具体表现。应当说,这种特征包含着以西方资产阶级的人生哲理,取代儒家伦理纲常的进步内容,它反映了中国资产阶级以西方资产阶级革命的理想武器,革除封建陈规陋习,为社会前进开辟道路的愿望。

3. 社会生活中保守与变革的冲突

张九洲在《辛亥革命时期社会文化改革刍议》(载《史学月刊》2002年第12期)一文中指出,辛亥革命时期社会文化改革的表面形式和实际情况存在很大差异。如南京临时政府"改元",通令全国使用阳历,但在农村仍然使用的是旧历,农民依旧历过年、过节、播种和收割,政府最终不得不承认新旧两历并用。在封建陋俗铲除方面,剪辫子是革命的一个重要标志,但是抵制剪辫者仍然不少,在偏僻乡村十分普遍,在城市中也司空见惯。放足,作为一项革命性措施在民初曾得到热烈响应,但在实际上不少妇女对放足之事不以为然,我行我素,如云南昆明,不仅官吏把放足的命令看作官样文章,只是敷衍了事;而妇女方面,也还有宁可牺牲学业,牺牲金钱,不愿改变固有习惯的心理。

张九洲进一步指出,出现上述现象的原因是多方面的。从社会价值观的层面看,是由于传统社会心理和习惯势力的抵制是重要的原因。而中国传统的社会心理和习惯势力是由中国传统文化的价值体系决定与养成的,这种价值体系又外化为具体的行为规范,从而形成了一种稳定的思维定势、倾向、态度和习惯。所以,一定的社会心理和习惯定势一旦形成,就很难被革除。辛亥革命时期社会文化变革,主要不是以新的价值体系来取代旧的价值体系,而是靠政权的力量,以法令、政策的形式推行的,所以,必然遭到已经形成思维和行为定势的社会心理和习惯势力的顽强抵抗。从宣传和改革措施的层面看,革命党人的启蒙宣传不够和某些改革措施上脱离实际。20世纪初,资产阶级革命派也大张旗鼓地宣传资产阶级自由、平等和博爱的思想,对封建礼教、陋俗进行了一定程度的抵制,但是,就革命派的宣传而言,重点还是在于政治革命,而对于社会伦理和社会习俗变革的启蒙宣传则远远不足。而且资产阶级革命派的宣传又主要限于海外和租界,未能把文化革命之新风吹遍辽阔的中华大地。辛亥革命爆发,革命党人又忙于军事和政治的斗争,社会文化新风的启蒙宣传又无力顾及,因此使旧文化、旧思想、旧风俗、旧习惯都没有在根本上受到批判和清算。就是在这种情况下,资产阶级革命党人用行政命令的手段来推行社会文化的革新,必然会遭到旧观念和旧习俗的顽强抵抗,而且,新旧文化较量的结果,往往会随着民主力量的下降,政治助力的不足而使新文化退潮,乃至失败。从经济基础的角度分析,辛亥革命没有引起经济基础和经济制度的变动,也是一个不可忽视的方面。一定的思想和文化,总是受一定的经济基础和经济制度的制约,所以,没有新的经济基础的变动和经济制度的变革,要想用新的思想和文化来取代旧的思想和文化是困难的。如当时的妇女解放和男女平权的呼声与改革,尽管高涨一时,但很快就失败了并回到了传统的老路上,原因就在于女子没有自己独立的经济基础,所以,不得不回到依附别人或充当婢、妾,受其压迫的泥坑。再者,国民素质特别是下层百姓的思想与文化素质不高,这也为种种社会陋习的存在提供了思想基础。如民国初期反对封建陋俗、毁庙兴学的一些举动,几乎在各地都遭到抵制。

(四)现代城市崛起与社会生活的嬗变

1. 现代城市的崛起与社会生活"物质空间"的变化

周锡瑞在《重塑中国城市:城市空间和大众文化》(载《史学月刊》2008年第5期)一文中指出,中国各地城市改造形式具有惊人的一致性,比如城墙,几乎所有的中国古代城市都是与城墙相关的,城市作为一个概念是由城墙来定义的。自古以来,中国城市就具备了城、池。城墙体现了国家的权力和天朝帝国的威严。城池保护了代表皇权的官府衙门,彰显着一个城市的特殊地位。但是在近现代,这些城墙越来越被视为阻碍贸易流通和人们出行的历史遗迹,尤其是当城门在日落时关闭,拂晓时开启的时候,大批的商人小贩带着他们的商品,聚集在城门口,常常造成严重的交通阻塞。到清末,在大部分城市,具有相当规模的商业中心已出现在城墙之外,城墙不仅分割了城市和乡村,而且分割了不同的城区。这样的现象在通商口岸尤其突出,比如天津、上海和广州。在这些城市,外国租界都在城外,华界都在城内。大多的商业活动都在城外进行。所以,民国时期城市改造的一个重要特征就是拆除城墙。首先在天津,列强在义和团运动爆发后占领了天津市,并且拆毁了城墙。同样的事情发生在上海、广州,并且波及到其他许多城市。旧城墙消失后,取而代之的往往是环城路和有轨电车。在广州,拆除城墙的合同交给了电车公司,作为交换,电车公司在城墙的原址上兴建了公共街道。在每一项改造的背后,理由都是相同的:为了促进商贸和方便货物流通,必须拆除造成交通阻塞的旧城门。这反映了新的社会价值观:商业利益的重要性超越了传统城墙所提供的安全和威严。总的来说,商业和经济发展成为现代化的要求,他们压倒了城墙。在现代城市,流动性是一件好事,而不是一个混乱的标志或一种对稳定和秩序的威胁。

贾长宝在《民国前期北京皇城城墙拆毁研究(1915—1930)》(载《近代史研究》2016 年第 1 期)一文中指出,明清时期,皇墙既是拱卫帝都的一道军事防御,又是把皇家属地跟百姓居所——即统治者和平民的生活圈划分开的禁垣,这是其在特定历史时期的实用价值;红墙黄瓦的禁垣象征了皇权的至高无上,令平民产生心理畏惧,这是其符号价值。随着民国的社会体制发生重大变化,皇墙原先具有的两种价值都已失去,但却产生了作为"古物之荟萃"的文化遗产价值。1928 年 10 月至 11 月间,工务局长华南圭和市政府之间关于"毁墙"与"护墙"、"革新"与"守旧"的争执,正说明其时北平社会正处于对皇墙价值的认识发生转变的关键时期:在充满"革新"精神的"毁墙派"眼中,皇墙是"红砖黄瓦帝制遗物",代表"帝王思想",其欲"毁灭殆尽而后快"的心态,是出于对皇墙旧价值的憎恶与畏惧;以何其巩为代表的"守旧"的"护墙派",其实已经认识到了皇墙宝贵的文化遗产价值,在"文化北平"的建设中,皇墙将发挥巨大的作用。

2. 现代城市的发展与社会生活"公共空间"的革命

梁景和在《生活方式:历史研究的深处——评李长莉著〈中国人的生活方式:从传统到近代〉》(载《近代史研究》2009 年第 2 期)一文中指出,人类社会从农业社会向工业化社会转型,使人们的生活方式出现新趋向,由此产生的一个重要现象是,人们的日常生活由以往地域性、自足性、家庭村社式的分散型生活领域,日益扩展形成市场化、社会化、大众化的"公共生活领域"。近代中国人的生活方式由传统小农生活方式向近代工商业为主导的生活方式演变,其主要标志就是市场化、社会化、大众化的"公共生活领域"逐步生长形成。

苏生文、赵爽在《西风东渐——衣食住行的近代变迁》(160—167 页,北京:中华书局,2010 年)一书中指出,现代城市的发展使得"公共空间"不断拓展,随之带来的"公共生活"在人们生活中占的比重越来越大,加剧了新旧观念的冲突,推动着社会生活的嬗变。近代以来,轮船、火车和公共汽车相继传入中国。对于那些最初接触这些新式交通工具的中国人来说,有因这些新式交通工具空间狭小存在着巨大的心理障碍——对"男女混杂"的担忧,在使用传统交通工具的时代,陌生男女共处于某一交通工具内的情况是很少见的,人们或走路,或骑马,或坐轿,或行舟,一般情况下都各自处于一个独立的空间内,发生"男女杂坐"的机会是很少的。因此,在近代交通工具出现中国的早期,经营者为了吸引更多的中国乘客,当务之急就是要消除中国乘客对"男女混杂"的疑虑,单独辟出女座(间)。但是,在城市化、城市近代化的进程中,随着人际流动的频繁,男女同处一个公共空间,特别是狭窄、拥挤的"大众乘物"上的情况越来越多,人们从开始时的忧虑、防范,逐渐过渡到习以为常。

苏生文、赵爽进一步指出,研究社会史很难像政治史一样以某个历史事件来划分"阶段",说清楚中国人什么时候开始接受"男女杂坐"现象的。清末新政、辛亥革命、五四运动、南京国民政府成立等事件均有一定的影响,但没有任何一个历史事件可以使人们在一夜之间改变观念。从另一个角度来说,新式交通工具很大程度上加速了男女观念的革新,火车初通时就有很多女子已经冲破"男女之大防"与男子同乘火车了。1876 年,淞沪铁路通车后,"华客即持照纷纷上车,并有妇女小孩"。1897 年,京津铁路告成,"京城内外附近居民,咸思(乘火车)到津一扩眼界,其中以旗人妇女为最多。

3. "外来移民"与城市生活的嬗变

谭刚在《动荡中的社会转型——大后方城市社会生活变迁(1939—1945)》(49—51页，北京：科学出版社，2017)一书中指出，现代城市的发展必然伴随着更大规模的外来移民，来自不同地区的移民带来了不同的观念，新旧观念在现代城市中的激荡、交融有力地推动着新观念在广度和深度上的传播与发展。全面抗战时期的人口内迁是中国近代史上规模巨大的一次移民运动，至少超过1 000万的沿海人口为躲避战乱纷纷迁入西部大后方。这些西迁的人口，大都进入大后方城市，城市不能容纳时，再进入内地市镇和乡村。原因很简单，城市交通便利，而且住房容量大，日用品供给容易，但在市镇乡村则人地生疏，生活不便。大量人口涌入大后方城市，推动了大后方城市的发展，也加速了后方城市社会生活的变迁。

谭刚进一步指出，近代以来，西部各地因交通不便，信息不通，对于京沪流行的新装很少接触，其服饰传统保守。不过，随着西部地区重要城市重庆、成都、西安等与外界联系的逐渐增多，这些城市市民的服饰也开始发生一些变化。全面抗战爆发后，随着大量外来移民，尤其是外省移民的增加，加速了大后方城市市民服饰的改变。由于"下江人"的服饰装扮往往新潮又方便，于是大后方城市民众纷纷效仿。"下江人"尤其是大学生发挥着引领风尚的作用。全面抗战时期，大量高校内迁成都。战时成都的几所著名大学的学生穿着打扮有"五气"之说，即华西大学——洋气，四川大学——土气，光华大学——苕气，金陵大学——神气（以神学为主），金陵女大——妖气（当时女大学生穿着相对开放）。由于成都华西坝高校密集，而且教会学校风气最开放，于是华西坝大学生服饰的变化，带动了全市经济条件较好的市民服饰的变化。

教学设计

设计一：官利制度——中国近代企业发展的艰难抉择

设计意图

中国早期近代化启动时，为了扩大企业融资，吸引民间投资创办近代企业，中国引进了招募股份、争取股权投资的股份制企业新形式。同时利用中国传统企业组织中长期存在的"官利制度"对股份制进行内化调和，稳固股东投资。本设计通过引导学生分析相关史料，对在中国近代企业中长期存在官利制度的现象、原因和影响进行分析，深化认识近代中国企业的发展及中国的近代化进程，理解近代化进程中新旧嬗变的过程，感悟历史演进的复杂性。

设计方案

教师讲述：近代中国，是一个中西相撞、变动剧烈而又新旧杂陈的时代，其中，经济领域中的变动尤为明显。自从以轮船招商局为代表的新型企业组织形式——近代股份制企业在中国开始出现后，这种企业组织形式在中国逐渐得到了推广。像其他从西方引进的事物一样，股份制企业在中国出现时，也打上了中国式的"印记"，出现了与西方股份制企业不同的变革。官利制度就是近代中国股份制企业中独具特色的利润分配方式。

一、独特制度：近代中国企业的分配制度

材料呈现：

材料一 股息是公司扣除经营运作成本之后，为股东提供"或大或小的利息"。

——[德]马克思：《资本论》第三卷，268页，北京：人民出版社，1998年

材料二 官利制度作为一种利润分配方式，在中国近代如"合伙""合股"等经济组织中长期普遍存在。"官利"，又称"官息"，也称"正息"、"股息"、"股利"，与"余利"、"红利"对应称呼。它的特点在于：其一，不管是谁，只要购买了企业的股票成为股东，就享有从该企业获取固定利率——官利的权利，而不管该企业的经营状况如何。其二，这种固定的官利利率一般以年利计算。因为必须支付官利，所以企业年终结账，不是从利润中提分红利，而是先派官利，然后结算营业利益。不足，即谓之亏损；有余，则再分红利。其三，只要股东交付股金，官利即开始计算。

——朱荫贵：《引进与变革：近代中国企业官利制度分析》，载《近代史研究》2001年第4期

问题设计：根据材料一、二，分析西方企业通行的股份制与近代中国企业官利制度在分配方式上有何不同。

教师引导学生分析：两者的分配方式有着明显的不同：西方股份制企业实行的是股息视利润多少而定的分配方式，而中国近代企业的分配方式是实行官利制度——只要购买了企业的股票，不管经营状况如何，即时计息。

材料呈现：

材料三 轮船招商局在其发行的股票上明确刊载"当经本局议定，招集股银壹百万两，分作千股，每股银壹千两，先收银五百两，每年壹分生息"的字样。

——交通部财务会计司、中国交通会计学会组织编写：《招商局会计史》，187页，北京：人民交通出版社，1994

材料四 "优先股官息周年一分，普通股官息周年八厘。"

——《中华国民商业储蓄银行招股章程》（1921年12月），中国第二历史档案馆藏档案，全宗号1027，卷宗号541(2)。

材料五 "官利自交股之次日起至年底，结有盈余，分两期计算。在四月内交股者，可分配全年官利，四月后交股者，享有半年官利。"

——《大成纺织染股份有限公司改定股额招股启事》，载《申报》1930年3月28日第3版

材料六 1929年国民政府《公司法》第173条规定：开始营业前分派股息于股东，股息一律不得超过周年五厘。

——《国民政府颁布的〈公司法〉〈公司法施行法〉》，载《北京档案》1994年第3期

问题设计：以上四则材料反映了官利制度怎样的发展特点？

教师引导学生分析：第一，官利一般都明确刊载于企业章程或企业股票，以增强社会信用。第二，官利制度是整个近代中国股份制企业中普遍实行的分配制度，它并非仅仅存在于一时，而是从晚清、北洋一直延续到南京国民政府，政治体制发生的变化却没有对官利制度

产生什么明显的影响。第三,进入民国以后,官利制度不仅得以延续,而且在国家颁布的法规中正式出现,受到官方法律保护。

二、无奈之选:近代中国官利制度产生的原因

材料呈现:

材料七 官利制度的存在,是近代中国资本较为缺乏,是一个高利贷社会的性质所决定。众所周知,传统中国社会资金的流向,是土地、高利贷、旧式商业和房地产业。金融机构和民间的放款利率都很高,而且,这种高利率现象并非存在一时一地,而是近代中国较为普遍的现象。

——朱殷贵:《从大生纱厂看中国早期股份制企业的特点》,载《中国经济史研究》2001年第3期

材料八 中国第一家银行成立于1897年,比第一家股份制企业轮船招商局的成立晚了25年,第一家证券交易所成立于1918年,比轮船招商局的成立更晚了将近半个世纪。在这种情况下,中国近代企业的股票无论是转卖还是抵押,其不便和困难的程度可想而知。这种不便,还因企业自身的种种规定而更为加重。

——朱荫贵:《引进与变革:近代中国企业官利制度分析》,载《近代史研究》2001年第4期

问题设计: 阅读材料七、八,分析近代中国企业选择使用官利制度的原因。

教师引导学生分析: 一般来说,大量闲置的货币资本和高度发达的信用经济,是股份公司产生的两个直接前提。但中国在自然经济结构下,低下的社会生产力、微弱的商品经济使社会很难生产出大量的闲散的社会资金。材料七反映了资金拥有者习惯于土地和高利贷封建性投资,不愿担近代企业的投资风险;材料八反映了当时股票转让、变现不易,缺乏近代中国股票交易市场。在缺乏近代中国股票交易市场和高利贷盛行的社会环境条件下,中国近代企业要想改变社会资金的流向,使社会资金投到工业上来,必须靠自身做出一定的调整和适当的修改。

材料九 从英美等资本主义各国情形看,企业借入资金的来源,不外商业信用、银行放款、商业票据、公司债券等数项。但是,近代中国公司企业……与欧美等国有很大的不同,其中,"尤以收受存款一项为唯一之特色"……实际上,吸收存款的现象并非始自招商局,在中国,这种工商企业吸收存款的现象有着悠久的历史渊源……早在明清时期,经营"存款"这种金融业务的现象就已在中国社会中普遍存在……这种现象到了近代并没有改变,而是顺理成章地运用到股份制企业中。

……显然,这种企业吸收存款付给利息的制度长期广泛地存在,必然形成一定的社会习惯和规范,制约着近代企业的创办人和投资者,必然使得近代企业创办时,不得不遵循和参照以往的商事习惯。在一般的投资者看来,购买股票投资近代企业,与把资金寄存于企业相比,同样是把资金的使用权进行了转让,那么,获取相应的利率回报正是理所当然。企业经营得好,另有红利再好不过,如经营不好,固定的利息是断不可少的。

——朱荫贵在《引进与变革:近代中国企业官利制度分析》,载《近代史研究》2001年第4期。

问题设计：阅读材料九，请分析还有哪些因素导致近代中国企业选择了官利制度？

教师引导学生分析：股东们从其自身的投资理念出发，认为他们对公司的投资就如同传统向商号的存款和附股一样，只要是出了资本，自然就应该从出资之日起享有相应的利息收入。官利制度从深层次而言，成因于民众传统的投资心态，是创业者对于投资者妥协的结果。近代之初，当西方新兴的公司制度传入中国时，中国社会基本的经济格局、传统的商事习惯都没有发生根本性的变化。新兴的公司制度要在中国大地上推广、发展首要的前提是必须融入中国社会，顾及中国社会原有的商事习惯。官利制度是传统投资方式与传统投资理念在公司制度中的延伸。两广总督袁树勋曾说："吾国风气未开通，各省商办实业、公司自入股之日起，即行给息以资激劝，以广招徕，已属不得已之办法。"可见，新兴的股份制形式的公司企业是以"官利"制度这样的妥协和让步来换取自身的生存和延续，是属不得已、无奈之选。

三、双重影响：官利制度对中国近代企业发展的影响

材料呈现：

材料十 亦赖依此（注：即指官利制度）习惯耳，否则资本家一起猬缩矣，中国宁有实业可言？

——《大生崇明分厂十年事述》，《张謇全集》第三卷《实业》，209 页，江苏古籍出版社，1994 年

材料十一 张謇在创办大生纱厂时，为股东规定了 8% 的官利，结果从 1895 年筹建到 1899 年投产，共支付官利息金 17000 余两，占到纱厂开办费的 58%。

——杨立强编：《张謇存稿》，570 页，上海：上海人民出版社，1987 年

材料十二 任何一家创办中的工业企业，在其投产、营业之前，一定是没有任何收入和盈余的。在这个期间要对股本进行盈余分配性质的"股息"支付，支付资金的可能来源就只有两个，一是挪用企业的资本金，即企业的原始股本；二是向各种行庄的借款或其他形式的借款。这种以"非盈余"支付"官利"即股息的方式，就成为近代中国早期工业企业剩余分配中最重要的制度特征。

——张忠民：《晚清大生纱厂的早期企业制度特征》，载《清史研究》2016 年第 3 期

材料十三 他们真正关心的只是如何收受股息……只考虑股息越大越好，毫不关心企业的经营。

——汪敬虞：《中国近代工业史资料》第二辑（下册），1012 页，北京：中华书局，1962 年

问题设计：阅读材料，分析官利制度对中国近代企业发展的影响。

教师引导学生分析：在资金匮乏且流向不一的近代中国，官利制度的实行为近代公司发起提供了充分的资金来源。如果纯粹使用股票的方式来募集资金，近代公司则很难筹足发起资金。而官利制度的实行在一定意义上缓和了这种矛盾，它使得股份公司的筹资、集股更符合社会大众的传统投资心理和传统的筹资方式，使得具有制度创新性质的股份公司在近代中国的发展、演进具有更为广阔的社会基础和发展可能。正因如此，才使中国近代公司制得以发展并逐渐成星火燎原之势。

但是,官利制度的消极影响也是明显的。早期的官利制度造成这些股份企业筹措资金的成本过高、负担过重、难于积累、苦于挣扎,在很大程度上加重了股份企业的经营负担,甚至成为导致公司步入困境的主要原因;一些向社会集资的股份企业自创办之初就如履薄冰、负债累累,一开始就陷入一种先天不足的境地,侵耗了公司资本的原始积累,阻滞了公司的扩大再生产,削弱了公司的自我发展能力;同时官利制度使公司股东淡化了投资的风险意识及参与监督和管理公司的股权意识,在他们看来,公司投资无异于高利放款。官利制度弱化了民众的投资风险意识和股权意识,扭曲了公司的管理机制,由于公司的经营活动得不到股东的有效监督,公司经营决策正确与否无人问津,致使公司的所有权与经营权严重脱节。

教师指导学生小结: 官利制度是从晚清到民国时期整个近代时期中国股份制企业中普遍实行的分配制度,故近代中国企业的发展乃至近代中国的近代化进程,就是在这样不甚完备、不甚理想,但却又是十分现实、十分艰难的状态下逐步生成和开始的,中国近代企业的发展步履维艰。

设计二:近代中国城市中的"空间革命"

设计意图

中国城市走向近代化的过程中,市民生活的物质空间发生了一系列变化,比如象征封建统治权威的城墙被拆毁,租界由设立到逐步消失,近代交通工具、茶馆等越来越多的"公共空间"出现了,这些变化表面上是物质空间的变化,实质上是人们观念变化的一个缩影,是观念的革命带来了这场城市生活中的"空间革命","空间革命"也从一个侧面反映出了中国社会整体的变迁。本设计通过对近代中国城市中"空间革命"的表现、原因、影响的探讨,引导学生了解近代中国生活观念乃至政治观念、道德观念的变化,引导学生结合这一时期政治、经济等不同历史因素,多角度地探讨和解释历史现象,提升学生历史解释的能力。

设计方案

一、城市宏观空间的重构

(一)城市城墙的拆毁——封建等级思想的崩塌

材料呈现:

材料一 中国各地城市改造形式具有惊人一致性,中国近现代城市改造的过程往往伴随着城市居民生活和互动的空间的再造。比如城墙,几乎所有的中国古代城市都是与城墙相关的。城市作为一个概念是由城墙来定义的。自古以来,中国城市就具备了城、池。城墙体现了国家的权力和天朝帝国的威严。城池保护了代表皇权的官府衙门,彰显着一个城市的特殊地位。但是,在近现代,这些城墙越来越被视为阻碍贸易流通和人们出行的历史遗迹,尤其是当城门在日落时关闭,拂晓时开启的时候,大批的商人小贩带着他们的商品,聚集在城门口,常常造成严重的交通阻塞。到清末,在大部分城市,具有相当规模的商业中心已出现在城墙之外,城墙不仅分割了城市和乡村,而且分割了不同的城区。这样的现象在通商口岸尤其突出,比如天津、上海和广州。在这些城市,外国租界都在城外,华界都在城内。大多的商业活动都在城外进行。所以,民国时期城市改造的一个重要特征就是拆除城墙。首先在天津,外国列强在义和团运动爆发后占领了天津市,并且拆毁了城墙。同样的事情发生在上海、广州,并且波及到其它许多城市。旧城墙消失后,取而代之的往往是环城路和有轨电车。在广州,拆除城墙的合同交给了电车公司,作为交换,电车公司在城墙的原址上兴建了公共街道。

——周锡瑞:《重塑中国城市:城市空间和大众文化》,《史学月刊》,2008年第05期

材料二 从市民价值观的角度,可以对皇墙受到的损毁与保护做出解释。明清时期,皇墙既是拱卫帝都的一道军事防御,又是把皇家属地跟百姓居所、即统治者和平民的生活圈划分开的禁垣,这是其在特定历史时期的实用价值;红墙黄瓦的禁垣象征了皇权的至高无上,令平民产生心理畏惧,这是其符号价值。随着民国的社会体制发生重大变化,皇墙原先具有的两种价值都已失去,但却产生了作为"古物之荟萃"的文化遗产价值。1928年10月至11月间,工务局长华南圭和市政府之间关于"毁墙"与"护墙"、"革新"与"守旧"的争执,正说明其时北平社会正处于对皇墙价值的认识发生转变的关键时期:在充满"革新"精神的"毁墙派"眼中,皇墙是"红砖黄瓦帝制遗物"、代表"帝王思想",其欲"毁灭殆尽而后快"的心态,是出于对皇墙旧价值的憎恶与畏惧;以何其巩为代表的"守旧"的"护墙派",其实已经认识到了皇墙宝贵的文化遗产价值,在"文化北平"的建设中,皇墙将发挥巨大的作用。

——贾长宝:《民国前期北京皇城城墙拆毁研究(1915—1930)》,《近代史研究》,2016年第1期

问题设计:近代中国城市改造过程中拆除城墙主要是出于什么原因?这体现了市民观念怎样的变化?如何看待这种变化?

教师引导学生分析:根据材料,近代中国城市改造过程中拆除城墙主要是出于两方面的原因:一是为了促进商贸和方便人与货物的交通,必须拆除造成交通阻塞的旧城门。这反映了新的社会价值观:商业利益的重要性超越了传统城墙所提供的安全和威严。总的来说,商业和经济发展成为现代化的要求,他们压倒了城墙。二是由于人们对封建专制、皇权等传统社会政治概念看法的转变,将城墙与封建统治联系起来,将其视为封建落后的象征。必须在"革命"中加以革除。因此,近代城市城墙的拆毁,表面上是一种城市物质空间的重构,实际上是人们政治观念、经济观念转变的一个缩影。是先拆了"心墙"才拆了城墙。

同时也应该看到,城墙是典型的古代建筑,虽然在旧时确有维护封建统治的作用,也确实阻碍了近代城市交通的发展,但是,其本身具有极高的文化遗产价值,是中华传统文化的瑰宝,应该开发与保护并举。

(二)"双城"从出现到逐渐消亡——反帝斗争不断深入的缩影

材料呈现:

材料三 在中原地区,双城体系是在传统城区外加多国集中组成的租界区,普遍意义上的中国近代"双城"首先是由一个城市中两个截然不同的主权分别建立的,即"双城"意味着双政权。由于政体和意识形态的差异甚至矛盾,必然产生迥异的城市空间,其次,在产生所谓的"双城"格局前,这些城市就有了成熟的中国传统城市格局,两套城市空间布局在时间上并非并行发展,一套是中国古代传统思想控制形成的,另一套则是西方近代规划思想影响形

成的。最后,在这样背景下形成的双城,传统城区和殖民城区都是在规划控制下完成的。城市空间的碰撞,事实上是中西方不同营城思想和规划观念的碰撞,更深层次上讲,是意识形态的碰撞。

——周丽娜,吕海平:《近代军港旅顺的城市空间演进1880—1945》,沈阳:辽宁科学技术出版社,2015年,66页

问题设计:中国近代"双城"现象反映了当时中国怎样的时代特征?

教师引导学生分析:"双城"现象主要是指中国城市中西方列强控制的租界区域与中国传统城市区域并存的现象。租界是自鸦片战争以来,西方列强通过不平等条约获得在中国城市中拥有独立于清政府之外的行政自治权和治外法权的区域。租界的设立是对中国的领土主权和司法主权的严重侵犯,是近代中国半殖民地半封建的社会性质在城市空间中的反映。

材料呈现:

材料四 第一次世界大战中,1917年8月14日中国政府对德奥两国宣战的当天,中国政府宣布接收天津和汉口德租界以及天津奥地利租界;中国北洋政府军警进驻天津德、奥租界。1919年6月28日签订的《凡尔赛和约》确认中国收回两处德租界……1921年德国政府声明承担《凡尔赛和约》中有关在华租界条款,中国政府正式将德租界收回……1927年北伐战争,2月20日,武汉国民政府与英方签订《收回九江英租界之协定》;3月1日,汉口英租界工部局解散,3月15日成立了汉口第三特区,直属于国民政府外交部管辖。1929年11月11日国民政府收回镇江英租界。1930年9月17日国民政府收回厦门英租界。1931年8月31日收回天津比利时租界,改为天津市第四特区。

——陈明远:《百年租界的数目、面积和起讫日期》,《社会科学论坛》,2013年06期

问题设计:联系所学知识,简述中国是怎样逐步收回租界?这反映了中国社会的哪些变化?

教师引导学生分析:一方面,随着列强的侵略的不断深入,中国人民的反帝爱国斗争不断高涨,中国人民采取罢工、游行等方式表达自己的爱国诉求,给予列强巨大的压力,也推动民国时期中国政府收回租界的外交谈判,如材料中提到的1927年北伐战争期间,武汉、九江等地人民不断发动声势浩大的游行示威及罢工活动,并一度占领租界,最终迫使英国政府在与武汉国民政府的谈判中交还了汉口、九江英租界。另一方面,中国政府利用国际形势的变化,特别是列强之间的矛盾收回租界。比如材料中提到的中国政府利用一战向德奥宣战的契机收回了天津、汉口的德租界以及天津的奥租界。总的来说,中国政府利用国内国际形势的变化并主要最终通过外交谈判逐步收回租界,这反映了中国政府和人民主权意识的不断提高,也是中国人民反帝斗争在城市空间上的反映。

二、城市微观空间的变革

(一)小型公共空间的发展及公共生活

材料呈现:

材料五 近代以来,轮船、火车和公共汽车相继传入中国。对于那些最初接触这些新式交通工具的中国人来说,有因这些新式交通工具空间狭小存在着巨大的心理障碍——对"男

女混杂"的担忧,在使用传统交通工具的时代,陌生男女共处于某一交通工具内的情况是很少见的,人们或走路、或骑马、或坐轿、或行舟,一般情况下都各自处于一个独立的空间内,发生"男女杂坐"的机会是很少的。因此,在近代交通工具出现中国的早期,经营者为了吸引更多的中国乘客,当务之急就是要消除中国乘客对"男女混杂"的疑虑,单独辟出女座(间)。但是,在城市化、城市近代化的进程中,随着人际流动的频繁,男女同处一个公共空间,特别是狭窄、拥挤的"大众乘物"上的情况越来越多,人们从开始时的忧虑、防范,逐渐过渡到习以为常。

——苏生文、赵爽:《西风东渐——衣食住行的近代变迁》,北京:中华书局,2010年,160—167页

材料六 西方历史学家对早期近代欧美的公共场所,像咖啡馆、酒店、沙龙等进行过相当深入的研究。他们特别注意人们的"公共生活"——即家庭圈子之外的活动,认为这些地方给相识和不相识的人提供了社交场合。这种消闲商业以服务顾客为宗旨,并不一定只为社会上层服务,工人阶级也是他们争取的对象。这些公共场所实际上是整个社会的缩影,而且经常卷入政治和阶级斗争中。因此,它们也往往成为社会改良和社会控制的对象。

——王笛:《二十世纪初的茶馆与中国城市社会生活——以成都为例》,《历史研究》,2001年05期

问题设计:公共空间的发展给市民的生活带来了哪些变化?这些生活上的变化带来了哪些观念上的变化?

教师引导学生分析:新式交通工具中的"男女杂坐",使得传统礼教"男女之大防"在近代交通工具上被突破了。近代交通工具加之咖啡馆、酒店、沙龙等近代城市中的公共空间不断拓展,随之带来的"公共生活"在人们生活中占的比重越来越大,加剧了新旧观念的冲突,最终必然推动新观念更加迅速有效的传播,旧观念的不断瓦解。

从更加长的历史阶段来分析,人类社会从农业社会向工业化社会转型,使人们的生活方式出现新趋向,由此产生的一个重要现象是人们的日常生活由以往地域性、自足性、家庭村社式的分散型生活领域,日益扩展形成市场化、社会化、大众化的'公共生活领域'。近代中国人的生活方式由传统小农生活方式向近代工商业为主导的生活方式演变,其主要"标志"就是"市场化、社会化、大众化的'公共生活领域'逐步生长形成"。

(二)大型公共空间的发展及其政治职能

材料呈现:

材料七 到1940年年初,都邮街广场建成通车。随着重庆城市街道大规模的改建和都邮街广场的修建,战时重庆城市的空间格局发生了明显变化,构建了以都邮街广场为中心的城市空间布局……总之,重庆市政府通过修建都邮街广场,一方面重构了重庆城市空间,另一方面也方便了在都邮街广场举办重要的政治活动。随着街道的整修以及都邮街广场的修建,重庆市政府还重新命名了原有城市街道,强化了重庆城市的空间政治特性。重新命名的城市街道具有浓厚的民族主义特点。有学者研究认为,重庆市政府在道路改造后对新街道命名时,体现了国民党的政治理念和抗战精神。战时重庆的新街名称,有带有战时大轰炸烙印的五四路、新生路;有预祝抗战胜利的凯旋路;有体现国民政府对新生活运动宣传的大同路、建国路、中兴路;有反映三民主义信仰的民族路、民权路、民生路;也有表现对领袖崇拜

的中山路、林森路、中正路、岳军路。

——谭刚:《重庆城市广场政治空间的形成与抗战精神动员——以都邮街"精神堡垒"广场为中心(1937—1945)》,《抗日战争研究》,2018年01期

材料八 "精神堡垒"纪念碑建成后,"精神堡垒"广场成为战时重庆重要的政治集会场所,国民党与国民政府在此或举办国民月会,或举办庆典活动,或举办纪念活动,使得这一城市广场充斥着浓厚的政治意识形态,加速了广场政治空间的形成。这个新政治空间由物质要素和精神要素两部分构成,物质要素主要包括"精神堡垒"纪念碑、会场中张贴的政治标语、悬挂的政要照片等,精神要素包括由政要的现场讲话形成的舆论氛围以及群众广泛参与检阅活动所形成的政治狂欢。应该讲,国民党和国民政府在"精神堡垒"广场举办的一系列政治活动,对于鼓舞民众的抗战热情、提高民众的民族自豪感发挥了一定的积极作用。

——谭刚:《重庆城市广场政治空间的形成与抗战精神动员——以都邮街"精神堡垒"广场为中心(1937—1945)》,《抗日战争研究》,2018年01期

问题设计:分析南京国民政府时期,推动城市大型公共空间发展的主要因素,并评析这一历史现象。

教师引导学生分析:近代以来特别是南京国民政府执政时期,中国城市在国家权力主导和规划下,实现了从传统向现代的转型和空间重构,以礼制、宗法和王权为导向的传统空间布局,被现代行政中心、商业中心及公共建筑为主体的现代空间布局所取代。城市广场这一大型城市公共空间作为城市的中心被赋予了极强的政治意味和相应的政治职能。

但城市空间结构本来应该是在自然资源条件的制约下,由政府、经济组织和居民三个利益主体推动城市经济、技术过程、政治权利和社会组织四种力量相互作用而构成的。但是,由于南京国民政府时期特殊的历史条件,城市空间结构的变化动力更主要来源于政府,城市空间在一定程度上是展现国家意志和国民党党化意识形态的载体。虽然国民政府的城市空间策略促进了城市大型公共空间的发展,推动着中国城市生活向公共化的趋势发展,这本身是反映时代发展潮流的,但让城市成为一个生机勃勃的有机体而非一个仅仅强调秩序和安全的理性产物,如何弱化建设一个以人为本,而不是以"治理"为本,建设属于全体市民的自由、公平的城市,则是一个更加重要的城市空间现代化命题。

教师指导学生小结:中国城市走向近代化的过程中,市民生活的物质空间发生了一系列变化,比如象征封建统治权威的城墙被拆毁,租界由设立到逐步消失,近代交通工具、茶馆等越来越多的"公共空间"出现了,这些变化表面上是物质空间的变化,实质上是人们观念变化的一个缩影,是观念的革命带来了这场城市生活中的"空间革命","空间革命"也从一个侧面反映出了中国社会整体的变迁。

教学资源

资源1:封建租佃制度的新特点

20世纪三四十年代封建租佃制度发生了许多值得注意的变化,呈现出新的特点,归纳起来就是三"化":一是租佃形式多样化。自耕农、佃农经济恶化,土地由原来最基本的农业生产资料,变成自耕农及某些中小地主最主要的金融调剂手段,典当、"烂价""卖田留耕"等

租佃形式广为流行。二是租户佃户结构多元化。地权集中,加上人口繁殖和分家析产,人均土地减少,占有细化……部分地主富农及某些中农为了扩大经营和便于耕作,也出租远地、次地,租进近地、好地,或以高租出租、低租租进,赚取地租差额。结果相当一部分地主、富农和中农、贫农,既是租户,又是佃户,两者合一,又相互交错,形成租户佃户结构多元化态势。三是"佃农贫农雇农化"。佃农作为农业生产者的主体,原本属于农村社会的中层,中农占有较大比重,甚至以中农为主体,曾一度呈现"佃农中农化"的态势。进入近代,特别是20世纪后,佃农日益贫困,三四十年代更空前加剧,佃农中的中农比重下降,贫农、雇农比重上升,形成"佃农贫农雇农化"的态势,贫农、雇农成为佃农的主体。佃农由农村的社会中层沦为农村的社会底层。

——刘克祥:《20世纪三四十年代的租佃结构变化与佃农贫农雇农化》,载《中国经济史研究》2016年第5期

资源2:灾荒视角下的洋务建设

大致从光绪二、三年(1876、1877)之交为始,李鸿章主持下的洋务建设事业突然间急转直下,业已上马的各项活动几乎全部一路走低,明显呈现出高开低走的态势。当时的朝政格局中究竟出现了怎样的意外状况,甚至连这种"自强大计"都会受到很大影响呢……

在19世纪70年代中后期,最具震撼力并为海内外所瞩目的重大事件,应属肆虐于华北地区的特大旱灾——"丁戊奇荒"。这场灾荒从光绪二年(1876)一直持续到光绪五年(1879),席卷了山西、河南、陕西、直隶、山东五省,还波及了苏北、皖北、陇东和川北等地区。其所造成的死亡人口总数,估计约在950万至2000万之间。这堪称是中国自明末大灾之后最为惨酷的一次灾荒……

清政府本来可能持有的相当一部分财政机动款,在很大程度上被洋务和西征挤占了。一旦有较大的意外性支出造成的风吹草动,国家财政势必陷入被动之中。不幸的是,救荒问题造成的财政需求,向来都是较大的意外性支出。而更加不幸的是,由于"丁戊奇荒"是一次规模罕见的特大灾荒,这种意外性财政负担也相应地格外庞大……

虽然在清廷的严防死守之下,赈务的需求始终未能从西征军饷那里获得些许通融。……既然西征军饷不能触动分毫,常规经费中也没有足够的挖潜余地,而开办捐纳又属缓不济急,这就意味着,赈灾压力所形成的洪流,必定还会在其他方面寻找宣泄的缺口。正是在这样的背景下,洋务建设恰恰成了一个相当引人瞩目的宣泄口……在奇荒期间,赈务对洋务的倾轧,其波及面并不限于海防建设和军工事业。就算是很少受到言官们指摘的民用洋务事业,同样未能避免被灾荒冲击的命运。

——朱浒:《赈务对洋务的倾轧——"丁戊奇荒"与李鸿章之洋务事业的顿挫》,载《近代史研究》2017年第4期

资源3:从现代企业理论视角看早期企业制度特征——以大生纱厂为例

从现代企业理论的视角出发,大生纱厂的早期企业制度特征大致上可以归纳为三:一是"非大股东"控制企业的早期产权制度特征……在晚清后期的社会环境下,实现对企业产权的控制,并不一定凭借对企业产权的实际投资比重和实际拥有,而更大程度上是凭借诸如

特许权的赋予,与官府的关系、创办者本人的特殊身份以及其他一些相关原因等等,这也许正是近代企业制度进入晚清中国之后的主要产权特征之一。二是"非职业"经理阶层治理的企业治理结构特征……尽管早期大生纱厂在其企业治理结构中,并不存在一个经过专业训练,或者说已经有着近代工业企业职业经验的经理阶层以及技术队伍。但是这并不妨碍企业比照和仿效现代企业制度的基本做法,对企业实施近代化或者说近乎于近代化的企业治理和管理。三是"非盈余"支付"股息"的早期剩余分配制度特征……大生纱厂尚未建成投产即对官利实行支付,而且即使在企业创办过程中,当建设资金捉襟见肘、万分艰难之时,仍然得费尽心思绝对保证"官利"的按时支付。

——张忠民:《晚清大生纱厂的早期企业制度特征》,载《清史研究》2016年第3期

资源4:"官办商行"

"官办商行"表面上与一般私营公司一样申请注册,收募资本,但实际上公司的股东不是政府内主管财经事务的高级官员或其亲属,就是富甲一方的财阀大亨,因此他们能够利用特权,控制经济,牟取暴利,从而引起社会舆论的强烈抨击。

抗战胜利后国民政府接收了大量敌伪产业,同时改变战时统制经济体制,实行开放外汇和黄金市场以及鼓励输入的财经政策,使得经营对外贸易成为有利可图的行业……后因国库中外汇的大量流失,国民政府不得不修改对外贸易政策,成立输入管理委员会,对进口商品实施配额制,同时对结构外汇亦实行严格的管制。这一政策确实卡住了一般商人的发财之路,但对那些有强大背景的豪门资本来说,反而为他们清除了大量竞争对手。这些权贵豪门资本尤以孔祥熙、宋子文所经营的中国建设银公司、孚中实业公司和扬子建业公司最具代表性,也是被舆论攻击为"官办商行"的三大公司……在这些"官办商行"中,他们凭借与政府间的特殊关系,才完成了国有资产私有化的转移过程。除此之外,"官办商行"还通过外汇的双轨制和进口贸易的配额制享受特权,套取外汇,从中牟利。

——郑会欣:《官僚资本与"官办商行"》,载王建朗、黄克武:《两岸新编中国近代史·民国卷》下册,757—763页,北京:社会科学文献出版社,2016

资源5:旗袍演变中的时代精神

从20世纪40年代起,旗袍(特别是夏装)趋向于取消袖子,降低领高,并省去了繁琐的装饰,更加轻便适体,更显示出现代特征。最重要的变化是废除衣袖。那似乎是极其艰难危险的工作,小心翼翼地在经历了20年之久才完全剪去。同时衣领低了,袍身短了,装饰性质的镶滚也免了,改用盘花纽扣来代替,不久连纽扣也被抛弃了,改用嵌纽。总之,这笔账完全是减法——所有点缀品,无论有用没用,一概剔去。剩下的只好像一件紧身背心,露出项链,两臂与小腿。衣领减低不算,甚至被蠲免了的时候也有。领口被挖成圆形、方形、鸡心形、金刚钻形。白色丝质围巾四季都能用。总之,变化无穷,仪态万方。现代旗袍的作用是展示现代女子的个性。合身的旗袍,烘云托月,忠实地勾勒出女性的曲线轮廓。而辛亥革命前的装束却反之,人的个性属性次要,单只注重诗意的线条,将女人的形体公式化。

——陈明远:《百年生活巨变》,19页,上海:文汇出版社,2010

资源6：20世纪30年代，缠足仍广泛存在于民间

1932年，四川灌县官方刊发的《为放足运动告民众宣言书》中还在就时人把脚"缠了又缠，捆了又捆，以为愈小愈好看"的观点进行劝谕。一位云南人在30年代初回忆说："从前在家乡时，常常听见为父母的替儿子选择媳妇时，一开口就要问：'姑娘的脚小不小？'而我们社会里也就隐然有一种趋势，把小脚当作美女的标准，姑娘们也就把小脚认为自己美丽的要素。"据时人调查，30年代初昆明县汉族妇女缠足者还在8/10以上，当地"以小脚为妇女美的思想，仍占据了大部分人的脑海。娶媳时要先问是否小脚"。云南省曾有家长因学校主张放足而阻止女儿入学的现象，当地的观察者认为这说明"那时候的社会心理，无论男女，还是有'三寸金莲'为美的观念存在"，所以才有"不缠足不能适人"的说法。故"移风易俗，并不能单以严刑峻法收效"。另一位观察者知道小脚已"成为审美的标准"，在"女为悦己者容"的社会，缺乏美的条件，自难得男子的爱怜，其"婚姻一定不会美满，甚或没有人来问字"。所以他主张"从婚姻方面着想"来解决缠足问题，即"凡未订婚的女子，若不解放缠足，暂时不许她订婚。已订婚的女子，若不解放缠足，暂时不许她结婚。"可见至少到20世纪30年代，以小脚为美的观念仍然广泛存在于民间。

——杨兴梅：《观念与社会：女子小脚的美丑与近代中国的两个世界》，载《近代史研究》2000年第4期

资源7：东洋传入的人力车

人力车由日本传来，故又称"东洋车"。1874年3月24日，一名法国人米拉，从日本引进了这个新玩意儿，又从上海租界当局（法国公董局）取得了营业执照（又称照会），起初雇佣日本人拉车营业。米拉一共准备了300辆黄包车投入租界。后因语言不通，拉车人才为华人顶替。为求醒目计，车身一律漆成黄色，故在上海又名"黄包车"。

这种交通工具是日本明治三年（1870年）发明的，有两只高大的轮子，一眼看去像马车，轮子是木制的，外面包一层铁皮，以耐摩擦。但是天长日久，铁皮轮损坏了路面，工部局终于出来干预了，要求黄包车的轮子加以改进。这样就出现了橡皮轮子的黄包车。

北京的人力车，与清末光绪年间由日本传入，亦称"东洋车"，后来简称"洋车"。据说第一辆东洋车的拥有者是慈禧太后（这辆车陈列在颐和园内）。自从她乘坐人力车往来于宫廷和颐和园之间以后，皇亲国戚纷纷效仿。

——陈明远：《百年生活巨变》，199页，上海：文汇出版社，2010

第八单元

中国近代思想文化的发展

学术引领

一、中国近代思想的解放潮流

（一）经世思潮

1. 近代经世思潮的兴起

刘兴华、刘仁坤在《中国近代思想史略》（47页，哈尔滨：黑龙江人民出版社，1990）一书中指出，鸦片战争后中国传统的思想文化，面临着西方资本主义文化的挑战。当时地主阶级经世派在新的条件下，继承了我国学术研究的经世致用的优良学风，勇敢地接受了这场挑战。他们把经世思想作为战斗武器，不仅从古代优秀文化遗产中汲取营养，而且大胆地提出"师夷"主张。极力吸收当时所能认识到的西方国家的"长技"，希望古老的中国能在"师夷"过程中，克服民族惰性，恢复自己的青春，以新的面貌走向世界。

陈振江在《近代经世思潮的演变》（载《历史研究》1991年第3期）一文中指出，鸦片战争的失败使经世派目睹了西方炮舰和工业文明的威力，遂把敏锐的目光从封闭的中国转向西方资本主义世界，并以经世致用的思想去了解世界历史和现状，学习西方科技文化，探求富国强兵和御侮之术。经世派健将林则徐、魏源等人成为认识西方、学习西方的倡导者和实践家，并为经世致用之学增添了崭新的内容。鸦片战争时期，由林则徐、魏源所开创的向西方学习的风气，偏重于了解世界历史、现状和"师夷之长技"，即学习以船炮为主的西方科学技术与练兵之法。林则徐在广州延聘外语人才，翻译外文报刊资料和著述，借以了解"夷情"和世界，先后编成《澳门月报》《华事夷言》和《四洲志》。他还组织搜集翻译大炮瞄准法、战船图式，枪炮制造原理与技术方面的资料，以增强海防和军备。他对英人的战船火炮推崇备至，希图仿造。林则徐放眼世界，探求西方新知和仿造西器的进取精神，把经世致用之学推向了崭新的阶段。在他的带动和影响下，魏源、姚莹、梁廷枏、徐继畬、汪文泰等一大批经世派学人名士，在探求西方新知和介绍西学等方面付出了巨大的努力。

2. 近代经世思潮的影响

黎仁凯在《近代中国社会思潮》（26—30页，郑州：河南人民出版社，1996）一书中指出，鸦片战争时期经世思潮的三个启蒙性：第一，启迪人们面对现实，不断去探索救国救民真理。经世派提出的"自改革"和"师夷长技"的救国方案,是近代新思想的开山祖。第二,启迪人们挣脱闭关锁国的牢笼,把眼睛投向世界,去重新认识世界。经世派放下"天朝"上国的架子,提倡"师夷长技",为传播世界知识和西方科技知识开辟了道路。经世派的著作不仅导引人们去重新认识世界,而且启迪人们试图顺应世界潮流去改造自己的国家。第三,启迪人们逐渐树立起近代外交的新观念。经世派提出的筹夷情及对外政策,已具备了近代外交思想的雏形。

郑大华在《嘉道经世思潮与晚清社会的近代转型》(载《史学月刊》2008年第1期)一文中指出,嘉道经世思潮曾对晚清社会的近代转型产生很大影响。在政治上,鸦片战争前经世派就对封建专制制度进行了批判,鸦片战争后在开眼看世界的同时,还介绍西方的民主政治制度,客观上推动了传统封建专制制度向近代民主政治制度的转变。在经济上,经世派突破了传统的"农本商末"等思想的禁锢,萌发了重商主义的意识,提出了发展民族主义工矿业的主张,这对后来的洋务思想产生过重要影响。在思想和学术上,经世派批判"宋学""汉学",主张学术经世,提倡注重研究和解决重大社会问题的新学风,促进了中国思想和学术从传统向近代的转换。

程歗、温乐群在《近代中国的政治和社会(1840—1949)》(115—118页,北京:中国人民大学出版社,1999)一书中指出,经世派的著作尽管充满了思想者们爱国忧世的情怀,但在论述角度和内容深度等方面却都存在着一些明显的欠缺。第一,这些著作完成于第一次鸦片战争后很短的时间之内,其作者大多没有此方面的长期研究经验。他们往往从中国的官私文献以及外国传教士的相关著作中同时辑取资料,而对于这些资料,他们又习惯于用中国传统的观点和思路来加以诠释。因此,这些著作的内容就难免比较庞杂,还远远谈不上是对西方文化的学术研究和系统介绍。第二,在这些著作里,经世派还是把西方各国当作防御的对象(御夷)来加以研究的。他们的世界观念在接受鸦片战争的突然冲击之后还未来得及发生根本性的转变。因此,他们虽然表露出了想了解对手的强烈愿望,但对西方文明体系本身尚未形成比较明确的认识。从这种意义上来讲,魏源提出的"师夷长技以制夷"的方针主要还是限制在军事和科学技术领域。这个命题所包含的深刻内涵,直到洋务时期才被人们读解出来。

(二)洋务思潮

1. 洋务思潮的兴起

陈胜粦在《近代中国社会思潮论集》(6页,广州:中山大学出版社,2000)一书中指出,"洋务思潮"是洋务运动时期以洋务派为中心,包括第二代地主阶级改革派和随着洋务派分化而形成的早期维新派等各种势力,在历史转换时期——以引进西方科学技术,建设近代物质文明这个"共通观念"为出发点,相与呼应——为其特征的"自强""自救""自变"的改良主义思潮。

刘兴华、刘仁坤在《中国近代思想史略》(116页,哈尔滨:黑龙江人民出版社,1990)一书中指出,洋务思潮伴随近代中国社会经济、政治、中外关系的复杂矛盾和变革,经历了一个不断发展和演变的历史过程。最初,只是洋务派为了阻止地主阶级沉沦,在内忧外患中寻求复兴的一种思潮。但是,随着半殖民地半封建中国社会矛盾、民族矛盾日趋激化,这个思潮又发展成为有更多爱国知识分子和开明官僚、商人卷入的反映中国国家富强要求的整个社会思潮。这个思潮结构的多层次以及不断演变的特点，促使它处于极不稳定状态，而表现出内部歧异，并出现分化。洋务思潮当中新旧矛盾斗争以及旧质的否定，新质的发生，这样一个复杂变化的过程，推动了近代中国社会思潮向更高的阶段发展，并被资产阶级维新思潮所代替。这就是洋务思潮发展演变揭示出来的历史轨迹。

2. 洋务思潮的内容

黎仁恺在《试论洋务思潮的发生》(载《河北大学学报》1988年第1期)一文中指出，洋务思潮产生的最早标志是1860年11月容闳上太平天国的"七策"，它包括军事、政治、经济和文化教育等方面，提出了按正规军事制度组织军队，设立军事学校培养军官；建设善良政府；创立银行制度；厘订度量衡标准；改革教育制度、创设各种实业学校等。另一主要标志是1861年1月恭亲王奕䜣等人的两次上奏，首次打起"自强"旗帜，确立了从制器练兵入手的洋务方略。奕䜣等人的上奏，虽然还没有系统阐述洋务理论，但起了开山辟路的作用。

刘兴华、刘仁坤在《中国近代思想史略》(117—120页，哈尔滨：黑龙江人民出版社，1990)一书中指出，洋务思潮的指导思想和理论基础是"中体西用"。"中体西用"最早是由地主阶级经世派冯桂芬提出来的，1861年冯桂芬在《采西学议》中制定出"以中国伦常名教为原本，辅以诸国富强之术"作为中国"自强"的主要纲领。实际上冯桂芬的这个思想便成为后来"中体西用"的滥觞。"中体西用"的含义，即"中学"是中国立国之本，"西用"是吸收西方国家的科学技术，目的在于弥补"中学"之不足。因此，"西用"是为"中体"服务的，不能本末倒置。"中体西用"是洋务思潮的核心，又是理论武器。洋务派在反对顽固派掣肘，采用"西学"以振兴封建统治时，又成为反击与批判顽固守旧势力，拒绝任何改革的斗争武器。洋务派在维护"中学"这个封建专制主义的"根本"的旗帜下，使自己站稳了脚跟，开辟出一条用西方科学技术稳定封建秩序的道路。

3. 洋务思潮的影响

彭平一在《冲破思想的牢笼——中国近代启蒙思潮》(23—24页，长沙：湖南师范大学出版社，2000)一书中指出，洋务思潮对近代启蒙思潮兴起所作的最大贡献在于它促进了西方近代自然科学知识在中国的传播。洋务派代表人物在推动经济和军事近代化的过程中已经比较深刻地认识到自然科学对于近代化事业的重要性。因此，洋务派认为要使中国"自强"、"求富"，不光要学习西方的生产技术和军事装备，更要学习西方的近代自然科学知识。这可以说是洋务派对"西学"认识的一次新的突破。基于这种认识，洋务派开始以各种形式引进西方近代自然科学知识，从而形成了中国近代自然科学知识传播的第一次高潮。

黄顺力、叶赛梅在《百年回眸——近代救国思想与社会主义道路》(89—95页，长沙：湖南人民出版社，2002)一书中指出，洋务思想的最终破产是历史发展的必然。第一，洋务思想始终以维护清王朝封建统治为根本宗旨。洋务思想中练兵、制器、造船、自强、求富等"稍变成法"的主张，最终不过是以船炮技艺的"变"，来维护封建体制、封建统治的"不变"。第二，"和戎""变法"是洋务派维持"中外相安"局面的根本要求。可见，洋务派怀着"借法自强"、维护封建统治的强烈愿望，把所有的"求富"活动都纳入了"强兵"的轨道，在这种限制下，洋务的"变法"主张实际上已变得无路可走，其最终的失败也就不可避免了。第三，"求强""求富"是洋务派维护封建统治的基本手段。19世纪80、90年代后，历史把进一步推行经济改革和政治改革的变法任务留给了早期改良派及后来的戊戌维新派。

（三）维新思潮

1. 早期维新思潮

郭汉民在《晚清社会思潮》（95—121页，北京：中国社会科学出版社，2003）一书中列举了容闳、郭嵩焘、王韬、郑观应、黄遵宪等维新思想家，他们以较多地接触到西方文明、希望按照资本主义的面貌改造国家、争取独立富强为特征，都提出了议会政治的问题，主张在维护皇权的前提下通过选议员、设议院，使下情上达，君民一体。

戚其章在《晚清社会思潮演进史》（343—349页，北京：中华书局，2012）一书中指出，早期维新思想萌生于19世纪70年代中期的"海防议"，其标志是郭嵩焘的《海防事宜条议》，条议提出了全面学习西方的方案：发展民间机器工业，保护商贾，考察西方国政、军政、商情。

2. 戊戌维新思潮

朱维铮在《中国经学史十讲》（198页，上海：复旦大学出版社，2002）一书中指出，康有为集中了龚自珍、冯桂芬等早期维新思想家绵延半个多世纪的改革要求和理论，从中国学术的内部突破路径，构成了一个实际运动能够接受的一种思想范式，包含着对中世纪学说的否定、对消逝已久的古典传统的梦想、对未来世界的乌托邦式设计。因此借托考据之名写就的具有怀疑精神的《新学伪经考》和进化精神的《孔子改制考》得以引起巨大反响，构成了维新变法的理论基础。

黄克武、段炼在《"过渡时代"的脉动：晚清思想发展之轨迹》（载王建朗、黄克武主编：《两岸新编中国近代史·晚清卷》下册，910页，北京：社会科学文献出版社，2016）一文中指出，康有为利用《新学伪经考》重提今古文经公案，塑造了基于儒家的历史进化观，使得儒家成为一种革新的、改良的符号。这种怀疑传统的精神，起到了思想解放的作用，因此梁启超称其为"晚清思想界的飓风"。康有为所做的，正是要改变儒家保守的社会意识，从思想上使儒家摆脱保守的被动局面，重新肯定了关心政治和政制改革是儒家的主要宗旨。

张汝伦在《现代中国思想研究》（70—80页，上海：上海人民出版社，2014）一书中指出，严复边译边作，一方面介绍、一方面"创造"而成的《天演论》，通过节译及按语，将"物竞天择""适者生存""优胜劣败"等理论与甲午战败以后的国家命运联系起来。该书一面世，便一纸风行，正是因为它使我们这个民族看到了自己真实的生活条件和境地，激励了国人为挽救民族危机而团结保群、维新变法。

王汎森在《思想是一种生活方式——中国近代思想史的再思考》（229页、238页，北京：北京大学出版社，2018）一书中指出，严复认为在"物竞天择""适者生存"的情况之下，种族是可能灭绝的，而且灭绝之后，便不再出现，这使得当时人对既亡国又灭种有相当强烈的忧虑。竞争逐渐成为新的理想人生观，进而冲击了儒家和谐的世界观，也就很容易让人觉得进化论是在提供"强权即是公理"或"天下无公理，唯有强权"的政论基础。维新时期一批新的词汇开始广为流行，如自强、自立、自存、自治、自主、竞存、适存、演存、进化、进步等，有几代人的姓名或字号中大量出现适之、竞存、演存、演生，表示了对进化思潮之信仰。

3. 维新思潮的特点

吴雁南、冯祖贻在《中国近代社会思潮（1840—1949）第一卷》（251—255页，长沙：湖南教育出版社,1998)一书中指出,维新思潮有五个特点。第一,因民族危机和社会危机而起的维新思潮,带有鲜明的现实政治色彩,在其整个发展过程中,始终着眼于社会问题和政治问题的解决,一切都是围绕变法自强这一中心而展开。第二,它作为中国近代第一次启蒙思潮所特有的内容的新颖性。第三,它的不成熟性,"不中不西,即中即西"。第四,具有群众运动的规模性。相对以往的社会思潮而言,它具有极强的组织性,在很大程度上摆脱传统知识分子的自发状态和分散性质。第五,具有复杂性。维新思潮的这些特点表现了它所代表的新兴的中国民族资产阶级在其上升时期所具有的生命力和创造力;同时也反映了资产阶级由于先天不良、后天不足所特有的软弱性和两面性。

郑天挺在《清史(下编)》(323页,天津人民出版社,2011)一书中也指出,维新思潮有六个特点。第一,具有强烈的爱国主义精神,救亡与维新紧密联系在一起。但没有正面反对帝国主义,还对某些帝国主义存在幻想。第二,急切的变革要求,把变化、发展看作世界一切事物的规律。使用的武器是庸俗进化论,强调有次序的量变、渐变,排斥质变。第三,以自然人性论为变革的基础,要求从封建压迫下解放出来,反对封建禁欲主义以及为此服务的封建伦理道德。第四,向往民主政治,要求人人政治平等,反对封建专制以及与此相适应的家长制和夫权。第五,依靠个人和群众奋斗,不依靠达官贵人,但又幻想取得某些开明者的支持,希望自下而上的运动与自上而下的变革相结合。第六,旗帜鲜明地反对中学,拥护西学。

4. 维新思潮的影响

王淑琴在《中国近代维新政治思潮的兴起——从〈时务报〉角度的审视》(171页,吉林大学2009年博士学位论文)一文中指出,维新思潮在甲午战争以后开启了中国从传统过渡到现代的转型时期。以民权、议院、民智、学会等为核心话语,以君主立宪制为政治理想,维新思潮既是对前近代民本思想的超越,又是后期民主革命思潮的基础和源泉,是近现代政治思想史的里程碑。与此同时,维新思潮也开启了参与政治的新模式,自戊戌时期构建的"公共空间"开始,亲自办报或在报刊上抒发自己的观点主张成为各类人士和群体言说政治、参与社会变革的直接手段。

雷颐在《不新的"新文化":民国思潮第一幕的嵌入式研究》(载《南京大学学报(哲学·人文科学·社会科学)》2016年第3期)一文中指出,近代中国激烈、全盘反传统思潮发轫于戊戌维新时期,经过中西文化对比得出的"中国几千年历史是黑暗的皇权专制的历史""中国人有奴性因而需要国民性改造""个人解放""彻底批判儒学""以民主科学启蒙国人等"五大"母题"在"戊戌—辛亥"时期已经论述充分、建构完毕,五四新文化运动只是将其"扩大化"成为一个社会运动。

彭平一在《冲破思想的牢笼:中国近代启蒙思潮》(63—123页,长沙:湖南师范大学出版社,2000)一书中指出,维新派一方面疾呼变法改革、救亡图存,另一方面又大力批判专制主义和蒙昧主义,宣传西方近代资产阶级民主和自由平等学说,从而形成了近代中国第一次思想解放的高潮,中国近代启蒙思潮正是在其中得以兴起。彭平一化用维新运动激进派谭嗣同"冲决网罗"的口号,总结了维新思潮的四大成果:冲决俗学之网罗——反旧学但倡西学的文化思想,冲决君主之网罗——反专制、倡民权的政治思想,冲决伦常之网罗——反封建纲常、倡人性解放的伦理思想,冲决群学、群教之网罗——哲学启蒙。

(四) 共和革命思潮

1. 共和革命思潮的兴起

章开沅、罗福惠在《比较中的审视：中国早期现代化研究》(336 页,杭州：浙江人民出版社,1993)一书中指出,1903 年以后,民主共和思想开始跃登中国舆论思潮的大舞台,要通过革命的手段,彻底推翻君主专制制度,建立完全的民主共和国。也就是以民权意识彻底取代君权意识。邹容是继孙中山之后主张建立民主共和国方案的第一人。他于 1902—1903 年写成震惊中国的《革命军》,洋洋二万言,以尖锐、泼辣的文字鞭挞专制政体,以热情、激动的语言讴歌民主共和。

胡伟希在《中心与边缘：20 世纪中国知识分子与社会思潮》(高瑞泉主编：《中国思潮评论》,48 页,上海：上海古籍出版社,2014)一文中指出,对于资产阶级革命党人来说,他们心目中的中国未来政治模式是"民主共和";同时,他们发现西方社会出现不少弊病,其中最主要的是劳资对立严重,于是他们提出了"政治革命"与"社会革命"并行的革命方略。因此,对于革命党人来说,民主与平等与其说是政治民主与政治平等,不如说是经济民主与经济平等更为重要。为了将他们的民主观、平等观与改良派的相区别,他们不再将政治民主称为民主而改称为"民权",他们将经济平等称为"民生主义"。这成为后来孙中山作为"民主建国"纲领的"三民主义"的思想基础。

刘学照在《从本义为共和革命思潮立名》(载《学术月刊》1996 年第 6 期)一文中指出,辛亥革命的根本性质是一场反帝反封建的资产阶级民主革命,但就其主要内容和主要特征来说,是一次实践"民主共和国方案"的"共和革命",我们完全应该在中国近代史上为"共和革命"立名。基于同样理由,作为辛亥革命在意识形态领域的准备和表现的清末革命思潮,可以称之为"共和革命思潮"。

2. 共和革命思潮的影响

何靖在《论民初民主共和思潮的高涨及其历史作用》(载《中山大学学报论丛》1988 年第 3 期)一文中指出,民主共和思潮在中国近代民主思潮发展史上的历史地位是不可抹煞的。第一,它是中国近代历史上罕见的一次广泛而普及的民主共和思想教育运动,是中华民族意识新觉醒的重要标志。第二,它推动了中国政治民主化的进程。第三,它深化了人们对中国实现近代化使命的认识。民初兴起了如火如荼的振兴实业热潮,这是民主共和思潮在经济领域的反映。第四,它为五四时期民主思潮准备了思想条件。民初民主共和思潮已远逝,但它所留下的冲刷痕迹昭示人们：中国实现政治民主化道路是艰巨而漫长的,不可能一蹴而就。民初民主共和思潮是中国近代化征程中一个不可缺少的阶梯。

李喜所在《近代中国的思想解放潮流》(载《历史教学》2003 年第 11 期)一文中指出,20 世纪初年,和平改革的维新思潮已经渐渐让位于武装反清的共和革命思潮,革命的风潮、共和的理念风靡一时,新的思想解放潮流是以共和革命为中心而展开的。反清革命的程度决定着思想解放的深度。也就是说,是革命呼唤和左右了思想启蒙。然而,这种政治运动式的思想解放,带有明显的急用先学的急就章偏向,自然限制了思想解放的深度和广度,也决定了 1911 年的辛亥革命仅仅是将皇帝赶跑,真正的共和国、真正的民主制度并没有建立,作为共和标志的中华民国只是一块招牌。一批先进的政治家、思想家认真思索,反复探讨,觉得问题出在文化方面。于是，以1915年新文化运动的崛起为标志，思想解放的潮流又递进到了梁启超所归纳的文化层面。

（五）民主与科学思潮

1. "民主"的内涵与转向

闫小波在《近代中国民主观念之生成与流变：一项观念史的考察》（20—21页，227页，南京：江苏人民出版社，2011）一书中指出，近代中国民主观念流变分为五个时期：第一，19世纪中后期西方文明的辨识期，关键词是议会。代表人物是关注西学并有革新取向的早期维新派思想家，如王韬、郑观应。第二，19世纪末20世纪初民主观念的输入期，关键词是民权、自由、宪政、权利。以梁启超为代表的留日学子旅日人士，开始挖掘西方文明有形制度背后的各种观念和价值。第三，1903年至民国初年为浪漫主义民主的输入期，关键词是革命、共和、民主等。以孙中山及一些留日、旅日及沿海的一些革命志士为主体，改朝换制是他们共同的追求。第四，"五四"时期为民主观念的分岔期。"民主"与"科学"是"五四"启蒙之士的共同期盼，大体有两种思想理路：留学英美的以胡适为代表的自由主义民主——精英民主，留学日、俄或有法国勤工俭学背景的李大钊、陈独秀等为代表的革命民主主义——大众民主。第五，南京国民政府以后为民主观念的期成期。中国的民主启蒙之路十分艰难。闫小波指出，近代中国始终面对着这样一个悖论：一方面中国必须告别传统，走向现代化，走向民主之路；另一方面，走向民主与现代化的中国又无法与传统作彻底的切割。传统是中国的传统，而民主也只能是中国式的民主。在近代中国特殊的历史情境下，要使得中西文化、传统与现代始终保持合理的张力，实现新旧合法性——以民主制取代专制王权的无缝隙对接是极其困难的。

王汎森在《中国近代思想与学术的系谱》（257—260页，石家庄：河北教育出版社，2001）一书中认为，由于第一次世界大战欧洲文化的破产与俄国革命的成功，马克思主义对西方资本主义文明不留情的批判并提出构建一种新社会的理想，使得部分知识分子发现了另一个"西方"，究竟是谁的"民主"，究竟是哪一种"科学"，青年们努力寻找一个"根本的觉悟"，当时许许多多新青年们毫不迟疑地主张建造一个"新社会"才是"彻底"解决所有问题的办法。旧伦理、旧思想、旧文学、旧秩序的权威都要一扫而空，这些新文化运动所争论的盘根错节的问题，皆可以用一个更犀利有效的武器来解决，那便是马克思主义。

2. "科学"的内涵与发展

严搏非在《论新文化运动时期的科学主义思潮》（载许纪霖主编：《现代中国思想史论·上》475—481页，上海：上海人民出版社，2014）一文中指出了"科学主义"的界定。五四新文化运动时期的科学主义，作为从西方近代主要知识传统中产生的一项信仰，它把所有的实在都排放在一个自然秩序之内，而且认为只有科学方法才能理解这一秩序的所有方面。当中国还丝毫谈不上有什么实际科学的时候，中国的知识分子就已经首先从自身的社会危机和文化心态出发，架构于近代中国救亡图存的意识形态之上，而直接获得了关于科学的社会价值包括人生价值的概念意义，对于科学本身的内容和价值较少有理解。

金观涛、刘青峰在《观念史研究：中国现代重要政治术语的形成》（325、326、357页，北京：法律出版社，2010）一书中指出，自1902年后中国知识分子纷纷接受science译名改变的大潮流,用"分科之学"的"科学"来取代"格致"。科学取代"格致"意味着中国知识系统的现代转型,与儒家意识形态中国"格致"划清界限,标志着知识系统的专门化及其在文化中非道德化的定位。新文化运动中,人们开始从现代科学常识——即物质的进化的世界观——科学唯物论来推演新的普遍之理,根据唯物史观,社会制度和道德都是随着经济的不断发展而进步,共产主义作为人类社会五阶段进化模式中的最高等级,其科学性与真实性毋庸置疑。"科学"的内涵变为以马列主义和社会科学为主,马列主义本身就是科学的顶峰。

3. 五四思潮

黄兴涛在《中国文化通史·民国卷》(42—43页,北京:中共中央党校出版社,1999)一书中指出,五四以后追科学、求民主的思潮和运动继续得到发展。科学方面,有影响较大的科学派、唯物史观派反击玄学派的"科玄论战";30年代初抗战以前"科学救国论"指导下的"科学化运动";同时期左翼人士从事的"新社会科学"运动。民主方面,则有胡适、罗隆基发动的"人权运动";中共领导的人民民主运动;抗战后期全国范围内掀起的民主建国运动等。全面抗战爆发前夕,左翼文化人还曾发起一场新启蒙运动,以继承"五四"和超越"五四"自任,再次将民主与科学并提为启蒙的目标,显示出文化思想与运动发展的螺旋式上升。

闾小波在《近代中国民主观念之生成与流变:一项观念史的考察》(243—244页,南京:江苏人民出版社,2012)一书中指出,五四运动留给后人解读的主旨其实是多面向的。就文化观而言是批文化调和论,革孔学儒教之命;就民主观而论,痛斥精英主义与贤人政治,礼赞庶民与大众政治;就道路选择而言,是弃英美的渐进变革,从苏俄的激进革命。"五四"构成了中国近代民主观念史及民主运动史上又一个关键的拐点,即李大钊、陈独秀等人承接孙中山提出的直接民主,倡导的庶民(平民)主义民主的主张得到深入阐述和广泛的传播。人民当家作主、直接民主等成为革命者的企盼,革命民主主义为越来越多的民众所承接。为了实现这一目标,必须颠覆现行的制度与政治理念。超越资本主义民主的革命民主主义经由共产党人的实践与宣传,最终成为中国民主观念的主干——人民民主专政。而与之相对应的自由主义的宪政民主由一批受过英美教育的自由主义知识分子执着地守望着,他们不遗余力地输入、阐述、宣传,到20世纪30、40年代也曾风光一时,但最终则成为绝唱。

许纪霖在《现代中国思想史论·上》(475—481页,上海:上海人民出版社,2014)一书中指出,新文化运动就其根本心态而言,是一种对晚清以来追求现代化方式的背叛和弃绝。中国知识分子在寻求富强的道路上,在辛亥革命形式上已经共和的政治文化都无力挽回民族衰败的情况下,转而认为要通过对传统文化全面批判的方式来进行政治创造,他们期望通过对传统文化的全面批判来确立新的文化权威并以此摆脱心理和实践的困境。

二、马克思主义中国化

(一) 马克思主义的传播

姜玉齐在《新民主主义革命时期中国共产党对主要社会思潮的认识和态度的研究》(33—36页,华东师范大学2012年博士学位论文)一文中指出,中国人最早介绍马克思生平的是梁启超。梁启超于1902年在《新民晚报》发表文章《进化论革命者颉德之学说》在文中稍微提到了马克思,但梁启超对马克思及其学说的了解比较片面、不系统、不完善,或者说仅仅是一知半解。另一位较早介绍马克思和恩格斯生平及其著作的是朱执信。朱执信于1905年在《民报》上发表了文章《德意志社会革命家小传》,该文向中国人详细地介绍了马克思和恩格斯的生平、《共产党宣言》的基本观点,并介绍了马克思的经济理论。

吴雁南等在《中国近代社会思潮(1840—1949)》(第二卷,476—479页,长沙:湖南教育出版社,1998)一书中指出,五四运动后,李大钊更为系统地介绍和研究马克思主义的基本思想。1919年发表的《我的马克思主义观》,阐述了马克思主义的三个组成部分和来源,分析了马克思主义政治经济学的基本原理,比较了个人主义经济学(资本主义经济学)、社会主义经济学和人道主义经济学的历史发展,介绍了马克思主义的唯物史观。他认为阶级斗争学说是马克思主义中最富于战斗性的部分,这加深了当时的中国人对马克思主义理论的理解,也说明他在宣传科学社会主义思想上,确实站在了时代的前沿。

赵士发在《中国问题与时代精神——马克思主义中国化的历史与逻辑反思》(载《江汉论坛》2008年第12期)一文中指出,马克思主义中国化从一开始就不是一帆风顺的,马克思主义正是在与各种反马克思主义思潮的论争中逐步确立自己在中国近代社会思想启蒙运动中的主导地位的。在中国共产党成立之前马克思主义与其他思潮曾进行了三次较有影响的论战:第一次是同资产阶级改良主义的论战,即所谓的"问题和主义"之争;第二次是与基尔特社会主义的论战;第三次是与无政府主义的论战。经过以上三次论战,马克思主义逐渐与中国优秀思想传统相结合,成为中国现代化的指导思想之一,并在这一思想的指导下创立了中国现代化与中国革命的领导力量之组织——中国共产党。从此,马克思主义开启了中国启蒙运动的新航向,中国现代化与中国革命的面目焕然一新。

卢国琪《论马克思主义早期在中国的传播》(载《湖南社会科学》2012年第4期)一文中指出,三次大论争对于开启马克思主义中国化的历史意义。第一,问题与主义之争,不仅未能湮灭正在扩大的马克思主义的影响,反而进一步扩大了它的影响,使马克思主义在五四运动后焕发出更加旺盛的生命力。第二,关于社会主义与资本主义的论争,划清了科学社会主义与各种非科学社会主义的界限,促进了马克思主义的广泛传播。第三,持续了一年多的马克思主义与无政府主义的论争,以马克思主义大获全胜而告终。在三次论战中,马克思主义者开始努力尝试着运用马克思主义的立场、观点和方法,通过批判各种错误思潮,对中国的实际问题进行深刻的分析,彰显出马克思主义强大的理论活力,不仅促使马克思主义在中国得到了进一步广泛的传播,而且开启了探索马克思主义与中国的实际相结合、解决中国前途命运的历史过程。

(二)马克思主义中国化的提出

韩振亮在《论毛泽东与马克思主义中国化——纪念毛泽东同志诞辰120周年》(载《观察与思考》2013年第12期)一文中指出,1938年,毛泽东在党的六届六中全会上作的题为《论新阶段》的政治报告中,最先提出了"马克思主义中国化"的命题。毛泽东所诠释的"马克思主义中国化"基本内涵有两个方面:一是要坚持马克思主义的普遍原理,并使之作用于中国的具体实际,即"结合"的问题;二是要坚持在马克思主义普遍原理与中国具体实际结合过程中,使马克思主义带有中国气派和特点,即"创新"的问题。把基本内涵的两个方面归结起来,就是毛泽东后来所说的"马克思列宁主义的理论和中国革命的实践之统一",就是马克思主义中国化。

(三)马克思主义中国化与中国共产党成立

彭继红在《传播与选择——马克思主义中国化的历程(1899—1921年)》(300页,长沙:湖南师范大学出版社,2001)一书中指出,1921年中国共产党的成立,实际上就开始了马克思主义中国化的伟大实践。中国共产党把党成立后的"第一任务"确定为:"努力研究中国的客观实际情形,而求得最合宜的实际的解决中国问题的方案。"正是因为有了这样的认识及努力,中国共产党第二次全国代表大会制定了反帝反封建的民主革命纲领。这个纲领是中国共产党人马克思主义中国化的第一个重大成果。

杨近平等在《马克思主义中国化历史发展的低谷与高峰》(载《理论研究》2013年第5期)一文中指出,中国共产党诞生成为马克思主义中国化的起点,因为中国共产党诞生以前,马克思主义在中国主要是传播,并不是马克思主义与中国实际的结合,即便有早期知识分子(如陈独秀、李大钊)进行这种结合的工作,也只是分散、自发、萌芽状态的行动;中国共产党诞生以后,有了马克思主义中国化的主导力量,马克思主义与中国实际的结合变成有组织、系统的结合,马克思主义中国化开始真正成为在中国共产党领导下的全民族的事业。

(四)毛泽东思想

1. 毛泽东思想的确立

杨近平、何志玉在《马克思主义中国化历史发展的低谷与高峰》(载《理论研究》2013年第5期)一文中指出,1945年4月党的七大召开,正式确立毛泽东思想作为党的指导思想,是马克思主义中国化第一次历史性飞跃的根本标志。因为毛泽东思想成功解决了在半殖民地半封建的中国进行什么样的革命、怎样进行革命这一重大问题,毛泽东思想指导下的新民主主义革命取得了胜利,党领导人民建立了新中国,完成了近现代中国两大历史任务之一的民族独立和人民解放,使人民群众真正当家作主。毛泽东思想指导地位的确立,标志着马克思主义中国化进入了一个发展高峰时期。

2. 毛泽东思想的内涵

周新辉在《中国化马克思主义概论》(9页,北京:中国农业出版社,2005)一书中指出,1945年刘少奇在党的七大所作的关于修改党章的报告中,首次对毛泽东思想的科学涵义作了界定。毛泽东思想是马克思列宁主义的理论与中国革命的实践之统一的思想,是中国的马克思主义,是马克思主义民族化的优秀典型,是中国人民完整的革命建国理论。

马莹、曾乐元在《马克思主义中国化论纲》(16页,西安:陕西人民出版社,2007)一书中指出,毛泽东思想作为一个完整的科学体系,主要有六个方面的独创性理论:新民主主义革命理论,社会主义革命和社会主义建设理论,革命军队的建设和军事战略理论,政策和策略理论,思想政治工作和文化工作理论,党的建设理论。

3. 毛泽东思想的意义

郑德荣在《毛泽东思想新论》(7页,长春:东北师范大学出版社,2006)一书中指出,毛泽东思想在马克思主义发展史和中国共产党历史上具有重要历史地位。马克思主义是指导世界无产阶级和被压迫民族革命斗争的强大理论武器。毛泽东思想是马克思主义中国化第一次历史性飞跃的伟大成果,中国共产党领导中国革命和社会主义建设的根本经验集中到一点就是马克思主义与中国实际相结合,走自己的路。这就是把马克思主义中国化,以中国化的马克思主义为指导,开创有中国特色的革命道路和中国特色社会主义建设道路。毛泽东思想为马克思主义在中国传播发展树立一座历史丰碑,使之进入崭新的历史阶段,开创了半殖民地半封建的落后农业国家里,共产党领导革命如何以马克思主义指导的先河,开创了马克思主义指导中国革命的新纪元。

丁俊萍、熊启珍在《中国化的马克思主义概论》(30—32 页,武汉:武汉大学出版社,2003)一书中指出,毛泽东思想是马克思主义与中国实际相结合的第一次历史性飞跃的理论成果,是马克思主义在中国的运用和发展,是中国化的马克思主义,是中国共产党的指导思想,是中华民族的宝贵财富。第一,毛泽东思想是夺取中国革命胜利的理论武器。第二,毛泽东思想是社会主义中国立国建国的思想政治基础。第三,毛泽东思想是建设中国特色社会主义理论的思想渊源和理论先导。第四,毛泽东思想是中华民族团结振兴的精神支柱。第五,毛泽东思想是对马克思列宁主义的丰富和发展,是马克思主义发展史上承上启下、继往开来的重要阶段。

三、中国近代的传媒与教育

(一) 近代大众传媒的发展

张灏在《中国近代思想史的转型时代》(载《二十一世纪》总第 52 期,1999 年)一文中认为,1895 年至 1920 年前后大约 25 年时间,是中国思想文化由传统过渡到现代的关键年代,思想知识的传播媒介有了突破性巨变,一是报纸杂志、学会及新式学校等制度性传播媒介的大量涌现;二是新的社群媒体——知识阶层的出现。随着报纸杂志、现代出版事业的出现,知识阶层利用现代技术与企业组织大量出版行销,推动了新知识、新思想的广泛散布与文化的变迁。

1. 译书与西学东渐

熊月之在《译书与西学东渐》(载王建朗、黄克武主编:《两岸新编中国近代史·晚清卷》下册,1036—1040 页,北京:社会科学文献出版社,2016 年)一文中指出,晚清西学东渐可以分为四个阶段。第一阶段,1811—1842 年,马礼逊等传教士共出版中文图书和刊物 138 种,属于介绍世界历史、地理、政治、经济等方面知识的有 32 种,这些书刊,成为日后林则徐、魏源、徐继畲了解世界的重要资料。第二阶段,1843—1860 年,共出版各种西书 434 种,其中介绍天文地理、数学医学、历史经济等方面知识的有 105 种,占 24.2%,李善兰、王韬等参与西书翻译工作,反映了中国知识分子主动了解西方世界的动向。第三阶段,1861—1900 年,西学传播机构趋于多样化,这 40 年中,共出版各种西书 555 种。以译书数量与译书质量而言,大都是上海出版的,上海逐渐成为西学在中国传播的中心,西学影响逐渐扩大到社会基层。第四阶段,1901—1911 年,中国通过日文、英文、法文共译各种西书至少 1 599 种,占晚清 100 年译书总数的 58.7%,超过此前 90 年中国译书的总数。据统计,1896—1911 年,中国新设立的出版西书的机构有 100 家。以开通民智为主旨的文明书局,所出版图书以教科书著称于世;志在维新的广智书局,所出图书多属变法、变政之类。这表明中国输入西学,已从器物技艺等物质文化为主转为以思想、学术等精神文化为主。大批西学的涌入,特别是各种不同层次的新式教科书,遍布城市乡村,走进千家万户,使西学影响空前深入。

2. 报刊与救亡图存

王天根在《晚清报刊与维新舆论建构》(4、156 页,合肥:合肥工业大学出版社,2008)一书中指出,以政治宣传为主的报刊逐渐成为主流媒介的原因在于时局——救亡图存成为近代中国的历史使命,这赋予清末传媒进行民族救亡的政治宣传功能,受众普遍关心政治,报刊等大众传媒成为国人向西方学习的工具,因而报刊通过构建舆论,为改良或革命等提供了可能性、合法性。

李礼在《转向大众:晚清报人的兴起与转变(1872—1912)》(3—13 页,北京:北京师范大学出版社,2017)一书中指出,通过报刊舆论的生产与引导,几乎成为知识精英投身政治活动的起点或主要手段。甲午战争后由于政治改革运动的带动,报纸杂志数量激增,此后报人逐步有了言论独立、监督政府等现代报刊理念,政治态度难以与官方保持一致,而更多地持批判姿态,由此历史性地开启体制外的公开讨论和合法批判空间。利用海外和租界空间以及舶来的各种西方政治思想,报人群体得以率先突破"清议",走向"抗议"。

卞冬磊在《古典心灵的现实转向:读报纸与现代性(1894—1911)》(7、126—128 页,复旦大学 2013 年博士学位论文)一文中指出,20 世纪初的报刊,不仅将读书人从内向、审美和道德化的生活中解放出来,也将他们带入立足朝廷、关心实际事务与耳闻目见的现实中。报刊在政治体制之外,培养出一个分散于社会、关心国家、具有批判意识的读者群,引入了公众舆论的力量,从而打破了帝制时代封闭的政治结构。读书人急切地期待报刊这一新文化形式,能承担起国家走向富强的责任。结果就是晚清报刊的内容远远超出时事范畴,还要承担提供时务、论述甚至现代知识体系的任务——它不仅要描绘出共同世界的现实状态,还要对解释和改造这个现实负责,故而在维新变法时期出现国人第一次办报高潮、辛亥革命时期为国人第二次办报高潮。

3. 杂志社、书局与新文化

章清在《由"学战"到"思想战":民国时期的思想与学术》(载王建朗、黄克武主编:《两岸新编中国近代史·民国卷》下册,931—936 页,北京:社会科学文献出版社,2016 年)一文中指出,中国士人介入新式书局及报章之创办,肇端于晚清,新型出版物也成为"合群"的最大助力,并且与学校、学会等相配合共同构成推进社会转型的重要方面。其中值得重视的是,新书出版实际与杂志发行紧密结合在一起,不仅出版机构广泛发行杂志,杂志社也印行图书。大学与书局、报章之结合,成为把握民国时期思想学术发展不可忽视的环节。

章清进一步指出,整个新文化运动是以出版事业为基础而展开的。较之晚清,民国时期最引人注目的变化主要是刊物创办者往往兼有大学教授的身份,其学术成绩也主要体现在创办的杂志上,社会层面出版的许多基于"分科"组织的杂志亦是新文化运动时期的普遍情形,各学术团体杂志纷纷出版,数量颇多。另一方面,伴随《新青年》、《新潮》等杂志影响力的拓展,商务印书馆、中华书局等新式书局也走向了与学界的合作,招募了形形色色的文人集团,以非常开明的姿态,为不同趣味的读者提供了可供选择的多元文化菜单,又借助于国文教科书的出版,从体制层面探索了新文化和新文学的理念如何进入大众层面和普及层面。

(二)近代教育的发展

1. 新学堂

桑兵在《历史的本色:晚清民国的政治、社会与文化》(273—282页,桂林:广西师范大学出版社,2016)一书中指出,晚清科举制由改到停的历程,折射了文化观念由坚守夷夏大防到中体西用再到用夷变夏的演变。但如何适应国情与超越外国,不以中国传统的一切为皆非,也不以西方现在的一切为尽善,力求兼收并蓄,能够得其利而不受其害。在学习先进的同时不迷失自我,保持传统文化的精髓并能与时俱进,依然任重道远。

桑兵在《中西学之争:从科举、学校到学堂》(载王建朗、黄克武主编:《两岸新编中国近代史·晚清卷》下册,828—829页,北京:社会科学文献出版社,2016)一文中指出,在朝野合力推动下,新式教育高速发展,规模急剧扩大,其中学习一般西学知识的普通学堂发展最快,新式学堂取代学校、书院、学塾,最终成为定局。普通学堂不在造就少数人才,而在造就多数国民。传统风教在儒家"内圣外王"的目标下,形成一种官本位模式,教育的出路仅在于为政治服务,如今也转变为社会教育,普及识字,推广新知,这在客观上造成了一个不同于中国旧式士大夫的知识分子队伍。大批受西学教育的青年学生聚居在都市城镇大大小小的学堂,本来为维护清朝统治而实行的教育变革,反而促其速亡。

应星在《废科举、兴学堂与中国近代社会的转型》(载《战略与管理》1997年第2期)一文中以湖南为例指出,在统计的46位下层士绅几乎都选择新式学堂或日本等国接受再教育,其中有一半的人又参与了自立军、华兴会等反清组织及其活动;同盟会1905—1907年科考出身的369名会员中,国内学堂学生与留日生竟有354人之多,占了近96%。学堂所孕育出的主要是一种反体制冲动,这股洪流将既有社会支配的合法性席卷而去。

贺觉非、冯天瑜在《辛亥武昌首义史》(31—40页,武汉:武汉大学出版社,2006年)一书中列举了张之洞督鄂期间改制书院和开设大量新学堂、提倡向海外派遣游学生的史实,指出大批新式知识分子,从支撑清廷半壁江山的封疆大吏张之洞兴办的学堂和派遣的留学生中源源涌出,走上了反满革命的道路。从湖北的情形看,资本家直接投身革命的几乎没有,而在那些由新学堂培养出来的青年学生中,却产生了一批又一批英勇的革命者。在民权论、民约论、进化论,以及民主共和思想的冲击下,学生们具有强烈的爱国热情,在列强蚕食鲸吞、清廷腐朽昏聩的社会现实刺激下,很容易奋不顾身地走上革命道路。

2. 留学运动

董静芳在《晚清留学教育与中国近代教育的关系》(载《纪念〈教育史研究〉创刊二十周年论文集(7)》,2009)一文中指出,近代留学教育兴起有三个原因。第一,政府军事和外交的失败成为直接动因,要培养一批掌握外国先进技术的科技人才,最重要、最有效的途径莫过于选派留学生;第二,科举制度的废除为留学教育注入了强大动力;第三,日美等国留学政策的演变对中国留学教育起了积极的推动作用。

岳谦厚、张玮在《清末民初中国留学教育的多元取向》(载《纪念〈教育史研究〉创刊二十周年论文集(7)》,2009)一文中指出,中国近代留学教育分为三个阶段:19世纪70年代幼童留美和船政学堂留欧至甲午战争前后,为第一阶段;戊戌维新至庚款留美,为第二阶段,发生宏大的留日风潮;庚款留美至南京国民政府初期,则为第三阶段,形成留美热浪,其间亦发生过声势浩大的留法勤工俭学运动。总之,中国留学教育逐步演化为多元化、全方位、流向发散、专业门类趋全的格局。

蒋凯、徐铁英在《近代以来中国留学教育的历史变迁》(载《大学教育科学》2007年第6期)一文中指出,"以俄为师,赴苏留学"在20世纪20年代成为新的留学热潮,十月革命的成功、中国共产党的诞生、工农运动的发展、革命统一战线的形成,促使留学苏联的活动蓬勃发展。留学苏联开辟了一条新的留学道路,为中国革命和建设培养了大批领袖人才。

3. 平民教育

杨东平在《平民教育的流变和当代发展》(载《清华大学教育研究》2008年第3期)一文中指出,于五四新文化运动中发轫的平民教育有两个不同的源头:一是在社会主义意识形态影响下,由共产党人宣传和举办的平民的教育活动,它马上发展为工农革命运动的宣传和动员方式。另一个源头,是由晏阳初、陶行知、朱其慧等自由主义知识分子倡导发动的。1923年成立的"中华平民教育促进会",在全国20个省区开设平民学校、平民读书处、平民问字处等,实施平民教育。1926年后,平教会将工作重心移至最缺乏教育的农村,在河北定县长期开展乡村教育实验,出现了"博士下乡"的盛况,发展为影响巨大的"乡村建设运动"。

苏志宏、郝丹立在《平民教育与中国现代民族国家——论晏阳初的平民教育思想》(载《四川大学学报(哲学社会科学版)》2008年第6期)一文中认为,晏阳初平民教育有两大教育目标。一是以识字为基础或起始点的科学文化素养和能力的培养,二是以民主自治为核心的现代公民意识教育,这两个目标的相互交织,构成了平民教育过程发展的基本动力,由此,以晏阳初为代表的平民教育,是中国现代民族国家这一现代性的"民族—政治"理念得以普及化、大众化的一个重要环节。

蒋纯焦在《陶行知教育思想新探》(《河北师范大学学报(教育科学版)》2016年第5期)一文中指出,陶行知强调教育是建设民主国家的第一要务。他主张以平民教育造就现代社会国民,参与组织中华教育改进社,编撰《平民千字课》,在大江南北推行平民教育,但由于当时中国的基层社会并没有民主的制度设计和组织保障,靠平民教育来推进民主建设几无可能。因而陶行知从平民教育的阵营中分化出来,认识到乡村是中国社会的主体后,1926年底陶行知开始转向乡村教育,在晓庄通过生活教育的理论和实践来进行小范围的乡村改造,促进底层民主。

教学设计

设计一:回看1905——晚清思想史上躁动恣意与梦想放飞的一年

设计意图

1905年,这一年发生了许多影响晚清思想、文化发展的历史事件。本设计通过列举1905年的典型事件,如介绍1905年邹容之死与1905年日俄战争,使学生体会晚清政府的日益腐朽;介绍1905年孙中山与严复的会晤,使学生了解资产阶级革命派与立宪派分道扬镳;

介绍1905年废除科举制度与1905年社会主义思想的早期传播,使学生掌握20世纪初各种思想的因果联系。引导学生从1905年这样一个充满躁动与梦想的"小年份",理解社会转型发展的"大时代",使学生深刻地感受时代对历史事物的影响,坚定运用唯物史观来剖析历史问题的能力。

设计方案

新课导入:1905年,在清末各年份中看似平常,既没有发生大的自然灾害,又没有民间暴动烽火连天,然而这一年发生的许多事件却对晚清思想文化的发展产生重要影响。就让我们一起"回看1905",看看这到底是怎样一个充满着躁动与梦想的年份。

一、一场"局外中立"的战争:1905年日俄战争

材料呈现:

材料一 1905年以中国为战场的日俄战争,改变了世界对黄种人作战能力的看法,也改变了东亚政治的权势格局。而作为战场主人的中国却宣布了"局外中立",更是世界历史上少见的特例(从中国传统看是失道,即失去了统治的合道性;从新引进的西方国家观念看是不能捍卫主权,也失去了执政的合法性)。同时,日俄战争的胜负,以实例向中国人"证明"了立宪优于专制,也就结束了以俄国还是日本为学习典范的长期争议。

——罗志田:《革命的形成:清季十年的转折(上)》,载《近代史研究》2012年第3期

材料二:1905年9月3日,严复发表《原败》一文,分析俄国在日俄战争中失败的原因。他认为,沙俄虽然有向东方扩张、俄皇尼古拉二世违约不肯从中国东北撤军、政令和军事方面存在种种腐败情形等因素,而在根本上,俄国失败不过是专制政治的罪恶之果。

——皮后锋:《严复大传》,276页,福州:福建人民出版社,2013

问题设计:根据材料一、二与所学知识,谈谈日俄战争对中国的影响。

教师引导学生分析:根据材料可知,日俄战争对中国的影响有:第一,在中国东北爆发的日俄战争,给东北地区与人民造成战争的创伤;第二,清政府保持"中立",其统治、执政合法性发生严重危机;第三,使"排满革命"的呼声一时间风起云涌;第四,日俄战争结果日胜俄败,资产阶级立宪派认为是日本立宪制度战胜俄国君主专制,立宪思想也突嚣风行,在士人、社会领袖和高瞻远瞩的督抚中迅速传播开来。于是清政府开始酝酿启动1906年的政治体制改革。总之,日俄战争对20世纪初中国的政治、思想、文化产生长远影响。

二、一纸寥寥数语的诏令:1905年废除科举制度

材料呈现:

材料三 正是1904—1905年的日俄战争所带来的痛切的亡国危机,促成了科举的废除。没有这场战争,则清廷之统治合法性不会发生严重危机,则不会如此"痛快"地屈服于袁世凯等人"逼宫"式的奏请;袁世凯等人也不敢在奏折里将废除科举与"开启民智"相提并论。清廷面临这样一个困境:不改革则不能救国,不能救国则朝廷亦丧失了存在的必要。

——谌旭彬:《中国:1864—1911》,317页,杭州:浙江人民出版社,2012

材料四 据统计,1905年中国新学堂已达到8 277所,学生为258 873名,另外还有约

400所高等专业学校，2 000所教会学校，学生5万余名。新式学堂、新式学生和由此而产生的新式学制，既使废除科举的时代要求显得更加迫切，又为社会准备了科举废除后所必需的替代物。同时，清政府里原先坚持八股取士的顽固大臣或被处死，或被贬职，而力主废除科举制度的袁世凯等人却地位上升，从而为这一时期的废科举运动提供了可靠的权力保证。1905年，任直隶总督的袁世凯会同两江总督张之洞等封疆大员联合奏请清政府立即停罢科举。几天后，清廷就发布上谕，称"所有乡会试一律停止，各省岁科考试，亦即停止"。这寥寥数语，宣告了科举制的终结。

——郑大华：《文化与社会的进程——影响人类社会的81次文化活动》，471页，北京：中国青年出版社，1994

问题设计：根据材料三、四，概括1905年废除科举制度所具备的社会条件。

教师引导学生分析：从材料可知，当时废除科举制所具备的条件有：第一，日俄战争带来亡国危机，晚清政府不得不"开启民智"而主动变革；第二，清末新政中新学堂和新教育的普及，是废除科举的时代要求与所必需的替代物；第三，清政府部分顽固大臣失势，力主废除科举制度大臣地位上升。总之，废除科举制度是20世纪初中国时代变革的自然产物。

材料呈现：

材料五 1905年的那一纸诏令可视为投入水面的一颗石子，它的震撼如同水波，在辛亥以后的数年乃至数十年间层层荡漾。在这个过程中，我们应当注意到民初中国的军阀混战、威权真空，思想与意识形态的混乱，尊孔复古的潮流与"文教息灭，天下无一通品"的浩叹；一面是学堂学生、留学新贵在政治与学术舞台的你方唱罢我登场，一面是最广义的科举遗民在轰轰烈烈的大时代中用心深苦的退避或抵抗；既有身历其间的反思，也有历史前行中人们对于遗落传统的回归。废科无论作为一种政治结构的巨大转型，还是作为意识形态、文化脉络、社会秩序的重组，都体现了这一事件对于中国的悠远影响。因此将废科置于一种更加长时段的范畴内，留意事件的发生及其演绎过程，则有助于理清发生在近现代中国的、有关"中西新旧"的复杂故事。而这些都将是后续的功夫了。

——杨国强：《近代中国社会研究》，109—110页，上海：上海社会科学院出版社，2008

问题设计：根据材料五与所学知识，简述废除科举制度的影响。

教师引导学生分析：第一，它大大改变了教育在中国发展过程中的地位。它推动了新式教育的迅速发展与大批学生留学。第二，它使新式知识分子数量激增与分化加剧。新式知识分子开始大量地转向清政府的对立面，成为立宪和革命的骨干力量。第三，它直接带来了社会心理、思想方法、价值观念的一定变化。它解开了人们的思想桎梏，扩大了知识视野，进而使1905年后三民主义等各种社会思潮不断高涨。第四，它在政治上割断了地方与中央政权的联系，引发政治上的失控，进一步导致后来地方军阀混战、威权真空。总之，科举的废除，使封建统治体系不仅在政治上，而且在思想文化上对全社会的有效控制力都有所削弱，新的思想解放运动开始在母体中萌动。可以说，科举制的被废除，进一步动摇了封建社会的基础，为辛亥革命创造了新的有利条件，并开启了10年后新文化运动的先河。它确实是20世纪初给中国巨大影响的文化事件。

三、一曲"革命军中马前卒"的泣歌：1905年邹容之死

材料呈现：

材料六 1903年，在上海租界出版的一份名为《苏报》的报纸，由于大力宣扬反清爱国的革命思想，遭到清政府和租界当局的追查与迫害，最后《苏报》被封，两位主要当事人——激励了一代仁人志士的《革命军》作者邹容和清末民初的革命家章太炎被投入监狱。1905年邹容死于狱中，年仅20岁。这就是中国近代史和新闻史上轰动一时的"苏报案"。这个事件恰似一个标志，既显示了百年中国的风雨如磐，又浓缩了当年报业的举步维艰。

——范敬宜：《范敬宜文集：新闻教育文选》，124页，北京：清华大学出版社，2011

材料七 邹容的《革命军》一出版发行，即在当时社会产生巨大影响，被誉为中国的《人权宣言》，短时间内即出版29次，发行上100万册，为清末革命书刊中销售最多之书。它宣传革命思想，教育国民，鼓舞民众的革命热情，从而大大推动了资产阶级革命的发展。1905年4月3日，邹容死于狱中。邹容死后，人们纷纷悼念他，其所著的《革命军》更是不胫而走。1906年，孙中山又多次写信要求南洋华侨加快翻印《革命军》，以作宣传鼓动革命之用。

——陆大钺：《近代以来重庆100件大事要览》，13—14页，重庆：重庆出版社，2005

问题设计： 根据材料六，说明"苏报案"如何显示出百年中国的风雨如磐，又浓缩了当年报业的举步维艰。根据材料七与所学知识，分析邹容之死为何引发人们悼念。

教师引导学生分析： "苏报案"有两个组成内容，之一是《苏报》由于大力宣扬各地学生爱国运动，传播反清革命思想，而遭到晚清政府查封；之二是晚清政府迫害邹容死于狱中。说明当时进步报纸和进步思想可能威胁到了晚清政府的统治，"苏报案"的实质是晚清政府加强思想舆论的控制。邹容是近代中国著名的资产阶级革命宣传家，其撰写的《革命军》在当时风行全国，成为鼓动人民参加革命的号角、讨伐清政府的檄文。邹容之死，暴露了清朝统治者的反动本性，反而使《革命军》鼓动革命之影响力传播更广，使更多的人走上了资产阶级革命道路。

四、一次革命派与立宪派的邂逅：1905年孙中山与严复会晤

材料呈现：

材料八 1905年，孙中山自美洲来到英国，得知严复也因事住在伦敦，便特地前往拜访。两人交谈的中心内容是如何改造中国的问题。谈话中，严复始终认为，"中国民品之劣，民智之卑，即有改革，害之除于甲者将见于乙，泯于丙者将发于丁。为今为计，惟急从教育上着手，庶几逐渐更新也。"孙中山不同意严复的主张，他说，俟河之清，人寿几何？君为思想家，鄙人乃实行家也。

——陈国庆：《晚清新学史论》，364页，西安：三秦出版社，2003

材料九 三民主义和"三民"主张是孙中山和严复分别设计的救国方案。严复根据英国资产阶级学者斯宾塞的社会学说，提出了"鼓民力，开民智，新民德"的"三民"主张。即一个国家的强弱存亡，决定于这个国家国民力、智、德三个方面的强弱高低。严复认为要改变这样危急状况却不可操之过急。孙中山1905年提出了三民主义的救国方案：民族主义，即民族革命，推翻满洲贵族对中国的统治，恢复汉族统治的国家；民权主义，即政治革命，推翻封

建君主专制制度,建立资产阶级共和国;民生主义,即社会革命,其主要内容是平均地权,逐步实现土地国有。这是一个比较完备的资产阶级民主革命纲领。孙中山的三民主义救国方案也是从欧美资产阶级那里得到借鉴而制订的。

——陈国庆:《晚清新学史论》,371—372 页,西安:三秦出版社,2003

问题设计:根据材料八与所学知识,简述孙中山去拜访严复的原因与结果;结合材料九,说明孙中山与严复的分歧。

教师引导学生分析:从材料八可知,孙中山拜访严复的原因:第一,严复是资产阶级立宪派代表人物,翻译了《天演论》等重要书籍后使"物竞天择,适者生存"成为流行语;第二,孙中山思想深受严复译介"西学"的影响;第三,两人共同商讨改造中国的问题。拜访结果,说明孙严二人分道扬镳,也可视为中国 20 世纪初年接受英美自由主义思潮的知识分子与接受欧陆激进革命思潮的另一派知识分子,在第一次正面接触后迅速分手的历史性细节。从材料九可以看出孙中山、严复的分歧,体现在三民主义与"三民"主张的区别中:第一,前者主张用革命的手段驱除满洲贵族的封建统治,平均地权,建立资产阶级共和国;后者侧重于启蒙人民的思想觉悟,提高人民"血气体力""德行仁义""聪明智虑"。第二,前者坚决主张用革命的方式,推翻清朝政府的统治,建立中华民国;后者主张通过教育的方式,从思想上提高人民的素养,从体力上增强人民的体质,用改良的方式,逐步以西方资产阶级的民主、自由、平等代替中国封建社会的宗法制度和伦理道德。总之,孙中山与严复在思想上存在的两点分歧:其一,严复主张改良,孙中山主张革命;其二,严复主张启蒙,孙中山主张落实。

五、一种振聋发聩"新声音"的响起:1905 年社会主义思想的早期传播

材料呈现:

材料十 1905 年 11 月至 1906 年 4 月,担任同盟会评议部评议员的朱执信在《民报》第二、三号上发表了《德意志社会革命家小传》一文,主要介绍马克思和拉萨尔两人的生平及其思想主张。朱执信将马克思译为"马尔克",称"其所为文,奇肆酣畅,风动一时。当世人士以不知马尔克之名为耻"。该小传概略地介绍了马克思从出生到去世的奋斗历程,突出了马克思的一些重大理论贡献。该小传着重介绍了《共产党宣言》的内容,首先提到了与马克思合作的恩格斯给予的帮助,将《共产党宣言》的发表视为"马尔克之事功,此役为最",称该宣言"既颁布,家户诵之","万国共产同盟会奉以为金科玉律",使马克思和《共产党宣言》的贡献和影响一目了然。小传中花较大的篇幅介绍了《共产党宣言》中关于阶级斗争和无产阶级专政的基本思想,并译出了宣言中的十条纲领。该小传还介绍了马克思的《资本论》,说:"马尔克以为:资本者,掠夺者。其行,盗贼也。其所得者,一出于唆削劳动者以自肥尔"。尽管朱执信并不赞成马克思关于资本起源问题的观点,但对剩余价值理论却有较多的介绍,并且认为资本家的剥削确实是个事实。当时资产阶级革命派介绍马克思主义的人不多,朱执信发表的这篇传略弥足珍贵。

——奚洁人、余源培:《二十世纪中国社会科学(马克思主义卷)》,8 页,上海:上海人民出版社,2005

材料十一 1905 年孙中山在欧洲就亲自拜访了当时的第二国际执行局并举行会谈,第二国际的档案材料中还记载着孙中山在会谈时说的"我是中国的社会民主党人"等语。这就

是后来孙中山十分赞赏俄国十月革命并最后提出"联俄"主张的前奏。
——吴江:《吴江文稿(中篇)》,954页,北京:中央编译出版社,2009

问题设计:根据材料十、十一,概括这一时期社会主义思想在中国传播的特点与影响。

教师引导学生分析:特点:第一,此时的社会主义学说译介者开始认识到马克思主义是一种崭新的思想理论体系。第二,注意介绍马克思主义的主要领导人、主要代表著作及基本观点。第三,资产阶级革命派对马克思主义的介绍和研究,一方面是出于政治斗争的需要,为其阶级的利益服务,以更好地进行资产阶级革命;另一方面,其探究仅仅停留在学理层面,不可能将马克思主义作为中国革命的指导思想。影响:第一,对于民主革命运动的发展和社会的进步起了一定程度的推进作用;第二,沟通了中国革命与世界革命的联系,使中国民主革命处于国际无产阶级革命的影响之下;第三,社会主义对于引导人们去关注和研究社会民生问题和构想未来社会的蓝图起了舆论导向作用;第四,为辛亥革命时期社会主义学说在中国的进一步传播提供了条件,甚至对科学社会主义在中国的传播与确立奠定了一定的基础。

教师指导学生小结:1905年是一个充满躁动的年份:在日俄战争中晚清政府的"中立"而造成严重统治危机;邹容之死与"苏报案"使人们逐渐认清晚清政府的本质,更加倾向革命。1905年更是一个充满梦想的年份:废除科举制度,其影响出乎封建统治者的预期,是20世纪初给中国巨大影响的文化事件;孙中山与严复的会晤,折射了资产阶级革命派与立宪派之间的爱恨情仇,革命共和道路终与立宪变法方式的分道扬镳;社会主义思想的早期传播,虽然只是一鳞半爪,但这一过程不失为是马克思主义中国化的思想萌芽,为马克思主义中国化起到思想先声的作用。以历史事件为经、时代人物为纬的1905这一"小年份",却能体现出20世纪初"大时代"思想变化的基本命题。所以,在浩瀚的历史长河中,1905年这一年份应该被人们所记住。

设计二:报刊舆论与晚清思想文化的变革

设计意图

晚清报刊业的发展史实际上就是一部晚清思想文化的发展史。晚清报刊报道时事,反映民情民意,促进民众觉醒,引发社会变革;同时随着读者的增加,各利益集团兴起办报高潮,促使近代报刊业走向繁荣。本设计通过史料整合,让学生从外资外报到华资民报,窥探出范围由洋务到维新到革命的轨迹;从香港、上海租界、海外到全国各地,窥探出区域由沿海到内地;从传西学、启民智、促觉醒,窥探出层次由传统走向现代。让学生厘清晚清报刊舆论的发展与近代中国社会文化转型的因果关系,加强学生认识经济基础与上层建筑的原理,强化运用唯物史观理解历史与解释历史的能力。

设计方案

导入新课:一百年前,梁启超在《清议报》上发表了《少年中国说》一文,读文读报,似乎让人感受到了晚清那个风云变幻的时代。梁启超先后主持《时务报》《新民丛报》等报刊,宣传其维新变法、君主立宪和"新民"的政治思想主张。晚清社会还有更多像梁启超先生那样的进步人士通过办报引导舆论,以传播思想观念,以伸张社会正义,以动员社会大众。下面就让我们进一步探讨晚清报刊的起伏兴替,是如何反映了一个时代的问题症结、社会风气和人心趋向。

一、形式:从外资外报到华资民报

材料呈现:

材料一 西方报纸和传教士相似,紧随西方对华政治上的成功出现于中国。普鲁士传教士郭士立出版于广州的《东西洋考每月统记传》(1833年)很快突破了宗教范围,科学、文化的内容比例超过宗教,开始设有新闻、言论专栏,成为中国本土的第一份中文外报。广学会是英美传教士和外交人员、商人等在上海创立的出版机构,其主办的《万国公报》是外国传教士在中国传播西学的最重要刊物,晚清知识界风行一时的《泰西新史揽要》和《中东战纪本末》两书即首先在该报连载。该刊读者群处于中国上层,其中包括李鸿章、张之洞、孙家鼐等大员,清政府涉外中枢总理衙门也是其订户,此外,读者还包括王韬、孙中山等。据统计,到19世纪末,外国人在中国创办的报刊近200种,占当时中国报刊总数的80%以上。

——李礼:《转向大众:晚清报人的兴起与转变(1872—1912)》,36—40页,北京:北京师范大学出版社,2017

问题设计: 阅读材料一,概括近代中国报刊业早期发展的特点。你如何评价外国人在中国创办报纸?

教师引导学生分析: 近代中国报刊业早期发展的特点:以外资办报为主,内容从传教拓展到西学的方方面面,影响了大批近代中国知识精英。对于外国人在中国创办报纸的评价:一种观念认为其有消极影响,认为外国人在华创办报纸是对中国进行文化侵略的重要方式,同时又为西方武装侵略刺探情报;另一种观念认为,报刊作为一种近代文化的载体,是人类由信息封闭时代进入近代社会的重要标志,其积极作用不容忽视。

材料呈现:

材料二 1872年由英商美查创办于上海的商业报刊《申报》是中国近代历时最长、影响最大的中文报刊,其成功核心在于大规模的新闻报道和全面介入社会生活的报刊讨论,讨论围绕公众关心的话题展开,获得了强烈的社会反响。如针对工部局建造公家花园只向外侨开放而禁止华人入园,当1885年11月8名知名华商致函工部局要求解除这一禁令时,《申报》特别刊发了专论以支持,在报刊舆论和华商的共同压力下,工部局终于让步。

——李礼:《转向大众:晚清报人的兴起与转变(1872—1912)》,50—51页,北京:北京师范大学出版社,2017

问题设计: 分析新式报刊对当时的影响。

教师引导学生分析: 材料二中可以看出,以《申报》为代表的舆论阵地,让中国人初步意识到包括官方决策在内的一切问题,皆可以用公开的方式进行社会讨论,起到了思想启蒙的作用。因此,在西方新式报刊的导入和示范下,19世纪70年代起,陆续出现了国人自办的报刊。

材料呈现:

材料三 顾论者徒夸张其水师之练习,营务之整顿,火器之精良,铁甲战舰之纵横无敌,为足见其强;工作之众盛,煤铁之充足,商贾之转输负贩及于远近,为足见其富,遂以为立国之基在此。不知此乃其富强之末而非其富强之本也。英国之所恃者,在上下之情通,君民之分亲。

——王韬:《纪英国政治》,见张岱年主编:《弢园文录外编》,156页,沈阳:辽宁人民出版社,1994

材料四 王韬所倡办的"华人出资、华人操权"为标志的《循环日报》,重视言论,不为洋人利益集团撑腰,而是以国家、民族利益为重。对内呼唤变法革新,对外要求加强海防,保护国家利益。《循环日报》的上述风格,开了文人论政的政论报纸之先河。

——刘文韬:《"强中以攘外,诹远以师长"——由〈循环日报〉看中国近代报业之发展》,载《传播与版权》2018年第8期

问题设计: 阅读材料三、四,分析王韬的政论文章体现了当时怎样的时代背景。

教师引导学生分析: 19世纪60年代以来洋务运动以"自强"为标榜,主张"师夷长技",建立近代工业与学习西方科学技术、教育文化。王韬创刊的初衷就是希望利用报刊传播新知,借以自强。但他比洋务派更进了一步:他认为国家富强的根本在民情的上下通达,具有早期维新思想家的特点。王韬是一个很典型的传统文人,怀才不遇,无法闻于君家,但在外资书局和成行欧洲的经历让他得以施展才华。19世纪70年代至90年代的报人言论常与官方改革目标一致。报刊被视为有效的政治改良工具,有利于改变上下不通的痼疾,从而襄助政府促成更大的合力进行现代化建设。通过报刊传播新知,成为救国自强的中国人的期待。

材料呈现:

材料五 1895年8月间,康有为、梁启超等人首先在北京创办了《中外公报》,分类介绍国内外时事,刊载当下时评,宣传维新变法。不久,上海强学会成立,康、梁又创办《强学报》,确立宣传维新变法的办报宗旨。这两份报纸虽然很快遭到清廷的封禁,仅前后发行数月,但近代中国大众传播媒介事业却就此发端。1896年以后,《时务报》《知新报》《国闻报》《湘学新报》《湘学报》等维新报刊相继创办,其中最为著名的如《时务报》《国闻报》等为维新运动推波助澜,造成了广泛的社会影响。据有学者统计,甲午战后至1898年间国人所办报刊达50余种,形成近代中国历史上创办报刊的第一个高潮。

——黄顺力:《大众传媒与晚清革命论略——以思想史为视角》,载《厦门大学学报(哲学社会科学版)》2007年第6期

材料六 光绪己亥以后,东游渐众,聪颖者率入其国法科,因文字之便利,朝受课程于讲室,夕即移译以饷国。斯时杂志之刊,前后相继,称为极盛。鼓吹之力,中外知名。大吏渐为所动。未几而朝廷有考察宪政之使命,又未几而仿行立宪政体之国是定矣。溯厥原因,虽至复杂,然当时输入法学,广刊杂志,不得谓无丝毫助力也。

——张元济:《法学协会杂志序》,载《东方杂志》1911年第5期

问题设计: 1895年是一个关键的年份,报刊业在甲午战争后有了怎样的发展?

教师引导学生分析: 甲午战后严重的民族危机促使一批知识精英倡言变革,举人办报、进士办报,他们将报刊作为政治参与的工具,涌现出的一批报刊既促使变法维新要求的高涨,又助推了清末新政的发展,甚至助长了革命排满势力的伸张,如中国同盟会的《民报》。

这样大规模公开议论国事,以唤醒民众为宗旨,迫使清政府进行改革,对新旧思想的演进和社会风气的转移发挥了引领的作用。由于华资民办报刊的大量创办,国内报刊业呈现出全面繁荣的态势。

二、地域:从沿海到内地的扩展

材料呈现:

材料七 从19世纪20年代到60年代,中国近代报刊的出版地多以南洋、香港、澳门、广州为主。洋务运动时期,以中国人为主创办的近代报刊迅速兴起,这一时期的报刊在出版地上,遍及上海、香港、广州、汉口、福州、厦门、天津、北京等地,其中以上海、香港为多。19世纪90年代中后期,以资产阶级维新派为主体,先后创办了上百种报刊,这一时期出版的报刊以上海为多,还遍及天津、北京、广州、杭州、温州、无锡、桂林、成都、重庆、长沙、武昌等地。20世纪初,中国近代报刊业再掀高潮,从宣传民主革命的报刊来看,以日本东京为多,其他还有香港、澳门、南洋、美洲等。从总的数量来看,上海仍是最多。

——姚琦:《中国近代报刊业的发展与百年社会变迁》,载《社会科学辑刊》2001年第6期

问题设计: 报刊业出版地的变化揭示了哪些时代风貌?

教师引导学生分析: 第一,上海作为通商口岸后,迅速取代广州的地位,同时作为多国租借地,成为中国最大的对外贸易口岸和西学的传播地。上海逐渐成为国内最大的工商业中心和科学文化出版中心,也是维新思潮的发源地之一、清末国内革命活动中心。第二,随着洋务与维新思想在全国各地的开展与传播,近代报刊也由东南沿海逐步扩散到内地和北方。第三,香港被英国据有后,成为外国势力对华贸易和传播西学的重要据点。第四,远离清政府的东京等地既是留日爱国学生的聚集地,也成为了革命派的大本营。由此可以看出,晚清报刊的扩散是近代中国西学东渐和区域近代化历程的反映。沿海通商口岸自不必说,我们来看看内陆乡村是如何通过接受新思想拂动的。

材料呈现:

材料八 刘大鹏,太原县晋祠镇赤桥村人,1894年中举,一生活动重心围绕在家乡周围。(1902年八月十七)近日省城设晋报局,仿照上海、天津《申报》之法。东家送来一报,有瘟疫盛行各直省,设江苏镇府一处,数日即毙四五千人,其余闽、粤、楚、滇、黔等省,莫不瘟疫盛行,毙亡多人,天灾如是。

(1903年九月二十一)阅晋报,俄夷于黑龙江建立都城,意在都于此而吞并中国也。中国政府仍聩聩不知。

(1903年闰五月二十三)光绪二十六年,俄夷乘乱入东三省,据为已有。二十七年和议成,俄约退出,迄今仍虎据不退。……此时,外洋各国视中国为一块肉,均欲吞而食之。现在法夷香食云南广西,英夷蚕食广东福建,日本蚕食闽浙,得夷蚕食山东,俄夷蚕食新疆蒙古,其为中国之患者,俄夷为最,以其地与中国比邻耳。

——刘大鹏:《退想斋日记》,前言、114、125、129页,太原:山西人民出版社,1990

问题设计: 从刘大鹏的日记中,你可以看出刘大鹏在读报前后发生了哪些变化?这一现象说明了什么?

教师引导学生分析：从材料中可知，刘大鹏本是一个以家乡作为主要活动中心的乡村读书人，按照他本身的习性，是不太容易得知天下大事的，但是因为阅读了东家带来的报纸，进而得以知晓家乡以外的大事，甚至关心起国家大事来。

教师讲述：1902年，清政府正在实行"新政"，办报成为地方官政绩之一。1902年正月初一，山西省巡抚岑春煊创办了山西最早的现代报刊——《晋报》。若是往常对于这样遥远且捉摸不定的事件，作为一个内地读书人要么无从知晓，要么就只能依靠道听途说，不大可能确切了解瘟疫的扩展程度。读书人以天下为己任，自然拥有关注"神州"的胸怀，但却根本没有途径知道"天下"的实际事务。我们从刘大鹏的日记可以窥探，与过往的道听途说相比，报刊所呈现出来的由"江苏、闽、粤、楚、滇、黔"等外省时事构成的国家观念给予了传统士绅越来越清晰的国家意识。在20世纪初期，像这样的"帝国主义"威胁话语，普遍流行于报刊，强化了人们将中国作为一个"国家"对待的意识。尽管那时的读书人并不用"民族国家"一词来诠释自己对社会的想象，但他们已或多或少感受到国家实体所受到的威胁。当我们考虑到"乡里空间"的闭塞与隔阂，以及传统读书人浓厚的地方意识，这一种通过报刊与国家建立起来的交往关系，让读书人超越周围乡野和儒家典籍，扩展了他们对国家事务的认知，公众社会因此才成为可能。

三、内容：从传统走向现代的观念

教师讲述：20世纪初，在青年一代读书人的成长历程中，报刊这一现代事物已成为新意识形态的主要塑造者。特别在各地的新式学堂里，报刊的足迹随处可见。我们以在南京江南水师学堂学习海军管理的17岁的周作人为例子，感受青年学子对报纸的阅读热情。

材料呈现：

材料九 （1902年七月初三）借得《新民丛报》十一号，阅之，内好书甚多，率皆饮冰子所著，看至半夜，不忍就枕。善哉善哉，令我有余慕矣！

初四，上午抄饮冰室诗话、尺牍及摘录《新罗马传奇》《新民说》等，至午竟。下午看《中外日报》数纸。

初六……往借得《国民报》《译书汇编》《文言报》等。……夜借得《自由书》一册，阅之美不胜收，至四更始阅半本，即睡。

初七，上午《自由书》看竟，换得《新民丛报》二册，下午看报。夜还，灯下看《波兰战史》。

初九，下午看《新民报》，至晚竟四本。夜看《帝国主义》一卷，四更睡。

——周作人：《周作人日记》，344—346页，郑州：大象出版社，1996

材料十 1901年的南洋公学，"学生们竞相阅读《国民报》《译书汇编》和《新民丛报》"；1902年的南京陆师学堂，"学生仅购阅《新民丛报》就达到百余份之多"；1903年北京、广东、福建、江苏、湖北等地的六所大中学堂就明文规定："《新民丛报》等之新书不许阅，自由民权不许言，新词新理不许见于文字。"

——卞冬磊：《古典心灵的现实转向：读报纸与现代性（1894—1911）》，107页，复旦大学2013年博士学位论文，2013

问题设计：根据以上材料，新兴学生群体接受近代报刊的有利因素有哪些？

教师引导学生分析：清末改革，教育体制的变动，带动了许多新式学堂的建立；尔后科举制度的废除，最终迫使一个新兴的学生群体浮现出来，这些新青年，拥有不同于传统的生活方式和意识形态。新式学堂一般都设有中外历史、地理、外文和数理化等课程，学生们可以阅读各种学科的西学书籍与时事报刊了解世界大势。新报纸对国家事务论述的特点，在城市中培养了一个见多识广、日益扩大的学生读者群，报纸的扩散、国家的飘摇，或多或少激发了学生关心社会危机、批判现状的意识。

材料呈现：

材料十一 （1902年七月二十八）上午看《劝学篇》少许，即弃去，刹窃唾余，毫无足取，且立意甚主专制，斥民权自由平等之说，生成奴隶根性，此书一出，独夫之心日益骄固，可恨也。

——周作人：《周作人日记》，348页，郑州：大象出版社，1996

问题设计：从《周作人日记》可以看出当时的青年具备怎样的思想观念？

教师引导学生分析：一个17岁的少年恐怕还不能从学术立场准确评价《劝学篇》的价值。不过，可以明确的是，引起他反感的是其中"主专制""斥民权自由平等"的政治观点，说明了青年一代已在新的观念下理解世界。《劝学篇》所呈现的传统社会秩序，与新近吸收的现代思想格格不入，此中必有《新民丛报》等报刊的指引。

教师引导学生总结：晚清报刊业的发展，体现了从外资外报到华资民报（发展阶段）、从沿海到内地（发行地区）、从文言到白话（报刊文字）、从传递信息到制造舆论（报刊内容）等几大特点。晚清报刊业的发展，及时报道国内外重要时事，反映民情民意，内容丰富多彩，发行广泛，在传播西学、开启民智、促进民众觉醒、引发社会变革等方面起到了重要作用。

教学资源

资源1：从《海国图志》窥探经世派的近代世界意识

在《海国图志》中，魏源比较客观地介绍了一些自然科学知识和世界各国的情况。通过这些介绍，他进一步把中国放在世界的范围内来考察，反映出一种关于中国和世界的新的认识。《海国图志》有《地球天文合论》5卷，系统地介绍了地球的基本知识和哥白尼太阳中心说关于太阳系诸星运行秩序的知识，以及关于日月食、彗星、地震等方面的知识。这些知识的介绍不仅说明魏源对近代自然科学知识的重视，同时也反映出魏源已经接受了一种新的地理观，即地球是围绕太阳运行的一个球体，中国在这个球体上当然不会成为"天下的中心"。在《海国图志》中有根据"香港英夷公司所呈大宪图"绘制的世界和各国地图共78幅。这些地图的排列顺序先是地球正面和背面两幅总图，以标明各国在地球上的位置，然后是各洲总图，再是各国分图。这种层次分明的编排顺序说明了魏源突破了封建士大夫认为"中国是天下中心"的陈腐观念，而代之以近代意义上的世界意识。再从《海国图志》对各国地理、历史、政治、经济等各方面情况的介绍来看，也反映出魏源试图帮助人们打破旧的世界观念，树立新的世界意识的心愿。更为可贵的是，魏源还一反"中国为天下夷狄效法"的传统观念，理性地指出中国有很多方面不如外国，从而提出了"师夷长技以制夷"的命题。尽管他在《海国图志》中只是明确指出中国在战舰、火器、养兵练兵之法三个方面"不如夷"，但从他对欧美各国情况的介绍中我们可以看出，他还意识到中国与欧美资本主义国家在其他方面的诸多差距。

——彭平一：《冲破思想的牢笼——中国近代启蒙思潮》，20—21页，长沙：湖南师范大学出版社，2000

资源2：洋务思潮的蜕分

所谓蜕分，即嬗变分化之意。可以说，自中法战争后，洋务思潮便进入了蜕分期，而中日甲午战争失败后则逐渐走向衰落。在封建专制主义统治和遭受列强侵略的半殖民地半封建国度里，要发展具有资本主义性质的生产力和生产关系并非易事。作为意识形态的洋务思潮的发展也不可能一帆风顺。它必然受到来自外部和内部的制约和阻力。第一，洋务变法始终无法排除外部的干扰。洋务论者虽然主张"外须和戎"，采取羁縻政策，千方百计维持中外相安的局面。为争取时机变法自强考虑，这虽无可厚非。然而，保持中外和好毕竟是洋务论者的一厢情愿，严酷的事实是和局常常被战争所打断。作为洋务思潮主旋律之一的"外须和戎"已受到了严重挑战，也经不起实践的检验。这是洋务思潮蜕分的原因之一。第二，洋务运动的发展也受到清廷中央权力的严重制约。由于清廷中央的权力制约造成的洋务运动成效不佳，是洋务思潮蜕分的又一原因。洋务思潮蜕分的另一表现是试图摆脱封建官府权力的制约，舍"官督"而求"商办"。

——黎仁凯：《近代中国社会思潮》，101页，郑州：河南人民出版社，1996

资源3："批判的武器"推动了"武器的批判"

共和民权思想经过1903—1905年的积聚，经过1906—1907年与《新民丛报》关于共和与专制、民权立宪与开明专制等论题的大论战，在知识精英阶层（主要是海外留日学生群）赢得了胜利，标志着共和民权思潮压倒了君宪民权理念，占据了舆论的主导地位。1908年以后，共和民权思潮一面在海外留日生的报刊呈现高涨之势，一面在国内开辟阵地，宣传民主革命的报刊两三年间就创办了50余家，这些报刊大多在揭露清政府假立宪，强调以革命的手段推翻封建专制，建立民主共和国等论题上聚焦。这对于唤起民众，启迪一代革命志士，投入争取民主共和权利的斗争，起着巨大的促发作用。"批判的武器"推动了"武器的批判"。一经共和民权思想沐浴与浸润的广大民众，尤其是知识青年，很快抛弃了君主立宪理念，赞同民主共和，他们在同盟会所领导的武装反清起义中舍身取义，前仆后继，黄花岗起义烈士喻培伦就义时慷慨陈词，坚信"头可断，学说不可绝"，正是这种民主共和理念，激励着中国人民把推翻清朝专制，享受共和民权当作自己的事业，从而掀起了辛亥革命的巨大波涛，埋葬了封建君主制度。1912年元旦，孙中山在万众欢腾的南京城宣告中华民国正式成立，标志着中国历史上君权终结，民权始步，社会经济生活在民主政治理念的哺育下，开始了一个新的纪元。作为伟大的民主主义者的孙中山，在就任中华民国临时大总统以后，努力实行"尽扫专制之流毒，确定共和"之总统任职誓言，给中国社会拓展一幅幅亘古未见的共和景观。

——章开沅、罗福惠：《比较中的审视：中国早期现代化研究》，340—346页，杭州：浙江人民出版社，1993

资源4：科学救国思潮

科学救国思潮，是一批深受西方科学影响的爱国知识分子，在近代中国救亡图存的特定历史条件下，在对中国近百年来各种救国探索努力反思的基础上，倡导以西方的科学来拯救中国的一种爱国主义进步思潮。科学救国思潮自身经历了一个萌芽、形成、发展和丰富的过程。其演进的历程同近代中国社会变革和时代发展密切相关，并随着近代国人科学观的不断演进而日益推进。鸦片战争时期，出现了朦胧的蕴含着科学救国的主张；20世纪初萌发了初步的科学救国思想，1915年中国科学社及《科学》杂志的创立以及《科学救国论》的发表，标志着科学救国思潮的形成。五四时期，科学救国思潮的影响逐渐扩大。到20年代，随着科玄论战的展开，其宣传方式、内容等有不同程度的变化，相信科学救国的人日益增加。30年代之后，科学救国思潮发展到勃兴阶段，主要以实现中国的科学化为核心，其社会普及程度得到加强，影响面得以扩大，并积极进行科学救国的实践。在1937年后，抗战建国成为社会的主流，科学救国思潮由高潮渐渐走向衰微；特别是1945年后，科学救国思潮代表人物积极为建国出谋划策，在救国方式上逐渐转向科学建国，继续为实现中华民族的振兴发挥积极的作用。科学救国思潮对中国的近代化进程产生了重大影响，在一定程度上推动了近代政治、经济、文化的变革与进步，特别是在教育方面的影响尤为显著。最为明显的是在近代中国掀起了一场教育领域内的变革，即科学救国思潮的代表人物提出了在近代中国建立完善的国民科学教育体系的构想，并在人才培养模式上倡导科学与人文并重的理念，以加速实现国民科学知识水平和科学素质的提高，最后为实现科学救国的目标奠定基础。

——朱华：《近代科学救国思潮研究》，1页，北京师范大学2006年博士学位论文

资源5：清末国粹主义思潮

国粹主义思潮产生在20世纪初，乃是西方文化输入中国并与传统文化发生碰撞的结果。它是在当时特定的历史条件下兴起的一股进步潮流，对于当时人们在近代外国资本主义节节入侵"西学东渐"情形下，如何正确对待东西方文化的冲突，如何正确认识、评价东西方文化冲突下的东方文化，进而增强国人的民族自尊心和自豪感，以有效抵抗外国资本主义的军事侵略和精神文化渗透腐蚀，就成为亟待解决的历史课题。对此，国粹派提出了明确主张：第一，国粹派坚决批判推崇帝国主义文化，妄自菲薄，宣传中国文化落后，鼓吹"全盘欧化"的错误倾向。第二，国粹派认为，西方资本主义制度存在种种弊端，西方的道路不是解决中国问题的最好选择，主张到中国古代传统中寻找解救时弊的"灵丹妙药"。第三，国粹派主张"复兴古学"，宣传国学，提倡国粹。国粹派关于中西文化问题的主张，深刻反映出在半个世纪的"西学东渐"过程中，国人对中西文化的对比思考。但如何对待中西文化，如何会通中西文化以建立新的近代民族文化，国粹派却没有能够解决这一课题。反而又过分推崇古代学术思想，这在一定意义上助长了封建复古主义逆流，阻碍了资产阶级文化传播，妨碍了近代新文化的建设。而且国粹派的"泥古不化"恶性膨胀，在否定西方文化问题上也走向极端。

——訾振培：《辛亥革命时期的国粹主义思潮》，载《山西师大学报（社会科学版）》2013年第S2期

资源6：延安整风对马克思主义中国化的重大作用

1942年，毛泽东领导全党开展了"反对主观主义以整顿学风、反对宗派主义以整顿学风、反对党八股以整顿文风"为主要内容的延安整风运动。延安整风，通过联系中国革命实践学习马克思主义理论，使全党摆脱了迷信"口不离经典"的马克思主义理论家的蒙稚状态，在认知机制上确立了实事求是的价值标准，从而使毛泽东同志所代表的中国革命理论和实践第一次在全党范围内被接纳。延安整风对马克思主义中国化具有重大的推动作用，为把马克思主义中国化提供了成功的经验，开拓了马克思主义中国化的新路子。一是，延安整风正是一场马克思主义理论的大补课运动，极大地提高了全党的马克思主义理论水平。二是，经过以反对主观主义为中心内容的学风整顿，端正了对待马克思主义的态度，解决了马克思主义理论与中国革命具体实践相结合的关键问题。三是，对党的历史经验的总结，是马克思主义中国化的必经之路。四是，延安整风以彻底的唯物主义精神，在党内开展了正确的批评与自我批评，使许多同志在改造主观世界过程中掌握了马克思主义的精神实质，一大批精通马克思主义的优秀人才脱颖而出。使马克思主义中国化有了更大的活力，为以后马克思主义中国化的新发展奠定了坚实的基础。

——张琳：《马克思主义及其中国语境》，159页，北京：中国环境科学出版社，2002

资料7：维新时期报刊传媒

维新时期，《时务报》不仅引领舆论、推动社会变革，它还作为当时新式报刊的坐标，为中国报刊的发展注入了强大的动力。在《时务报》的影响下，杭州、天津、澳门、广州、长沙、重庆、南昌、武昌、桂林等地相继创办了一系列维新报刊，如《国闻报》《知新报》《蒙学报》《农学报》《湘学报》《集成报》《博闻报》《岭学报》，等等。而《时务报》的传播模式又随其散布被地方中下层的开明人士所仿效，流传全国，成为分散各地的士人表达思想、发挥影响力的新工具。据不完全统计，从1895年至1898年，全国出版发行的中文报刊有120种左右，其中约80种是中国人自办的。以资产阶级维新派以及与它有联系的力量创办的报刊，数量最多，影响最大。一些开明官绅与学生结合在一起，他们以学会团结同志，以报刊抑扬舆论，以学校培育人才。有的学会自办报刊，如上海务农会办《农学报》、新学会办《新学报》、算学会办《算学报》、译书公会办《译书公会报》、蒙学会办《蒙学报》，广西圣学会办《广仁报》等。这些新式报刊以推动维新运动为己任，以各种学会和团体为依托，以新式知识分子为中坚，推动报刊、学会与学校三位一体的全面发展，而报馆则在其中起着引领社会思潮的基础性作用。

地方性报刊的崛起，有利于报刊阅读的空间扩张和地域性阅读群体的发展。《湘学报》与《湘报》出版3个月后便发行至6 000份，并很快在湖南各地广为传阅正是由于维新思潮的深刻影响，在湖南一些报刊传播较为活跃的地区，出现了"士绅社会"向"知识人社会"的过渡，一些开明的读书人通过报纸感知到社会思潮的脉动，从而逐步改变他们的阅读方式与思维模式。一些熟读经典的传统士人，在看到维新报刊之后，对"圣贤之书"产生了怀疑，在时局危殆的阅读背景下，他们的阅读趣味开始从"古典"走向"现代"，这体现出现代报刊传媒作为"思想纸"对读书人所产生的深刻影响。

——蒋建国：《维新时期地方学会、学校与报刊阅读的拓展：以湖南为中心》，载《湖南师范大学社会科学学报》2018年第2期

资料8：民主的转变

20世纪初，当民主或民权成为革命派排满与颠覆清王朝的利器，并轻而易举地推翻清朝廷后，国人对民主充满了想象力，对强国梦之实现充满了期盼。然而，民初的政治，民主、民权已由宣传的口号转化为以"民主"为旗号的权力争夺，孙中山与袁世凯、南方与北方、总统制与内阁制、两党制与多党制、联邦制与单一制（中央与地方）之争大多引入民主的元素……人们对民主的期望值在上升，而国家的政治秩序却在衰退，中国正沦为民主化进程中的失败国家。当现实的制度运作越来越偏离国人的预期、孙中山揭示的"民权主义"无法兑现时，对民主的反思将成为必然……1914年爆发的第一次世界大战，中国人也快速捕获到欧洲人对这场战争的理解——民主国家与专制国家的对决。中国参战的一方协约国最后取得了胜利，印证了民主的力量与不配的价值，民主的声浪随之高涨，对民主的期待越发强烈。而一战后期俄国爆发的十月革命被视为对既有的民主政治与社会制度的刷新，一直想迎头赶上的中国人又有了更高的师法目标……然而巴黎和会给国人上了一堂生动的"民主课"：原来受中国人崇拜的那种民主并不是什么自由、公平，而是分赃、强权。真正的民主不应该是代议制、权力制衡，精英治国，而是一种神圣而崇高的理想与精神，是直接民主、平民当家、劳工治国。西方自英国"光荣革命"以来形成并日趋完善的代议制民主、政党制度、立宪自由主义等，也是被中国人越试越糟糕的东西，正被越来越多新潮派人士所抛弃。国际上俄国发生了"二月革命"，国内黎元洪再造共和努力失败，更糟糕的是还发生了张勋复辟的闹剧，以"苏俄民主"来置换"西方民主"日渐成为多数人的共识。

——闾小波：《近代中国民主观念之生成与流变：一项观念史的考察》，251—252页，南京：江苏人民出版社，2011

资料9：京师同文馆与新式教育

同文馆初立时，入学被视为有辱斯文；光绪中叶，风气渐开，想入者增多，入学考试规定渐趋严格；由于不少学生入馆后继续应试科举，获取功名，渐为士人所重。同文馆等以学习外语为主，开设西学课程，目的还是满足中外交涉的翻译之需。而开眼看世界的中国人主张"师夷长技以制夷"，逐渐察觉到列强民富国强的秘诀在于教育。咸丰十年以后，冯桂芬等人鉴于西人擅长推算之学，格物之理，制器尚象之法，无不专精务实，各有成书，已经翻译者十才一二，必须尽阅其未译之书，方可由粗浅而入精微，提出采西学、设学馆。虽然仍是讲求翻译，目的却是求西学。而一般民众对教会学校的反应日趋积极，给官绅形成压力。清政府推行自强新政，对于西方艺学的需求迫切，陆续开办了军事技术、技术以及专门实业学堂。

军事技术学堂主要有福建船政学堂和广东实学馆；技术学堂包括电报、医学、铁路、矿务等，培养通信、救护、运输、采矿人才。甲午海战之前，中国人开设的各类新式学堂共有25处……甲午战后，有识之士大都认为补救之道在于兴学，于是纷纷创办新式学堂。到1899年，新开办的学堂至少有104所，分布于17省。在康有为、梁启超等维新派的积极鼓吹与内外情势压迫下，清政府逐渐进行种种新教育的改革，如废止八股取士、停止科举考试、改书院为新式学堂等，此一"教育救国"理念，亦成为清末民初知识分子普遍的信仰。

——桑兵：《中西学之争：从科举、学校到学堂》，载王建朗、黄克武主编：《两岸新编中国近代史·晚清卷》下册，811—815页，北京：社会科学文献出版社，2016

第九单元

中国外交的近代化历程

学术引领

一、鸦片战争前的传统外交

（一）与藩属国的朝贡体制

在汉语中，"藩"本意为篱笆，进而引申为屏障，《左传》中"封建亲戚，以藩屏周"即为此意；"属"在此处含义为有管辖关系的附属。

王承庆在《中国外交体制的建立与近代化转型》（载《史学月刊》2015年第6期）一文中指出，近代以前的传统中国是一个自以为世界中心的封闭体系，"普天之下，莫非王土；率土之滨，莫非王臣"。这种基于"天下共主"理念的中央王朝，都把自己凌驾于万邦之上，而把周边地区的国家和部族视为"藩属"或"夷狄"。这些藩属国如朝鲜、越南、琉球、缅甸等，必须按时向中央王朝"进贡"，得到本朝天子"册封"后，才能取得合法地位。这样就形成了一种以中央王朝为中心，以四夷为外服，以"朝贡"为理想图式的"华夷秩序"。这些藩属国一旦遭受外敌入侵，中央王朝就会出兵援助；如果遭遇各种灾难，皇帝还会派宣慰使前往安抚；而他们前来进贡时，本朝皇帝就要以高出贡品数倍或数十倍的重礼馈赠来使，以示恩惠和羁縻。这种朝贡制度基本上是"纵向关系"，而不是"横向关系"，因而不属"外交"。

王开玺在《清代的外交与外交礼仪之争》（84页，北京：东方出版社，2017）一书中指出，在宗藩国家关系格局之中，宗主国与藩属国之间虽然存在着大与小的强弱关系，存在着上与下的等级关系，却不是现实社会中的侵略或占有关系，而是一种国家秩序的观念与理想。宗主国与藩属国之间各有各的权力与义务。在这种理想的国家秩序之中，藩属的小国要事宗主大国以信，而宗主大国则要待藩属国以仁，藩属小国若"背大国"，则为"不信"，而宗主大国若"伐小国"，则为"不仁"。

柳岳武在《中国传统宗藩体制论述》（载《南京师范大学学报（哲学社会科学版）》2009年第6期）一文中指出，从古代中国一开始建构宗藩体制，其主要目的就在于调和周边关系，减少周边部落、邻邦对中心的压力，但是在绝大多数情况下，屏护之建设意义要落后于协调中央与周边的冲突意义。中国古代宗藩体制由于自身的原因，以及由体制所诱导的其他因素，也不可避免存在着缺陷，主要体现在中国传统宗藩体制中理论表达与实践之间是背离的。

中国历代皇帝在术语表达上都称自己为"真命天子""怀柔远人""德化四夷",但实际上许多中国皇帝对"夷夏""内外"还是有区别的,中国历史上所谓的"华夷之辨"就是"内外"区别的反映。中国的统治者一方面对外宣扬着自己"天下共主""泽被四海",但另一方面又在实践上形成远近亲疏、华夷大防的区别对待。因此,"天下观"导致了中国近代国家身份的不明,中国传统宗藩体制最突出的消极影响是它给中国近代国家身份的认可带来了困惑。

(二)与西方诸国的有限交往

杨发祥在《奕䜣与晚清外交近代化》(载《首都师范大学学报(社会科学版)》2002年第5期)一文中指出,为了维护"天朝体制"的"法度",清廷把其他国家统称为"四夷""群夷",把远隔重洋的欧洲人称为"黄毛夷",把西方诸国延纳进"化外蛮夷之邦"的观念结构之中,这强烈地反映了"中央天朝""四夷宾服""万方来朝"等自尊自大的传统观念。同时他还指出,直至道光年间,对外贸易和涉外事务仍然集中于唯一的开放口岸——广州,清廷把这些事务统称为"夷务",交由地方官吏办理。此时近代意义上的中外交往尚未出现。

吴义雄在《十九世纪前期中西关系的演变》(载王建朗、黄克武主编:《两岸新编中国近代史·晚清卷》上册,47页,北京:社会科学文献出版社,2016)一文中指出,中国历史学者一般将清王朝的对外政策称为"闭关政策",西方文献则将其概括为"广州体制"。19世纪早期形成的西方历史文献,多将广州体制描述为一种缺乏公正和平等的制度,它意味着压制和侮辱、掠夺和腐败,总体而言,它是一种由清政府施加压迫而外商遭受冤屈的制度;在这种制度下,清朝政府官员对外商进行苛刻的管制和盘剥,而行商则是代表官员具体实施压迫的群体。在西方商人群体和其他来华人士看来,除少数对他们"友好"的行商外,大多数行商都是生性贪婪、德行败坏的人,他们同时也是协助官府对外人进行"压迫"和"榨取"的帮凶。这种描述在很大程度上具有事实根据,但却没有反映当时的全部状况。依托于这种制度的贸易,在1830年代发生了很大改变,使制度本身也显示出动态特征。东印度公司广州特选委员会对行商的影响,意味着它拥有相对于行商的经济权力。而广州外侨总商会所从事的各种活动表明它在以贸易为主要内容的中西关系中拥有较大的权力。其中,它所制定并得到实行的数十项贸易规则,说明在1830年代,甚至更早,广州贸易在相当高的程度上已有一种中西共管的特征。清政府比较满足于从这一贸易得到经济上的好处,大多数情况下,它其实并不十分清楚在广州外商群体内甚至是外商与行商之间发生的事情。

陈旭麓在《近代中国社会的新陈代谢》(32—34页,北京:中国人民大学出版社,2012)一书中指出,天朝尊严是一种意识,也是一种体制。著名的广东十三行就是从这里派生出的一种特产。在那个时代,政府不会让对外贸易脱出统制,但为了天朝的体面,政府的官员又不能与夷商往来交际。这种矛盾,不能不借助于以官制商,以商制夷的办法来解决。十三行的总商和行商们在贸易上是中外商人之间的中介;在外交上又是中国政府同夷商之间的中介,他们是外国人的贸易对手,又是外国人在华期间的保人和管制人。一身而兼二任,成为一种亦官亦商的东西。对于中国来说,十三行的出现维护了天朝的规制,而对西方商人来说,十三行却遮断了他们同中国民间和官方的联系。虽然这种做法常常引起西方人的愤懑,但在冲突没有激化之前,中国的君主和官、绅、商都不会觉察到其中的毛病。从本质上说,用虚骄来维护天朝尊严同保守防范的意识总是内在联系在一起的。"夷"与"狄"是蔑视鄙薄之称,但它又包含着"非我族类其心必异"的惕惕戒惧。因此,天朝人物虽然不屑接触夷商,但又用一连串防范外夷条规,对西方商人的来、往、住、行都做了严格苛细的限制。他认为,以保守的对策来对付进取的政策,这种中西之间的态势就是鸦片战争后一系列变化的基础和原因。

(三)中西两种外交体制的早期冲突

李育民在《条约制度的建立及其影响》(载王建朗、黄克武主编:《两岸新编中国近代史·晚清卷》上册,117页,北京:社会科学文献出版社,2016)一文中指出,17世纪中叶,在欧洲出现了一种新的国际关系模式。这一模式改变了中世纪的帝国观念,代之以主权平等的观念及其相应的国际秩序。1625年,荷兰的格劳秀斯出版了《战争与和平法》,建立近代国际法理论体系,对新的国际关系秩序的形成产生了重大影响。随后1648年定立的《威斯特伐利亚合约》以法律形式开创了欧洲国家的新型国家关系秩序。然而,这一新的国家秩序仅在它们之间适用,在殖民主义和资本主义的驱动下,它又成了向外扩张的"世界国家秩序"。资本主义的"世界国家秩序"与中国的"华夷秩序",代表着两个不同时代的国际关系。后者以自己为中心,把其他国家视为藩属,在形式上是不平等的;但它对于藩属国采取不治主义,本质上是一种保守的、自我封闭的体制。前者体现了近代国际关系,提出了国家主权、平等等观念,在形式上是平等的;但它是一个"不断向外膨胀"的体制,本质上是一种弱肉强食的不平等条约关系,对资本主义世界之外的国家,连形式上的平等也不存在。它的出现,必然要与华夷秩序发生激烈冲撞,清帝国仍然执迷于"臣服中外"的天朝体制,不可避免地面临着严重危机。西方国家将暴力强权贯注到条约形式之中,用有悖于国家主权原则的条约制度,与这些国家建立不平等的关系,将它们纳入"世界国家秩序"之中。

熊志勇等在《中国近现代外交史》(19—20页,北京:北京大学出版社,2014)一书中指出,明末清初,东西方两种国际体系——以中国为首的宗藩体系和威斯特伐利亚体系开始发生碰撞。主要作为商人和传教士的欧洲人进入中国,他们不仅带来了西方的宗教和文化,而且要与中国开展贸易。他们的活动对中国的传统观念造成破坏,对中国的社会带来冲击,对中国的体制构成挑战,特别是有可能威胁到清政府的统治。从当时发生的种种冲突来看,两种体系难以协调。从经济上看,前者是建立在小农经济基础之上,后者是代表了新兴的资本主义;从政治上看,前者仍然死守专制的君主制度,后者开始实行民主代议制;从外交上看,前者坚持国家间的等级制,后者强调主权独立平等。两个体系间存在着根本性的尖锐矛盾,远不是一次谈判能够解决的。虽然18世纪的中国是世界上的强国之一,清朝统治者以天朝上国自居,但却害怕与欧洲国家交往。面对来自欧洲的商业扩张和宗教势力的挑战时,清政府只会实行保守的闭关政策,以维护自身的专制统治。这项政策不仅加深了中西矛盾,而且妨碍了中国自身的进步。就是在这种被动应对的局面下,中国进入了它的新时代——近代。

王开玺在《清代的外交与外交礼仪之争》(24—25页,北京:东方出版社,2017)一书中指出,人类历史跨入近代的大门以后,虽已产生了以欧洲为中心的国际法,但欧洲各国,特别是那些强国,在与别国交往时,并不真的承认别国的独立主权,而是将"国家民族利益至上"的原则抽象化,将其对其他较为落后的东方国家进行的商贸经济侵略,甚至政治、军事侵略,统统归结为维护其本国国家和民族利益的正义行为,进而发展为强权政治、炮舰外交。17—19世纪,西方列强在这一外交理念的光环下,对亚洲、非洲及拉丁美洲各国进行野蛮侵略的事实比比皆是。这一外交理念,成为后来西方列强对待东方国家和民族的最主要的政策基础。除此之外,在西方国家还流行着一种马基雅维里主义的外交理念。这种理念宣扬在外交活动中应遵循"国家利益"原则,认为国家利益是政治中优于其他标准(道德的、法律的)的最高标准。一个国家为了达到自己的各种目的,可以采取各种极端的功利主义态度,可以不讲原则,不顾一切信义,翻云覆雨,反复无常。在那个时期,有些外交官本人也毫不掩饰地将外交宣称为一种欺骗的艺术。充分认识和理解这些西方殖民主义者的外交理念,对于正确分析和评判以后的中外关系及中外关系中的礼仪之争,都具有极其重要的意义。

二、鸦片战争后中国外交的近代化

(一)外交体制的发展演变

1. 外交机构的演变

(1) 清朝前期的外交架构

李兆祥在《近代中国的外交转型研究》(26—30页,北京:中国社会科学出版社,2008)一书中指出,清朝作为一个君主制国家,其外交制度除了具有君主制度下外交的显著特征外,还具有自己独特的架构。第一,清朝外交决策的最高权力属于皇帝;第二,朝贡外交事务主要由礼部以及地方督抚(将军)来执行;第三,对俄外交主要由理藩院负责处理;第四,粤海关和十三行是针对非朝贡国家的一种独特外交体制设计。清朝前期的外交体制架构如下图:

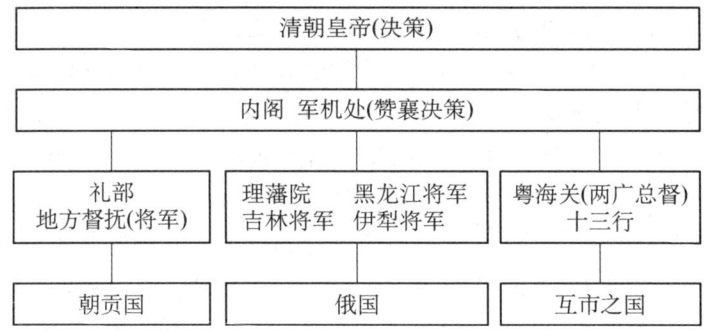

(2) 五口通商大臣

杨发祥在《奕䜣与晚清外交近代化》(载《首都师范大学学报(社会科学版)》2002年第5期)一文中指出,随着西方商品潮水般地涌入,"夷夏之辨"的人为壁垒终于被打破,固有的体制也出现松动。为满足侵略者的要求,清政府派钦差大臣办理通商事务,继而设立"五口通商大臣"专门办理对外通商事宜,这说明清政府已被迫承认,对西方资本主义国家的关系不同于对周边"蛮夷"和藩属的关系,非礼部和理藩院所能掌管。但是,五口通商大臣并非专职,只是钦差大臣的临时性兼职,也没有专门的办公衙门。外国侵略者与清政府打交道,仍只能到总督、巡抚一级为止,不能与清朝中央政府直接交涉。

雷颐在《天下、国家与价值重构:启蒙的历程》(载王建朗、黄克武主编:《两岸新编中国近代史·晚清卷》下册,926页,北京:社会科学文献出版社,2016)一文中指出,清政府于1844年设置五口通商大臣,处理这些地方的中外交涉事宜。传统对外体制开始打开了一个小小的缝隙。设立五口通商大臣,其目的是将对外交涉局限在地方,不让外国人进京,以符合中国传统体制。而且从观念上说,这样清政府仍有一种虚幻的满足感,即中国仍是"天朝上国",那些"蛮夷之邦"只能与中国的地方政府打交道,而不能(因根本无资格)与中国的中央政府打交道。同时,还表明清政府认为与西方列强的交涉只是临时性的,拒不建立统一的常设外交机构。但这毕竟表明清政府还是被迫承认自己同西方列强间已不是传统宗藩关系。

(3) 总理衙门

张步先在《从总理衙门到外务部——兼论晚清外交近代化》(载《山西师范大学学报(社会科学版)》1998年第3期)一文中认为,鸦片战争前,清政府没有正式的外交机构。闭关时代,清廷与各国之间向无经常的外交往来,偶然的几次来往也仅仅被看成是"藩属"对"天朝大国"的定期"朝贡"。因此,在清朝的政府体制中,也一向没有专掌外交的部门,只设礼部和理藩院,分别接待藩邦、属国或外国的贡使。鸦片战争前后,中外交涉也基本上是由两广总督负责的。中英《南京条约》及其附件的签订,使英国的势力进入中国的五口,并攫取了种种特权。第二次鸦片战争后列强在中国取得了更多的特权,包括外国公使进驻北京,中外交涉愈益频繁且不可避免。而此时摆在清统治者面前的主要难题是:它的外交对象发生了变化,即由"藩国"变成了西方资本主义国家,若仍以"天朝上国"的地位来看待西方列强,并恩威并用处理外交事务已完全行不通了。迫于形势和西方资本主义国家建立正式的外交关系已无法回避。奕䜣、文祥在咸丰十年十二月三日奏请设立总理各国事务衙门。

叶祥凤在《中国晚清外交机构近代化的起步——对"总理衙门"的历史考察》(载《山西大学学报(哲学社会科学版)》1994年第3期)一文中指出,"总理衙门"的设立,改变了中国以前只有"理藩"没有外交的局面,开始把中国的外交纳入了国际外交的轨道。大致讲来:中国传统的与外国打交道的机构是经历了这样一个过程:从礼部司仪馆→理藩院→各地有关巡抚、总督监理→钦差大臣总理→五口通商大臣、南北洋通商大臣→总理各国事务衙门。"总理衙门"与军机处一样都是皇帝直接指挥的中枢机构。"总理衙门"在处理事务的手续上虽然不能越过军机处,各处的文件都要经过军机处转达"总理衙门",但是,军机处不能过问外交事务。这样在实际上"总理衙门"与军机处形成分工。军机处专管对内政务,"总理衙门"主管对外事务。"总理衙门"的主要任务是办理外交,同时还经管通商、海防、军务,关税等事务。后来发展到只要涉及到一个洋字的一切事务都由"总理衙门"内的海防股经管起来。"总理衙门"实际上总揽了整个"洋务"事宜,俨然成为一个庞大的,职务广泛的清政府的"洋务内阁"。

李文杰在《中国近代外交官群体的形成(1861—1911)》(42页,北京:生活·读书·新知三联书店,2017)一书中指出,总理衙门成立之后,清朝将英、法、美、俄各国的外交部译作该国"总理各国事务衙门";将各国外交首长译作该国"总理各国事务大臣";各国亦将清朝的总理衙门译作"Foreign Office"。在当时西方各国的认知中,总理衙门已大致等同于近代外交部。在此后发展中,它逐渐接受源自西方的交往模式与交涉规则,成为20世纪西式外务部、外交部的起源。正因为如此,总理衙门官员亦可看作近代外交官的源头之一。

(4) 外务部

曹倩琴在《清末民初外交机构的演变——析中国外交近代化历程》(载《重庆交通大学学报(社会科学版)》2011年第2期)一文中指出,1861年1月20日,咸丰帝批准成立总理各国事务衙门(简称"总理衙门"),总理衙门成为近代中国第一个正式的外交机构,它开启了中国外交近代化进程。但咸丰帝在谕旨中明确规定,一旦"夷务肃清,便告裁撤"。可以看出,清政府设立总理衙门是迫于列强压力,总理衙门的设立具有明显的临时性和过渡性。因此,它对中国外交机构近代化的推动作用是有限的。1900年,八国联军攻入北京,迫于列强的压力,1901年7月24日清廷诏谕改总理衙门为外务部,负责一切外交事务,随后签订的《辛丑条约》明确规定:"总理衙门改为外务部,班列六部之首",指定由皇族亲贵担任大臣。通过撤衙改部,清政府在一定程度上加强了国家的对外职能,但在清王朝的封建统治大框架内,就设立的历史背景、性质和组织形式而言,外务部与总理衙门并没有本质差别,因此外务部在中国外交近代化历程中发挥的作用还是有限的。

(5) 外交部

石建国在《辛亥革命与中国外交机构的近代化》(载《复旦学报(社会科学版)》2002年第2期)一文中指出,袁世凯担任中华民国临时大总统后,选择并任命了清朝时期的驻俄公使、时任南京临时政府驻俄外交代表的陆征祥担任外交总长。可以说,中国外交机构的近代化就是在陆征祥的推动下完成的。陆征祥大刀阔斧地对外交部进行了改组。首先,陆征祥按照西方国家模式拟定了新的外交部组织法。其次,陆征祥把驻外使领馆改为专业机构,规定使领馆人员一律由职业外交官充任。再次,陆征祥全面调整了外交部与驻外使领馆的关系。第四,陆征祥对地方涉外机构也进行了改革。经过陆征祥的大力改革,中国外交机构在组织、人事、运作方式上都实现了全面的革新。使中国外交机构更趋于专业化和技术化,提高了外交活动的效率,中国外交机构也由此实现了近代化。和晚清时期的总理衙门、外务部相比,它的进步意义是显而易见的,是一种质变。

杨红林等在《清末民初外交制度的嬗变及其影响》(载《中国社会科学院研究生院学报》2008年第2期)一文中指出,在近代中国外交体制的演变中,北京政府外交部无疑扮演了承先启后的角色。它一方面继承了清末总理衙门及外务部在组织及人事上的近代化改革,另一方面又为日后南京国民政府外交部的建立奠定了基础。事实上,无论是北京政府外交部建立的现代化制度,还是其培养的专业化外交人才,大都为南京政府所继承。北京政府外交部虽然基本上是外交政策的执行机构,本身并无外交决策权,但实际上在外交家们的努力下,控制国家权力的军阀并不太干涉外交事务,从而使得外交部得以较自主地执行外交政策,并在努力收回国权以及提升国家地位方面做出了一定贡献。也正因如此,以顾维钧等人为代表的一批职业外交家,才能基本上超越国内党派政争,以追求国家民族利益为要旨。从这个角度上分析,北京政府时期卓有成效的修约运动也应归功于民国初期的外交改革。

2. 外交决策机制的演变

戴海斌在《中国外交近代转型的节点——简论庚子事变前后若干外交问题(1900—1901)》(载金光耀、栾景河主编:《民族主义与近代外交》,170—171页,上海:上海古籍出版社,2014)一文中指出,相比于欧美国家外交权的一元化,清朝对外窗口的多元存在,是一种特殊的现象。这种外交权力的多元化,不良后果是显见的,但客观上也给实际交涉带来方便,对地方洋务事业的开展也有裨益。李鸿章出任北洋后,中国外交重心隐然由北京滑向天津,西方有评论,中国的事情是"北京讨论,天津决定"。这出中国版的"双城记"给清政府外交留出转圜余地,但"政出多门"并非现代外交的内容,清政府的另类形象愈加使外人加深原有偏见。历史足够反讽,外国人曾经因为找不到谈判对手,只好到处抱怨"中国人到底谁说了算",到了庚子年,这条"谁说了算"的潜规则反成为中外携手的基础。当北京的大门被紧紧关闭后,双方在黄浦江畔却又坐到了同一张谈判桌旁。

李兆祥在《近代中国的外交转型研究》(220—223页,北京:中国社会科学出版社,2008)一书中指出,地方外交权的膨胀带来了严重的后果:第一,不熟悉外交的人办外交,丧权辱国。黑龙江将军奕山擅签《瑷珲城和约》,成为俄罗斯侵占中国大片领土的借口,就是一个突出的例子。第二,造成地方政府权力过大,威胁国家权力。八国联军侵略中国期间,出现了与列强直接交涉形成的"东南互保",地方大员拒不奉行清廷谕旨,向清廷的中央权力提出挑战。因此,改造地方外交体制,外交权收回中央,就成为外务部成立后的一项重要任务。清政府先削弱地方外交权力,直接介入地方中外交涉;后在地方设交涉使,全面规范地方交涉。交涉司及交涉使的设立,在近代中国外交史上意义重大:第一,交涉司取代了原来各省设立的洋务局等机构,使全国各地的交涉机构设置规范化。第二,具有专业知识的交涉使专门办理地方外交,避免了地方办外交的随意性,有利于维护国家的权力。第三,外务部对交涉使的掌控措施,促进了外交行政权的统一,削弱了地方外交权,有利于扭转中国中央外交机构的弱势局面,加快了中国走向国际社会的脚步。

3. 使节制度的演变

梁建在《晚清西方各国使节进驻北京历程探析》(载《历史教学》2011年第18期)一文中指出,在近现代的国家关系中,一个国家向另一个国家的首都派遣常驻外交使节本是一件十分平常的事情。当然,这有两个前提,就是双方应是自愿和平等的。但在晚清,西方各国在向中国派遣常驻使节的过程却既不是自愿的,也不是平等的。从一开始,清政府方面就无意让西方各国的使节进驻北京,清朝的统治者不承认天下有与自己对等的政体,拒绝让"夷人"观光上国,以免破坏天朝大国的旧有体制,从这个意义上说,这时是清政府不愿意平等对待西方各国;其后,西方各国开始在世界范围内推行"炮舰政策",它们希图通过"炮舰"把自己的使节送进北京,以更好维护它们通过不平等条约勒索到的各项权益,而晚清统治者这时则担心使节进京后会影响政权稳定,因之也不愿意各国使节进驻北京,而西方各国的国力已足以迫使清政府满足它们的愿望,它们通过强力把使节送进了北京,这时可以说是西方各国无意平等对待清政府,这种非平等和自愿的遣使要求使整个遣使历程变得非常的艰难。即使后来各国公使进驻了北京,使节们按国际仪节觐见国家元首的惯例也一直到同治皇帝成年后才得以实现。而中国方面也一直到1875年才开始对外派驻公使,完全接受建交国家互派使节的国际惯例。

李文杰在《中国近代外交官群体的形成(1861—1911)》(530页,北京:生活·读书·新知三联书店,2017)一书中指出,晚清驻外公使的派遣与使馆的建立,有着内外两层促动因素。在19世纪中期,因国内人口过剩及全球劳工市场短缺,大量华人漂洋过海,外出谋生,备受欺凌。在外国领事与公使的提示和建议之下,清朝逐渐意识到保护侨民的必要性;同时,东邻日本的迅速崛起与蛮横挑衅,极大威胁着国家安全,在屡经讨论之后,清朝向海外派出常驻使团,试图通过这种西式的外交模式因应上述问题。

(二)外交观念的演变

1. 清政府对世界认识的变化

郭卫东在《近代的开端:鸦片战争》(载王建朗、黄克武主编:《两岸新编中国近代史·晚清卷》上册,104—105 页,北京:社会科学文献出版社,2016)一文中指出,道光朝中期以前奉行的中西文书基本体制为:在书写格式和用语上,中方居上、居尊,外方居下、居卑;在传递方式上,插入行商中介,中国官厅不直接与西人发生文移关系。鸦片战争后文书关系逆转,1840 年 8 月 9 日,道光谕令直隶总督琦善"倘有投递禀帖情事,无论夷字汉字,即将原禀进呈",为收受"夷书"做了合法铺垫。英方投书引人注目地不再用"禀帖"格式,而用"咨会"字眼,英国长期追求的文书平行往来,终于在炮口下得以实现。15 日,琦善复函,放弃"谕""批"等回复夷书定例,改用"照会"样式。琦善的最初几封照会在形式上与宗藩旧文式没有区别,开头同样开列"天朝大学士直隶总督部堂一等侯爵琦"字样。但从 1840 年 12 月 3 日的照会开始,"天朝"两字被悄悄取消,仅留官衔,自后成为定例。至此,照会已脱出传统的以夏凌夷的非对等文式而转变成至少是在形式上略具平等义蕴的外交公文,所透射出的恰是中世纪的宗藩观念向近代国家观念转步的初阶,尽管这一步是在强敌凌侵的困境下迈出的。鸦片战争前后中英官方文书交往形式的变化,绝不简单的只是一种外交文移关系的变化。它折射出国家地位的升降,反映出天朝体制在西方直面者的步步进逼下开始崩塌。

杨发祥在《奕䜣与晚清外交近代化》(载《首都师范大学学报(社会科学版)》2002 年第 5 期)一文中指出,"夷务"一词是随着中西交往增多而出现的,专事"夷务"的五口通商大臣的设立,表明西方资本主义列强在清朝统治者心目中地位上升。然而"夷务"一词仍无可否认地包含着贬抑之意,这是列强难以接受的。积怨终于在 1858 年得到解决,该年 6 月 26 日签订的《中英天津条约》第五十一款明文规定:"嗣后各式公文,无论京外,内叙大英国官民,自不得再书'夷'字。"清朝中央和地方一些官员也自动改变用词,从专用"夷"到"夷"、"洋"掺用,再到全用"洋"字,逐渐完成了从"夷务"到"洋务"的转化,二者的替换大体确定于第二次鸦片战争期间。

刘增合在《1840—1884 年晚清外交观念的演进》(载《社会科学战线》1998 年 1 期)一文中指出,晚清初年的清廷官吏通常将商务贸易等同于外交事务,这是他们外交观念的全部内容,时人称之为夷务。时至晚清初年,中国与外部世界的外交关系被严格限定在通商这一层面上,这不仅是制度上的而且也是观念上的。至少,当时的士大夫阶层广泛地将对外交往仅仅视为经济关系,而不含有政治成分,因而级别较高的官吏不屑于此事,他们基本上是从朝贡制度的角度看待中西关系,皆以处理夷务为不足挂齿的低微行当。到 60 年代以后,"洋务"一词的外延拥有了更广泛的内容,它实际上是以一种"求师问学"的心理将西方的某些器物层面的东西,诸如工业、航运、铸币等,以及远离政治、道德的兵政、商法等方面的东西,延纳进自己的内政外交结构中,在"洋务"理念的支配下,晚清外交已开始步入近代化轨道。晚清时代清王朝屡战屡败的耻辱,使得一大批新兴的官僚士子从"天朝大国"的逻辑结构中醒悟过来,睁眼向洋关注夷人夷事,终于不情愿地发现了中西之间差距裂痕扩大的原因。由最初的船坚炮利演进到商务贸易,由华夷之辨向华洋并举,从观念嬗变的角度看,这已经开始从虚骄自负走向现实恭谦。经世之风沐浴之下的士大夫群体已挣脱了商务羁縻的陈旧框框,较早涉足中西事务的某些士子官僚已酝酿并提出了"商战"思想,它是"洋务"外交理念状态下的一种新式思想,作为晚清制夷外交实践中的重要阶段,"商战抗夷"理应视作同光新政时期最重要的外交战略。

李育民在《晚清时期条约关系观念的演变》(载《历史研究》2013 年第 5 期)一文中指出,

所谓条约关系,简单地说,是国际法主体之间以条约这一法律形式表现出来的一种国际关系。康熙年间,清政府便与俄国订立界约,但"中国很少有与他国缔结条约的观念"。晚清时期,中国处于从传统到近代的演变之中,条约关系是近代中外关系乃至中国近代历史的枢轴,中国社会的深刻变化,国家地位的改变,与国际社会的关系等等,或体现于其中,或与此密切相关。面对这一新的大变局,自视为"天朝上国"的清王朝在外国的强力压迫之下,逐步接受西方所设定的国际秩序,初步产生并逐渐形成条约关系观念。这是一个艰难的蜕变过程,是其观念意识的一次重要转换。这种转换,折射了中外关系的深刻变革。无疑,清政府逐渐摆脱传统"怀柔"观念,认识到自身权益是条约关系中的重要组成部分,开始从国际法和条约的视角,阐明自身权益的合理性。他们意识到,国际往来虽"若家人之相与",却并非是由"天下共主"的单方面施恩,而是"恩怨报施,各有其分,不相凌越"。

2. 社会舆论对世界认识的变化

金正昆在《外交学》(40页,北京:中国人民大学出版社,2016)一书中指出,外交决策历来都不可能对社会舆论置之不理,因为明智的决策者都知道:社会舆论永远都是"水能载舟,亦能覆舟"的。意识形态对社会舆论特别是主流社会舆论的影响,必然会间接地牵涉到各个国家的外交政策。

任云仙在《清末报刊评论与中国外交观念近代化》(44—48页,北京:人民出版社,2010)一书中指出,华夷观念是中国人描述世界局势的固定思维方式。在中国人的视野中,世界格局是简单的,只有华夷之区分,而没有近代复杂的国家关系。中国人习惯将中国以外的国家称为"夷狄""蛮夷""藩国""戎""逆夷""番鬼"等。第二次鸦片战争之后,"泰西""西洋各国"的使用也在逐渐增多。甲午战争之后,华夷二元对立的词汇虽然已经处于衰落地位,但并没有在中国人的话语系统中彻底消失。但总体来看,"夷"在整个中国人的世界词汇中已经微乎其微了。与此同时,"泰西""西洋各国""西洋"等词汇居于主导地位,以"强国""列强"指称英、法、美、德、日等资本主义国家的现象也开始增多。20世纪之前国人描述世界的词汇发生了巨大变化,表示华夷观念的词汇已逐渐退出国人的话语系统,国人国际观念的古代色彩在渐渐变化。与此相适应,国人对近代世界形势的认识日渐清晰,对中国的地位也有较为准确的定位。

王尔敏在《中国近代思想史论》(21—22页,北京:社会科学文献出版社,2003)一书中指出,中国看世界,看西欧列国,自1860年以后确曾逐渐改变固有观感,进而吸取西方国际观念。1861年,冯桂芬以古代春秋列国的形势,清楚地比拟当时列强并立的世界,并提出加强外交的建议。在冯氏以后,直至1894年,用中国历史知识中春秋与战国的形势来解释当时国际现状者,不下十数人之多。这种由现时世界情势的认识,回溯上古,而比较公元前8至3世纪的历史,表而似乎浅薄,但在思想的转变言,却有其重大意义。第一,将19世纪世界和春秋战国比较,乃反映一种新的国际意识,自然地放下中国中心观念,以古史的镜子,重新思考中国所面对的新世界。第二,中国官绅在面对列强并立的世局,很容易在固有经验中寻求适应方法,而古代列邦的国际关系,就是现成的参考资料。从这种历史比较,以至于古代邦交经验的参考引用,却正是由中国中心的国际观念转变为对等国际关系观念的一个天然的有效通道。

（三）外交礼仪的演变

茅海建在《近代的尺度：两次鸦片战争军事与外交》(175页，北京：生活·读书·新知三联书店，2011)一书中指出，对于中西礼仪之争，今人多注意其皮相，批评十分得力却缺乏同情之了解。若从"以礼治国"的儒家政治学说中去细究，统治者不肯让步也非全为面子。三跪九磕，确实是清朝藩属国使节觐见清朝皇帝之礼，但绝不是藩属国使臣觐见皇帝的专用礼节。他是清朝唯一的正式朝礼。不用此礼，不仅是对清朝皇帝的怠慢，而且是对清朝礼制的破坏。这在讲究"礼治"的儒家国度中绝不可行，因为"礼崩乐坏"是王朝衰败的标志。

陈旭麓在《近代中国社会的新陈代谢》(58页，北京：中国人民大学出版社，2012)一书中指出，西方人要求的"平行之礼"对传统中国来说，又不单单是一个礼仪问题：一方面，这种平等同天朝大国对待外夷历来的不平等是直接对立的。它的实现，会使王朝体制裂开一个大洞并促成夷夏之防的逐渐崩溃。另一方面，透过这种具体的平等权利又会泄漏出一点资本主义的一般平等概念。资本主义的平等固然是一种虚伪的平等，但它毕竟是封建等级制度的历史否定物。在这个意义上，西方人提出的平等要求又会引发传统社会中的人们不愿意看到的种种问题。

艾红玲在《试析晚清外交礼制的困境》(载《社会科学家》2008年第6期)一文中指出，鸦片战争之前，中国人一直以"天朝上国"自居，和周边国家的交往完全建立在"宗藩制度"上，认为其他国家都是中国的属国，属国君臣觐见时所用的礼仪一直都是朝聘天子之礼，特别是要求外藩首领和使臣都要向中国皇帝行跪拜礼。但是鸦片战争后，清王朝国势减弱，宗藩关系逐渐被西方列强打破，尤其是外国公使进驻北京后，清政府仍然要求外国人以跪拜礼觐见皇帝，由此也引发了一系列的矛盾和冲突。咸丰帝就因为怕见那些不行肯跪拜之礼的夷人，至死坚决不肯回北京。咸丰帝死后，年仅6岁的同治帝继位，太后那拉氏垂帘听政，清政府便以新即位的皇帝年幼，而太后又碍于中国礼制不能接见外人为理由，一直拒绝外国公使觐见皇帝。清廷一直阻止外国公使觐见清帝，是因为觐见之礼节没有协调好。

王开玺在《中国近代的外交与外交礼仪》(载《史学月刊》2001年第2期)一文中指出，19世纪70年代，清廷相继向欧美主要资本主义国家派遣了常驻使臣，这些使臣出国后，大多入乡随俗，依照当时西方各国间的外交礼仪惯例进行外交活动，逐渐改变了过去清廷的外交观念与礼仪惯例，开始与外部世界接轨。但是中国数千年的传统根基很深，因此在外交礼仪的对接过程中，也难免会出现一些令今人看来似极可笑或不可思议的怪事，出现礼仪对接过程中的错位现象。

李兆祥在《近代中国的外交转型研究》(214—215页，北京：中国社会科学出版社，2008)一书中节录了1901年列强提出的关于修改朝廷礼仪的报告，其中有皇上应当站立会见外交使节并直接同他们讲话、应当亲手接受各国使节交给他的信件等内容。经过激烈的讨论后，大部分内容作为附件十九列入《辛丑各国和约》。对西方外交礼仪的认可与接受，折射出近代中国外交国际化的趋势。

（四）外交官群体的演变

金正昆在《外交学》(13页，北京：中国人民大学出版社，2016)一书中指出，在古代各国，外交使节作为外交的具体操作者已纷纷出现,他们在对外联络、消除隔阂、宣扬国威、收集情报等方面发挥作用,所以古代使节的一大共性是:他们既是外交家、政治家,往往又是演说家、雄辩家。但严格地说,古代的各国使节只是一种临时执行专项外交任务的特使。通常,他们不以外交作为自己的专责,没有固定的办公场所,没有法定的任期,没有专门的组织领导机构,没有规范的工作程序与职业守则,甚至没有正式的名分。实际上,他们不属于职业外交官,而是原本各有各自的本职工作。一旦完成出使外国的任务归来,他们临时性的使节身份就不复存在。在古代,各国均无专门的外交主管领导部门,对外未有常设的派出性外交机构,就连外交官这一称呼也是不存在的。

李文杰在《中国近代外交官群体的形成(1861—1911)》(531页,北京:生活·读书·新知三联书店,2017)一书中指出,晚清外交人员分两类:一类是总理衙门章京与大臣,大致源出科举正途,熟读儒家经典,依靠科举考试获得入仕资格,受儒家义理熏陶及朝中清流制约;另一类是驻外公使及其下属,他们经由大员保举、请托等方式得以上任,多出自捐纳等异途,有一些善于任事的能员干吏,少几分纲常名教的束缚,加之远在海外,避免了清流掣肘,其在外交涉的效果,因不同的个人而个体差异较大。

李文杰在《继承与开新之间——清末民初外务(交)部的人事嬗替与结构变迁》(载《社会科学》2014年第6期)一文中指出,到外务部时代,选官逐渐注重外国语言、交涉经历,加之科举制度废除,原有的从正途士人中考选部员的做法,到1906年完全停止,而改行奏调之法。作为中央部院组成部分,外务部与其他各部一样,接收大量经由举贡考试、留学生廷试而分发到部的人员,造成其官员结构的巨大变化。

林红玲在《试论中国外交近代化与国民意识的觉醒》(载《历史教学问题》2005年第1期)一文中指出,北洋政府的外交官聘任是中国外交近代化的里程碑式的标志。在临时政府北迁后组建的第一届责任内阁中,首任外交总长陆征祥即被公认为职业外交家的代表。陆征祥毕业于京师同文馆,精通外文,有二十年从事外交事务的丰富经验。陆征祥就任后对外交人员的聘任制度进行了全面的改革。驻外使馆和领事馆等机构外交人员一律由职业外交官充任,一改晚清权臣亲贵保荐的旧例,拒退未受专业训练、不懂外交、不习外语的被保荐者。此次改革,外交部吸纳了大量法律出身、通晓国际法、拥有专业外交知识和技术、精通国际外交礼制、深谙西方社会与文化以及世界形势的职业外交人才,中国的职业外交官时代终于到来。改革彻底改变了中国外交人员的整体素质和水平,专业化和职业化成为外交人员聘任的常态,陆征祥打造了近代中国第一支职业化的外交队伍,使外交部成为当时中国"官僚体制中心专业化程度最高的部门"。在这一原则主导下,民国时期外交舞台上涌现了一批具有近代意义上的外交官群体,如顾维钧、王正廷等。

杨红林等在《清末民初外交制度的嬗变及其影响》(载《中国社会科学院研究生院学报》2008年第2期)一文中指出,在1920年代前夕,中国外交理念的变迁,最集中的体现在新一代外交官身上。这批职业外交官,一般都在西方受过良好而系统的教育,对西方所遵循的一整套法理的精通程度,绝不亚于任何一个国家的杰出外交官;同时,他们大都是爱国者。他们所具备的外交素质,以及他们不懈的努力,甚至在国际上都得到了很高的评价。他们以偏重西方的文化素养,以西方的职业文官理念和世界观服务于中国的外交事业,力图把中国民族主义与世界主义相结合,为中国在国际社会中谋一平等地位,体现了近代中国与世界的文化整合。在中国政治中,他们始终处于边缘地位,既受到传统体制的抑制,又遭到革命民族主义的抨击,但他们的出现,显示了中国外交首次被建立在一个理性模式上,形成一套系统的理念和方法,因而他们成为一代真正与国际社会接轨的中国外交家。

周勇等在《走向平等:战时重庆的外交界与中国现代外交的黎明曙光:1938—1946》(26—27页,重庆:重庆出版社,2017)一书中指出,不断变化的国际环境与中国持续上升的国际地位,自然要求重新评估中国外交官的基本角色、行为与养成。蒋介石对培养"新式"外交官颇为重视。在蒋介石的要求下,国民政府外交部于1942年年初监督开展了新的培训项目,要求中国驻外使领人员按批次回国,参加为期4个月的训练课程。共有40位中国驻外使领人员返回中国,参加1942年6月至9月间举办的外交部使领人员研究班第一期训练。前所未有的国际视野和战争强度及其对全球政治格局的深远影响,在中国催生了新一代外交官,他们要去面对战后重建与和平道路上的诸多挑战。

三、中国近代的外交实践

(一) 国家主权受到侵害

茅海建在《近代的尺度:两次鸦片战争军事与外交》(543—544页,北京:生活·读书·新知三联书店,2011)一书中指出,尽管我们可以认定,主持中英虎门条约及其附件、中美望厦条约、中法黄埔条约谈判的伊里布、耆英、黄恩彤等人,以及审议、批准这些条约的军机大臣、各部堂官乃至道光帝,都没有认识到这些条约会给中国权益造成何等的损害;但是,若不是英国挟战后之威势,清朝自忖难以应付,若不是美国、法国开来了战舰,并表露出不惜动武的种种威吓,清朝是不会签订这些条约的。因此,今天的人们,称这些条约是西方列强强加于中国的,这一结论并不为错。但是,这一结论又实在不能成为替天朝辩护的理由。从一系列事件中,我们可以清晰地看到,欧洲众多中小国家可以不动枪炮轻易攫取不平等权益,"天朝"中的人们在看待和对待我们今天痛心疾首的不平等权益时又是如何地愚昧。

李育民在《条约制度的建立及其影响》(载王建朗、黄克武主编:《两岸新编中国近代史·晚清卷》上册,123—125页,北京:社会科学文献出版社,2016)一文中指出,通过一系列不平等条约,列强攫取的各种特权成了对中国实施"准统治权"的制度。司法方面,列强在中国攫取了领事裁判权。这是一种由其领事或官员按照他们本国法律对其本国侨民行使司法管辖权的片面特权,损害了中国的属地管辖权。列强公然声称中国不能享有这一属地管辖权,顾盛指出:"按照欧美奉行的国家法,每一外国人居住或暂留在任何基督教国家内都应服从该国的法律。"而在与伊斯兰教国家的交往中,采用了一个不同的原则,即"信奉基督教的外国人不受当地官员的管辖,他只服从(这是自然结果)本国政府所派公使或其他官员的管辖"。正是基于这种无视国家法的强权逻辑,列强通过不平等条约将领事裁判权制度强加给中国。第二次鸦片战争之后,迄至第一次世界大战结束之际,列强在华领事裁判权进一步拓展。不仅这一特权本身愈益扩充和完善,而且各国相率效尤,与中国订立不平等条约的其他国家先后攫取了这一特权。在实际中,列强又将这一特权扩展至对中国人实行某种程度的司法管辖,如《烟台条约》规定的观审制度,以及租界中的会审公廨和东省铁路的公审机关等。在不平等条约制度中,领事裁判权居于中心地位,成为其他条约特权的基础。

熊志勇等在《中国近现代外交史》(87页,北京:北京大学出版社,2014)一书中指出,从19世纪70年代初开始,中国四周又都面临列强扩张的威胁。与此同时,勉强进入条约体系的中国还无法摆脱宗藩体系和华夷之辨思想的束缚,融入国际社会的过程十分艰难。多起事件和交涉或是因为用旧方法应对新问题所造成的,或是因此加剧的。以洋务派为主导的清政府面临两种矛盾的挑战。一是扩张与反扩张,二是新旧体制的冲突。两种不同性质的矛盾互相交叉,使得问题解决起来异常棘手。面对俄国和英国的挑战,刚刚凭借洋务运动逐步恢复国力的清政府非常害怕对外再起战争。它或试图通过"以夷制夷"的政策,借助外力的平衡来保护自己的利益;或采取放弃部分领土、支付赔款和开放更多通商口岸等方法妥协退让,力争息事宁人。这种政策执行的结果不仅没有从根本上解决问题,而且使中国损失了更多的权益,让列强以为中国软弱可欺。

(二)收回权利的努力

李育民在《晚清时期条约关系观念的演变》(载《历史研究》2013年第5期)一文中指出,20世纪60年代末,清政府已在条约中表达自己的权利主张,这是一个重要进步,说明清政府开始对条约关系有了新的认识。毋庸置疑,其时清政府尚缺乏明确的主动意识,其目的主要在于"杜要求而示限制"。光绪之后,随着出使大臣的派遣,以及对不平等条约的危害、国际法和条约关系认识的加深,清朝君臣逐渐转变"怀柔"和"羁縻"观念,对条约的双边性有了较为清楚的了解。如光绪五年,曾纪泽认为通商章程"尽可商酌更改","以求两益",列强"断无恃强要挟久占便利之理"。翌年又上奏明确揭示中外条约的片面性质,谓:"中国自与西洋立约以来,每值修约之年,该公使等必多方要挟,一似数年修改之说专为彼族留不尽之途,而于中华毫无利益者。"总之,庚子事变之后,清政府更积极主动地筹划修约,形成较为完整的思路。从全面反思和批判传统驭外之道,到重视国际公法中近代意义上的国家主权意识,注重条约本身的规定,又进而筹划内政改革,创造收回主权的各种条件,等等,这些表明清政府的对外观念和意识有了很大改变和进步。不可否认,清政府仍缺乏坚定的决心,更谈不上废约意识,又无整体的修约筹划,且无法彻底摆脱传统观念的羁绊。这就使得它所作努力成效甚微,不可避免地制约着修约的进程,实际上仍处于"预筹修约"阶段。此后经过民国时期的努力,迄至中华人民共和国建立,中国才彻底清除不平等条约的残余,按照国际法规范与世界各国真正建立平等的条约关系。

唐启华在《北洋外交的成败》(载王建朗、黄克武主编:《两岸新编中国近代史·民国卷》上册,96—97页,北京:社会科学文献出版社,2016)一文中指出,巴黎和会中国外交失败,八十年来似已成为定论。然由全盘及长远角度看,中国在巴黎和会中的外交成果,应属难能可贵。总结中国在巴黎和会中之成绩,除对《凡尔赛条约》,因有关山东条款中国力争保留被拒,1919年6月28日未签署该约。9月15日中国签署对奥地利合约,结束与奥国之敌对状态,收回奥国在华特权,并因此成为国际联盟之创始会员国。山东问题虽因强权政治影响,中国失利;但中国代表在和会中据理力争,又力争保留,最后拒签对德和约,争取到日后公平处理的机会,终在华盛顿会议中得到有利的解决,这样的结果长远来说不能算失败。废除《民四条约》后来也在华盛顿会议中得到部分成功。中国代表团向巴黎和会提交的《中国希望条件说帖》则是中国向国际社会表达对不平等束缚的不满,为日后中国修改不平等条约、争取平等国际地位的重要宣示。同时中国以战胜国一员的身份,参与20世纪第一个重要国际会议,参与国际新秩序的制定,成为国际联盟创始会员国,象征中国进入国际体系,并为国际社会接纳的重要里程碑。此外,中国签署三个和平条约,及几项国际协定公约,废除部分不平等条约,收回部分特权,并表现出不畏强权,不屈不挠争取国权的积极外交精神,得到部分国内外学者的肯定。

周勇等在《走向平等:战时重庆的外交界与中国现代外交的黎明曙光:1938—1946》(26、196—197页,重庆:重庆出版社,2017)一书中指出,中国外交政策的理念与作用在战争期间都发生了深刻改变。随着国民政府不断致力于获得国际盟友、管理盟国间关系、对战后全球政治格局产生影响,中国外交的基本职能由仅对在华外国势力干涉做出应对,逐步发展为全面的现代外交,以前所未有的积极姿态参与到国际事务当中,所涉范围不仅包括中国自身,同时也扩展到整个世界。外交政策焦点的变化构成了中国由"不及三流国家"的四分五裂的半殖民地崛起成为名义上世界大国的重要方面。周勇等还指出,治外法权的废除是"重庆时期"中国在外交与国家建设方面取得的最重要的成果之一。摆脱了半殖民地时代桎梏的中国由此诞生,是中国与过去半殖民地时代决裂的标志,它开始改变全球政治格局,同时也在心理层面产生了巨大的震撼与影响。这一事件至少让中国人相信,中国能够在平等互利的前提下参与国际事务,不必被迫接受外国势力对中国主权的侵犯。这一非凡转变及其对战后全球秩序产生的深远的心理作用,历久弥坚,直至今日仍然清晰可见。1945年,中国随美国一起,成为新成立的联合国安理会的常任理事国,对于中国来说可谓锦上添花。就其全局视野出发,此类历史发展标志着中国外交的根本性变革。自此之后,中国外交不再仅仅局限于处理涉及在华西方国家的国内事务,而是将眼光转向了与中国相关的所有国际问题之上。

王建朗在《战时外交:从苦撑待变到大国擘画》(载王建朗、黄克武主编:《两岸新编中国近代史·民国卷》上册,472—473页,北京:社会科学文献出版社,2016)一文中指出,纵观近代以来的中国外交,从根本上来说是被动性的,尽管有时也不乏若干主动采取的动作,但从本质上来说,仍主要是基于对自身权益的保护和规复的反应性动作。抗战时期,中国外交已经超越反应式外交,外交的主动性前所未有。中国积极主动地参与国际事务。战争给中国带来了灾难,也给中国带来了机遇。在旧的国际秩序崩解的过程中,中国抓住了机会,积极参与新的国际秩序的再造,由一个旧体系中的弱者成为新的国际体系的参与缔造者。当然,对于战时中国国际地位的提高,其评价必须恰如其分。雅尔塔协议与其后中苏谈判的进程和结果便说明,尽管中国的国际地位有了空前提升,但要真正成为一个与盟国其他三强平起平坐的大国,还有很长的路要走。

> **教学设计**

设计一:天朝的"三副面孔"

设计意图

外交是政治、经济的延伸。中国近代外交的演变是中国向近代社会转变的重要内容,外交礼仪的转变作为一面镜子，能反映出近代中国社会的变化。本设计选取乾隆、咸丰、光绪三个不同的时期，以外国使节觐见为焦点，通过觐见礼仪的变化让学生明白中外社会情况的差异和实力的消长；通过不同时期觐见礼仪变化的分析，培养学生的时空观念和历史解释素养。

设计方案

教师讲述：小学时我们都学过一篇课文叫做《晏子使楚》，讲述了春秋末期，齐国大夫晏子出使楚国，楚王三次羞辱晏子，欲以此显示楚国的威风，晏子巧妙回击，维护了自己和国家尊严的故事。在高中语文《廉颇蔺相如列传》一文中提到，秦赵渑池之会上，秦王请赵王弹瑟，然后命史官记下"秦王与赵王会饮，令赵王鼓瑟"，蔺相如愤慨不平，最终让秦王为赵王击缶。一个国家，在某个特定的历史时期，或为了某个特定的外交目的，对不同的国家常常给予不同的外交礼遇。在古代东亚地区，形成了一种后世称之为"宗藩体系"的国际关系格局。中国中央王朝以天下共主自居，将周边国家和地区的民族贬称为夷狄。朝鲜、越南、琉球等藩属国需向中国朝贡称臣，中国则对其进行册封恩赏，形成一种明确的尊卑等级关系。中外之间的交往也就不存在近世平等一说，我们从贡使觐见皇帝的礼仪中可窥见一斑。

一、虚骄：天朝上国的傲慢

材料一 礼部堂官引贡使入，通事随入，至丹墀西（丹墀指宫殿外的台阶）。行三跪九叩礼毕，引由西阶升，通事一员从升，至殿门外跪，皇帝降旨慰问。礼部堂官承旨传知通事，转输贡使；贡使奏对，通事译言，礼部堂官代奏。礼毕，引出。

——李云泉：《宾礼的演变与明清朝贡礼仪》，载《河北师范大学学报（哲学社会科学版）》2004年第1期

问题设计：根据材料指出清代藩属国贡使觐见中国皇帝的流程。对比今天的外交礼仪，清代皇帝接见贡使礼仪有何不同？

教师引导学生分析：清代藩属国朝见皇帝的流程是：由礼部官员引导至殿外行三跪九叩大礼，然后跪于宫殿门外；皇帝降旨慰问，官员将皇帝旨意转告贡使，贡使回复由通事翻译，然后由礼部官员代为禀明皇帝；仪式结束后官员将贡使带出。对比今天的外交礼仪，最明显的差异体现在两方面，即两国关系是否平等，会见时是否直接接触。究其原因，有地理、经济、文化等多方面的原因。诸多原因使得中国形成天朝上国的自我意识，不承认与藩属国平等的外交关系，因而清朝皇帝接见藩属国贡使的礼仪带有明显的等级尊卑色彩。

新航路开辟后，伴随着欧洲人殖民扩张的脚步，中西交往逐渐增多。这些跨洋而来的"远人"，清政府又会如何看待他们呢？1793年，马戛尔尼率团来华，发生严重的礼仪冲突，最终不欢而散。

材料二 （1793年乾隆谈到英使觐见礼节时指出）向闻西洋人用布扎腿，跪拜不便，是其国俗不知叩首之礼……各处藩封到天朝进贡观光者，不特陪臣俱行三跪九叩首之礼，即国王亲自来朝者亦同此礼。今尔国王遣尔等前来祝嘏，自应遵天朝法度。

——刘凤云：《谈马戛尔尼使团访华的礼节冲突》，载《清史研究》1993年第4期

材料三 关于马戛尔尼觐见乾隆时的礼仪，乾隆年间的官方记述含义模糊，民间记述各

执一端。英国使团成员的记述也有矛盾之处,各执一词。学界对马戛尔尼觐见礼也多有讨论和不同意见。有人认为英使行三跪九叩礼;有的主张马戛尔尼在呈递国书时双膝下跪;有的主张未叩头;有的认为是行九次单膝跪地礼,但不曾叩头;还有的则结合中英图文材料,提出中西两种礼仪在不同场合均有所损益使用。

——整理自刘玉:《论清代有关乾隆朝英使觐见礼的记述变化》,载《故宫博物院院刊》2017年第3期

问题设计:根据材料二指出乾隆对英使觐见礼仪提出了什么要求?反映出什么问题?

教师引导学生分析:根据材料可以看出,乾隆虽然知道西洋没有跪拜习俗,但依然要求英使按天朝法度,行跪拜大礼。他认为其他藩属国即便是国王亲自来觐见,也需要行叩首礼,既然来者只是英国国王派来的使臣,就更应该行跪拜礼,从这里可以看出,他把英国当成了清王朝的藩属国。这样的现象反映乾隆皇帝对世界的变化一无所知。1793年的英国资产阶级民主政治逐步完善,工业革命如火如荼,早已确立世界霸主地位,远不是中国周边附属国所能比拟的,这种错位必定会导致双方在觐见礼仪上存在分歧。

问题设计:关于马戛尔尼觐见乾隆皇帝所行的具体理解,学界有不同的认识,根据材料三中的不同主张,我们可以确认的信息有哪些?

教师引导学生分析:对于马戛尔尼行了何种觐见礼节,学术界认识并不统一。可以确认的信息是乾隆皇帝接见了英国使节、双方必然进行了激烈的争论和博弈、双方必定做了一定的妥协和让步、这次会面没有让双方达到预期的目的。这意味着,中西方还会再次接触,也必然还会因为觐见礼仪而再起争执。

二、虚惊:面见公使的恐惧

教师讲述:鸦片战争后,国门洞开,中西接触日趋增多。清政府设立"五口通商大臣"专门办理对外交往事宜。受传统夷夏观念的影响,外国人依然不能直接与中央政府打交道。《天津条约》允许外国使节驻京,随后西方国家要求公使亲自向清朝皇帝递交国书,这又引发了一场争执。

材料四 (第二次鸦片战争期间,在有关外国公使亲递国书的谈判中,咸丰皇帝做出指示)国体所存,万难允许。该王、大臣可与约定,如欲亲递国书,必须按照中国礼节,拜跪如仪,方可允行。设或不能,只宜按照米、俄两国之例,将国书赍至京师,交钦差大臣呈进,俟接收后,给予玺书,亦与亲递无异……设该夷固执前说,不知悔悟,惟有与之决战。

——茅海建:《近代的尺度:两次鸦片战争军事与外交》,214页,北京:生活·读书·新知三联书店,2011

问题设计:根据材料与所学知识分析,咸丰皇帝为何抗拒公使亲递国书?他又提出了怎样的折中办法?

教师引导学生分析:受传统礼制和观念的制约,咸丰皇帝认为外国公使觐见需要按照传统礼节行跪拜大礼。而西方使节不肯按照中国的礼节行跪拜之礼,咸丰帝认为这样会损伤国体,因此拒绝外国使节亲递国书。他提出了一个解决方法,外国公使将国书交给钦差大臣,这样他们既不需要跪拜又能呈交国书。很显然,他也知道西方列强不会同意行跪拜之礼,因此哪怕"与之决战",也不接受亲递国书的要求。

教师讲述： 新的和约签订后，因惧怕外国公使觐见，"咸丰帝没有回北京，自我放逐于热河，一直到1861年8月22日，他死在热河。他的一生中终于没有见过一个愿意跪拜的外国人，当然自做了皇帝后也没有见过一个不愿跪拜的中国人"。咸丰去世后，同治年幼，两宫太后垂帘听政。清政府一直以皇帝年幼为托词，拒绝西方使节觐见。直到1873年，同治皇帝大婚，西方使节要求觐见祝贺。"天朝"法度再一次面临考验。

材料五 （1873年，李鸿章在奏折中说）彼求之十数年，迄今仍不准一见，或准见而强之跪拜，彼以为不得体面，积疑生衅……现在十余国通商立约，分住京师与各省口岸，实为数千年一大变局。不但列祖列宗无此定制，即载籍以来，昔圣昔贤，亦未豫订此礼经。一切交接仪文，无可援据……倘蒙皇上俯念各国习俗殊，宽其小节，示以大度，而朝廷体制自在，天下后世当亦无敢议其非者。

——茅海建：《近代的尺度：两次鸦片战争军事与外交》，247页，北京：生活·读书·新知三联书店，2011

问题设计： 相比乾隆和咸丰，李鸿章的态度有了什么变化？李鸿章的依据是什么？

教师引导学生分析： 乾隆和咸丰顽固坚持"天朝法度"，李鸿章则主张适度放宽，应以西礼接见各国使节。李鸿章是洋务派，在与西方人的交往中逐渐意识到西方人并非如传说中的豺狼虎豹那样凶险，他的思想观念也不似顽固派那样泥古不化，对于国际形势有较为清醒的认识。首先是外在压力，他认为西方人要求多年，不接见或强迫跪拜都会"积疑生衅"引发冲突，因此应该要见。接着他认为形势已经大不同，不可用祖宗之法来应对。最后，又宽慰皇帝，这是大度、君恩的表现。李鸿章的这些认识，相较于传统的"夷夏之防"、"天朝法度"是一个巨大突破。

教师讲述： 清政府最后做了妥协，同治皇帝接见了外国公使。只不过地点选在中南海紫光阁，这是传统上皇帝接见藩属国使臣的地方。外国使节带来的敕书或国书，皇帝依然不会亲手接受，而是需要转交。西方使节认为这是有意贬低他们的地位，对此愤愤不满。直到几十年后《辛丑条约》签订，这一情形才结束。

三、虚惧：城下之盟的平等

材料六 《辛丑条约》附件十九节选：

五、使臣所递敕书或国书，皇帝必亲手接受。

六、如皇帝欲款宴诸国使臣，现已议明，应在大内之殿廷设备，皇帝亦躬亲入座。

七、总之，无论如何，中国优礼诸国使臣，断不至与彼此两国平等体制有所不同。

——王开玺：《清代的外交与外交礼仪之争》，839页，北京：东方出版社，2017

问题设计： 根据以上材料结合所学知识，概述从乾隆时期至清末觐见礼仪的变化，并分析造成这些变化的原因。

教师引导学生分析： 乾隆时期有异常浓烈的天朝上国观念，要求外国使节行跪拜大礼，出于"夷夏之防"和等级尊卑等观念，外国使节并不能与中国皇帝有直接接触。鸦片战争后，在西方列强的不断要求下，逐步实现了以西礼觐见。造成这种转变的原因是多方面的，首先是中国觐见礼节的落后性，强烈的不平等色彩与近现代潮流格格不入；其次是西方列强的冲击，觐见礼仪的西化是在西方人的压力之下被迫采用的；再次是中外交往的增多及国家实力的消长,诸多因素共同推动着清代后期觐见礼仪的转变。

教师指导学生小结: 自乾隆以来,历时一百多年的中外外交礼仪之争及其交涉,到20世纪初已经基本上结束。清廷的外交礼仪与西方各国外交礼仪趋同一致的过程,同时也正是中国半殖民地和不平等中外关系形成确定的过程。天朝皇帝对待外国使节的态度为:乾隆时傲慢,咸丰时惧怕,光绪时妥协。天朝对传统礼仪的坚持也经历了顽固坚持、有所松懈、最终放弃的过程。外国使节面见清朝皇帝的礼仪则从最初的下跪或单膝下跪变为拒绝下跪,最终变为平等交往。这一历史过程也是中西双方实力对比变化的真实写照。

设计二：公使出洋,半生毁誉

设计意图

日益融入世界是近代中国历史发展的主要趋势之一,对外交往就属于这一范畴。郭嵩焘是重要的洋务派代表,同时又不同于一般意义上的洋务派官员,他曾出任驻英使节,是中国近代史上首位驻外使节。本设计以郭嵩焘出使英国为切入点,通过对出使前社会环境和个人遭遇的分析,让学生了解传统观念对近代中国走向世界的阻碍;通过对其观念变革及后来遭遇的分析,理解中国社会转型的艰难;在过程中体会个人际遇与所处时代背景是交互影响的;通过对各历史现象的分析解读,培养学生的时空观念和家国情怀素养。

设计方案

导入新课： 近年来伴随着中国国际影响力的提升,中国外交官日趋频繁地出现在人们的视野里。中国古代没有专职外交官,往往是临时指派。常驻外国的使节,在中国人的观念里透射出的是春秋战国时"质子"的印象。这种观念在近代长期阻碍着中国与西方的正常交往。1858年《天津条约》签订,提到互派使臣,而中国却并未派出驻外使节,直到18年后的1876年才派出近代中国第一位驻外使节。

一、远涉重洋,渡万里波涛

材料一 (1866年,总理衙门上奏)"自各国提约以来,洋人往来中国,于各省一切情形,日臻熟悉。而外国情形,中国未能周知……拟奏请派员前往各国,探其利弊……惟思由中国特派使臣前赴各国,诸费周章。而礼节一层,尤难置议。是以迟迟未敢渎请"。

——文庆等编:《同治朝筹办夷务始末》卷39,《续修四库全书·四一九·史部·纪事本末类》,689页,上海:上海古籍出版社,2002

问题设计: 根据材料一,指出清政府迟迟未能派出驻外使节的原因是什么?造成这一问题的原因是什么?

教师引导学生分析: 从材料可以看出,当时清政府迟迟未能派出驻外使节的原因主要是对世界形势了解甚少,其中最主要的原因是礼节问题,没能达成一致。礼节问题的成因,主要是长期以来,中国受儒家文化的影响,强调以礼治国,"礼崩乐坏"被认为是王朝衰败的标志,因此不敢逾越礼制半步。由此看来,传统的华夷观念、礼制观念严重阻碍了中国的对外交往。

材料二 1856年，英法与俄爆发克里米亚战争，清政府不知情，未能利用国际形势，反而让英法俄三国相互勾结侵略我国；1870年，天津教案爆发，法国屡屡用战争威胁清政府，殊不知此时普法战争法国战败，法国皇帝拿破仑三世被俘；1874年，日本入侵琉球，清政府毫不知情；1874年，日本入侵台湾，清政府事前亦毫不知情。

——整理自张宇权：《晚清政府的外交心态与驻外使团的派遣》，载《历史教学》2010年第14期与马一博士学位论文《晚清驻外公使群体研究(1875—1911)》

问题设计：结合材料一、二，谈谈不派遣驻外使节有哪些危害。

教师引导学生分析：不派遣驻外使节，清政府长期闭目塞听会导致中外双方信息不对称，不了解国际形势；在外交上处于不利地位，无法有效维护国家利益；对信息不能及时掌握和传递，危害国家利益；无法有效利用国际规则；阻碍中外之间交流的深化等。

教师讲述：19世纪70年代后，随着日本的崛起，对中国的威胁越来越严重，清政府有必要利用外交来维护自己的国家利益。1866年总理衙门即上奏建议外派使节，但由于各种原因迟迟未能成行。直到十年之后的1876年，清政府才委任郭嵩焘为驻英公使，成为近代中国首位驻外使节。然而他的赴任之路却不像想象中那么轻松。

材料三 （听到郭要赴英）好友李慈铭对他深表同情，"郭侍郎文章学问，世之凤麟。此次出使，真为可惜。行百里者半九十，不能不为之叹息"。湘人写下对联讥讽，"出乎其类，拔乎其萃，不容于尧舜之世；未能事人，焉能事鬼，何必去父母之邦"。其他流言蜚语更是沸沸扬扬。

——杨帆：《郭嵩焘与中国近代化的外交》，载《黑龙江史志》2015年第4期

问题设计：时人对郭嵩焘赴英国持何种态度？你对此有何认识？

教师引导学生分析：士大夫们普遍持反对态度，他们对郭嵩焘荒诞不经的攻击，一方面固然表明天朝自大观念在他们中间仍占统治地位，另一方面也表明这个一统天下已经开始发生变化，因为已经有人愿意出国当公使，向这一传统观念公开挑战了。

二、耳濡目染，倾心西洋政教

材料四 （初到伦敦时在日记中写到）市镇所过灯烛辉煌，光明如昼。近伦敦处尤盛……街市灯如明星万点，车马滔滔，气成烟雾。阛阓之盛，宫室之美，殆无复加矣！此间政教风俗，气象日新……（后写信给李鸿章，信中提到）来此数月，实见火轮车之便利，三四百里往返，仅及半日。

——陆玉林选注：《使西纪程——郭嵩焘集》，42、135—136页，沈阳：辽宁人民出版社，1994

问题设计：从材料四看出，郭嵩焘初到英国最先感受到的是什么？他为何会有此感受？

教师引导学生分析：郭嵩焘对英国城市经济的繁荣富庶大为赞叹，对西方近代科技有了非常切实的体验，对"政教风俗"也有涉及。郭嵩焘是著名的洋务派代表之一，与众多闭目塞听的传统士大夫不同，其在出使英国前就对西方有一定程度的了解。他在出使前一年的奏章中说到"西洋立国，有本有末"，工商业和科学技术发达只是"末"，西方强大的根本在于"朝廷政教"。这种观念已对"中体西用"、"器物救国"等洋务思想有所突破。不过当时的他对西方政教的认识还停留在耳闻阶段，是否属实尚未亲见。

材料五 年已花甲的郭嵩焘曾仔细地考察过英法的议会、法庭、监狱、工厂、学校、炮台、军营、图书馆、博物馆、商品陈列馆等场所。从古代希腊哲学家泰勒斯、毕达哥拉斯、苏格拉底、柏拉图、亚里士多德,到近代自然科学家培根、伽利略、牛顿、莱布尼茨等,他都潜心研究……出使后,对"西方政教"有了更具体、更深刻的认识。他指出:"西洋政教以民为重,故一切取顺民意,民权常重于君","西洋所以享国长久,君民兼主国政故也。"他特别推崇英国的政治制度,认为:"推原其立国本末,所以持久而国势益张者,则在巴力门(英语议会音译)议政院有维持国是之义;设买阿尔(英语市长音译)治民,有顺从民愿之情。二者相持,是以君与民交相维系,迭盛迭衰,而立国千余年终以不敝。"

——郭汉民:《郭嵩焘对西方的认识及其思想超越》,载《湖南师范大学社会科学学报》2000年第2期

问题设计: 与材料四相比,郭嵩焘关注的领域有了哪些变化?他在政治制度方面的认识和态度可能带来什么后果?

教师引导学生分析: 材料四是郭嵩焘初到英国,对英国的了解主要是能直观感受到的"器物"层面。材料五中其对英国的了解更为广泛和深入,涉及政治制度、政治理论、司法体制、教育体制、军事、哲学理论、科学技术、社会生活等方方面面。仅就政治制度方面来看,"以民为重"、"取顺民意"是对资产阶级民主政治的初步认识;"民权常重于君权"是英国君主立宪制下国王权力受到限制的描述;"议政院维持国是"表明他认识到议会是英国政治权力的核心机构,这些都与中国传统的政治制度和政治观念有巨大差异。从他的文字中可以看到,他对此保持一种赞许的态度。郭嵩焘的认识代表了近代先进人物在西方冲击下的观念变异,但结合其出使前的遭遇可知,他的这些主张远超其同时代大多数人的认知水平。他的这些主张,在君主专制时代,不仅不会被主流社会接纳,还有可能危及自身安危。

三、谤积丘山,半生毁誉皆因出洋

教师讲述: 郭嵩焘将出使所得编为《使西纪程》一书,寄给总理衙门,希望能对考求洋务的人有所帮助,1877年由同文馆刻印出版,不料引发轩然大波,朝野舆论哗然,纷纷对郭嵩焘口诛笔伐。有的说他"中洋毒",有的说他"摇惑天下人心",甚至有人说他勾结英国。最后清政府下令毁版,他被撤销公使职务,勒令回国。他返归故里时,长沙绅民竟不许他入境,说他勾通洋人。14年后,郭嵩焘逝世,李鸿章上书为他求一个谥号,朝廷以他所写之书"颇滋物议"而予以否决。

材料六 昔郭筠仙侍郎(即郭嵩焘),每叹羡西洋国政民风之美,至为清议之士所诋排,余亦稍讶其言之过当……此次来游欧洲,由巴黎至伦敦,始信侍郎之说,当于议院、学堂、监狱、医院、街道征之。同人有谈美国风俗之纯厚者,余谓泰西诸国在今日正为极盛之时。

——薛福成:《出使英法义比四国日记》,124页,长沙:岳麓书社,1985

问题设计: 薛福成对郭嵩焘著作的认识发生了怎样的变化?造成这种变化的原因是什么?

教师引导学生分析: 薛福成早年认为郭嵩焘言过其实,有夸大的成分,后来认为所言不虚,并认为欧美国家正处于"极盛之时"。造成他认识变化的原因主要是个人经历,他出使欧洲四国,亲眼目睹了西方国家的政教风俗,因此认可了郭嵩焘的记述。他认识的转变从一个

侧面表明,随着中西方交往的深入,人们头脑中固有观念的改变已成为必然。

教师指导学生小结: 鸦片战争后,中国面临着"三千年未有之变局",伴随着西方列强的入侵,传统中国社会受到了前所未有的冲击,开启了艰难的近代化历程。以郭嵩焘为代表的早期外交官的经历鲜明地反映出这种时代特征,出使前困难重重,出使后经历思想变异,虽然他们的思想变革可能不够深入全面,他们的呼声也极其微弱,但毕竟在传统观念上打开了一个缺口,给后来人更深入地了解世界创造了机会和条件,大大加速了近代中国步入世界的进程。

教学资源

资源1:鸦片战争后士大夫对列强侵略的认识

鸦片战争打破了中国的闭关状态,使中国的大门被迫打开。面对此一局面,曾任江苏巡抚的卫荣光则从"历史"中寻找根据,认为今日的列强就是昔日《禹贡》《周官》中所说的"九夷八蛮",仍是中国属臣。在他的论述中,列强之所以要以坚船利炮翻山越岭、跨洋过海一路打来,原来是为"我朝"圣主的道德、声望折服,都是来接受指教,将要仿效中国"德政"的,于是则四海一家,"如天君泰而百体从令"。列强,竟是为听从"天朝"君王的命令而来……(晚清著名学者俞樾认为)现在列强不远万里来到中国,就是为了使世界再恢复到神农氏以前,由中国统治"九大洲"即全世界的状态,中国君王将重为"大九州"之君。因为西方的"长技"只是"末技",只有中国文化才是世界的根本。

——雷颐:《历史的进退:晚近旧事与集体记忆》,11—12页,桂林:广西师范大学出版社,2009

资源2:中英文的不同表述与"协定关税"的理解

《南京条约》中文本第十款规定:"(各通商口岸)应纳进口、出口货税、饷费,均宜秉公议定则例,由部颁发晓示。"这段话的意思不太清楚,主要是"秉公议定"一语,后人亦有将此误解为协定关税的依据。其实不然。查该约英文本,此款文句为:"His Majesty the Emperor of China agrees to establish at all the ports……a fair and regular Tariff of Export and Import Customs and other dues, which Tariff shall be publicly noticed and promulgated for general information."直译为现代汉语,当为:"中国皇帝陛下同意在所有通商口岸制定一部公平的、正式的进口关税和其他费用的则例,该则例将公开颁布。"由此可见,"秉公议定"一语是指清政府在制定新的关税则例时应秉以"公平"的原则。《南京条约》的这一条款完全符合巴麦尊的训令。据此,清政府只需制定一部"公平"的关税则例即可。其制定权和公布权完全属于清政府。

——茅海建:《天朝的崩溃:鸦片战争再研究》,503—504页,北京:生活·读书·新知三联书店,2014

资源3:条约制度对近代中国社会的影响

鸦片战争之后,中外关系开始发生根本的变化,列强在中国建立了对华实施"准统治权"的条约制度。自从产生具有近代意义的国际法之后,条约成为国际法的一项重要制度。然而,近代中国的条约制度,是列强用侵略战争损害中国独立、平等主权的基础上建立起来的,其内容明显地、大量的体现为在相当程度上取代中国的管辖权,以及限制中国的自保权,从而成为近代中国政治、社会制度的一个基本组成部分。清政府对新的条约关系的认识和应对,经历了一个由朦胧到清醒的复杂过程,在遭受一系列挫败之后,逐渐走向近代外交。以列强在华特权制度为核心的中外条约关系,产生了巨大而深远的影响。它改变了中国传统的社会形态,在将中国变成一个半殖民地的同时,又带来了先进的西方文明,刺激和促使中国通过各种方式走向近代、走向世界。

——李育民:《条约制度的建立及其影响》,载王建朗、黄克武主编:《两岸新编中国近代史·晚清卷》上册,115页,北京:社会科学文献出版社,2016

资源4:均势外交策略与清末"以夷制夷"

均势是近代国际关系中最重要的理论之一。均势的主要目的是通过改变其他各国的实力对比,使自己获得最大利益。现实主义国际关系学家摩根索认为,均势模式主要分为两种:直接对抗型与竞争型。竞争型模式涉及更多的国家,而直接对抗模式主要为两个国家直接对立。一般来说,竞争型模式比两国直接对抗的模式更具有稳定性。清末国人开辟公地的主张,则是希望通过更多国家介入,变直接对抗型为竞争模式,因实力对比上存在巨大的差距,必定处于不利地位。如果将列强争夺的区域开辟为各国通商之地,就会使列强互相牵制,减少中国的损失。此种主张从学理上来说有一定的可行性,但在操作时往往会遇到现实的困境。尤其对于像中国这样的弱国,实行均势政策往往没有预设的顺利。以李鸿章为代表的洋务派把传统的"以夷制夷"的策略和均势论结合,企图利用西方国家各自的情况维护自己的利益。从实际情形来看,自清政府开放商埠以来,在筹款、管理、整体规划等方面存在诸多问题,并没有达到预期的目标。

——任云仙:《清末报刊评论与中国外交观念近代化》,101—102页,北京:人民出版社,2010

资源5:礼仪生疏之尴尬

晚清我国首批外交公使初登国际舞台时,由于其对国际外交仪礼较为生疏,使得他们在国际交往中略显被动和尴尬。光绪二年(1876年)郭嵩焘作为钦差大臣被清政府派往伦敦,成为首任驻英公使。但是,作为中国首任常驻公使,郭嵩焘对国际交往礼节不是很熟悉,光绪二年十二月廿四日,当其得知第二日要觐见君主时,就想询问觐见时的有关礼节,可"适马格里外出,一切无从考究",实在是难为了郭公使。新任使臣呈递国书后,要拜访驻扎国各部行政首脑和其他国家派驻这一国家的外交使臣,但是,郭嵩焘并不熟悉其中的礼仪细节,"晤日本乌使,询问本爵各官应否通拜,乌使告以递国书日即应往拜,过三日则为不恭。于是急往拜丞相毕根士,余皆不知其寓处也。屡嘱(此处原文为"属")马格里探问,竟不得其要领。乌使意气如云,致[至]可感也。"外交礼仪规范非常细致,郭公使因为初次出使,对具体的礼仪细节不是很了解,在一些外交场合显得非常被动。外交礼仪中服制也是有一定讲究的。一次郭嵩焘接到外部官员约见,"以为便见也,届时往,则各国公使成集,朝服佩刀"。于是郭嵩焘询问日本公使怎么知道要服朝服,日本公使曰:"前任移交有案,检查始知之。"郭嵩焘自己并不知道会见之时要着朝服,当然也没有日本公使那样幸运,可以查备前任留案。对于我国的外交官员来说最难以接受的外交活动莫过于舞会了。虽说舞会在国外是一种常见的社交礼仪活动,可对于当时的中国人来说简直无法想象。郭嵩焘刚开始见到社交舞会时,并不能接受:"晚赴柏金宫殿看跳舞会。铿伯呢年七十总督军政、哈定敦及大太子及俄国公使及太子妃及各公主,各挟所知,相与跳跃而不为非。使中国有此,昏乱何如矣。"曾纪泽第一次见识交谊舞时,也觉得不可思议,"至吏部尚书马勒色尔处赴茶会,始见男女跳舞之礼。华人乍见,本觉诧异,无怪刘云生讥笑也。"

——艾红玲:《试析晚清外交礼制的困境》,载《社会科学家》2008年第6期

资源6:晚清政府关于是否向外遣使的争论

同治六年九月十五日(1867.10.12),总理衙门奏请饬下各地将军督抚及南北洋通商大臣,就有关洋务各事提出意见及对策。对于遣使,虽然总理衙门认为现在遣使仍有难处:"一则远涉重洋,人多畏阻,水路跋涉,寓馆用度,费尤不赀,且分驻既多,筹款亦属不易;一则语言文字,尚未通晓,仍须倚翻译,未免为难。"况且"为守兼优,才堪专对"的人很少,如果"不得其人,贸然前往,或致狎而见侮,转足贻羞域外,误我事机"。但其已经认识到遣使的重要性,并有遣使驻外的意图,认为:第十余年来,彼于我之虚实,无不洞悉;我于彼之情伪,一概茫然。兵家知彼知己之谓,何而不一虑及?且遇有该使臣倔强任性,不合情理之处,惟有正言折之,而不能向其本国一加诘责,此尤隔阂之大者。看得出总理衙门还是下定决心要遣使驻外的。这次提遣使讨论,就是希望能够得到地方督抚大员的支持。所以,总理衙门最后指出:"此后遣使一节,亦关紧要,未可视为缓图。"遣使驻外问题虽然得到像曾国藩、左宗棠、李鸿章等大多数洋务派官员的赞同,但反对和怀疑的势力也很大。尤以总理船政大臣沈葆桢、浙江巡抚马新贻和署直隶总督官文等人反对最力。他们的理由,主要是遣使外国,给外国公使"入朝秉政"提供借口;且远涉重洋,人多畏阻;花费多;语言文字,不能通晓等。认为这些都是"实在情形,无须再议"。

——张宇权:《晚清政府的外交心态与驻外使团的派遣》,载《历史教学》2010年第14期

资源7:晚清驻外使臣的地域分布及旧有体制的限制

从地域分布来看,除去重复任差者,庚子前28位驻外公使中,福建、贵州、江西、山东、直隶各一人,湖南二人,浙江二人,安徽四人,八旗四人,江苏五人,广东最多,为六人。这与总理衙门章京之中八旗、江浙籍人员比例最高的情形稍有差异。广东籍人员借助驻美公使的特定需求,在整个驻外使臣中占据最大份额;较多的安徽籍公使则显示出淮系大员(李鸿章即淮系代表)在使臣任命中的影响……由于驻外公使属三年一任的差使,不带品级;加之实缺公使接受任命后照例开缺,这就出现了公使的身份、等级与晋升的问题。为应对、解决这一难题,清朝在原有的体制内寻找变通之途。其具体的做法是,根据公使原有本职高低,命其以三、四、五品京堂候补。此后,根据公使的在外劳绩,授予其通政使司、太常寺、太仆寺、大理寺一类的京堂实缺,这些职缺,无须官员到任办事,只是提供一种带有品级的职名,使得官员有机会遵循品级高低向上晋升。这与此前总理衙门对资深章京的政策是类似的。这也

是职业外交官制度建立前,从旧制度中可寻的外交官晋升的最合理方式……由此我们看到了一种特殊现象:公使在外任差,其"本职"却在国内;公使所有的工作,与国内"本职"毫无关联。可见,正是寺卿、府丞一批被维新人士斥为"冗官"的职缺,给了驻外公使迁转之阶,在助其升迁的同时,也无意间促成少数驻外公使与总理衙门大臣的衔接,使得外交官在传统制度下也有可能实现某种程度的职业化。

——李文杰:《中国近代外交官群体的形成(1861—1911)》,265—267页,北京:生活·读书·新知三联书店,2017

资源8:华工出国推动公使出洋

19世纪前中期,受长期以来黑奴反抗及道德谴责的双重压力,国际黑奴贸易与奴隶制度渐停,新独立的美洲国家废止奴隶贸易,广大待开垦的美洲土地亟须廉价劳动力,而人口过剩的中国遂成为美洲劳动力的主要输出地。1860年之后,各国来华招工,华工遭受拐骗、出洋为奴的案件时有发生。于是,总理衙门与英法两国公使议定招工章程,照会各国推广办理。但是,华工在西班牙殖民地古巴及南美等地受虐的消息,仍时常被外国报刊披露。驻福建的美国领事遂联合各国领事,照会福建兴泉永道(驻厦门),说明此意。总理衙门得知古巴华工的详情之后,要求西班牙停招工人,两广总督亦阻止西班牙商人在辖区内招工。于是,西班牙公使指责清方不遵守条约,并要求赔偿商人损失。为此,总理衙门请各国驻京公使主持公道。各国公使建议,应首先派人前往美洲,详查华工受虐之事……美洲华工的种种遭遇令人怵目惊心,可谓深处水火之中。光绪元年七月初八日(1875年8月8日),李鸿章为此上奏,建议在秘鲁、古巴等地遣使设官,拯救华民。上谕令总理衙门与李鸿章、沈葆桢、刘坤一妥议可行之法。此时,清朝已下决心,迅速向日本、美洲派驻使臣,并积极展开筹备工作。

——李文杰:《中国近代外交官群体的形成(1861—1911)》,59—60页,北京:生活·读书·新知三联书店,2017

资源9:奕䜣集团与晚清外交近代化

爱新觉罗·奕䜣生于1833年,为道光皇帝第六子。幼年时,奕䜣与奕詝(即后来的咸丰皇帝)同读书,同习武,关系亲密。1854年(即咸丰三年),奕䜣开始管理中正殿、武英殿等事务,后又办理巡防事宜;1855年,升为领班军机大臣;1859年担任内大臣。一系列的军政要职,不仅锻炼了青年时期的奕䜣的才干,而且为奕䜣集团的形成培植了政治土壤。

1860年英法联军攻陷北京,咸丰皇帝逃往热河,命奕䜣留守京城,主持"抚局"。协助奕䜣办理对外交涉的有桂良、文祥、宝鋆、恒祺、崇厚、朱学勤等满汉大员数十人。在签订《北京条约》前后,留京大臣贾桢、翁心存、周祖培、僧格林沁、胜保、赵光等因工作关系和对肃顺集团不满,也纷纷向奕䜣靠拢,从而形成了奕䜣集团。在奕䜣集团的文员中,进士、举人出身的占大多数,且桂良为奕䜣岳父,宝鋆与奕䜣"姻连至好",贾桢、翁心存为奕䜣师傅,他们是奕䜣主持中外交涉的"智囊团";武将中,僧格林沁为奕䜣表兄,手握兵权的胜保"经奕䜣推荐,被任命为钦差大臣,总统各路援兵,听候恭亲王知照"。这样一批忠于奕䜣的死党,是他发动"辛酉政变"和在政变后推行其政策的政治基础。

1860年10月,奕䜣以大清亲王和最高留守官员的身份,在400名卫兵护送下,亲赴正阳门与英法两国代表互换《北京条约》批准书,"打破了第一次鸦片战争以来只有两广、两江总督与外国侵略者打交道的惯例",并"开始重视外国同盟的价值,已看到中国的利益如何深深地和别国的利益缠在一起了",从而成为"清政府上层统治集团中最先对外来侵略者改变态度的人物"。

"辛酉政变"后,奕䜣被任命为议政王、军机大臣、宗人府宗令,其集团要员桂良、沈兆霖、曹毓瑛、文祥为军机大臣,几乎全面控制了中央政权。经过"辛酉政变",奕䜣得以与慈禧"在准平等的基础之上"共掌国事。但是与清朝统治集团中其他人不同的是,奕䜣及其集团中的买办化官僚们不仅已经完全抛弃了闭关思想,而且认识到此后只有和外国人搞好关系,才能保持清朝的统治。奕䜣集团的形成与主政,是晚清外交近代化的重要前提。

——杨发祥:《奕䜣与晚清外交近代化》,载《首都师范大学学报(社会科学版)》2002年第5期

资源10:对李鸿章外交的评价

我们对历史上任何一个人物的评价都不能脱离当时的历史背景。在列强联合侵略中国的大背景下,李鸿章作为晚清政府的外交重臣,虽然其外交一度受挫,但是他在晚清外交上的一系列成果以及对后来中国外交奠定的基础将永远被中国人记住。若让我去客观评价李鸿章的外交,我就一句话:功大于过,中国近代史上一位承前启后的优秀外交家。

李鸿章主导下的一系列外交,使积贫积弱的中国在列强联合侵略下能有一个立足之地而不至于亡国灭种,并且也减少了中国所遭受的损失。也使中国能有一个较为缓和的外部环境来进行洋务运动及更深层次的变革,不断增强自身的综合国力。他的这种既抗争又妥协的外交对当时及后来中国的发展具有十分重要的意义。

个人认为李鸿章外交受挫的原因具体有:清政府的腐朽和国家的落后是晚清外交失败的最根本原因,同时也是李鸿章外交受挫的根本原因;西方列强不希望中国过分强大的亚洲均势政策是晚清外交失败的外部原因,同时也是李鸿章外交受挫的外部原因;李鸿章作为封建士大夫所具有的思想理念和知识结构跟不上世界发展潮流是李鸿章外交受挫的个人原因。

李鸿章的外交一度受挫,固然有个人因素,如李鸿章在外交中僵化地"和戎"和"循理"。并且过分依赖"以夷制夷"而对自身实力没有自信。但是综合来看,其外交受挫的最大原因还是由于当时清政府的腐朽没落以及列强联合侵略中国的大背景。在当时那种严峻的国际国内形势下,纵使李鸿章德才异常出众,也未必能从根本上挽救清国的外交。

——庞全星、周彦:《对晚清李鸿章外交的再认识》,载《理论观察》2016年第2期

第十单元

中华人民共和国的成立及向社会主义过渡

学术引领

一、中华人民共和国的成立

（一）中华人民共和国成立的准备工作

1. 中共中央七届二中全会

陆仁权等在《一次以建立和建设新中国为主题的中央全会——论党的七届二中全会的历史地位》（载《河北师范大学学报（哲学社会科学版）》2007年第3期）一文中认为，中共七届二中全会是在世界社会主义运动和中国革命新高潮中召开的，是中共在民主革命时期召开的最后一次历史性中央全会，同时还是新中国成立前夕举行的一次以建立和建设新中国为主题的中央全会。虽然在1948年4月，中共中央就正式提出新民主主义革命的总路线，但出现在党的文献中成为建国的基本原则或立国之本则始于中共七届二中全会。

陆仁权等认为，七届二中全会明确了"重建国家"的政治原则：社会主义道路、人民民主专政、共产党领导、以马列主义毛泽东思想为指导，全会将其概括为四项基本原则。作为"重建国家"的政治前提，在七届二中全会中是非常明确的、坚定的。此外，七届二中全会还明确了"重建国家"的几项重要决策：召开政治协商会议和成立民主联合政府；新中国的国民经济形态由国营经济、合作经济、私人资本主义经济、个体经济和国家资本主义经济组成；实行独立自主的外交方针和对外开放的经济政策。全会还确立了新中国发展的各项目标：把中国建设成为一个伟大的社会主义国家，建立先进的工业国和独立完整的工业体系；引导农业向现代化和集体化方向发展。建立新中国是中华民族发展史上的一项伟大工程，这项工程经党的七届二中全会批准"立项"，党中央移驻北京，即开始了工程的"施工"阶段。全会确认的振兴中华民族的立国原则、建国方略，对建设新中国发挥了长远的指导作用。会议的伟大主题使七届二中全会在党的历史上具有里程碑地位，永载中华人民共和国的光辉史册。

2. 中国人民政治协商会议与《共同纲领》

杨火林在《新中国建国程序的调整与中国人民政治协商会议的过渡性特点》（载《中共党史研究》2004年第6期）一文中认为，中国人民政协全体会议虽然存在的时间十分短暂（在法律上有5年，事实上只有10天），却在新中国历史上有着特定的地位：它为新中国的诞生提供了合法性形式;它为人民代表大会制度的最终形成创造了条件;它奠定了中共领导下政治协商的制度基础。

王智、丁俊萍在《政治文明视野中的政治协商制度——中国协商性政治的历史与逻辑》(载《武汉大学学报(哲学社会科学版)》2004年第6期)一文中认为,新民主主义社会在政治制度的设计上,始终既强调"各革命阶级"的"联合"或"联盟",又强调工人阶级(通过中国共产党)的领导。这样一种制度取向,包含政治协商、政治合作的题中之义。同时,1949年9月召开的中国人民政治协商会议第一届全体会议,缔造了中华人民共和国。这既是中华民族历史的伟大转折,也是中国几千年政治文明史的巨大飞跃。这个时候的政治协商会议,履行后来作为最高国家权力机关的全国人民代表大会的职能,而政治协商制度也成为新中国建立伊始政治文明建设的重要环节。

顾行超在《开辟中国历史的新纪元——解读〈中国人民政治协商会议共同纲领〉》(载《上海市社会主义学院学报》2009年第4期)一文中指出,毛泽东的人民民主专政理论,是为制定《共同纲领》而"度身定制"的理论准备,它的构思、实践、撰写、发表,奠定了《共同纲领》的制定最坚实的理论基础。《共同纲领》确定新中国的国体为"中国人民民主专政是中国工人阶级、农民阶级、小资产阶级、民族资产阶级及其他爱国民主分子的人民民主统一战线的政权",清晰地表明了新的人民国家的阶级结构以及各个阶级在国家中的政治地位。经过第一届政协会议选举产生的中央人民政府,实践了建立联合政府的主张。同时《共同纲领》还明确规定了新中国的政体是"人民代表大会制",但是由于解放战争还在继续,土改尚未完成,人民还没有组织起来,所以由政协会议暂行人民代表大会职权。按照全国政协一届一次会议通过的《中国人民政治协商会议共同纲领》的规定,建国初若干年,新民主主义政治纲领得以实施,新民主主义的政治文明在全国范围内获得兴起与发展。这主要体现在:确立了体现"无产阶级领导下各革命阶级联合专政"精神的一系列政治制度;产生了保证政治运行的各级政权机关;民族和睦,政治清明;广大民众结束长期受奴役的境地,获得政治参与的权利与渠道;作为执政党,中国共产党关于新民主主义社会——社会主义社会的政治理念得到包括中间派别在内的社会各阶层的广泛认同。

胡锦涛在《在庆祝中国人民政治协商会议成立60周年大会上的讲话》(载《人民日报》2009年9月21日)一文中指出,1949年9月,中国人民政治协商会议第一届全体会议隆重召开,标志着人民政协正式成立。这次会议代表全国各族人民意志,代行全国人民代表大会职权,通过了具有临时宪法性质的《中国人民政治协商会议共同纲领》和《中国人民政治协商会议组织法》《中华人民共和国中央人民政府组织法》,作出了关于中华人民共和国国都、国旗、国歌、纪年4个重要决议,选举产生了中国人民政治协商会议全国委员会和中华人民共和国中央人民政府委员会,宣告了中华人民共和国的成立。中华人民共和国的成立,实现了我国从几千年封建专制制度向人民民主制度的历史性跨越,开辟了中国历史新纪元。人民政协的成立,标志着中国共产党领导的多党合作和政治协商制度的确立。从此,人民政协在我国政治生活中发挥着不可替代的作用,为恢复和发展国民经济、巩固新生人民政权、推动各项社会改革、促进社会主义革命和建设、促进改革开放和社会主义现代化建设作出了重大贡献。

（二）中华人民共和国的成立及意义

胡宗新在《中国革命胜利的伟大意义——纪念中华人民共和国成立50周年》（载《党的建设》1999年第11期）一文中指出，1949年新中国的建立标志着中国新民主主义革命的胜利，具有极其伟大的意义，主要体现在：第一，开创了中国历史的新纪元是中国社会历史的伟大转折点。它标志着中国从一个半殖民地半封建社会的国家变成了一个真正独立的国家，结束了封建主义、帝国主义和官僚资本主义这三大敌人在中国的统治，建立了人民民主专政的新中国。它结束了少数剥削者统治广大人民的历史，劳动人民成为国家主人，也开启了新民主主义向社会主义过渡的历史，为此后中国的一切发展和进步奠定了坚实的政治、经济和思想基础。第二，新中国的建立，大大提高了中国的国际地位，极大地增强了中国人民的自信心、自尊心和自豪感。第三，改变了世界政治力量的对比，对国际局势和世界人民革命斗争的发展，具有深远的重大影响。第四，是马列主义、毛泽东思想的胜利，极大地丰富了马克思主义理论宝库。

张海鹏在《中华人民共和国成立的伟大历史意义》（载《人民日报》2009年9月1日）一文中指出，共产党人经过不懈努力，建立起了中华人民共和国。中国人第一次看到一个独立、统一、人民当家作主的新中国屹立于世界，从而中止了中国可能走向资本主义世界体系的发展趋势，结束了极少数压迫者、剥削者统治广大劳动人民的历史，结束国家四分五裂、征战不已和人民生活贫困、生灵涂炭的局面。她的建立改变了中国历史发展的方向，也深刻影响了世界历史发展的进程。

王明生在《新中国成立的世界历史意义》（载《中国社会科学报》2015年10月8日）一文中从世界进程的角度分析了新中国成立对中国发展崛起的意义，以及拓展世界现代化道路的多样性。他认为，中国道路成功展现了中国现代化发展道路的独特性，是当今世界各国多元现代化发展道路中的一元，有效冲击了传统的"西方中心论"，打破了西方模式的垄断地位，推进了世界发展道路的多样性。

二、新生人民政权的初步巩固

（一）对内稳定国内政治、经济局势

王天文、王德木在《新中国建立后头七年党保持社会稳定的历史经验》（载《河南师范大学学报（哲学社会科学版）》1991年第1期）一文中从六个方面总结了新中国成立之后中国共产党保持社会稳定的措施和经验。

第一，对于国内外敌对势力的侵略和颠覆活动必须给予坚决地打击。面对复杂的形势，党和新生的人民政府采取了坚决的措施，迅速肃清国民党反动军队的残余，解放一切尚未解放的国土，同时肃清土匪和其他一切反革命匪徒，镇压他们的一切反抗和捣乱行为。

第二，加强人民民主政治制度的建设，确保人民当家作主的权利。1949年9月召开的中国人民政治协商会议，选举产生了中央人民政府委员会。会后又逐步成立了各地各级人民政府。从此，中国人民真正成了国家的主人，理直气壮地行使当家作主的权利。由于人民当

家作主的权利有了制度上的保证,因而人民民主专政进一步得到巩固,各级人民政府与人民群众的关系进一步密切,全国各族人民的团结进一步加强,这一切,为保持社会稳定提供了重要政治基础。

第三,尽快恢复国民经济,努力发展生产、稳定物价,使人民群众安居乐业。其一是积极恢复生产;其二是稳定市场,控制物价,严厉打击投机资本的捣乱;其三是统一国家财政经济的管理;其四是合理调整工商业,使私营工商业摆脱困境,并开始走上国家资本主义的道路。经过努力,到1952年底,国家的财政经济情况已根本好转,经济恢复的任务已胜利完成。

第四,加强党风建设,密切党群关系,使党继续成为全国人民的坚强领导核心。从1950年5月到年底,全党开展了整风运动。1951年下半年,党又决定对党的基层组织进行一次"反贪污、反浪费、反官僚主义"的三反运动,消除很多党员被资产阶级腐蚀的隐患。1953年1月5日,中共中央发出了《反对官僚主义、命令主义和违法乱纪》的党内指示,对官僚主义、命令主义和违法乱纪分子进行了严肃的批评和斗争,对其中的严重者给予了应有的惩处,同时对典型的好人好事进行了表扬,从而压倒了邪气,发扬了正气,改进了干部作风,密切了党群关系。加强党风建设,尤其是加强执政条件下的党风建设,这是我国社会主义革命和建设事业取得辉煌胜利的最重要的政治条件。

第五,既要实行必要的社会改革,又要从实际出发,稳步前进。刘少奇在1950年6月所作的《关于土地改革问题的报告》中,要求各地的土地改革,必须完全依照中央人民政府和各级人民政府所颁布的法令及其所决定的方针、政策和步骤,有领导、有计划、有秩序地去进行。根据中央的统一部署,新解放区的土地改革从1950年冬开始有领导、有步骤、分期、分批地进行。每期土改一般经历发动群众、划分阶级、没收分配土地、复查总结等阶段。土改完成以后,党又带领广大农民整顿和加强农村的政权组织和民兵组织,巩固土改胜利的成果。到1953年春,除新疆、西藏等少数民族地区和台湾外,全国土地改革都已胜利完成。

第六,加强思想政治工作,用党的路线方针政策来统一全国人民的认识。全国人民思想稳定,这是保持社会稳定的思想基础。建国头七年,无论是在抗美援朝、土地改革、镇压反革命运动中,还是在大规模的社会主义改造中,党都非常注意加强思想政治工作。

赵付科在《新中国成立初期中国共产党巩固新生政权的历史经验》(载《社会主义研究》2011年第5期)一文中指出,新中国成立初期,面对复杂形势和种种困难,以毛泽东为核心的第一代中央领导集体以牢固确立社会主义意识形态的主导地位作为思想基础,以不断提高党的执政绩效作为根本途径,以始终保持执政党的先进性作为关键环节,以努力推进国防和军队现代化作为可靠保障,以积极争取国际社会的承认作为重要条件,使新生的人民政权不断得到巩固。这一时期党巩固新生政权的宝贵经验,对于保持政权稳定具有重要意义。

唐根华在《新中国建立初期取得巨大成就的经验》(载《北京党史》2000年第1期)一文中认为,新中国在短短的三年时间里,之所以能取得如此巨大的成就,根本的一点在于当时以毛泽东为首的中共中央坚持一切从实际出发,以对人民对历史极为认真负责的精神,站在全局战略的高度,审时度势,科学决策,不失时机地掌握了战胜困难、夺取胜利的主动权。其成功的历史经验主要有四:第一,适时地实现了将工作重心由乡村向城市的转移,并始终坚持以经济建设为中心,这是建国初期取得巨大成就的重要前提。第二,坚持从实际出发,制定切合中国国情的方针、政策,这是建国初期取得巨大成就的重要一环。第三,坚持和发展在新形势下的统一战线,充分发挥党外人士在政权建设中的作用,这是建国初期取得巨大成就的重要条件。第四,坚持从严治党,切实抓好执政条件下党的自身建设,这是建国初期取得巨大成就的重要保证。

(二)对外:外交方针的制定和抗美援朝

1. 外交方针的制定和实行

杨奎松在《中华人民共和国建国史研究 2》(前言 2—3 页,南昌:江西人民出版社,2009)一书的前言部分指出,在军事革命胜利在望之际,毛泽东就明确提出了"另起炉灶""打扫干净屋子再请客""一边倒"三项外交政策。依据这样一种方针,共产党的新中国不可避免地得罪了以美国为首的众多西方国家,从而长时间被隔绝于国际社会之外,但与此同时也轻而易举地废除了旧中国残留下来的一切不平等条约,并且得以把在中国有着极大影响力的西方势力一朝清除净尽,极大地满足了众多中国人的民族自尊心。而促使新中国采取如此彻底的革命外交的方针,根本上在于共产党有着完全不同于国民党的意识形态。因此,新中国的外交选择,带有鲜明的阶级革命的色彩,即便出于国家安全的考量,也是不可避免的。

李久林在《新中国选择"一边倒"战略及其实践效应》(载《首都经贸大学学报》2008 年第 5 期)一文中认为,从理论上讲,新中国在建国初期有三条外交战略道路可以选择:第一条是倒向以美国为首的帝国主义阵营一边;第二条是倒向以苏联为首的社会主义阵营一边;第三条是在两大阵营之间保持中立,即对美苏各自为首的两大阵营采取同等亲善政策,既不反美,也不反苏,从而取得美苏双方的谅解。随着国际形势的发展,我们最终确定了"一边倒"的外交政策。但是"一边倒"不是听从苏联指挥,只是表明新中国当时在政治立场上与苏联和其他社会主义国家一致,以社会主义各国独立和主权必须受到尊重作为原则基础。

邵允振在《建国初期我国的外交战略选择与经济建设探索的互动》(载《学术论坛》2005 年第 9 期)一文中认为,新中国在外交上,为避免被孤立,主动"一边倒"而又坚持独立自主,反对唯命是从。但是,异常的国际环境中"一边倒"的选择是特定时代的产物,有其自身难以克服的局限性。在当时社会主义阵营中,苏联唯我独尊、各国唯苏联独尊的风气很盛。然而中国共产党在作出"一边倒"抉择时还注意到它的局限性,因而没有忘记坚持自主性,并且从一开始就尽力使"一边倒"对我有利,并极力将其不利的制约效应减小、控制在最低程度。另外,中国的独立性还表现在对西方国家关系上,中国并没有因"一边倒"而拘泥于意识形态、社会制度的差异,简单地关闭国门,新中国在一年内就与瑞典、丹麦、芬兰、瑞士、挪威等西方国家建立了外交关系。

2. 抗美援朝战争

邵允振在《建国初期我国的外交战略选择与经济建设探索的互动》(载《学术论坛》2005 年第 9 期)一文中指出,在朝鲜战争中,苏联在出兵问题上一再出尔反尔,最后仅限于声援,但中国义无反顾独立地制定参战决策并取得战争的胜利,使美国遭到第一次战败,严厉打击了战后美国跋扈张扬的气焰,充分显示了中华民族不畏强暴、英勇斗争、威武不屈的气概。这场战争一方面使西方所谓"中国是苏联卫星国"的论断不攻自破;另一方面,一定程度上纠正了苏联试图把中国置于附属地位的心理,不得不对中共另眼相看。

齐德学在《如何评价抗美援朝战争》(载《中国近现代史研究》2010 年第 7 期)一文中指

出,抗美援朝战争是正义的,抗美援朝决策是必要的、正确的。新中国当时在那样严重困难情况下,中共中央为抗美援朝、保家卫国敢于做出决策同世界上最强大的资本主义国家在朝鲜战场进行较量,中国虽付出了重大代价,但正是因为中国人民志愿军在抗美援朝战争中打痛了美国军政当局,打痛了美国军队,整个世界(包括当时的资本主义阵营和民主阵营)才对中国刮目相看,一改中国近代以来软弱可欺的无能形象,一扫中国近代历史上的耻辱。中国人民真正站起来了,中国人民真正地扬眉吐气了。可以说,这场战争对于中国人民是自鸦片战争以来最了不起的正气篇。这场战争,是中国近代以来历史上最长中国人民志气的一场战争,对新中国、对整个世界的积极意义和影响是深远而重大的。

三、从新民主主义社会向社会主义社会过渡

(一) 过渡时期总路线

1. 新民主主义社会提前结束的原因

(1) 基于对新民主主义理论的认识

石仲泉在《中国革命的胜利和关于革命转变的理论》(载《党的文献》1989年第5期)一文中认为,新民主主义社会论本身有四个缺漏:第一,关于两个革命阶段转变时间的衔接的模糊性。新民主主义革命结束以后,是立即开始社会主义革命,还是经过一段新民主主义社会之后再进行社会主义革命,到七届二中全会毛泽东都没有作出明确回答。第二,主要矛盾与中心任务的二元论。七届二中全会上,毛泽东既把经济建设作为党的中心任务和工作重点,又把工人阶级和资产阶级的矛盾看作社会的主要矛盾,造成了理论和实践的脱节和矛盾,形成理论上的二元化。第三,新民主主义社会性质认识的不确定性。第四,新民主主义社会形态的短暂性。新民主主义社会,即使是过渡性的社会形态,也应当是一个不太短暂的历史阶段。新民主主义社会理论没有指出其较长时期的过渡性特点,是新民主主义社会的实践迅速结束的原因。

闫茂旭在《新民主主义社会论的二元性分析》(载《延安大学学报(社会科学版)》2009年第5期)一文中认为,新民主主义社会论是对新民主主义革命论的发展,是新民主主义革命论的逻辑结果,二者共同构成了中国共产党的新民主主义理论。新民主主义社会论是一个完整的理论体系,其本身具有二元性的特点:一方面表现出社会形态的常态性;另一方面表现出社会形态的过渡性。新民主主义社会的常态性与过渡性交织在一起,构成了一个动态的双维坐标系,有着两种发展路径:一是常态性维度高于过渡性维度,即在一个较长的历史时期内,建设、发展新民主主义社会;二是过渡性维度高于常态性维度,即将新民主主义社会作为一个过渡时期,执行过渡时期的政策和策略,通过一个并不长的历史时期过渡到社会主义社会。所以,新民主主义社会构想的二元性注定其在实践中的不定性,直接决定了新民主主义社会的历史命运。

(2) 苏联因素与国际形势的影响

邢和明在《从新民主主义论到过渡时期总路线——兼论两种社会模式的转变》(载《中共党史研究》2006年第4期)一文中认为,斯大林虽赞成中国革命胜利以后不急于向社会主

过渡,但他又不愿意看到中国在一个相当长的时期内还在搞新民主主义建设。他曾不止一次建议中国共产党,应该在1954年进行选举,如果普选的结果,共产党赢得多数,就可以组成一党政府,这显然是要求中国共产党移植苏联的政党制度。况且,苏联对南斯拉夫的批判,也说明它不允许各国共产党走自己的道路。斯大林本来就对中国共产党不太信任,怀疑中国人是"第二个铁托",尤其是在1949年、1950年,对中国的压力很大。这就使中国共产党不得不考虑,如果继续坚持搞一段新民主主义建设能否得到苏联的支持?况且,中国向苏联学的都是社会主义建设经验,特别是苏联的计划经济建设经验,这对个体经济占优势的新民主主义建设来说是否用得上?基于这样的考虑,毛泽东从1952年下半年开始酝酿和逐步提出了过渡时期总路线。

（3）建国后社会经济条件变化及所采取工业化战略的影响

薄一波在《若干重大决策与事件的回顾（上）》(152—153页,北京：中共党史出版社,2008)一书中指出,三年的经济恢复使我国的政治、经济和社会面貌发生了巨大的变化,国际形势也发生了变化,这为社会主义改造的实际步骤提供了重要的条件和时机。主要表现在：第一,土地改革、镇压反革命和"三反""五反"等一系列民主改革和社会政治斗争,巩固了人民民主专政,为进行社会主义改造奠定了政治基础。第二,国家已掌握了重要工矿企业、铁路、银行等国民经济的命脉,并医治了长期战争的创伤,国营经济已占主导地位,这为有计划展开以实现工业化为中心的经济建设和进行社会主义改造奠定了物质基础。第三,在恢复国民经济和统一财经、稳定市场过程中,国家对资本主义工商业的生产活动加强了管理和监督,并对部分私营工商业实行了公私合营,把资本主义工商业纳入国家资本主义轨道。在"五反"运动中,资产阶级唯利是图的本性及部分不法资本家破坏经济秩序的"五毒"行为,使改造势在必行。第四,农村完成土地改革后,为了进一步发展生产,部分地区发展了各种形式的生产互助合作组织,有的还建立了初级农业生产合作社。手工业的生产也在向互助合作方向发展。于是,对农业和手工业进一步加强领导和扶持的问题提到了议事日程。第五,抗美援朝取得了伟大胜利,但战争的威胁并未消失。特别是国际上社会主义与帝国主义两大阵营的尖锐对立,不能排除再次爆发大战的可能。而二战后,各参战国都有恢复元气、发展经济的问题,资本主义国家之间争夺世界范围的工业原料和产品销售市场的矛盾日益加剧,短期内难以再次发动大规模战争。我们必须争取有利时机,加快工业化的建设,增强经济实力,壮大国防,防患未然。

张启华在《读懂毛泽东》(55~59页,成都：四川人民出版社,2001)一书中指出,生产力状况和与资产阶级的关系始终是毛泽东考虑新民主主义社会的经济原则及实施时间长短的两个基本点。促使毛泽东下决心提前实行三大改造的原因有：第一,从生产力发展状况看,恢复国民经济的任务胜利完成,在此基础上,提出国家工业化的计划已水到渠成,进行生产资料所有制的社会主义改造具备了应有的物质条件。第二,工人阶级和资产阶级的矛盾已经成为国内的主要矛盾。土改之后,私人资本主义工商业有了较大发展,但资产阶级唯利是图的本性又开始暴露出来,一些资本家采取各种违法手段牟利,损害了国家利益。同时,资本主义工商业生产经营的盲目性和无政府状态有所发展,资本家常用不正当手段与国营经济竞争,破坏了国家的购销计划和价格政策。而在农村,农民的生活虽有改善,但两极分化现象开始出现,广大农民有走互助合作道路的要求。此外,技术和管理都十分薄弱的民族资本企业、扩大再生产能力极低的个体小生产,以及一片汪洋大海似的小农经济和在全国占有绝对优势的小商品生产,同国家的工业化发生了尖锐矛盾。这些情况都反映出在大规模开展的经济建设中,资本主义的生产无政府状态与国家计划经济之间、个体经济的分散落后与迅速发展生产力要求之间日益突出的矛盾。这些矛盾意味着革命发展阶段的转变。

(4) 对民族资本主义及民族资产阶级认识的偏差

崔晓麟在《试析毛泽东放弃新民主主义社会理论的原因》(载《学术论坛》1999年第3期)一文中认为,民主革命胜利前后一段时间,毛泽东对资产阶级的态度具有两重性,即策略上的利用和思想上的排斥。这使得党内外群众和干部把战争年代保护、团结民族资产阶级的做法完全看作一种斗争策略,因而在新中国成立后,他们便自发地提出马上向民族资产阶级发动进攻。此外,毛泽东从策略上利用资产阶级时就包含有排斥。对于民族资本主义,毛泽东不是强调利用和发展,更主要的是强调利用和限制、改造——即排斥、消灭。所以到建国初期,私人投机资本对物价和市场的猖狂破坏,不法资本家对抗美援朝物资偷工减料以及盗骗国家资财等等活动,毛泽东对资产阶级的排斥就更加剧了。因此,放弃新民主主义社会理论也就是必然的了。

王炳林、马荣久在《从社会心理看私人资本主义在新中国头七年的历史命运》(载《中共党史研究》2006年第2期)一文中认为,近代以来西方资本主义国家对中国的侵略以及建国后西方国家对中国的敌对,使人们对资本主义缺乏客观、公正和科学的认识,对资本主义的直观否定取代了理性分析,存在着资本主义消灭得越早越好的社会心理。这种心理广泛地存在于党员干部、普通群众甚至民族资产阶级分子中间,并以不同的形式表现出来。此外,民族资产阶级存有"害怕剥削"的心理,这对推动私人资本主义走上"绝种"之路产生了重要影响。

2. 过渡时期总路线提出的理论依据

林蕴晖在《国史札记(史论篇)》(72页,上海:东方出版中心,2009年)一书中认为,由于历史的原因,我们党对列宁过渡时期理论的理解不能不受到斯大林的影响。斯大林把列宁针对战时共产主义这个阶级斗争白热化时期所讲的一些观点,当作是过渡时期的基本理论和指导思想,不认为新经济政策是向社会主义过渡的新战略和新战术,误认为新经济政策只是为了恢复面临枯竭的国民经济的一种暂时的、策略性的权宜之计,并不改变以消灭资本主义和一切私有经济为过渡时期首要的直接目标。斯大林这种对列宁过渡时期理论的片面理解,对我们党提出和贯彻的过渡时期总路线产生的影响是巨大的。

汤水清、李小萍在《对中共过渡时期总路线理论基础的历史考察》(载《江西社会科学》2005年第4期)一文中认为,抗日战争以后,尤其是新中国成立前后,中国共产党人对马克思列宁主义的理论学习,重点是学习斯大林的著作,对列宁主义的了解,主要也是通过斯大林的著作进行的。当时所了解的列宁主义,实际上主要是"战时共产主义"时期的列宁主义,是斯大林解释的列宁主义。这种列宁主义和斯大林主义一起构成了我国过渡时期的理论基础。1953年12月,经毛泽东审阅修改、由中共中央宣传部起草的《为动员一切力量把我国建设成一个伟大的社会主义国家而斗争——关于党在过渡时期总路线的学习和宣传提纲》,比较全面地反映了毛泽东对过渡时期的新思考。从其整个内容看,其依据的,实际上就是列宁晚年所摒弃的、后来又为斯大林所继承和发展的以改造私有制为中心的列宁早期思想,以及用阶级斗争的方法来改造私有制、以建立单一的所有制为改造目标、优先发展重工业的斯大林过渡时期理论。

3. 对过渡时期总路线的评价

(1) 过渡时期总路线基本上反映了历史的必然性

黄如桐在《关于资本主义工商业社会主义改造的评价问题》(载《党的文献》1989年第3期)一文中指出，过渡时期总路线的提出，是建国以后政治、经济形势以及阶级斗争形势发展的必然结果，而国内外形势的发展也为过渡时期总路线的提出创造了条件，这反映了历史的必然性。经过国民经济恢复时期，我国的工农业生产虽然已经超过了解放前的最高水平，但是，我国社会生产力的水平还很低，急需通过工业化来迅速提高社会生产力。与此同时，社会主义经济的比重虽然有所增长，但是非社会主义经济的力量仍占绝对优势。随着土地改革在全国的完成，特别是有计划的社会主义建设的开展，社会主义经济与资本主义经济之间的矛盾日益突出出来，限制与反限制斗争正时起时伏地激烈地进行着。打击市场上的投机倒把、调整和改组工商业、进行"五反运动"等一系列必要的措施和步骤，必然地把资本主义工商业逐步引上社会主义改造的道路。

黄如桐还指出，在农村，广大农民经土改后生活有所改善，但约有60%—70%的人仍有困难。同时，在一些农村中，投机买卖、高利贷剥削、土地买卖、出卖劳动力等现象已有所发展。广大农民，特别是新获得土地而缺少其他生产资料的贫下中农，确有走互助合作道路的要求。这样，通过"一化三改"使我国由落后的农业国转变为富强的社会主义工业国，已成为全党和全国在过渡时期所面临的一项迫切任务。

(2) 过渡时期总路线总体是正确的

孙钢在《毛泽东的中国社会主义发展观和中国革命发展阶段论》(载《中共党史研究》1989年第6期)一文中认为，党在过渡时期总路线的提出，是毛泽东继《新民主主义论》之后对他的中国社会发展观和中国革命发展阶段论理论体系的一次重大发展，填补了这个体系中的"社会主义革命论"的空白，从而为中国由新民主主义社会向社会主义社会的转变提供了理论依据。过渡时期总路线从理论上讲是正确的，缺点是文字表述上不十分准确。这条总路线开辟了一条适合中国特点的社会主义改造的道路，从而指导中国人民在一个几亿人口的大国中比较顺利地实现了如此复杂、困难和深刻的社会变革。

孙友葵、王玉贵在《也谈党在过渡时期的总路线》(载《中共党史研究》1994年第2期)一文中指出，总的看来，党在过渡时期总路线的理论与实践基本上是正确的。首先，过渡时期总路线提出的"逐步过渡"的思想是对原先"将来过渡""突然过渡"等认识的丰富和发展。其次，公开提出过渡时期总路线，明确了奋斗目标，统一了思想，有利于各项工作的开展。第三，在过渡时期中，用和平赎买的方式即用给定息的方式改造资产阶级、把改造阶级和改造个人的思想相结合；在农业合作化运动中坚持把是否有利于促进生产力的发展当作检查工作成绩好坏的原则；在资本主义工商业的改造中，坚持经过加工订货、统购包销、公私合营三个阶段；在农业社会主义改造中坚持经过互助组、初级社、高级社三个阶段的逐步过渡思想等等，都是对马列主义的重大发展，具有普遍指导意义。

戴光前在《试析过渡时期总路线》(载《当代中国史研究》1998年第2期)一文中指出，在国民经济恢复阶段将要结束时，国家出现了新的形势，即抗美援朝战局早已稳定，土改基本完成,恢复国民经济的工作进行得比较顺利。同时还出现一些新情况,即国民经济结构发生了深刻变化,社会主义、半社会主义经济成分迅速增长,资产阶级与无产阶级矛盾日益突出起来。此时,过渡时期总路线的提出符合了当时的客观实际,而且历史已证明提出过渡时期总路线的决策是正确的,对国家工业化的建设和促进生产力的发展起了积极的作用。

(3) 过渡时期总路线的问题

薛暮桥在《从新民主主义到社会主义初级阶段》(载《求是》1989年第1期)一文中认为,现在看来,过渡时期总路线似乎提得太早,在经济十分落后的中国,应当有一个较长的新民主主义时期,不宜匆匆忙忙消灭个体经济和私营企业。社会主义改造原定十五年完成,结果四、五年时间就基本完成了,显然要求过急。社会主义改造虽然是胜利完成了,但留下了不少后遗症。衡量某一种经济成分应当消灭还是应当继续发展的标准要看它是否有利于生产力的发展。五十年代的新中国,资本主义所能容纳的生产力远没有完全发挥出来。在广大农村,包括内地的许多中小城市,社会主义还远不能满足生产和交换的需要,私人资本主义还很有利于社会生产力的发展。

孙友葵、王玉贵在《也谈党在过渡时期的总路线》(载《中共党史研究》1994年第2期)一文中指出,过渡时期总路线存在一定程度的不足。从表述上看,当时规定的过渡时期总路线的内容有两个方面,即"一化三改",总路线规定的时间下限为三大改造的完成。1956年党的八大宣布社会主义改造基本结束,但没有同时宣布过渡时期结束,相反却指出,过渡时期的结束需要三个五年计划或者"更多一点时间"。从实践上看,最明显的失误是颠倒了主体和两翼的关系,片面重视社会主义改造,放松了工业化的建设;且在重视社会主义改造的同时,又出现了"要求过急,工作过粗,改变过快,形式过于简单划一"等问题。

戴光前在《试析过渡时期总路线》(载《当代中国史研究》1998年第2期)一文中指出,总路线的学习宣传提纲中的表述"党在过渡时期总路线的实质,就是要使生产资料的社会主义所有制成为国家和社会的唯一的经济基础"有认识偏差。"实质"两个字说明"并举战略"的侧重点是对生产资料私有制实现社会主义改造,是变革生产关系,这就强化了无产阶级与资产阶级之间的斗争,淡化了经济建设这个中心任务。"唯一"两个字说明,社会主义改造就是要消灭一切非社会主义所有制经济,这对社会主义的认识存在盲目性。

(二) 社会主义改造的实施

1. 社会主义改造的最初设想

薄一波在《若干重大决策与事件的回顾(上卷)》(152页,北京:中共中央党史出版社,2008)一书中指出,从1952年开始,毛泽东对如何向社会主义过渡进行了论述,概括起来主要是:从新民主主义到社会主义是一个渐变的过程,需要采取逐渐推进的社会主义改造的步骤和政策,一步一步地向前过渡,即使社会主义因素一年一年地增加,争取用10年到15年或更多一点时间完成这一过渡。而不是等到10年到15年以后,才采取社会主义政策,实行向资产阶级全线进攻的突变。

鲁振祥在《对建国初期从新民主主义过渡到社会主义几个问题的考察》(载《中共党史研究》1990年第2期)一文中指出,新民主主义理论包含着向社会主义过渡的初步设想。首先,过渡的条件。当时不少人都认为,只有在国家工业化和可以向农业提供大量机器后,才能实现个体农业的改造。其次,过渡的方式。由于中国向社会主义的过渡将是在无产阶级掌握政权并建立起强大的社会主义国营经济的条件下进行,而中国的民族资产阶级又具有两面性,这就保证了这种过渡可以采取和平转变的方式。再次,过渡的步骤和进程。经济学家沈志远在1949年写的《新民主主义经济概论》一书中,曾设想了中国向社会主义过渡的两个阶段:一是"社会主义的过渡准备物质前提的阶段"。在此阶段,国营经济、合作经济、合作社经济将得到很大的发展,私人资本主义经济也将得到发展。二是"直接建设社会主义经济基础及过渡到社会主义去的阶段"。在这个阶段,私人资本主义经济将被消灭,农民个体经济将被改造为集体经济。这同中国共产党向社会主义过渡的最初构想是相吻合的。最终,无论是经济学家的思考,还是党中央领导人的构想,都认为中国向社会主义的过渡将是一个渐进的过程。

2. 实施过程中各阶级、阶层的心态

张家芳在《社会主义改造决策形成的阶级阶层因素初探》(载《党史研究与教学》2003年第2期)一文中认为,建国后,企业工人盼望改造。民族资本家在建国后进行反限制斗争,客观上将私人资本主义提前推上了社会主义改造的历史舞台,推动了改造。同时,农民、小资产阶级总体上愿意接受改造,加之知识分子在思想改造后拥护改造。最终在干部阶层的决策下,推动了社会主义改造的形成与发展。

李立志在《变迁与重建:1949—1956年的中国社会》(260—264页,南昌:江西人民出版社,2002)一书中认为,新中国建立后,尤其在社会主义改造运动中,工商资本家逐渐认识到自身阶级没落、消灭的不可避免,最终他们愿意走社会主义道路,愿意把自己改造成为社会主义的劳动者,他们的政治心理变迁是在和平中完成的。但应该看到,对大多数工商资本家而言,在心理变迁过程中,又伴随着许多痛苦,这表现为工商资本家在以下问题上的复杂、矛盾心态。第一,国家前途和个人前途。新中国成立后,党和政府以社会主义作为中国社会现代化的社会形式,这与民族资产阶级的政治理想截然相反,因此,出现了社会现代化目标模式与其政治理想之间的矛盾。第二,物质利益和政治命运。变革原有的社会利益格局是社会主义革命的应有之义,工商资本家选择走社会主义道路,把握住自己的政治命运,就必然面临着既得利益的丧失。二者之间,有一得必有一失,因而必然产生一种矛盾心态:他们希望自己有好的政治前途,但又不愿失去既得的物质利益;对待社会主义改造,又痛又爱,又怕又爱。

马媛在《合作化时期农民社会心态研究——以河北省井陉县为个案》(首都师范大学硕士学位论文,2013)一文中认为,在合作化运动初期,由于中共在土改中已经逐渐在农村中树立起了政治权威,并且各级领导干部都对合作化道路的优越性进行积极宣传,因此,广大农民对中共倡导的走合作化道路的政策还是积极响应并且拥护的,农民的这种热情也推动了运动的进一步发展。但是,随着在合作化进程中逐渐暴露出了一系列问题和矛盾之后,农民的社会心态也逐渐发生了变化,对合作化道路的怀疑和顾虑成为农民社会心态的主导,农民的热情逐渐消退,并且引发了退社的风潮。这种怀疑和顾虑、不满与担心的社会心态一直持续到了高级社时期。尽管高级社实行按劳取酬,取消土地分红的政策吸引了劳多地少农民的积极响应,但是,绝大多数的农民对高级社仍然持有不认同和怀疑的心理。在合作化运动的过程中,特别是在向高级社转变的过程中,领导上的人为因素一直都是主要的推动力量,广大农民基本上处于被动参与的地位,从而影响到他们积极主动性的发挥。

3. 对社会主义改造的总体评价

(1) 社会主义改造是一次壮举

沙健孙在《关于社会主义改造问题的再评价》(载《当代中国史研究》2005 年第 1 期)一文中认为,衡量生产关系的变革是否正确和必要,主要的标准应当是看这种变革对生产力的发展起促进作用还是起阻碍作用、破坏作用。全面进行社会主义改造的期间,全国经济发展比较快,说明社会主义改造不仅没有阻碍生产力的发展,而且成了生产力发展的直接动力。而且,社会主义改造的胜利,为中国全面进行社会主义建设开辟了道路,为中国尔后的一切进步和发展奠定了基础。之后,中国经济发展的速度从总体上来看也还是相当快的,这是经济文化落后的中国应当而且能够建立社会主义制度的生动证明,是社会主义制度具有巨大优越性的初步的、但又是有力的显示。

刘吉在《中国共产党七十年》(492 页,上海:上海人民出版社,1991)一书中认为,中国的社会主义改造不管在主观认识上有多少理论上、逻辑上的矛盾与缺陷,其沿着一条仿效苏联的道路,通过把资本主义和个体农民的私有制改造为社会主义的公有制的生产关系变革,达到中国工业化的目标,这是中国共产党在当时复杂、严峻的客观形势下所能做出的最好的选择。

薄一波在《若干重大决策与事件的回顾(上卷)》(327—328 页,北京:中共中央党史出版社,2008)一书中认为,三大改造要求过急,虽带来了这样那样的缺点,但是在短时间内,进行如此巨大的社会变革,没有引起大的社会动荡。我国的工农业生产当时没有受到大妨碍,而且得到发展。这说明在这个历史阶段中,党中央和毛主席作出的"一化""三改"的决策是正确的,取得的胜利是辉煌的。三大改造高潮中发生的一些失误,虽然也带来了一定的损失,但毕竟是次要的,它同这场伟大的社会变革所取得的伟大历史功绩——在中国确立了崭新的社会主义经济制度,开创了中国人民全面建设社会主义的新时代,是绝对不能相提并论的。

(2) 社会主义改造的不足

中共中央党史研究室在《中国共产党历史(第二卷,1949—1978,上册)》(366 页,北京:中共党史出版社,2011)一书中认为,党对社会主义改造的领导是成功的。但我国社会主义改造后期也出现不少缺点和偏差。主要是在 1955 年夏季以后,农业合作化及对手工业和个体商业的改造要求过急,工作过粗,改变过快,形式也过于简单划一,以致在长时间遗留了一些问题。另外,1956 年资本主义工商业改造基本完成以后,对一部分原工商业者的使用和处理也不很适当。

郭德宏在《对国史研究中争论较大的几个问题的思考》(载《史学月刊》2002 年第 2 期)一文中认为,从历史发展的长过程来看,社会主义改造从理论到实践存在的失误和不足是显而易见的,而且不只是历史决议已经指出的要求过急,工作过粗,改变过快,形式也过于简单划一等"四过"的问题,在指导思想和对国情的认识上也存在严重的偏差。如,在社会主义改造的指导思想和方法上,完全忽视甚至否定私营经济、个体经济的积极作用和存在价值,将它们加以消灭;完全否定原来实行的市场经济体制,迅速建立起一个高度集中统一的计划经济体制等,脱离了中国的国情。

4. 社会主义改造后期出现失误的原因

罗礼堂在《20 世纪 50 年代中期我国的社会主义改造的原因及得失》(载《毛泽东思想研究》2001 年第 5 期)一文中认为,社会主义改造中出现的缺点和偏差,一是因为在指导思想上急于求成;二是当时还没有完全搞清楚什么是社会主义,怎样建设社会主义,对我国的基本国情、社会主义所处的阶段也处于不完全清醒的状态,所以制定的有些政策超越了社会主义初级阶段的现实。

公方海在《试析我国社会主义改造后期出现偏差的思想认识根源》(载《理论学刊》1996年第4期)一文中认为,社会主义改造后期出现"四过"(要求过急、改变过快、工作过粗、形式过于单一)偏差是多种因素交互作用的结果,从思想认识方面上来说主要有四个原因:首先,社会主义改造在对过渡时期总路线"实质"的认识上偏离了"同时并举"的根本方针,存在违背生产关系要适应生产力状况这一基本规律的倾向;其次,在社会主义目标模式上追求单一的公有制结构和高度集中统一的计划经济体制;第三,过高地估计了农民的社会主义积极性,忽视了个体经济在一定条件的积极作用;第四,过分强调了资本主义经济的落后性和不利方面,忽视了它对于社会主义经济的补充作用和有利方面。

孙代尧在《20世纪50年代中国急速向社会主义过渡的工业化背景分析》(载《思想理论教育导刊》2004年第2期)一文中指出,毛泽东提出加速改造的动因并不仅仅是希望中国尽快过渡到社会主义,更非个人一时的"偶然冲动",而是另有更现实的原因。在当时,大规模工业建设造成了粮食供不应求的情势,且出现大规模工业建设所需巨额投资与资金短缺之间的矛盾。由此,加上苏联的影响,人们把解决矛盾的方法寄于农业集体化上,促使党的领导人寻求加速改造传统农业的方法以解决这一矛盾。这是以重工业为中心的工业发展战略全面推行的逻辑结果。

(三)"一五"计划与计划经济体制的建立

1. 计划经济体制建立的原因

(1) 优先发展重工业的需求

曹远征在《中国经济现代化进程中的体制变革分析》(载《管理世界》1989年第3期)一文中认为,新中国成立后,不但缺乏加速工业化资本积累的国外来源,而且连自己内部来源也不甚充足。在上述差异条件的限制下,作为一个强烈追求工业化的发展中国家,其强烈追求发展的意识与现实条件的矛盾——发展性短缺的问题便十分突出。它使中国经济发展不能沿西方发达国家经济发展的路径前进,而必须另择它途。一般来说,这一新途径要满足下述条件:第一,在不能利用外部积累来源的情况下,必须倚重于内部积累。因而就要控制或选择性切断"经济剩余"外流的渠道,对外经济的统制是必要的。第二,要加速工业化,人为地选择投资领域和项目是必要的。在轻工业难以发展的情况下,要采用以重工业为先导产业,以资源引导供给推动需求的发展。第三,与上述两点相联系,强制性地限制消费以扩大积累份额是必要的。不言而喻,高度集中的计划体制显然能较好地满足上述条件,用体制的办法来解决发展性短缺。

林毅夫等在《中国的奇迹:发展战略与经济改革》(27—30页,上海:上海人民出版社、上海三联书店,1994)一书中认为,在利用市场机制配置资源的条件下,生产者根据产品和要素的价格来决定生产什么产品和采用什么技术。在中国经济发展的初期,资本供给严重不足,由市场所形成的资本价格或利率水平必然相当高,而劳动力极为丰富,因而相当便宜。也就是说,由于资本相对昂贵,发展资本密集的重工业部门的成本是极其高昂的,如果依靠市场机制来配置资源,是不可能把投入导向重工业部门的。这就需要一套不同于市场机制调节的宏观政策环境,使资源的配置有利于重工业的发展。

(2)国际、国内环境影响

武力在《中国计划经济的重新审视与评价》(载《当代中国史研究》2003年第4期)一文中认为,在新中国成立后,朝鲜战争的爆发,中国的国家安全受到威胁,而国内落后的工业和众多的人口,使得建立独立工业体系和提高积累率成为促进经济发展的两个重要因素。在这种背景下,强大的政府自然要选择政府主导型的发展模式,而这种要求与中国共产党的社会主义目标相结合,就使中国走上了单一公有制和计划经济道路。

陈甬军在《中国为什么在50年代选择了计划经济体制》(载《中国经济史研究》2004年第3期)一文中认为,新中国建国初期面临的国际环境和经济发展水平是决定我国传统计划经济体制形成的主要因素。首先,为了迅速恢复国民经济,实现对生产资料私有制的社会主义改造,有计划地建设社会主义,需要建立起集中统一的经济体制。其次,建国后,我国还没有独立的完整的工业体系,为建立独立的工业体系,需要建立全国集中统一的经济体制,以实现从新民主主义向社会主义制度的过渡。再次,中国人民一百多年来遭受帝国主义侵略的教训,加上建国后国际国内环境的影响,给新中国的经济发展走向规定了一个有限的选择空间。在这样的历史条件下,不但决定了建立独立的工业体系是中国走向工业化过程中的首要目标,而且也决定了只有通过内部循环,走优先发展重工业的道路来达到这一目标。但在资本极度匮乏和生产要素不足的国情中,通过建立高度集中的计划经济体制,以集中全国有限的人才(技术力量)、资金和投资品(生产资料)进行重点建设是一个合乎历史逻辑的选择。最后,社会主义实行计划经济的理论要求和当时苏联社会主义建设的成功经验,也成为缺乏经济管理经验的中国向苏联学习,逐步形成计划经济体制的理论来源和现实途径。在这样的条件下,以优先发展重工业为中心,搞计划经济是当时唯一正确的选择,不存在可以替代的其他道路。从经济发展与经济体制的关系看,它是在当时经济发展多重约束条件下的一个现实的体制选择,有其历史必然性和合理性。

2."一五"计划编制的特点

王丹莉在《"弹性"的计划——"一五"计划完成前后新中国领导人的有关思考》(载《党的文献》2017年第1期)一文中认为,在"一五"计划完成前后,针对计划经济体制具体实践中出现的一些问题,结合对苏联经济发展模式的反思,新中国领导人对如何更好地发挥计划经济的作用进行了深刻思考。他们高度关注并从实践层面探索如何实现计划性与灵活性的结合,实现计划与市场、集权与分权的辩证统一。他们在看到计划经济巨大作用的同时,也看到了自由市场所具有的积极作用,认为应当在渐进试错与动态调整中完善计划的制定与实施,鼓励因地制宜,并意识到调动微观经济主体积极性的重要性。这些思想所刻画出的是一个具有"弹性"的计划经济,对当时经济政策的制定和经济发展实际上都发挥了积极作用,也为后来计划经济体制的调整、演化,乃至改革开放以后的经济体制改革提供了一定的认识基础。

董志凯在《中国计划经济时期计划管理的若干问题》(载《当代中国史研究》2003年第5期)一文中认为,从20世纪50年代开始,中国学习和实施了苏联式的计划经济制度。但受中国自身条件的制约,事实上,"理想的"计划经济制度在中国难以实现,受计划管理制约的那一部分经济活动也多少"走了样"。其中一个典型的现象是:1953—1980年计划经济时期，中国制定和实施的5个五年计划中有4个没有经过全国人民代表大会通过形成正式版本公开颁布；唯一形成正式版本的第一个五年计划也在制定的过程中不断修改，在实施了两年多以后才正式颁布。情况表明，相对于苏联曾将计划当作"法律"一般要求严格实施，在计划经济时期，中国的五年计划则是多变的计划，受制于政治与意识形态斗争。

朱佳木在《关于在国史研究中如何正确评价计划经济的几点思考》(载《理论前沿》2006年第21期)一文中指出，苏联连续进行的若干个五年计划建设所取得的辉煌成就，对新中国产生了巨大的示范效应。但是，这一学习是出于自己实施优先发展重工业方针的需要；而且在学习初始阶段，除了对重工业的建设和管理经验基本照抄外，其他方面都注意了结合自己的实际情况。尤其到了"一五"建设的后期，更加强调要重视自己的经验。

3. "一五"计划的推进与实施

薄一波在《若干重大决策与事件的回顾(上卷)》(209—210页，北京：中共中央党史出版社，2008)一书中指出，"一五"期间建设的项目，特别是苏联援建的项目，主要配置在东北地区、中部地区和西部地区。150项中的106个民用工业企业，布置在东北地区50个、中部地区32个；44个国防企业，布置在中部地区和西部地区35个，其中有21个安排在四川、陕西两省。这样部署主要考虑以下三个因素：第一，就资源。钢铁厂、有色金属冶炼厂、化工企业，主要摆在矿产资源丰富或能源供应充足的地区；机械加工企业，要摆在原材料生产基地的附近。第二，有利于经济落后地区改变面貌。第三，军事上的需要。开始编制计划时，朝鲜战争还没有结束，蒋介石集团妄图反攻大陆，这就迫使我们把新建的企业布置在后方地区。特别是国防工业企业，除有些造船厂必须摆在海边外，其他都没有摆在敌人飞机可以轰炸到的沿海地区。

谷牧在《谷牧回忆录》(162—163页，北京：中央文献出版社，2009)一书中指出，"一五"计划期间，上海等沿海城市对内地的工业化建设起到了非常重要的作用。他回忆道，1956年，经陈云同志批示，一批企业从上海搬到内地。这是因为解放后，上海由于帝国主义对我国的封锁，经济发展遇到较多的困难，特别是在旧中国环境下形成的商业服务业在解放初期崇尚节俭的社会环境中显得相当萧条。同时内地的经济发展又缺乏技术、缺乏人才、缺乏经验。陈云同志的批示，一箭双雕，解决了上述两个问题，上海和内地有关地区都十分拥护，使我们的组织落实工作很顺利。记得上海约有270多家轻工、纺织工厂迁往河南、陕西、甘肃等省，还有些服装加工、饮食服务业也到内地生根开花，远的到了内蒙古。在"一五"计划期间，上海对内地支援是很大的。有份资料说，当时上海有21万人支援外地，其中工程技术人员2.3万多人，熟练技工8万人，还有5万多人的设计、建筑、安装队伍参加重点工程建设，对于内地的发展，起了很大作用。可以说上海，还有辽宁，是新中国工业经济发展征程中的重要始发基地。

4. 对计划经济体制的总体评价

王炳文在《新中国十二个五年计划(规划)的历史回顾》(载《北京党史》2012年第2期)一文中认为，"一五"计划属于"大推动型计划"，计划完全取代原本发育程度很低的市场，国家集中一切资源推进工业化建设。这种高度集中的计划和管理，适应了当时社会改造和迅速工业化的需要，有利于动员和集中资源实现某些既定目标，弥补人力资源的低水平，尤其是工业化干部的缺乏。这种计划完全占主导地位，国家大一统的方式，在当时特殊历史时期取得了良好的成效，起到了一种"大推动的作用"。

武力在《中国计划经济的重新审视与评价》(载《当代中国史研究》2003年第4期)一文中指出,新中国还处于工业化前期,远没有达到生产的社会化程度,很难实现足够信息的及时获得和及时处理问题,以及人们处于自上而下的金字塔型的权力等级中,自主的权力很小,企业和个人能力很难充分发挥,其工作绩效很难与其收益挂钩。这些都影响了计划经济发挥预期优越性。但中国计划经济的主要目标是解决加快工业化的问题,即解决工业化的资金问题、优先发展重工业问题、城市化问题,所以计划经济本身所表现出的低水平和粗放型、随意性很大的管理,就显得不那么重要了,重要的是这种自上而下的行政性管理所具有的最大限度集中资源用于工业化的特性。因此,计划经济体制在50年代起码适应了新中国追求高速工业化和建立独立工业体系的需要,具有以下两个市场经济体制在短期内无能为力的作用:一是在经济落后的条件下,保证了高积累和优先快速发展重工业,建立了比较完整的独立的工业体系和基础设施(如水利工程)。二是在经济落后和高积累的情况下,除了在个别非正常时期外,保证了人民的基本生活和社会安定。

林中萍、黄振奇在《关于由计划经济体制向社会主义市场经济体制过渡问题》(载《教学与研究》1994年第5期)一文中指出,高度集中的计划经济体制集中了大量的人力、物力、财力,进行了大规模的社会主义建设,在生产发展的基础上,人民生活也有一定的提高。为保障我国经济、政治和国防的独立,为我国自立于世界民族之林、不做超级大国的附庸,创造了必要的条件,并且在客观上也为实行由计划经济向现代市场经济转变奠定初步的物质基础。但随着科技进步和生产的工业化、商品化、集约化、现代化的推进,以及国民经济规模的扩大和国内外经济联系的增强,计划经济体制的弊端逐渐显露。主要有:片面强调计划的作用,完全否定市场的作用;片面强调宏观管理,微观经济丧失活力;单向宏观管理缺乏来自微观自主权的制约;在产业结构上过分突出重工业,农业和轻工业落后等。由此,导致我国技术进步缓慢,经济管理落后,经济效益低下,人民生活提高不大,社会主义经济制度的优越性没有得到应有的发挥。

朱佳木在《关于在国史研究中如何正确评价计划经济的几点思考》(载《理论前沿》2006年第21期)一文中指出,我国计划经济体制并非只是造成经济活力不足等弊病的根源,它同时也是社会主义建设取得辉煌成就的重要原因之一。而且,我国实行计划经济的过程中并非只有凭主观意志办事的教训,它同时也积累了大量按照客观经济规律指导经济建设的成功经验。因此,我们不能因为后来实行社会主义市场经济体制,就否定当初实行计划经济体制的历史必然性和必要性。认识计划经济的由来和历史作用,不应当把它放在今天的条件下,而应当把它放在当时的条件下;不应当把它同社会主义市场经济截然割裂和对立,而应当看到它们之间的内在联系。

四、社会主义民主政治与法律体制的初创

(一) 全国人民代表大会制度

1. 人民代表大会制度的形成

尹中卿在《人民代表大会制度的形成和发展》(载《人大研究》2004年第9期)一文中指

出,人民代表大会制度是中国共产党遵循马克思主义国家学说,借鉴巴黎公社和苏维埃制度的经验,通过革命根据地实践而创造出来,并且不断得到完善的国家政权组织形式。在新民主主义革命的过程中,以毛泽东为代表的中国共产党人,把马克思主义国家学说同中国社会和中国革命的实际相结合,对建立新型的人民民主政权组织进行了长期的探索,在理论和实践上丰富和发展了马克思主义国家学说。新中国建立以后,我们党领导人民不断加强人民代表大会制度建设,人民代表大会制度最终发展成为植根于中国大地的、具有中国特色的、适合中国国情的政权组织形式。这一制度是马克思主义国家学说与中国社会、中国革命、中国建设实践相结合的产物,是中国近现代革命和建设的胜利成果。

马少红在《论人民代表大会制度在我国的确立》(载《东北师范大学学报(哲学社会科学版)》2006年第2期)一文中指出,中国共产党从成立之时起,就开始探索在中国建立人民政权的组织形式问题。党在农村根据地建立的人民政权,先后采取了苏维埃代表大会制度、参议会制度和人民代表会议制度的组织形式。新民主主义革命时期党在政权组织形式问题上的探索以及党领导根据地政权建设的实践,为人民代表大会制度在我国的确立作了理论上的准备和经验上的准备。新民主主义革命胜利后,《中国人民政治协商会议共同纲领》和《中华人民共和国中央人民政府组织法》的颁布为人民代表大会制度在我国的确立奠定了法律基础。新中国成立后,中国共产党为人民代表大会制度在我国的确立进行了一系列的工作。以1954年第一届全国人民代表大会第一次会议的召开为标志,人民代表大会制度在我国得以确立。人民代表大会制度是中国共产党领导人民在政权建设问题上不断探索的伟大成果和伟大创造。人民代表大会制度在我国确立的过程,就是中国共产党领导人民实现当家作主的权力的过程。

2. 人民代表大会制度的优越性

方宏伟、卢正涛在《人民代表大会制度是实现民主的最好形式和最高形式》(载《贵州大学学报(社会科学版)》2005年第1期)一文中指出,权力来自于人民是人民代表大会制度的逻辑起点,人民通过人民代表大会等国家机构实现当家作主的目标。对于人民来说,实现自己对自身事务的管理有多种形式。第一,在较小的范围内,人民可以结成自己的组织,人人参与讨论决定与自己有关的一切事情。第二,人民可以借助于遍及全国城乡的居民委员会和村民委员会,实现对自身事务的自主管理。第三,在较大的范围内,人民必须依靠政治制度即人民代表大会制度才能管理自身事务。这是因为,人民代表大会制度是宪法规定的当代中国的根本政治制度。因此,人民代表大会制度就成为人民实现当家作主的最高形式。

陈肖沫在《人民代表大会制度在宪政建设中的现状与对策研究》(载《社会科学研究》2005年第3期)一文中认为,人民代表大会制度是适合我国国情的根本政治制度,这是因为:第一,我国人民代表大会制度体现了真正的广泛的民主,是人民当家作主的最好组织形式。人大代表来自人民,反映人民的意见和要求,代表人民决定国家和地方的大事。第二,我国人民代表大会制度充分体现了民主集中制原则,能够使各个国家机关协调一致地进行工作。在由人民代表大会统一行使国家权力的前提下,明确划分了国家的行政权、审判权、检察权等,使各个国家机关能够在各自的职权范围内进行工作。国家机关的这种合理分工,既可以避免权力过分集中,又可以使各项工作有效地进行。第三,我国人民代表大会制度是党领导的人民民主制度,它便于实现党对国家事务的领导。党对人民代表大会的领导,有利于发挥国家权力机关的作用,便于把党的主张变为国家意志,动员和组织全国人民一起行动。

3. 人民代表大会制度与西方议会制度的区别

金太军在《建设政治文明与完善人民代表大会制度》(载《理论探讨》2004年第4期)一文中认为,中国的人大制度与西方议会制度无疑都属于代议制度的范畴,但在中国这样一个实行社会主义制度、有着独特的历史文化传统的东方大国,人大制必然有不同于一般代议制,特别是西方议会制的特点。主要表现在以下两点:一是议会制以多党合法竞争、轮流执政为基本游戏规则,人大制度则以拥护和支持中国共产党一党执政为不二法则。二是议会制以三权分立即议会与行政和司法机关分权制约为宏观架构,人大制却以人大统合、监督行政和司法机关为主要内涵。

(二) 1954年《中华人民共和国宪法》

1. 国内外宪法对五四宪法的影响

韩大元在《外国宪法对1954年宪法制定过程的影响》(载《比较法研究》2014年第4期)一文中认为,从宪法分类的角度看,1954年宪法属于模仿性宪法,借鉴了外国具有代表性国家的宪法经验。1954年1月初,毛泽东在确定制宪工作计划时,曾列出了中共中央政治局委员和中央委员阅读的有关宪法方面的参考资料,其中包括1936年苏联宪法,1953年罗马尼亚宪法,1952年波兰宪法、德国宪法,1946年法国宪法、捷克宪法,以及1913年天坛宪法草案、1923年曹锟宪法、1946年蒋介石宪法等,在列举参考资料时毛泽东对不同宪法体制的参考价值进行了分析。因此,我国1954年宪法,无论在制宪模式、制定程序与内容,还是在宪法文本的语言表述方面均受到外国宪法的影响,体现了一定的开放性。但同时,1954年宪法的制定者们关注中国社会面临的问题,在整个文本的设计过程中尽可能增加"中国元素",力图在本土与国外经验之间保持合理的平衡,扩大宪法的民主基础,使宪法符合中国社会的实际。

赵园媛在《论五四宪法的苏联痕迹与中国特色》(载《社会科学论坛》2011年第8期)一文中指出,将五四宪法与苏联三六宪法做对比,能够发现其在指导思想、指导原则及结构和内容安排等多方面采用了"苏联模式",带有一定苏联色彩。但五四宪法的制定条件与苏联三六宪法的制定条件不同,这也决定了五四宪法的制定必须建立在对本国社会发展阶段的仔细思考上,结合本国实际作出符合本国发展阶段的探索。基于对过渡时期特征的认识,五四宪法对国家性质作了准确的表述,对经济制度作了有力的规定,通过单一制和民族区域自治的国家结构形式来确保过渡时期主要任务的实现。这体现了过渡时期中国共产党对社会主义建设的探索,带有特定时期的中国特色。

2. 五四宪法的制定及主要内容

刘国新在《中国当代民主政治建设研究——以1954年宪法为例》(载《当代中国史研究》2003年第6期)一文中指出,1954年宪法在中国当代民主政治建设中占据着重要地位。它在人民群众参与的深度和广度上以及采纳意见的实际效果上创造了世界制宪史上的壮举。中国宪法全民讨论分为两个阶段,每个阶段参加讨论的范围和对象是不一样的。

第一个阶段从1954年4月上旬至5月底,与起草委员会大体上同步进行。参加讨论的包括政协全国委员会、各大行政区、各省市的领导机关和各民主党派、各人民团体,讨论的对象是宪法草案初稿。这次总计有8 000多人参加的大讨论,共提出5 900多条意见,对宪法草案初稿的修改起了集思广益的作用。6月14日,中央人民政府委员会一致通过《中华人民共和国宪法草案》,并决定将其公布,组织和发动人民群众对宪法草案提出修改意见。

第二阶段讨论的范围扩大到全国人民中间,讨论的对象是宪法草案。全国各地方直至县一级都成立了宪法草案讨论委员会。据对29个省市的统计,有730多万名报告员、宣传员和群众积极分子,在各种形式的报告会和集会上作了关于宪法草案的报告。许多地方听报告和参加讨论的人数达到当地成年人口的70%以上,有些城市和个别地区达到90%以上。全国各地报纸、杂志都以极大的篇幅登载阐明宪法草案的通俗文章,广播电台连续举办宪法草案讲座,各出版机关一共出版了1 184万册宪法草案单行本和大量有关宪法知识的书籍。民族出版社将宪法草案译成了蒙、藏、维吾尔、哈萨克、朝鲜等民族文字。在近3个月的时间里,全国有1.5亿人参加讨论,提出了118万多条修改、补充意见和问题,几乎涉及宪法草案的每一个条款。宪法起草委员会对所提的问题作了解释,对正确的建议予以采纳。

范进学在《1954年宪法实施及其评价》(载《西北大学学报(哲学社会科学版)》2014年第6期)一文中指出,1954年宪法是一部不完全的社会主义宪法,但它确立的宪法政治架构与体制则奠定了中国特色社会主义宪法政治基本框架之基。其内容主要包括:第一,确认了主权在民的民主宪法政治原则;第二,确立了人民代表大会制度;第三,确立了法院独立审判的宪法政治原则;第四,确立了公民在法律上一律平等的宪法原则;第五,确认了公民的基本权利;第六,规定了公民的宪法义务。五四宪法颁布后,其具体实施主要集中于三个方面:一是国家政权的机构建制依据宪法建立起来;二是全国人大依据宪法积极行使其职权,发挥其职能;三是社会主义改造的完成与社会主义制度的基本确立是依宪法进行的。"五四宪法"的实施在政权建设与经济发展方面是比较好的。

3. 五四宪法的评价

刘旺洪在《"五四宪法"与当代中国宪政制度现代化——纪念"五四宪法"诞辰五十四周年》(载《法制与社会发展》2008年第6期)一文中认为,"五四宪法"开创了当代中国社会主义宪政运动的新模式,确立了新中国政权的社会主义和人民民主性质;明确了党和国家执掌和运作国家政权的基本价值理念和基本价值取向;创立了我国公民的基本权利体系,确证了现代公民的主体性地位;奠定了当代中国以人民代表大会制度为根本政治制度和国家政权体系的根本制度框架,创造了我国国家机关运行和发展的基本原则和基本制度,许多具体制度体现了人类宪政文明的先进理念和共同规律,实现了我国宪政运动现代化的质的飞跃,其中诸多的原创性成果的核心部分是当代中国宪政运动过程中必须长期坚持和不断发展的。从这个意义来说,当代中国的宪政制度现代化应当以"五四宪法"作为出发点和历史基地,我国现行宪法的基本框架、核心理念、基本原则、基本制度、许多具体制度都是由"五四宪法"奠定的。

殷啸虎在《过渡时期理论与1954年宪法》(载《政法论坛:中国政法大学学报》2004年第6期)一文中认为,1954年宪法作为新中国第一部正式宪法,它基本上确立了我国在新民主主义向社会主义过渡时期以及在社会主义初级阶段的宪政体制。它的根本指导思想就是用根本法的形式,将党的过渡时期总路线固定下来,为整个过渡时期的经济建设和民主政治建设提供根本法上的依据。作为过渡时期总路线的宪法化,在整部宪法的内容上,充分体现了过渡时期的特点和要求。

（三）中国共产党领导的多党合作与政治协商制度

1. 形成的原因与过程

吴根生在《论中国共产党领导的多党合作和政治协商制度的演化与完善》（新疆大学硕士学位论文，2008）一文中指出，从历史维度看中共领导的多党合作制度，其形成的脉络和内在因素是非常清晰和明显的。首先，在半殖民地半封建社会，反帝反封建并建立独立富强民主的资产阶级共和国是中国共产党与各民主党派的追求和愿望，二者的合作就有了可能性。而且，在强大的中外反动势力面前，无论是中国共产党还是民主党派，都不可能仅凭自己的力量孤军奋战而达到预期目标，因此就有了合作的必要性。其次，中国共产党同民主党派长期团结合作的实践与传统，以及中国新民主主义革命的快速推进是中共领导的多党合作制度能够形成的前提和基础。最后，从主观上看，中国共产党理论和组织上日益成熟，制定了正确的统一战线的口号、方针、政策，并采取正确的统战措施，这使中共党员能够更加自觉而有效地争取和团结各民主党派，把多党合作不断向前推进。

王智、丁俊萍在《政治文明视野中的政治协商制度——中国协商性政治的历史与逻辑》（载《武汉大学学报（哲学社会科学版）》2004年第11期）一文中指出，中国共产党的政治协商理念及其制度的形成经历了一个较长的时期。早在第一次国共合作时期广州以及武汉的国民政府中，就已经在一定范围内形成了党际之间的政治协商机制。中国共产党以合作党或者以党员个人的身份，在一些重大问题上与主持政权的国民党进行富有成效的政治协商。抗日战争时期，中国共产党一方面在国民政府中再次以合作党的身份参与以全民抗战为主旨的政治协商，另一方面又以领导党的身份主持革命根据地的政治协商。1946年重庆政治协商会议的成功举行，成为20年代以来中国协商性政治发展的显著成果。1948年，中国共产党在即将取得全国胜利的前夕发布著名的"五一口号"，提出"各民主党派、各人民团体、各社会贤达迅速召开政治协商会议，讨论并实现召集人民代表大会，成立民主联合政府。"延续下来的协商性政治理念以及召开新的政治协商会议的倡议，成为人民共和国诞生的催化剂。

2. 特点和价值

张献生在《试论我国多党合作制度的民主价值》（载《政治学研究》2008年第4期）一文中指出，我国是人民民主专政的社会主义国家，多党合作制度是在中国这块土壤中生长起来的具有独创性的社会主义政党制度，无论是制度设计，还是政治实践，都体现了人民民主的基本精神、原则和要求，是社会主义民主政治的重要实现形式。中国共产党领导的多党合作和政治协商制度体现了以下特点：第一，中国共产党与民主党派虽然有领导和接受领导、执政党与参政党之别，但在党际关系上是平等的。第二，充分的政治协商。第三，广泛的政治参与。第四，积极的互相监督。多党合作与政治协商中的民主监督，既是一种非权力性的政治监督，又是一种体制内的党际监督，具有高层次、建设性、灵活性的特点。既能提供单靠共产党自身难以提供的监督，又是人民监督的深度拓展。所以，中国共产党领导的多党合作和政治协商制度不是不具有民主价值，而是不同于西方民主和政党政治的一种新型民主，它既具有社会主义民主价值的规定性，还具有在民主政治和党际关系上的创新价值。

曾勇明、张士义在《中国共产党领导的多党合作和政治协商的政治过程分析》（载《政治学研究》2011年第3期)一文中认为,多党合作在我国的政治实践中发挥了极其重要的功能。第一,发展中国特色社会主义民主政治。具体而言包括拓展了政治参与,建立了和谐稳定的政治秩序,构建了中国特色协商民主。这样一种协商民主同以人民通过选举、投票行使权利为基本特征的选举民主相结合,是中国社会主义民主的一大特色。第二,实现执政党和政府决策的科学化、民主化。在政治协商中,民主党派实际上承担了三种角色:利益代言人角色,即代表所联系的特定社会群体,反映他们的利益与要求;信息提供者角色;民主监督者角色。第三,推动执政党和政府决策的贯彻、执行。政策制定之后,各民主党派也进行相应的政治动员,推动所联系的群众认同、贯彻执政党和政府的政策。各民主党派在政治体系中实际上承担联系执政党与群众的桥梁、纽带作用,即将所联系群众的意见、要求反映给执政党,同时,又向所联系的群众宣传执政党的政策,动员他们贯彻这些政策。第四,传播社会主义政治文化。各民主党派主要通过对成员的思想政治教育来传播社会主义政治文化。

(四)民族区域自治制度

1. 实施原因

陈夕在《新中国民族区域自治制度的形成与发展》(载《当代中国史研究》2009年第5期)一文中认为,我国民族区域自治制度的确立是历史和人民的选择。第一,中国在单一制国家结构形式下实行民族区域自治,符合马克思主义解决问题的一般普遍原则。第二,实行单一制国家中的民族区域自治,符合中国的国情。中国从秦汉以来就是统一的多民族国家,形成了维护祖国统一的强大向心力。第三,近代中国各民族反帝反封建的斗争增强了中华民族的凝聚力,为实行单一制国家中的民族区域自治提供了重要基础。第四,实行单一制国家中的民族区域自治,是由中国各民族客观上不可分离关系所决定的。第五,实行单一制国家中的民族区域自治,是由中国新民主主义革命的特点所决定的。中国各民族人民的革命运动,除了个别的例外,是在中国共产党的统一领导之下进行的。中国民族民主革命的结果,是在各民族地区普遍地建立起工人阶级领导的以工农联盟为基础的人民民主专政,这就为实现各民族的统一开辟了道路。

雷振扬、陈蒙在《"管理本民族内部事务权利"行使路径的历史考察》(载《中南民族大学学报(人文社会科学版)》2015年第5期)一文中认为,"国家充分尊重和保障各少数民族管理本民族内部事务权利",是中国共产党的一贯政策和主张。土地革命时期,党根据民族自决原则,主张少数民族有权利解决自己内部的一切问题;抗日战争时期,党提出在共同抗日建立统一国家的前提下,少数民族有管理自己事务的权利;1949年9月,《共同纲领》确定了单一制下的民族区域自治为少数民族管理本民族内部事务的基本制度;新中国成立后,随着《宪法》《民族区域自治实施纲要》和《民族区域自治法》的颁布与实施,少数民族管理本民族内部事务权利的行使路径逐步规范化和法制化。"管理本民族内部事务权利"行使路径的演进,体现了中国共产党对我国国情和解决民族问题道路的认识不断深化。

2. 形成历程

常安在《统一多民族国家的宪制建构——新中国成立初期民族区域自治制度的奠基历程》(载《现代法学》2012年第1期)一文中指出,清末立宪中,当局即有意识地通过边疆地区"新政"来实现这种治理转型和国家建构;继之的北洋政府和国民政府,由于国力的羸弱和其时内忧外患的乱世危局,除了通过各种政治、经济、文化措施尽最大努力维持多民族国家政治版图的完整,在边疆民族地区民族治理体系重塑和国家建设中实际上很难有非常显著的成效。民族治理模式的真正转型和民族国家政治秩序的建构,在新中国成立后通过民族区域自治制度的确立,才实现了质的飞跃。上世纪50年代新中国的民族区域自治制度,相对于清末立宪的边疆新政,和民国初期的"五族共和",前者一方面有效地促进和保障了少数民族地区公民的人权保护,另外一方面也有力地巩固了多民族社会主义民族国家的政治认同基础。中共通过民族识别、民族干部培养、民族自治地方建立、民族地区民主改革等具体政治措施的实施,中国这个多民族大国的民族治理转型和民族国家建构才实现了质的飞跃。

陈扬勇在《〈共同纲领〉与民族区域自治制度的确立——兼谈新中国民族区域自治政策的形成》(载《中共党史研究》2009年第8期)一文中认为,中国共产党民族区域自治政策的形成经历了不断探索和发展的过程。党在民主革命时期曾主张民族自决和建立联邦制国家,在抗日战争和解放战争期间曾有过民族区域自治的主张和实践。新中国实行的民族区域自治政策,并不是在抗日战争时期就已形成,甚至到解放战争期间也还不能说已完全形成。确定实行统一国家内部地方性的民族区域自治的基本政治制度,是《中国人民政治协商会议共同纲领》。这是史无前例的伟大创举。

3. 价值意义

李蓉在《从"因俗而治"到"民族区域自治"——兼论西藏实行民族区域自治的历史由来》(载《西藏研究》2015年第5期)一文中认为,新中国成立后,党中央和中央人民政府在包括西藏在内的少数民族聚居区实行民族区域自治制度,这是我国解决民族问题的基本制度,秉承了秦王朝以来直至中华民国时期"因俗而治"的治边思想和传统。"因俗而治"治国方略在中国共产党领导下,在边疆民族地区的变革和发展中具有崭新的生命力和极强的活力。

马俊毅在《论族际政治文明与我国民族区域自治制度的政治优势》(载《兰州学刊》2015年第4期)一文中认为,建国后,通过民族区域自治制度,以及在宪法、《民族区域自治法》等各种法律明确规定了各民族的权利,特别是各民族平等地参与国家共同治理和当家作主的政治权利,从而创造性地突破了西方资本主义民族国家在古典自由主义理论不能自洽地解决多民族国家民族问题的困境,不但成功地建设了强大的民族国家,而且构建起现代多民族国家。因此,民族区域自治制度是建构多民族国家的坚强基石,其政治功能具有保障少数民族权益和建构统一国家两个方面,而且相辅相成。中国共产党的民族政策之所以成功,是其坚持民族平等、自治,既承认各个民族都是中华民族的组成部分,又承认其具有区域自治权,为和而不同、多元共生的民族生态提供了空间,赢得了各民族的认同。事实上,民族区域自治制度延续着多元一体的历史惯性,保持了中华民族凝聚力的持续生长,任何一个现代民族国家都会产生主流社会对边缘社会的挤压,但是,新中国恰好是通过民族政策、民族区域自治制度矫正了这些现代性的弊端。从这点来讲,民族区域自治制度为各个民族提供了制度屏障和成长空间,化解了少数民族可能面临的"国家式民族国家构建方略"的压力,维护了国家的稳定和民族的团结。

教学设计

设计一：上海解放之初的"银元之战"——金融战线的淮海战役

设计意图

"银元之战"是中华人民共和国建国前夕,发生在上海的一场金融风波。这场风波最终演变成为人民政府与上海民族资产阶级之间的对抗,也是社会主义与资本主义争夺市场领导权的一场斗争。本设计通过分析解放之初,共产党在上海面临严峻的财政金融危机所采取的应对措施,引导学生运用历史年表等对相关史事进行描述和阐释,理解时空因素在历史学习中的重要性,增强历史解释水平。增强学生对经济基础与上层建筑之间的互动关系的认识,体会党在新中国成立初期对稳定社会秩序以及治理国家经济方面所作的贡献。

设计方案

一、国民党留下来的烂摊子

材料呈现：

材料一 "解放前夕,作为全国经济中心的上海,工业生产实际陷入半瘫痪状态。全市1.2万家工业企业中只有30%的企业在勉强维持开工生产。机器面粉业的产量只相当于内战爆发前的1/10,机器业工厂企业停产,停工的在80%以上。轻纺业是上海最重要的工业系统,其产值平均占上海工业总产值的74%,其纺织品的贸易额大体占到全国总额的50%,但此时因原料供应困难,销售市场混乱,也走到绝境。1950年3月全国15个大中城市25种商品的批发物价指数比1949年12月上升了126个百分点,在最大的城市上海,批发物价指数比10月上旬提高了326%,严重时每天涨幅达20%—30%。

——摘编自姚会元：《陈毅领导上海解放之初的经济恢复工作》,载《当代中国史》,2003年第3期

教师讲解： 整个中国在遭受了日本侵华战争和国民党发动的内战之后,国民经济已经满目疮痍,经济建设和生产遭到了极大的破坏,经济秩序陷入崩溃边缘。解放之初的上海经济形势更加不容乐观,这种严峻经济形势的产生,有着多方面的原因。其一,投机势力和不法资本家的破坏。上海是投机活动的中心,解放前夕,全国大约有50万投机资本家,其中30万在上海。解放后,他们利用新中国经济暂时困难之机,囤积居奇,哄抬物价,牟取暴利,扩大了供求矛盾。其二,国民党破坏捣乱和西方国家经济封锁。为了瓦解新中国政府重建经济的努力,国民党多次派出轰炸机轰炸上海,并联合西方国家封锁航道,致使上海进口工业原材料的渠道被切断,迫使工厂停工。其三,受旧上海通货膨胀影响。在国共内战期间,国民党统治者为了攫取财富,用以支撑战争,从而掠夺上海人民巨额的黄金、美钞和白银。与此相伴的是严重的通货膨胀和物价飞涨,上海人民在国内外反动势力的剥削与压迫下,生活十分困苦。

材料呈现：
材料二

——藏于上海银行博物馆

问题设计：认真观察图片和图片上的文字信息，哪些是你感兴趣的？这些信息说明当时经济出现了怎样的问题？

教师指导学生分析：这枚巨额纸币现收藏于上海银行博物馆（原件14.4×6.2厘米），它的正面上方有"新疆省银行"字样，左边是孙中山头像，右边有"陆拾亿圆"字样，钞票的号码为"AH408016"，下写"折合金圆券一萬元"，发行年是1949年。据有关记载，60亿元面额的钞票于1949年5月开始发行，在之后的20天内共出库14次，共计480万张，总金额为2.88亿亿元。一枚纸币上并列有两种不同的货币单位和金额，这在中国货币史上是绝无仅有，而且它还是中国货币史上面额最大的纸币。虽然面值高达60亿元，但在当时它只值1/100块银元。按当时上海一石米的价格计算，这张60亿元纸币只能买到77粒大米。这说明在国民党统治末期，由于政府滥发纸币，从而导致法币崩溃，取而代之的是强制并大量发行金圆券，很快金圆券高速贬值，从而造成物价飞涨，通货膨胀严重，经济已经到了几近崩溃的地步。

材料三 在当时的国内外舆论里，有一个似乎是共识的声音：共产党打仗是第一流的，治理经济恐怕不入流。日后，荣毅仁回忆说，他当时便认为"共产党军事100分，政治80分，经济打0分"。美国国务卿艾奇逊在写给杜鲁门总统的信中也说："中国人口在18、19世纪增加了一倍，因此使土地受到不堪负担的压力，人民的吃饭问题是每一个中国政府碰到的第一个问题，一直到现在，没有一个政府使这个问题得到解决。"

——李攀：《财经战线的淮海战役》，载《党史纵横》，2011年第3期

问题设计：以上材料中的各种舆论反映了人们当时怎样的心态？

教师指导学生分析：上海解放之后，人民币作为唯一合法货币开始流通，但是人民群众对通货膨胀仍心有余悸，这种历史性恐惧使他们纷纷用手中的人民币去换购银元和抢购商品。巩固政权比夺取政权更为艰难，经济建设比军事战争更为复杂。毛泽东在中共七届二中全会上毛泽东的讲话就曾经指出："夺取全国胜利，这只是万里长征走完了第一步。"。面对如此严峻的经济形势，中国共产党迫切需要寻求新的对策。但不可否认的是，我们新生共和国政权在城市经济建设，特别是大城市的建设和管理方面，确实缺乏经验积累。由于党中央在当时并未能立即提出行之有效的策略，当时的社会舆论对共产党克服经济困难、进行经济管理普遍没有信心。面对经济濒临崩溃的现状，接管国统区的共产党政权该如何应对？

随着解放战争的顺利推进,在政治、军事胜局已定的情况下,共产党能否在经济上也"考试合格"? 这成为各方关注的焦点。

二、没有硝烟的战争悄悄打响

1. "红色掌柜"临危受命

教师讲述:陈云,新中国经济建设的开拓者与奠基人,有"红色掌柜""共产党的财经专家"和党内理财能手的美誉。30年代初他就在上海为党组织开办商业机构筹措经费,成效卓著;1944年主持陕甘宁边区的财经工作相当出色;1948年东北解放后出任东北财政经济委员会主任,在他的领导下,东北的经济迅速得到恢复。所有这一切,都让中央对陈云管理经济的才干十分赞赏,几乎不约而同地认为陈云是领导经济决战的最佳人选。

材料呈现:

材料四 1944年3月,陈云任中共中央西北局委员、西北财经办事处副主任兼政治部主任,主持陕甘宁边区的财政经济工作。在边区物价波动时,陈云巧用时机,吞吐黄金、法币,对边区经济中出现的通货膨胀予以化解,有效地执行了发展经济,保障供给的方针。1944年夏天,边区政府一次短时间内就收进黄金万两,赚取了大量金价波动的差价,充实了银行的准备金,还进口储备了大量必需物资。

——春奇:《陈云:新中国的"红色掌柜"》,载《新长征》,2018年第5期

材料五 毛泽东和周恩来考虑,要首先把中央财经委员会(简称中财委)组建起来,一方面领导全国的经济工作,另一方面在上海同不法资本家打经济仗。1949年6月4日,周恩来在北京饭店召开中共党政机关负责人和各民主党派人士会议上宣布,陈云、薄一波负责筹备中财委。

——陈东林:《陈云:新中国经济战线的奠基人》,载《中国总会计师》,2012年第3期

材料六 以往东北、华北、西北及其他解放区都有地域性的财政机构,但现在有成立中央的财政机构的必要。为什么?因为解放战争的胜利日益扩大,财经问题也逐渐增加,并且往往是带有全国性的,这就需要有一个机构来处理这些问题。有许多问题过去没有接触过,今天也需要研究……我们过去在这方面的经验很少,甚至在许多问题上是没有经验的。最早红军时代谈不上什么经济工作,就是有个把事务长,以后有了根据地,再后来有了边区政府、人民政府,也有了供给机关、贸易公司等等,一步步地扩大,以前没有大城市,现在有了大城市,有了国际贸易问题。

——陈云:《关于成立中央财政经济委员会的说明》(1949年6月4日),《陈云文选》(第一卷),388—389页,北京:人民出版社,1995

问题设计:分析上述三则材料,面对严重的经济困难,面对外界舆论的质疑,党中央首先采取了怎样的应对措施?

教师引导学生分析:党中央首先成立了中央财经委员会主管全国经济,并着重应对上海的金融危机,任命有着丰富财经管理经验的陈云同志担任中央财经委员会主任。1948年8月陈云写给中共中央的报告《把财经工作提到重要位置上来》(《陈云文选》第一卷,373页,北京:人民出版社,1995)指出财经工作的重要性。他在报告中指出:"东北财经工作中存在

盲目状态。其原因,一是财经工作的范围日益扩大,而且复杂,我们无经验。二是两年来我们集中力量于战争和土改,未深摸细摸财经问题。我们已经觉悟到,在目前的情况下,需要把财经工作放在不次于军事或仅次于军事的重要位置上来。"他在接收解放城市中不断摸索积累经验。在《接收沈阳的经验》(《陈云文选》第一卷,374—379页,北京:人民出版社,1995)的报告中,介绍了接收工作的几个经验,"各按系统,自上而下,原封不动,先接后分"的接收方法。在怎样才能迅速恢复秩序的关键问题中,特别提到了要迅速解决金融物价问题,其中对金圆券的处理都有特别介绍。这些工作都为后来接管上海,稳定社会秩序,恢复经济积累了有益的经验。

2. 以银元斗银元

教师讲述:1949年5月27日,上海战役胜利结束,上海回到了人民的怀抱。上海市人民政府宣布国民党发行的金圆券作废,人民币作为唯一合法货币在上海流通,并公布了1∶100 000的比价,即用10万金圆券兑换1元人民币。但人民币却在上海遇到了令人意想不到的困难。

材料呈现:

材料七 "人民币流向市场后出现了令人尴尬的信用危机。据当时的《上海大公报》报道,上海市民拿着刚刚领到的工资,第一件事就是去淮海路、曹家渡等地的黑市去换兑银元,以至于人民银行发行的人民币,早上发出去,晚上又差不多全部回到了人民银行。"

——朱文轶:《上海解放初期现"货币战争"》,人民网文史频道,2010-12-7

问题设计:人民币在进入上海之初,遭遇到了哪些困难?

教师引导学生分析:当时上海尽管已经解放,人民解放军也进驻了上海,但是人民币却面临"进"不了上海的尴尬局面。发行人民币是实现经济统一的重要手段,陈云非常注意人民币的发行工作,早在1948年底,中国人民银行成立之初,就开始筹划人民币的发行工作。上海解放之前,陈云经过初步计算,认为上海市面流通的金圆券数量,按1∶10万的比例,用人民币全部回收国民党发行的这些旧货币,大约需要4亿人民币。但是进入上海后,接管者们发现,在兑换金圆券之外,他们实际需要的货币量是预算的十倍都不止。事实证明,包括陈云在内的接管人员都低估了情势的艰难,人民币在上海的推广远非中财委想象的那么顺利,在收兑工作进行时,人民币却没有真正成为市场上流通的货币,人民币遇到了一个强大的对手——银元。

材料呈现:

材料八 (1949年)5月28日,人民币与银元的兑换比价为600∶1。

6月3日涨到720元。

6月4日突涨到1 100元。

6月5日,华东财委在上海集中抛售10万银元,力图以银元制服银元,使价格回跌。但由于投机势力很大,10万银元投入市场后被一吸而空,没有起到什么作用。

6月6日,在上海一个城区抛出1万银元,价格也毫无回落。

6月7日,银元每元价格又涨到1 800元人民币。对政府的法令,投机商置若罔闻,照旧我行我素。

6月8日,这个数字竟变成了2 000∶1。

上海投入流通的人民币近20亿元,大部分却浮在面上,充当本位币的照旧是银元。人民币只能购买小额货物,根本买不到整批的东西,有的商店甚至拒收人民币。

——傅颐:《"银元之战":中共稳定经济第一役》,载《21世纪经济报道》2005-12-26

材料九　社会上应运而生出约有二三万人专门从事"踢皮球"、"抢帽子"(即利用证券价格的涨落,在交易所中迅速买进卖出获取差价)的"银牛"贩子(又称黄牛,这是上海人民对这些人的蔑称)。这些充斥在大街小巷的"黄牛",仅6月5日这一天就有2万人,6月8日又发展到8万人,再加上数以百计的地上、地下钱庄的活动,在大上海,市场上已经形成了"农不如工,工不如商,商不如囤,囤不如金"的不正常经济活动的局面。

上海证券交易所,这里号称是当时远东最大的证券交易集中地。这里每天密集的大小黄牛有几千人之多,是上海真正操纵银元价格的地方,投机资本家们利用几千部电话同其分布在全上海的几千个分支据点保持联系,操纵银元价格。

——许光:《一场经济战线上的淮海战役》,载《党史天地》,2001年第5期

问题设计:材料显示,人民币和银元兑换的比价变化趋势怎样?政府采取了哪些对策,为什么没有达到预期效果?

教师指导学生分析:人民币和银元兑换的比价变化显示人民币一直在贬值。其实银元在上海的备受青睐由来已久。20世纪20、30年代,上海储存了大量的白银:大约有四亿盎司,差不多就是一个中国的总银库。在战争期间,纸币的不断贬值给上海市民留下了深刻的阴影,价值坚挺的银元成为上海市民大量持有的货币,地位难以撼动。1949年5月29日以前,惨遭挤兑的是"金圆券",5月29日以后,人民币遇到了相似的命运,人民币和银元的强弱之势几乎一目了然。解放后的10天时间里,上海银元的价格就上涨了两倍以上,银价暴涨带动了整个物价的上涨。在上海解放后的13天内,批发物价指数跟着猛涨两倍。面对此种情况,政府采用经济的方式在上海集中抛售大量银元,"以银元斗银元"的方式,力图使银元价格回落,但是结果却很不理想。究其原因,第一,上海是中国最大的城市,是东方的金融中心,要解决的问题很特殊。第二,上海一些投机奸商和敌特分子借助"黄白绿"幽灵("黄"指的是黄金;"白"指的是白银;"绿"指的是美钞),扰乱金融市场。他们利用市民解放前饱受通货膨胀之苦而对"黄白绿"存在盲目依赖心理和对人民币尚未建立信任等客观条件,抬高白银价位,进行大量非法的黄金、银元、外币的投机交易,疯狂打压人民币,造成人民币一路贬值。上海部分商店商号还拒绝以人民币作商品标价,企图把人民币排斥在市场之外。这样一来,在上海,实际上的流通本位币已经是银元,而不再是人民币了。反动势力甚至还扬言:"解放军进得了上海,人民币进不了上海。"不法分子的破坏致使人民币无法正常流通,不仅严重地损害了人民币的信誉,而且还引发了新一轮的金融危机和通货膨胀。

3. 双管齐下打击投机

材料呈现:

材料十　一、报纸、座谈会及群众报上公布,我们对银元的态度(6月开始),进行思想动员,警告投机者。

二、集中3500万银元,乘高价在黑市上抛出,二三天内逐渐压低银元价格。

三、然后京、沪、杭、芜各大中小城市全面禁止银元流通。

四、禁令公布后群众军警立即全面出动,镇压银元贩子,对银元大投机家,择一给以严厉的处分。

五、银元举行折实存款并收兑银元。

六、贸易处抛售各种实物(油盐、粮煤和工业品)吸收人民币,但又适当收购工业品,使物价不致过分下跌,仍能稳步上升,以上办法请各地仔细研究周密布置,严密配合坚决执行,使我们能够彻底将银元打入地下,人民币成为唯一的本位币。宣布禁用时期,临时电告你们。有何意见请速告。

——华东财委1949.6.4拟定:《华东财委打击银元的办法》,上海市档案馆编《上海解放(续编)》,405—406页,上海:上海三联书店,1995

材料十一 1949年6月10日上午10时,上海市公安局奉军管会命令,会同市警卫旅及军管会、财管会、金融处等有关部门……到汉口路证交大楼取缔银元投机市场。先由各组长分别到各楼宣布停止买卖,不准随便外出,也不准向外打电话,同时说明来此目的主要是逮捕违法贩卖银元、破坏金融的投机奸徒。随后按组分别从一层楼到八层楼进行登记与审查。登记时每个人的财物都要经过本人当场自动点清,签字封包,上面写姓名、地址与钱数,然后排列成队,按名进行盘问。据统计当天仅在证券大楼进行非法交易者为数达千余人,交易的货物主要有银元、铜元、黄金、美钞。其中情节较轻的300余人无条件释放,财物发还。同时将违法贩卖银元、破坏金融的投机奸徒238人扣押。……此外,新成区公安分局在主要交通路上抓到银元贩子百余人;老闸区公安分局抓到八十余人,查获银元七百余。……与此同时,黄浦、老闸、新成等公安分局分别出动公安人员分头取缔各区的银元投机市场,并拘捕了8名重大的投机犯罪分子,还对数名从事小额贩卖的400多人集中进行批评教育,免于查处。

——华东财委1949.6.4拟定:《华东财委打击银元的办法》,上海市档案馆编《上海解放(续编)》,417页,上海:上海三联书店,1995

问题设计: 政府采取了哪些方式解决投机倒把的问题?

教师引导学生分析: 面对严重的投机倒把行为,上海市政府已经意识到在当时特定的社会环境下,单纯依靠"银元斗银元"经济手段来管理经济,不仅反应速度慢而且效果差,这时需要充分发挥国家强制力。所以上海市政府采取双管齐下的办法,一方面,加强政策宣传,公布法令;另一方面,政府出动军警,查封了从事投机活动的证券交易大楼,查封大量物资,逮捕法办了金银投机首要分子。据统计,这次行动在证交大楼共抄没黄金3 462两、银元39 747枚、美钞62 769元、港币1 304元、人民币15 459 371元,其它各种囤积商品折合35 530 700人民币元及美式手枪2支。通过此次行动,基本上取缔了银元投机活动,军管会迅速实施金银管理办法,人民币从此占领了上海市场。除此之外,还采取了相应的经济手段强推人民币进入上海市场:明令铁路交通事业(包括市政公用事业)一律收人民币;税收一律征收人民币;以地方为单位,首先是上海酌发实物公债;验资,像平津一样,通令各私人银行查验资金;开放各解放区间的汇兑,以老区比较坚强的货币阵地,支持南方新占领的货币阵地,使人民币在上海开始站稳脚跟。这样,政治和经济两种手段相互配合,不到一个月的时间,猖狂的银元风波即被平息下去。

三、"银元之战"留给我们的经验教训

教师讲述: 通过回顾和总结上海在解放之初"银元之战",我们可以看到中国共产党在

指导上海经济恢复和建设中所提供的实践经验和理论创新是多方面的。

1. 注重同时运用政治手段和经济手段打击扰乱经济秩序的行为。

教师讲解： 在"银元之战"中，中共原打算以"以银元制银元"的方法打击银元贩子，但是投放市场的10万银元却出乎意料地被银元贩子一收而空。上海银元贩子众多，资产雄厚，纯粹利用经济手段打击对当时财力并不强大的人民政府来说十分困难。中共领导层及时而正确地制定了以强制手段打击金融投机的政策，迅速而有效地解决了行为。

当然，在当今社会主义市场经济环境下，政治手段有时会扰乱正常的经济秩序，我们要尽量避免用政治手段干预经济运行，对经济的调节要更多地使用经济手段，完善法律法规，不断完善社会主义市场经济体系。

2. 重视国家经济的整体性，以全局眼光看待和解决问题。

材料呈现：

材料十二 现在关内的钞票统一了，在处理金融问题时，必须有全局观点。一个地方物件上涨，必然会影响其他地方，抱怨是没有用的。个别地方采取"自卫"办法，即用提高价格来限制物资外流的办法是用不得的。只有让物资自由流通，物件保持平稳才行……现在是大兵团作战，需要发的票子很多，不是抗战时期那种小局面了。

——陈云：《克服财政经济的严重困难》，《陈云文选》（第二卷），5页，北京：人民出版社，1995

教师引导学生分析： 通过组建统一的中央财经委员会，领导全国性的财政工作，陈云从全局和战略的高度看待问题和解决上海问题。1949年7月27日到8月15日，由陈云主持，在上海召开了有华东、华北、华中、东北、西北五个地区的财经部门领导干部参加的会议。在会议中陈云强调："我们不但要注意克服目前的困难，而且要从全国范围内来考虑财经问题。否则，就要影响到国计民生。"（陈云：《克服财政经济的严重困难》，《陈云文选》第二卷，1页，北京：人民出版社，1995）。同时会议上确定了"全国支援上海，上海支援全国"的方针，这对于解决上海物资供应和全国财政困难起到了重要作用。经过这场斗争，中国终于有了一种比较稳定的一般等价物——人民币，中国人民的金融心理终于有了踏实感和安全感。

教师指导学生小结：鸦片战争以来的历史是中国的屈辱史，也是中国的抗争史，更是中国近代化的历史，中国在迈向近代化的历程中付出了太多的代价，官僚资本主义、帝国主义对中国经济的把持，是中国成为独立自主国家的巨大障碍。经过"银元之战"和之后的"米棉之战"，物价平稳下来，国民党留下的恶性通货膨胀这匹脱缰野马，在共产党人手里很快便被制服。人民政府将一个充满商业投机资本的破坏性市场，成功地改造为一个国营经济领导下的建设性市场。一个旨在服务人民生活，恢复与发展生产的人民政府的形象塑造，从这里开始了。

设计二：社会动员——新中国成立后农业合作化运动的推进与完成

设计意图

建国后的农业合作化运动对于推动我国从新民主主义社会向社会主义社会的过渡起到了重要的作用，这是中国共产党大规模改造农村社会体制的重大实践，对农村乃至整个国家的发展产生了极为深远的影响。本设计从社会动员的角度分析农业合作化运动发展并加快推进的原因,引导学生了解农业合作化运动中社会动员产生的历史背景,认识1953年至1956年期间农业合作化运动全面推向高潮并迅速完成的动力,理解社会动员在我国社会生活中的作用与地位,提升历史理解与解释的水平。

设计方案

教师讲解:农业合作化运动,是指我国在1949年夺取全国政权后对我国广大农村地区进行的农业社会主义改造的政治与经济活动。从1952年底全面完成土改,到1956年底基本实现农业合作化,新生的国家政权在短短几年的时间里就掀起了对农村社会的改造——无论是农村的土地与经济制度还是农村的政治组织形式,这一翻天覆地的变化是在一个极短的时间内完成的。这一疾风骤雨式的改造进程出乎大多数人的意料。究竟是什么力量使千百年来心如枯井的数亿中国农民爆发出如此巨大的冲天干劲,成千上万地加入合作社,快马加鞭地奔向社会主义?

一、缘起:农民的态度与国家政策的背离

教师讲述:土地改革后,农民的生活有了较大改善,但他们依然沿袭原来一家一户分散劳动的方式进行耕作,这种生产模式总体来说存在生产技术落后、农业资金短缺、不能形成规模经济等问题。于是,如何把分散的家庭经营模式的小农经济引导到规模经营的现代农业运作中来,成为土改后新中国亟待解决的问题。

材料呈现:

材料一 党中央从来认为要克服很多农民在分散经营中所发生的困难,要使广大贫困的农民能够迅速地增加生产而走上丰衣足食的道路,要使国家得到比现在多得多的商品粮食及其他工业原料,同时也就是提高农民的购买力,使国家的工业品得到广大的销售市场,就必须提倡"组织起来",按照自愿和互利的原则,发展农民劳动互助的积极性。这种劳动互助是建立在个体经济基础上(农民私有财产的基础上)的集体劳动,其发展前途就是农业集体化或社会主义化。

——《中共中央关于农业生产互助合作的决议(草案)》(一九五一年十二月十五日),中共中央文献研究室编:《建国以来重要文献选编(第2册)》,510—511页,北京:中央文献出版社,1992

材料二 在周庄和虹桥两镇……劳力足、工具好的中农、富裕中农和富农是喜欢单干、不愿参加互助合作的;而积极参加互助合作、不具备独立生产条件的贫下中农,多数也是为了通过互助合作的方式发展自己,等改善了生产条件后再行单干。

——周晓虹:《传统与变迁——江浙农民的社会心理及其近代以来的嬗变》,166页,北京:生活·读书·新知三联书店,1998

问题设计:根据材料,党中央对农业改革提出了怎样的方案?其出于怎样的考量?农民对互助合作持何种态度?为何如此?

教师引导学生分析:党中央认为,个体小农经济由于其分散性阻碍了农业的发展。国民经济恢复后,实现国家的社会主义工业化成为国家的基本任务,农业是工业的基础,我国

落后的农业现状与工业化、现代化生产的发展要求格格不入,因此,对个体农业的集体化改造势在必行。但是,从材料二可以看出,农民对互助合作缺乏兴趣,甚至有抵触的情绪。这是因为在土改后,农民获得了梦寐以求的土地,由于几千年来保守思想的桎梏和根深蒂固的小农意识的束缚,他们求富心理的侧重点是"发家",因此只有个体生产的积极性。即使有部分中下贫农参加互助合作,也只是为了发展自身,等经济条件好了之后再进行单干。农民的这一心理与领导人希望实现合作化的设想背道相驰,尤其是与我国加快推进农业合作化运动以巩固在农村的政权建设,并同时完成城市的工业化任务的目标相背离。为了在小农经济的汪洋大海中完成工业化,采用社会动员的方式加快推进农业合作化运动,成为一种可行的方案。

二、条件:社会动员何以成为可能?

材料呈现:

材料三 党发动合作化运动的根本目的是解放与发展生产力,恢复和发展国民经济,为促进国家工业化奠定基础,最终实现国强民富的社会主义。而土地改革使农民获得了土地之后,虽然不同阶层农民对合作化的态度有差异,但共同追求的都是发展生产、提高生活水平和发家致富。

——张齐学:《动员和响应:农业合作化运动中的党与农民互动探析》,载《北京党史》,2015年第3期

材料四 在合作化运动初期,广大农民对合作社有些顾虑,但干部一说是毛主席要求大家组织起来加入合作社,农民立即积极响应,入社热情迅速高涨,这种情况在当时非常普遍。例如,湖南醴陵县的农民说"解放几年来,毛主席领导我们做的事,哪件不是好事?听毛主席的话总不会错!"所以,"毛主席指给我们走互助合作这条路,走社会主义道路,是一条柏油大马路,越走越光明。"……习仲勋在《关于西北地区农业互助合作运动》中指出"农村互助合作运动这个大发展,又是农民群众对党和人民政府高度信任的结果。农民听到说是毛主席号召他们组织起来,都积极响应,'毛主席的话没错'。"

——易棉阳、罗拥华:《农业合作化运动中的农民行为:基于行为经济学的研究视角》,载《中国经济史研究》,2016年第6期

材料五 1953年"统购统销"政策的出笼及其随后的贯彻执行,……形成了国家对农产品市场的垄断以及土改后个体农民与粮食市场之间自由联系的割裂。凭借这种经济上的垄断地位,国家控制了农村土地流转与人口迁徙,实现了政治权力向农村社会的彻底嵌入与农民对国家权力的完全依附。这种依附越紧密,就意味着国家对农民的管理越直接,因此,"统购统销"无疑成为农业合作化运动中社会动员的一个经济制度保证。

——李瑞山:《1953年至1956年农业合作化运动中的社会动员研究》,中国政法大学硕士论文,2010

问题设计: 根据材料,分析我国进行农业合作化运动的社会动员工作,具有哪些条件和优势?

教师引导学生分析: 根据材料可知,我国进行社会动员工作具有历史与现实的条件和优势。第一,从根本上而言,党的政策与农民的个人愿望是相契合的,都是推动农业发展和

农民的发家致富,这是进行社会动员的群众基础。第二,中国共产党领导的革命斗争,带领人民翻身做主人,农民是直接的受益者。新中国成立后,我党进行土改,把土地分给农民,这些措施使中国共产党及领袖毛泽东赢得了崇高的威信,人们对其从心理上产生了深深的归属感和依赖感。第三,新中国成立后,实行土地改革,1953年实行"统购统销"后,农村社会原来涣散的组织状态被打破,国家对农民个体实行了直接管理,这客观上为农业合作化运动中的社会动员准备了充分而有利的条件。

三、措施:社会动员的技术操作

教师讲述:1951年我国出台第一个关于农业生产互助合作的决议草案——《中共中央关于农业互助合作的决议(草案)》,提出了发展农业生产互助合作的基本政策,农业合作化运动在全国迅速铺开并发展起来。

材料呈现:

材料六 1952年4月,中央政府组织了由30多人组成的中国农民代表团访问苏联。代表团成员都是来自于全国各地的合作社社长,中国农民代表团在苏联参观了83个集体农庄和2个国营农场。农民代表回国以后,在各自所在省份的县乡做报告,……中央和地方报纸对代表们的报告大加报道,并配以苏联集体农庄五谷丰登、社员美满生活的照片,舆论宣传在广大农民脑海中勾勒了一幅美丽的合作社图景,这幅图景为农民提供了一个可见的未来,成为他们积极办社、入社的动力。如长沙县成功村共产党员杨金龙对合作社做如下描述:"耕地不用牛,点灯不用油","楼上楼下,电灯电话",在他的宣传下,全村组织了11个互助组,参加互助组的有120户,占全村总户数的50.6%。

——易棉阳、罗拥华:《农业合作化运动中的农民行为:基于行为经济学的研究视角》,载《中国经济史研究》,2016年第6期

材料七 在农业合作化过程中,党通过树立典型互助组、合作社、劳动模范,以及举办模范和典型人物报告会、经验介绍会等方式,让各乡、村派代表进行学习,有效地动员了更多的农民参与到合作化中来。

——张齐学:《动员和响应:农业合作化运动中的党与农民互动探析》,载《北京党史》,2015年第3期

材料八 各地对走集体化道路的农民都实行了各种各样的政策倾斜:这种做法最早始于高岗领导的东北局,以后在其他地区也十分普遍;1951年,为了扶持贫苦农民的互助组,昆山县政府就一次性发放了贷款26亿元(旧币);……自1953年粮食的统购统销政策出台后,……在浙江农村,干部们为了鼓励农民入社,公开宣布:"入了社可以少派粮食征购任务,不入社就要多派"。

——周晓虹:《传统与变迁——江浙农民的社会心理及其近代以来的嬗变》,169页,北京:生活·读书·新知三联书店,1998

材料九 山东省部分地区,有的社规定要社员进行"五投",即投砖头、投现钱、投木料、投粮、投草。由自愿投现金、投砖料……逐渐发展到扒房檐、房顶、拆锅台……甚至拆房子、扒坟墓……采取大会"举手通过"、"熬鹰"、"整资本主义思想"、"轮番动员"、"封门"等等。

——高化民:《农业合作化运动始末》,305页,北京:中国青年出版社,1999

问题设计：根据材料，政府采取了哪些措施进行农业合作化运动的社会动员？

教师引导学生分析：在集体化的过程中，政府首先通过强大的舆论宣传，让农民形成农业合作社具有巨大的优越性的印象，同时，在合作化运动中挑选出较为突出、典型的范例进行展示、示范，引导农民逐渐养成集体化的新思想、新习惯，抛弃落后的个人主义思想。此外，还抓住农民趋利避害的心理，对农民进行利益刺激，即通过各种形式对农业互助合作组织进行物质支持和政策倾斜，极大地鼓舞了农民组织起来的生产热情。但在实施的过程中，一些地区和干部带有浓厚的政治强制执行的倾向，这对农业合作社今后的发展产生了不良的影响。

教师讲解：通过社会动员，农业合作化运动在各地相继开展起来。按照预定计划，我国的农业集体化必须经过互助组、初级社、高级社三个相互衔接的步骤，半社会主义性质的初级社在生产力有较大发展后才能转化为高级社。但1955年夏季，毛泽东严厉批判了"小脚女人"即"右倾保守"思想，这使得农业合作化运动的发展速度急剧加快，农业合作化运动迅速进入高潮。为了应对上级的要求，各地区加快了社会动员的步伐。

材料呈现：

材料十　在宣传"四十条"（即1956年颁布的1956—1967年全国农业发展的方针）的同时，各省、专区、县以及大多数乡和社也纷纷制定自己的长期发展规划和1956年的发展规划。在反右倾保守思想的指导下，各级发展规划纷纷缩短实现"四十条"的规划时间。特别是在生产规划上，冒进更是一个普遍现象，甚至许多县、许多社自己规划1956年就是"千斤县"、"千斤乡"、"千斤社"。据此，许多地方在办高级社时就向农民许下诺言，预开支票，甚至不切实际地宣传社员生活的改善。江苏省赣榆县有的区干部在办高级社时对群众说："你们以后饿了有苹果吃，收下的地瓜能把你们压死……"。

——叶扬兵：《美好的远景和过高的预期——农业合作化高潮形成的原因之一》，载《当代中国史研究》，2006年第1期

材料十一　根据毛泽东的主张，组织合作社一般根据各自的经济状况，采取由贫到富的发展顺序，分批发展。首先是保证以贫农为骨干，吸收部分下中农参加，上中农和富裕中农暂时不参加，地主、富农则以后再说。……在阶级斗争气氛浓郁和"怕富"、"恐资"的社会环境中，这必然导致农民入社中的"赶趟"、"赶车心理"。农民们怕的是"不入社与地主、富农在一起，不好过日子"，所以，当时竟还有人"痛哭流涕哀求入社"。

——温锐：《理想·历史·现实——毛泽东与中国农村经济变革》，191页，太原：山西高校联合出版社，1995

问题设计：根据材料，分析政府如何对农民进行社会动员，推动了农业合作化运动高潮的到来？

教师引导学生分析：政府通过制定发展规划，向农民展示了一个美好的未来，在美好远景的吸引下，许多农民抱着收入增加的预期加入了高级社。同时党和政府利用农民对阶级斗争的恐惧，采取阶级划分的方式，使农民争先恐后地参与到农业合作化运动的高潮中来。但值得注意的是，农民的入社是建立在收入增加这种不尽现实的预期之上，带有很大的虚假性和盲目性，因此，一旦其预期不能实现，农民的态度也会随之发生变化。这为农业合作化运动的良性发展埋下了祸根。

四、影响:"朝着社会主义飞奔"与"退社风波"

材料呈现:

材料十二 农民认为:"先进门的媳妇大似婆"、"头胎伢贵重些"、"反正要走新道路,晚走不如早走"。天津南郊区左营乡的社员普遍反映:"走社会主义不能等,得坐飞机追,不能老是半社会主义。"江西东乡县黎墟乡,区长在乡农民大会上作了入社动员报告后,第二天早饭前一个半小时内,就收到了279封要求办高级社的申请书,有些申请书上画着喷气式飞机,写着:"我们要像喷气式飞机那样,朝着社会主义飞奔!"

——李立志:《变迁与重建1949—1956年的中国社会》,250页,南昌:江西人民出版社,2002

材料十三 农业生产合作社历年发展情况

单位:个、户(1950—1953),千个、千户(1954—1956)

		1950年	1951年	1952年	1953年	1954年	1955年	1956年
农业生产合作社社数		19	130	3644	15068	114	634	994
其中	高级社	1	1	10	15	0.2	0.5	312
	初级社	18	129	3634	15053	114	633	682
参加的户数		219	1 618	59 029	274 852	2 297	16 921	111 713
其中	高级社	32	30	1 840	2 059	12	40	76 874
	初级社	187	1 588	57 189	272 793	2 285	16 881	34 839

——高化民:《农业合作化运动始末》,426页,北京:中国青年出版社,1999

材料十四 近数月来,特别是全省大部分农业社转为高级社,并进入秋收和准备年终分配以来,各地不断发生农业生产合作社社员闹退社的严重情况。据不完全的统计,退社农户已达70,000余户(包括部分在升级、并社中未报名转高级社的在内),约占入社总农户百分之一左右。已经垮掉的社共102个,正在闹退社而尚未退出的共127,000余户,约占入社总农户百分之二弱。个别地区曾经发展成为群众性的退社风潮。特别是在经济作物区和生产搞得不好的地区,退社问题更为突出而严重。……合浦专区灵山县有七个区二十多个乡不断发生抢割、抢分、拉回耕牛、耕自己的田、种自己的冬种等混乱情况,有些稻谷只有八成熟就被抢割掉,全县因闹退社而包围、殴打区、乡干部、村主任的事件已发生多起。

——《广东省委关于退社问题的报告》,中华人民共和国国家农业委员会办公厅编:《农业集体化重要文件汇编(一九四九—一九五七)》(上),649页,北京:中共中央党校出版社,1981

问题设计:根据材料谈谈农业合作化运动中社会动员产生的效果及影响,并对此进行反思。

教师引导学生分析:在党的宣传下,农民选择了无条件服从于国家的决策,对于国家的号召给予了热烈的回应,参加农业合作社的农户数大大增加,这大大推进了农业合作化运动的进程。1956年,全国农村基本上实现了初级形式的合作化,多数省市还实现了高级形式的合作化。

但是,在实施的过程中,很多地区违背了自愿互利的原则,引发了社员"闹社"、"退社"的风波。追根究底,是因为农业高级社的兴办超越了生产力的发展水平,超越了农民的觉悟水平,超越了当时的客观条件。因此,通过社会动员可在短期内形成合作化运动的高潮,但却难以维持,并且还会影响农业的健康发展。

教师指导学生小结: 在土改之后,为了促进农业的进一步发展,中国共产党从中国实际出发,开辟了一条具有中国特色的,由互助组到初级社,再到高级社的逐步过渡到社会主义的具体道路。在这一过程中,通过社会动员的方式,将中国传统农业分散的经营模式扭转过来并纳入到国家计划体制的框架之内,成功地将农业引导到了社会主义发展的轨道上来。随着农业合作化的完成,国家对土地进行合理规划、建设,逐步推广机械耕作、施肥、杀虫等农业科学技术,推动了农业生产的发展。但是,过度使用社会动员这一手段,抑制了农民个体生产积极性和潜能的发挥,这直接导致了农业集体化的作用未能最大限度地发挥出来,最终使农业的发展失去了活力。直到1978年后,全国进行家庭联产承包制的改革,农业才重新焕发出生机。

教学资源

资源1:新中国不会成为"傀儡"

新政权与美国交恶,虽然背后存在着苏联的巨大作用,但并不意味着新中国一定会成为苏联的手足。共产党固然都是以信奉共同的意识形态和主张国际主义为其特征的,但是,任何国家的共产党人,本质上却又几乎都是民族主义者。或者说,他们在国内政治问题上,更多地会显示出其共产主义者的特质;而在国家关系问题上,却会较多地表现出其民族主义者的性格。这一点,在苏联的历史上已经充分地表现出来了,毛泽东所领导的中共也给世人同样的印象。十分熟悉毛泽东,也深为毛泽东所欣赏的美国记者斯诺,这时候就在美国公开发表文章提醒美国人:毛泽东绝不会成为苏联的傀儡。但是,当毛泽东公开发表了《论人民民主专政》一文,明确声明向苏联"一边倒"之后,要这时已经开始被卷入到麦卡锡主义漩涡之中的美国当局寄希望于毛泽东,肯定也是一个不切实际的想法。

——杨奎松:《中华人民共和国建国时研究2》,79—80页,南昌:江西人民出版社,2009

资源2:新中国初期的夫人外交

为培养新中国未来的外交人员,中共中央于1950年初决定从各大野战军抽调约300名师参谋级别以上的干部到北京参加外交干部培训班。这批干部中有不少是女性配偶,她们随丈夫一起接受外语、国际关系知识、外交礼仪等方面的培训,并陆续被派遣出国。1952年底,外交部明确要求驻外使馆中的女同志应把做"夫人"看成是一种重要的外交活动,也是重要的政治任务,因为"夫人"在国际交往中比外交官有更多的活动机会,外交部特别强调一切轻视这一工作的思想都是错误的。

当时国内外事部门所开展的夫人外交主要集中在两方面,即外事部门与驻京外交使团之间一系列官方性质的夫人来往以及民间外交性质的外国夫人来华访问活动。此类层级的夫人外交均以宣传中国妇女解放、建设成就为主要内容。……

民间性质的外国夫人访华通常由全国妇联、对外文化协会、和平委员会等负责民间外交的非政府部门出面组织，内容涉及经贸、妇女、工联、科技、教育、文化、卫生、体育、宗教等领域。1951年，半官方性质的外国夫人来访活动陆续开展并见诸报端。外事部门与外交使团之间的夫人活动正式开始于1951年。当年，中方邀请各国驻华使节夫人参加首都纪念"三八"国际妇女节大会。此类活动尤以1954年的"三八"国际妇女节纪念大会最为隆重，这次大会邀请了80多名来自苏联、捷克、印度等国驻华使节的夫人，中方事后认为此次活动在宣传上收效明显。

——蒋华杰：《革命外交的张力：关于新中国夫人外交的历史考察（1950—1965）》，载《中共党史研究》2016年第5期

资源3："一五"计划的决策模式

"一五"计划于1951年开始酝酿编制，历时4年半，5次编制，十几易其稿，吸纳多方意见，学习苏联的同时，坚持实事求是，已经初步形成"集思广益"的学习机制。"一五"计划是"边计划、边执行、边修正"的方式编制的。"一五"计划的编制已经形成内部民主决策机制，保证党和国家领导人通过内部讨论、辩论，最大限度地增加达成共识和决议的可能性。从决策机制来看，"一五"计划的编制经历八个决策步骤：

1. 中共中央设置政策议程

1951年2月中共中央政治局扩大会议决定编制"一五计划"。

2. 计划部门起草计划草案

1951—1955年间，中财委和后来的国家计委五次编写"一五"计划，先是粗线条试编，再就是编制框架草案，1954年2月开始正式编制，成立了"一五"计划编制领导小组，不断讨论和修改，到1955年3月基本完成起草工作。

3. 国家领导人亲自领导编制

国家领导人投入大量时间亲自领导"一五"计划的编制，把握方向，提出意见，作出重要决定。1952年7月赴苏联访问前夕，政务院总理周恩来专门抽出一个月时间主要研究"一五"计划。1954年11月，毛泽东、刘少奇、周恩来三位国家最高领导人，整整花了20天时间，在广州集中审核修改五年计划纲要草案（初稿）。起草期间，毛泽东等人还多次审阅"一五"计划草案。

4. 部门和地方参与编制

部门和地方为"一五"计划编制提供支撑。1952年6月底，中财委汇总各大区和工业部门上报的经济建设指标，试编"一五"计划《轮廓（草案）》；1953年2月，中财委会同国家计委、中央各部、各地区，对原计划草案进行进一步的修改充实。计划草案还经过部门和地方广泛讨论。1954年11月3日，中共中央将五年计划纲要草案（初稿）发给各地区各部门进行讨论，征求意见，要求各地召集全国党代表会议代表和有关部门负责同志参加讨论，各部委召集有关负责同志参加讨论。

5. 多次征求苏联的意见

"一五"计划编制过程中多次征求苏联意见,首先,156项工业建设骨干项目由苏联援建是和苏联共同商定的;其次,苏联领导人斯大林、苏联国家计划委员会、苏联专家组都对"一五"计划提出了建议,中国方面对这些意见都高度重视,认真加以研究和吸纳。

6. 党中央集体决策

"一五"计划出台是经过了党中央的集体决策,1953年6月29日—7月1日,中共中央政治局召开扩大会议讨论草案,1955年3月14日交中共中央书记处扩大会议讨论修改;3月18日,中央政治局会议讨论决定提交党的全国代表会议讨论;3月21日中共全国代表会议通过了《关于发展国民经济的第一个五年计划草案的决议》。

7. 由国务院讨论通过

1955年6月18日,国务院全体会议第四十二次会议讨论并一致通过了中共中央提交的"一五"计划草案。

8. 由全国人大正式审议通过

1955年7月5日,一届人大二次会议通过了《中华人民共和国发展国民经济的第一个五年计划》。

可以说,"一五"计划的决策是政府内部"集思广益"的过程,不同主体参与了这一过程,发挥了重要的作用,已经出现了从国务院(政务院)领导部门编制、党中央决策、全国人大审议的编制程序雏形,同时也存在着向苏联学习的开放学习机制。当然,这一时期的安排还没有制度化与规范化,决策的主体还主要局限于政府内部。

——鄢一龙,王绍光,胡鞍钢:《中国中央政府决策模式演变——以五年计划编制为例》,载《清华大学学报(哲学社会科学版)》2013年第3期

资源4:苏联与中国"一五"计划的制定

(1952年)斯大林对我国的"一五"计划提出了一些原则性的建议。他认为,我们《草案》里考虑的五年中工业年平均增长20%的速度是勉强的,建议降到15%或14%。他强调,计划不能打得太满,必须留有后备力量,以应付意外的困难。他同意帮助我们设计一批企业,并提供设备。斯大林的意见对我们是有很深刻的启发意义的。当时我们提出工业年平均增长20%的速度,是根据前三年工业年平均增长34.8%的速度设想的,虽然计划指标已低于这个数字,但对经济恢复时期带恢复性质(数量少、基数低、恢复易)的高速度不能持久保持这一点,则认识很不足。

……

1953年4月4日,米高扬向富春同志通报了苏共中央、苏联国家计划委员会和经济专家对我国"一五"计划的意见。要点如下:(1)从国家的利益和整个社会主义阵营的利益考虑,"一五"计划的基础是工业化,首先建设重工业,这个方针任务是正确的;(2)从政治上、舆论上、人民情绪上考虑,五年计划不仅要保证完成,而且一定要超额完成。因此,工业的年平均增长速度调低到14%—15%为宜;(3)要注意培养自己的专家;(4)加强地质勘探等发展经济的基础工作;(5)大力发展手工业和小工业,以补充大工业之不足;(6)要十分注意农业的发展,不仅要大量生产质量好、价格低的农机具和肥料,还要保证工业品对农村的供应,发展城

乡物资交流;(7)巩固人民币,扩大购买力,发展商品流通;(8)工业总产值的增长速度要大于职工人数的增长速度,以保证劳动生产率的提高。劳动生产率的提高速度要大于工资的增长速度,以保证国家的积累。技术人员的增长速度要大于工人的增长速度,以保证技术水平的提高。这些意见虽然主要是立足于苏联的经验而谈的,但基本上符合当时中国的实际。我们参考这些意见对计划草案作了较大的调整。

——薄一波:《若干重大决策与事件的回顾(上)》,201—203页,北京:中共党史出版社,2008

资源5:人们对高级农业合作社实现后美好生活的憧憬

1955年11月,毛泽东主持制定了农业"十七条",提出一个农业发展的长期规划:在1956—1967年12年内,我国粮食平均亩产量要达到规划目标"四、五、八",即在黄河、秦岭、白龙江、黄河(青海境内)以北的地区,要求达到400斤;黄河以南、淮河以北达到500斤;淮河、秦岭、白龙江以南达到800斤。1956年初,在农业"十七条"的基础上发展成为四十条,并正式定名为《一九五六年到一九六七年农业发展纲要(草案)》(简称"四十条")。"四十条"公布后,向农民描绘出一幅美好的远景。在1955年冬和1956年春,全国农村随即掀起一股宣传"四十条"的热潮。

……

山东省在《山东省实施"1956年到1967年全国农业发展纲要"的规划(草案初稿)》中更具体地规划出山东省实现"四十条"后的美景:粮食每亩平均年产量达到750斤,棉花每亩平均产皮棉150斤,花生每亩产皮果500斤,大豆每亩产270斤,烤烟每亩产450斤,麻类每亩产655斤,蚕丝达366.2万担,果品达61亿斤,水产达120万吨,骡马达100万头,生猪达6 000万头,水浇地扩大到80%—90%。农业生产可以基本实现机械化,水、旱、病、虫、鸟、兽等自然灾害可以基本消灭,农业生产可以得到稳定的丰收,人民生活水平将大大提高。每人每年平均粮食由现在的530斤增加到1 200斤,而且可以储备两年以上的余粮;每人每年平均吃80多斤猪肉、40多斤鱼、90多斤果品、三四百斤蔬菜。那时农村将是"五谷丰登,牛马成群,百花满山,果木成林,粮食满仓,鲜鱼满池,棉花成堆",那时文教、卫生、交通事业也将大大发展,"小学、中学、医院、托儿所、电灯、电话、铁路、公路应有尽有,农村到处呈现一片幸福繁荣的景象"。

——叶扬兵:《美好的远景和过高的预期——农业合作化高潮形成的原因之一》,载《当代中国史研究》2006年第1期

资源6:"猫吃辣椒"与资本主义工商业的改造

在对私营工商业改造高潮中,毛泽东与刘少奇和周恩来相互交谈,并向他们提出一个问题:"你们怎样才能使猫吃辣椒?"刘少奇回答:"那不容易,你让人抓住猫,把辣椒塞进嘴里。然后用筷子捅下去。"毛泽东认为这是莫斯科式的解决方法,于是摆摆手说:"决不能使用暴力……每件事都应是自觉自愿的。"在毛泽东的要求下,周恩来谈了自己的看法:"我首先让猫饿三天,然后把辣椒裹在一片肉里,如果猫非常饿的话,它会囫囵吞枣般地全吞下去。"毛泽东认为这带有欺骗性,也不妥。并提出自己的办法:"这很容易,你可以把辣椒擦在猫的屁股上,

当它感到火辣辣的时候,它就会自己去舔辣椒,并为能这样做而感到兴奋不已。"毛泽东的策略应验了。资本家敲锣打鼓要求进行社会主义改造,其急迫之情大大超过决策者的预想。强大的宣传攻势对资本家造成巨大的社会和心理压力,他们开始对自己的阶级产生耻辱感和罪恶感,必欲去之而后快。"剥削者"就是擦在资本家屁股上的"辣椒",因此他们敲锣打鼓、争先恐后地要求公私合营,交出自己的企业,希望改变剥削者的身份而成为社会主义劳动者。

——陆和健:《上海资本家的最后十年》,230页,兰州:甘肃人民出版社,2009

资源7:陈云谈资本主义工商业改造中的"定息"原则

(1955年)十一月十六日,陈云在中共中央召开的关于资本主义工商业社会主义改造问题会议上,作了《资本主义工商业改造的新形势和新任务》的报告,宣布普遍推行"定息"的办法。他说:"定息就是把原来分给资本家的利润,改变为按照固定资产价值付给定额利息……实行定息有很大好处。实行定息以后,工厂的生产关系有了很大改变,国家对工厂的关系,资本家对工厂的关系,都改变了。定息就是保持私股在一定时期内的定额利润,而企业可以基本上由国家按照社会主义的原则来经营管理。这样,资本家得到了好处,我们得到了更大的好处。资本家暂时保存了他的资产价值,这个资产的所有权还是他的,但是不能变卖,只能拿到定额利息。工厂企业管理的实际权力转到了国家手里。资方人员参加一部分管理,这是一种什么管理呢?他仅是和一个普通的工作人员参加工作一样,不能像从前那样以资本家的身份来管理工厂了。"

——金冲及:《二十世纪中国史纲(第三卷)》,823—824页,北京:社会科学文献出版社,2009

资源8:中国的"新经济政策"

1956年11月,在民建一届二中全会后,黄炎培给毛泽东写了一封信,其中写道:"全行业公私合营,工商业者的表现是好的。这几个月,有少数人表现了消极作用,流行着定息万岁的口号,白天是社会主义,夜里是资本主义,还出现地下工厂、地下商店。可以看出,资本主义工商业的改造任务还是艰巨的"。这些话引起了毛泽东的重视,所以他在12月上旬用了3个晚上的时间,分别找陈叔通及全国工商联副主任、各省市工商联代表谈话。……

毛泽东在谈话中指出:"现在我国的自由市场,基本性质仍是资本主义的,虽然已经没有资本家。它与国家市场成双成对。上海地下工厂同合营企业也是对立物。因为社会有需要,就发展起来。要使它成为地上,合法化,可以雇工。现在做衣服要3个月,合作工厂做的衣服一长一短,扣子没有眼,质量差。最好开私营工厂,同地上的作对,还可以开夫妻店,请工也可以。这叫新经济政策"。他怀疑俄国新经济政策结束得早了,到现在社会物资还不足。他认为,只要社会需要,地下工厂还可以增加。可以开私营大厂,订条约,10年、20年不没收。华侨投资的20年、100年不要没收。可以开投资公司,还本付息。可以搞国营,也可以搞私营。可以消灭了资本主义,又搞资本主义。当然要看条件,只要有原料、有销路,就可以搞。这样定息也有出路。

……

毛泽东、刘少奇讲的"又搞资本主义",是指在所有制结构方面,在国营经济和集体经济为主体的前提下,适当保存发展一些私营经济和个体经济,并引进华侨投资。这样做可以使社会主义经济既有补充,又有个"对立面",保留一定的竞争机制。当然,这种重新保存和发展的私营经济与个体经济,它们的地位和作用也和以前的有很大的不同。

——吴序光主编:《中国民族资产阶级历史命运》,384—385页,天津:天津人民出版社,1993

资源9:新中国土地改革对乡村社会的政治影响

土地改革的完成,由于废除了宗法社会的经济基础,封建地主作为一个阶级永远地被消灭了,农民在经济上对地主的依附关系被废除,成为了平等的、更具独立人格的人,形成了一种有利于国家向现代化发展的新的、民主的、自由的社会关系,这一社会结构的巨大变革,为社会主义民主制度建设奠定了基础,成为新中国向现代化迈进的契机。

在封建社会,地主阶级是统治阶级,农民没有任何政治权利。土地改革这场变革,改变了农民的政治地位,改变了农村的政治结构,为新中国新型的农村基层政权的建立奠定了基础。实际上,土地改革还与新型农村基层政权建设联系在一起,土地改革的过程也是农村基层政权建设的过程,发动群众,树立了农民的优势地位,随着土地改革的完成,在全国建立起上下相通、城乡相通的统一政权,为中国有一个长治久安的经济建设环境创造了条件。

——郑友贵:《土地改革是一场伟大的历史性变革——纪念〈中华人民共和国土地改革法〉颁布50周年》,载《当代中国史研究》2000年第5期

资源10:抗美援朝运动推动中国人民民族精神的高涨

抗美援朝运动的开展与民众社会心态的转变是抗美援朝战争胜利的重要因素之一。正如彭德怀1953年9月12日在《关于中国人民志愿军抗美援朝工作的报告》中所说:"抗美援朝运动使全国人民受到了爱国主义和国际主义的教育,大大提高了民族自尊心和自信心,加强了同仇敌忾、打退美国侵略者的决心,正是在这一思想基础上,产生了通过各方面来支援志愿军及朝鲜人民反抗侵略、保卫远东和平和世界和平的强大的物质力量。"更为重要的是,抗美援朝运动以民族主义和爱国主义为切入点,有效促进了中华人民共和国初建时期对民众社会心态的整合。一些美国学者也不得不承认,美国对新生的中华人民共和国的种种挑衅行为使"毛和他的同志们无需再从意识形态方面找根据来仇视美国"。中国千百年的民族情感积淀已经足够成为民族国家创建和巩固的有力保证。这种民族情感既表现为为民族振兴、国家富强而努力奋进的精神,也表现为在民族危亡的时刻同仇敌忾、救亡图存的信心和决心。在整个抗美援朝时期,中国社会表现出的一个重大特征就是,"民族主义空前高涨,凝聚力、向心力特别强"。而抗美援朝运动中的"仇美、鄙美、蔑美"宣传教育,又在增强民族自尊心和自信心的基础上,有力清除了百年来帝国主义对华侵略所造成的不良心理影响……

——侯松涛:《抗美援朝运动与民众社会心态研究》,载《中共党史研究》2005年第2期

第十一单元

社会主义建设道路的探索

学术引领

一、社会主义政治、经济建设道路的探索

(一) 中共八大对社会主义道路的探索

1. 中共八大的历史背景

(1) 苏共二十大后,苏联模式弊端暴露,党和国家领导人为八大召开作了思想上和理论上的准备。

金冲及在《二十世纪中国史纲(第3卷)》(844—848页,北京:社会科学文献出版社,2009)一书中指出,1956年苏联社会主义建设中存在的种种弊端已开始清楚地暴露出来,如片面发展重工业,忽视农业和轻工业;片面扩大积累,忽视改善人民生活;经济管理体制集中过多过死等。八大前夕,党和国家领导人在一系列论述和决策上为八大的召开作了思想上和理论上的准备。1956年5月2日,毛泽东在最高国务会议作了《论十大关系》的报告。《论十大关系》涉及社会主义建设、特别是工业化建设中许多重要问题:产业结构方面,主要是农业、轻工业和重工业的比例关系;工业布局方面,主要是沿海工业和内地工业的关系;国防工业方面,主要是经济建设和国防建设的关系;经济体制方面,主要是国家、生产单位和生产者个人的关系,中央和地方的关系等。针对苏共二十大引起的思想混乱,中共中央政治局扩大会议经讨论,用"人民日报编辑部"的名义发表了《关于无产阶级专政的历史经验》一文,毛泽东在最后一次讨论修改这篇文章的会议上,提出了独立思考、把马列主义的基本原理同中国革命和建设的具体实际相结合、努力找到中国建设社会主义的具体道路等观点。

(2) 苏共二十大引发了各国执政党对本国社会主义道路的思考,国内三大改造过急过快,弊端渐渐暴露。

萧冬连在《筚路维艰:中国社会主义路径的五次选择》(73、75页,北京:社会科学文献出版社,2014)一书中指出,中共八大前后,党对经济体制改革的思考背景包括:第一,国际背景:1956年2月苏共召开二十大,揭露斯大林的错误,在社会主义发展史上具有转折意义。它为各党独立思考、探索本国改革之路,提供了一个历史机遇。第二,国内背景:三

大改造基本完成,计划经济体制初步建立起来以后,暴露出一系列新问题。比如,手工业和服务业合并过多,导致产品质量下降、品种减少,服务不周,居民生活不便;公私合营后与国营企业一样,只顾生产大路货,不愿增加品种,产品货不对路;农业合作化后家庭经营减少,农副产品生产下降,过分强调一切都公有化和合作社越大越好,造成了管理混乱、收入减少、农村紧张等等。

2. 中共八大对苏联模式的思考、改革与局限

(1) 中共八大对苏联模式的思考

汪振华在《党在八大前后关于利用非公有制经济形式的探索和局限》(载《中共党史研究》1996年第6期)一文中指出,在利用非公有制经济形式方面,党在这期间进行了积极的探索,对于深刻理解党在十一届三中全会以来确立的坚持以公有制为主体的多种经济成分并存的方针,具有重要意义。第一,在社会主义改造高潮中,提出了长期保留个体经济独立经营的思想。第二,在开始探索适合中国情况的社会主义建设道路时,提出学习外国和利用外资的思想。第三,在社会主要矛盾和主要任务转变之时,初步提出经济体制的设想。第四,在社会主义改造以后个体工商户明显增长的情况下,提出所有制结构的新思路。第五,在正确处理人民内部矛盾成为国家政治生活主题的条件下,提出了工商业者不是国家的负担,而是一笔财富的观点。

萧冬连在《筚路维艰:中国社会主义路径的五次选择》(75—79页,北京:社会科学文献出版社,2014)一书中指出,苏共二十大后,中共高层思考"中国式工业化道路"。在改革经济管理体制方面,陈云认为,资本主义大范围内不合理,小范围内合理;社会主义大范围内合理,小范围内有不合理之处。要使两个方面都合理,就应当在国家市场指导下允许自由市场存在,没有自由市场,市场就会变死。陈云在中共八大提出"三个主体,三个补充"的总体设想:国营和集体为主,个体为补充;按计划生产为主,市场生产为补充;国家市场为主,自由市场为补充。毛泽东也产生过利用非公有经济的想法。1956年12月7日,他在同工商业者谈话时说:上海地下工厂"要使它成为地上,合法化,可以雇工……这叫新经济政策。我怀疑我国新经济政策结束得太早,还可以考虑,只要社会需要,地下工厂还可以增加,可以开私营大厂","可以消灭资本主义,又搞资本主义"。

刑和明在《八大前后中共对苏联模式的思考与改革——兼论党对中国社会主义建设道路的有益探索》(载《当代中国史研究》2005年第1期)一文中指出,自新中国成立到十一届三中全会前,没有哪一个时期像八大前后那样,中国共产党能够从政治、经济和文化等领域多方面揭示苏联模式的弊端。在经济方面,批评了苏联"两化"道路和经济管理体制的弊端。第一,苏联在处理农、轻、重关系上的失误,片面注重重工业。第二,苏联在处理国家、集体和个人的关系上,把农民挖得很苦。第三,苏联在处理中央与地方关系上的失误,苏联经济体制的特征是高度集中,各部门各地方和基层企业的积极性和创造性受到了一定的束缚。八大前后,中国共产党已经认识到苏联在社会主义建设过程中暴露出的缺点和错误,对待苏联经验不再像建国初期那样迷信,强调有选择地学习,更多地强调要同中国实际相结合。党对苏联模式弊端提出了相应的改革措施。关于经济管理体制的改革,主要表现为:第一,在巩固中央统一领导的前提下,扩大一点地方的权力,给地方更多的独立性。第二,兼顾国家、集体和个人的关系。

(2) 中共八大的历史局限

汪振华在《党在八大前后关于利用非公有制经济形式的探索和局限》(载《中共党史研究》1996 年第 6 期)一文中指出，八大前后党对什么是社会主义这个首要的理论问题和对中国国情这个最根本的依据发生了认识上的偏误。表现在：第一，把马克思主义设想的完全公有制当作中国的现实目标。第二，对非公有制经济在我国的积极作用和发展商品经济的历史必然性认识不足。第三，把苏联高度集中的计划经济体制当作固定模式。第四，过分看重阶级矛盾和阶级斗争，忽视了发展社会生产力。

金冲及在《二十世纪中国史纲(第 3 卷)》(851 页，北京：社会科学文献出版社，2009)一书中认为，"一定程度的资本主义经济在国家领导下可以作为社会主义经济主体的补充"，这种认识当时还并不深刻，因而没有能坚持下去，不仅很快被 1957 年发展起来的"左"的指导思想所打断，而且向相反方向发展得越来越严重，直到十一届三中全会才得到纠正。

夏林等在《一九五六年至一九五七年有限开放自由市场政策述论》(载《中共党史研究》2015 年第 2 期)一文中指出，八大允许有限开放自由市场的新政策对刺激农副产品生产、保障市场供应、改善人民生活产生了积极的影响。同时也引发了各种矛盾冲突：第一，各种市场欺诈行为死灰复燃；第二，某些短缺商品涨价；第三，某些国家统购商品流入自由市场；第四，雇佣劳动的出现；第五，农业和手工业合作组织的涣散。这些"市场乱象"，有些是客观经济规律的必然体现，有些可以通过创新体制、完善法规的途径逐步地加以规范和解决。但由于当时人们对"社会主义"概念存在一些片面和僵化的理解误区，对有限开放自由市场后出现的新情况、新问题缺乏必要的心理准备，唯恐影响国家的工业化进程。这些问题被贴上"资本主义"之类的标签，并试图采用简单粗暴的行政干预手段加以禁限。

3. 中共八大路线中断的原因探析

沈慧在《对"八大"路线中断的再认识》(载《浙江社会科学》1997 年第 3 期)一文中指出：第一，没有弄清什么是社会主义，是"八大"正确路线中断的根本原因。社会主义在人们的头脑中，往往仅与公有制、按劳分配、计划经济、无产阶级专政诸概念相联系。把阶级斗争误认为是马克思主义的核心，并片面夸大其作用；由于社会历史条件的限制，党还不可能认识到"解放生产力，发展生产力，消灭剥削，消除两极分化，最终达到共同富裕"才是社会主义的本质。第二，缺乏建设社会主义的实际经验，对"八大"路线的正确性没有真切感受，是"八大"路线中断的重要原因。"八大"的正确路线并不都出自我党自身经验的总结，它主要借鉴的是苏联建设社会主义的经验教训。"八大"前夕，社会主义革命胜利的形势发展迅速，全面开展社会主义建设的任务来得太快，全党在理论上和实践上都准备不足。所以"八大"路线的制定者对"八大"路线的正确性缺乏自觉的深刻的认识，更缺乏贯彻到底的坚定信念。第三，领导层对"八大"路线中的一些内容没有形成共识，这是"八大"路线中断的内在原因。如对经济建设的速度、倾向等问题，"八大"虽然确定了既反保守又反冒进，在综合平衡中稳步前进的经济建设方针，但实际工作中自 1955 年错误地批判了邓子恢"右倾保守"思想之后，党内已开始出现害怕"右倾保守"而急于求成、盲目冒进的情绪。第四，对国内外重大事件的错误判断，是"八大"路线中断的直接原因。国外重大事件主要有苏共"二十大"及波匈事件；国内的重大事件主要是少数右派分子的猖狂进攻。在党的八届三中全会上，毛泽东改变了"八大"关于主要矛盾的提法，断言："无产阶级和资产阶级的矛盾，社会主义道路和资本主义道路的矛盾,毫无疑问,这是当前我国社会的主要矛盾。"

(二) 整风运动和反右派斗争扩大化

1. 整风运动的发动

喻冰在《试析 1957 年的整风运动》(载《理论月刊》2005 年第 9 期)一文中指出,1957 年 4 月 27 日,中共中央正式发出《关于整风运动的指示》,并指出,我们国家正处在一个新的剧烈的伟大变革中,党在实现自己目标的斗争中必须同时改造自己;而执政党的地位使许多党员容易采取单纯的行政命令的办法去处理问题,一部分人还沾染了特权思想。因此决定进行一次以正确处理人民内部矛盾的问题为主题,以反对官僚主义、宗派主义、主观主义为内容的整风运动。《指示》规定,这次整风运动以毛泽东的《关于正确处理人民内部矛盾的问题》和《在中国共产党全国宣传工作会议上的讲话》为指导思想,要求各级党委按照这两个讲话的基本思想,检查对于党的各项方针政策的执行情况,总结改进工作。既要严肃认真地开展批评与自我批评,又要和风细雨,达到"惩前毖后,治病救人"的目的。中国共产党的整风运动,以正确处理人民内部矛盾为其理论形态,以号召民主党派和知识分子帮助共产党整风为其实践形态,其最初的动机就是为了克服党内的不良作风,提高领导水平,使党能正确处理人民内部矛盾,更好地领导全国人民进行社会主义建设,采取这次重大步骤是经过深思的,也是真诚的,这是勿庸置疑的。

2. 从整风运动转向反右派斗争

喻冰在《试析 1957 年的整风运动》(载《理论月刊》2005 年第 9 期)一文中认为,整风初期,党外人士提出了许多很中肯的意见,其中不乏正确的国策,如著名学者马寅初提出的"新人口论"等。5 月,在中共中央多次向党内发出的指示中,也高度评价了这些意见。然而,随着运动的深入,出现了一些复杂情况。人们所触及的问题不再是中国共产党运动的初衷,即只反一些官僚主义、宗派主义、主观主义的现象,人们更多关心的是民主机制和监督机制的完善,很多人从不同方面、不同角度提到了党和国家的体制问题,甚至一部分人士发表了一些言辞颇为激烈尖锐的言论。应该说,在这些意见中,错误的、不现实的成分不是完全没有的。但是,党外人士纷纷畅所欲言,实际上是拥护中国共产党的积极表现。然而,当时中国共产党和毛泽东对自身体制不健全的问题认识不足,对社会主义发展认识不足。再加上一些党外人士眼光和思想高度的局限性,其批评和建议中不免带有不同程度的偏见,一些人的语言也过于尖锐。因此,在上述情况下,中共中央首先是毛泽东对民主人士的鸣放开始产生错觉。5 月 15 日,毛泽东写出《事情正在起变化》一文,发给党内高级干部阅读,文中认为:在党外知识分子中,中间派占 70% 左右,左派占 20% 左右,右派占 1—10%;同时指示让右派的反动言论登在报上,让人民见识这些"毒草、毒气,以便锄掉它,灭掉它"。这表明党中央的指导思想和部署开始发生了重大变化,运动的主题开始由正确处理人民内部矛盾转向对敌斗争,由党内整风转向反击右派。

3. 反右派斗争扩大化的严重影响

宋荐戈在《反右派斗争扩大化对社会主义事业的危害》(载《山西师范大学学报(社会科学版)》2002 年第 1 期)一文中认为,反右派斗争扩大化的危害主要表现在:第一,把一大批学有专长的、爱国的、与共产党有过长期合作历史的知识分子和在政治上热情但还不够成熟的青年学生,以及参加革命多年的党员干部,包括一直从事领导工作的党员干部视为右派分子。这不只是他们和他们家庭的不幸,而且也给我们整个国家、整个民族造成了建设人才方面的巨大损失。第二,由于反右派斗争的扩大化,以及随之而来的一系列政治运动使广大知识分子受到了极大的伤害,严重地伤害了他们的自尊心和自信心,打击了他们的社会主义积极性和对共产党的信任。第三,反右派斗争的扩大化使许多知识分子从消极方面接受了教训,他们不敢坚持己见,不同的学术观点也不敢展开争论,从而窒息了方兴未艾的有关社会主义理论问题的讨论,使党政机关、各级学校、科研单位在一定程度上出现了"万马齐喑"的局面,这不利于群策群力地去搞好各项工作和开展科学研究。第四,反右派斗争的扩大化在一定程度上助长了"左"的情绪发展,使"左"的思想开始抬头。在这种"左"的情绪支配下,动辄给持有不同意见者贴上"右倾保守""资产阶级思想"的标签,进行批判斗争,无限上纲上线,简单粗暴地对待人们在思想认识方面和学术见解方面的问题。总之,反右派斗争扩大化的教训是深刻的。这些教训在发展社会主义事业的进程中是应该深刻汲取的。

(三)"大跃进"运动

1. "大跃进"运动的起因

(1) 对社会主义建设经验不足

《中国共产党中央委员会关于建国以来党的若干历史问题的决议》(20页,北京:人民出版社,2009)一书中指出,1958年,党的八大二次会议通过的社会主义建设总路线及其基本特点,其正确的一面是反映了广大人民群众迫切要求改变我国经济文化落后状况的普遍愿望,其缺点是忽视了客观的经济规律。在这次会议前后,全党同志和全国各族人民在生产建设中发挥了高度的社会主义积极性和创造精神,并取得了一定的成果。但是,由于对社会主义建设经验不足,对经济发展规律和中国经济基本情况认识不足,更由于毛泽东同志、中央和地方不少领导同志在胜利面前滋长了骄傲自满情绪,急于求成,夸大了主观意志和主观努力的作用,没有经过认真的调查研究和试点,就在总路线提出后轻率地发动了"大跃进"运动和农村人民公社化运动,使得以高指标、瞎指挥、浮夸风和"共产风"为主要标志的"左"倾错误严重地泛滥开来。

(2) 片面夸大主观意志的作用

王向清等在《"大跃进"时期的唯意志论倾向及其反思》(载《湖南科技大学学报(社会科学版)》2010年第2期)一文中指出,大跃进时期的唯意志论倾向的形成有四方面的根据:第一,大破条件论。国家经济建设既有内在根据,又需要适当外部条件。"大跃进"时期的唯意志论倾向却否认外部条件,把承认条件的观点说成是"唯条件论"。把经济建设的发展完全取决于人的主观意志,把人的主观能动性强调到无以复加的地步。第二,把虚拟条件当作真实条件。虚拟条件指现实中不具备的假设条件,或者是当时的主客观状态满足不了的条件。大跃进运动期间,部分科学家把虚拟条件当作真实条件,为大跃进运动的合理性作论证。第三,以制度优越论代替条件论。认为在毛主席、共产党领导下,在社会主义制度下,人民群众的无限创造力得到了充分发挥,什么人间奇迹都可以创造出来。第四,误用类比推理。由于以毛泽东同志为代表的中国共产党人制订的新民主主义革命方针、政策的正确,类比推出以毛泽东为代表的党和国家领导人制订的经济建设大跃进的方针、政策也正确。大跃进时期的唯意志论倾向呈现出背离实事求是原则、诉诸群众运动、轻视科学和权威等特点。

（3）不良社会心理的根源

赵文在《大跃进运动发起与形成过程中的社会心理简析》（载《重庆科技学院学报（社会科学版）》2012年第23期）一文中指出，1958年大跃进运动发起和形成过程中普遍存在急于求成、盲目从众、恶性竞争、浮夸攀比等不良社会心理，这是领导者的"左"倾错误决策得以顺利出台并得到贯彻执行的社会心理基础。

（4）社会主义阵营出现和平竞赛与赶超大潮

武国友在《社会主义阵营的和平竞赛大潮与中国的"大跃进"运动》（载《当代中国史研究》2014年第3期）一文中指出，中国"大跃进"运动的产生有着广泛而深刻的国际背景。第一，刚刚获得民族独立的社会主义国家存在着急于改变贫穷、落后面貌的快速发展心理；第二，苏联领导人的"赶超"思想对社会主义各国所起的引导效应；第三，社会主义各国完成"一五"计划的良好效果，助长了人们的盲目乐观情绪。苏共二十大上赫鲁晓夫宣称："苏联人民已经建成了社会主义"，现在的任务就是要在"尽短的时间内"，"加速为共产主义创立强大的物质和生产基础"。这一急于向共产主义过渡的思想获得了大会的一致通过，被称作"苏联建设共产主义社会"的"进一步行动的纲领"。中国共产党快速发展经济的思想在这里得到了"共鸣"，并受到鼓舞，决心"加倍努力学习苏联人民建设社会主义和共产主义的伟大经验和奋斗不懈的精神，满怀信心地沿着社会主义的道路大踏步前进"。

2．"大跃进"时期的经济建设及问题

（1）农业领域的"大跃进"及其问题

金冲及在《二十世纪中国史纲（第3卷）》（875—880页，北京：社会科学文献出版社，2009）一书中指出，1958年开始的"大跃进"热潮是从农业领域起步的。农业生产的积极性首先表现在农田水利建设上。那一年农田水利建设的成绩显著，不少至今仍发挥着重要作用。植树造林、改良土壤、社办工业和修建农村公路等各项建设，也取得累累成果。粮食和其他农作物的产量明显提高。但随着"大跃进"的不断升温，在层层提高生产指标和批判右倾保守的压力下，很快刮起了虚报产量的浮夸风。入夏以后，各地竞放"卫星"，产量越报越高，还有许多弄虚作假，造假的方法五花八门。由于虚夸不真实的统计，造成农业大增产的假象，使人们头脑越来越热，导致决策上一系列严重失误。

（2）工业领域的"大跃进"及其问题

金冲及在《二十世纪中国史纲（第3卷）》（875—880页，北京：社会科学文献出版社，2009）一书中指出，人们认为农业的问题基本上解决了，现在要用农业逼工业，把工作重心转移到工业首先是钢铁上来，发动全民大办钢铁。全民大办钢铁的后果不仅是耗费了巨大的人力和物资，浪费大，经济效果差，而且表现在：第一，国民经济各部门的比例关系严重失调。第二，因大炼钢铁、大办工业和大办其他事业，占用农村劳力过多，使这一年农业丰产而没有丰收，大批粮食、棉花扔在地里无人收割。第三，大量兴建的小高炉、小土炉，生产成本高，原材料消耗多，却炼不出合格的钢，甚至无法正常生产，最后只能报废。土法炼钢滥开采煤炭和矿石，砍伐大量树木，严重破坏自然环境，毁坏不少铁器，造成巨大损失。大中型钢铁企业在这些时间内为夺高产而拼设备，长期超负荷运转，又不能按计划检修，损坏严重，过去几年建设起来的管理制度更受到很大破坏。第四，在当年钢产量翻一番的高指标下，使"大跃进"以来各方面的瞎指挥和浮夸风更加发展起来。

(四) 人民公社化运动

1. 人民公社化运动的起因

(1)"大跃进"、革命时期的生活经验和军事共产主义情结促成了人民公社化运动

萧冬连在《筚路维艰：中国社会主义路径的五次选择》(98—102页，北京：社会科学文献出版社，2014)一书中指出，农村人民公社化运动是"大跃进"期间最重大的制度变革，人民公社的兴起动力来自两个方面：一方面是适应"大跃进"全民动员的需要。一些跨村的工程建设遇到社与社之间的矛盾，面临劳力和资金方面的困难。毛泽东认为，小社不能办大事，只有大社才能进行大规模的经营和建设；另一方面是对乌托邦理想社会的追求。急于过渡到共产主义，几乎是所有共产党领袖的共同特性。对毛泽东影响最大的，恐怕还是他的战时生活经验和军事共产主义情结。在他看来，战争年代搞供给制，官兵一致，不发薪水，过共产主义生活，锻炼出了共产主义战士。22年战争打赢了，为什么建设共产主义不行呢？毛泽东的真实想法是要超越苏联，让共产主义理想率先在中国大地上实现。

(2)对公有制、大生产的青睐和迷信

涂文涛在《对人民公社化的理论与实践的反思》(载《毛泽东思想研究》2001年第3期)一文中指出，由于受传统理论观点的影响，认为全民所有制是公有制的高级形式，集体所有制是公有制的低级形式，低级形式必须要向高级形式过渡。因此，在对待集体经济发展的问题上，片面认为规模越大，公有化程度越高，越属于成熟的社会主义。这些思想认识和理论观点，在农村直接引致1958年夏季掀起的全国范围的人民公社化运动的实践。

(3)苏俄农业集体化运动和中国传统"大同思想"的影响

刘娅在《目标·手段·自主需要——人民公社制度兴衰的思考》(载《当代中国史研究》2003年第1期)一文中指出，人民公社制度是中国共产党的执政理念及其对共产主义理想追求的本质体现。自党创立、流血奋斗、夺取政权到土改、互助组、合作社，再到人民公社，这一个个阶段就是中国共产党向崇高理想迈进的一个个里程碑。公社兴起与20世纪50年代党急于消灭私有制的认识密切相关，深受苏维埃俄国集体农庄的影响，还具有一脉相承的传统"大同思想"的烙印。

(4)为工业化积累资本的现实需求

焦金波在《工业化视野中的人民公社初探》(载《河南师范大学学报(哲学社会科学版)》2005年第3期)一文中指出，要把人民公社放在我国现代化历程中，从工业化的视野去透视人民公社，在中国工业发展战略实施过程中，寻找一个保证工业化资本积累顺利实施的组织形式，是加速农业集体化运动并最终产生人民公社的主要原因。人民公社与统购统销顺利实施的客观需要是相符合的，统购统销是以不平等交换为主要特征来实现农业剩余向工业领域的转移，本质上是牺牲农业为代价来换取工业化。人民公社能历经20多年后才最终退出历史舞台，也在于它是理想的工业化资本积累的组织形式。人民公社为我国工业化提供了大量的资金，为工业化做出了贡献。

2. 人民公社化运动的评价及反思

蒋励在《人民公社：中国农村经济组织制度史上教训深刻的一页》(载《学术研究》2002

年第 10 期)一文中指出,人民公社失败的根本原因是没有顺应社会经济发展时代潮流,按照生产力发展要求和农民意愿,进行商品生产,没有使农民劳动致富,没有在发展农业、保持农业持续增长基础上,实现国家工业化和城市化。而是按照当时决策者制订的工业化、城市化战略对农业、农民、农村执行经济掠夺政策,造成农业长期徘徊,农民生活没有得到改善。

王曙光在《中国农村:北大"燕京学堂"课堂讲录》(77—83 页,北京:北京大学出版社,2017)一书中指出,第一,人民公社内部没有适当的激励机制,收益分配机制有问题,导致农民不愿意投入劳动,而是采取偷懒的搭便车的方法。第二,人民公社制度是一套比较理想的体制,这套体制其实是很先进的,但是却严重脱离了当时农村的经济发展水平。第三,人民公社是一个几万人左右的庞大的合作社,农业生产的监督问题一直是一个棘手的问题。第四,合作社成员没有退出权,就必然理性地选择搭便车,合作社就丧失了提高效率的动力。第五,合作社的管理成本、监督成本、信息对称的程度、内部治理的效率,与合作社的规模密切相关。如果突破了规模的边界,合作社的规模太大,会出现大量的监督问题和激励问题。第六,几乎在几个月之间全国农民都加入了人民公社,这背后的动力是什么,是农民的自发自愿行为吗?第七,在人民公社体制下,农民的土地所有权、收益权和处置权,包括其他财产权,基本上都是缺失的。

(五)"文化大革命"

1. 爆发原因

金春明在《六十年代"左"倾错误的发展与"文化大革命"的爆发》(载《中共党史研究》1996 年第 1 期)一文中指出,"文化大革命"发生的主导原因是:中国共产党内以对社会主义社会阶级斗争问题的错误认识为主要特征的"左"倾思潮恶性发展,并在党内占据统治地位。这种"左"倾思潮的发展过程,可以具体表述为三个循环。即:"左"倾理论和"左"倾实践的循环;集权体制和个人崇拜的循环;国内反修和国际反修的循环。这三个循环在具体的历史实践中是紧密交织在一起,互为促进,交互发展的。

2. "文革"时期的经济损失与建设成就

(1) 经济损失

萧冬连在《筚路维艰:中国社会主义路径的五次选择》(176 页,北京:社会科学文献出版社,2014)一书中指出,"文化大革命"结束,给领导层留下一大堆难题。1978 年 2 月,华国锋在五届人大一次会议政府工作报告中称"整个国民经济几乎到了崩溃的边缘"。据官方估计,"文革"对经济造成的损失达 5 000 亿元,相当于建国 30 年全部基本建设投资的 80%。

陈东林在《实事求是地看待"文革时期"经济建设——写在建国 50 周年来临之际》(载《真理的追求》1999 年第 9 期)一文中指出,"文革"时期的巨大经济损失,表现在:第一,政治动乱冲击和破坏生产建设,造成了直接的巨大物质损失。第二,经济发展速度比"文革"前的 14 年减慢了。社会总产值年增长率,前 14 年为 8.2%,"文革"时期降为 6.8%。国民收入的年增长率,前 14 年为 6.2%,"文革"时期降为 4.9%。第三,经济效益大幅度下降,企业管理制度的破坏使经济效益降低,消耗增大,浪费严重。许多重大项目的完成是靠多投资、"大会战"和多消耗取得的,时间大为延长。第四,人民生活水平没有得到相应的提高。1976 年我国人均年消费粮食只有 381 斤,低于 1952 年的 395 斤。到 1978 年,全国农村还有 2.5 亿人没有解决温饱问题。全国职工平均工资下降,只在1971年对少部分人提高过一次工资。住宅、教育、文化、卫生保健等方面也造成了严重欠账。"文革"前经过三年经济调整时期,城市居民的生活必需品本来已经有不少取消了配给票证,"文革时期"又不得不恢复甚至增加。

(2) 建设成就

朱佳木在《中国工业化与中国共产党》(载《当代中国史研究》2002年第6期)一文中指出,中国工业化建设在"文化大革命"十年里,尽管遭到了干扰,但并没有停滞,而是在继续发展。如九条铁路,即成昆、湘黔、襄渝、贵昆、太焦、京原、阳安、通坨线等;一座大桥,即南京长江大桥;五个油田,即大庆油田、胜利油田、大港油田和新疆、吉林等地的油田加强了开发;一颗卫星,1970年发射,至1975年共发射15颗;一颗氢弹,1966年12月试验成功;一枚导弹,即1971年试射成功的远程地地导弹。

3. 教训

席宣在《"文化大革命"的起因和教训》(载《求是》1991年第22期)一文中指出:第一,建设社会主义必须以经济建设为中心,而不能以阶级斗争为纲。从指导方针的角度去考察,可以说"文化大革命"是以阶级斗争为纲的产物。而在社会主义制度确立以后,又把阶级斗争视为国内的主要矛盾,这是在认识中国的基本国情上出了偏差。第二,必须坚持民主集中制和集体领导原则,不能搞任何形式的个人崇拜。"文化大革命"之所以能够发动并且持续十多年,一个重要的原因,是党长期没有采取有力措施,防止个人崇拜现象滋长,在广大党员和群众中,产生了个人崇拜狂热。民主集中制和集体领导原则被破坏,使党失去了纠正自己领袖错误的手段。第三,必须健全和发展社会主义民主法制,而不能倡导无法无天。"文化大革命"是采用所谓"大民主"的方式进行的。那样的"大民主",它本身就必然要无视宪法和法律,即当时所谓的打破各种条条框框。第四,必须不断提高全党的马克思主义理论水平。"文化大革命"的发生并不是像某些人所断言的那样,似乎证明了马克思主义已经"过时"或者"破产"。恰恰相反,它从反面教育了我们,马克思主义的基本原理是不能违背的。

二、新中国外交政策与外交成就

(一) 新中国的外交政策

1. 和平共处五项原则

刘华秋在《和平共处五项原则永放光芒——纪念和平共处五项原则发表50周年》(载《求是》2004年第13期)一文中指出,和平共处五项原则是现代国际关系史上的一个伟大创举:第一,和平共处五项原则是毛泽东、周恩来同志对新中国独立自主和平外交政策与外交经验的总结和升华。第二,和平共处五项原则是二战后建立新型国际关系这一时代要求的产物。第三,和平共处五项原则同联合国宪章的宗旨和原则是一致的。第四,和平共处五项原则的提出,丰富和发展了列宁的和平共处思想。

刘华秋认为,中国不仅是和平共处五项原则的首倡国,也是五项原则的忠实奉行者和维护者。第一,积极倡导和平共处五项原则,促进建立新型平等国际关系。第二,坚持在和平共处五项原则的基础上,同世界各国建立和发展关系。无论国际形势如何变化,中国都始终坚持按照和平共处五项原则来处理国与国之间的关系,不断开拓对外关系的新局面。第三,根据形势发展,不断丰富和平共处五项原则的内涵。邓小平同志依据和平共处原则的精神,与时俱进,提出了从国家战略利益出发处理国与国之间关系的主张,强调既要着眼自身长远的战略利益,同时也要尊重对方的利益。他还提出了和平解决国际争端的新思路,他指出:"有些国际上的领土争端,可以先不谈主权,先进行共同开发。""一国两制"伟大构想的提出同和平共处原则也有着十分紧密的关系。第四,在国际上首倡以和平共处五项原则为准则建立国际新秩序。

2. "求同存异"精神

孙信等在《求同存异原则溯源》(载《中央社会主义学院学报》2001年第1期)一文中指出,真正使求同存异原则名扬天下的,是周恩来1955年4月在万隆会议上的即席发言。周恩来在发言中郑重申明,"中国代表团是来求团结而不是来吵架的","中国代表团是来求同而不是来立异的",强调"我们的会议应该求同存异"。周恩来代表中国政府提出的求同存异方针很快在与会各国代表间产生了共鸣,会议最终对议程中的各项问题达成了一致协议,制定了著名的万隆会议十项原则。周恩来求同存异思想的实质,就是团结一切可以团结的力量,调动一切可以调动的积极因素,巩固和扩大革命统一战线。它是对中国传统文化中"厚德载物""和而不同""天人和谐"传统的继承和发展。求同存异,以"求同"为本,鲜明地体现了周恩来注重"人和"的思维定式。

李玲在《论周恩来"求同存异"的外交思想》(载《学理论》2012年第12期)一文中认为,周恩来总理"求同存异"思想的重大意义在于:它指导新中国外交得以顺利展开;它奠定了邓小平"一国两制"思想的基础;它为构建社会主义和谐社会提供了理论渊源和实践方法;同时,它具有世界性的指导意义,是当今错综复杂的国际环境背景下处理好国际问题的重要指南。

3. 重建"中间地带"

陈少铭在《二十世纪五十年代新中国外交政策的调整》(载《中共党史研究》2013年第12期)一文中指出,二十世纪五十年代,在"一边倒"的总特征下,新中国外交经历了一系列调整:从执行"一边倒"外交政策到和平共处外交政策再到依靠"中间地带"力量的政策,逐渐突破建立在中苏同盟基础上的"一边倒"外交战略,转向"两个拳头打人"外交战略。在这一时期,新中国外交政策具有鲜明的"内向性"特征,贯穿着独立自主原则和国际统一战线思想。1958年4月和7月,苏联向中国提出共建"长波电台"和建立"联合舰队"的建议,企图在政治上、军事上控制和驾驭中国,被毛泽东认为是"苏联那些顽固分子还要搞大国沙文主义那一套"。作为中国"一边倒"外交基石的中苏同盟关系出现裂痕,"一边倒"外交战略开始动摇。从50年代中后期开始,毛泽东逐渐放弃与美国和平共处的政策,开始采取针锋相对的措施,鼓励和援助世界各地人民的民族独立和解放运动来对抗美国对中国的遏制政策,积极建立广泛的国际统一战线。经过缜密思考,毛泽东提出把国际依靠力量放在亚非拉三大洲的新兴国家上。此时的新中国外交,核心目标是反对"苏修""美帝",发展与"中间地带"力量的关系成为实现这一核心目标的基础。1964年的中法建交即是在这种战略思想指导下的一个突破,开启了与西方大国建立正式外交关系的大门。毛泽东在美苏两极格局之外求生存和发展的道路,是中国外交走向真正的独立自主,走向成熟的新起点。从某种意义上说,毛泽东重建"中间地带"理论不仅仅为新中国外交寻找到新的依靠力量,更提供了一个观察世界和把握世界格局的思维方式。新中国在70年代打开外交新局面,就是在"中间地带"论基础上,用新的外交思维深化对国际格局认识的结果。

4."一条线、一大片"外交战略

亓成章在《中国对外战略的确立与调整》(载《中共中央党校学报》1997年第2期)一文中指出,从1969年到1978年中美建交公报发表(实际上是到80年代初),中国的对外战略调整为"一条线、一大片"。所谓"一条线",是指从中国出发,经过日本到澳大利亚、新西兰,再经过中东到欧洲,最后到美国;所谓"一大片",是指在"一条线"周围的国家和地区。"一条线、一大片"对外战略的实质在于:结成广泛的"联美遏苏"国际统一战线,集中力量对付苏联的霸权主义。

(二)新中国外交成就与意义

1. 新中国外交的辉煌成就

(1) 三次建交高潮

马毓真在《新中国的外交》(载《湖北社会科学》1999年第6期)一文中指出,建国后新中国的三次建交高潮主要是:第一阶段,是从1949年10月1日新中国成立到50年代中期,(这一时期中国)同社会主义国家和其他友好国家建立了外交关系,同苏联缔结了《中苏友好同盟互助条约》。第二阶段,从50年代后期到60年代末,中国大力支持亚非拉人民争取和维护民族独立的斗争,并在同它们加强政治和经济合作中大力发展同周边国家的睦邻友好关系,随着中国同法国的建交,中国同西欧国家关系也取得了进展。第三阶段为70年代,面对新的形势,毛泽东主席提出了划分三个世界的战略思想,并提出从日本到欧洲到美国的"一条线"战略,团结"一大片",以对付苏联霸权主义的挑战。中国坚决反对美苏两个超级大国的霸权主义,不断加强同第三世界国家的团结与合作,同时大力发展同其他国家的关系。1972年2月,美国尼克松总统访华,中美发表联合公报,两国关系取得重大突破。随着1971年10月我国在联合国的合法席位的恢复,出现了第三次大批外国同中国建交的高潮。

(2) 登上国际会议的舞台——日内瓦会议和万隆会议

① 日内瓦会议

李锐在《周恩来与1954年日内瓦会议》(载《学理论》2017年第6期)一文中指出,在会议进行过程中,周恩来一方面遵循新中国成立初期所奉行的"一边倒"外交政策,坚定地与苏联、北越站在一起,支持越南的正义要求,另一方面又在各方分歧一时难以化解,谈判面临破裂的情况下,主动提出应变之法,积极同双方代表进行沟通,最终使双方分歧得到调和,保证了会议的顺利进行,并最终达成恢复印度支那和平的协议。这体现了周恩来作为一个外交家所具备的长远眼光、灵活头脑以及雄辩之才。可以说,印度支那问题能够得到解决,一部分要归功于中央领导人乃至中苏越一方谈判策略的得当,这是整体布局,而另一部分则有赖于周恩来根据具体情况而采取的具体实施策略上。双管齐下,终使印度支那问题得到解决,大大缓和了当时的国际紧张局势。

② 万隆会议

沐涛在《万隆会议与现代中非关系的开创》(载《国际关系研究》2015年第2期)一文中指出,真正开创现代中非关系新局面的是万隆会议。在为期一周的会议期间,中国代表团通过与非洲参会国领导人和代表的沟通,在政治经济和文化等多个方面为现代中非关系的发展打下了良好的基础。第一,实现了中非国家间领导人的会面,也奠定了日后中非关系中一个突出的现象——首脑外交。在万隆会议期间,周恩来总理先后与时任埃及总理的纳赛尔和苏丹自治政府总理伊斯梅尔·阿扎里举行了会谈。第二,万隆会议为中非间相互了解提供了一个很好的平台。在会议期间,中国代表团同埃及、埃塞俄比亚、利比里亚、利比亚、黄金海岸和苏丹的代表团举行了会晤,使双方都有初步的了解,为后来进一步发展双边关系打下了基础。第三,中国对非政策的基本指导思想在万隆会议期间基本形成。周总理在发言中代表中国政府和人民表示"完全同情和充分支持阿尔及利亚、摩洛哥、突尼斯人民为自决和独立的斗争",支持埃及人民为收复苏伊士运河地区的主权的斗争,反对南非联邦政府实施的种族歧视和种族主义迫害,主张所有附属国人民都应该享有民族自决的权利,各族人民不分种族和肤色都应该享有基本人权,而不应该受到任何虐待和歧视。这是中国政府首次在国际会议上全面阐述对非洲民族解放运动的立场和政策,这个立场和政策后来一直未变,直到 90 年代初在非洲大陆彻底结束殖民主义和种族主义统治。第四,万隆会议也直接推动了中非间的经贸往来。除埃及苏丹外,万隆会议后中国对非经贸关系很快扩展到撒哈拉以南的黑非洲地区。

(3) 恢复在联合国的合法席位

袁小红在《美国对华政策与中国联合国代表席位的恢复》(载《求索》2007 年第 3 期)一文中指出,从 1949 年中国代表权问题产生开始,中国恢复联合国席位的历程前后经历了四个阶段,即"等待尘埃落定"阶段、"暂缓讨论"阶段、"重要问题"阶段及"双重代表权"阶段。在这个艰难的历程中主要的阻力来自于美国,随着中美关系的正常化,最终在 1971 年重新恢复了在联合国的一切权利。

袁小红进一步指出,第 26 届联大经过一个多月的辩论,于 10 月 25 日晚上 9 点 45 分进入最后表决。根据事先确定的先后次序,首先就所谓"重要问题"提案进行表决,结果大会以 59 票反对、55 票赞成、15 票弃权否决了该项提案。这是具有关键意义的一次表决。"重要问题"提案的被否决,为接下来表决恢复中华人民共和国在联合国的一切合法权利,并立即把国民党政府的代表从联合国一切机构中驱逐出去的提案打下了坚实的基础。接下来的阿尔巴尼亚提案只要获得简单多数即可获得通过。因此当美国等国提出的"重要问题"提案被大会否决后,大厅里立即沸腾起来,挤得满满的会议大厅发出了长时间的掌声。国民党看到大势已去,为了维护"尊严",当即宣布退出联合国。接着大会就关于恢复中华人民共和国在联合国的一切合法权利,并立即把国民党政府的代表从联合国一切机构中驱逐出去的提案进行表决。结果是赞成票 76、反对票 35、弃权票 17,大会以压倒性多数通过了该项提案,这就是著名的联合国 2758 号决议。根据实际投票结果,即使中国进入联合国需要三分之二的多数票也已经够了,由此可见美国的阻挠有多么不得人心。由于这一提案的通过,接下来的所谓"双重代表权"的提案被自动否决,成为一项废案。经过 22 年的艰苦斗争,中华人民共和国终于恢复了在联合国的一切合法权利。布什承认:"这是联合国历史上的转折点,反西方集团(包括共产党国家)在美国威信动摇时第一次击败了美国。"

2. 新中国外交的意义

李景治在《新中国外交 60 年:成就、经验与思考》(载《新视野》2009 年第 4 期)一文中指

出,新中国外交取得辉煌成就的意义为:

第一,维护了国家的主权、安全和发展利益。新中国建立之初,就废除了帝国主义国家强加给我国的各种不平等条约,中国政府一方面坚持独立自主的原则,提出"另起炉灶""打扫干净屋子再请客",另一方面同苏联及其他社会主义国家结成友好同盟关系,实行"一边倒"的外交政策,有效地维护了国家的主权、独立与安全。苏联对中国的社会主义建设进行了大规模援助,中苏两国在国际事务中共同反对帝国主义和新老殖民主义,支持亚非拉民族解放运动及世界的和平与正义事业。但苏联在对外关系中也带有大国主义和民族利己主义的倾向,对此,中国进行了坚持不懈的斗争,维护了国家的主权和根本利益。

第二,在和平共处五项原则的基础上,与世界大多数国家恢复、建立了正式的外交关系。新中国建立之初,由于帝国主义国家的敌视和封锁,以及其他一些国家的疑虑,同新中国建立外交关系的国家只有20几个,而且多数是社会主义国家和人民民主国家。随着中国综合国力和国际地位的提高,中国努力同世界各国进行沟通与联系,积极推动同各国的建交工作。通过这些工作,让世界各国更好地了解中国的内外政策和国际影响力,打消这些国家同中国发展友好关系的疑虑,扫除彼此建交的障碍。尤其是在广大发展中国家和友好国家的支持下,1971年10月,中华人民共和国恢复了在联合国的合法席位。此后,中国政府成功地促成了中日、中美建交,实现了中国与西方大国关系发展的重大突破,从而进一步带动了一大批国家,包括多数发达资本主义国家同中国恢复、建立外交关系。

第三,努力缓和国际紧张局势,为本国的建设与发展创造了良好的周边环境和国际环境。新中国成立时,中国与其多数邻国都没有划定边界线,其中包括长达几千公里的中苏边界,以及中蒙、中印、中巴、中泰、中越等国界均未划定,严重影响了中国与邻国的友好关系和我国周边环境的和平与稳定。中国坚持独立自主的原则,同时又采取务实的态度,坚持通过谈判,和平解决边界问题,同缅甸、尼泊尔、蒙古、巴基斯坦、阿富汗等国签订了边界条约或协定,划定了国界。

第四,不断扩大对外合作与交流,促进了国内经济、文化、教育与社会发展。新中国成立后,积极同苏联以及其他社会主义国家和人民民主国家、发展中国家进行交流和合作。我国积极争取苏联等国的援助,聘请大批苏联专家来华工作,这为新中国经济、科学技术、文化教育的发展奠定了坚实的基础。同时,我们也向苏联等国派出了大批留学生学习先进的科学技术知识。这些人员回国后,成为我国工业、农业、科学技术和教育文化领域的骨干力量。

第五,为维护世界和平、推动国际和地区合作、促进各国共同发展做出应有的贡献。改革开放以来,中国是世界上经济发展最快的国家,对世界经济的发展包括拉动作用和贡献率越来越大、越来越明显,对此,即使是西方大国也不得不承认。虽然中国仍然是一个发展中国家,但它对世界经济的推动作用是这些发达国家所不能取代的。

三、新中国的国防建设

(一)新中国国防政策与军事战略

袁正领在《新中国国防政策与军事战略的变迁》(载《世界知识》2002年第3期)一文中指

出：从新中国成立到60年代初,是中国国防政策与军事战略的奠基时期。中国以敢于和世界头号军事强国较量的勇气和魄力,奠定国家安全大局;根据基本国情和所面临的安全形势,提出建设"现代化国防"的思想,确立了"一手抓经济,一手抓国防"的方针,为以后中国国防政策与军事战略的发展奠定了基础。60年代初到80年代中期,国防政策与军事战略的基本着眼点是准备早打、大打、打核战争。以积极备战、敢于应战,达到小战慑敌、不战屈敌的目的,是这一时期国防政策与军事战略的显著特色。80年代中期到90年代初,国防政策与军事战略的重心转到和平时期建设的轨道上来。对国防和军队建设模式进行重大改革,走有中国特色的精兵之路是这一时期国防政策和军事战略的基本特点。战争准备的基点,由应付全面战争调整为重点应付局部战争和军事冲突,并首次将经略海洋、维护国家海洋权益确定为军事战略的重要任务。90年代初以来,以打赢现代技术特别是高技术条件下的局部战争为牵引,紧紧围绕"两个根本性转变",全面推进国防和军队建设的现代化。这一时期质量建军、科技强军、依法治军成为国防政策与军事战略的主要特色。

（二）新中国国防建设成就

1. 军队建设成就

浦兴祖在《中华人民共和国政治制度》(549—556页,上海:上海人民出版社,1999)一书中指出,政协第一届全体会议通过的《共同纲领》列专章规定新中国的军事制度,《中华人民共和国宪法》以根本大法的形式明确规定了国家的军事制度,国家还颁行了以国防法为龙头的一系列军事法律、法规,构成了有中国特色的社会主义国家军事制度。建国后,人民解放军在参加和保卫社会主义建设中不断发展壮大,先后组建了海军、空军、第二炮兵部队和装甲兵、防化兵、铁道兵、基建工程兵等军兵种,陆军部队也在原有基础上得到很大发展,成立了各类军事院校和军事研究机构,拥有飞机、坦克、舰艇、导弹、原子弹等现代化的武器装备,已经发展成为诸军兵种联合作战的比较现代化的正规军。建设一支精干的常备军,同时大力加强后备力量建设,是中国长期坚持的国防建设方针。建国后,人民解放军进行了九次精简整编。新中国成立初期,解放军总兵力是550万。1950年6月,中国人民解放军复员150万人。此后,经过1952年、1954—1955年、1956—1958年三次精简,到1958年底军队规模为240万人左右。由于国际形势和周边安全形势的变化,经过长期整军备战,到70年代中期,军队员额大幅上升,最多时达600多万。粉碎"四人帮"以后,人民解放军重新贯彻1975年军委扩大会议精神,把"消肿"和调整编制体制作为军队的重要任务,分别于1977年12月、1980年3月,进行了两次精简整编。随着改革开放进程的不断加快和我国综合国力的不断提高,国家有能力在"精兵战略"上采取更大的举措。1985年中国政府做出裁军100万的决定,1987年底基本完成。根据党的十五大的决定,人民解放军正在实施再裁减员额50万,军队总员额将减少到250万。

2. 国防科技与国防工业成就

李正华在《毛泽东与新中国的国防尖端科技》(载《湖南社会科学》2017年第1期)一文中指出,1964年10月16日,中国原子弹爆炸成功。1966年10月27日,导弹核试验成功。1970年4月24日,人造卫星发射成功。"两弹一星"的成功研制,是新中国成立后以毛泽东为核心的中共中央做出发展尖端科技决策取得的重要成果,是科学家们智慧和血汗的结晶。

毛泽东指导制定科技发展规划，注重培养科技人才，将发展尖端科技与国防建设相结合，将"争取外援为辅"与"独立自主、自力更生为主"的科研方式相结合，推动了我国国防尖端科技的发展。

杜人淮在《新中国成立以来国防工业运行中的政府职能变迁及启示》（载《经济研究参考》2009年第38期）一文中指出，为了加快新中国国防工业的发展，我国政府全面参与并加大了对军工发展的干预力度，成立了专门的军工管理机构，并在实践中不断地进行调整。这一时期，军工发展计划在整个国民经济发展计划中处于十分突出的地位。譬如，"一五"时期，在苏联援建的150个实际施工项目工程中，国防工业企业44个。进入20世纪60年代，特别是"三五"计划以后，国防工业在政府的指令性计划中处于优先发展的地位。从"三五"计划开始，我国用了近3个五年计划时间实施了以"三线"建设为重点的国防工业发展战略，并投入了国家的大量经济资源。

杜人淮进一步指出，这一时期国防工业的成就主要体现在：第一，在比较短的时期内建立了比较完备的国防工业体系，实现了国防工业的跨越式发展。第二，军工生产能力获得了迅速的提升，武器装备的研制生产实现了质的突破。第三，有力地带动了我国高技术产业和内地经济开发，带动了冶金、机械、化工、材料等一大批工业部门的进步和发展。

（三）新中国取得国防成就的原因

1. 国内、国际诸多因素的推动

齐德学、丁伟在《20世纪50年代人民解放军建设取得辉煌成就的原因浅探》（载《军事历史》2004年第4期）一文中认为，20世纪50年代，是新中国成立后人民解放军建设的第一个时期，也是新中国成立后人民解放军建设取得辉煌成就的一个时期。这一时期，人民解放军建设之所以能够取得如此辉煌的成就，分析研究其原因，主要有：第一，建设现代化、正规化强大国防军的明确目标牵引。第二，抗美援朝战争实践的巨大刺激和促进。第三，苏联政府和军队的支援和帮助。第四，比较好地处理了国防建设和国家经济建设的关系。

2. 军工精神推动国防现代化建设

国家国防科技工业局在《坚强的领导　伟大的成就——国防科技工业发展建设成就回顾与展望》（载《国防科技工业》2011年第6期）一文中指出，经过几十年的风雨历程，军工战线上的广大干部职工不畏艰苦、不怕牺牲、甘于奉献、勇于攀登，在履行党和国家赋予的历史使命的过程中，自觉以党的事业至上、以国家的利益至上、以人民的幸福至上孕育形成了以"两弹一星"精神和载人航天精神为代表的军工精神。军工精神是广大国防科技工业工作者为中华民族创造的宝贵精神财富。军工精神教育激励着一代又一代国防科技工业的后继者继往开来、奋发向上，将国防科技工业推向新的辉煌。同时，这些宝贵的精神财富将极大地振奋民族精神，激发和增强民族凝聚力，为推动国防现代化建设、推动国民经济发展和社会进步提供强大动力。

3. 新中国国防和军队建设有诸多成功的历史经验

赵一平在《新中国国防和军队建设的历史经验》（载《军事历史》1999年第5期）一文中指出，新中国国防和军队建设能取得诸多成就的历史经验，主要有八点：第一，只有建设强大国防，国家、民族的生存和发展权益才能有可靠的保障。第二，对国际环境做出科学判断，正确确立军队建设的指导思想。第三,正确处理国防建设与经济建设的关系,形成国防建设与经济建设相互促进、协调发展的机制。第四,始终如一地坚持党对军队的绝对领导,永葆人民军队的政治本色。第五,坚定不移地以现代化建设为中心,使军队发展适应现代战争的需要。第六,实行依法治军、从严治军的方针,全方位地推进我军的正规化建设。第七,在加强常备军建设的同时加强国防后备力量建设,为坚持和发展新的历史条件下的人民战争奠定基础。第八,始终不渝地坚持全心全意为人民服务的根本宗旨,努力在社会主义精神文明建设中走在全社会的前列。

四、毛泽东思想

(一) 毛泽东思想的来源

黄伟、于峰在《毛泽东思想与中国传统文化的渊源》(载《前沿》2007年第3期)一文中指出,马列主义是毛泽东思想的理论来源,在马列主义主导下中国革命和建设的实践和经验是毛泽东思想的实践来源,中国传统文化是毛泽东思想的文化来源或称社会文化背景来源,三者都是毛泽东思想的来源。毛泽东思想不管从立场、观点、方法上,还是从性质、主要内容上都与马克思主义一脉相承。但正是传统文化为马克思主义披上了民族的外衣,使之更易为国人所接受,才有了马克思主义在中国的发展。实事求是、群众路线、独立自主组成毛泽东思想活的灵魂的三个方面。"实事求是"这一儒家实用理性思维方式的经典表述在新时期的运用,表明儒家的入世态度和实用理性与马克思主义的唯物观和实践精神是相通的。我党群众路线深受中国古代民本思想的影响,并且在实践中证明是工作中克敌制胜的传家宝。"自强不息"的精神是中国传统文化的精华,以毛泽东为代表的中国共产党在革命过程中逐渐形成了独立自主、自力更生的思想。但我国的独立自主并不是单纯的独立自主,是以争取外援为辅的独立自主。中国传统哲学中的整体观对独立自主思想的形成产生了很大影响。

(二) 毛泽东思想的科学含义

《中国共产党中央委员会关于建国以来党的若干历史问题的决议》(42—54页,北京:人民出版社,2009)一文中指出,以毛泽东同志为主要代表的中国共产党人,根据马克思列宁主义的基本原理,把中国长期革命实践中的一系列独创性经验作了理论概括,形成了适合中国情况的科学的指导思想,这就是马克思主义普遍原理和中国革命具体实践相结合的产物——毛泽东思想。毛泽东思想是马克思列宁主义在中国的运用和发展,是被实践证明了的关于中国革命的正确的理论原则和经验总结,是中国共产党集体智慧的捷径。我党许多卓越领导人对它的形成和发展都做出了重要贡献,毛泽东同志的科学著作是它的集中概括。毛泽东思想具有多方面的内容:一是关于新民主主义革命;二是关于社会主义革命和社会主义建设;三是关于革命军队的建设和军事战略;四是关于政策和策略;五是关于思想政治工作和文化工作;六是关于党的建设。毛泽东思想的活的灵魂,是贯穿于上述各个组成部分的立场、观点和方法,它们有三个基本方面,即实事求是,群众路线,独立自主。实事求是,就是从实际出发,理论联系实际,就是要把马克思列宁主义普遍原理同中国革命具体实践相结合。群众路线,就是一切为了群众,一切依靠群众,从群众中来,到群众中去。独立自主,自力更生,是从中国实际出发、依靠群众进行革命和建设的必然结论。

(三)毛泽东对中国革命和社会主义建设的贡献

1. 毛泽东在革命道路、革命理论、革命精神上的贡献

陈世润、熊标在《革命道路·革命理论·革命精神:毛泽东对中国革命的历史贡献》(载《科学社会主义》2013年第3期)一文中指出,毛泽东是一位伟大的无产阶级革命家,为中国革命事业做出了不可磨灭的贡献,集中体现在三个方面:在实践上,开辟中国特色革命道路。在无产阶级领导下,立足中国国情,以武装斗争为主要形式,以土地革命为中心内容,以根据地建设为战略依托,走农村包围城市的革命道路。在理论上,创立中国特色革命理论。坚持马克思主义基本原理与中国革命实际相结合的原则,系统科学地回答了在一个经济文化落后的东方大国如何进行新民主主义革命这一重大理论课题。在精神上,培育中国特色革命精神。中国特色革命精神可以归纳为四个方面:坚定的理想信念,实事求是的科学态度,艰苦奋斗的优良作风,为人民服务的根本宗旨。中国特色的革命道路、革命理论、革命精神共同构成毛泽东革命贡献整体的认识维度。

陈雪薇在《历史视域下毛泽东的功绩和错误》(载《历史研究》2014年第1期)一文中指出,毛泽东为中华民族的独立和振兴奋斗终生,他的功绩具有奠基性和全局性,他的影响具有长远性和深刻性。这主要表现在以下四个方面。第一,毛泽东为创建和发展中国共产党做出重大贡献。毛泽东是中国共产党的创建者之一,长期致力于中国共产党的发展和巩固,总结井冈山革命根据地和红四军党组织建设的实践,纠正了王明"左"倾错误路线,加强党的建设,建设起一支团结统一、纪律严明、英勇善战的工人阶级先锋队。第二,毛泽东是中国革命的领路人,也是缔造中华人民共和国的主要领导者。毛泽东率先开辟、艰辛坚持,直到实现最后胜利的中国革命道路,是他成为中国共产党和中国人民革命领袖的光辉标志。首先,基于对中国国情和世情的准确把握,认定在中国必须走农村包围城市的道路才能取得胜利。其次,坚持和实现中国革命道路,解决好中国无产阶级同中国资产阶级和其他阶级的统一战线。再次,坚持无产阶级领导下的武装斗争,创建了一支中国共产党领导的新型人民军队,制定正确的建军纲领,创造性地提出人民战争的战略战术。最后,解决好"建立一个什么样的党,怎样建设党"的问题,把党建设成一个全国范围的广大群众性的大党,一个思想上、政治上、组织上完全巩固的马克思主义政党,创造了在全党开展整风学习的科学方法来建设党。第三,毛泽东是中国社会主义事业的奠基人。人民国家政权的建立和巩固,奠定了社会主义的根本政治前提;国民经济的恢复,过渡时期总路线的提出,三大改造的完成,建立了社会主义的制度基础;社会主义矛盾理论、社会主义现代化战略目标和战略部署、社会主义建设思想、国际战略思想和外交方针、执政党建设思想为社会主义建设和发展提供了新思路;经过30年的奋斗,使一个落后农业国初步奠定了独立的比较完整的工业体系和国民经济体系,改变了"一穷二白"的落后面貌,构建了社会主义现代化建设的物质技术基础。第四,毛泽东坚持马克思主义基本原理同中国具体实际相结合,是毛泽东思想的主要创立者。

2. 毛泽东对建设社会主义的探索

沙健孙在《毛泽东与新中国建设的历史性巨大成就》(载《高校理论战线》2009年第6期)一文中指出,毛泽东时期新中国建设的历史性成就主要体现在以下几个方面:第一,确立社会主义基本制度,为中国尔后的一切进步和发展创造政治前提和制度基础。在国体上,确立工人阶级领导的、以工农联盟为基础的人民民主专政;在政体上,确立民主集中制的人民代表大会制度;在国家结构形式上,确立统一多民族国家和在单一制国家中的民族区域自治制度;在政党制度上,确立中国共产党领导的多党合作和政治协商制度。第二,在探索中国社会主义建设道路过程中取得积极成果,为中国社会主义理论和实践的发展奠定了重要基础。一是提出把马克思列宁主义同我国的具体实际进行"第二次结合"的基本原则;二是阐明关于建设社会主义的若干重大理论原则,提出全面建设社会主义的任务,提出社会主义现代化建设的奋斗目标和发展战略,提出社会主义社会基本矛盾学说,提出关于社会主义社会发展阶段的理论,提出关于两类矛盾的学说,提出在政治生活中判断是非的标准。三是制定中国社会主义经济、政治、文化建设等方面的重要指导方针。第三,建立独立的比较完整的工业体系和国民经济体系,使古老的中国以崭新的姿态屹立在世界的东方。第四,维护国家的独立、统一和安全,为进行建设事业争取和平的国际环境。

(四)毛泽东思想的历史地位

1. 是马克思列宁主义同中国实际相结合第一次飞跃的理论成果

中共十五大报告(9页,中共中央文献研究室编:《十五大以来重要文献选编》上册,北京:人民出版社,2000)中指出,马克思列宁主义同中国实际相结合有两次历史性飞跃,产生了两个理论成果。第一次飞跃的理论成果是被实践证明了的关于中国革命和建设的正确的理论原则和经验总结,它的主要创立者是毛泽东。我们党把它称为毛泽东思想。第二次飞跃的理论成果是建设有中国特色社会主义理论,它的主要创立者是邓小平,我们党把它称为邓小平理论,这两大理论成果都是党和人民实践经验和集体智慧的结晶。

2. 毛泽东思想的"五个创造性"

习近平在《在纪念毛泽东同志诞辰120周年座谈会上的讲话》(载《党的文献》2014年第1期)中用"五个创造性"阐明了毛泽东推进马克思主义中国化的辉煌成就。"五个创造性"是指:"毛泽东同志创造性地解决了马克思列宁主义基本原理同中国实际相结合的一系列重大问题,深刻分析中国社会形态和阶级状况,经过不懈探索,弄清了中国革命的性质、对象、任务、动力,提出通过新民主主义革命走向社会主义的两步走战略,制定了新民主主义革命总路线,开辟了以农村包围城市、最后夺取全国胜利的革命道路。毛泽东同志创造性地解决了在中国这种特殊的社会历史条件下建设马克思主义政党的一系列重大问题,把党建设成为用科学理论和革命精神武装起来的、同人民群众有着血肉联系的、思想上政治上组织上完全巩固的马克思主义政党。毛泽东同志创造性地解决了缔造一个在党的绝对领导下的人民武装力量的一系列重大问题,建成一支具有一往无前精神、能压倒一切敌人而决不被敌人所屈服的新型人民军队。毛泽东同志创造性地解决了团结全民族最大多数人共同奋斗的革命统一战线的一系列重大问题,为党和人民事业凝聚了一支最广大的同盟军。毛泽东同志带领我们党创造性地提出和实施了一系列正确的战略策略,及时解决了中国革命进程中一道道极为复杂的难题,引导中国革命航船不断乘风破浪前进。"

3. 毛泽东思想与中国特色社会主义

杨春贵在《中国特色社会主义理论体系的新概括》(载《中国社会科学》2008年第1期)一文中指出,中国特色社会主义理论体系与毛泽东思想之间的关系,是承前启后、继往开来的关系。从实践上说,在毛泽东思想的指引下,新民主主义革命胜利、社会主义基本制度建立,为当代中国一切发展进步奠定了根本政治前提和制度基础。从理论上说,毛泽东思想关于实事求是、群众路线、独立自主的马克思主义立场、观点、方法,毛泽东思想在经济、政治、文化、军事、外交等各个领域具有普遍意义的基本原理和基本原则,为我们探索中国特色社会主义道路和理论提供了科学的思想指导;毛泽东思想关于社会主义建设的正确思想,作为早期探索中国特色社会主义道路所取得的重要成果而成为后来形成体系的中国特色社会主义理论的有机组成部分。

教学设计

设计一：什么是社会主义？——中共八大前后开放自由市场的尝试与思考

设计意图

1956年,中共八大曾允许有限开放自由市场,以刺激农副产品生产、保障市场供应、改善人民生活。但是,由于当时人们对市场经济缺乏深刻的认识,对"什么是社会主义"存在僵化的理解,这次试图建立社会主义市场经济的尝试无果而终。本设计以中央决策和地方档案为基础,回顾了社会主义道路探索初期对市场经济的实验、夭折过程。围绕这个历史过程,培养学生的时空观念及历史解释能力,认识对社会主义的理解是一个艰难的历史过程,进而认识改革开放的伟大,繁荣富强的中国是一代又一代中国人民经过不断探索和从错误的总结中得来的。

设计方案

一、建国初期对苏联模式的仿效

教师讲述：中华人民共和国成立后,到1952年,仅用三年时间,工农业生产就超过历史最高水平,完成了国民经济的恢复工作。从1953年开始,国家第一个五年计划开始实行,中国走上了全面模仿苏联的道路——即模仿斯大林模式,包括优先发展重工业和走社会主义工业化道路,单一公有制基础上的计划经济体制。这一模式,对中国的经济建设产生了深远的影响。

材料呈现：

材料一 社会主义革命的目的是为了解放生产力,农业和手工业由个体的所有制变为社会主义的集体所有制,私营工商业由资本主义所有制变为社会主义所有制,必然使生产力大大地获得解放。这样就为大大地发展工业和农业的生产创造了社会条件……过去几个月来社会主义改造的速度大大超过了人们的意料。过去有些人怕社会主义这一关难过,现在看来,这一关也还是容易过的。

——中共中央文献研究室编:《毛泽东文集》第7卷,1、2页,北京:人民出版社,1999

材料二 一个是社会主义公有制经济已经居于绝对统治地位,但是有没有必要使它成为唯一的经济成分,可不可以有限度地保留一部分有益于国计民生的个体经济和私营经济?一个是高度集中的计划经济体制随着对资本主义和个体经济改造的完成而扩大到全部经济生活,市场调节的作用是否还需要发挥,如何发挥?……这些问题在改造过程中大都或多或少有所察觉,可是,来不及反复研究和郑重决策,就在改造高潮中被掩盖起来。

——胡绳:《中国共产党的七十年》,428—429页,北京:中共党史出版社,2005

问题设计: 结合材料一、二,分析当时的国家领导人是如何认识社会主义的?建国初我国采取了什么样的方式过渡到社会主义?在此过程中出现了什么问题?

教师引导学生分析: 新中国建设初期,由于受苏联模式的影响,对于什么是"社会主义"存在僵化的理解,认为生产资料公有制、高度集中的计划经济便是社会主义的代名词。并认为将生产资料私有制转换为社会主义公有制,将必然使生产力得到极大解放。这必然会走向认为公有制成分应纯而又纯、越多越好的误区。按照国家领导人最初的设想,向社会主义过渡需要3个五年计划,即到1967年基本完成生产资料的社会主义改造。然而,到1956年底,农村中加入农业生产合作社的农户达到全国农户总数的96.3%,全国私营工业户数的99%,私营商业户数的82.2%加入了公私合营或合作社。中国的社会主义改造迅速地完成了,比原来的设想整整提前了11年。公有制经济存在哪些弊端?在社会主义公有制经济已经处于统治地位的情况下,是否可以允许一定的个体经济和私营经济的存在?在社会主义改造的高潮中,这些问题的思考被搁置起来,留下不少隐患,引发不少问题。

材料呈现:

材料三 (1955年春)目前农村的情况相当紧张,不少地方,农民大量杀猪、宰牛,不热心积肥,不积极准备春耕,生产情绪不高。

——中共中央文献研究室编:《建国以来重要文献选编(第6册)》,64—69页,北京:中央文献出版社,2011

材料四 据江苏省供销社统计,1955年1月至9月全省共收购草席178万张,而1956年同期仅有127.5万张,下降28.85%。芦席、蒲包、褶子1956年1月至8月的收购量,与1955年同期相比亦分别下降26.35%、3.58%、28.38%。其余如雨伞、竹筷、常州篦子等,也都有不同程度的下降。

——中共江苏省委财贸部:《对进一步活跃农村初级市场的初步意见(初稿)》,江苏省档案馆藏,档案号4062-2-217

材料五 国合商业垄断市场后,并未提供令人满意的服务。例如,水产公司实行统购包销后,既不能在品种和数量上满足需要,质量和鲜活程度也因环节过多而得不到保证,消费者吃到的往往是死鱼。

——《关于江苏省苏南地区开放国家领导下的水产品自由市场情况的报告》,(1956年11月11日),江苏省档案馆藏,档案号4061-2-1021

问题设计：三大改造的完成、统购统销政策的实施给农村和城市带来了什么样的问题？

教师引导学生分析：从材料中可知，统购统销政策的实施导致农民生产积极性下降、产品数量减少、城市商品供不应求、国营合作社服务体验差等问题也逐渐暴露出来。

二、中共八大对苏联模式的反思及自由市场的开放

教师讲述：1956年，世界风云变化。苏共二十大揭露了斯大林模式的弊病，社会主义阵营掀起改革的浪潮；1956年9月15日至27日，中国共产党第八次全国代表大会在北京举行。大会对社会主义基本制度建立后国内主要矛盾的变化作出明确判断，指出"我们国内的主要矛盾，已经是人民对于建立先进的工业国的要求同落后的农业国的现实之间的矛盾，已经是人民对于经济文化迅速发展的需要同当前经济文化不能满足人民需要的状况之间的矛盾。"针对苏联社会主义建设和我国社会主义建设中暴露出来的问题，中共领导人在大会上作了重要发言。

材料呈现：

材料六 可以搞国营，也可以搞私营。可以消灭了资本主义，又搞资本主义。当然要看条件，只要有原料、有销路，就可以搞。现在国营、合营企业不能满足社会需要，如果有原料，国家投资又有困难，社会有需要，私人可以开厂……这叫新经济政策。

——中共中央文献研究室编：《毛泽东文集》第7卷，170页，北京：人民出版社，1999

材料七 有这么一点资本主义，一条是它可以作为社会主义经济的补充，另一条是它可以在某些方面同社会主义经济作比较。

——刘少奇在全国人大常务委员会第52次会议上的发言记录，1956年12月29日，转引自金冲及：《二十世纪中国史纲》，851页，北京：社会科学文献出版社，2009

材料八 在社会主义建设中，搞一点私营的，活一点有好处。……主流是社会主义，小的给些自由，这样可以帮助社会主义的发展。工业、农业、手工业者都可以采取这个办法。

——周恩来在国务院第44次全体会议上的发言记录，1957年4月6日，转引自金冲及：《二十世纪中国史纲》，851页，北京：社会科学文献出版社，2009

材料九 我们的社会主义经济的情况将是这样的：在工商业经营方面，国家经济和集体经济是工商业的主体，但是附有一定数量的个体经济。……计划生产是工农业生产的主体，按照市场变化而在国家计划许可范围内的自由生产是计划生产的补充。……在社会主义的统一市场里，国家市场是它的主体，但是附有一定范围内国家领导的自由市场。

——中共中央文献研究室编：《陈云文集》第3卷，13页，北京：中央文献出版社，2005

问题设计：阅读以上四则材料，中共高层领导人在经济体制改革上有何共同认识？

教师引导学生分析：中共高层领导人都认为一定程度的资本主义经济在国家领导下可以作为社会主义经济主体的补充。基于这样的认识，1956年10月24日，国务院发出《关于放宽农村市场管理问题的指示》，确立了自由市场开放的政策，并规定了自由市场的经营范围。自由市场交易额不断上升，据估计，1957年全国自由市场交易额将达到120亿元左右。开放自由市场的决定给当时的农村和城市带来了很大的改变，同时也带来了一些问题。

三、50年代末自由市场的争议与夭折

材料呈现：

材料十 在全国最大的都市——上海，由于自由市场的开放，长期缺货的毛鸡、鲜鱼、南北货和中药材，货源不断增加，像上市的鲜鱼每天有八百担左右，毛鸡每天有二万斤。某些滞销的土特产也打开了销路。河南新郑的红枣、张家口的蘑菇、宁波的黄橙、白药，都是断档多时的商品，又在上海市场和顾客见面了。……农民已经停止生产的东西，现在恢复了生产，过去生产少的，现在增加了生产。由于货畅其流，收购的价格比较公平合理，农民们的生产劲头也愈来愈大了。

无庸讳言，自由市场开放以后，也出现了一些新问题。市场上无证商贩显著增加了，几年来很少看到的掺假、短秤、抬价收购、投机倒把现象又开始出现了。某些供不应求的商品开始涨价了。某些国家统购的商品也流入自由市场。有的个体工商户开始雇工。少数小商贩、个体手工业者、农业社社员也要求退出合作组织。

——张神根：《八大前后党对自由市场问题的初步探索》，载《中共党史研究》1996年第6期

问题设计： 阅读材料，开放自由市场给当时的城市和农村带来了哪些正面影响和问题？

教师引导学生分析： 开放自由市场带来的正面影响包括，丰富城市商品种类、数量，促进城乡经济交往，提高农民生产积极性等。但是各种市场欺诈行为死灰复燃，出现雇佣劳动等。1953年始，在仿效苏联模式进行工业化建设的同时，中国领导人也接受了斯大林对社会主义的定义。比如，公有制"成为唯一的经济基础"、社会主义就是消灭私有制，就是从斯大林模式接受过来的社会主义观念。这一观念支配了中国几十年的社会主义建设。1956年11月22日，《人民日报》发表社论，指出：各地区的农民贸易，使"社会主义工业化的发展速度势必要受到影响"。对于农民因经营商业而要求退社的问题，认为农民"遇到某种引诱和刺激，有些人在两条道路中间，就会自觉地或不自觉地动摇起来。"而针对自由市场带来的一些负面效应，则认为"资本主义又要泛滥"，将市场法律法规尚不完善的问题上升到了走社会主义道路还是资本主义道路的高度。最终，1958年国家决定取消商品经济、关闭集贸市场。至此，在社会主义制度下建立市场经济的第一次尝试以失败告终。

教师指导学生小结： 中共八大前后有限开放自由市场的政策，有助于城乡经济的发展，方便了人民的生活。在开放自由市场期间出现的经济乱象，正是客观经济规律的必然体现，可以通过改革体制、完善法律法规等途径逐步规范和解决。但由于理论上的误区，这些问题被贴上了"资本主义"的标签。资本主义可以有计划，社会主义也可以有市场，计划与市场都是经济手段。1992年邓小平南方谈话，进一步提出"社会主义的本质，是解放生产力，发展生产力，消灭剥削，消除两极分化，最终达到共同富裕"。判断社会主义的标准，在于"是否有利于发展社会主义的生产力，是否有利于增强社会主义国家的综合国力，是否有利于提高人民的生活水平"。中国对社会主义的理解，终于超越了传统的苏联模式。随后，与之相适应的担保法、合同法等单行法相继制定。进入21世纪，中国民法典的起草加快。2017年3月15日十二届全国人大五次会议通过《中华人民共和国民法总则》，并提出争取2020年形成统一的民法典。社会主义市场经济会朝着法制化的方向继续前进。

> 教学设计

设计二:"求同存异"精神在新中国成立后的政治应用

设计意图

"求同存异"原则在现代中国外交上占有重要地位,成为万隆精神的实质内涵,体现了中国外交的灵活性与原则性。本教学设计通过史料研读进行史料实证和历史解释,了解传统文化中的"求同存异"精神的起源及其在现代中国政治上的运用,认识中国传统文化的基本精神,认识"求同存异"原则对共建人类命运共同体的方向性与指导性作用,初步树立世界"大同"观,认识哲学思想对政治、经济的推动作用。

设计方案

教师讲述:周恩来总理在万隆会议上倡导国际外交的"求同存异"原则,使得这一精神为国际所共知。其实,这一精神在中国有着悠久的历史,在建国后也比较广泛的应用于政治上的许多领域,成为指导新中国成立后的一个广泛的政治原则。

一、"求同存异"溯源

材料呈现:

材料一 早在《周易》中就有"地势坤,君子以厚德载物"的经典论述。在这里,蕴涵着传统文化中的"厚德载物"思想,实际上提倡的就是博大包容精神。主张以宽容、温和、善良的态度承载万物,处理与自然、社会、他人、文明以及心灵之间的一切事情,讲求万物间的和平共处,以平和的心态寻求与万物和平共处的共同点和契合点。

孔子在"君子和而不同,小人同而不和"的名言中明确地提出求同存异思想,并对求同存异思想作出了较为深刻的阐释。孔子的"和而不同"思想可以理解为:既不盲目地附和他人的意见,能提出不同的意见,有自己的独立见解,又能兼容不同的意见,不要求他人与自己简单地同一或一致。

——孙信、李健:《求同存异原则溯源》,载《中央社会主义学院学报》2001年第1期

问题设计:结合材料一,"求同存异"原则在我国古代可追溯至何时?其主要内涵有哪些?

教师引导学生分析:"求同存异"原则在我国古代可追溯至先秦时期,其主要内涵为博大包容精神。《易经》云:"天行健,君子以自强不息;地势坤,君子以厚德载物",前者讲进取精神,后者讲宽容精神,包含了"和"的理念。我国古代"和"文化的思想内核就是"和谐":强调用"中庸""和平"的方法,以"厚德载物"的精神宽容"不同",达到"合二而一""民族融合",而不是民族纷争,达到"天人合一",而不是生态失衡,最后实现"天下为公"的"大同"即和谐社会。孔子的"和而不同,求同存异"的价值观,是社会事物、社会关系发展的一条重要规律,也是古代人们处世行事遵循的准则。

材料呈现：

材料二 周恩来对统一战线理论的重要贡献之一就是他首先提出并论述了求同存异原则。1941年，在粉碎蒋介石发动的第二次反共高潮的严酷斗争中，为了尽可能多地争取和团结朋友，周恩来明确提出："干革命，人越多越好，为了团结更多的人，思想上可以'求同存异'。"这是迄今所见最早的中共领导人关于求同存异原则的明确表述。

——孙信、李健：《求同存异原则溯源》，载《中央社会主义学院学报》2001年第1期

问题设计： 结合材料二和所学知识，"求同存异"原则在我国近代新民主主义革命中起到了什么作用？

教师引导学生分析： 在抗日战争时期，求同存异原则得到了广泛的运用。西安事变的和平解决，体现了周恩来求大同、存小异的高超艺术，成为成功运用求同存异原则的光辉范例。此后，周恩来坚持求同存异原则，为维护抗日民族统一战线的大局，反对国民党顽固派分裂抗日民族统一战线的企图作出了不可磨灭的贡献。抗战胜利后，中国共产党领导的人民民主统一战线，也正是这一原则的运用。

二、新中国成立后"求同存异"精神在政治上的应用

教师讲述： 新中国成立后，"求同存异"精神在政治上的应用更为广泛，在外交、统一战线、"一国两制"等方面都得到了体现。

1. 外交

材料呈现：

材料三 毛泽东的"求同存异"外交思想是以其矛盾学说为哲学基础的。毛泽东矛盾学说以其辩证思维超越了"求中"或"求异"的单一思维，其"求同存异"外交思想以"求同"为基本价值取向，以"异"的非对抗性质为基本前提，以"异"的具体状况为策略根据，以"同"与"异"的发展变化为实现条件，指导了新中国外交实践。

——王建：《试论毛泽东的"求同存异"外交思想与实践》，载《毛泽东思想研究》2012年第2期

材料四 真正使求同存异原则名扬天下的，是周恩来1955年4月在万隆会议上的即席发言。周恩来在发言中开宗明义地郑重申明，"中国代表团是来求团结而不是来吵架的。""中国代表团是来求同而不是来立异的。"强调"我们的会议应该求同存异。"周恩来代表中国政府提出的求同存异方针很快在与会各国代表间产生了共鸣，会议最终对议程中的各项问题达成了一致协议，制定了著名的万隆会议十项原则。周恩来将这一历经锤炼、臻于炉火纯青地步的思想方法和政治协商艺术运用到处理国际关系上，提出了"求同而不立异"、"求同而存异"的警世名言，赢得了广大亚非国家朋友们甚至对手们的敬佩。

——孙信、李健：《求同存异原则溯源》，载《中央社会主义学院学报》2001年第1期

问题设计： 结合材料三、四和所学知识，说说"求同存异"原则在新中国外交史上起到了什么作用？

教师引导学生分析： 毛泽东的"求同存异"外交思想和实践把"求同"与"存异"辩证地统一起来，在"同"与"异"的变化发展中不断实现"求同存异"，演绎了风云变幻的国际形势中新中国外交纷繁复杂的历史画卷，对当代中国外交有着深远的影响；周恩来"求同存异"思想的

实质,就是团结一切可以团结的力量,调动一切可以调动的积极因素,巩固和扩大统一战线,它是对中国传统文化中"厚德载物""和而不同""天人和谐"传统的继承和发展。"求同存异"原则在新中国外交史上影响深远,成为中国外交的重要原则之一。

2. 统一战线

材料呈现:

材料五 中国共产党领导的统一战线,已经被历史与现实无数次地证明,是中国革命和建设夺取胜利的重要法宝。求同存异作为统一战线的基本原则,在统一战线的建立和发展过程中起到了至关重要的作用,是统一战线这一重要法宝的"法宝"。

——孙信、李健:《求同存异原则溯源》,载《中央社会主义学院学报》2001年第1期

材料六 坚持求同存异,与人民政协团结与民主的两大主题也是相一致的。求同是寻找团结的基础,存异也是团结的需要。因为"同"往往决定着人民政协的巩固程度,而"异"却制约着这一组织的规模,即团结的范围。当前,正是由于党和政府提出了"一国两制"的构想,求祖国统一之大同,存两种不同社会制度、意识形态等方面之大异,爱国统一战线的范围才得以扩大,人民政协大团结、大联合的规模才得以扩大。求同存异确实是政协实现广泛团结的需要。此外,求同存异也是发扬社会主义民主的需要。

——崔珏:《论人民政协的求同存异原则》,载《中央社会主义学院学报》1997年第10期

问题设计: 结合材料五、六和所学知识,"求同存异"原则在新中国统战工作中的地位如何?

教师引导学生分析: 求同存异、体谅包容是共产党人在做好统战工作中世界观和方法论相统一的具体体现,是做好新时期统战工作必须坚持和时刻把握的一条重要工作原则,是统战工作的法宝。

3. "一国两制"与"搁置争议,共同开发"

材料呈现:

材料七 邓小平指出:世界上一系列争端都面临着用和平方式来解决还是用非和平方式来解决的问题。总得找出个办法来"新问题就得用新办法来解决"。他正是用求同存异这种新方法来解决台湾、香港问题,提出了"一国两制",他同样是用这种新办法来解决国与国之间的领土争端提出了"搁置争议、共同开发"。邓小平按照求同存异这种新办法的基本要求所提出两种具体模式:"一国两制"和"搁置争议,共同开发",是在当今这个充满矛盾斗争和"很多疙瘩"的世界,选择和平方式解决争议的好办法、新办法,极具中国特色。

——李元光:《论"一国两制"的哲学内涵》,载《西南民族大学学报(人文社会科学版)》1998年第S1期

问题设计: 运用"求同存异"原则,我国在祖国统一及解决与周边国家领土问题上采用了哪些模式?"一国两制"构想是如何体现"求同存异"原则的?

教师引导学生分析: "一国两制"和"搁置争议,共同开发"是"求同存异"原则在祖国统一及解决与周边国家领土问题上成功的运用。"一国"就是"求同","求同"要求大同,要有原则和诚意;"两制"便是"存异","存异"需要大度、包容、等待。"一国两制"构想在处理港、澳回归问题上的成功实践,以及在处理台湾问题上的强大生命力,可以说是实践统一战线求同

存异原则的创新与典范。"一国两制"所揭示的求同存异的方法,是一种崭新的解决矛盾的方法,是邓小平对马克思主义哲学的一大贡献,也是他对人类和平事业的一大贡献。在与周边国家存在领土的争端问题上,我国采用了正确的策略,取得了良好的进展,扩大了共识,缩小了差异,增强了彼此的信任和信心。

教师指导学生小结: 中国历史上有许多优秀传统文化,中国传统文化的基本精神就是中华民族在精神形态上的基本特点,因此,张岱年先生认为,刚健有为、和谐中庸、崇德利用、天人协调等就是中国传统文化的基本精神之所在;而"自强不息""厚德载物"也正是这些传统文化精神的注脚,其体现的进取与包容精神,延伸成了"求同存异"的原则,培养起中国人的"天下为公、天下大同"的社会理想,在现代中国的政治建设和经济建设、文化建设等方面都在发挥着积极作用,并在推动当今全球合作、共建人类命运共同体等方面,也必将发挥更大作用。

2014年11月,国家主席习近平出席亚太经合组织(APEC)工商领导人峰会作主旨演讲时就曾表示,我们要共同建设互信、包容、合作、共赢的亚太伙伴关系,"志同道合是伙伴,求同存异也是伙伴""变赢者通吃为各方共赢";习近平主席又在2016年二十国集团工商峰会(B20峰会)演讲时指出,在各国共同应对全球性挑战的背景下,各国应该求同存异、聚同化异,共同构建合作共赢的新型国际关系,"大家都好,世界才能更美好",习近平主席的这些表态,都与"求同存异"原则密切相关。

教学资源

资源1:中国共产党领导的多党合作和政治协商格局的形成

抗日战争胜利后,在中国共产党的积极推动下,由包括国共两党和其他党派参加的政治协商会议(史称旧政协)在重庆召开,进行了多党派的政治协商在我国政治发展中的第一次尝试。在这期间,中共与民主党派和无党派民主人士通力合作,互相配合,为争取和平民主而共同奋斗。但蒋介石集团依仗美国的支持悍然发动全面内战,粗暴地撕毁了政协会议通过的各项协议。在这种情况下,除中国青年党、民主社会党先后依附于蒋介石集团外,中共同各民主党派在反对蒋介石的独裁、内战政策,争取建立新中国的共同斗争中,形成了一种风雨同舟、患难与共的合作关系。同时,民主党派也通过自身的政治经验,通过在政治斗争中是非曲直的比较,站到了新民主主义革命的立场上来。1948年,中共在纪念"五一"的口号中,发出召开没有反动分子参加的新的政治协商会议,筹备成立新中国的号召。这得到了各民主党派和无党派民主人士的热烈响应,他们的代表人物分别从香港、上海等地进入东北和华北解放区。1949年1月,各民主党派领导和著名民主人士55人联合发表《对时局的意见》,强调"革命必须进行到底",并明确表示"愿在中共领导下,献其绵薄,共策进行"。这是各民主党派和无党派民主人士第一次以共同声明的形式,公开而明确地表示,要在中国共产党领导下,为建设新中国而共同努力。历史表明,承认并接受中国共产党的领导,这是各民主党派在总结长期政治斗争经验的基础上作出的一个郑重而正确的抉择。中国共产党领导的多党合作和政治协商的格局由此形成。

——梁柱:《体现人民民主的制度选择——新中国三大基本政治制度的由来和发展》,载《中国特色社会主义研究》2005年第1期

资源 2：毛泽东对全国形势的估量严重地脱离实际

正是在这样的"左"倾理论和"左"的实践的恶性循环中,使毛泽东对全国形势的估量严重地脱离了实际,得出了现在看来难以思议的结论：

农村政权有三分之一以上不在我们手里；

工厂企业里一个相当大的多数,领导权不在马克思主义者和工人群众手里；

学校是资产阶级知识分子独霸的一统天下；

文化艺术界的大多数已经跌到修正主义的边缘；

党内、政府里和军队已经混进了一大批资产阶级代表人物、反革命修正主义分子。这就是说,在毛泽东看来党变质、国变色的危险,不仅是现实的,严重的,而且已经迫在眉睫。为了防止这种可怕的弥天大祸,毛泽东苦思焦虑,终于想出了一种防止之法,这就是"文化大革命"。正像他后来所说的："过去我们搞了农村的斗争,工厂的斗争,文化界的斗争,进行了社会主义教育运动,但不能解决问题,因为没有找到一种形式,一种方式,公开地、全面地、由下而上地发动广大群众来揭发我们的黑暗面。"于是,他就以最大的胆略和气魄,作出战略决策,下决心亲自点燃了"文化大革命"的熊熊烈火。

——金春明：《六十年代"左"倾错误的发展与"文化大革命"的爆发》,载《中共党史研究》1996 年第 1 期

资源 3："大跃进"、人民公社运动与中国农业的现代化

近代以来,农业现代化一直是中国人的一个梦想。可是在 1949 年之前,农业现代化只是一个梦而已,根本难以实现。但是在 50 年代末期到 70 年代,农业现代化突飞猛进,成为一个现实。1958 年中国的机耕面积仅仅是 351 万公顷,占耕地面积 3.3%,1978 年中国的机耕面积达到 4 067 万公顷,占耕地面积将近 41%,20 年间上升了 40 个百分点。同期,灌溉面积占耕地面积的比重由 30% 上升到 45.2%,这表明农业基础设施建设和农田水利建设取得了显著的成效。在人民公社时期,农村机电灌溉面积变化非常大,1952 年是 1.6%,1978 年是 55.4%,说明由电力推动的灌溉增加了,这是农业现代化的基本标志。1952 年中国有 98 个农村小型水电站,农村用电量仅仅是 0.5 亿度,到 1978 年,发展到 82 387 个水电站,农村用电量达到 253.1 亿度,这个变化是很大的,这些变化都得益于人民公社的体制优势,这一点我们也要认识到。

——王曙光：《中国农村：北大"燕京学堂"课堂讲录》,70 页,北京：北京大学出版社,2017

资源 4：包产到户——20 世纪 60 年代广东农村的改革

从文献资料也可看出,那时广东曾出现多种的制度变通。1962 年以后,一些地方采取了把多种作物包产到户,把旱地作物包产到劳,借小量土地给社员冬种的措施。增城黄贝岭大队把水田包产到作业组,实行全奖全罚；把 30% 的斜地下放到户,种植木薯；又把地全部下放到户,由私人种植杂粮,只以收成的少数上交大队,很受群众拥护,多收很多粮食。揭阳县下成大队把番薯包产到户,群众称之为"社会主义集体经济的补充",是"增产的关键"。澄海县实行了"包产到户,定产上交,超产奖励"的田间管理负责制,取得了大丰收。樟市公社实

行了地段到户,包产、包工、包成本到户,超产实物全奖,减产全赔的责任制。清远县洲心公社实行了固定地段、包工定产、对产负责、超产奖励的产量责任制;省委建议全省各县都应采用这个办法进行试点,取得经验,逐步推广。同时在全省范围内普遍推广了澄海县埔美大队实行的"固定地段,包工到组到人,验收评比奖励"的责任制;到1963年底全省有65%的生产队都推行了"评比奖励"责任制。但是在"四清"及其以后一个时期,上述做法都受到了批判,省委也发出通知,明令各地停止试行"超产奖励制度",说它"掌握不好容易变样","容易有副作用"。

——高王凌:《人民公社时期中国农民"反行为"调查》,64—65页,北京:中共党史出版社,2006

资源5:20世纪70年代"左"的路线与中国外交的关系

70年代中国外交政策的转变具有广泛而深远的意义。中国外交活动的范围从此扩展到整个国际舞台,而此前基本被局限在半个舞台上。同时,这一转变也具有深刻的国内政治意义,它与当时"左"的意识形态要求严重背离,是此后一系列国内政策转变的先导。尽管"左"的路线在毛泽东去世之前仍旧居于主导地位,但它在实际上已难以为继了。更重要的是,当中美关系正常化的进程启动之时,中国融入现代世界体系的进程也同时被启动了。如果没有这样一个承上启下的转折,很难设想"文化大革命"结束后中国能迅速而顺利地实行改革开放并广泛参与国际事务。

——章百家:《目标与选择——中国对外关系演进的历史经验及启示》,载《毛泽东邓小平理论研究》2011年第8期

资源6:青年毛泽东的思想来源

曾国藩对青年毛泽东的影响见于毛泽东当年与黎邵西(锦熙)的通信自述中,如说:"愚于近人,独服曾文正",这不但曾国藩作为小同乡(曾国藩是湘乡人),于毛泽东可能有某种亲切感,但主要恐怕是曾国藩并"圣贤"(修养)、"豪杰"(事功)于一身,很符合毛泽东当时的口味和志向。颜元强调体力活动的自我修养,如前所述,很明显与毛泽东的思想非常合拍。而严复介绍的形式逻辑和近代经验论的方法论,也正是毛泽东的经验理性所特别需要的理论依据。严译的自由主义的经济学(《原富》)和政法理论(《法意》)以及资本主义社会许多其他的事物、文明如教育制度、政治制度等等,则似乎对毛泽东并无何影响和意义。毛泽东至晚年仍对逻辑学(形式逻辑)有高度兴趣,提议重印数十年前的逻辑著作,也可以旁证。青年毛泽东的上述思想,似乎可以明显看出,第一,西方传来的个人主义思想被中国原有的英雄主义思想在传统儒学的"立志"、"修身"、做"圣贤"的外罩下融化了。第二,重劳动、建信仰、立组织、讲刻苦的下层社会的观念、情感、习俗,与上层社会的文化修养、知识学问、高雅趣味融合在一起了。中国上下层社会均保持的传统的实用(实践)理性精神,在这里展现得非常清楚。青年毛泽东思想特色,正是那一时期上下古今的某种混合物。由于反衬出下层社会(主要是劳动农民及流氓无产者)的反叛"冲动",使青年毛泽东不同于当时许多知识分子。由于毕竟受过儒家教义的熏陶和深厚的传统文学修养,使青年毛泽东又不同于当时的江湖浪子、绿林豪杰。也正因为此,毛泽东一方面嫌恶旧教育、嫌恶憎恨"四体不勤,五谷不分"和"温良

恭俭让"的孔夫子的传统,但另一方面,他又仍然能接受、运用和继承从孔孟到宋儒到曾国藩在社会上层所宣讲的"立志"、"修身"的理学精神。他把这两个方面奇异地综合起来了。

——李泽厚:《中国现代思想史论》,146—147页,北京:生活·读书·新知三联书店,2008

资源7:如何正确坚持毛泽东思想?

毛泽东同志的重要著作,有许多是在新民主主义革命时期和社会主义改造时期写的,但仍然是我们必须经常学习的。这不但因为历史不能割断,如果不了解过去,就会妨碍我们对当前问题的了解;而且因为这些著作中包含的许多基本原理、原则和科学方法,是有普遍意义的,现在和今后对我们都具有重要的指导作用。因此,我们必须继续坚持毛泽东思想,认真学习和运用它的立场、观点和方法来研究实践中出现的新情况,解决新问题。毛泽东思想为马克思列宁主义的理论宝库增添了许多新的内容,我们应该把学习毛泽东同志的科学著作同学习马克思、恩格斯、列宁、斯大林的科学著作结合起来。因为毛泽东同志晚年犯了错误,就企图否认毛泽东思想的科学价值,否认毛泽东思想对我国革命和建设的指导作用,这种态度是完全错误的。对毛泽东同志的言论采取教条主义态度,以为凡是毛泽东同志说过的话都是不可移易的真理,只能照抄照搬,甚至不愿意实事求是地承认毛泽东同志晚年犯了错误,并且还企图在新的实践中坚持这些错误,这种态度也是完全错误的。这两种态度都是没有把经过长期历史考验形成为科学理论的毛泽东思想,同毛泽东同志晚年所犯的错误区别开来,而这种区别是十分必要的。我们必须珍视半个多世纪以来在中国革命和建设过程中把马克思列宁主义普遍原理和中国实际相结合的一切积极成果,在新的实践中运用和发展这些成果,以符合实际的新原理和新结论丰富和发展我们党的理论,保证我们的事业沿着马克思列宁主义、毛泽东思想的科学轨道继续前进。

——《中国共产党中央委员会关于建国以来党的若干历史问题的决议》,54—55页,北京:人民出版社,2009

第十二单元

改革开放新时期与中国特色社会主义进入新时代

学术引领

一、改革开放新时期

（一）改革开放的奠基

1. 改革开放前后两个时期的关系

中共中央党史研究室在《正确看待改革开放前后两个历史时期——学习习近平总书记关于"两个不能否定"的重要论述》（载《人民日报》2013年11月8日）一文中指出，改革开放前的历史，是党领导全国各族人民进行社会主义革命和建设并取得巨大成就的历史；改革开放后的历史，是党领导全国各族人民成功开创和发展中国特色社会主义的历史。改革开放前后两个历史时期本质上都是党领导人民进行社会主义建设的实践探索，不能相互否定。改革开放前社会主义的实践探索为改革开放后社会主义的实践探索提供了重要条件。如果没有1949年建立新中国并进行社会主义革命和建设，积累了重要的思想、物质、制度条件，积累了正反两方面经验，改革开放就很难顺利推进，中国特色社会主义也很难成功开创。改革开放后社会主义的实践探索是对改革开放前社会主义实践探索的坚持、改革、发展。在改革开放历史新时期，党领导人民成功开创了中国特色社会主义，这是继承和发展改革开放前社会主义实践探索提供的思想、物质、制度成果基础上取得的最重要、最根本的成就。

中共中央党史研究室进一步指出，改革开放前后两个历史时期是两个相互联系又有重大区别的时期。两者的联系并不只是时间上的顺延和承续，而是在坚持社会主义发展方向、基本制度、根本任务、奋斗目标基础上的联系，两个历史时期之间绝不是彼此割裂的，更不是根本对立的；两者的重大区别主要是指在进行社会主义建设的思想指导、方针政策、实际工作上有着很大差别，也包括进行社会主义实践探索的内外条件、实践基础等方面存在很大差别。只有用历史的观点、实践的观点、辩证的观点正确认识这种联系与区别，才能看到，无论用哪一个历史时期否定另一个历史时期，都是对自己这个历史时期的否定，也才能更加自觉地坚持"两个不能否定"。

2. 关于真理标准问题的讨论

沈宝祥在《一场成功大讨论带来历史转折——纪念真理标准问题讨论三十周年》（载《解放日报》2008年5月11日）一文中认为，粉碎"四人帮"以后，出现真理标准问题这样一场讨论，有它的历史必然性。实践标准的提出，就是适应了拨乱反正的需要，适应了中国历史向前发展的需要。通过真理标准问题讨论，重新确立并发展了党的思想路线，并在什么是社会主义的问题上解放了思想。

韩庆祥在《在确证实践权威中彰显思想力量》（载《中国社会科学报》2018年5月18日）一文中阐述了"真理标准问题大讨论"所取得的四大重要成果：第一，冲破了以僵化教条主义为主要特征的"左"倾错误思想和"两个凡是"的思想束缚，直接推动了马克思主义的中国化时代化。第二，重新恢复和确立了党的实事求是的思想路线，并自觉注重从客观实际出发看问题，一切以时间、地点和条件为转移。第三，强调注重实干和实效，它使我们充分认识到了空谈误国、实干兴邦的深刻道理。第四，强调认识是否具有真理性，都要经过实践来检验和确证。这一重要成果，既确定了实践的权威，也彰显了思想的力量。文末他还总结指出，"真理标准问题大讨论"给我们最大的启示在于，要摆脱以往我国理论界一定程度上存在的崇拜本本、迷恋西方理论的教条主义束缚，克服学术依赖且缺乏学术自我、学术主体的倾向，以马克思主义的立场、观点、方法为指导，认真深入细致地去研究当代中国发展的现实逻辑与中国问题，不断推进马克思主义中国化时代化，进而为构建"理论中国"、为实现中华民族伟大复兴的中国梦贡献思想和智慧，为人类的全面进步提供中国方案和中国智慧。

（二）改革开放拉开序幕

叶永烈在《中国命运的那次大转折——我写〈邓小平改变中国〉》（载《光明日报》2012年11月1日）一文中将中共十一届三中全会称之为"新时期的遵义会议"。他指出，纵观中国共产党走过的道路，有两次会议是至关重要的，是历史的转折点：一次是1935年1月在贵州遵义召开的中共中央政治局扩大会议，确立了毛泽东的领袖地位。从此，中国共产党逐步形成以毛泽东为核心的第一代领导集体。另一次则是1978年12月在北京召开的中共十一届三中全会，确立了邓小平的领袖地位。从此，中国共产党逐步形成以邓小平为核心的第二代领导集体。

胡绳在《党的十一届三中全会的历史意义——谈党史研究的若干问题》（载《中共党史研究》1995年第2期）一文中指出，十一届三中全会结束了我们党在徘徊中前进的局面，实际上也是阻止了回到"文革"以前那种局面的倾向，从此走出一条适合中国特点的建设社会主义的新路子。16年来，我国的社会主义建设得到长足的发展，而且经历了1989年春夏之交国内的政治风波和1990年前后国际上的大变动的考验，尽管还面临着许多困难，但是现在政治稳定，经济发展，这是党的十一届三中全会奠定的基础。党的十一届三中全会确实决定了中国的命运。如果没有十一届三中全会以后的一系列的政策措施，没有在党的领导下坚持以邓小平同志建设有中国特色社会主义理论为指导，没有坚持"一个中心，两个基本点"的路线，那么就不是社会主义建设发展得好不好的问题，不是发展中有什么困难的问题，而是我们的社会主义是否还存在的问题，也就是说有亡党亡国的危险。

李正华在《中共十一届三中全会与改革开放的伟大历程》（载《当代中国史研究》2008年

第6期)一文中则认为,十一届三中全会的发展理念是对中共执政以来特别是中共八大的发展理念的恢复和发展。他指出,中共十一届三中全会,开辟了中国改革开放的新时期,重新恢复和极力倡导的解放思想,打开了中国人民在改革开放中不断开拓前进的道路。这次全会开始确立的党在社会主义初级阶段的基本路线,引导着改革开放的伟大实践不断健康前行。这次全会形成的发展理念,随着改革开放的推进而发展,成为改革开放取得成功的关键。

(三)改革开放的实施与深化

1. 民主法制建设和一国两制

改革开放以来,党和政府一直致力于发展民主和法制建设,并取得了一系列的成就。吴邦国在社会主义民主法制建设座谈会上的讲话(载《人民日报》2004年9月17日)中指出,第一,加强社会主义民主法制建设,是建设中国特色社会主义的内在要求。第二,加强社会主义民主法制建设,是国家长治久安的根本保证。第三,加强社会主义民主法制建设,是全党全社会的共同任务。他进一步指出,加强社会主义民主法制建设,最重要的是坚持和完善人民代表大会制度。第一,人民代表大会制度是实现人民当家作主的根本途径和最好形式。第二,坚持和完善人民代表大会制度,一定要从我国的国情和实际出发,走中国特色社会主义政治发展道路。第三,坚持和完善人民代表大会制度,一定要充分发挥人民代表大会制度的特点和优势。

为了实现祖国统一,党和政府从20世纪80年代开始"一国两制"实践。蒋建国在《"一国两制"是保持香港、澳门长期繁荣稳定的最佳制度》(载《人民日报》2018年1月10日)一文中指出,"一国两制"是中国的一个伟大创举。创就创在一个统一的国家内,国家主体实行社会主义制度,个别地区依法实行资本主义制度,这在以往的人类政治实践中从未有过;创就创在按照"一国两制"的指引,通过外交谈判,顺利解决了历史遗留的香港、澳门问题,这改变了历史上但凡收复失地都要大动干戈的所谓定式;创就创在"一国两制"由伟大构想变成生动现实,展现出强大生命力。完全可以说,充满中国智慧的"一国两制"是中国为国际社会解决类似问题提供的一个新思路新方案,是中华民族为世界和平与发展作出的新贡献,在人类政治文明史上书写了精彩夺目的新篇章。

2. 经济体制改革

(1)农村经济体制改革

许庆在《家庭联产承包责任制的变迁、特点及改革方向》(载《世界经济文汇》2008年第1期)一文中指出,家庭联产承包责任制这一制度安排具有两个不同层次的内涵,它既是一种农地制度也是一种农业生产的经营方式。首先,从农地制度的角度出发,家庭联产承包责任制是一种集体所有的农地制度,虽然农地属于集体所有,但农地的使用权或经营权属于私人所有;其次,从农业生产经营方式的这一层次入手,家庭联产承包责任制又是一种小农性质的农业生产的组织形式,是以家庭作为最基本的生产单位。

许庆进一步总结家庭联产承包责任制的特点。他指出,家庭联产承包责任制具有以下的特点:第一,制度建设由过去的"自上而下"变成了现在的"自下而上",即制度的建设在地方、在基层、在拥有土地所有权的集体,中央在关于农地一系列法律或规章制度进行法制建设的同时,对于各地的具体农地制度安排形式的建设也予以尊重。第二,由于农地制度安排形式的建设权在各地的集体手中,因此,各地区对于农地的制度建设是从各地的具体形势和农民的具体要求出发,并自发形成的,因此,其安排形式必然多种多样,一般而言,大约有六种。其中,最广为采用的是"大稳定,小调整"这一形式。第三,与中国经济转型的背景相吻合的是,在现实的应用中,无论是国家制定的法律制度,还是集体所自发形成的有关家庭联产承包责任制的具体安排形式,都具有相当的模糊性、不确定性和弹性。第四,无论哪一种农地制度的安排都能够确切地保障农民获得一定面积的农地进行生产性的活动,在土地进行分配时,对公平的考虑优先于效率。这是由于现实中的宏观经济环境的因素,使得农地对于农民保障性的功能远远高于其生产性的功能。

邓正阳在《论农村土地产权制度与家庭联产承包责任制》(载《社会主义研究》2016年第1期)一文中指出,家庭联产承包责任制的确立,创新了土地产权结构理论,丰富了土地产权配置的实践形态,形成了独具中国特色的"三权分置"土地产权结构模式。但是,由于法律规范层面的模糊以及制度实践层面的失范,农村集体土地所有权主体在一定程度上被虚置,土地承包权和经营权的全面落实还存在许多体制、机制障碍,引发了人们对现有土地产权结构形式的质疑。通过对土地产权制度与家庭联产承包责任制进行学理分析和现实考察,他认为土地集体所有制下的家庭联产承包责任制仍然是一种改革成本最小,综合效益最佳,更符合中国政治、经济、文化现实的土地产权制度,通过科学配置和规范落实不同权利主体所拥有的土地产权,集体所有前提下的家庭联产承包责任制将在促进经济发展、维护农民权利、实现政治稳定等方面发挥更大优势。

近年来,党和中央政府大力推行"三权分置"改革,它是继家庭联产承包责任制后我国农村改革的又一重大制度创新,是农村基本经营制度的自我完善。高云才在《"三权分置"是农村土地产权制度的重大创新》(载《人民日报》2016年11月4日)一文中指出,"三权分置",是指农村土地集体所有权、农户承包权、土地经营权"三权"分置并行。"三权分置"开辟了中国特色新型农业现代化新路径。实行"三权分置",赋予新型经营主体更多的土地经营权能,有利于促进土地经营权在更大范围内的优化配置,提升土地产出率、劳动生产率和资源利用率。"三权分置"丰富了我们党的"三农"理论。"三权分置"实现集体、承包农户、新型经营主体对土地权利的共享,有利于促进分工分业,让流出土地经营权的承包农户增加财产收入,让新型农业经营主体实现规模收益,体现了中国特色社会主义理论的魅力,是习近平"三农"思想的重要内容。

(2)城市经济体制改革

肖亚庆在《深化国有企业改革》(载《人民日报》2017年12月13日)一文中指出,国有企业是推进国家现代化、保障人民共同利益的重要力量,是党和国家事业发展的重要物质基础和政治基础。深化国有企业改革,是坚持和发展中国特色社会主义的必然要求;是实现"两个一百年"奋斗目标的重大任务;是推动我国经济持续健康发展的客观要求。深化国有企业改革,要牢牢把握改革正确方向:坚持和完善基本经济制度;坚持社会主义市场经济改革方向;坚持以解放和发展生产力为标准;坚持增强活力与强化监管相结合;坚持党对国有企业的领导。他进一步指出,要以钉钉子精神扎实完成深化国有企业改革的重点任务:完善各类国有资产管理体制;加快国有经济布局优化、结构调整和战略性重组;发展混合所有制经济;形成有效制衡的公司法人治理结构和灵活高效的市场化经营机制;加强监管,有效防止国有资产流失;培育具有全球竞争力的世界一流企业。

王欣在《国企民企互促共赢格局已经形成》(载《人民日报》2018年5月2日)一文中指出,改革开放40年来,我国积极推进经济体制改革,建立和完善社会主义市场经济体制。为营造要素自由流动、竞争公平有序、企业优胜劣汰的市场环境,促进公有制企业与非公有制企业在公平竞争中共同实现健康发展,我们不断深化国有企业改革,加快国有经济布局优化调整,大力发展混合所有制经济,实行市场准入负面清单制度,努力消除制约非公有制经济发展的障碍和壁垒。我国经济发展进入新时代,国有企业和民营企业之间良性竞争、合作共赢的格局已经形成:市场竞争更加公平有序;混合所有制改革促进国有资本和民营资本融合;国企民企携手打造世界一流企业。

(3) 社会主义市场经济体制的确立

穆虹在《加快完善社会主义市场经济体制》(载《人民日报》2017年12月12日)一文中指出,现代产权制度是社会主义市场经济体制的基石。公有制为主体、多种所有制经济共同发展的基本经济制度,是中国特色社会主义制度的重要支柱,是社会主义市场经济体制的根基。加快建设和完善要素市场,是深化经济体制改革的又一个重点。由市场决定价格是市场经济的基本要求和市场配置资源的基本途径。公平竞争是市场机制发挥作用的必要前提。市场经济是法治经济,法治是社会主义市场经济的内在要求。经济体制改革的核心问题是处理好政府和市场关系。加快完善社会主义市场经济体制,必须通过科学、适度、有效的宏观调控,更好发挥政府作用。

3. 对外开放

门洪华在《从对外开放到全面开放——关于我国对外开放三十年的若干总结》(载《第六期中国现代化研究论坛论文集》2008年)一文中指出,对外开放促成了中国与世界的良性互动,成为中国正在开创的和平发展道路的本质特征。中国对外开放战略的核心就是全面开放、全面参与、全面合作、全面提升,实现从开放型大国发展为开放型强国的宏大目标。对外开放是中国处理与世界关系的核心战略路径,处于中国和平发展的基础战略地位。

门洪华进一步指出,我国对外开放带来诸多战略效应:对外开放解决了中国作为一个后发国家在现代化启动初期面临的资金短缺、技术落后等难题,促进了中国的经济发展;带来了先进的管理经验,提供了有效的经济制度供给,推动了中国的现代化进程;对外开放成为一种普遍接受的价值观念,加快了中国的社会结构转型,开阔了人们的视野,培育和塑造了当代中国人的现代品格;实行对外开放并没有伤害中国特色的社会主义,而是极大地促进了中国的现代化进程,为中国特色的社会主义道路探索提供了坚实的物质基础和观念视野。他认为,中国对外开放的辉煌成就,取决于对如下战略基点的秉持:第一,党的领导是对外开放的政治保证;第二,经济全球化是中国的最大机遇;第三,国家一体化是中国对外开放的基础;第四,地区一体化是中国对外开放的新增长点;第五,全球一体化是中国对外开放的持久动力,而加入WTO是中国对外开放的新起点。

2018年4月10日,博鳌亚洲论坛2018年年会在海南省召开,习近平在开幕式上发表了《开放共创繁荣 创新引领未来——在博鳌亚洲论坛2018年年会开幕式上的主旨演讲》(载《人民日报》2018年4月11日)。习近平指出,经济全球化是不可逆转的时代潮流。正是基于这样的判断,中国坚持对外开放的基本国策,坚持打开国门搞建设。中国开放的大门不会关闭,只会越开越大! 在扩大开放方面,中国将采取以下重大举措。第一,大幅度放宽市场准入。第二,创造更有吸引力的投资环境。第三,加强知识产权保护。第四,主动扩大进口。

(四) 改革开放的成果

习近平在《开放共创繁荣 创新引领未来——在博鳌亚洲论坛2018年年会开幕式上的主旨演讲》(载《人民日报》2018年4月11日)一文中指出,1978年,在邓小平先生倡导下,以中共十一届三中全会为标志,中国开启了改革开放历史征程。从农村到城市,从试点到推广,从经济体制改革到全面深化改革,40年众志成城,40年砥砺奋进,40年春风化雨,中国人民用双手书写了国家和民族发展的壮丽史诗。40年来,中国人民始终艰苦奋斗、顽强拼搏,极大解放和发展了中国社会生产力。今天,中国已经成为世界第二大经济体、第一大工业国、第一大货物贸易国、第一大外汇储备国。40年来,按照可比价格计算,中国国内生产总值年均增长约9.5%;以美元计算,中国对外贸易额年均增长14.5%。中国人民生活从短缺走向充裕、从贫困走向小康,现行联合国标准下的7亿多贫困人口成功脱贫,占同期全球减贫人口总数70%以上。40年来,中国人民始终上下求索、锐意进取,开辟了中国特色社会主义道路。中国人民坚持立足国情、放眼世界,既强调独立自主、自力更生又注重对外开放、合作共赢,既坚持社会主义制度又坚持社会主义市场经济改革方向,既"摸着石头过河"又加强顶层设计,不断研究新情况、解决新问题、总结新经验,成功开辟出一条中国特色社会主义道路。中国人民的成功实践昭示世人,通向现代化的道路不止一条,只要找准正确方向、驰而不息,条条大路通罗马。40年来,中国人民始终与时俱进、一往无前,充分显示了中国力量。中国人民坚持解放思想、实事求是,实现解放思想和改革开放相互激荡、观念创新和实践探索相互促进,充分显示了思想引领的强大力量。中国人民勇于自我革命、自我革新,不断完善中国特色社会主义制度,不断革除阻碍发展的各方面体制机制弊端,充分显示了制度保障的强大力量。中国人民敢闯敢试、敢为人先,积极性、主动性、创造性空前高涨,充分显示了13亿多人民作为国家主人和真正英雄推动历史前进的强大力量。40年来,中国人民始终敞开胸襟、拥抱世界,积极作出了中国贡献。改革开放是中国和世界共同发展进步的伟大历程。中国人民坚持对外开放基本国策,打开国门搞建设,成功实现从封闭半封闭到全方位开放的伟大转折。中国在对外开放中展现大国担当,从引进来到走出去,从加入世界贸易组织到共建"一带一路",为应对亚洲金融危机和国际金融危机作出重大贡献,连续多年对世界经济增长贡献率超过30%,成为世界经济增长的主要稳定器和动力源,促进了人类和平与发展的崇高事业。今天,中国人民完全可以自豪地说,改革开放这场中国的第二次革命,不仅深刻改变了中国,也深刻影响了世界! 中国进行改革开放,顺应了中国人民要发展、要创新、要美好生活的历史要求,契合了世界各国人民要发展、要合作、要和平生活的时代潮流。中国改革开放必然成功,也一定能够成功! 中国40年改革开放给人们提供了许多弥足珍贵的启示,其中最重要的一条就是,一个国家、一个民族要振兴,就必须在历史前进的逻辑中前进、在时代发展的潮流中发展。

二、中国特色社会主义进入新时代

（一）中国特色社会主义进入新时代的基本依据

栗战书在《全面把握中国特色社会主义进入新时代》（载《人民日报》2017年11月9日）一文中指出，中国特色社会主义进入了新时代这一重大政治判断，正是在准确把握我国发展所处新的历史方位基础上作出的，具有充分的时代依据、理论依据和实践依据。这一判断首先基于中国特色社会主义进入新的发展阶段。在新中国成立以来特别是改革开放以来我国发展取得的重大成就基础上，我国发展站到新的历史起点上，中国特色社会主义进入新的发展阶段。这个新的发展阶段，既同改革开放近40年来的发展一脉相承，又有很多与时俱进的新特征。这一判断基于我国社会主要矛盾发生了新变化。党的十九大提出，我国社会主要矛盾已经由人民日益增长的物质文化需要同落后的社会生产之间的矛盾，转化为人民日益增长的美好生活需要和不平衡不充分的发展之间的矛盾。这个论断，反映了我国发展的实际状况，揭示了制约我国发展的症结所在，指明了解决当代中国发展问题的根本着力点。这一判断同时基于党的奋斗目标有了新要求。从党的十九大到党的二十大，是"两个一百年"奋斗目标的历史交汇期，我们既要全面建成小康社会、实现第一个百年奋斗目标，又要乘势而上开启全面建设社会主义现代化国家新征程，向第二个百年奋斗目标进军，使命光荣、责任重大，有必要进一步进行顶层设计和精心谋划。这一判断还基于我国面临的国际环境发生了新变化。世界正处于大发展大变革大调整时期，我国发展仍处于重要战略机遇期，前景十分光明，挑战也十分严峻。文末他进一步总结，中国特色社会主义进入了新时代这一重大政治判断，是在科学把握时代趋势和国际局势重大变化，科学把握世情国情党情深刻变化，科学把握实现"两个一百年"奋斗目标历史交汇期已经遇到、将要遇到、可能遇到和难以预料的新情况新问题新矛盾基础上作出的。这一判断，符合中国特色社会主义实际，是改革开放以来我国社会发展进步的必然结果，是我国社会主要矛盾运动的必然结果，更是党的十八大之后5年来全党全国人民推进党和国家事业发生历史性变革的必然结果，也是我们党团结带领全国各族人民开创光明未来的必然要求。

（二）中国特色社会主义进入新时代的深刻内涵

王立胜在《"新时代"的深刻意蕴与重大意义》（载《新华日报》2018年2月14日）一文中指出，十九大报告阐述了新时代丰富的思想内涵。第一，新时代是指中国特色社会主义进入新时代，空间限制为中国国内，而非泛指整个世界。因此，中国特色社会主义进入新时代没有改变整个世界处于资本主义与社会主义两种制度长期并存、资本主义向社会主义过渡的大时代观，没有改变和平与发展是时代主题的科学判断。第二，新时代的起点应该从党的十八大开始。党的十八大承前启后、继往开来，以习近平同志为核心的党中央接过历史接力棒，开启了中国特色社会主义新时代。社会根本矛盾的变化使发展过程呈现出阶段性特征，而人们对于过程阶段性的认识又会经历由表及里、由感性到理性、由不正确到逐步正确的过程。这里既需要实践的开展，也需要认识的深化，认识的过程实际上也就是客观实践的展开和深入的过程。因此,不能把新时代提出的时间看成新时代的历史起点。第三,新时代的开辟既是十八大以来党和国家事业发生历史性变革的结果,也是中国共产党人带领全国各族人民长期不懈奋斗的结果。作为一个责任与使命型政党,中国共产党强调事业的接续奋进,既总结经验,又汲取教训,不断朝着崇高目标前进。

(三) 中国特色社会主义进入新时代的重大意义

史家亮在《中国特色社会主义进入新时代的历史意义》(载《中国社会科学报》2018年3月6日)一文中指出,从中华民族发展历程维度看,中国特色社会主义新时代全面开启中华民族从富到强伟大飞跃的历史征程,迎来实现中华民族伟大复兴的光明前景。从我国社会主义现代化目标维度看,中国特色社会主义新时代正式开启全面建设社会主义现代化强国的新征程。从我国社会主要矛盾维度看,中国特色社会主义新时代着力解决人民日益增长的美好生活需要和不平衡不充分的发展之间的矛盾。从我国国际地位维度看,中国特色社会主义新时代全面推动我国日益走近世界舞台中央,促进我国不断为人类作出更大贡献。

(四) 中国梦——实现中华民族伟大复兴

新华社社评《"中国梦"召唤我们扬帆奋进——2013年新年献词》(载《新华每日电讯》2012年12月31日)一文指出,"中国梦"凝聚着亿万人民对美好生活的期盼。期盼有更好的教育、更稳定的工作、更满意的收入、更可靠的社会保障、更高水平的医疗卫生服务、更舒适的居住条件、更优美的环境,期盼孩子们能安全、健康、快乐地成长。这些期盼,勾勒出"中国梦"的生动轮廓,融合成"中国梦"的共同底色,凝结为党和政府的奋斗目标。把人民的期待转化为一个个造福百姓的具体措施,落实到一件件惠及于民的好事实事中,务求实效、多出实绩,我们就能凝聚强大力量,把梦想变为现实。

李晓衡等在《人民是中国梦创造者享有者》(载《人民日报》2015年12月30日)一文中指出,人民群众是实现中国梦的主体,是中国梦的创造者、享有者。实现中国梦,关键在于依靠和动员最广大人民群众。他指出,人民群众的呼声和期待是实现中国梦的动力源泉。人民群众的广泛参与是实现中国梦的根本途径。人民群众的福祉是实现中国梦的价值追求。

曲青山在《实现中华民族伟大复兴是近代以来中华民族最伟大的梦想》(载《人民日报》2017年11月29日)一文中指出,实现中华民族伟大复兴是近代以来中华民族最伟大的梦想。救国是实现中华民族伟大复兴的根本前提;兴国是实现中华民族伟大复兴的重要基础;强国使实现中华民族伟大复兴迎来光明前景。他进一步指出,中国共产党领导是实现中华民族伟大复兴的根本保证;中国道路是实现中华民族伟大复兴的必由之路;中国力量是实现中华民族伟大复兴的力量源泉;中国精神是实现中华民族伟大复兴的强大动力。

三、中国特色社会主义理论体系的形成与发展

(一) 中国特色社会主义理论体系的理论来源和科学内涵

1. 中国特色社会主义理论体系的提出

陈跃等在《中国特色社会主义理论体系整体性逻辑研究》(载《思想理论教育导刊》2017

年第8期)一文中指出,中国特色社会主义理论体系是中国发展到独特历史阶段的产物,是在和平与发展成为时代主题的背景下,党为顺应时代要求,解决时代课题所做的积极应对。

唐经天在《坚定中国特色社会主义理论自信——中央党校学员"四个自信"访谈之二》(载《学习时报》2017年5月31日)一文中也指出,中国特色社会主义理论体系的形成有着特殊的时代背景。从20世纪70年代末至今,党中央准确把握时代脉搏,深刻剖析世界发展趋势,做出了我国正处于并将长期处于社会主义初级阶段的科学论断,提出了在这一阶段我们党的主要任务是团结带领广大人民不断解放和发展生产力,满足人民群众不断增长的物质文化需求,实现富民强国。发展是解决一切问题的总钥匙,这一核心观点顺应大势、深得民心。中国特色社会主义理论体系,是我们党将马克思主义普遍原理和中国具体国情以及世界发展形势相结合,是真正将马克思主义运用于解决中国的现实问题,是马克思主义中国化的伟大理论成果,是我们党必须长期坚持的指导理论和思想。

2. 中国特色社会主义理论体系的理论来源

(1) 科学社会主义

赵曜在《中国特色社会主义是科学社会主义基本原则的创造性运用和发展》(载《科学社会主义》2013年第2期)一文中认为,中国特色社会主义是科学社会主义基本原则的创造性运用和发展,并列举出11条科学社会主义基本原则,中国特色社会主义将这些基本原则发展为社会主义初级阶段、大力发展生产力、所有制形式、分配形式、先富带后富、市场经济、马克思主义指导地位、改革开放、人民民主专政、人的全面发展等理论。

叶长德在《中国特色社会主义是科学社会主义的初级实践形态》(载《科学社会主义》2013年第5期)一文中认为,科学社会主义经历了理论形态到实践形态的历史进程,我们正处于初级实践形态,中国特色社会主义理论体系作为理论形态,它在坚持发展社会生产力、实现生产资料公有制、实现共同富裕、实现人的自由全面发展等科学社会主义根本原则的同时,还在经济、政治、文化形态、社会建设、国际交往等方面形成鲜明的中国特质。

(2) 毛泽东思想

习近平在纪念毛泽东同志诞辰120周年座谈会上的讲话(载《人民日报》2013年12月27日)中指出,在革命和建设长期实践中,以毛泽东同志为主要代表的中国共产党人,根据马克思列宁主义基本原理,形成了适合中国情况的科学指导思想,这就是毛泽东思想。毛泽东思想以独创性理论丰富和发展了马克思列宁主义。毛泽东思想教育了几代中国共产党人,它培养的大批骨干,不仅在新民主主义革命、社会主义革命、社会主义建设时期发挥了重要作用,也为新的历史时期开创和建设中国特色社会主义发挥了重要作用。邓小平同志说,毛泽东思想这个旗帜丢不得,丢掉了实际上就否定了我们党的光辉历史;任何时候都不能动摇高举毛泽东思想旗帜的原则,我们将永远高举毛泽东思想的旗帜前进。习近平他还指出,毛泽东思想活的灵魂是贯穿其中的立场、观点、方法,它们有三个基本方面,这就是实事求是、群众路线、独立自主。新形势下,我们要坚持和运用好毛泽东思想活的灵魂,把我们党建设好,把中国特色社会主义伟大事业继续推向前进。

(3) 中华优秀传统文化

习近平在纪念孔子诞辰2565周年国际学术研讨会暨国际儒学联合会第五届会员大会开幕会上的讲话(载《人民日报》2014年9月25日)中指出,中华传统文化记载了中华民族自古以来在建设家园的奋斗中开展的精神生活、进行的理性思维、创造的文化成果，根植在中国人的内心，并潜移默化地影响着中国人的思想方式和行为方式，最核心的内容已经成为中华民族最基本的文化基因。

3. 中国特色社会主义理论体系的科学内涵

习近平在中央党校2008年春季学期开学典礼上的讲话《关于中国特色社会主义理论体系的几点学习体会和认识》（载《求是》2008年第7期）中指出，中国特色社会主义理论体系是对毛泽东同志艰辛探索社会主义建设规律重要思想成果的继承和发展。以毛泽东同志为核心的党的第一代中央领导集体带领全党全国各族人民建立新中国，建立社会主义基本制度，取得社会主义建设的伟大成就。特别是根据我国国情确立了人民民主专政的国体，创建了人民代表大会制度、中国共产党领导的多党合作和政治协商制度、民族区域自治制度等。这些实践成果，都为我们党在新时期开辟中国特色社会主义道路、创立中国特色社会主义理论体系，奠定了根本的政治前提和制度基础。从理论渊源上说，毛泽东思想和中国特色社会主义理论体系都坚持解放思想、实事求是、与时俱进，坚持党的群众路线，坚持独立自主地走自己的路。这是它们在立场、观点、方法等基本方面的共同点。总之，毛泽东同志带领我们党在艰辛探索中形成的重要思想成果，是我们党的宝贵财富，也是中国特色社会主义理论体系的重要思想来源。习近平进一步指出，邓小平理论、"三个代表"重要思想以及科学发展观等重大战略思想，既一脉相承又与时俱进。说一脉相承，一是它们都坚持以马克思列宁主义、毛泽东思想为指导，在理论渊源上一脉相承；二是它们都坚持为建设和发展中国特色社会主义、实现中华民族伟大复兴而奋斗，在理论主题上一脉相承；三是它们都坚持解放思想、实事求是、与时俱进，在理论品质上一脉相承；四是它们都以社会主义初级阶段这一基本国情为立论基础，在理论基点上一脉相承；五是它们都坚持以人为本，把实现好、维护好、发展好最广大人民的根本利益作为全部理论的出发点和落脚点，在理论目标上一脉相承。说与时俱进，是说邓小平理论、"三个代表"重要思想以及科学发展观等重大战略思想，都坚持从实际出发，注重总结改革开放不同时期、不同阶段的新鲜经验，注重探索和回答不同时期、不同阶段遇到的新矛盾、新问题，在理论创新和理论发展上都作出了各自的独特贡献。它们既相互贯通又层层递进，体现了新时期以来我们党理论创新成果的科学性体系、阶段性成果和发展性要求的内在统一。

赵毅纯在《科学社会主义在当代中国的新发展——"习近平社会主义观对中国特色社会主义理论体系的新贡献"理论研讨会综述》（载《科学社会主义》2017年第6期）一文中指出，习近平对中国特色社会主义理论体系做出了新贡献，包括：从新角度指明了中国特色社会主义产生发展的历史意义，特别强调它是历史的必然、人民的选择；指明了中国特色社会主义的构成是道路、制度、理论以及他们之间"三位一体"内在统一的相互关系；指明了中国特色社会主义理论的实质是科学社会主义理论逻辑和中国社会发展历史逻辑的辩证统一，是根植于中国大地、反映中国人民意愿、适应中国和时代发展进步要求的科学社会主义，是全面建设小康社会、加快推进社会主义现代化、实现中华民族伟大复兴的必由之路；指明了认识中国特色社会主义进程的科学态度是"两个不能否定"，改革开放前和改革开放后是两个既相互联系又有重大区别的时期，本质上都是我们党领导人民进行社会主义建设的实践探索。

（二）中国特色社会主义理论体系的重要理论成果

1. 邓小平理论

孙迪在《党的指导思想与时俱进》（载《人民日报》2016年6月29日）一文中指出，党的十一届三中全会以来，以邓小平同志为代表的中国共产党人，总结新中国成立以来正反两方面经验，坚持解放思想、实事求是，坚持以经济建设为中心，实行改革开放，阐明了在中国建设社会主义、巩固和发展社会主义的基本问题，在新的实践基础上继承前人又突破陈规，开拓了马克思主义的新境界，形成了邓小平理论。邓小平理论是中国特色社会主义理论体系的奠基石，其重要思想观点成为中国特色社会主义理论体系的基本思想观点，其重要内容成为中国特色社会主义理论体系的基本内容，其中关于"什么是社会主义、怎样建设社会主义"的思想成为贯穿中国特色社会主义理论体系的主题。党的十四大确立了邓小平建设有中国特色社会主义理论的指导地位，党的十五大明确将邓小平理论确立为党的指导思想。这是马克思列宁主义同中国实际相结合实现的产物，是中国共产党集体智慧的结晶，是党的指导思想与时俱进的又一伟大成果。

徐光春在《邓小平理论在中国化马克思主义中的地位和作用》（载《人民日报》2014年8月25日）一文中指出，邓小平理论是对中国特色社会主义理论体系的开创。邓小平理论是在我国改革开放和社会主义现代化建设起步和推进过程中形成并发展起来的，是在和平与发展成为时代主题的历史条件下、在总结我国社会主义建设经验教训以及借鉴其他社会主义国家兴衰成败经验教训的基础上形成和发展起来的。邓小平理论用新思想、新观点继承和发展了马克思主义，在中国化马克思主义发展史上开创了中国特色社会主义理论体系。主要表现在：一是邓小平理论提出了"建设中国特色社会主义"的科学命题；二是邓小平理论构筑了中国特色社会主义理论体系的立论基础——社会主义初级阶段理论；三是邓小平理论回答了中国特色社会主义理论体系的核心问题——社会主义本质问题。

2. "三个代表"重要思想

钟怡祖在《按照"三个代表"重要思想 扎实推进党的建设新的伟大工程——学习〈江泽民文选〉关于加强党的建设重要论述的体会》（载《求是》2006年第21期）一文中指出，第一，"三个代表"重要思想既是治党的理论，又是治国的理论，必须全面贯彻到治国理政的实践中。第二，"三个代表"重要思想既要落实到基层，更要落实到领导层，关键是要落实到建设一支高素质的干部队伍中。第三，"三个代表"重要思想既同邓小平理论相承接，又同科学发展观相连接，贯彻科学发展观同贯彻"三个代表"重要思想是内在统一的、相辅相成的。

3. 科学发展观

习近平在中央党校2008年春季学期开学典礼上的讲话《关于中国特色社会主义理论体系的几点学习体会和认识》（载《求是》2008年第7期）中指出，从精神实质上看，科学发展观所突出强调的全面的、联系的、发展的观点，发展为了人民、发展依靠人民、发展成果由人民共享的理念，以及统筹兼顾的系统思维方式和思想方法等，都是马克思主义关于发展的立场、观点、方法的集中体现。从理论结构上看，科学发展观继承和发展了党的三代中央领导集体关于发展的重要思想，以丰富的思想内涵、严密的内在逻辑，构建了第一要义是发展、核心是以人为本、基本要求是全面协调可持续、根本方法是统筹兼顾的科学体系。从实践要求上看,科学发展观是立足社会主义初级阶段基本国情、总结我国发展实践、借鉴国外发展经验、适应新的发展要求提出来的,是我们党在发展问题上的最新认识。

4. 习近平新时代中国特色社会主义思想

习近平在党的十九大报告中系统提出了"新时代中国特色社会主义思想"这一概念。报告中指出,十八大以来,国内外形势变化和我国各项事业发展都给我们提出了一个重大时代课题,这就是必须从理论和实践结合上系统回答新时代坚持和发展什么样的中国特色社会主义、怎样坚持和发展中国特色社会主义,包括新时代坚持和发展中国特色社会主义的总目标、总任务、总体布局、战略布局和发展方向、发展方式、发展动力、战略步骤、外部条件、政治保证等基本问题,并且要根据新的实践对经济、政治、法治、科技、文化、教育、民生、民族、宗教、社会、生态文明、国家安全、国防和军队、"一国两制"和祖国统一、统一战线、外交、党的建设等各方面作出理论分析和政策指导,以利于更好坚持和发展中国特色社会主义。他进一步指出,围绕这个重大时代课题,我们党坚持以马克思列宁主义、毛泽东思想、邓小平理论、"三个代表"重要思想、科学发展观为指导,坚持解放思想、实事求是、与时俱进、求真务实,坚持辩证唯物主义和历史唯物主义,紧密结合新的时代条件和实践要求,以全新的视野深化对共产党执政规律、社会主义建设规律、人类社会发展规律的认识,进行艰辛理论探索,取得重大理论创新成果,形成了新时代中国特色社会主义思想。

(三)中国特色社会主义理论体系的特点

1. 时代性

郝立新在《时代问题视阈下马克思主义理论教育的创新》(载《光明日报》2015年7月18日)一文中指出,改革开放以来中国特色社会主义进程中的理论创新和实践创新极大地丰富和发展了马克思主义。反映时代需要,回应时代问题,把握时代脉搏,体现时代精神,这是贯穿于马克思主义中国化进程中的规律和主线,也是中国特色社会主义理论体系形成的时代特点。中国共产领导中国人民在新的历史条件下和艰难曲折的过程中创造性地运用和发展马克思主义,在开辟了符合中国国情的中国道路的同时,也开辟了马克思主义的新境界。这一过程给我们的一个深刻启示就是:具体的时代总是同具体的国情相联系的,把握时代必须与分析具体国情结合起来。中国特色社会主义理论体系正是"独立地探讨马克思的理论"的结果。中国特色社会主义理论体系进一步回答了什么是社会主义、如何建设社会主义,建设什么样的党、如何建设党等一系列具有时代性的重大问题。党的十八大以来的创新理论成果进一步推进了马克思主义的创新性发展,充分体现了时代的高度和历史的厚度,具有鲜明的时代感和厚重的历史感。习近平同志站在21世纪中国与世界发展的高度,在世界发展的格局下审视中国发展的道路,立足中国国情,顺应世界大势,强调必须坚持以马克思主义为指导思想,坚持走中国特色社会主义道路,继续把中国特色社会主义这篇大文章写下去。

2. 人民性

陈金龙等在《坚持和发展中国特色社会主义的力量之源》(载《人民日报》2016年6月8日)一文中指出,人民群众是中国特色社会主义理论建构的主体。理论供给取决于理论诉求,中国特色社会主义建构的内在动力源于人民群众的理论诉求。正是由于人民群众探索中国特色社会主义的实践需要理论指导,催生了中国特色社会主义理论;人民群众的知识素养、接受能力、思维方式、审美习惯,也成为中国特色社会主义理论建构的坐标。同时,理论来源于实践,是对实践经验的总结和升华。中国特色社会主义理论来源于人民探索道路的实践,人民探索道路过程中积累的实践经验、实践智慧,为中国特色社会主义理论的建构提供了基本素材,理论界对中国特色社会主义道路的定义和概括,实际上是对这些基本素材的加工。再者,中国特色社会主义理论是否行得通,能否指导中国的发展,还得由人民群众的实践来检验和评判,人民群众是中国特色社会主义理论的检验者、评判者,检验的结果、效度又将推动中国特色社会主义理论进一步发展。

3. 整体性

陈跃等在《中国特色社会主义理论体系整体性逻辑研究》(载《思想理论教育导刊》2017年第8期)一文中指出,整体性思维是马克思主义的逻辑本性。作为马克思主义中国化的最新成果,中国特色社会主义理论体系传承了马克思主义这一理论品质,在理论层次和思维形式上表现出一以贯之的实践特色和历史逻辑。中国特色社会主义理论体系整体性逻辑主要体现在:第一,时代主题是中国特色社会主义理论体系整体性的时代背景;第二,基本国情是中国特色社会主义理论体系整体性的现实基础;第三,中国特色社会主义是中国特色社会主义理论体系整体性发展的主题;第四,实事求是、与时俱进是中国特色社会主义理论体系整体性的理论品质;第五,以人为本、保障民生是中国特色社会主义理论体系整体性的价值追求;第六,创新发展是中国特色社会主义理论体系整体性的实践任务。

4. 科学性

袁秉达在《中国特色社会主义理论体系科学性的时代特征》(载《科学社会主义》2016年第4期)一文中认为,中国特色社会主义理论体系科学性,不仅体现为理论来源、思想渊源的科学性,而且体现为回应时代、解决问题、理论创新、实践突破、认知规律的科学性。他指出,把社会主义置于现实基础之上,是中国特色社会主义理论体系的科学性的先决条件。社会主义初级阶段这一当代中国最大的实际,奠定了中国特色社会主义理论体系科学性的总依据。中国特色社会主义理论体系的科学性,最终体现为回答现实问题的科学性和有效指导社会实践的可行性。首先,破解在和平与发展时代如何继续实现马克思主义中国化的问题。其次,在实现社会主义现代化奋斗目标中,破解中国社会主义建设的基本问题。再次,在新的历史条件下,破解马克思主义执政党建设的基本问题。再其次,在全球化时代综合国力激烈竞争的过程中,破解人口众多的东方落后大国科学发展的基本问题。中国特色社会主义理论体系的科学性,还体现在理论创新的合时性和构建理论体系的逻辑性。马克思主义本土化的运用和发展是以各国的具体实践为依托的,伟大的实践催生出科学的理论,科学的理论又指导伟大的事业。中国特色社会主义理论体系的科学性,集中表现为基本内容的有机构成与逻辑展开。第一,哲学底蕴:中国特色社会主义理论体系奠定了马克思主义世界观方法论的哲学基础,以解放思想、实事求是、与时俱进、求真务实为核心的理论精髓贯穿理论体系的始终;特别是不断接受马克思主义哲学智慧的滋养,更加自觉地坚持和运用辩证唯物主义和历史唯物主义,注重提高战略思维、历史思维、辩证思维、创新思维、底线思维等能力,夯实了中国共产党人的世界观和方法论基础。第二,基本理论:中国特色社会主义理论体系由一系列科学理念和创新观点形成了坚实的理论基础。第三,战略谋划:中国特色社会主义理论体系投射在战略形态上,就体现为一系列谋篇布局的顶层设计。第四,价值取向:中国特色社会主义理论体系最深层次的规定,就表现为马克思主义的价值立场、社会主义价值追求与全人类的价值取向的高度统一。中国特色社会主义理论体系的科学性,最终要体现为党性与人民性的高度统一。中国特色社会主义理论体系的科学性,也是建筑在高度自信和理性自觉基础上的必然产物。

5. 开放性

陈江生在《中国特色社会主义理论自信的三大支撑》(载《人民论坛》2017年第16期)一文中认为,中国特色社会主义理论的开放性,首先表现在它的与时俱进、自我发展,还表现在它对中国优秀传统文化的继承和对外部文明精华的吸收。他指出,我们的理论自信,来源于我们坚信中国特色社会主义理论具有海纳百川、与时俱进的开放性。一方面,中国特色社会主义理论体系是在马克思主义基本原理指导下,使用马克思主义的立场观点方法融合融化中国社会已有的各种传统、各种思想形成的,并且还会继续不断地包容吸收各种传统和思想;另一方面,中国特色社会主义理论是马克思主义同中国社会主义建设实践相结合的产物,中国特色社会主义建设实践会不断发展变化,其依托的国内国际环境也会不断变化,因此理论也必须随之不断变化。他还指出,中国特色社会主义理论的开放性,还表现在它对中国优秀传统文化的继承和对外部文明精华的吸收。从古至今,中华民族伟大的思想家和政治家们就不断对社会构建和国家治理提出见解,一些思想在今天看来依然熠熠生辉,并且影响到中国特色社会主义理论体系的建立。同时,中国的社会主义建设也从来没有拒绝过一切来自于外部的优秀文化,无论是西方发达资本主义国家的先进经验,还是转轨国家在转轨中的痛苦经验;无论是对新自由主义的批评,还是对凯恩斯主义的扬弃。外部的理论体系一直是中国特色社会主义理论体系的重要参照系,中国特色社会主义理论也一直主动开放、努力吸取外部理论体系的一切可以吸收的精华。

6. 实践性

辛向阳在《中国特色社会主义理论形态的四大特征》(载《科学社会主义》2016年第1期)一文中认为,中国特色社会主义理论具有实践逻辑性,在实践发展基础上层层递进,显示出旺盛的生命力。他指出,中国特色社会主义理论体系中所有的重要理论观点都是在实践基础上逐步完善起来的。实践不断提出需要理论回答的重大问题,中国特色社会主义理论体系是中国特色社会主义实践逻辑在理论上的自觉反映。社会主义初级阶段基本经济制度的思想是中国特色社会主义理论体系重要的组成部分,这一思想是随着改革开放后经济发展的实践逻辑而丰富和发展起来的。发展的思想是中国特色社会主义理论体系的有机组成部分,这一思想是在不断解决中国发展中遇到的问题中丰富和发展起来的。

(四)中国特色社会主义理论体系的历史地位和深刻意义

习近平在中央党校2008年春季学期开学典礼上的讲话《关于中国特色社会主义理论体系的几点学习体会和认识》(载《求是》2008年第7期)中指出,中国特色社会主义理论体系是改革开放历史新时期我们党推进马克思主义中国化所取得的理论创新成果,是我们党领导的改革开放和社会主义现代化建设伟大实践的重要理论结晶。习近平指出,中国特色社会主义理论体系是我们党继往开来、与时俱进,团结带领全国各族人民沿着中国特色社会主义道路实现中华民族伟大复兴唯一正确的理论。在这个理论体系指引下,当代中国共产党人和中国人民以一往无前的进取精神和波澜壮阔的创新实践,谱写了中华民族自强不息、顽强奋进新的壮丽史诗。中国特色社会主义理论体系及其指导下的创新实践,既体现了中国建设和发展社会主义的特殊性,又必然会对世界社会主义和人类进步事业产生广泛而深远的影响。中国特色社会主义理论体系是同马克思列宁主义、毛泽东思想既一脉相承又与时俱进的科学理论体系,以新的思想、观点继承、丰富和发展了马克思主义。

戴立兴在《坚持中国特色社会主义理论体系就是真正坚持马克思主义》(载《成都日报》2017年6月21日)一文中也指出,中国特色社会主义理论体系系统回答了马克思主义发展史上具有世界性和时代性的"四个基本问题",即"什么是社会主义、怎样建设社会主义""建设什么样的党、怎样建设党""实现什么样的发展、怎样发展""什么是有效治理、如何实现有效治理",进一步推动了马克思主义理论的发展,"写出了科学社会主义的'新版本',是深深扎根于中国大地、符合中国实际的当代中国马克思主义",成为全党全国各族人民团结奋斗的共同思想基础。他还指出,改革开放以来,中国成功探索和开辟了中国特色社会主义道路,社会主义的中国取得了世人瞩目的巨大建设成就。中国特色社会主义的伟大实践反映了中国特色社会主义理论体系的成熟,体现了中国特色社会主义道路的可行性和制度的优越性,更是反映了中国共产党执政基础的稳固和对理论自信的空前坚定。

教学设计

设计:一瓶小可乐,见证大历史——从可口可乐重返中国说起

设计意图

可口可乐公司是改革开放以后最早进入中国的外国企业,它见证了中国改革开放最初的艰难与曲折,亦见证了改革开放四十年以来中国的辉煌发展。本设计以"可口可乐重返中国"为主题,引导学生了解可口可乐重返中国的艰难历程,认识对外开放的扩大离不开对内的体制改革,理解计划经济体制下对外贸易的垄断经营产生的历史背景,培养学生在特定的时空理解史事的素养,树立"理解之同情"的历史意识,用唯物史观分析历史发展的趋势,培养家国情怀。

设计方案

教师讲述: 1927年,上海街头悄然增加了一种饮料——"蝌蝌啃蜡"。名字还不是这种饮料最古怪的地方,它棕褐色的液体、甜中带苦的味道,以及打开瓶盖后充盈的气泡,让不少人感觉到既好奇又有趣。古怪的味道,加上古怪的名字,这种饮料的销售情况自然很差。于是,在第二年,这家饮料公司公开登报,用350英镑的奖金悬赏征求译名。最终,身在英国的一位上海教授蒋彝击败了所有对手,拿走了奖金。而这家饮料公司也获得了迄今为止被广告界公认为翻译得最好的品牌名——可口可乐。1949年,随着美国大使馆撤离,可口可乐也撤出了中国大陆市场。自此之后的30年内,大陆市场上再没出现过这种喝起来有点像中

药的饮料。随着改革开放的春风吹起,可口可乐又重返中国大地。

一、重返中国:第一批"美国因素"

材料一 1976年,当时的可口可乐总裁马丁向佟志广(中国驻美联络处商务秘书)表达了一个愿望——向中国出口可口可乐。

1977年,马丁访问北京,再次找到佟志广,提出可口可乐希望重返中国。马丁说,他们在中国设厂,重点不是卖给中国消费者,主要是针对到中国旅游的外国人,特别是欧洲人和美国人。

1978年12月13日,可口可乐公司与中国粮油进出口总公司在北京饭店签订协议。协议规定,美国采用补偿贸易方式或其他支付方法,向中国主要城市和游览区提供可口可乐制罐及装罐、装瓶设备,在中国开设专厂灌装并销售。在可口可乐装瓶厂建立起来之前,从1979年起,用寄售方式由中粮总公司安排销售。可口可乐撤离大陆30年后重返中国市场,成为港澳之外第一家进入大陆的外企。

4天后,12月17日,中美双方发表《中美建交联合公报》,宣布自1979年1月1日起建立大使级外交关系。

5天后,12月18日,开启了改革开放进程的中共十一届三中全会,在京召开。

——马立诚:《交锋三十年——改革开放四次大争论亲历记》,42页、43页,南京:江苏人民出版社,2008

问题设计: 根据材料和所学知识,简述1978年可口可乐重返中国的过程,并分析它能够重返中国的原因。

教师引导学生分析: 从材料中可以看出,为了可口可乐重返中国,美国商人向中方表达了强烈的愿望,且多次与中方交涉。重返中国后,可口可乐最初采取的是寄售的方式进行销售,而且仅仅卖给在中国旅游的外国人,由此可见可口可乐重返中国的历程是艰难的。从时间节点来看,可口可乐重返中国正值中美正式建交、十一届三中全会召开的大好时机,它与中美双方关系的改善和改革开放大幕的拉开有着密切的联系。

二、一波三折:"可口"未必"可乐"

材料二 1981年可口可乐北京工厂建成之后,很快有了不同意见。一位老同志先发话了:"中国的汽水就不能满足人民的需要吗?不能满足外国人的需要吗?非要喝可口可乐?简直是卖国主义。"要求中粮总公司对此做出解释。

——李杨:《洞孔中的历史》,284页,青岛:青岛出版社,2011

材料三 1982年1月30日,商业部通电全国,立即停止内销可口可乐。1983年又有卫生部门提出:"可口可乐含有咖啡因,不符合卫生要求。"

——李守仲:《可口可乐重返中国市场的一段曲折——中央领导对内参〈"可口"未必"可乐"〉一文的批示》,《党史博览》2017年第1期

问题设计: 根据材料分析,随着可口可乐在北京建厂,从外销逐步转向内销,国内出现了怎样的声音?当时政府的决策如何?结合所学知识分析原因。

教师引导学生分析: 国内出现了反对可口可乐在国内销售的声音,原因包括了外国产品对民族产品的冲击,对产品认识不足所引起的顾虑。更多的则是面对改革开放初期出现

的新鲜事物,有的人因受极左思潮影响,对改革开放的方针政策不理解,对引进像可口可乐这样有争议的产品出现抵触情绪。在这种情况下,政府停止内销可口可乐。

材料四 可口可乐被停止内销后,刘昌玺以"人民来信"的形式写了一封信,和朱晋昌共同签名并通过陈慕华转交中央领导。信的主要内容是:北京生产的可口可乐有96%是国产原材料,可口可乐公司供应的浓缩液只占成本的4%。北京内销的可口可乐不仅没有花国家一分钱的外汇,通过旅游饭店,还为国家赚回大量外汇。将剩余部分投放市场,一方面丰富市场供应,同时工厂可获得可观利润。在中央关注下,可口可乐终于重新获得内销权利。

——经济观察报编著:《开放中国:改革的30年记忆》,30页,北京:中信出版社,2008

问题设计:根据材料并结合所学知识,指出可口可乐在中国生产和内销有何好处。为什么此信会以"人民来信"的名义出现?

教师引导学生分析:根据材料可以看出,可口可乐的生产原料大多是国产,基本上是中国元素。内销可口可乐可以为国家创外汇;可以丰富市场供应,为工厂获得可观利润。这封信以"人民来信"的名义出现,在一定程度上反映了人民的心声,即要求打破思想禁锢,扩大对外开放,加强对外合作。除了观念的影响,可口可乐公司在中国办厂还遇到了更多体制上的困难。

材料五 原先,可口可乐在中国生产汽水,只是把从美国运来的浓缩汁在中国勾兑后装瓶。1986年,可口可乐公司想把浓缩汁厂也建到中国来,地点选在上海。由于配方保密,美方要求这个厂由可口可乐独资。但在当时,中国尚不允许外资独资。后来,中方代表提了一个方案:先由可口可乐建两个厂——一个浓缩汁厂,一个汽水厂,再由美方把汽水厂白送给中方。然后,这两个厂组成一个联合董事会,中美各控股50%,组成一个合作企业。这就是第一个中美合作企业。

——李杨:《洞孔中的历史》,285页、286页,青岛:青岛出版社,2011

材料六 上面提到的对外贸易垄断经营体制,是在西方对我们实行贸易封锁、外汇极度短缺和高度计划经济的背景下形成的。而且当时与苏联等国家的政府易货贸易又是对外贸易的重要部分,由于垄断外贸体制已实行了30年,是计划经济非常典型的领域,特别是外贸体制是一项系统工程,它的改革又牵涉到计划、财政、金融、外汇、税务等方面的制约,因此,外贸体制改革,虽然起步较早,但举步维艰,进展有限。

——李岚清:《突围——国门初开的岁月》,324页,北京:中央文献出版社,2008

问题设计:根据材料分析,可口可乐公司在中国发展遇到了怎样的困难?这些困难形成的原因有哪些?最后是如何解决的?

教师引导学生分析:可口可乐公司想在中国独资办厂,但是受到国内计划经济体制下对外贸易垄断经营的限制,最后采取合作办厂的方式解决。我国对外贸易垄断经营的体制,是新中国成立以来,西方对我国实行贸易封锁、外汇极度短缺和高度计划经济的背景下形成的。改革开放以后,原来的外贸体制就显得不适应了,因此,不对外贸体制进行改革,对外开放的国策就难以推进。当时允许中外合作办厂,下放外贸进出口权迈开的一小步,在如今看来似乎微不足道,但那是对多年外贸垄断体制的突破,遭遇的非议和阻力非常大,因而其历史作用是巨大的。如果不了解当时的背景,就很难理解当时改革的艰难和重大意义。

三、走向交融:"可口"也"可乐"

材料七 到2017年,可口可乐在中国累计投资超过130亿美元,建厂45家,系统员工总数超过45 000人,其中99%为本地员工。可口可乐为中国消费者提供17个品牌60多种饮料选择。可口可乐是唯一一个全方位赞助中国举办特奥会、残奥会、奥运会、世博会、大运会、青奥会的企业。

——整理自可口可乐官网

材料八

1996年亚特兰大奥运会期间,可口可乐公司精心策划了一次名为"向民间艺术致敬"的展览,展出了来自50多个国家和地区的民间艺术家以可口可乐弧形瓶为骨架,以不同国家独特的材料制成的民间艺术瓶。该瓶是1996年由中央工艺美术学院学生田常青设计绘制,"泥人张"第四代传人张昌教授的弟子,著名雕塑家范英海雕塑而成。在这个艺术瓶上,充分展示了中国传统文化的精髓——京剧脸谱。在美国总统克林顿1998年访华期间,夫人希拉里与中国"希望工程"孩子见面时,学生向她赠送了此雕塑的微型版,希拉里说:这是她一生中见到的最漂亮的可口可乐瓶子。

——《可口可乐与中国奥运的不解之缘》,https://finance.qq.com/a/20060326/000032.htm

问题设计: 根据材料和所学知识,分析可口可乐在中国的发展状况及启示。

教师引导学生分析: 随着改革开放的扩大,可口可乐公司在中国得到了巨大的发展,成为中国老百姓生活中不可或缺的饮料之一,深受老百姓的喜爱。可口可乐是我国许多重大赛事与活动的赞助商,这些赞助活动扩大了企业的影响,树立了企业的品牌,产生了巨大的影响。可口可乐公司在中国的发展是中国改革开放成果的见证。同时,可口可乐公司作为一个国际品牌,注重塑造文化的力量,中国民间艺人设计的可口可乐瓶子所传递的文化价值,不仅有可乐自身价值的体现、中国传统文化的承载,同时还成为中美两国政治交往、文化理解的一个媒介。

材料九 经济全球化是不可逆转的时代潮流。正是基于这样的判断,中国坚持对外开放的基本国策,坚持打开国门搞建设。中国开放的大门不会关闭,只会越开越大!在扩大开放方面,中国将采取以下重大举措。第一,大幅度放宽市场准入。第二,创造更有吸引力的投资环境。第三,加强知识产权保护。第四,主动扩大进口。

——习近平:《开放共创繁荣 创新引领未来——在博鳌亚洲论坛2018年年会开幕式上的主旨演讲》,载《人民日报》2018年4月11日

材料十 如果大规模的中美贸易战正式打响,短期内最直接的牺牲品显然是美国在华企业,尤其是那些在中国拥有庞大市场的美国大型跨国公司。……像苹果、微软、高通、通用汽车、卡特彼勒、耐克、宝洁、星巴克和可口可乐这样的美国大企业,中国市场的贡献在它们的总收入中所占的份额极大,而且还在日益增长。中美贸易战会将它们推到火线上去烤,令它们进退维谷。

——陈季冰:《一文读懂中美贸易战双方筹码得失》,http://dajia.qq.com/original/jinritoutiao/cjb20180407.html

问题设计:根据材料和所学知识,分析我们应该如何看待中美贸易战。

教师引导学生分析:一方面,在我国坚持对外开放的基本国策下,像可口可乐这样的跨国公司将在中国获得更好的投资环境与回报。另一方面,贸易战不会有赢家,随着经济全球化的不断加深,各国彼此的经济依赖越来越紧密,这是历史发展的必然趋势,美国挑起的贸易战不是解决当前各国贸易问题与困境的良方,最后受损最大的可能是像可口可乐这样的国际品牌。

教师指导学生小结:可口可乐公司重返中国经历了漫长的历史,又见证了中国改革开放奇迹般的发展。从这一历程,我们可以认识到,对外开放的扩大离不开对内的体制改革,计划经济体制下对外贸易的垄断经营的产生有其特殊的历史背景,正是在这样的背景下,改革对外贸易的垄断经营体制、下放经营权显得难能可贵,也可以看出历史的艰难步伐。进入21世纪后,世界经济联系越来越紧密,要用全球发展的眼光来解决各国的贸易摩擦。

教学资源

资源1:毛泽东思想与中国特色社会主义理论体系的关系

毛泽东思想和中国特色社会主义理论体系在哲学基础、政治立场、理论品质上一根相连,在理论灵魂、理论内容、理论风格上一脉相承。毛泽东思想奠定了中国特色社会主义理论体系的制度和理论基础,中国特色社会主义理论体系发展了毛泽东思想,两者一体相依。作为科学社会主义的思想体系,两者都高扬共产主义的旗帜,以实现共产主义为己任,一帜相随。中国特色社会主义理论体系坚持和继承了毛泽东思想的立场、观点、方法,坚持和继承了毛泽东探索社会主义建设规律所形成的重要理论成果,坚持和继承了毛泽东关于马克思主义执政党建设的思想理论,是对毛泽东思想的继承、发展和创新。不仅如此,中国特色社会主义理论体系还是对毛泽东思想飞跃式的发展。关于发展时期的认识由社会主义建设时期跃入社会主义改革开放时期;关于发展指导思想上的认识由"以阶级斗争为纲"转到以经济建设为中心;关于发展空间上的认识由关门搞建设变为打开国门开放发展;关于发展动力上的认识由以阶级斗争为动力转为以改革创新为动力。

——徐光春:《中国化马克思主义的与时俱进——谈毛泽东思想与中国特色社会主义理论体系的关系》,载《求是》2013年第18期

资源2：十一届三中全会与中国当代史上的伟大转折

　　分析三中全会及此前的中央工作会议取得了许多重要成果的背后，可以看到这两个会议在中共党史和中国当代史上不同寻常的三个显著特点：会议议题中途发生了违反主持人意愿的改变；会议持续的时间长，解决的问题数量多、分量重；会议气氛生动、活泼、热烈，真正做到了面对面地开展批评与自我批评。正是这些特点，构成了三中全会成为中国当代史上伟大转折的直接原因。它说明，三中全会的胜利并非自然而然取得的，而是与会的大多数高级干部在老一辈无产阶级革命家的带动、支持下，充分发扬党内民主和党的实事求是、群众路线、批评与自我批评作风，通过积极的思想斗争争取到的，是来之不易、弥足珍贵的。

　　三中全会的结果大大超出了会议前的预设，那么，这是否意味着三中全会实现的伟大转折是偶然的、突然的，是可能发生也可能不发生的呢？应当说，转折发生在1978年11月，发生在三中全会及此前的中央工作会议，带有一定的偶然性。但是，如果把它和"文化大革命"中的一系列事件联系起来，把它放在粉碎"四人帮"后国内国际、党内党外、主观客观的大背景下来分析，就可以看出，这个转折绝不是偶然的、突然的，而是必然的、不以人的意志为转移的，是人心之所向、大势之所趋，或迟或早总要发生的。

　　转折不是党的领导工作一般意义上的转变，因为与以往相比，十一届三中全会作出的关于全党工作重点转移的决定无疑带有更根本的性质，实现的党的指导思想的转变和发展战略的转折也无疑比以前深刻得多。究其原因，除了国内国际形势的变化外，主要在于这次转移、转变、转折是建立在对社会主义社会主要矛盾的和对社会主义社会管理体制的新认识上。与此同时，转折也不是社会主义基本制度与社会性质的转变，主要体现在对待社会主义制度不完善和对待毛泽东晚年错误的问题上。

　　——朱佳木：《党的十一届三中全会与中国当代史上的伟大转折》，载《当代中国史研究》2008年第5期

资源3：陈云的对外开放思想

　　记得1982年春天，我随陈云同志去苏州。他看到一个材料，说美国的耐克鞋在中国生产，原本是要求全部返销的，但不知为什么，国内市场上也出现了；另外，可口可乐原本只允许在涉外饭店里销售，不知怎么搞的，一般商店和大街上也有卖的了。他让我给时任轻工业部部长的杨波打电话，告诉他，不要让耐克鞋和可口可乐在国内市场上销售，一双一瓶也不要卖。今天，情况已发生很大变化，我们加入了世贸组织，不可能不卖国外的消费品，不仅耐克鞋和可口可乐，其他各种牌子的鞋帽服装、饮料食品、化妆品都能在国内买到。那么，陈云当年的话是否说错了呢？我认为没有错。因为听他的话，要领会其中的精神实质。我理解，他那些话的精神实质在于，对日常生活用的、低端的、技术含量少的国外产品，要尽可能少进口，以保护民族产品，并把有限的外汇用在最需要用的地方。这个精神，即使今天也不能说过时。比如，美加净牙膏、回力球鞋、北冰洋汽水等等，都曾经是我们自己的名牌，很受消费者欢迎。像这样的商品，就应当通过改进质量和营销手段加以保护。否则一旦被冲垮，要重新占领市场就难了。

　　——朱佳木：《如何研究陈云对外开放思想》，载《党的文献》2013年第3期

资源4：国有经济改革的经验

国有经济改革积累的经验主要体现在：第一，国有经济改革必须遵循作为唯物论基本原则的实事求是。第二，国有经济改革必须依据作为历史唯物论基本原则的生产力标准。第三，国有经济改革必须依据作为辩证法核心的矛盾法则。第四，国有经济改革必须遵循以人为本原则，切实做到改革出发点为了人民，改革进行依靠人民，改革成果分享人民。第五，国有经济改革必须遵循公有制为主体，多种所有制经济共同发展的社会主义市场经济基本经济制度。第六，国有经济改革必须同国有经济的战略调整和国有企业的战略重组结合起来。第七，国有经济改革必须在国有经济监管方面实现从主要管企业到主要管资本的转变，国有企业方面必须实现从原来作为政府附属物的生产单位到作为独立的市场主体的转变，并须把二者紧密结合起来。第八，要实现国有经济监管方面从主要管企业到主要管资本的转变，就必须切实大力推行已创造多年并有成效的管资本的形式。第九，国有企业改革，必须依据不同国有企业在经济社会发展中的作用，将国有企业分为商业类和公益类，推行分类改革。第十，必须把国有经济的改革与国有企业的科技创新紧密结合起来。第十一，国有经济改革必须着眼于提高作为社会生产力发展综合指标的经济效益。第十二，国有经济改革还必须着眼于提高社会责任的担当。第十三，必须充分发展发挥非公有制经济对国有经济改革的促进作用。第十四，必须充分发挥对外开放对国民经济改革的促进作用。第十五，必须为国有经济的正常发展创造它所必需的经济环境（即经济的稳定发展）、营商环境（如统一的、平等的、开放的、有序的市场和便利宽松的商事制度）、法律环境（即国有经济改革必须拥有的法律保障）和社会环境（即稳定的社会政治局面）。第十六，必须适应改革的固有特点，推行渐进式改革。第十七，必须十分重视改革理论对改革实践的指导作用。第十八，国有经济改革的根本经验，就在于它实践了中国特色社会主义，把马克思主义的普遍真理与国有经济改革的实践紧密地结合起来。

——汪海波：《国有经济改革的历史经验——纪念改革开放40周年》，载《国家行政学院学报》2018年第2期

资源5：科学发展观的理论成果

科学发展观是在深刻把握我国基本国情和新的阶段性特征，深刻分析国际形势、顺应世界发展趋势、借鉴国外发展经验的基础上形成和发展的。进入新世纪新阶段，我国进入发展关键期、改革攻坚期、矛盾凸显期，经济社会发展呈现一系列新的阶段性特征，发展不平衡、不协调、不可持续问题日益突出，长期积累的深层次矛盾、体制机制弊端日益显现，资源环境约束趋紧、环境污染严重、生态系统退化形势严峻，高投入、高排放、高污染、低质量、低效益的粗放发展方式难以为继。科学发展观以全新的视野，对当代中国发展遇到的一系列重大现实问题做出科学回答。新世纪以来，世界多极化、经济全球化深入发展，科技革命加速推进，全球和区域合作方兴未艾，国与国相互依存日益紧密，当代中国同世界各国关系发生历史性变化，我们面临的机遇和挑战前所未有，但仍处于可以大有作为的重要战略机遇期。国际金融危机爆发以来，国际经济形势出现两个明显趋势：一个是，全球经济正进入深度调整和转型期；另一个是，一些国家发展模式出现诸多问题。科学发展观以宽阔的世界眼光对这些重大问题进行科学阐述。

——何毅亭：《中国特色社会主义理论体系的最新成果》，载《人民日报》2013年10月25日

资源6：新时代中国特色社会主义思想的内涵

习近平新时代中国特色社会主义思想创造性地坚持和发展中国特色社会主义，把中国特色社会主义推进到新时代：第一，把握时代脉搏、坚持问题导向，在深入回答和解决当代中国面临重大问题中把中国特色社会主义推进到新时代；第二，聚焦远大目标、突出主题主线，在统筹推进"五位一体"总体布局和协调推进"四个全面"战略布局中把中国特色社会主义推进到新时代；第三，传承中华文明、包容世界文明，在历史、现实、时代相交汇的文明"大坐标"上把中国特色社会主义推进到新时代；第四，坚守人民主体、顺应人民意愿，在坚持以人民为中心的核心政治价值中把中国特色社会主义推进到新时代。

——包心鉴：《新时代的科学内涵与新思想的鲜明特质》，载《当代世界与社会主义》2018年第1期

资源7：中国特色社会主义理论体系的话语建构

中国特色社会主义理论体系的话语建构是围绕回答以下基本问题展开的，包括：什么是马克思主义、怎样对待马克思主义，什么是社会主义、建设什么样的社会主义、怎样建设社会主义，实现什么样的发展、怎样发展，建设一个什么样的党、怎样建设党等。中国特色社会主义理论在经济、政治、文化、社会、生态、党建、外交等领域对中国特色社会主义发展的道路、制度、依据、布局、任务、目标、要求和条件等所做的探索，主要形成了以下六个方面的话语表述：其一，话语的基本范畴在任务和目标层面的总体表述是社会主义市场经济、社会主义民主政治、社会主义先进文化、社会主义和谐社会、社会主义生态文明、党的领导、和平发展，以及富强、民主、文明、和谐的社会主义现代化国家；其二，在基本制度层面的表述是公有制为主体、多种所有制经济共同发展的基本经济制度，人民代表大会的根本政治制度以及中国共产党领导的多党合作和政治协商制度、民族区域自治制度、基层群众自治制度等基本政治制度，还包括文化、社会、生态文明领域面向具体问题的各类制度，不少领域的制度正处于不断建设过程之中；其三，在界定各领域所处地位时的表述是，经济建设是中心、政治建设是方向、文化建设是灵魂、社会建设是支撑、生态文明建设是根基；其四，在对国家所处发展阶段上的表述是，基本国情是长期处于社会主义初级阶段，基本矛盾是人民群众不断增长的物质文化需求与落后的社会生产之间的矛盾，国际地位是世界上最大的发展中国家；其五，在国家建设基本遵循上的表述是，"一个中心、两个基本点""三个基本没有变""四个全面""五大发展理念""八个必须坚持""和平发展""合作共赢"等；其六，在应对实践中所出现各种具体问题时的话语表述是，坚持改革开放，坚持维护社会公平正义，实现改革、发展、稳定的有机统一，坚持道路自信、理论自信、制度自信、文化自信，坚持五位一体、协调推进，坚持底线思维等。

——徐蓉：《关于中国特色社会主义理论话语传播发展维度的思考》，载《毛泽东邓小平理论研究》2017年第3期

资源8：新时代的深刻内涵和重大意义

首先，新时代是以习近平为核心的党中央领导全党、全军和全国各族人民开创的，特别是习近平起到了最关键、最重要的掌舵人、领航者的表率作用，彰显出我们党的杰出领袖强

大的政治定力、高度的政治清醒和伟大的政治担当。其次，新时代是在站起来、富起来的基础上直面问题、解决问题的伟大斗争中开创的，我们要深刻认识到从站起来、富起来到强起来是一个连贯的统一整体，决不能把三个阶段割裂开来，更不能对立起来，这是在新时代应有的历史自信和政治清醒。再者，新时代是在以全新的视野深化对共产党执政规律、社会主义建设规律、人类社会发展规律认识的理论探索中开创的，习近平新时代中国特色社会主义思想就是新时代的重大理论创新成果。最后，新时代不仅是对中国发展具有重大意义的新时代，也是中国日益走近世界舞台中央、不断为人类作出更大贡献的新时代，是世界社会主义运动的新时代，是国际共产主义运动史上的一个重要里程碑，是人类社会发展史上的一个重要里程碑。

——朱继东：《正确认识新时代的深刻内涵和重大意义》，载"求是网"2017年10月29日

后 记

本书是教育部基础教育课程教材发展中心何成刚主持编写的"历史课标解析与史料研习"丛书中的一册。具体分工如下：

韩英超(石家庄市第十中学)撰写"第一单元　晚清时期的内忧外患与救亡图存"；张大伟(石家庄二中实验学校)撰写"第二单元　辛亥革命与中华民国的建立"；闫永兰(河北省石家庄市第二十三中学)、张欣颖(北京市顺义牛栏山第一中学)撰写"第三单元　中国共产党成立与新民主主义革命的兴起"；董志伟(河北正定中学)撰写"第四单元　中华民族的抗日战争"；刘巍(石家庄二中实验学校)、邢新宝(石家庄市教育科学研究所)撰写"第五单元　人民解放战争"；李志先(东莞市厚街湖景中学)撰写"第六单元　中国近代重要历史人物"之"李鸿章、孙中山"，温芳桃(上海市宜川中学)撰写"第六单元　中国近代重要历史人物"之"严复、梁启超"；陆勇(广西南宁三中)、吴尚珉(广西南宁三中)撰写"第七单元　中国近代经济与社会的变迁"；莫景华(广西柳州市第三中学)、黄一聪(广西柳州高级中学)撰写"第八单元　中国近代思想文化的发展"；丁家文、陈欣(东莞市虎门中学)撰写"第九单元　中国外交的近代化历程"；蒋铎(广西师范大学附属中学)、秦开荣(桂林第十九中学)撰写"第十单元　中华人民共和国的成立及向社会主义过渡"；张振鸿(广东省珠海市斗门区第一中学)、张协力(广西南宁二中)撰写"第十一单元　社会主义建设道路的探索"；夏辉辉(广西教育学院)、涂冬逸(东莞市第七高级中学)撰写"第十二单元　改革开放新时期与中国特色社会主义进入新时代"。

何成刚、邢新宝、夏辉辉共同确定了本书的写作思路，参与了全书的修改完善和统稿定稿工作。刘芳芳(首都师大附中)、李志先、王慧(广东省东莞市东华初级中学)参与了写作讨论、资料查找、书稿审读修改等大量工作。

感谢为本书间接提供大量史学研究成果的专家、学者。西安市未央区教师进修学校何崇宪参与了书稿的审核校对工作。感谢《中学历史教学参考》《历史教学》《历史教学问题》《中学历史教学》等刊物为部分研究成果发表提供的专业支持。感谢复旦大学出版社朱建宝先生为本书出版付出的劳动。

图书在版编目(CIP)数据

历史课标解析与史料研习. 中国近现代史/何成刚,邢新宝,夏辉辉主编. —上海：复旦大学出版社，2018.12(2023.12 重印)
ISBN 978-7-309-13978-5

Ⅰ.①历... Ⅱ.①何...②邢...③夏... Ⅲ.①中学史课-教学研究-高中 Ⅳ.①G633.512

中国版本图书馆 CIP 数据核字(2018)第 224363 号

历史课标解析与史料研习·中国近现代史
何成刚　邢新宝　夏辉辉　主编
责任编辑/朱建宝

复旦大学出版社有限公司出版发行
上海市国权路 579 号　邮编：200433
网址：fupnet@fudanpress.com　http://www.fudanpress.com
门市零售：86-21-65102580　　团体订购：86-21-65104505
出版部电话：86-21-65642845
江苏句容市排印厂

开本 787 毫米×1092 毫米　1/16　印张 22.75　字数 512 千字
2023 年 12 月第 1 版第 6 次印刷

ISBN 978-7-309-13978-5/G·1906
定价：55.00 元

如有印装质量问题,请向复旦大学出版社有限公司出版部调换。
版权所有　　侵权必究